Caroline Kramer

Zeit für Mobilität

Räumliche Disparitäten
der individuellen Zeitverwendung
für Mobilität in Deutschland

Franz Steiner Verlag Stuttgart 2005

Bibliographische Information der Deutschen
Bibliothek
Die Deutsche Bibliothek verzeichnet diese
Publikation in der Deutschen Nationalbibliographie;
detaillierte bibliographische Daten sind im Internet
über <http://dnb.ddb.de> abrufbar.

ISBN 3-515-08630-7

ISO 9706

Jede Verwertung des Werkes außerhalb der
Grenzen des Urheberrechtsgesetzes ist unzulässig
und strafbar. Dies gilt insbesondere für Übersetzung,
Nachdruck, Mikroverfilmung oder vergleichbare
Verfahren sowie für die Speicherung in Datenver-
arbeitungsanlagen.
© 2005 by Franz Steiner Verlag GmbH. Gedruckt
auf säurefreiem, alterungsbeständigem Papier.
Gedruckt mit Unterstützung der Deutschen
Forschungsgemeinschaft.
Druck: Printservice Decker & Bokor, München
Printed in Germany

Zeit für Mobilität

Erdkundliches Wissen

Schriftenreihe
für Forschung und Praxis

Begründet von
Emil Meynen

Herausgegeben
von Gerd Kohlhepp,
Adolf Leidlmair
und Fred Scholz

Band 138

VORWORT

„Wer sich keine Zeit nimmt, wird nie welche haben." (Sprichwort)

Die Idee, die alltäglichen Erfahrungen der knapp bemessenen Zeit zum Forschungsthema zu machen, entsprang zum einen einer kritischen Fremd- und Selbstbeobachtung im Umgang mit Zeit und konkretisierte sich zum anderen durch die Gelegenheit, Zugang zu einem neuen und spannenden Datensatz zu erhalten, der sich das Zeitbudget der deutschen Bevölkerung zum Thema erkoren hatte. An dieser Stelle möchte ich die Gelegenheit nutzen, all denjenigen zu danken, die mich während dieser Zeit begleitet und unterstützt haben.

Mein ganz besonderer Dank gilt Herrn Professor Dr. Peter Meusburger für die Ermunterung zu diesem Projekt und die Betreuung der Arbeit, für die er trotz seiner vielfältigen Verpflichtungen immer Zeit fand. Seine stete Diskussionsbereitschaft, seine intensive Beschäftigung mit der Arbeit und sein langjähriges Vertrauen in meine Fähigkeiten trugen wesentlich zum Gelingen dieser Arbeit bei.

Ohne die finanzielle Unterstützung der Deutschen Forschungsgemeinschaft (DFG) in Form eines dreijährigen Habilitationsstipendiums, das eine Freistellung von meiner beruflichen Tätigkeit und eine Konzentration auf die Arbeit ermöglichte, wäre nicht nur das Projekt an sich, sondern auch dessen zügige Durchführung undenkbar gewesen. Deshalb sei an dieser Stelle der DFG für dieses Stipendium gedankt. Dank gilt auch meinem Arbeitgeber, dem Zentrum für Umfragen, Methoden und Analysen (ZUMA) für die Freistellung zur Formulierung des Antrags und die dreijährige Beurlaubung zur Wahrnehmung des Stipendiums.

Dem Statistischen Bundesamt, insbesondere Herrn Dr. Manfred Ehling, Herrn Erlend Holz und Frau Dr. Irene Kahle möchte ich für ihre schnelle und unbürokratische Unterstützung bei allen Fragen zu den Datensätzen der Zeitbudgetstudien sowie die freundliche Aufnahme in ihren Räumlichkeiten ganz herzlich danken.

Dank gebührt ebenfalls Frau Prof. Dr. Birgit Blättel-Mink, Herrn PD Dr. Wolfgang Herden, Herrn Prof. Dr. Hartmut Lüdtke und Frau Dr. Anina Mischau für ihre anregenden Diskussionen. Während des Stipendiums und im Rahmen der Druckaufbereitung konnte ich mich auf die Mitarbeit der wissenschaftlichen Hilfskräfte Stefan Berwing, Tobias Brandt und Felix Embacher verlassen, denen ich für ihre Hilfe herzlich danken möchte.

Da zum Gelingen einer wissenschaftlichen Arbeit nicht nur das berufliche, sondern auch das private Umfeld beiträgt, möchte ich an dieser Stelle meinen Eltern sowie meinen Freundinnen und Freunden Andrea, Ingolf, Kristin und Susanne für ihre vielfältige Unterstützung danken. Mein persönlichster und herzlichster Dank gilt meinem Mann Henning, der mir mit seiner Ruhe und Gelassenheit besonders in den Stressphasen eine große Stütze war und durch seine kompetente, geduldige und verständnisvolle Hilfe zum Gelingen dieser Arbeit beigetragen hat.

Schwetzingen, im Juli 2005

INHALTSVERZEICHNIS

Vorwort V
Inhaltsverzeichnis VII
Abbildungs- und Tabellenverzeichnis XI

1. Forschungsfragen und Forschungsziele 1
   1.1 Forschungsfragen 2
   1.2 Forschungsziele 7
   1.3 Arbeitshypothesen 9
   1.4 Methoden 13
   1.5 Forschungspolitische Ziele 14

2. Stand der Forschung zu Zeit und Raum 17
   2.1 Zeit und Raum in der geistes- und naturwissenschaftlichen Diskussion ... 17
       2.1.1 Die Zeit 17
       2.1.2 Der Raum 22
   2.2 Das Räumliche und die Zeit – die Perspektive der Sozialgeographie 29
       2.2.1 Die Dimension Zeit in der Geographie bis in die 1960er Jahre 29
       2.2.2 Die „time geography" der Lund-Schule (Hägerstrand) 30
           2.2.2.1 „Time-Space-Structured Theory" 30
           2.2.2.2 Zeitpfade 31
           2.2.2.3 „Constraints" 31
           2.2.2.4 Selbstverständnis der „time geography" 34
           2.2.2.5 Terminologie der „time geography" 35
           2.2.2.6 Modelle (PESASP und Mårtensson) 38
           2.2.2.7 Anwendungen der „time geography" 39
       2.2.3 Rezeption der „time geography" im deutschsprachigen Raum 42
           2.2.3.1 Geographische Zentralitätsforschung und Aktionsraumforschung 44
           2.2.3.2 Verkehrsgeographie 45
           2.2.3.3 Stadtgeographie / Stadtforschung 47
           2.2.3.4 Raum-Zeit-Modelle in der Raum-/Regionalplanung 50
       2.2.4 Kritik an der „time geography" 54
       2.2.5 Die Dimension Zeit in der Diskussion der handlungstheoretischen Sozialgeographie 57
       2.2.6 Psychologische und kulturelle Aspekte der Raum(Zeit)wahrnehmung 61
   2.3 Das Soziale und die Zeit – die Perspektive der Soziologie 66
       2.3.1 „Soziale Zeit" – Begriffsdefinition 66
       2.3.2 Formen des Zeitverständnisses 68
       2.3.3 Die Dimensionen Zeit und Raum in der Soziologie 69
       2.3.4 Zeitsoziologie – verschiedene Ansätze 73

		2.3.4.1	Funktionen von Zeit	74

           2.3.4.1   Funktionen von Zeit 74
           2.3.4.2   Temporale Muster von Zeit 76
           2.3.4.3   Ungleichheit in der Verfügbarkeit von Zeit.. 77
                    2.3.4.3.1   Geschlechtsspezifische Ungleichheit in der Verfügbarkeit von Zeit... 78
           2.3.4.4   Soziologische Analysen zur Arbeitszeit 81
           2.3.4.5   Lebensstilforschung, Zeitverwendung und Freizeit........................... 87
      2.3.5   Soziologische Aktionsraumforschung – Raumkonzepte in der Soziologie...... 89
      2.3.6   Bewältigung von Zeitstress: „Entschleunigung" und Muße als neue Konzepte zum Umgang mit Zeit 95
  2.4   Zeitbudgetforschung 101
      2.4.1   Geschichte der Zeitbudgetforschung.. 101
      2.4.2   Erhebungsmethoden von Zeitbudgets 106
      2.4.3   Anwendungsgebiete der Zeitbudgetforschung 109
      2.4.4   Zeitbudgetstudien und Aktionsraumforschung – theoretische Ansätze 113
      2.4.5   Kritik an der Zeitbudgetforschung 118
      2.4.6   Aktuelle Forschungsgebiete der Zeitbudgetforschung 119
  2.5   Räumliche Mobilitätsforschung... 121
      2.5.1   Mobilität in Deutschland – Ergebnisse der Verkehrsstatistik 122
           2.5.1.1   Geschlechtsspezifische Mobilität 127
      2.5.2   Mobilitätsverhalten und -entscheidungen.. 132
           2.5.2.1   Theoretische Ansätze zu räumlicher Mobilität im Alltag................ 133
           2.5.2.2   Interaktion von Siedlungsstruktur und Mobilität 137
           2.5.2.3   Qualität von Mobilität 146
  2.6   Zusammenstellung der zur Anwendung kommenden Ansätze............................. 149
      2.6.1   Verwendete Ansätze zum Verständnis von Zeit 149
      2.6.2   Verwendete Ansätze zum Verständnis von Raum 150

3.   Wie gestaltet sich die Zeitverwendung für Mobilität im Alltag? Analysen der quantitativen Erhebungen zur Zeitverwendung... 155

  3.1   Zeitverwendung für Mobilität in Deutschland – eine Analyse der Zeitbudgetstudien des Statischen Bundesamtes 1991/92 und 2001/02 155
      3.1.1   Allgemeine Informationen zu den Zeitbudgetstudien 156
           3.1.1.1   Informationen zur Datenbasis... 156
           3.1.1.2   Die soziodemographische und regionale Struktur der Haushalte und der Befragten sowie ihre regionale Verteilung.................... 164
           3.1.1.3   Eigenschaften des häuslichen und räumlichen Kontexts der Befragten.. 166
      3.1.2   Wegezeiten und Wegstrecken der Haushalte zu ausgewählten Infrastruktureinrichtungen... 175
           3.1.2.1   Wege zu Kinderbetreuungseinrichtungen 176
           3.1.2.2   Wege zu Schulen 180
           3.1.2.3   Wege zu verschiedenen Infrastruktureinrichtungen im Überblick .. 184

3.1.3 Wegezeiten der Akteure 194
    3.1.3.1 Wegezeiten aller Akteure 195
    3.1.3.2 Wegezeiten der Akteure in den einzelnen Lebensbereichen 201
        3.1.3.2.1 Wegezeiten für Erwerbstätigkeit 203
        3.1.3.2.2 Wegezeiten für Hauswirtschaft 220
        3.1.3.2.3 Wegezeiten für Kinderbetreuung 236
        3.1.3.2.4 Wegezeiten für Ausbildung 248
        3.1.3.2.5 Wegezeiten für „private" Wege (Ehrenamt, Kontakte, Freizeitaktivitäten usw.) 261
    3.1.3.3 Wegezeiten einzelner Akteurstypen 281
    3.1.3.4 Wegezeiten nach tageszeitlichem Verlauf 291
    3.1.3.5 Zusammenfassung 315

3.2 Die Zeitverwendung von Frauen für Mobilität in zwei Kreisen Baden-Württembergs 335

  3.2.1 Informationen zur Datenbasis 336
  3.2.2 Wohnortwahl und Beurteilung der Wohnsituation 337
  3.2.3 Zeitverwendung der Befragten für Mobilität 341
  3.2.4 Mobilitätschancen und -realisierungen 346
  3.2.5 Zusammenfassung 353

4. Wie wird die Verwendung von Zeit im Raum wahrgenommen? Analysen der qualitativen Erhebungen zur Zeitverwendung für Mobilität 357

  4.1 Leitfadeninterviews und Gruppendiskussionen – Bemerkungen zu den eingesetzten Methoden 357

    4.1.1 Konzeption der Leitfadeninterviews zur Qualität von Mobilität 358
    4.1.2 Konzeption der Gruppendiskussionen zur Qualität von Mobilität ...360

  4.2 Demographische und mobilitätsspezifische Merkmale der Befragten 362
  4.3 „Qualitative Mobilitätstypen" und ihre Urteile über Mobilität 365

    4.3.1 Einstellungen zur Definition von Mobilität 368
    4.3.2 Einstellungen für und gegen den PKW als Verkehrsmittel 371
    4.3.3 Einstellungen für und gegen den öffentlichen Personennahverkehr und die Bahn als Verkehrsmittel 377
    4.3.4 Einstellungen für und gegen das Fahrrad als Verkehrsmittel 382
    4.3.5 Einstellungen zu den Verkehrsmitteln für den Urlaub 383
    4.3.6 Einstellungen zum Thema „Spaß und Mobilität" 384
    4.3.7 Entscheidungskriterien der Befragten für Mobilität im Allgemeinen ...385
    4.3.8 Zusätzliche Aspekte von Mobilität aus den Gruppendiskussionen ...388

  4.4 Zusammenfassung 391

5. Gibt es eine räumliche Komponente von „Zeitwohlstand" und „Zeitnot" für Wegezeiten? Eine Zusammenfassung 397

Literaturverzeichnis 415

ABBILDUNGS- UND TABELLENVERZEICHNIS

Abb. 1.1:	Zentrale Fragestellung der Arbeit	3
Abb. 1.2:	Langfristiges und kurzfristiges Raum-Zeit-Verhalten	4
Abb. 1.3:	Fragestellung im Hinblick auf die analysierten räumlichen Einheiten	8
Abb. 1.4:	Verwendete Datenbasen in Bezug zu den Arbeitshypothesen	12
Abb. 2.1:	Elemente der „time geographic dynamic map"	31
Abb. 2.2:	Social space, physical space and time in the ecology of the city	32
Abb. 2.3:	„Activitiy programmes of the individuals in a Swedish family over a single day"	33
Abb. 2.4:	Verschiedene Zeitprismen	38
Abb. 2.5:	Analyseschema für Tätigkeitenmuster von Haushaltsmitgliedern	43
Abb. 2.6:	Zeitkarten für das Eisenbahnnetz in Deutschland	53
Abb. 2.7:	Lorenzkurven der Tageserreichbarkeit mit der Eisenbahn 1993 und 2010	54
Abb. 2.8:	Analyse-Schema aktionsräumlichen Handelns	60
Abb. 2.9:	Der Teilnehmer am Freizeit- und Urlaubsverkehr im sozialen Korsett	61
Abb. 2.10:	Rechtliche Regelungen mit Zeitbezug nach zeitlicher Bezugsperiode und Regelungsbereich	75
Abb. 2.11:	Zusammenhänge zwischen objektiver Stadtstruktur, subjektivem Stadtplan und Aktionsraum	60
Abb. 2.12:	Orientierendes Modell zur Erklärung des „Aufsuchens von Gelegenheiten"	91
Abb. 2.13:	Kausalmodell einiger aktionsräumlicher Hypothesen	93
Abb. 2.14:	Mit Power-off-Funktion	96
Abb. 2.15:	Das Thema „Zeitstress" in der deutschen Presse	100
Abb. 2.16:	Das „Constrained Choice Model of Enacted Behaviour" nach HARVEY (1995)	117
Abb. 2.17:	Konzeptueller Rahmen zur Umfrage des Italienischen Statistischen Amtes zur Erreichbarkeit	120
Abb. 2.18:	Verkehrsleistung (Personenkilometer/Einwohner)	122
Abb. 2.19:	Anteile der Verkehrsbereiche am motorisierten Personenverkehr	123
Abb. 2.20:	Entwicklung der privaten Motorisierung 1970-1998 in den neuen und alten Ländern	124
Abb. 2.21:	Verkehrsbereiche nach Zwecken der Fahrt (gefahrene Personenkilometer) im motorisierten Individualverkehr	125
Abb. 2.22:	Führerscheinbesitz nach Geschlecht und Alter 1998	126
Abb. 2.23:	PKW-Verfügbarkeit nach Geschlecht und Alter 1998	127
Abb. 2.24:	Frauen- und Männerwege im Alltag	128
Abb. 2.25:	Theoretisches Rahmenmodell der Verkehrsmittelwahl (BAMBERG/ SCHMIDT 1993)	136
Abb. 2.26:	Von der Stadt der kurzen Wege von Gestern zur Region der kurzen Wege von Morgen	142
Abb. 2.27:	Zeitpfade und ihre bekannten und unbekannten Größen in der Zeitbudgeterhebung des Statistischen Bundesamtes	150
Abb. 3.1:	Tagebuchformular der Zeitbudgetstudie von 1991/92	159
Abb. 3.2:	Kreise mit/ ohne Befragungsgemeinden in den Zeitbudgetstudien 1991/92 und 2001/02 des Statistischen Bundesamtes	162
Abb. 3.3:	Durchschnittliche Zahl der PKWs nach Gemeindetypen pro Haushalt (alle Haushalte) in der Zeitbudgetstudie 1991/92	168
Abb. 3.4:	Durchschnittliche Zahl der PKWs nach Gemeindetypen pro Haushalt (alle Haushalte) in der Zeitbudgetstudie 2001/2002	169
Abb. 3.5:	Durchschnittliche Entfernung des Gemeindemittelpunktes der Wohngemeinde zum nächstgelegenen Autobahnanschluss in Kilometer (2000)	173
Abb. 3.6:	Durchschnittliche Entfernung des Gemeindemittelpunktes zum nächstgelegenen Bahnhof der DB AG in Kilometer (2000)	174

Abb. 3.7: Versorgung mit Kinderkrippen- und Kindergartenplätzen 1994...................177
Abb. 3.8: Durchschnittliche Wegezeiten der Personen zur Grundschule nach Gemeindetypen in Ost- und Westdeutschland (in Minuten) 1991/92 181
Abb. 3.9: Durchschnittliche Entfernung der Personen von der weiterführenden Schule nach Gemeindetypen in Ost- und Westdeutschland (in Kilometer) 1991/92 182
Abb. 3.10: Durchschnittliche Wegezeiten der Personen zur weiterführenden Schule nach Gemeindetypen in Ost- und Westdeutschland (in Minuten) 1991/92 183
Abb. 3.11: Abweichung der mittleren Entfernung aller Infrastruktureinrichtungen in Kilometern vom jeweiligen Mittel (Ost und West) 1991/92......................................190
Abb. 3.12: Abweichung der mittleren Entfernung aller Infrastruktureinrichtungen in Minuten vom jeweiligen Mittel (Ost und West) 1991/92..190
Abb. 3.13: Abweichung der mittleren Anzahl der Infrastruktureinrichtungen, Angebote und Personengruppen, die Befragte zu Fuß erreichen konnten, vom jeweiligen Mittel (Ost und West) 2001/2002 (Maximum: 19 Einrichtungen)............................191
Abb. 3.14: Auswertungen der individuellen Wegezeiten (schematische Darstellung) 194
Abb. 3.15: Abweichung der durchschnittlichen Wegezeit aller Befragten vom jeweiligen Mittelwert (West/Ost) in Minuten 1991/92..195
Abb. 3.16: Anteil der Wegezeit, der von allen Befragten mit dem PKW zurückgelegt wurde, in % 1991/92 197
Abb. 3.17: Anteil der Wegezeit, der von allen Befragten unmotorisiert zurückgelegt wurde, in % 1991/92 198
Abb. 3.18: Anteil der Wegezeit, der von allen Befragten mit dem ÖPNV zurückgelegt wurde, in % 199
Abb. 3.19: Anteil derjenigen, die Wege ausführten, und die durchschnittliche Wegedauer nach Wegezweck 1991/92 200
Abb. 3.20: Abweichung der Arbeitsweges der erwerbstätigen Befragten nach Gemeindetypen vom west-/ostdeutschen Mittelwert (in Minuten/ Hin- und Rückweg) 1991/92 208
Abb. 3.21: Anteil der Wegezeit für Arbeitswege an den Befragungstagen mit dem PKW in % (auch in Kombination mit Fahrrad, Öffentlichen Verkehrsmitteln und Fußweg) 1991/92 210
Abb. 3.22: Veränderung der %-Anteile der Wegezeit, für die an den Befragungstagen den PKW für den Arbeitsweg genutzt wurde, von 1991/92 bis 2001/02........................211
Abb. 3.23: Anteile der Wegezeit, in der mit öffentlichen Verkehrsmittel für den Arbeitsweg genutzt wurden in % (auch in Kombination mit Fahrrad und Fußweg – nicht in Kombination mit PKW) 1991/92 211
Abb. 3.24: Veränderung der %-Anteile der Wegezeit, in der an den Befragungstagen den ÖPNV für den Arbeitsweg genutzt wurde, von 1991/92 bis 2001/02......................212
Abb. 3.25: Durchschnittliche Dauer des Arbeitswegs der erwerbstätigen Befragten mit nur Auto, nur ÖPNV und nur zu Fuß nach Gemeindetypen (Minuten/ Hin- und Rückweg) 1991/92 213
Abb. 3.26: Anteil derjenigen, die Wege für Arbeit ausführten, und die durchschnittliche Wegedauer nach verschiedenen Merkmalen 1991/92 und 2001/02 219
Abb. 3.27: Durchschnittlicher täglicher Zeitaufwand für Wege für Haushaltszwecke in den Regionstypen 1991/92 und 2001/02..222
Abb. 3.28: Anteil der Wegezeit für Haushaltszwecke an den Befragungstagen mit dem PKW in % (auch in Kombination mit Fahrrad, Öffentlichen Verkehrsmitteln und Fußweg) 1991/92 223
Abb. 3.29: Anteile der unmotorisierten Wegezeit für Haushaltszwecke in % 1991/92 224
Abb. 3.30: Anteil der Befragten, die Wege für Haushaltszwecke zurücklegten, nach Alter und Geschlecht in West- und Ostdeutschland in % 1991/92 228
Abb. 3.31: Anteil derjenigen, die Wege für Haushalt ausführten, und die durchschnittliche Wegedauer nach verschiedenen Merkmalen 1991/92 und 2001/02 236

Abb. 3.32:	Anteile der Wegezeiten für Kinderbetreuung mit dem PKW in den Regionstypen 1991/92 und 2001/02	240
Abb. 3.33:	Anteil derjenigen, die Wege für Kinderbetreuung ausführten, und die durchschnittliche Wegedauer nach verschiedenen Merkmalen 1991/92	247
Abb. 3.34:	Durchschnittlicher täglicher Zeitaufwand für Wege zu allgemeinbildenden Schulen nach Gemeindetypen in Minuten 1991/92	253
Abb. 3.35:	Anteile der unmotorisiert zurückgelegten Schulwegezeit für allgemeinbildenden Schulen 1991/92	253
Abb. 3.36:	Anteil der Schülerinnen und Schüler an allgemeinbildenden Schulen, die die Schulwege mit dem ÖPNV zurücklegten 1991/92	254
Abb. 3.37:	Anteil derjenigen, die Wege für Ausbildung ausführten, und die durchschnittliche Wegedauer nach verschiedenen Merkmalen 1991/92 und 2001/02	261
Abb. 3.38:	Anteil derjenigen, die Wege für Ehrenamt ausführten, und die durchschnittliche Wegedauer nach verschiedenen Merkmalen 1991/92 und 2001/02	263
Abb. 3.39:	Anteil derjenigen, die Wege für den Persönlichen Bereich ausführten, und die durchschnittliche Wegedauer nach verschiedenen Merkmalen 1991/92 und 2001/02	263
Abb. 3.40:	Anteile der Wegezeiten für Kontakte und Geselligkeit, die mit dem PKW zurückgelegt wurden 1991/92 und 2001/02	265
Abb. 3.41:	Anteil derjenigen, die Wege für Kontakte ausführten, und die durchschnittliche Wegedauer nach verschiedenen Merkmalen 1991/92 und 2001/02	269
Abb.3.42:	Zeitaufwand für Wege für Freizeit pro Tag nach Gemeindetypen 1991/92	270
Abb.3.43:	Veränderung des Zeitaufwandes für Wege für Freizeit pro Tag zwischen 1991/92 und 2001/02 nach Gemeindetypen (in Minuten)	272
Abb. 3.44:	Anteil derjenigen, die für ihre Freizeitwege an den Befragungstagen den PKW benutzten in % 1991/92	272
Abb. 3.45:	Veränderung der Anteile der Wegezeit mit dem PKW für Wege für Freizeit pro Tag zwischen 1991/92 und 2001/02 nach Gemeindetypen (in %)	273
Abb. 3.46:	Anteile derjenigen, die Wege für Freizeit ausführten, und die durchschnittliche Wegedauer nach verschiedenen Merkmalen 1991/92 und 2001/02	280
Abb. 3.47:	Abweichung der durchschnittlichen Wegezeit der Singles vom jeweilgen Mittelwert (West/ Ost) in Minuten nach Regionstypen 1991/92 und 2001/02	282
Abb. 3.48:	Abweichung der durchschnittlichen Wegezeit der nicht erwerbstätigen Frauen in Ehe/ Partnerschaft mit Kindern unter 18 Jahren vom jeweiligen Mittelwert nach Regionstypen 1991/92 und 2001/02	283
Abb. 3.49:	Abweichung der durchschnittlichen Wegezeit der Teilzeit erwerbstätigen Frauen in Ehe/ Partnerschaft mit Kindern unter 18 Jahren vom jeweiligen Mittelwert nach Regionstypen 1991/92 und 2001/02	285
Abb. 3.50:	Abweichung der durchschnittlichen Wegezeit der Vollzeit erwerbstätigen Frauen in Ehe/ Partnerschaft mit Kindern unter 18 Jahren vom jeweiligen Mittelwert nach Regionstypen 1991/92 und 2001/02	287
Abb. 3.51:	Abweichung der durchschnittlichen Wegezeit der Vollzeit erwerbstätigen Männer in Ehe/ Partnerschaft mit Kindern unter 18 Jahren vom jeweiligen Mittelwert nach Regionstypen 1991/92 und 2001/02	288
Abb. 3.52:	Abweichung der durchschnittlichen Wegezeit der Rentner/innen vom jeweiligen Mittelwert nach Regionstypen 1991/92 und 2001/02	290
Abb. 3.53:	Anzahl aller Wege in der jeweiligen Zeiteinheit an Wochentagen/ Wochenendtagen und an Samstagen/ Sonntagen (1991/92)	292
Abb. 3.54:	Anzahl aller Wege pro Tag an Wochentagen und Wochenendtagen in West- und Ostdeutschland (1991/92)	294
Abb. 3.55:	Verteilung aller Wegezeiten nach Wegezweck an Wochentagen in West- und Ostdeutschland (1991/92 und 2001/02)	295
Abb. 3.56:	Verteilung aller Wege nach Wegezweck an Wochenendtagen in West- und Ostdeutschland (1991/92 und 2001/02)	296

Abb. 3.57: Anteile aller Wege im jeweiligen Zeitabschnitt an allen Wegen für West- und Ostdeutschland an Wochentagen in % (1991/92 und 2001/02) 297
Abb. 3.58: Anteile aller Wege im jeweiligen Zeitabschnitt an allen Wegen für West- und Ostdeutschland an Samstagen und an Sonntagen in % (1991/92) 298
Abb. 3.59: Anteil der Wege in der jeweiligen Zeiteinheit an allen Wegen an Wochentagen und Wochenendtagen für die Gemeindekategorien (Kernstädte/ Ober- und Mittelzentren/ Gemeinden ohne zentralörtlichen Rang) (1991/92)..........................299
Abb. 3.60: Anzahl aller Arbeitswege in der jeweiligen Zeiteinheit an Wochentagen/ Wochenendtagen und an Samstagen/ Sonntagen (1991/92) 300
Abb. 3.61: Anteil der Wege für Arbeit in der jeweiligen Zeiteinheit an allen Wegen für Arbeit an Wochentagen und Wochenendtagen in Ost und West (1991/92).............301
Abb. 3.62: Anteil der Wege für Arbeit in der jeweiligen Zeiteinheit an allen Wegen für Arbeit an Wochentagen und Wochenendtagen für die Gemeindekategorien (Kernstädte/ Ober- und Mittelzentren/ Gemeinden ohne zentralörtlichen Rang) (1991/92)...302
Abb. 3.63: Anzahl der Wege für Haushalt in der jeweiligen Zeiteinheit an Wochentagen/ Wochenendtagen und Samstagen/ Sonntagen (1991/92) 303
Abb. 3.64: Anteile der Wege für den Haushalt im jeweiligen Zeitabschnitt an allen Wegen für Haushalt für West- und Ostdeutschland an Wochentagen und Samstagen in % (1991/92)...304
Abb. 3.65: Anzahl der Wege für Kinder und für Erwachsene und Jugendliche in der jeweiligen Zeiteinheit an Wochentagen/ Wochenendtagen (1991/92).....................305
Abb. 3.66: Anteil der Wege für Kinder in der jeweiligen Zeiteinheit an allen Wegen für Kinder an Wochentagen und Wochenendtagen in Ost und West (1991/92)............306
Abb. 3.67: Anteil der Wege für Erwachsene und Jugendliche in der jeweiligen Zeiteinheit an allen Wegen für Erwachsene und Jugendliche an Wochentagen und Wochenendtagen in Ost und West (1991/92)...307
Abb. 3.68: Anzahl der Wege für Ausbildung in der jeweiligen Zeiteinheit an Wochentagen/ Wochenendtagen (1991/92) 308
Abb. 3.69: Anteil der Wege für Ausbildung in der jeweiligen Zeiteinheit an allen Wegen für Ausbildung an Wochentagen in Ost und West (1991/92).......................................308
Abb. 3.70: Anteil der Wege für Ausbildung in der jeweiligen Zeiteinheit an allen Wegen für Ausbildung an Wochentagen für die Gemeindekategorien (Kernstädte/ Ober- und Mittelzentren/ Gemeinden ohne zentralörtlichen Rang) (1991/92)...................309
Abb. 3.71: Anzahl der Wege für Kontakte in der jeweiligen Zeiteinheit an Wochentagen/ Wochenendtagen (1991/92) 310
Abb. 3.72: Anteil der Wege für Kontakte in der jeweiligen Zeiteinheit an allen Wegen für Kontakte an Wochentagen und Wochenendtagen in Ost und West (1991/92) 311
Abb. 3.73: Anzahl der Wege für Freizeit in der jeweiligen Zeiteinheit an Wochentagen/ Wochenendtagen und Samstagen/ Sonntagen (1991/92) 312
Abb. 3.74: Anteile der Wege für Freizeit im jeweiligen Zeitabschnitt an allen Wegen für Freizeit für West- und Ostdeutschland an Wochentagen und Wochenendtagen (1991/92)...313
Abb. 3.75: Anteile der Wege für Freizeit im jeweiligen Zeitabschnitt an allen Wegen für Freizeit für die Gemeindekategorien (Kernstädte/ Ober- und Mittelzentren/ Gemeinden ohne zentralörtlichen Rang) an Wochentagen und Wochenendtagen (1991/92)...314
Abb. 3.76: Anteil derjenigen, die Wege ausführten, und die durchschnittliche Wegedauer nach Wegezweck für die Erhebungsjahre 1991/92 und 2001/02 324
Abb. 3.77: Anteil derjenigen, die Wege ausführten, und die durchschnittliche Wegedauer nach Wegezweck und unterschieden nach West- und Ostdeutschland 1991/92 und 2001/02 325
Abb. 3.78: Anteil derjenigen, die Wege ausführten, und die durchschnittliche Wegedauer nach Wegezweck und unterschieden nach Stadt-Land 1991/92 und 2001/02 326

Abb. 3.79:	Anteil derjenigen, die Wege ausführten, und die durchschnittliche Wegedauer nach Wegezweck und unterschieden nach Geschlecht 1991/92	328
Abb. 3.80:	Anteil derjenigen, die Wege ausführten, und die durchschnittliche Wegedauer nach Wegezweck und unterschieden nach Alter 1991/92 und 2001/02	329
Abb. 3.81:	Haustypen, in denen die Befragten in den Gemeinden der HIFI-Studie 1996 wohnten	339
Abb. 3.82:	Zufriedenheit mit der Wohnung nach den Haustypen, in denen die Befragten wohnen, sowie nach Wohneigentum vs. Miete 1996	340
Abb. 3.83:	Anteil der befragten Frauen der HIFI-Studie, die jederzeit über einen PKW verfügen konnten nach Wohnstandort (Mittelzentren/ kleine Gemeinden) 1996	346
Abb. 4.1:	Demographische Merkmale der befragten Personen	364
Abb. 4.2:	Mobilitätsspezifische Merkmale der befragten Personen	364
Abb. 4.3:	Wichtige Eigenschaften/ Kriterien für die Auswahl eines Verkehrsmittels (absolute Zahl der Nennungen)	386
Abb. 5.1:	Regionale Disparitäten der Verkehrsmittelnutzung (schematische Darstellung) – Situation 2001/02	401
Abb. 5.2:	Regionale Disparitäten der Wegstrecken und Wegezeiten in Abhängigkeit von den genutzten Verkehrsmitteln (schematische Darstellung)	403
Abb. 5.3:	Schematische Darstellung des Zusammenhangs von Zeitverwendung für Mobilität und subjektiver Bewertung der Verkehrsmittel	411
Tab. 2.1:	Getting places into focus	35
Tab. 2.2:	Zeitbudgetstudien in verschiedenen Ländern (aktualisiert 2003)	105
Tab. 2.3:	Objekte der Zeitbudgetforschung	106
Tab. 2.4:	Ausgewählte Anwendungen von Zeitbudgetdaten	112
Tab. 2.5:	Anteile von Erwerbstätigen am Wohnort und Auspendlern 1987 nach siedlungsstrukturellen Gebietstypen	140
Tab. 2.6:	Quelle-Ziel-Beziehungen von gemeindegrenzenüberschreitenden Pendlerströmen 1987	140
Tab. 2.7:	Analyse-Ebenen, Konzepte und Modelle für die Aktivitäten in Raum und Zeit	151
Tab. 3.1:	Übersicht über die siedlungsstrukturellen Gebietstypen des Bundesamtes für Bauwesen und Raumordnung (BBR) (ehemals Bundesforschungsanstalt für Landeskunde und Raumordnung)	161
Tab. 3.2:	Anteil der Befragten nach ausgewählten Haustypen ihres Wohngebäudes und nach Gemeindekategorien in % 1991/92 und 2001/02	171
Tab. 3.3:	Erreichbarkeit von Kinderkrippen durch die Personen in den befragten Haushalten 1991/92	176
Tab. 3.4:	Erreichbarkeit von Kindergärten durch die Personen in den befragten Haushalten 1991/92	178
Tab. 3.5:	Wegstrecken, Wegezeiten und benutzte Verkehrsmittel zu Infrastruktureinrichtungen im West-Ost-Vergleich 1991/92	185
Tab. 3.6:	Wegstrecken, Wegezeiten und benutzte Verkehrsmittel zu Infrastruktureinrichtungen im Vergleich Zentrum-Peripherie 1991/92	187
Tab. 3.7:	Wegezeiten der Personen für den Fußweg zu Infrastruktureinrichtungen sowie der Anteil derjenigen, die diese Einrichtungen zu Fuß erreichen konnten, im West-Ost-Vergleich 2001/02	189
Tab. 3.8:	Auswertungsschema für die unterschiedlichen Wegezeiten – Eigenschaften des Kontexts	202
Tab. 3.9:	Auswertungsschema für die unterschiedlichen Wegezeiten – Eigenschaften der Akteure	202
Tab. 3.10:	Anteil der Personen, die an einem der Befragungstage Wege für Arbeit zurück legten, in % nach Geschlecht in West- und Ostdeutschland 1991/92 und 2001/02	204

Tab. 3.11: Zeitaufwand für den Arbeitsweg nach Umfang der Erwerbstätigkeit und Geschlecht 1991/92 und 2001/02 205
Tab. 3.12: Anteile der Arbeitswegezeit von Vollzeit- und Teilzeit Erwerbstätigen nach Verkehrsmitteln in % 1991/92 und 2001/02 207
Tab. 3.13: Ergebnisse des Auswertungen für den Arbeitsweg entsprechend dem Auswertungsschema für Eigenschaften des Kontexts 1991/92 und 2001/02 217
Tab. 3.14: Ergebnisse der Auswertungen für den Arbeitsweg entsprechend dem Auswertungsschema für Eigenschaften der Akteure 1991/92 und 2001/02 218
Tab. 3.15: Anteil der Personen, die an einem der Befragungstage bzw. keinem der Befragungstage Wege für Haushaltszwecke zurücklegten, in % in West- und Ostdeutschland 1991/92 und 2001/02 221
Tab. 3.16: Durchschnittlicher Zeitaufwand pro Tag für Haushaltszwecke nach Haustyp 1991/92 und 2001/02 226
Tab. 3.17: Durchschnittlicher Zeitaufwand pro Tag für Haushaltszwecke nach Umfang der Erwerbstätigkeit 1991/92 und 2001/02 229
Tab. 3.18: Anteile der Personen innerhalb der verschiedenen Familien- und Haushaltsformen, die Wege für hauswirtschaftliche Tätigkeiten zurücklegten, sowie der Zeitaufwand dieser Wege 1991/92 und 2001/02 230
Tab. 3.19: Anteil der Wegezeit für hauswirtschaftliche Tätigkeiten mit dem PKW nach Familien-/ Haushaltsform in Ost und West 1991/92 und 2001/02 232
Tab. 3.20: Ergebnisse der Auswertungen für den Haushaltsweg entsprechend dem Auswertungsschema für Eigenschaften des Kontexts 1991/92 und 2001/02 233
Tab. 3.21: Ergebnisse der Auswertungen für den Haushaltsweg entsprechend dem Auswertungsschema für Eigenschaften der Akteure 1991/92 und 2001/02 234
Tab. 3.22: Anteile der Personen mit Kindern unter 18 Jahren, die Wege für Kinderbetreuung zurücklegten, und Zeitaufwand pro Tag nach Geschlecht und Umfang der Erwerbstätigkeit 1991/92 und 2001/02 237
Tab. 3.23: Durchschnittlicher Zeitaufwand pro Tag für Wege für Kinder nach Haustyp 1991/92 und 2001/02 242
Tab. 3.24: Anteile der Personen innerhalb der verschiedenen Familien- und Haushaltsformen, die Wege für Kinderbetreuung zurücklegten, sowie der Zeitaufwand dieser Wege 1991/92 243
Tab. 3.25: Ergebnisse der Auswertungen für die Wege für Kinderbetreuung entsprechend dem Auswertungsschema für Eigenschaften des Kontexts 1991/92 und 2001/02 ... 245
Tab. 3.26: Ergebnisse der Auswertungen für die Wege für Kinderbetreuung entsprechend dem Auswertungsschema für Eigenschaften der Akteure 1991/92 und 2001/02 246
Tab. 3.27: Zeitaufwand für Wege für Ausbildung nach Schulart und Verkehrsmittel für Ost- und Westdeutschland 1991/92 249
Tab. 3.28: Anteile der Wegezeit, die mit bestimmten Verkehrsmitteln für die Wege für Ausbildung nach Schulart zurückgelegt werden, in % 1991/92 und 2001/02 250
Tab. 3.29: Zeitaufwand der Personen für Wege für Ausbildung nach Schulart und Gemeindekategorie in Minuten 1991/92 und 2001/02 252
Tab. 3.30: Wegezeit der Schülerinnen und Schüler zur allgemeinbildenden Schule und Anteile der genutzten Verkehrsmittel für die Wegezeit zur Schule nach der Entfernung des Wohnorts zum nächsten DB-Anschluss 1991/92 255
Tab. 3.31: Wegezeit der Schülerinnen und Schüler zur allgemeinbildenden Schule und Anteile der genutzten Verkehrsmittel nach der Dichte der weiterführenden Schulen 1991/92 257
Tab. 3.32: Ergebnisse der Auswertungen für den Weg für Ausbildung/Qualifikation ent sprechend dem Auswertungsschema für Eigenschaften des Kontexts und der Akteure 1991/92 und 2001/02 260
Tab. 3.33: Ergebnisse der Auswertungen für die Wege für Kontakte entsprechend dem Auswertungsschema für Eigenschaften des Kontexts 1991/92 267

Tab. 3.34:	Ergebnisse der Auswertungen für die Wege für Kontakte entsprechend dem Auswertungsschema für Eigenschaften der Akteure 1991/92	268
Tab. 3.35:	Ergebnisse der Auswertungen für Freizeitwege entsprechend dem Auswertungsschema für Eigenschaften des Kontexts 1991/92 und 2001/02	278
Tab. 3.36:	Ergebnisse des Auswertungen für Freizeitwege entsprechend dem Auswertungsschema für Eigenschaften der Akteure 1991/92 und 2001/02	279
Tab. 3.37:	Durchschnittliche tägliche Wegezeiten der Ausübenden in den Regionstypen in West- und Ostdeutschland nach Aktivitätsbereichen (in Minuten) 1991/92 und 2001/02	316
Tab. 3.38:	Durchschnittliche tägliche Wegezeiten der Ausübenden in den Gemeindekategorien in West- und Ostdeutschland nach Aktivitätsbereichen (in Minuten) 1991/92 und 2001/02	317
Tab. 3.39:	Mittlere Differenzen in Wegezeiten für Eigenschaften des Kontexts und der Akteure	320
Tab. 3.40:	Mittlere Differenzen im Anteil der Ausübenden für Eigenschaften des Kontexts und der Akteure	322
Tab. 3.41:	Gründe, die die Befragten der HIFI-Studie (1996) für den letzten Umzug an gaben	338
Tab. 3.42:	Zeitverwendung der befragten Frauen der HIFI-Studie 1996	343
Tab. 3.43:	Gründe für eine geringe Nutzung von Bussen und Bahnen der HIFI-Befragten 1996 (Mehrfachantworten möglich) nach Häufigkeit der Nutzung	349
Tab. 3.44:	Verbesserungsvorschläge für den öffentlichen Nahverkehr der HIFI-Befragten 1996 (Mehrfachantworten möglich)	350
Tab. 3.45:	Bereitschaft, für bestimmte Fahrten auf dem PKW zu verzichten in %	352
Tab. 4.1:	Charakteristika der Befragten der Leitfadeninterviews und der Gruppendiskussionen	362
Tab. 4.2:	Themenmatrix der Leitfadeninterviews und der Gruppendiskussionen mit Überbegriffen und Unterthemen	366
Tab. 4.3:	Fünf „Qualitative Mobilitätstypen"	367

1. FORSCHUNGSFRAGEN UND FORSCHUNGSZIELE

Zu Beginn des neuen Jahrtausends wird nicht nur im öffentlichen Diskurs, sondern auch in der Sozialforschung wieder – oder immer noch – die Frage nach der Entscheidungsfreiheit des Individuums diskutiert. Ist das Individuum im Zeitalter der Moderne oder gar der Postmoderne tatsächlich vollkommen frei in all seinen Entscheidungen und Handlungen oder ist es an einen gesellschaftlichen, organisatorischen, familiären Rahmen und nicht zuletzt einen zeitlichen und räumlichen Kontext gebunden? Welche Freiheiten bietet die von GROSS (1994) so genannte „Multioptionsgesellschaft" wirklich und wo unterliegen die nahezu unbegrenzten Möglichkeiten alten und neuen Grenzen? Sind die von HÄGERSTRAND (1970) so markant formulierten physischen, sozialen und legalen „constraints" mittlerweile obsolet? Sind wir wirklich auf dem Weg zu einem ubiquitären „rasenden Stillstand" (VIRILIO 1992), der uns mit Hilfe der weltweit vernetzten Computer in eine paradoxe Situation des einerseits beschleunigten Lebens bei gleichzeitig zunehmender physischer Unbeweglichkeit manövriert? Haben wir das „digitale Nirwana" (GUGGENBERGER 1997), in dem „die geographische Ordnung ... von der chronographischen Ordnung verdrängt (wird)" (GUGGENBERGER 1997, S. 22), schon erreicht?

All diese Fragen betreffen die beiden Dimensionen Raum und Zeit sowie das Zusammenwirken von individuellem Handeln mit dem jeweiligen räumlichen und sozialen Kontext. Betrachtet man die jüngere Diskussion in der Sozialgeographie um die subjektzentrierte Handlungstheorie von WERLEN, so wurde auch hier die Frage aufgeworfen, inwieweit der Ausgangspunkt eines autonom handelnden Individuums der Alltagsrealität entspricht (u.a. bei MEUSBURGER 1999, S. 96ff). BLOTEVOGEL (1999) betonte das komplementäre Verhältnis von Kontext- und Akteursebene und wies darauf hin, dass „...gerade für Geographen ... die Möglichkeit offen sein (sollte, Anm. d. Aut.), Modelle der Makro-Ebene auf die Mikro-Ebene zu übertragen, ohne in einen platten Naturalismus zu verfallen" (DERS. 1999, S. 25)[1].

In der Soziologie werden die Zusammenhänge von gesamtgesellschaftlicher Ebene und individueller Ebene als Mikro-Makro-Problem ebenfalls immer wieder diskutiert. SPIEGEL (1998) schlug den Einsatz von Mehrebenenbetrachtungen vor, BAMBERG und SCHMIDT (1998) sowie ESSER (1993) versuchen, mit Brückenhypothesen eine Verknüpfung dieser beiden Ebenen herzustellen.

---

1 Auch die Humanökologie beschäftigt sich seit geraumer Zeit mit der Beziehung zwischen dem Menschen und seiner materiellen Umwelt (vgl. MEUSBURGER/ SCHWAN 2003). In jüngster Zeit wurde diese Diskussion nicht zuletzt im Rahmen der innerfachlichen Diskussion über die Gemeinsamkeiten von Physischer Geographie und Humangeographie wieder belebt (vgl. WEICHHART 2003).

In der vorliegenden Arbeit wird versucht, eben jenem Mikro-Makro-Problem mit einer Analyse der individuellen Zeitverwendung näher zu kommen. Dazu gilt es zu überprüfen, ob es Zusammenhänge zwischen den „objektiven" Eigenschaften auf der Makro- und Mikroebene (Eigenschaften des Wohnorts, Ausstattung des Haushalts, soziodemographische Merkmale der Person, wie z.B. Beruf usw.), d.h. dem Kontext, und dem Handeln der Akteure gibt. Dabei steht ein spezieller Aspekt des räumlich relevanten Handelns im Alltag im Vordergrund, nämlich die alltägliche Mobilität. Da bei räumlicher Mobilität sowohl Raum überwunden wird als auch Zeit für diesen Vorgang verwendet werden muss, stehen sowohl Raum- als auch Zeitmaße zur Analyse dieses Phänomens zur Verfügung. In der vorliegenden Arbeit steht der zeitliche Aufwand für Alltagsmobilität im Vordergrund. Einer der Gründe für diese Wahl ist, dass im Alltag Entscheidungen darüber, ob ein Ziel „nah" oder „fern" erscheint, zunehmend über die zeitliche Distanz und weniger über die räumliche Distanz gefällt werden. Maßgeblich ist dabei auch, welches Verkehrsmittel zur Verfügung steht, so dass dieser Aspekt in der Arbeit ebenfalls berücksichtigt wird. Der *Zeitaufwand für Mobilität* ist m.E. aus mehreren Gründen ein sinnvoller Indikator, um den o.g. Fragestellungen nachzugehen. Der *Zeitaufwand für Mobilität* steht als Indikator für folgende Fragestellungen/ Themenbereiche:

- Zeit als nicht anhäufbare Ressource ist für viele Menschen mindestens so kostbar und knapp wie Geld (Diskussion um Zeitnot, Zeitsouveränität, Zeitmanagement).
- Zeit für Wege, für Mobilität verbindet die Dimensionen Zeit und Raum wie kaum ein anderer Indikator.
- Zeitverwendung für Mobilität unterliegt aus diesem Grund sowohl zeitlichen als auch räumlichen bzw. durch das Verkehrsmittel bedingten „constraints". Damit ist diese Art von menschlicher Aktivität in besonderem Maße mit dem räumlichen Kontext verbunden.
- Das Leitbild der Nachhaltigkeit (sustainable development) beinhaltet nicht nur die Forderung nach einer nachhaltigen Bewirtschaftung von Raum, sondern auch von Zeit. Dabei kommen besonders in Konzepten zu „Regionen der kurzen Wege" oder zur Bewältigung der Verkehrsengpässe Ansätze zum Tragen, die sich mit der Veränderung und der Verkürzung von Wegezeiten beschäftigen.
- Zudem eröffnet ein bisher einmaliger und seit 1999 erstmals verfügbarer Datensatz (die Zeitbudgetstudien des Statistischen Bundesamtes aus den Jahr 1991/1992 und 2001/02) die Behandlung dieser Forschungsfragen.

1.1 FORSCHUNGSFRAGEN

Die Wechselwirkungen zwischen dem räumlichen Kontext auf der Makroebene und der individuellen Zeitverwendung für Mobilität auf der Mikroebene stehen im Zentrum dieser Arbeit. Im nachfolgenden Schaubild ist diese Fragestellung veranschaulicht:

Abb.1.1:　*Zentrale Fragestellung der Arbeit*

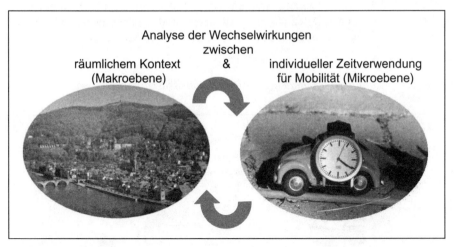

Quelle: eigener Entwurf

Wechselwirkungen bedeuten in diesem Zusammenhang, dass die Akteure zum einen selbst von „constraints" ihrer Umgebung in der Gestaltung ihrer Alltagswege beeinflusst werden, zum anderen aber auch durch ihr individuelles Handeln in der Summe den Kontext gestalten (z.B. im morgendlichen Stau). Eine Detailfrage könnte z.B. lauten: Ist der Zeitaufwand, den eine Teilzeit erwerbstätige Frau mit Kindern unter zehn Jahren für ihre alltäglichen Wege aufwenden muss, in einer Kernstadt im Agglomerationsraum kleiner oder größer als in einer kleinen Gemeinde ohne zentralörtlichen Rang?

Um jedoch die Gestaltung des Zeitbudgets für Mobilität angemessen zu beurteilen, muss eine Kette von früheren und aktuellen Entscheidungen und Handlungen mit den räumlichen Strukturen in Verbindung gebracht werden (Abb. 1.2)[2]. Ein erstes Glied dieser Kette ist die Entscheidung und Handlung (meist ein Umzug), die dem aktuellen Wohnort zu Grunde liegt. Diese Handlung hat Folgen für den Haushalt und die Personen, insofern, dass dadurch die aktuelle Struktur der Umgebung, der Kontext, gewählt wurde. Auch diese Entscheidung unterliegt verschiedenen „constraints", wie z.B. den finanziellen Rahmenbedingungen des Haushalts, die wiederum nur bestimmte Wohngebiete oder -standorte als potentielle Wohnstandorte zulassen. Insofern stehen auch bei diesem Vorgang Eigenschaften der Akteure in enger Wechselbeziehung mit speziellen Eigenschaften des Kontexts. Diese Art von Raum-Zeit-Handeln stellt ein langfristiges Element im gesamten Raum-Zeit-Handeln dar. Dabei sind Prozesse zu beobachten, wie soziale Entmischung und Segregation, da z.B. bestimmte Wohngebiete für junge

---

[2] Dies entspricht dem von MIGGELBRINK (2002) beschriebenen „Verhältnis von Handeln und Struktur als sich wechselseitig bedingende Momente gesellschaftlicher Praxis" (MIGGELBRINK 2002, S. 90).

Familien besonders attraktiv sind, wohingegen andere von gutverdienenden Singles oder „DINKS"[3] bevorzugt werden. Diese Entscheidungsmuster können mit Hilfe von zusätzlichen Daten aus einer kleineren Studie[4] näher untersucht werden, für die Analyse der Zeitbudgetdaten stehen Daten dieser Art jedoch nicht zur Verfügung.

Abb. 1.2: Langfristiges und kurzfristiges Raum-Zeit-Handeln

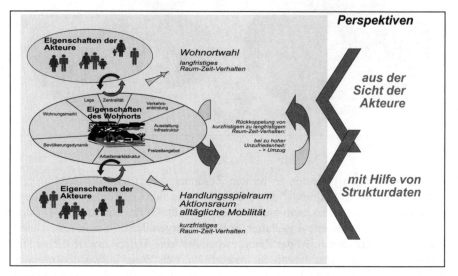

Quelle: eigener Entwurf

Diese – einmal gewählte – Kontextebene liegt wiederum als Umwelt, „constraints" usw. den aktuellen Handlungen zugrunde und wird gleichzeitig von den handelnden Individuen geschaffen. Sie ist in Form von Gemeindetypisierungen, Informationen über Größe und Infrastrukturmerkmale der Gemeinde, Verkehrsanbindung usw. z.T. verfügbar und kann somit in die Analysen mit eingehen. Außerdem liegen von den befragten Haushalten Angaben über die räumliche und zeitliche Nähe von einzelnen Einrichtungen vor.

Das kurzfristige Raum-Zeit-Handeln, die durchschnittlichen Wegezeiten, die Personen für bestimmte Zwecke an Werktagen und Wochenendtagen aufwenden, sind in den beiden zentralen Datensätzen (Zeitbudgetstudien) vorhanden, so dass der Frage nach dem Umfang der Zeit, die zur Überwindung von Raum notwendig ist, nachgegangen werden kann. Diese zentrale (abhängige) Variable „Zeit zur Überwindung von Raum" wird differenziert nach der jeweiligen Lebenssituation

---

3   Als „DINKS" werden doppelverdienende Paare ohne Kinder bezeichnet (double income, no kids).
4   Diese Studie des Heidelberger Instituts für Interdisziplinäre Frauenforschung (HIFI) e.V. wird in den nachfolgenden Kapiteln noch vorgestellt werden.

der Befragten betrachtet. Ein Einfluss von (unabhängigen) Variablen, wie Alter, Geschlecht, Umfang der Erwerbstätigkeit, Anzahl der Kinder im Betreuungsalter, uvm. wird untersucht. Damit kann auch überprüft werden, inwieweit „constraints" sozialer Art, vor allem rollenspezifischer Art, auf die Wegezeiten und auf die verwendeten Verkehrsmittel, die ebenfalls analysiert werden, einwirken.

In Abb. 1.2 sind die soeben beschriebenen Ketten von langfristigen und kurzfristigen Entscheidungen sowie das damit verbundene Raum-Zeit-Handeln zusammengestellt. Die Eigenschaften der Akteure, ihre familiäre Situation, ihr Geschlecht, ihre Erwerbstätigkeit usw. stellen Einflussgrößen auf das langfristige Raum-Zeit-Handeln, also die Wohnortwahl, dar. Dieser Wohnort, mit seinen Eigenschaften, seiner Lage, seiner Größe, seiner Zentralität, seinen Verkehrsanschlüssen, seiner Infrastruktur besitzt wiederum Auswirkungen auf das kurzfristige Raum-Zeit-Handeln, die alltäglichen Aktionsräume und die mit ihnen verbundene Mobilität. Diese sind modifiziert durch soziodemographische Eigenschaften der Akteure. Zudem gibt es eine Rückkoppelung vom kurzfristigen zum langfristigen Raum-Zeit-Handeln in der Form, dass bei hoher Unzufriedenheit mit dem aktuellen Aktionsraum bzw. den Eigenschaften des Wohnortes, oder bei Veränderungen, wie Berufswechsel o.ä., das langfristige Raum-Zeit-Handeln den veränderten Ansprüchen angepasst, d.h. umgezogen, wird. Die Existenz dieser hier beschriebenen – oder einer ähnlichen – Kette ist eine Hypothese, die wahrscheinlich allgemeine Akzeptanz findet. Die Fragen, die dabei jedoch offen bleiben, sind die nach der Stärke der einzelnen Einflussfaktoren und danach, wie stark sie durch die individuellen Eigenschaften und die subjektive Beurteilung modifiziert werden.

Der subjektive Wahrnehmungsraum kann an sämtlichen „Pfeilen" und damit Entscheidungsstrukturen des Diagramms von Abb. 1.2 maßgeblichen Einfluss ausüben. Dies beginnt bei der Wohnortwahl, bei der neben den Sachargumenten häufig „Eindrücke" oder subjektive Vorlieben bzw. Abneigungen für bzw. gegen Wohnorte oder Stadtteile eine Rolle spielen. Auch die Wahrnehmung der Eigenschaften des Wohnorts unterliegt einem subjektiven Einfluss, da je nach Lebenssituation unterschiedliche Wahrnehmungen und Bewertungen vorherrschen. In Abhängigkeit davon wiederum gestaltet sich der alltägliche Aktionsraum, zudem überformt durch die gewohnten Verkehrsmittel für die jeweiligen Wege[5]. Diese subjektiven Modifikationen der Handlungsspielräume stellen den Fragenkanon dar, dem innerhalb eigener qualitativer Befragungen nachgegangen wird.

All diese Aspekte werden aus zwei Perspektiven beleuchtet. Zum einen geschieht dies mit Hilfe von Strukturdaten, wie z.B. Daten des Bundesamtes für Bauwesen und Raumordnung (BBR) oder GIS-Daten. Zum anderen werden durch die Auswertung der Zeitbudgetstudien und in eigenen Interviews (meist qualitativer Art) individuelle Motive, Einstellungen und Bewertungen der Mobilität erhoben, die es ermöglichen, eine „subjektive" Perspektive einzunehmen.

---

5   Jede/r, die/der einmal eine gewohnte PKW-Strecke mit dem Fahrrad oder zu Fuß zurückgelegt hat, weiß um die unterschiedlichen Wahrnehmungen von Strecken in Abhängigkeit vom regelmäßig benutzten Verkehrsmittel.

Auf einen Satz verkürzt lautet die zentrale Arbeitshypothese dieser Arbeit:

> *Zeit als Ressource ist nicht nur sozial,*
> *sondern auch regional ungleich verteilt.*

Weiter ausdifferenziert ergeben sich daraus folgende Fragen, die an dieser Stelle in knapper Form zusammengestellt sind.
- Wie gestalten sich die Wegezeiten im Alltag für die Akteure in ihrem Kontext? Wer hat im Alltag wo für welche Zwecke die längeren und wer die kürzeren Wege?
- Wie wirkt der Kontext auf die Wegezeiten? Welche Merkmale des Kontextes (wie zentralörtlicher Rang, Lage innerhalb/ außerhalb von Agglomerationsräumen, Nähe/ Ferne von Autobahnanschlüssen oder DB-Anschlüssen, Lage in Ost- oder Westdeutschland) wirken besonders stark auf welche Wegezeiten?
- Unterliegen diese Einflussfaktoren einem zeitlichen Wandel? Wie wirken die früher unterschiedlichen politischen Systeme heute, bzw. wirken diese heute noch nach?
- In welchen Haushaltsformen und Lebensphasen wirken welche „constraints" des Kontextes besonders stark? Sind es Personen mit betreuungspflichtigen Kindern, für die große Unterschiede hinsichtlich ihrer Wegezeiten für Haushalt und Familie zwischen Großstadt und ländlicher Gemeinde bestehen oder sind es eher die Vollzeit erwerbstätigen Singles, deren Wegezeiten für Arbeit zwischen den Gemeindetypen schwanken?
- Für welche Wege sind welche Einflussfaktoren wirksam?
- Gibt es eine time-space-compression in der Form, dass die Welt durch moderne Kommunikationstechnologien näher zusammenrückt und die Individuen immer immobiler werden? Wächst oder sinkt der Anteil der Personen, die wenig mobil sind? Für diese Fragestellung war es besonders wichtig, einen Vergleich zwischen den beiden Zeitbudgetstudien herzustellen[6].
- Wie verteilen sich die Wege über den Tagesverlauf? Unterliegen diese Verteilungen einem zeitlichen Wandel?
- Wie stark beeinflussen Mobilitätsgewohnheiten die Konstruktion von Zeit-Räumen? Wie abhängig ist sie von der Lebensphase, der Familienphase und damit verbunden dem Grad an Zeitautonomie?
- Welche Faktoren wirken auf den Entscheidungsprozess für Mobilität bzw. die Wahl des Verkehrsmittels ein? Wie stark prägen allgemeine Urteile und Meinungen diesen Prozess?

6　THULIN und VILHELMSON (2004) sprechen von der Spannung zwischen einerseits „spatially exploding networks" und andererseits „imploding, place-bounded ‚privatisation' of solitary activities" (ebd. 2004, S. 282).

1.2 FORSCHUNGSZIELE

Die Frage, inwieweit Wechselwirkungen zwischen Strukturen auf der Makroebene (räumliches Umfeld, Distanz zu Zentren, Eigenschaften des Wohnorts usw.) und individuellem Handeln auf der Mikroebene (Zeitverwendung, wie z.B. Dauer, Beginn und Ende von Wegen, Häufigkeit von Aktivitäten usw. oder Verkehrsmittelnutzung) bestehen, steht im Zentrum dieser Arbeit. Ein Ziel dieser Arbeit ist, Brückenhypothesen zu formulieren und zu überprüfen, die zwischen den „objektiven" Eigenschaften auf der Makro- und Mikroebene (Eigenschaften des Wohnorts, Ausstattung des Haushalts, soziodemographische Merkmale der Person, wie z.B. Beruf usw.) und dem Handeln, d.h. der tatsächlichen Zeitverwendung der Individuen, stehen. Dabei ist zu berücksichtigen, inwieweit Strukturen auf der Makroebene, die als unabhängige Variable gegenüber der abhängigen Variable Zeitverwendung betrachtet werden, wiederum selbst von jenen Variablen abhängig sind, die erklärend wirken sollen (z.B. Haushaltstypen, die in bestimmten Ortstypen häufiger vertreten sind als in anderen). Auf der Makroebene sind vor allem diejenigen Elemente für die Fragestellung von Bedeutung, die für das Mobilitätshandeln relevant sind.

Die Operationalisierung des zentralen Begriffs „Kontext" erfolgt u.a. unter Zuhilfenahme ergänzender Daten, wie z.B. aus dem Informationssystem INKAR des BBR. „Kontext" wird im Folgenden als Umwelt der Akteure, im Sinne von Lage und Infrastruktur der Wohngemeinde und des Wohnumfeldes verstanden. Dazu zählen die Lage des Wohnorts in West- oder Ostdeutschland (da dies 1991/92, aber auch heute noch mit zahlreichen typischen Mobilitätsrestriktionen oder -vorteilen verbunden war/ ist), die Zugehörigkeit zu einem Kreis- oder Gemeindetyp (nach Typisierungen des BBR), die Nähe/ Ferne zu Autobahnanschlüssen oder DB-Bahnhöfen, der Anteil der Erholungsfläche an der Gemeindefläche, der Haustyp (d.h. das unmittelbare Wohnumfeld) und – für die Wege zur Schule – die Schulendichte des Kreises. Das Verständnis von Kontext setzt auf der Maßstabsebene des Haushalts als kleinster Einheit an, der den Handlungskontext darstellt, in dem das Individuum agiert. Die Merkmale der Akteure sind allesamt Merkmale des Individuums, wie z.B. Alter, Geschlecht, Ausbildungsniveau, Haushaltsform oder PKW-Verfügbarkeit.

Da es aus Datenschutzgründen nicht möglich ist, einzelne Gemeinden in der Auswertung darzustellen, musste eine Gemeindetypisierung verwendet werden. Das zentralörtliche Gliederungs- und Verflechtungssystem der BBR-Regionstypen bietet sich aufgrund dessen, dass Wegezeiten ein Wechselspiel aus Angebot und Nachfrage darstellen, als ein sinnvolles Konzept für die Untersuchung der Wegezeiten an, da es gewissermaßen die Angebotsstruktur abbildet. Durch die Feingliederung der Gemeindetypen bietet es zudem die Möglichkeit, Zentren und ihre suburbanen Wohngemeinden zu unterscheiden, was bei der Betrachtung auf der bundesdeutschen Ebene von großer Bedeutung ist. Welche zusätzlichen Implikationen Variablen, wie Gemeindegröße oder Zentralität als Indikatoren besitzen (hinsichtlich Urbanität, Verkehrsdichte, Kriminalität usw.), muss an dieser Stelle nicht vertieft werden.

Abb. 1.3: Fragestellung im Hinblick auf die analysierten räumlichen Einheiten

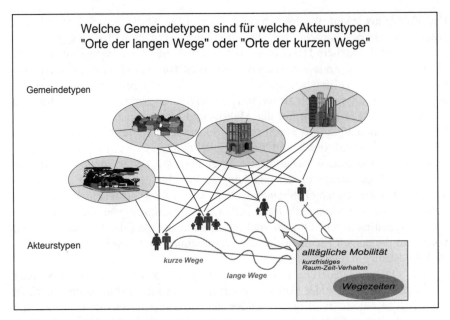

Quelle: eigener Entwurf

Überträgt man diese Frage nach der regional ungleich verteilten Ressource Zeit auf die Ebene der analysierten räumlichen Einheiten, so lässt sich dies in einem Schaubild darstellen (Abb. 1.3). Die Fragestellung lautet dann entsprechend: „Welche Gemeindetypen sind für welche Akteurstypen „Orte der langen Wege" oder „Orte der kurzen Wege"?" Ausgehend von der alltäglichen Mobilität, operationalisiert mit Hilfe der Wegezeiten (aus den Zeitbudgetstudien und den eigenen Befragungen) – siehe rechte untere Ecke des Schaubilds – wird gezeigt, wo Personen in bestimmten Lebensformen in ihrem Alltag eher lange oder eher kurze Wege zurücklegen. In einem nächsten Schritt wird dann betrachtet, ob sich dabei systematische Unterschiede zwischen bestimmten Ortstypen zeigen. Ist es das Mittelzentrum im Verdichtungsraum oder das Oberzentrum in der ländlichen Region, in dem die Teilzeit erwerbstätige Frau mit kleinen Kindern die kürzesten Wege hat? Wo gestalten sich die Arbeits- und Freizeitwege für den Single am günstigsten? Eher in der Großstadt oder eher im suburbanen Umfeld? Wie werden die Bedingungen des Kontextes wahrgenommen und bewertet? Spiegeln sie die objektiv messbaren Bedingungen wider oder werden sie durch bestimmte individuelle Bedingungen verändert? Dies sind die Fragen, die das Ziel verfolgen, die Wechselwirkungen zwischen Kontext und der alltäglichen Mobilität der Akteure näher zu beleuchten.

Die Analyse dieser Fragen mit Hilfe von Daten zur Zeitverwendung unterscheidet sich in mehreren Aspekten von „klassischen" verkehrsgeographischen

Arbeiten, die meist auf Verkehrszählungen oder speziellen Befragungen[7] aufsetzen. Zum einen kann in dieser Arbeit eine bundesweite Perspektive eingenommen werden, wohingegen nur sehr wenige Verkehrserhebungen bundesweit agieren, bzw. diese bisher keine Analyse auf der Ebene der Wohngemeinden erlauben[8]. Zum anderen ist durch die Erhebungstechnik des Zeitbudgetprotokolls eine grundsätzlich andere Zugangsweise zu den Wegen und ihren Zeiten gegeben, als dies in speziellen Verkehrserhebungen der Fall ist. Befragte, welche die Zeitverwendung eines kompletten Tages notieren müssen, berücksichtigen weitaus stärker kürzere Wege als dies bei einer Nachfrage nach den Wegen als Ganzes geschieht. Da in Zeitbudgeterhebungen die Befragten ihren kompletten Tagesablauf notieren, ist die Wahrscheinlichkeit, Wege zwischen einzelnen Aktivitäten zu vergessen, weitaus geringer als in Erhebungen, in denen nur die einzelnen Wege notiert werden müssen. Hinzu kommt, dass durch die umfassende Erhebung von Personen- und Haushaltsdaten zahlreiche zusätzliche Informationen über die Befragten vorliegen, wie z.B. Haustyp, Gartenbesitz, Nähe und Ferne von Infrastruktureinrichtungen usw., die Verkehrserhebungen vielfach nicht besitzen.

1.3 ARBEITSHYPOTHESEN

Die zentralen Arbeitshypothesen sind grob in zwei Gruppen geteilt: die erste Gruppe ist stärker der o.g. Kontextebene zuzuordnen, während sich die zweite Gruppe der Arbeitshypothesen eher mit der Akteursebene beschäftigt.

- auf der Kontextebene -

(1) In der Literatur wird häufig eine „time-space-compression"[9] und eine damit verbundene Reduzierung der individuellen Mobilität (z.B. durch den Einsatz neuer Medien) prognostiziert. Es stellt sich die Frage, ob diese in den alltäglichen Aktionsräumen der Menschen über den Zeitraum 1991 bis 2001 bereits erkennbar ist. Es wird jedoch aufgrund des erhöhten Verkehrsaufkommens erwartet, dass die Anteile der Personen mit Wegen und die Wegezeiten in diesem Zeitraum eher zu- als abnehmen.
(2) Infrastrukturelle Bedingungen am Wohnort, wie Zentralität, Verkehrsanbindung usw. beeinflussen als „constraints", „Handlungsbedingungen" oder „Umwelt" die individuelle Zeitverwendung für Mobilität. Es lassen sich auf der Makro-Ebene Wohnort-Typen mit potentiell hohem Zeitverbrauch für Mobilität und Wohnort-Typen mit potentiell geringerem Zeitverbrauch für bestimmte Mobilitätszwecke und bestimmte soziodemographische Gruppen

---

7 Hier ist z.B. die Kontinuierliche Verkehrserhebung KONTIV (1976, 1982, 1989, 2002 durchgeführt) zu nennen.
8 Die KONTIV bildet als eine der wenigen bundesweiten Erhebungen eine Ausnahme. Es ist jedoch erst in der jüngsten Erhebung von 2002 vorgesehen, Auswertungen unter Einbeziehung der Gemeindekennziffer zuzulassen.
9 vgl. u.a. HARVEY (1989).

(3) bestimmen. Es wird vermutet, dass Ortstypen mit „Zeitnot" entweder durch hohe Dichte, Größe und Zentralität oder periphere Lage mit schlechter Verkehrsanbindung gekennzeichnet sind. Ortstypen mit „Zeitwohlstand" sind vermutlich gekennzeichnet durch mittlere Größe, Zentralität und funktionale Mischung.
(4) Die strukturelle „Fahrtzeitintensivität" oder „-extensivität" eines Ortes für bestimmte Mobilitätszwecke ist überlagert von individuellen Bedingungen auf der Mikroebene, wie Alter, Geschlecht, Beruf, Haushaltsform und familiärer Situation. So sind z.B. für Personen, die in Familie leben, „Orte der kurzen Wege" dort zu erwarten, wo eine „familientypische" Infrastruktur (z.B. Kindergärten, Schulen) gut erreichbar ist, wohingegen für alleinlebende Erwerbstätige oder Rentner/innen andere Orte (z.B. mit großem kulturellem Angebot oder Freizeitmöglichkeiten) „Orte der kurzen Wege" darstellen.
(5) Der gesellschaftliche Wandel, der sich mit der deutschen Wiedervereinigung in den neuen Ländern nach 1989 vollzogen hat, und Lebensbereiche, wie Arbeit, Wohnen, Kinderbetreuung und vieles mehr massiven Veränderungen unterworfen hat, schlägt sich auch in einem veränderten Mobilitätshandeln nieder. Dabei stehen Prozesse wie Suburbanisierung und Motorisierung miteinander in Wechselwirkung. Es ist zu erwarten, dass sich zum einen die Lebensbedingungen zwischen Ost und West angleichen (z.B. hinsichtlich des Verkehrswegenetzes), zum anderen vereinzelt noch Strukturen aus der Zeit vor der Wende erkennbar sind (z.B. Standortnetz von bestimmten Einrichtungen). Aus diesem Grund wird dem Vergleich zwischen den neuen und den alten Ländern sowohl 1991/92 als auch 2001/02 relativ viel Platz eingeräumt.

- auf der Akteursebene -

(1) Die subjektive Wahrnehmung des Zeitaufwands für Mobilität („mental travelling times"[10]) stellt eine weitere modifizierende Größe für die o.g. Hypothesen dar. Hier findet eine Konstruktion von Zeit-Räumen, von „timing space" statt. Entscheidungen über Fahrtziele und Verkehrsmittel werden in stärkerem Maße über die dafür notwendige Fahrzeit als die zu überwindende Wegstrecke gefällt.
(2) Die Beurteilung des Zeitaufwands für Mobilität ist abhängig von der Art des Verkehrsmittels, dem Fahrtzweck und der wahrgenommenen Qualität des Verkehrsmittels. Lange Fahrten in einem angenehm empfundenen Fahrzeug werden positiver eingeschätzt als kurze Fahrten in einem weniger angenehm bewerteten Verkehrsmittel.
(3) Zeitliche „constraints" zeigen bei die meisten Personen stärkere Wirkungen als finanzielle „constraints". So ist zu erwarten, dass das Argument der Zeitersparnis höheres Gewicht erhält als das der Kosten.

---

10 Dieser Begriff wurde in Analogie zu den Begriffen „mental maps" und „mental clocks" gebildet.

1.3 Arbeitshypothesen

(4) Die Wirkung von „constraints" unterliegt einem zeitlichen Wandel in Abhängigkeit von der Lebensphase der Befragten. So wird vermutet, dass Studierende als Personen mit hoher Zeitsouveränität den höheren Zeitaufwand des ÖPNVs weniger negativ beurteilen als Personen mit einem sehr eingeschränkten Zeitbudget (z.B. erwerbstätige Mütter).

(5) Mobilität besitzt über den reinen Zweck der Überwindung räumlicher Distanzen hinaus affektive Komponenten („Gefühl von Freiheit"), die vorrangig beim Freizeitverkehr offenbar werden. Diese Komponenten beeinflussen die Wahrnehmung des Zeitaufwands für Mobilität, Mobilitätsentscheidungen und vor allem die Wahl des Verkehrsmittels. Es wird angenommen, dass Personen, für die emotionale Aspekte mit der Nutzung von Verkehrsmitteln einhergehen, weniger rationalen Kosten-Nutzen-Argumenten zugänglich sind.

Diese Arbeitshypothesen wurden mit Hilfe unterschiedlicher Datensätze und unterschiedlicher Methoden überprüft. Der Datensatz der Zeitbudgetstudie 1991/92 umfasst ca. 32.000 Tagebücher, die von knapp 20.000 Personen in 7.200 Haushalten in 1.612 Gemeinden in Deutschland geführt wurden und in denen im 5-Minuten-Takt alle Haupt- und Neben-Aktivitäten erfasst wurden. Das Scientific Use File der Zeitbudgetstudie 2001/02 umfasst knapp 36.000 Tagebücher von rd. 14.000 Personen in rd. 5.200 Haushalten in 2.195 Gemeinden, die im 10-Minuten-Takt ihre Aktivitäten in ein Tagebuch notierten[11].

Die HIFI-Studie wurde im Frühjahr 1996 in zehn Gemeinden Baden-Württembergs durchgeführt. Da der Schwerpunkt der HIFI-Studie auf einer Untersuchung der Lebenssituation von Frauen lag, sind 90% der insgesamt 837 Befragten weiblich und 10% männlich. Dieser Datensatz fand vor allem für die Fragestellungen zur Zeitverwendung von Frauen unter dem Aspekt der Rollenerwartungen und der Doppelbelastung durch Beruf und Familie Verwendung. Außerdem enthält er Fragen zur subjektiven Bewertung von Zeit und Freizeit sowie zu den Motiven der Wohnortwahl.

Die qualitativen Erhebungen beschäftigen sich vor allem mit den zahlreichen Fragestellungen der subjektiven Einschätzung, Bewertung und Wahrnehmung von Zeit für Mobilität. Es wurden 28 Leitfadeninterviews und neun Gruppendiskussionen zu diesem Thema durchgeführt[12]. Eine detaillierte Beschreibung der Datensätze erfolgt in den Kapiteln ihrer Auswertung (Kap. 3 und 4).

Aufgrund der unterschiedlichen Schwerpunkte der Befragungen musste für jede Fragestellung neu entschieden werden, welche Arbeitshypothesen mit welchen Befragungen vorrangig bearbeitet werden sollten. Dies wurde in Abb. 1.4 zusammengestellt. Die Arbeitshypothesen sind mit der gleichen Nummerierung versehen wie oben und nur in kürzere Worte gefasst.

---

11 Auf die methodischen Unterschiede der beiden Zeitbudgetstudien und ihre Probleme wird in Kap. 3.1.1.1 näher eingegangen.
12 Die Interviews wurden unter Mithilfe von Studierenden im Rahmen von zwei Lehrveranstaltungen im Sommersemester 2001 und im Wintersemester 2002/2003 durchgeführt.

Abb. 1.4:   Verwendete Datenbasen in Bezug zu den Arbeitshypothesen

Zeitbudgeterhebungen (Stat. Bundesamt)

- *auf der Kontextebene -*   **HIFI-Studie**

(1) Keine zunehmende „time-space-compression", sondern zunehmende Mobilität.
(2) Einfluss kontextueller „constraints" auf die Zeitverwendung für Mobilität, unterscheidbare Wohnort-Typen mit verschiedenem „Zeitpotential".
(3) Überlagerung der Struktur auf der Makroebene durch individuelle Bedingungen auf der Mikroebene: z.B. andere Orte „Orte der kurzen Wege" für Personen in Familien als für allein lebende Erwerbstätige.
(4) Niederschlag der Differenzen zwischen West- und Ostdeutschland im Mobilitätshandeln als Ergebnis des gesellschaftlichen Wandels, z.T. als Angleichung, z.T. als anhaltende Differenz.

- *auf der Akteursebene -*   **Eigene qualitative Interviews**

(1) Konstruktion von Zeit-Räumen („timing space") durch subjektive Wahrnehmung „mental travelling times", zentrale Messgröße für Entscheidungen: Fahrtzeit und nicht Wegstrecke.
(2) Modifikation der Beurteilung der Fahrtzeit durch Verkehrsmittel, Fahrtzweck und Qualität des Verkehrsmittels.
(3) Zeitliche „constraints" mit stärkerer Wirkung als finanzielle „constraints".
(4) Wirkung der „constraints" in Abhängigkeit von der Lebensphase und dem Grad der „Zeitsouveränität".
(5) Mobilität besitzt affektive Komponenten („Gefühl von Freiheit"), die die Zugänglichkeit von Kosten-Nutzen-Argumenten erschweren.

Quelle: eigene Zusammenstellung

Wie nicht selten bei empirischen Arbeiten besteht allerdings auch bei dem vorgestellten Konzept eine Kluft zwischen den „idealen" Daten und den Daten, die zur Auswertung zur Verfügung stehen. Es wäre z.B. wünschenswert, die Gemeindekennziffer immer – und nicht nur für Ausnahmeregelungen – bei allen Datensätzen zur Verfügung zu haben und diese sowohl für die Auswertung als auch für die Veröffentlichung nutzen zu dürfen. Mit der Auswertungsmöglichkeit der Gemeindekennziffer wäre es z.B. möglich, Landesinformationssysteme mit einer Vielzahl von Variablen für jede Gemeinde zu nutzen. Wenn es zudem eine aktuelle Volkszählung gäbe, wären darüber hinaus speziell auf die Fragestellung zugeschnittene Gemeindetypisierungen konstruierbar, die weitreichendere Auswertun gen ermöglichen würden. Ebenso wäre es für Analysen der alltäglichen Aktionsräume wichtig, Information über den Wohnstandort unterhalb der politischen Gemeinde, z.B. auf Stadtteilebene, zu besitzen. Auch die Kenntnis der Zielgemeinden der einzelnen Wege wäre eine sinnvolle und wichtige Information, die zahlreiche interessante Analysen ermöglicht hätte. Das systematische Unterschätzen der sehr kurzen Wege und der Wegeketten müsste durch präzisere Anweisungen – sowohl bei Zeitbudgetstudien als auch bei anderen Mobilitätsstudien[13] – aufgefangen werden. Auch wäre es wünschenswert, mehr Informationen über die Motive für die Wahl eines Verkehrsmittels und über „weiche" Faktoren, wie z.B. die Qualität von Mobilität, zu besitzen. Trotz dieser Kluft zwischen Wunsch und Wirklichkeit bietet der Datensatz der Zeitbudgetstudien zum ersten Mal die Möglichkeit, bundesweite Analysen der Zeitverwendung durchzuführen. Eine stärkere Nutzung durch Geographen/innen könnte auch dazu beitragen, Argumente für verbesserte Auswertungsmöglichkeiten oder spezifische Fragestellungen zu stützen.

1.4 METHODEN

Bedingt durch die unterschiedlichen Analyse-Ebenen, die sowohl in Abb. 1.4. als auch in den Arbeitshypothesen vorgestellt wurden, ist es notwendig, unterschiedliche Analysemethoden einzusetzen. Aus diesem Grund ist ein Methodenmix bzw. eine Methodentriangulation vorgesehen.

In den statistischen Auswertungen wurden zwar Regressionsmodelle getestet, die jedoch auf Grund der hohen Variabilität zahlreicher zusätzlicher, nicht messbarer Einflussfaktoren nicht zu befriedigenden Ergebnissen führten. Zur Erklärung der Wegezeiten wurden Variablen, wie z.B. Gemeindetyp des Wohnorts (als Indikator für Infrastruktur), Familienform der Befragten (als subjektives Merkmal), Entfernung des Wohnorts zum nächsten Zentrum oder Variablen, wie Bildungsabschluss der Befragten, verwendet. Dabei wurden die unterschiedlichen Zwecke von Mobilität (Freizeit, Beruf, Begleitung von Kindern etc.) und unterschiedliche Arten von Mobilität (zu Fuß, Fahrrad, PKW, ÖPNV) differenziert betrachtet.

Für die Zusammenführung der vielfältigen Auswertungen von Wegezeiten in einer Übersicht wurde u.a. die Methode der Kontraste, d.h. lineare parametrische Funktionen, angewandt. Dazu wurden die unterschiedlichen Merkmale von Kontext und Akteuren für die Wegezeiten dichotomisiert. Danach wurden die Differenzen zwischen diesen Merkmalen für jeden Wegezweck errechnet. Anschließend wurde für die Gruppe der Kontextmerkmale und die Gruppe der Akteursmerkmale ein gesamter Mittelwert über die Einzeldifferenzen gebildet, so dass deutlich wird, für welche Indikatoren größere Unterschiede innerhalb der Kontextmerkmale und für welche Indikatoren größere Unterschiede innerhalb der Ak-

---

13 Die Erhebung der Einzelwege im Design der KONTIV-Studie führt nachweislich zur systematischen Unterschätzung von Wegeketten (Wege, die miteinander verknüpft werden).

teursmerkmale auftreten. Vereinfacht formuliert kann damit der Frage nachgegangen werden, für welche Wegeart sind die Unterschiede hinsichtlich Wegezeit, Anteil der Ausübenden oder Anteil der PKW-Nutzer/innen größer, je nachdem, „wo ich lebe" und für welche Wegeart sind sie größer, abhängig davon, „wer ich bin" (Kap. 3.1.3.5).

Daneben wurden die qualitativen Interviews zur „Qualität von Mobilität" nach der Transkription mit Hilfe eines interpretativ-reduktiven Verfahrens ausgewertet (vgl. LAMNEK 1995b, S.110ff). Dabei stand im Vordergrund, das durch die Interviews gewonnene Material zu klassifizieren, um daraus bestimmte „Typen" zu bilden. Diese Typisierung erfolgt in erster Linie dadurch, dass unterschiedliche Haltungen zu Mobilität im Allgemeinen, zu bestimmten Verkehrsmitteln und Bewertungen analysiert wurden.

1.5 FORSCHUNGSPOLITISCHE ZIELE

Wenn die Aktivitäten der Menschen in Zeit und Raum in der sozialwissenschaftlichen Forschung analysiert werden, wird meist die Dimension Zeit von der Geschichtswissenschaft, die Dimension Raum von der Geographie und der gesellschaftliche Aspekt von der Soziologie bearbeitet. Der vorliegende interdisziplinäre Ansatz verfolgt neben den inhaltlichen Fragen zudem Ziele methodischer und forschungspolitischer Art. Sie liegen u.a. darin begründet, dass trotz aller Appelle namhafter Soziologen (FRIEDRICHS 1981; GIDDENS 1987; ABBOTT 1997) die interdisziplinäre Arbeit zwischen Soziologie und Geographie noch „in den Kinderschuhen" steckt. Friedrichs beklagte bereits 1981 die „mangelnde gegenseitige Rezeption psychologisch-geografischer und soziologisch-geografische Forschungen". GIDDENS formulierte noch deutlicher den Vorwurf, „..., dass die meisten Sozialtheorien nicht nur versäumt haben, die Zeitlichkeit sozialen Handelns ernst genug zu nehmen, sondern auch dessen räumliche Eigenheiten übersehen haben." (DERS. 1995, S. 155f). Er konstatierte eine „enge Verbindung zwischen Zeit, Raum und dem sich wiederholenden Verlauf des sozialen Lebens" (S. 159). „Soziale Entwicklung impliziert charakteristischerweise räumliche und zeitliche Bewegung, und die wichtigste davon ist derzeit die weltweite Expansion des westlichen Industriekapitalismus" (S. 161). Ebenso stellte Abbott fest: „Social facts are *located*" (ABBOTT 1997, S. 1152), und HARVEY (1998) betonte, dass das „setting" einen zentralen Stellenwert in der Zeitbudgetforschung besitzen solle. Bereits 1984 erschien BUTTIMER „eines der dringendsten Probleme ... einen Weg heraus aus der Trennung zwischen *Raum* und *Zeit* zu finden, die für die jüngere Wahrnehmungsforschung kennzeichnend ist" (BUTTIMER 1984, S. 52f).

HEINRITZ und HELBRECHT eröffneten 1997 mit dem Symposium und dem Band „Sozialgeographie und Soziologie – Dialog der Disziplinen" (1998) hoffnungsvoll den Diskurs. Die Rezeption dieser Tagung ist allerdings in der Soziologie – nicht zuletzt aufgrund fehlender disziplinübergreifender Besprechungsorgane – als eher gering zu bezeichnen[14]. Die vorliegende Arbeit möchte als Baustein in diesem interdisziplinären Feld verstanden werden.

Das „Ausblenden" der räumlichen Dimension in der Soziologie mag darin begründet sein, dass in der Soziologie Umfragen ein sehr verbreitetes Beobachtungsinstrument darstellen, das selbst im Rahmen großer Projekte nur schwer „regionalisierbar" ist, wenn damit eine Abbildung auf konkrete Orte oder Regionen verbunden wird. Mit Hilfe einer Typisierung von Untersuchungsgemeinden, Wohnstandorten oder auch Regionen – wie sie in dieser Arbeit erfolgt –, muss man sich zwar von der konkreten „Regionalisierung" trennen, gewinnt jedoch auf einer abstrakteren Ebene (der Typisierung) immer noch regionalwissenschaftlich interessante Ergebnisse. Studien dieser Art müssen allerdings ohne die typisch geographische Visualisierung – die Karte – auskommen (vielleicht liegt u.a. darin das „Ausblenden" zahlreicher großer sozialwissenschaftlicher Umfragen in der Geographie begründet), dennoch ist ein Erkenntnisgewinn für die sozial- und regionalwissenschaftliche Forschung zu erwarten. Mit Hilfe von Regionaltypisierungen über die im Datensatz der Zeitbudgetdaten vorhandene Gemeindekennziffer und die zugespielten Typen des Bundesamtes für Bauwesen und Raumordnung (BBR) können die Daten so aggregiert werden, dass Aussagen über verschiedene Gemeinde- und Regionstypen möglich sind. Die Möglichkeiten für die Auswertung von Umfragen, die sich durch eine sinnvolle und auf das Untersuchungsziel ausgerichtete Typisierung der Befragungsorte bieten, könnten auch für andere soziologische und geographische Untersuchungen von Nutzen sein.

Zudem ist vorgesehen, die Resultate für die Regionalplanung zu verwenden, z.B. für Ausbaumöglichkeiten des Öffentlichen Personenverkehrs und der Infrastruktur in bestimmten Ortstypen. Die Bestrebungen zur Funktionsmischung und zur Konzeption von „Regionen der kurzen Wege" können dadurch unterstützt werden, dass präzisere Erkenntnisse über die räumlichen Aktivitäten und über die Wahrnehmung und Bewertung von Mobilität vorliegen. Wie HENCKEL ET AL. bereits 1988 (S. 164) und HENCKEL und EBERLING (2003) gefordert haben, sollten die Fragen der Planung nach dem „was?" und „wo?" ergänzt werden um die Frage nach dem „wann?", um lebensnahe Planung zu gestalten. Die Erweiterung der Perspektive der Nachhaltigkeit, die sich bereits dem nachhaltigen Bewirtschaften von Raum widmet, um die Perspektive einer nachhaltigen Bewirtschaftung von Zeit soll ebenfalls als ein „erweitertes" Ziel und eine Anwendungsmöglichkeit der Ergebnisse dieser Arbeit angestrebt werden.

---

14 Um sich dem Verhältnis der beiden Disziplinen Soziologie und Sozialgeographie zu nähern, wurden von der Autorin im Jahr 2001 insgesamt acht Leitfadeninterviews mit Vertretern/innen beider Fächer zur Einschätzung der jeweiligen Nachbardisziplin geführt. Die Ergebnisse sind in der Zeitschrift „Soziologie", dem Mitteilungsorgan der Deutschen Gesellschaft für Soziologie, veröffentlicht (KRAMER 2003b).

2. STAND DER FORSCHUNG

2.1 ZEIT UND RAUM IN DER GEISTES- UND NATURWISSENSCHAFTLICHEN DISKUSSION

Zeit und Raum stellen die beiden Dimensionen dar, denen sich weder Individuen noch Gesellschaften entziehen können und die als Rahmen menschlichen Handelns angesehen werden müssen. Aus diesem Grund soll hier in wenigen Zügen die Diskussion der Dimensionen Zeit und Raum in den Geistes- und Naturwissenschaften wiedergegeben werden, soweit sie für das hier gestellte Thema von Bedeutung ist.

2.1.1 Die Zeit

An dieser Stelle kann nur eine extrem verkürzte Darstellung zur „Geschichte der Zeit" stattfinden, die sich auf die Bereiche konzentriert, die für den vorliegenden Ansatz von Interesse sind. ACHNTER, KUNZ und WALTER (1998) unterschieden in ihrem Buch „Dimensionen der Zeit" zum einen *exogene Zeit* (Naturzeit, z.B. Sonne- und Mondlauf und soziale Zeit) und zum anderen *endogene Zeit*, als die Zeit, die dem Menschen bewusst sei. Letztere untergliederten sie in a) *mythisch-zyklische Zeit,* b) *rational-lineare Zeit* und c) *mystisch-holistische Zeit*[15]. Anhand dieses Gliederungsmusters sollen die Entwicklungen im Verständnis von Zeit und ihre Auswirkungen auf den gesellschaftlichen Umgang mit Zeit vorgestellt werden. Dass die unterschiedlichen Zeiterfahrungen auch heute noch nicht im Einklang miteinander sind, wird z.B. daran deutlich, dass die periodischen Zyklen der Natur und das linear-rationale Zeitverständnis des modernen Menschen nicht immer harmonieren, z.B. wenn man an das Phänomen des „Jetlag" oder an die gesundheitlichen Folgen der Schichtarbeit denkt.

Das mythisch-zyklische Zeitverständnis
In den traditionellen Gesellschaften – und bis vor ca. 500 Jahren auch in Europa – unterlag die Zeit noch den *natürlichen Rhythmen*: Sonnenaufgang und -untergang, Mondphasen, Gezeiten, Sternbilder, Jahreszeiten oder die „Makro-Zyklen" der Natur, wie Klimaschwankungen, bestimmten die Zeiteinteilung. Während die meisten frühen Hochkulturen in Asien, Mittelamerika, Mesopotamien und im Mittelmeerraum zwar bereits Ansätze des rational-linearen Zeitverständnisses besaßen, so waren sie dennoch „im Bannkreis des *mythischen Zeiterlebens*"

---

15 Auf die Bereiche der mystisch-holistischen Zeit sowie der transzendenten Zeit, die ACHTNER, KURZ UND WALTER (1998) ausführten, kann an dieser Stelle leider nicht näher eingegangen werden.

(ACHNTER/ KUNZ/ WALTER 1998, S. 67). Deshalb war ein deterministisches, prädestinatorisches Zeitverständnis weitverbreitet. Der nachfolgende bekannte Text des Alten Testaments steht stellvertretend für diese Zeitwahrnehmung.

> „Alles hat seine Zeit.
> Ein jegliches hat seine Zeit, und alles Vorhaben unter dem Himmel hat seine Stunde: geboren werden hat seine Zeit, sterben hat seine Zeit; pflanzen hat seine Zeit, ausreißen, was gepflanzt ist, hat seine Zeit; töten hat seine Zeit, heilen hat seine Zeit; abbrechen hat seine Zeit, bauen hat seine Zeit; weinen hat seine Zeit, lachen hat seine Zeit; klagen hat seine Zeit, tanzen hat seine Zeit; Steine werfen hat seine Zeit, Steine sammeln hat seine Zeit; herzen hat seine Zeit; suchen hat seine Zeit, verlieren hat seine Zeit; behalten hat seine Zeit, wegwerfen hat seine Zeit; zerreißen hat seine Zeit, zunähen hat seine Zeit; schweigen hat seine Zeit, reden hat seine Zeit; lieben hat seine Zeit, hassen hat seine Zeit; Streit hat seine Zeit, Friede hat seine Zeit: Man mühe sich ab, wie man will, so hat man keinen Gewinn davon. Ich sah die Arbeit, die Gott den Menschen gegeben hat, dass sie sich damit plagen. Er hat alles schön gemacht zu seiner Zeit, auch hat er die Ewigkeit in ihr Herz gelegt; nur dass der Mensch nicht ergründen kann das Werk, das Gott tut, weder Anfang noch Ende" (Prediger, Kap. 3, 1-11, nach der Übersetzung von Martin Luther, rev. 1984).

Gleichzeitig mit der Entwicklung der Hochkulturen begann ein erster Wandel von einem zyklischen Zeitverständnis hin zu einem linearen Zeitverständnis. Damit verbunden waren die ersten Versuche zur Zeitmessung mit Hilfe von Sonnenuhren, Wasseruhren[16] oder Kerzen. Eine Funktion von Zeit war diejenige, mit ihrer Hilfe die Distanz anzugeben, indem man für das Zurücklegen einer bestimmten Entfernung die Reisezeit angab, die man für diese Strecke benötigte (z.B. die Entfernung „Tagesreise" oder als Flächenmaß das „Tagwerk") (ACHNTER/ KUNZ/ WALTER 1998, S. 69; BORSCHEID 2004, S. 18). Damit wird die *Verbindung der Dimensionen Raum und Zeit* über das Messen der Wegezeit besonders deutlich. Einen ähnlichen Weg schlägt die Vorgehensweise dieser Arbeit ein, wenn die räumliche Distanz mit Hilfe der gemessenen Wegezeit analysiert wird.

Das „klassische" lineare Zeitverständnis
Betrachtet man die Ebene des einzelnen Menschen, so ist das Erleben von rational-linearer Zeit immer verknüpft mit einer verstärkten *Subjektbezogenheit* und einer *Individualisierung* (nach ACHTNER/ KUNZ/ WALTER 1998). Diese Prozesse ließen das 14. Jahrhundert mit einem Umbruch der Sozialordnung (Niedergang des Rittertums und Aufstieg der Bürgerschaft), schnell wachsenden Städten und Wirtschaftskrisen zu einer Phase werden, in der im Abendland die Zeit reif wurde für das rational-lineare Zeitverständnis. Die Aristoteles-Rezeption[17] durch Thomas von Aquin leitete diesen Prozess in der wissenschaftlichen Diskussion bereits im 13. Jahrhundert ein (nach ACHTNER/ KUNZ/ WALTER 1998).

---

16 Die Redezeit der Juristen im antiken Griechenland und Rom war durch sog. „Klepshydren" (Wasseruhren) eingeteilt und begrenzt. Sie symbolisierten noch ganz unmittelbar die „verflossene" Zeit.

17 Nachfolgendes Zitat von Aristoteles zeigt die Verknüpfung von Ortsbewegung und Zeit: „Wir erfassen Zeit nur, wenn wir erkennbare Bewegungen haben. Wir messen jedoch nicht nur die Bewegung durch die Zeit, sondern auch die Zeit durch die Bewegung, da beide einander definieren" (ARISTOTELES zit. nach KNAPP 1999, S. 85).

Auf der gesamtgesellschaftlichen Ebene stellt die Erfindung und Verbreitung der mechanischen Uhr eine zusätzliche Komponente dar, die das rational-lineare Zeitverständnis für eine breite Bevölkerungsschicht nachvollziehbar machte. Die Entstehung *großer Städte* und damit einhergehend die zunehmende *Funktionsteilung und Diversifizierung* erforderten mehr *Koordination* und ein erhöhtes Bedürfnis nach einer genaueren *Kontrolle* der Zeit. Ende des 13. Jahrhunderts wurden die ersten Uhren mit Gewicht, Zifferblatt und Zeigern gebaut. Dennoch war selbst in den Städten im 13. Jahrhundert noch die Zeitmessung an der Dauer von Gebeten orientiert[18]. Die mechanische Uhr als Räderuhr mit einem Hemm-Mechanismus verbreitete sich im 14. Jahrhundert immer weiter. Im Laufe des 14. Jahrhunderts wurde dann in ganz Europa – ausgehend von Oberitalien – das Anbringen von Uhren mit Glockenschlag in den Kirchtürmen eingeführt (1307/08 Orvieto, 1336 Mailand, 1344 Padua, 1352 Florenz, 1351/53 Windsor Castle, 1353 Avignon, 1358 Regensburg usw.). Damit wurde die *Zeitmessung für große Teile der Bevölkerung* sicht- und hörbar, so dass sich auch die Arbeitszeiten der weltlichen Bevölkerung zunehmend an der vorgegebenen Zeitmessung orientierten[19].

In der wissenschaftlichen Diskussion wurde durch NEWTON (1643-1727) und seinem Zeitbegriff, den er 1687 in seinem Werk „Principia" beschrieb, Zeit in die „absolute Zeit", d.h. eine Methode, um den Verlauf der Bewegung zu messen, und die „relative Zeit" „menschgemachte Zeit" unterschieden. Die absolute Zeit ist eine Koordinate, die die Eigenschaften der Absolutheit, der Universalität, der beliebigen Teilbarkeit (Homogenität) und Symmetrie besitzt (nach ACHTNER/ KUNZ/ WALTER 1998). Dieser Zeitbegriff prägte – trotz der Kritik von Leibniz, der ein relationales Zeitverständnis vertrat – das naturwissenschaftliche Verständnis von Zeit bis in das 20. Jahrhundert.

> „Die absolute, wahre, mathematische Zeit verfließt an sich und vermöge ihrer Natur gleichförmig und ohne Beziehung auf irgendeinen Gegenstand. Sie wird auch mit dem Namen Dauer belegt. Die relative, scheinbare und gewöhnliche Zeit ist ein fühlbares und äußerliches, entweder genaues oder ungleiches Maass der Dauer, dessen man sich gewöhnlich statt der wahren Zeit bedient, wie Stunde, Tag, Monat, Jahr" (NEWTON 1725, zit. nach WOLFERS 1963, S. 25).

In der Rezeption NEWTON durch KANT (1724-1804) wurden Zeit und Raum auf eine notwendige Voraussetzung für unsere Anschauung vereinfacht, d.h. auf Werkzeuge unseres Verstandes reduziert. Sie galten als subjektive Formen oder Ordnungsschemata unserer menschlichen Anschauungsart für den Alltag. Die Zeit ist nach Kant „formale Bedingung a priori aller Erscheinungen überhaupt" (zit. nach ACHTNER/ KURZ/ WALTER 1998, S. 105).

---

18 In einer Konstanzer Chronik wird über die Dauer eines Erdbebens am 13. August 1295 berichtet: „umb mittentag do kam der grösst erdbibem... und weret wohl als lang als ainer ain paternoster und ain ave Maria möcht sprechen" (OLONETZKY 1997, 03.06, zit. nach DORHN-VAN ROSSUM 1995, S. 47).
19 In den Gemeinschaften der Klöster war bereits Mitte des ersten Jahrtausends n. Chr. eine Einteilung des Tages in Gebeteszeiten (Horen) eingeführt worden.

„Die Vorstellung der Zeit entspringt nicht aus den Sinnen, sondern wird von ihnen vorausgesetzt... Die Zeit ist nicht etwas Objektives und Reales, weder eine Substanz noch ein Akzidenz, noch eine Relation, sondern eine subjektive, durch die Natur des Geistes notwendige Bedingung, beliebige Sinnendinge nach einem bestimmten Gesetze miteinander zuzuordnen, und eine reine Anschauung" (KANT, zit. nach FRASER 1991, S. 62f).

Das Wesen der Zeit ist nach Kant damit auch nicht unmittelbar wahrnehmbar, sondern nur im Spiegel von Substanz fassbar. Das Verfließen der Erscheinungen in der Zeit ist nach Kant nur mit einem Parameter zu denken, der als feststehende Gerade zu verstehen ist. (nach PICHT 1980, zit. nach ACHTNER/ KUNZ/ WALTER 1998, S. 106). Mit diesem rational-linearen Zeitverständnis war gleichzeitig auch der aufklärerische *Gedanke des Fortschritts, der Beschleunigung* verbunden, der bis zum Ende des 20. Jahrhunderts als Motor unzähliger Entwicklungen galt.

Mit der Entropie und dem zweiten Hauptsatz der Thermodynamik wurde der linearen Zeit zusätzlich eine Richtung vorgegeben, häufig wird dafür der *Zeitpfeil* als Symbol verwendet. Damit geht auch das *Postulat der Kausalität* einher, insofern, als die Ursache vor der Wirkung stehen muss und somit die Reihenfolge von Vergangenheit, Gegenwart und Zukunft bestimmt ist. Dieser strenge Determinismus wurde durch die Quantenmechanik aufgeweicht, da über die Wellenfunktion nur noch Wahrscheinlichkeitsaussagen möglich sind.

Auf gesellschaftlicher Ebene gilt der Prozess der *Industrialisierung* als die Phase, in der sich das rational-lineare Zeitverständnis schließlich in der systematischen „Bewirtschaftung" von (Arbeits-)Zeit niederschlug. Mit dem Entstehen der *Manufakturen* und der *Industriebetriebe* war die *Kontrolle der Arbeitszeit* zu einem wichtigen Motiv geworden, die Zeitmessung und -erfassung voran zu treiben. In der zweiten Hälfte des 19. Jahrhunderts hatte schließlich das Diktat der Zeit bzw. der Uhr den bisher individuell bestimmten Ablauf des Arbeitstages übernommen. Die Art des gesellschaftlichen Umgangs mit Zeit lässt außerdem Aussagen über die Zeitkonzeption und das Wertesystem von Gesellschaften zu. Vor allem an der Einführung der mechanischen Uhr, die mit einer *Ökonomisierung der Zeit* einhergeht, wird diese These festgemacht.

Hinzu kamen technische Neuerungen, vor allem neue Transportmittel, wie z.B. die Eisenbahn, welche die Distanzen zwischen den Orten zusammenschrumpfen ließen. Sie brachten die Notwendigkeit mit sich, über größere Gebietseinheiten hinweg einheitliche Zeitsysteme zu besitzen. Aus den USA, wo angeblich 71 verschiedene Eisenbahnenzeiten nebeneinander bestanden haben sollen, kamen dann auch die ersten Vorschläge, sich auf eine „universal time" zu einigen[20]. Die Bewältigung solcher „Kontrollkrisen" oder „Kontrollrevolutionen" (BENIGER 1986, zit. nach MEUSBURGER 1998, S. 132ff) ist immer dann notwendig, wenn eine Kluft zwischen den technischen Neuerungen (z.B. Eisenbahnen)

---

20 Seit der internationalen Meridiankonferenz 1884 und der Bestimmung des Nullmeridians ist die Greenwich Meantime der Ausgangspunkt der internationalen Zeitrechnung. Die Wahl von Greenwich in Großbritannien aus Ausgangspunkt/ -linie liegt u.a. in der langen Vorherrschaft der Briten in Schifffahrt, Navigation und Kartographie begründet. Mit dem Reichsgesetz vom 1. April 1893 wurde in Deutschland ebenfalls die Greenwich-Time als Grundlage der einheitlichen Zeitbestimmung eingeführt (DOHRN-VAN ROSSUM 1992, S. 320).

und den Fähigkeiten zur Systemkontrolle (z.B. durch Eisenbahngesellschaften) entsteht. Nicht selten wird dann mit Hilfe weiterer technischer Neuerungen (Einführung des Telegraphen und Einigung auf ein Zeitsystem) diese Kontrollkrise bewältigt, so dass das System bzw. die Organisation weiter bestehen oder expandieren kann (nach MEUSBURGER 1998, S. 134).

Die Ablösung des Tauschhandels durch den *Geldhandel* wird ebenfalls mit einer Veränderung in der Einschätzung der Zeit in Zusammenhang gebracht: „Die drei wichtigsten Funktionen des Geldes – dass es Werte misst, tauscht, speichert – lassen sich in einer einzigen zusammenfassen: Es hält die Zeit fest" (GENDOLLA 1992, S. 51). Es verbreitete sich zunehmend die Vorstellung, dass mit Geld die flüchtige Zeit insofern speicherbar geworden sei, als angespartes Geld und die daraus resultierenden Zinsen (als zu Geld gewordene Zeit) Sicherheit für die Zukunft böten. Der amerikanische Staatsmann Franklin prägte im 18. Jahrhundert schließlich den bekannten Ausdruck „Remember that time is money", der die Ökonomisierung der Zeit auf den Punkt bringt. „Zeitökonomie wird zunehmend der Imperativ des religiös-sittlichen, ökonomisch-aktiven, des pflichtbewussten Lebens" (OLONETZKY 1997, S. 03.24). Weber sah in der protestantischen Arbeitsethik – und ihrem rational-sparsamen Umgang mit der Zeit – eine der Wurzeln des Kapitalismus. Der Übergang von der „lebensorientierten Arbeitszeit zur arbeitsorientierten Lebenszeit" (GEIßLER 1998, S. 9) oder „vom heiligen Geist zum eiligen Geist" (DERS. 1998, S. 9) kennzeichnet den Übergang von der Vormoderne zur Modernen. Mit dem Kapitalismus und dem fest eingegrenzten Arbeitstag sowie dem Diktat der Stechuhr setzte der Vorgang ein, der als „Ökonomisierung der Zeit" bezeichnet wird. Doch nicht nur die wirtschaftliche Ausbeutung der Zeit, sondern auch der „Verwendungsimperativ" von Zeit (RINDERSPACHER 1985, S. 55), der Anspruch, Zeit müsse immer sinnvoll und zweckorientiert eingesetzt werden, liegt – nach GEIßLER (1998) – in dieser protestantischen Ethik begründet.

Das „moderne" lineare Zeitverständnis
In der wissenschaftlichen Diskussion um das Verständnis von Zeit vollzog sich mit EINSTEINS Relativitätstheorie ein weiterer Paradigmenwechsel. In der speziellen Relativitätstheorie (1915) wurde mit den Begriffen der subjektiven (entsprechend der endogenen und nicht messbaren) Zeit und der objektiven Zeit, die mit Uhr gemessen werden kann, die Existenz einer absoluten Universalzeit abgelehnt. Stattdessen ging man von relativen Eigenzeiten von Objekten aus. Einstein konnte nachweisen, dass die Gleichzeitigkeit von Ereignissen von Beobachtern unterschiedlichen Standpunkts auch unterschiedlich wahrgenommen wird. Die Lichtgeschwindigkeit gilt als Obergrenze der Zeit, und Zeit und Raum sind im vierdimensionalen Zeit-Raum miteinander verbunden.

> Einstein definierte Zeit und Raum u.a. folgendermaßen: „Zeit ist die Ordnung der Ereignisse, wie der Raum als Ordnung der Gegenstände gilt" (FRITZ 1998, S. 27).

Man könnte mit ACHTNER, KUNZ UND WALTER (1998) von einer „Renaturalisierung des linearen Zeitbegriffs" sprechen (S. 140). In der allgemeinen Relativitätstheorie wird Zeit mit Materie derart verbunden, dass Zeit in der Nähe von Materie subjektiv langsamer verstreicht.

In der jüngsten Zeit beschäftigte sich auch die Chaostheorie mit der Zeit. Dort wurde der lineare Zeitbegriff dadurch erweitert, dass jedes System – der Chaostheorie zufolge – eine Eigenzeit besitze, die relativ stabil sei. Die Frage sei, welche Toleranzbreite das System besitze, d.h. welche Zeitplastizität es habe, bevor der „stabile" Zustand der Eigenzeit gestört werde und ob das System danach zerstört werde, oder ob es „lerne". Daran schließt sich die Frage an, wie sich das Verhältnis zwischen Eigenzeit und Evolutionsfortschritt gestalte.

Während sich die technische Weiterentwicklung der Zeitmessung bis hin zur heutigen Atomsekunde, die durch die Schwingungen des Cäsiumatoms definiert ist, weit über das Maß der menschlichen Zeitwahrnehmung hinaus entwickelt hat, ist auf gesellschaftlicher Ebene die individuelle Zeitwahrnehmung wieder zunehmend in den Vordergrund gerückt. Ob es der allgemein empfundene Zeitstress („time squeeze") oder die Knappheit der Ressource Zeit ist, der gesellschaftliche Diskurs um den Umgang mit Zeit ist zu Beginn des 3. Jahrtausends lebendiger denn je. Auf ihn wird vor allem in Kapitel 2.3 ausführlich eingegangen.

2.1.2 Der Raum

Der Raum als physikalische Größe ist bereits länger als die Zeit messbar und erfassbar. Die ersten Längenmaße waren meist Maße, die mit dem menschlichen Körper messbar waren, wie z.B. Fuß und Elle bzw. darauf aufbauende Größen[21]. Läpple sah in ihnen noch den alten und neu wieder herzustellenden Mensch-Raumbezug im Sinne eines „elementaren anthropozentrischen Raumbezugs" angelegt (LÄPPLE 1991, S. 37). Auch in Deutschland waren lange Zeit verschiedene Längenmaße (Meilen und Zoll) in der Kartographie und Entfernungsmessung gebräuchlich[22]. Vergleichbar verbindlich wie der Newtonsche Zeitbegriff für das Zeitverständnis war bis zum 20. Jahrhundert auch der Newtonsche Raumbegriff für das Raumverständnis, in der jüngeren Zeit häufig als „Container-Raum" bezeichnet.

> „Der absolute Raum bleibt vermöge seiner Natur und ohne Beziehung auf einen äußeren Gegenstand, stets gleich und unbeweglich. Der relative Raum ist ein Maass oder ein beweglicher Theil des ersteren, welcher von unseren Sinnen, durch seine Lage gegen andere Körper bezeichnet und gewöhnlich für den unbeweglichen Raum genommen wird" (Newton 1725, zit. nach WOLFERS 1963, S. 25).

Hartmann nannte Zeit und Raum – aufbauend auf Kant – „Kategorien der Dimensionen", die beide eine Ausdehnung besäßen und in denen Dinge sowohl im räumlichen als auch im zeitlichen Kontinuum eindeutig lokalisierbar seien (Hartmann 1964, zit. nach WIRTH 1979, S. 263). Er unterschied drei Konzeptionen von

---

21 So wurde in einer alten Definition das englische Yard durch den Abstand zwischen der Nasespitze und der ausgestreckten Hand des Königs festgelegt.
22 Das metrische System wurde in Deutschland erst 1868 zum Standard.

Raum: den *Geometrischen Raum* oder Idealraum, dazu zählt auch der euklidische Raum als einzig anschaulicher unter den Geometrischen Räumen, den *Realraum*, in dem sich reale Dinge befinden und physisch-reale Geschehnisse stattfinden und den *Anschauungsraum*, der u.a. aus Wahrnehmungs-, Vorstellungs- und Erlebnisraum besteht (nach WIRTH 1979, S. 264f).

Die Verknüpfung in Raum-Zeit-Systeme, in denen er die „Bewegung als Urphänomen der Raumzeitlichkeit" festhielt, ergibt folgende Grundprinzipien (HARTMANN 1950, S. 226ff):
- Raum ist still stehend, man kann sich im Raum aber willkürlich bewegen
- Zeit ist nicht still stehend, man kann sich in der Zeit nicht willkürlich bewegen
- Bewegung im Raum kann beliebige Richtung und Geschwindigkeit haben
- Bewegung der Zeit hat nur eine Richtung und eine Geschwindigkeit

Es sei eine „Paradoxie..., dass die Bewegung in der Zeit gebunden, im Raume aber frei ist, während doch der Raum gerade die statische, die Zeit aber die fließende Form ist: im unbeweglichen System sind die Körper frei beweglich, im bewegten sind sie bewegungslos an ihre Stelle gefesselt" (HARTMANN 1950, S. 230, zit. nach WIRTH 1979, S. 265). Diese Konzepte von Raum und Zeit repräsentieren die „klassischen" Vorstellungen dieser beiden Dimensionen. Sie beinhalten allerdings auch – in einer kritischen Sicht von GREGORY (1998) – eine eurozentrische Art des „absolutizing time and space".

Der „relationale Raum" nach BLOTEVOGEL (1995) basiert auf den Konzepten Leibniz' und später Einsteins und wird „als Unterbegriff eines allgemeinen Raum-Zeit-Konzepts aufgefasst" (BLOTEVOGEL 1995, S. 734). Das „chorische" Raumkonzept von BARTELS (Areal, Region, Feld) basiert auf diesem Ansatz. Nach LÄPPLE (1991) resultieren aus den Raum-Auffassungen Einsteins zwei Raumkonzepte: 1) eine Raumvorstellung, in der Raum die Ordnung der Dinge darstelle, der relationale Ordnungsraum, und 2) Raum existiere unabhängig von Dingen, der „Behälter- oder Container-Raum" (LÄPPLE 1991, S. 38). Als ein Ergebnis des Relativitätsprinzips von EINSTEIN kann die Wiederherstellung der Einheit von Raum und Zeit betrachtet werden, das vierdimensionale Raum-Zeit-Kontinuum, das alle Veränderungen in Raum und in Zeit verankert, so dass auch Raum nicht mehr als stillstehend (im Sinne von HARTMANN (1950)) betrachtet werden kann. Die Übertragung von metrischen Distanzmaßen auf Kosten- oder Zeit-Distanzmaße zählt zu dem Anwendungsbereich des relationalen Raumverständnisses. Insofern wird in der vorliegenden Arbeit der empirische Teil, der sich mit Wegezeiten beschäftigt, auf das relationale Raumverständnis rekurrieren.

Der „subjektive Raum" oder „Anschauungsraum" nach HARTMANN (s.o.) oder „Wahrnehmungsraum" ist „im Unterschied zum objektiven Raum der Naturwissenschaften inhomogen, diskontinuierlich und qualitativ strukturiert" (BLOTEVOGEL 1995, S. 737). Unter diesem Raumbegriff werden Konzepte wie das des Territoriums oder der „mental maps" (kognitiven Landkarten) gefasst. Auch dieser Aspekt der Raumwahrnehmung wird in der vorliegenden Arbeit Anwendung finden.

Der „soziale Raum" (BOURDIEU 1991) erhält seine Bedeutung durch soziale Konstruktionen, soziale Beziehungen, politische Zugehörigkeit usw.. Er kann sowohl nach seiner maßstäblichen Zuordnung gegliedert werden als auch nach den damit verbundenen theoretischen Inhalten. So zählen zu den „sozialen Räumen" z.B. symbolische Räume, politische Räume (Staaten) oder auch sogenannte „Matrix-Räume" (nach LÄPPLE 1991), in denen „‚Räumlichkeit' als inhärenter Aspekt gesellschaftlicher Praxis" (BLOTEVOGEL 1995, S. 739) verstanden wird. Dieser Ansatz entspricht den Überlegungen, die in den nachfolgend aufgeführten Arbeiten von Massey, Gregory und Werlen angestellt werden.

Die britische Geographin MASSEY forderte in ihren Arbeiten zu „Philosophy and Politics of Spatiality" gegen die o.g. „klassische" Position eine neue Konzeptualisierung der eng zusammenhängenden Konzepte von Zeit und Raum. Sie argumentierte gegen die Ausführungen des Philosophen BERGSON (1991, Original 1888), der „Differenz" ausschließlich als Wandel in der Zeit, d.h. Zeit als die alleinige Dimension von Kreativität, betrachtete. Raum ist in seinem Konzept die Dimension der Repräsentation, des Festen, des Statischen und damit nicht beteiligt an Prozessen wie Kreativität und nicht in der Zukunft offen und wandelbar. MASSEY versuchte, die Gegensätzlichkeit von Zeit und Raum zu überwinden, die zur Folge hatte, dass Raum (wie oben beschrieben) als die Abwesenheit von Zeitlichkeit definiert wurde. Dagegen stellte sie ihr Konzept von Raum als Produkt von Interaktionen, als Möglichkeit von Vielfalt und vor allem als einen ständigen Prozess des Entstehens: „...space is now rendered as part (a necessary part) of the generation, the production, of the new" (MASSEY 1999b, S. 39). Weiterhin forderte sie, „... if we want time (the future) to be open (as BERGSON did and as so many are now arguing), then we need to conceptualise space in this way, as also itself thoroughly open and active" (DIES. 1999b, S. 40). Diese Art von Raum – genauer: ein um die Dimension Zeit erweiterter „Zeit-Raum" – ist ständig im Entstehen begriffen und zwar durch die Aktionen und Interaktionen jedes Einzelnen: „We are constantly making and re-making the time-spaces through we live our lives" (DIES. 1999a, S. 23).

Eine radikale Wendung in der deutschsprachigen Diskussion um Raum und vor allem um dessen Relevanz für die Sozialgeographie leiteten die Arbeiten des Geographen WERLEN ein, die in einigen Zügen den Ausführungen von MASSEY entsprechen. Er prägte die theoretische Diskussion in der Sozialgeographie in den 1990er Jahren entscheidend mit seinem Ansatz, der auf POPPERS Drei-Welten-Theorie aufsetzte und sich endgültig von dem substantialistischen Newtonschen „Containerraum" verabschiedete. Er verstand die räumliche Dimension „als Differenzierungsvariable möglicherweise identischer Sachverhalte" (WERLEN 1997c, S. 229). Weiterhin unterschied WERLEN „objektive" und „subjektive Perspektiven der Raumbegriffe" (WERLEN 1997c, S. 228ff), wobei sowohl die objektiven als auch die subjektiven Raumbegriffe eine „physische Welt", „soziale Welt" und „mentale Welt" bzw. „subjektive Welt" enthielten. Er betonte, dass „...ein einziger Raumbegriff nicht für alle Arten von Sachverhalten geeignet sein kann" (WERLEN 1997c, S. 230) und schlug daher vor, für einen zu untersuchenden Sachverhalt auch einen spezifischen Raumbegriff zu definieren. Den Raumbegriff der klassischen Anthropogeographie nach BARTELS, der „Raum" mit „physischer Umwelt" gleichsetzte, lehnte WERLEN für die wissenschaftliche Sozialgeographie ab. Er stellte ein neues Konzept einer handlungszentrierten Geographie vor, in der zwar „...die räumliche Anordnung von Sachverhalten als notwendige Bedingung und Folge menschlichen Handelns relevant ist" (WERLEN 1997c, S. 232f). Dennoch werde „zuerst nach den Tätigkeiten der Subjekte gefragt und erst dann nach der Bedeutung dessen, was als ‚räumlich' konstituiert und entsprechend erfahren wird" (WERLEN 1997c, S. 13). Aus diesem Grund sind in WERLENS Ansatz „Raum" und „Räumliches" nicht mehr die unabhängige und erklärende Variable, sondern sie sind „das Ergebnis sozial mitgeprägter Konstitutionsleistungen handelnder Subjekte" (EBD.).

Diese Betrachtungsweise des „Räumlichen" und der damit verbundene Entwurf einer handlungszentrierten Sozialgeographie ist jedoch nicht unumstritten. In dem 1999 erschienenen Band „Handlungszentrierte Sozialgeographie" (MEUSBURGER 1999b) wurde WERLENS Ansatz kritisch diskutiert. Im Zentrum der Kritik (neben anderen Argumenten) stand der Anspruch, mit diesem Konzept der Handlungszentrierung *die* allein gültige Konzeption einer modernen Sozialgeographie entwickelt zu haben. BLOTEVOGEL argumentierte: „Eine Sozialgeographie, die Menschen nicht als handelndes Wesen begreift, bleibt (erd-) oberflächlich und verdient nicht den Namen Sozialgeographie" (BLOTEVOGEL 1999, S. 3). BLOTEVOGEL (1999), WEICHHART (1999) und MEUSBURGER (1999a) teilten den „Raum-Exorzismus", den WERLEN in letzter Konsequenz durchführen wollte, nicht. Darüber hinaus stellte sich die Frage, ob die Geographie gerade dann, wenn die Soziologie den Kontext und den Raum (wieder)entdeckte, sich vom Raum als Untersuchungsgegenstand verabschieden sollte. Es wurde weiterhin an mehreren Stellen in der Diskussion in Frage gestellt, ob das Individuum tatsächlich immer autonom und frei vom organisatorischen, institutionellen und auch räumlichen Kontext entscheiden und handeln könne. Dabei wurde ebenfalls auf das – auch in der Soziologie immer wieder diskutierte – Mikro-Makro-Problem hingewiesen. BLOTEVOGEL betonte das komplementäre Verhältnis von Struktur- und Handlungsebene und wies darauf hin, dass „...gerade für Geographen ... die Möglichkeit offen sein (sollte, Anm. d. A.), Modelle der Makro-Ebene auf die Mikro-Ebene zu übertragen, ohne in einen platten Naturalismus zu verfallen." (DERS. 1999, S. 25). Die Kritik an einem nicht eingelösten Übergang zwischen Mikro- und Makroebene wurde auch an anderen Stellen mit unterschiedlichen Lösungsvorschlägen thematisiert (MEUSBURGER 1999a, FLIEDNER 2001). In der vorliegenden Arbeit soll versucht werden, mit Hilfe von Brückenhypothesen diesem Mikro-Makro-Problem etwas näher zu kommen.

Auch POHL (1993) war nicht der Ansicht, dass eine „Geographie ohne Raum" sinnvoll sei (POHL 1993, S. 256). Er sah den Begriff „Raum" als Strukturkern der Geographie an und schlug vor, den äußerst diffusen Raumbegriff mit der „KLÜTERschen Perspektive vom ‚Raum als Element sozialer Kommunikation'" (POHL, 1993, S. 263), zu füllen, wie bereits von HARD (1986, zit. nach POHL, 1993) vorgeschlagen. Er vertrat die Ansicht, dass das Räumliche als „Komplexitätsreduktionsmechanismus" (EBD., S. 263) fungieren könne und daher in unseren immer komplexer werdenden Systemen als „räumlicher Code" Komplexität verringere. Raum könne somit gleichzeitig „Restriktion und Ressource komplizierter werdender gesellschaftlicher (und individueller) Strukturierungsprozesse" (EBD., S. 263) sein. Er kam damit zu dem Schluss, dass sich die Geographie von einem solchermaßen verstandenen Raum weder verabschieden müsse noch solle. Diesem Raumverständnis soll in wesentlichen Teilen der Arbeit gefolgt werden, z.B. dann, wenn im Sinne HÄGERSTRANDS von „constraints" als Einschränkungen der individuellen Handlungsfreiheit die Rede ist.

Mit den Arbeiten von LEFÈBVRE zu Beginn der 1970er Jahre setzte eine philosophische Diskussion um die Bedeutung von Raum und Zeit ein, die an dieser Stelle nicht vollständig wiedergegeben werden kann, auf deren wichtigste Strömungen jedoch kurz eingegangen wird. LEFÈBVRE (1974, zit. nach PRIGGE 1991, S. 104) betonte die Bedeutung des Raumes und entwickelte in seinem Konzept eine Dreiheit des Raumes: den wahrgenommenen, den konstruierten und den erlebten Raum. Der wahrgenommene Raum werde durch die „räumliche Praxis" einer Gesellschaft produziert. Diese „räumliche Praxis ... stellt im wahrgenommenen Raum eine enge Verknüpfung her zwischen der Alltagsrealität (der Verwendung der Zeit) und der Realität der Stadt (den Strecken und Netzen, welche die Orte der Arbeit, des ‚Privat'-Lebens und der Freizeit) zusammenschließen." (LEFÈBVRE 1974, zit. nach PRIGGE 1991, S. 104). In diesem Raumkonzept des wahrgenommenen Raumes bewegt sich der empirische Teil der Auswertungen der Zeitbudgetstudien. Der konstruierte Raum der Planer und Architekten ist das Raumkonzept, in dem die am Ende der Arbeit entwickelten Vorschläge für die Planungspraxis liegen. Im erlebten Raum schließlich befinden sich die Ergebnisse der qualitativen Interviews, in denen die Befragten ihre Empfindung des Fahrt-Zeit-Raumes ansiedeln, so dass alle drei Raumkonzepte von LEFÈBVRE in dieser Arbeit Anwendung finden. Auch in den Arbeiten von FOUCAULT, der das 19. Jahrhundert als die Epoche der Zeit und das ausgehende 20. Jahrhundert als die Epoche des Raumes, „Epoche des Simultanen,... Epoche der Juxtaposition,..., Epoche des Nahen und des Fernen, des Nebeneinander, des Auseinander" (FOUCAULT 1991, S. 66) bezeichnete, spielte der Raum als Dimension des gesellschaftlichen Handelns eine entscheidende Rolle.

Der jüngste Stand der intensiv geführten Diskussion der Humangeographie über die zentralen Begriffe „Raum" und „Region" wurde in MIGGELBRINKS (2003) Arbeit „Der gezähmte Blick. Zum Wandel des Diskurses über Raum und Region in humangeographischen Forschungsansätzen des ausgehenden 20. Jahrhunderts" übersichtlich und klar herausgearbeitet. Sie nahm die „Renaissance des Regionalen" (MIGGELBRINK 2003, S. 11) zum Anlass, den Paradigmenpluralismus in der Humangeographie zu analysieren, den Diskurs zu rekonstruieren und zentrale Stränge bzw. Konzepte herauszuarbeiten. Dabei konnte sie im Wesentlichen sechs „...in ihrer theoretisch-methodologischen Orientierung differierende Diskussionsfelder unterscheiden: (1) Raum als materielle Umwelt, (2) Raum als Differenz, (3) Raum als gesellschaftliche Räumlichkeit (social spatiality), (4) Raum als formal-klassifikatorischer Ordnungsbegriff im Rahmen einer Sozialgeographie alltäglicher Regionalisierungen, (5) Raum als Element von Kommunikation (konstruktivistische Raumbegriffe) und (6) Raum als Metakonzept" (MIGGELBRINK 2003, S. 202). Diese Ordnung enthält die wesentlichen derzeit diskutierten Konzepte zu Raum, wobei in jüngerer Zeit die letztgenannten Konzepte zunehmend an Bedeutung gewonnen haben.

Dem Verhältnis von Mensch und seiner materiellen Umwelt widmet sich ganz besonders der Bereich der Humanökologie, in dem in jüngerer Zeit Vertreter/innen der Fächer Geographie, Soziologie und Psychologie anzutreffen sind. In dem 2003 erschienen Sammelband „Humanökologie" (MEUSBURGER/ SCHWAN 2003) sind unterschiedliche, aktuelle Ansätze zusammengetragen, in denen deutlich wird, dass eine der zentralen Fragen zahlreicher „Humanwissenschaften" sich damit beschäftigt, wie die bisherige Dichotomie zwischen Natur und Kultur überwunden werden kann. Dazu liegen die unterschiedlichsten theoretischen Konzepte vor, die oft eigenständige Konzeptualisierungen von „Raum", „Räumlichkeit", „Raumbegriffen", „Raumbildern" usw. anbieten, auf die an dieser Stelle nicht näher eingegangen werden kann. Bei aller Verschiedenheit der Ansätze besteht jedoch darin ein Konsens, dass die materielle Umwelt für das alltägliche Handeln relevant ist, wovon auch in dieser Arbeit ausgegangen wird.

Die Einheit der beiden Dimensionen Raum und Zeit galt bisher als unauflöslich[23]. In jüngster Zeit wird immer mehr diskutiert, ob sich diese Einheit von Raum und Zeit in Auflösung befände, bzw. durch neue Formen der Telekommunikation verändert werde. Kann eine Person durch eine Konferenzschaltung am Bildschirm nicht gleichzeitig physisch in Frankfurt sein und trotzdem (virtuell) in Berlin am Konferenztisch sitzen? Wo würde in diesem Moment diese Person bei einer Kartierung der Arbeitsbevölkerung verortet werden? Die Probleme der konkreten Verortung von Handlungen in Zeit und Raum sind u.a. Gegenstand WERLENS Ansatzes. Da jedoch nur begrenzt Aussagen über die differenzierten Inhalte der Handlungen, über die in dieser Arbeit Informationen verfügbar sind, möglich sind, wird WERLENS Ansatz hier vorwiegend in den qualitativen Befragungen – d.h. auf der Mikroebene – Anwendung finden können.

Wenn von der „time-space-compression" im Sinne der Verkürzung der Distanzen durch neue Verkehrsmittel oder durch die Telekommunikation die Rede ist, wird nicht selten davon ausgegangen, dass der Raum völlig an Bedeutung verliere.

> „the objective qualities of time and space that we are forced to alter ... how we represent the world to ourselves ... [as] space appears to shrink to a 'global village' of telecommunications and a spaceship earth of economic and ecological interdependencies ... and as time horizons shorten to the point where the present is all there is ... so we have [had] to learn to cope with an *overwhemling sense of compression* of our spatial and temporal worlds" (HARVEY 1989, S. 240).

In einigen Szenarien, wie z.B. bei GUGGENBERGER (1997) wird ein Bewusstseinssprung von der Raumordnung zur Zeitordnung prognostiziert, in denen Menschen zu „Kindern der Zeit" würden und der Raum verloren ginge (GUGGENBERGER zit.

---

[23] Wie nah sich die beiden Dimensionen Zeit und Raum auch im Sprachgebrauch sind, ist an den Begriff Zeitraum, mit dem man eine länger andauernde Phase bezeichnet, erkennbar. Manchmal wird auch von einer – ein- oder zweidimensionalen – „Zeitstrecke", mit einem festen Anfangs- oder Endpunkt gesprochen (SCHÄUBLE 1985).

nach HEINZE/ KILL 1997, S. 107ff). Der Theoretiker VIRILIO (1992) beschreibt diese Problematik der ausgedehnten Präsenz der Menschen folgendermaßen:

> Wenn die Aktivitätssphäre des Menschen nicht mehr durch die Ausdehnung, die Dauer, selbst die Lichtundurchlässigkeit der Hindernisse, die seinen Weg versperren, begrenzt wird, wo ist dann tatsächlich seine Präsenz in der Welt, seine reale Präsenz anzusiedeln? Er ist mit Sicherheit tele-präsent, aber wo? Ausgehend von welchem Ort, von welcher Stellung? Hier und da zur selben Zeit anwesend-lebend: *Wo bin ich, wenn ich überall bin?*" (VIRILIO 1992, S. 147).

Ob in der derzeitigen alltäglichen Lebenswelt der Menschen tatsächlich durch die Überwindung von Raum eben dieser Raum zu einer vernachlässigbaren Größe schrumpft, wird eine der Fragen sein, denen in dieser Arbeit zu Zeit von Mobilität nachgegangen werden soll.

In der Nachhaltigkeitsdiskussion ist die Begrenztheit von Raum spätestens seit den Berichten des Club of Rome Mitte der 1970er Jahre als Problem erkannt. Die Begrenztheit von Zeit wurde dagegen erst in der jüngsten Zeit thematisiert. ADAM (1997) führte in diesem Zusammenhang den Begriff „timescape", „Zeitlandschaft", ein. Zeitlandschaften stehen für die Vielfalt und das Zusammenwirken von verschiedenen Zeitstrukturen, von denen jede einzelne ihre Berechtigung habe und – wie die unterschiedlichen physischen Landschaften auch – schützenswert sei (vgl. Kap. 2.3.6). So wie in der Diskussion um „sustainable development" eine gemeinsame Betrachtung von Raum und Zeit gefordert wird[24], ist auch in dieser Arbeit eine integrierte Sicht der alltäglichen Bewegung in Raum und Zeit angestrebt.

Eine Zusammenführung von Raum und Zeit auf verschiedenen konzeptionellen Ebenen strebten ebenfalls MAY und THRIFT (2001) in ihrem Sammelband „TimeSpace – Geographies of Temporality" an. Anlässlich des sog. „spatial turn" in den Sozialwissenschaften, der im Laufe der 1990er Jahre stattfand, wurde in diesem Band versucht, den alten Dualismus von Zeit = dynamisch und Raum = statisch zu überwinden. Ihr Konzept konzentrierte sich auf den Begriff „TimeSpace", dem eine Vielfalt von Raumzeiten zugrunde lag. Im ersten Teil ihres Bandes widmeten sich sowohl die Herausgeber als auch die Einzelautoren/innen dem „Making-living TimeSpace", d.h. dem Erleben von ZeitRaum, das die historischen Entwicklungen der Transport- und Kommunikationstechnologien ebenso einschloss wie die allgemeinen Trends der Beschleunigung, time-space compression oder auch kulturelle und geschlechtsspezifische Unterschiede und Praktiken im Umgang mit ZeitRäumen. Das „Living-thinking TimeSpace", d.h. die Folgen neuer Theorien, wie der Relativitätstheorie oder der Akteurs-Netzwerktheorie (SERRES/ LATOUR 1995) für die Konstruktion von Raum und Zeit thematisierten die Beiträge des zweiten Teils. In den folgenden Kapiteln 2.2 und 2.3 wird an den Stellen, an denen z.B. die klassische „time geography" kritisiert oder erweitert wurde, auf einzelne Beiträge dieses Buchs näher eingegangen werden. Insgesamt steht auch diese Publikation in der Reihe jüngerer Arbeiten, die zum einen die „time geography" HÄGERSTRANDS kritisch auf ihre Gültigkeit

---

24 Wie die Arbeitsgruppe der ARL „Zeit und Raum" es formulierte: „... Zeit nicht ohne Raum und Raum nicht ohne Zeit zu denken" (ARL-Arbeitsgruppe „Zeit und Raum" 2002, S. 290).

überprüften und zum anderen versuchten, mit einem neuen Konzept einer „multiplicity of space-times", von ihnen genannt „TimeSpace" die Überwindung der Kluft zwischen Raum und Zeit zu leisten.

2.2 DAS RÄUMLICHE UND DIE ZEIT – DIE PERSPEKTIVE DER SOZIALGEOGRAPHIE

2.2.1 Die Dimension Zeit in der Geographie bis in die 1960er Jahre

„A temporal pattern is appearant in each und every spatial pattern (and) space and time are seperable from one another only in abstraction" (HAWLEY, 1950, S.288, zit. nach PARKES/ THRIFT 1980, S. 320).

Geographie als „Lehre von raumwirksamen Kräften und Prozessen" (WIRTH 1979, S. 229) hat zum Ziel, „die erdoberflächlichen Verbreitungs- und Verknüpfungsmuster aus den dahinterstehenden Kräften und Prozessen" zu erklären" (DERS.). Mit „Kräften" ist für den Bereich der „Sozialgeographie"[25] gemeint: „Determinanten raumwirksamer Entscheidungen" oder „Determinanten regelhaften raumwirksamen Verhaltens" (DERS.). Diese Definition von Geographie galt bis vor wenigen Jahren als konsensual. Der Ansatz der Sozialgeographie hatte sich nach ca. 100 Jahren Disziplingeschichte vom Geodeterminismus RATZELS zur „géographie humaine" VIDAL DE LA BLACHES, über eine morphologische Phase (Schlüter) und eine chorologische Phase (HETTNER) bis hin zur funktionalen und strukturalen Phase entwickelt. Die Dimension Zeit wurde allerdings in diesen Phasen – wenn überhaupt – meist nur randlich behandelt.

Bevor die „time geogaphy" als eigenständiges Forschungsgebiet in die Geographie Eingang fand, wurde bereits in der Chicagoer Schule der Sozialökologie die Uhr als Symbol der Ordnung in einer Stadt wahrgenommen, jedoch nicht näher betrachtet. So erkannte HAWLEY (nach PARKES/ THRIFT 1980) Rhythmus, Tempo und „timing" bzw. Synchronisation als zentrale Bestandteile der menschlichen Gemeinschaft. Es wurden dabei Begriffe, wie „temporal segregation" oder „temporal dominance" verwendet. Auch in der Stadtforschung stieg seit Anfang der 1960er Jahre mit der Arbeit von LYNCH „Image of the City" (1968) das Interesse an dem Bild, das in den Köpfen der Menschen über ihre Stadt oder ihre räumliche Umgebung existiert und das zeitlichen Rhythmen unterliegt. Besonders in den USA, aber auch in europäischen Metropolen erkannte man Bezirke, die – zumindest bei Dunkelheit – als gefährlich galten. Sie wurden als „timed spaces" einer Stadt bezeichnet, und damit wurde auch in der Stadtforschung früh die zeitliche Dimension relevant.

Vor allem in den 1970er Jahren, einer Zeit, die in Deutschland durch die funktionale Phase der Sozialgeographie geprägt war, und in der im Rahmen der

---

25 Seit BOBEK (1948) und HARTKE (1956) hat sich der Begriff „Sozialgeographie" für die humanwissenschaftliche Geographie durchgesetzt.

„Münchner Schule der Sozialgeographie" (MAIER/ PAESLER/ RUPPERT/ SCHAFFER 1977) die „Daseinsgrundfunktionen" zum Forschungsgegenstand der Sozialgeographie wurden, gewann die „time geography" und mit ihr die Aktionsraumforschung an Bedeutung. Auf die Rezeption der „time geography" im deutschsprachigen Raum wird in einem nachfolgenden Abschnitt gesondert eingegangen.

2.2.2 Die „time geography" der Lund-Schule (Hägerstrand)

Als Begründer der klassischen „Zeitgeographie" gilt HÄGERSTRAND an der Universität Lund in Schweden. Bereits 1953 erschien in schwedischer Sprache sein Buch „Innovation Diffusion as a Spatial Process", in dem er die Ausbreitung von technischen Neuerungen in der Landwirtschaft Schwedens als zeitlich und räumlich gegliederten Diffusionsprozess analysierte. Die Arbeiten HÄGERSTRAND und seiner Schüler (Lenntorp, Ellegård, Mårtensson, Carlstein uvm.) sowie die Weiterentwicklungen von PARKES und THRIFT in den 70er und 80er Jahren gelten als die zentralen Werke in der englischsprachigen Zeitgeographie.

> „In fact space and time always go together and we might as well, the sooner the better, try to get accustomed to seeing space and time as united into one compact four-dimensional entity" (HÄGERSTRAND, 1974, S. 271, zit. nach PARKES/ THRIFT 1980, S. 243).

Mit dem 2001 erschienenen Band "TimeSpace – Geographies of Temporality" herausgegeben von MAY/ THRIFT wurde an die klassische „time geographie" erneut kritisch angeknüpft (vgl. Kap. 2.1.2 und 2.2.4). Ebenso werden in einem Sonderheft der skandinavischen Zeitschrift „Geografiksa Annaler" 2004 aktuelle Beiträge zusammengestellt, die auf den klassischen Konzepten der „time geography" aufsetzen (vgl. Kap. 2.2.2.7).

2.2.2.1 „Time-Space-Structured Theory"

Neben den differenzierten Analysen der Ausbreitung von Innovationen entwickelte Hägerstrand die „time-space structured theory", die auf seinen Studien zur Bevölkerung der 1940er Jahre basierte (vgl. CARLSTEIN/ PARKES/ THRIFT 1978b). Als Grundbedingungen menschlichen Lebens und der Gesellschaft, die jeder Art von theoretischer Arbeit zugrunde liegen sollten, formulierte HÄGERSTRAND in „Space, Time and Human Conditions" (1975) folgende Reihe von „fundamental conditions":

1   the indivisibility of the human being
2   the limited length of each human life
3   the limited ability of the human being to take part in more than one task at a time
4   the fact that every task (or activity) has a duration
5   the fact that movement between points in space consumes time

6 the limited packing capacivity of space
7 the limited outer size of terrestrial space
8 the fact that every situation is inevitably rooted in past situations (NACH CARLSTEIN/ PARKES/ THRIFT 1978b, S. 118)

2.2.2.2 Zeitpfade

In diese Grundbedingungen ist auch HÄGERSTRANDS Ansatz der „time geography" eingebettet. Das Abbilden des menschlichen Handelns in Zeit und Raum in Form von „Zeitpfaden" und Raum-Zeit-Modellen der Lund-Schule fanden nicht zuletzt aufgrund ihrer Anschaulichkeit große Verbreitung. In ihren Abbildungen wurden Raum und Zeit als drei Dimensionen dargestellt, indem auf eine der drei Raumdimensionen (Höhe) verzichtet wurde und statt ihrer die Zeit eingesetzt wurde. PARKES und THRIFT (1980) nannten diese Darstellungsart „dynamic maps" und erläuterten ihre Elemente wie in Abb. 2.1.

Abb. 2.1: Elemente der „time geographic dynamic map"

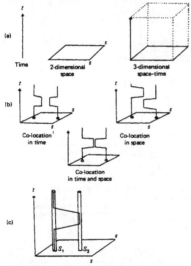

Figure 6.1. Some elements of the time-geographic dynamic map. (a) The time dimension and two-dimensional space: combined as 3-dimensional space-time. (b) The paths of two individuals with their space-time relations. (c) An individual moving from one station to another and back again, S_1 to S_2 to S_1.

Quelle: PARKES/ THRIFT 1980, S. 245

2.2.2.4 „Constraints"

Aus den oben aufgeführten „fundamental conditions" geht ebenfalls hervor, dass es zahlreiche Einschränkungen oder Zwänge (constraints) gibt, die das menschliche Handeln begrenzen. Aus diesem Grund werden die zeitgeographischen Arbeiten der Lund-Schule auch häufig als „constraints (constrained) theory" bezeichnet.

Abb. 2.2: Social space, physical space and time in the ecology of the city

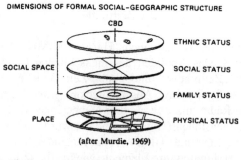

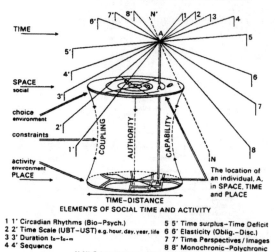

Quelle: PARKES/ THRIFT 1980, S. 361

Die drei zentralen „constraints", die allen zeitgeographischen Ansätzen zugrunde liegen sollten, waren (PARKES/ THRIFT 1980, S. 248f):
- „capability constraints", d.h. vor allem die biologischen Hindernisse, wie z.B. Zeit für Schlaf, Essensaufnahme usw., oder auch Begrenzungen, die sich aus den oben genannten „fundamental conditions" ergeben.
- „coupling constraints", d.h. Probleme, die in der Koordination von Aktivitäten mit anderen Personen begründet sind. Damit sind alle Handlungen gemeint, die mit Hilfe von Uhr und Kalender koordiniert werden, was den größten Be-

reich der Alltagsgestaltung umfasst. Diese Einschränkungen werden im Bild des Zeitprismas als „time-space walls on all sides" bezeichnet.
- „authority constraints", wie z.B. Einschränkungen durch zeitlich begrenzte Öffnungszeiten, Zugangsberechtigungen usw.

Mit Hilfe dieser „constraints" lassen sich alle restriktiven Elemente der Raumstruktur fassen, die die äußere Gussform bilden, innerhalb derer das mögliche Agieren stattfindet, d.h. die den Handlungsspielraum darstellen. Wie diese verschiedenen Elemente auf die Gestaltungsmöglichkeiten eines Individuums einwirken, zeigt das Schema in Abb. 2.2.

Abb. 2.3: „Activitiy programmes of the individuals in a Swedish family over a single day"

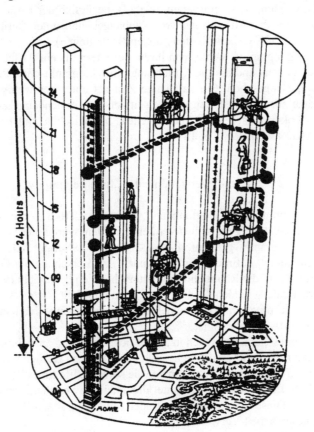

Quelle: PARKES/ THRIFT 1980, S. 252

In Abb. 2.3 wurden mit der Methode der „dynamic map" die Zeitpfade verschiedener Personen einer Familie dargestellt, die im Laufe eines Tages an verschiedenen Orten unterschiedlichen Aktivitäten nachgehen. Darstellungen dieser Art erlangten aufgrund ihrer Anschaulichkeit eine große Verbreitung. Die Ansätze der Lund-Schule wurden weiterentwickelt, indem sie u.a. auf eine Lebensperspektive erweitert und als Lebens-Pfade im Zeit-Raum analysiert wurden (HÄGERSTRAND 1978, S. 122f.). Auch das Messen von Raum-Verbrauch über die Zeit (z.B. Hektar pro Tag) oder die Modellrechnungen von LENNTORP (1978, 1979) sind Anwendungen des Ansatzes der „time geography" (vgl. Kap. 2.2.2.5).

Bereits 1975 wurden in einem europäischen Rahmen diese wissenschaftlichen Ergebnisse der „Lund Schule" als „Dynamic allocation of urban space" diskutiert und auf ihren Planungsbezug hin überprüft. Die Arbeiten dieser Geographen stellen nicht nur dahingehend (bedauerlicherweise) eine Ausnahme dar, dass sie sehr angewandt und planungsbezogen ausgerichtet sind. Sie bieten zudem die Möglichkeit, mit Hilfe von „spatial interaction systems" Modellrechnungen für städtebauliche Entwicklungen zu erarbeiten, wie z.B. bezüglich der Erreichbarkeit von Arbeitsstätten bei der Ausweisung von Neubaugebieten unter Berücksichtigung von Straßen und ÖPNV (incl. Kosten-Nutzen-Rechnungen).

Die „time geography" wurde von ihren Vertretern als ein Ansatz für zentrale Bereiche des Lebens und als die Einführung einer biographischen Perspektive in die Geographie angesehen. Sie galt lange Zeit als einer der wenigen ganzheitlichen Ansätze zur „Analyse der wechselseitigen Zusammenhänge zwischen kulturellen, sozioökonomischen, technologischen, biologischen und physikalischen Prozessen" (KLINGBEIL 1980, S. 18).

2.2.2.4 Selbstverständnis der „time geography"

Im Selbstverständnis der Geographen PARKES und THRIFT, die sich um die englischsprachige „time geography" verdient machten, wurde dieses Arbeitsgebiet (auch Chronogeography genannt, PARKES/ THRIFT 1980, S. XII) als Teil der „Human Geography" definiert. Sie verstanden ihre Forschung als Glied in einer Reihe von Ansätzen, die Raum und Zeit unterschiedlich behandeln (vgl. Tab. 2.1). Für ihre Arbeit unterschieden sie drei Kategorien von Zeit:
- „Universe time", mit Uhr und Kalender gemessen wird, häufig auch als „Standardzeit" bezeichnet,
- „Life times", unterschieden in „biological time" und „psychological time",
- „Social times", durch das Leben in einem sozialen Gefüge bestimmt.

Mit dem Begriff „paratimes" bezeichneten sie sowohl „life times" als auch „social times", d.h. alle Bereiche, die nicht unter die quantitativ eindeutig messbare Standardzeit fielen. Diese Unterscheidung findet sowohl in soziologischen Arbeiten als auch in dieser Arbeit Verwendung.

Tab. 2.1:   Getting places into focus

Space: locational	Space: experimental	Space and time: locational	Space and time: locational and experimental
Emphasis on space ‚outside' Geo-metrics	Emphasis on space ‚inside' Psycho-geo-metrics	Emphasis on space and time ‚outside'	Emphasis on space and time ‚outside' and ‚inside'
Locational Analysis c. 1965 cf. Haggett	Mental Maps c. 1968 cf. Gould	Time-Geography c. 1970 cf. Hägerstrand	Chronogeography ? c. 1975 cf. Parkes and Thrift
──────▶	──────▶	──────▶	──────▶

Quelle: PARKES/ THRIFT 1980, S. 9

Das Verhältnis von Zeitbudget-Studien und „time geography" wurde von PARKES und THRIFT (1980) folgendermaßen beschrieben: „In time-geogaphy the time budget is an *output* of the method: for time budgets and space-time budgets it is an *input*. Similarly time-geography concentrates on *allocation* of time and space whilst time budgets and space-time budgets have, until recently, concentrated on *use* of time and space" (DIES. 1980, S. 275). Unter dieser Voraussetzung wäre der hier vorgestellte Ansatz, in dem eine Zeitbudget-Studie für eine regionale Analyse verwandt wird, nicht als eine Arbeit innerhalb der „time geography" anzusehen. Hier teilt die Autorin allerdings nicht die Haltung von PARKES und THRIFT.

2.2.2.5 Terminologie der „time geography" und der geographischen Aktionsraumforschung

In den Arbeiten der Lund-Schule und ihrer Weiterentwicklung (HÄGERSTRAND, TÖRNQUIST, LENNTORP, ELLEGÅRD, MÅRTENSSON) wurden zahlreiche Begriffe geprägt, die mit den räumlichen Ausprägungen menschlicher Aktivitäten zusammenhängen, wie z.B. Informationsfeld, Kontaktfeld, Interaktionsfeld oder Prozessfeld. WIRTH (1979) stellte in seiner „Theoretischen Geographie" die Vielfalt der Begriffe in einer Übersicht zusammen und schlug eine Systematik vor. Er maß dem Interaktionsfeld, bzw. dem Prozessfeld, der „Raumstruktur als Rahmenbedingung, constraint, Voraussetzung für Prozesse" große Bedeutung bei, was die Entwicklung einer Theorie der Sozialgeographie angehe (1979, S. 208). WIRTH empfahl, dann von einem Aktions*feld* zu sprechen, wenn sich eine Person im räumlichen Zentrum der beobachteten Aktivitäten befände und von einem Aktions*raum*, wenn es sich um ähnlich beobachtete Aktivitäten allgemeiner Art ohne konkreten Bezug auf eine Person handelte.

In der Literatur kursiert eine Fülle von weiteren Begriffen, die in diesem Zusammenhang verwendet werden und an dieser Stelle kurz erwähnt werden sollen (nach WIRTH 1979, S. 209ff). Auf der individuellen Ebene wäre das „individual information field" (MORRIL/ PITTS 1967, nach WIRTH 1979) als Summe aller Örtlichkeiten, von denen ein Mensch hinsichtlich räumlicher Struktur und Ausdehnung weiß oder der „action space" (HORTON-REYNOLDS 1971) zu nennen. Enger gefasst ist das „contact field" (MORRIL/ PITTS 1967, nach WIRTH 1979) als Aktionsraum (DÜRR 1972, nach WIRTH 1979), das die Lokalisation aller ‚funktionierenden' Stätten darstellt, die der Mensch zur Ausübung seiner Grunddaseinsfunktionen aufsucht. Ähnlich werden die Begriffe „activity space" (HORTON/ REYNOLDS 1971), „movement pattern" oder engeres Informationsfeld (BAHRENBERG/ GIESE 1975) verstanden. Auch „contact action spaces" (HIGGS 1975) als regelmäßig aufgesuchte Orte, „acquaintance field" (COX 1969) oder „activity area" eingeschränkt durch „contraints" (LENNTORP 1978) umfassen einen ähnlichen Inhalt, nämlich das Interaktionsfeld des jeweiligen Individuums. Besonderes Augenmerk richteten die Forscher der Lund-Schule, aber auch schon CHAPIN und BRAIL (1969), auf die „constraints", die limitierenden Faktoren in der Entfaltung des „human activity systems" (o.g. zitiert nach WIRTH 1979, S. 209ff). Wenn man das Informationsfeld und Kontaktfeld auf eine Gruppe von Individuen überträgt, so gelangt man zu der Definition, die von MORRIL und PITTS (1967) für das „mean information field" verwendet wurde (nach WIRTH 1979). Sie vermengten Kontaktfeld mit Aktionsraum, wobei letzterer als Indikator für das Informationsfeld dienen sollte. Mit dem Begriff des „mean information fields" knüpften sie an HÄGERSTRAND an, der diesen Begriff ebenfalls für seine Modellrechnungen zur Ausbreitung von Innovationen verwendete.

Wird dagegen die Informations- bzw. Interaktionsstruktur eines flächenhaften Areals als Forschungsgegenstand betrachtet, so findet man in der Literatur die Konzepte der Verkehrsgemeinschaft oder der Gemeinde (soziologisch), in denen vorausgesetzt wird, dass zwischen den Individuen ein enger persönlicher Kontakt und eine hohe Interaktion bestehe. Das „contact system" oder „information system" (TÖRNQUIST 1970) ist dagegen ein systemtheoretischer Ansatz, in dem man von „interacting elements (objects)" und „relationships (links)" spricht und Kontaktfeld mit Informationsfeld gleichsetzt. Einen ähnlich umfassenden Ansatz verfolgte SIMMONS (1968, nach WIRTH 1979), der das Gesamtgeflecht von Beziehungen und Bewegungen in einem Gebiet mit dem Begriff „interaction pattern" umfasste und analysierte. Vergleichbares leistet der Begriff „urban activity system" (KUTTER 1972), der die Summe aller „individual activity patterns" im Sinne von Verkehrswegen erfasst. Dabei wird wiederum unterschieden in Muster des „behavioral systems" (individual activity patterns) und des „material systems" (Verkehrswege).

WIRTH (1979) schlug folgende Definitionen vor (EBD. 1979, S. 214ff):
- Informationsfeld:
  Das Informationsfeld ist der weitreichendste Begriff und umfasst die Spannweite vom Wohnumfeld bis hin zu Regionen, die nur noch aus den Medien bekannt sind. Das Informationsfeld ist Teil des Anschauungsraumes, es ist dif-

2.2 Das Räumliche und die Zeit – die Perspektive der Sozialgeographie

fus und dann oft lückenhaft, wenn es außerhalb des persönlichen Interaktionsbereichs liegt. Die Forschung über „mental maps" und „space perception" versucht zum einen, dieses Informationsfeld abzubilden und zum anderen den Einfluss der Raumvorstellungen auf das Verhalten der Menschen näher zu beleuchten.

- Kontaktfeld:
Das Kontaktfeld ist ein enger, innerer, zentraler Bereich des jeweiligen Informationsfeldes. Die Orte und Menschen, die die Person aufsucht, kennt, mit denen sie in direktem Kontakt (face-to-face) steht, umfassen das Kontaktfeld (vgl. TÖRNQUIST 1970 nach WIRTH 1979 S. 218). Die Wohnung ist das Zentrum des persönlichen Kontaktfeldes, um die sich der heimatliche Bereich (place), als Ort mit ökonomischer, sozialer und biologischer Rolle anschließt. Das individuelle Kontaktfeld erfährt nicht zuletzt dadurch eine Einschränkung, dass eine regelmäßige (meist tägliche) Rückkehr zu diesem Ort notwendig ist. Weiterhin schlug WIRTH (1979) eine Gliederung des Kontaktfelds durch die Dimension Zeit vor:
  - tägliches Kontaktfeld: als Funktionsstandorte von Wohnung, Arbeiten usw., meist recht stabil (früher umfasste es einen Zu-Fuß-Weg von 11-22 Minuten nach HAGGETT 1991, S. 433),
  - wöchentliches Kontaktfeld: erweitert durch Orte/ Personen, die man z.B. am Wochenende kontaktiert,
  - jährliches Kontaktfeld: erweitert durch Urlaube, Dienstreisen, Besuche,
  - Kontaktfeld des Lebens: besitzt die geringste Regelhaftigkeit, beinhaltet komplette Wechsel des Kontaktfeldes durch Umzüge usw.
- Interaktionsfeld:
Das Interaktionsfeld steht zwischen den Begriffen Informationsfeld und Kontaktfeld. Es beinhaltet zusätzlich zum Kontaktfeld den Bereich mit wechselseitigen Beziehungen ohne direkten persönlichen Kontakt (Telefon, Post usw.), aber mit Austauschmöglichkeiten und stellt damit das räumliche Korrelat sozialen Handelns dar (im Sinne von MAX WEBER 1968). Damit hat das Interaktionsfeld auch Einfluss auf räumliches Handeln (z.B. Informationen von Heimkehrern, die Abwanderung initiieren, innerstädtische Mobilität usw.). Ergebnisse aus einer empirischen Untersuchung ergaben, dass Interaktionsräume weitgehend entfernungsunabhängig sind, sich aber in hohem Maße abhängig von der Sozialschicht zeigen.

Mit der von Wirth vorgeschlagenen Dreiteilung in Informationsfeld, Interaktionsfeld und Kontaktfeld wurde versucht, die tatsächlichen Beziehungen und Beziehungsgefüge (behavioral system) in ihrer räumlichen Struktur zu fassen. Die Ausprägung dieser individuellen Felder stehen in engem Zusammenhang mit dem vorgegebenen Verknüpfungsmuster (material system), d.h. mit den Voraussetzungen für das Zustandekommen von Kontakten, also mit dem Verkehrs- und Kommunikationssystem.

GRÄF (1988) schlug eine noch feinere Definition vor, indem er fünf Raumbegriffe ineinander schachtelte. Den größten Raum stellt der Nachrichtenraum dar, in diesem liegt der Informationsraum, der als „subjektive und gruppenspezifische

Reduzierung des Nachrichtenraums" (GRÄF 1988, S. 43) zu verstehen ist, darin wiederum der interaktive Telekommunikationsraum (z.B. Telefon, „gelbe Post"), darin der kommunikative Begegnungsraum („face-to-face"-Kontakte) und darin der alltägliche kommunikative Begegnungsraum als kleinste Einheit. Im Zuge der immer weiter verbreiteten modernen Kommunikationstechniken gewinnen die „virtuellen Räume", die außerhalb des kommunikativen Begegnungsraumes liegen, immer mehr an Bedeutung.

2.2.2.6 Modelle (PESASP und Mårtensson)

Auf zwei Modelle der Lund-Schule soll an dieser Stelle kurz eingegangen werden, da sie sich um konkrete Anwendungsmöglichkeiten des „time geography"-Ansatzes bemühten. Das Simulationsmodell PESASP (Programme Evaluating the Set of Alternative Sample Paths) von LENNTORP (1978) arbeitete mit Zeitprismen, die zwischen festen Gegebenheiten (Aufenthalt an Wohnung und Arbeitsplatz) bestanden und innerhalb derer sich Möglichkeiten der Gestaltung befanden. Es versuchte damit, die Konzepte der Zeit-Geographie zu operationalisieren. Die Prismen verdeutlichten die physische Reichweite des Individuums. Sie waren jedoch nicht nur durch die Mobilitätsform, sondern auch durch Fahrpläne, Öffnungszeiten usw. bestimmt. Eine zeitlich festgelegte Aktivität an einem bestimmten Ort war damit ein Null-Prisma, wohingegen große Prismen eine hohe zeitliche Flexibilität ausdrückten (vgl. Abb. 2.4).

Abb. 2.4: Verschiedene Zeitprismen

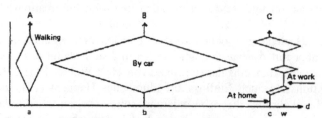

Figure 6.3. Cross-sections of prisms. (a) Walking; therefore prism sides are steep and spatial range available to the individual is narrow. (b) Motor car; therefore prism sides are gentle and spatial range available to the individual is wide. (c) Any time spent at a station reduces the range of the remaining prisms which can nest within the original. A fast journey to work (lower prism c-w) allows some room to manoeuvre in space-time so that a smaller prism could nestle inside the one shown. An a.m. period at work, located above w is followed by a lunch period prism and so on. None of the tasks which occur in these subprisms can overlap the prism boundary thus breaking the constraint rules

Quelle: PARKES/ THRIFT 1980, S. 249

Das Modell PESASP simulierte die Wege, die unter den Bedingungen eines bestimmten Aktivitätsprogramms (im Beispiel das einer berufstätigen Mutter) unter

2.2 Das Räumliche und die Zeit – die Perspektive der Sozialgeographie

Berücksichtigung der raum-zeitlichen Struktur der Umwelt realisierbar waren. So wurden die möglichen Wege innerhalb eines Ortes entlang der Straßen oder mit Bussen und Bahnen simuliert, und es konnte aufgezeigt werden, welche Verbesserungen im Öffentlichen Personennahverkehr notwendig wären, um z.B. eine bessere Vereinbarkeit von Wegen zwischen Wohnung, Kindergarten und Arbeitsplatz zu gewährleisten (LENNTORP 1978).

MÅRTENSSON (1978) analysierte ebenfalls mit Hilfe von Modellrechnungen die alltäglichen Lebensbedingungen in Abhängigkeit von der Umgebung. In ihren Arbeiten diente die Art der Mobilität als Schlüssel zur Zeitverwendung, da sie wesentlich über den Umfang der frei verfügbaren Zeit im Laufe eines Arbeitstags entscheide. In ihrem Modell stellten spezifische Aktivitäts-Modelle den Input dar, und den Output bildeten mögliche Zeitbugdets (z.B. die Verwirklichung von zwei Stunden Freizeit). Als entscheidende Faktoren entpuppten sich in ihren Modellen die Siedlungsstruktur und Zentralität des Wohnorts, Fahrpläne des Öffentlichen Personennahverkehrs und mögliche Routen. Diese Aspekte des Wohnumfelds und der Infrastruktur des Wohnorts als Einflussgrößen auf die Mobilität und damit auf den Zeitaufwand für Mobilität werden auch in der vorliegenden Arbeit analysiert.

2.2.2.7 Anwendungen der „time geography"

Neben den oben erläuterten Ansätzen der Lund-Schule sollen an dieser Stelle einige weitere Anwendungen des umfangreichen und in den 1960er und 1970er Jahren boomenden Konzeptes der „time geography" vorgestellt werden.

In einem dreibändigen Sammelband mit dem Titel „Spacing Time and Timing Space" lieferten 1978 CARLSTEIN, PARKES und THRIFT einen Überblick über zahlreiche Varianten „time geography". Sie verstanden unter dem Stichwort „timing spaces" all die Ursachen, aufgrund derer Orte nur während bestimmter Zeiten zugänglich, erreichbar oder nutzbar waren. Dazu zählten sämtliche gesetzlichen Öffnungszeiten, Arbeits- oder Bürozeiten, Schulferien usw. Diese besaßen wiederum Folgen für den Verkehr und dessen Dichte und damit auf die Siedlungs- und Verkehrsplanung. Unter „spacing times" verstanden sie all die Vorgänge, die mit der Aufstellung eines Stundenplans bzw. eines Terminplans verbunden waren und bei denen die Anwesenheit an bestimmten Orten eine Koordination der Zeit und vor allem der für Mobilität aufgewandten Zeit beanspruchte. Bei der hier vorgestellten Studie wird in erster Linie danach gefragt, inwiefern der Wohnort und dessen Eigenschaften sich auf den Vorgang des „spacing times" auswirken.

PARKES und THRIFT erarbeiteten in ihrem Beitrag mit dem ehrgeizigen Titel „Putting Time in its Place" ein Schema von „realized place", in dem versucht wurde, die räumliche Dimension mit der zeitlichen Dimension zusammen zu führen. „Realized place" wurde als „a day-to-day dynamic" verstanden und „the realization of places lies in the temporal structuring of space" Unter „timed spaces" verstanden sie „patterns of time-use and time-allocation by elements of the social system" (PARKES/ THRIFT 1978a, S. 119). Noch weiter auf den Punkt gebracht ist die Aussage „place is a pause in movement" (TUAN 1974), in der Bewegung im Raum als die bestimmende Einheit von Raum selbst verstanden wurde. PARKES und THRIFT schlugen weiterhin vor, zusätzlich zu der gemessenen Zeit – ähnlich wie bei gemessenem Raum – die subjektive Komponente stärker einzubeziehen als dies bisher der Fall war. In ihrem Entwurf sahen sie ein Zusammenführen von „mental maps" und „mental clocks" vor, mit Hilfe derer das Messen der inneren Welt der Individuen, stattfinden solle, um diese auf die äußerliche Welt zu übertragen. In den Teilen der vorliegenden Arbeit, in denen eine qualitative Erhebung der Zeitwahrnehmung („mental travelling time") stattfinden soll, ist vorgesehen, diesen Ansatz zu berücksichtigen.

Der Einsatz von Raum-Zeit als neue Einheit zur Erfassung des raumzeitlichen Kontinuums wurde von PARKES und THRIFT (1980) folgendermaßen erläutert:

> „... when an aspatial metric is used to indicate distance as an atemporal metric is used to indicate time, for instance money, then distance and interval are being represented in common relative distance and relative time. One of the most common relative space measures combine space with time, as distance with interval. Thus in everyday life we consider the time it takes to get somewhere. This notion of distance and interval in combination is now frequently referred to as a time-space metric....The geographer's space time is not a new physical structure, as is the four-dimensional space time of Minkowski or Einstein, instead it is a technical convenience and a more realistic way of looking at the world" (PARKES/ THRIFT 1980, S. 4).

Diese Vorgehensweise wurde in den Ansätzen der „behavioural geography" von GOLLEDGE und STIMSON (1987) als zentrale Vorbedingung zu deren Aktionsraum- und Verkehrsanalysen eingesetzt. Wesentlich war in ihren Augen die nachfolgende Grundannahme: „Travel is handled as a derived demand." (GOLLEDGE/ STIMSON 1987, S. 206). Daraus folgten für sie drei zentrale zeit-räumliche Konzepte: „(a) Travel choice options constrained in space-time, (b) Trip generation as an outcome of activity choices, (c) Constant time budgets" (DIES. 1987, S. 207). Die individuellen Optionen wurden jedoch nicht allein betrachtet, sondern im Kontext des Haushaltes analysiert (analog zu den Zeitpfaden in Abb. 2.3). Sie bezogen in die Entscheidungsfindung für/ gegen einen Weg die Vielfalt der möglichen Aktivitäten, die zur Verfügung stehende Auswahl an Zielen für bestimmte Tätigkeiten und die Charakteristika des Transportsystems ein. Die individuelle Entscheidung stellte damit eine Funktion dieser Komponenten dar (DIES. 1987, S. 209). Der kognitive Rahmen, in dem nach ihrem behaviouristischen Ansatz die menschlichen Aktionsraummuster zu analysieren waren, beinhaltete kognitive Transformationen von Distanzen, z.B. die Erkenntnis, dass Wartezeit in einem Verkehrsmittel als deutlich länger empfunden wird als Fahrzeit. Die „behavourial geography" beschäftigte sich auch ausführlich mit den Motiven der längerfristigen Mobilität, d.h. dem Wechsel des Wohnorts (DIES. 1987, S. 284ff). Die Ergebnisse hinsichtlich der Prioritäten bei der Wahl des Wohnorts und den Umzugsmotiven werden bei der Analyse der eigenen Daten berücksichtigt.

PRED (1981) entwickelte anhand der Grundelemente der „time geography" (project, path) und der GIDDENSSCHEN Strukturationstheorie einen Ansatz zur „social reproduction", indem er sie um die Dialektik von extern-intern und Lebenspfad (biographisch)-Tagespfad (alltäglich) erweiterte. Mit einem strukturationstheoretischen Ansatz wies PRED nach, dass die HÄGERSTRANDSCHEN „constraints" nicht einfach nur „gegeben" sind, sondern selbst meist Produkte der Dialektik von „practice and structure" darstellten (PRED 1981, S. 18), insbesondere „coupling constraints" und „authority constraints". Er betonte die Zusammenhänge zwischen „social reproduction" und dem alltäglichen Leben sowie die Durchdringung von Geschichte und dem alltäglichen Leben jedes Einzelnen. Auch CARLSTEIN (1981) nahm GIDDENS Strukturationstheorie auf und sah darin zahlreiche Parallelen zur „time geogaphy". Er bemängelte jedoch die seines Erachtens zu geringe Berücksichtigung der „constraints" und der Selektivität von Produktion und Reproduktion in seinem Konzept von Struktur (CARLSTEIN 1981, S. 52f). Ebenso sah HALLIN (1991) in der Ergänzung der „klassischen" Arbeiten der „time geography" um handlungstheoretische Elemente eine Möglichkeit, die bisherigen Ansätze in ein modernes sozialgeographisches Konzept zu überführen.

Eine weitere Fortführung des Ansatzes von HÄGERSTRAND stellte die Modifizierung von CULLEN/ GODSON (1975, zit. nach BHAT/ KOPPELMAN 1999, S. 126) dar, der die „constraints" dahingehend unterschied, wie „rigide" (oder „flexibel") sie waren. Sie kamen zu dem Schluss: „temporal constraints are more rigid than spatial constraints" (BHAT/ KOPPELMAN 1999, S. 126). Dieses Ergebnis unterstützt den hier vorgestellten Ansatz, in dem die zeitliche Gestaltung der Mobilität im Zentrum der Untersuchung steht.

FORER (1978) erweiterte die klassische „time geography", in der Zeit bereits als Distanzmaß betrachtet wurde, um den Vorschlag, Zeit auch als ein Flächenmaß zu verwenden. Er stellte die Frage, warum wir nicht einen Raum, der in fünf Minuten Fußweg in seiner Länge und drei Minuten Fußweg in seiner Breite abzulaufen ist, nicht als einen Raum von 15 Quadratminuten bezeichnen könnten. Seine Argumente dafür waren, dass der geometrische Raum zwar von einer kontinuierlichen Oberfläche ausgehe, der Zeitaufwand für Mobilität aber durch die jeweilige Tageszeit und das Verkehrsmittel so verändert werde, dass das klassische metrische Raummaß für zahlreiche Fragestellungen keine aussagekräftige Maßeinheit darstelle. Dieser Ansatz findet in der vorliegenden Arbeit in leicht veränderter Form ebenfalls Verwendung, da die Fahrtzeiten als zentrale Größe im empirischen Teil analysiert werden.

Anwendung fand der Ansatz der „time geography" in jüngerer Zeit auch im Bereich geschlechtsspezifischer Stadtforschung, und dabei insbesondere in der Mobilitätsforschung (KEVENHÖRSTER 2000). Die von HÄGERSTRAND formulierten „constraints" eigneten sich dabei besonders, um die Einschränkungen zu typisieren, die Frauen im Alltag hinsichtlich ihrer Mobilitätschancen besitzen.

Wie aktuell die „time geography" auch heute noch ist, zeigt das o.g. Sonderheft der „Geografiska Annaler" (2004) mit einem Themenschwerpunkt zu diesem von HÄGERSTRAND begründeten Arbeitsbereich[26]. Die Spannweite der Beiträge

---

26 HÄGERSTRAND verstarb im Mai 2004. In diesem Schwerpunktheft befindet sich ein somit posthum erschienener Beitrag von ihm mit dem Titel „The Two Vistas", in dem er zwei unterschiedliche wissenschaftliche Perspektiven bzgl. des Zugangs zur Realität erläutert (DERS. 2004).

reicht von einer Analyse der Zeitpfade von Nobelpreisträgern, die sich als Bündel an bestimmten Orten zu bestimmten Zeiten beschreiben lassen (TÖRNQVIST 2004), über Erweiterungen der „time geography" und der in ihr verwandten Prismen um das Konzept der „affordance" und somit um Ansätze aus der Ökopsychologie (RAUBAL/ MILLER/ BRIDWELL 2004), bis hin GIS-Anwendungen, in denen dreidimensionale Modellierungen die frühen PESASP-Modelle erweitern (KWAN 2004). In dem Beitrag von ELLEGÅRD und VILHMELSON (2004) wird die – auch für die vorliegende Arbeit zentrale – Fragestellung aufgeworfen, ob sich durch die angebliche Omipräsenz des Menschen der Zeitaufwand für Mobilität bzw. für andere konkurrierende Aktivitäten ändere. Die Autoren kamen zu dem Ergebnis, dass über die vergangenen 25 Jahre der Zeitaufwand für Mobilität in Schweden gleich geblieben sei, während sich die zurückgelegten Distanzen erhöht haben. Die Bedeutung des Heims als „pocket of local order" und „node for virtual communication" wurde dabei deutlich. In einer Arbeit von THULIN und VILHELMSON (2004) wurde allerdings der Verdacht geäußert, dass sowohl soziale Kontakte als auch außerhäusige Freizeit bei (v.a. männlichen jungen) „heavy users" des PCs verringert würden. Die aktuelle Situation wurde hierbei als Koexistenz von „extrovert and introvert activity patterns", die sowohl eine räumliche „Explosion" der Netzwerke als auch eine „Implosion" im Sinne eines Rückzugs ins Private bedeuten, bezeichnet (THULIN/ VILHELMSON 2004, S. 3).

2.2.3 Rezeption der „time geography" im deutschsprachigen Raum

Bis in die 1960er Jahre wurde auch in Deutschland noch die Ansicht vertreten, dass die Zeit das Arbeitsgebiet der Geschichte, der Raum das Arbeitsgebiet der Geographie sei und demzufolge die beiden Dimensionen getrennt zu behandeln seien. Erst Mitte der 70er und Anfang der 80er Jahre wurde auch hier die „time geography" in stärkerem Maße rezipiert. Stellvertretend werden an dieser Stelle einige Arbeiten vorgestellt, die typische Umsetzungen der „time geography" in theoretischer, planungsbezogener und stadtgeographisch- bzw. aktionsräumlicher Sicht darstellen.

KLINGBEIL (1980) war einer der wichtigsten Vertreter der „Aktionsraumforscher" und forderte, „Zeit als Prozess und Ressource in der sozialwissenschaftlichen Humangeographie" zu verstehen. Er vertiefte den Ansatz HARTKES, der die Prozessanalyse in die empirische Sozialgeographie einbezogen hatte und sich damit auch teilweise gegen die struktural-funktionalen Ansätze der Sozialgeographie abgegrenzt hatte. Er stellte die gesellschaftlichen Prozesse, die zur Entstehung, aber auch zur Veränderung von Raumstrukturen führen, in den Vordergrund seiner Arbeit (nach KLINGBEIL 1980). Eine „Prozessgeographie" sollte sich nach KLINGBEIL (1980) den Verursachungs- und Wirkungsgeflechten sowie den prozesssteuernden Mechanismen des menschlichen Handelns im Raum widmen (vgl. Abb. 2.5).

HÄGERSTRANDS Ansatz wurde von KLINGBEIL als kontextanalytisch, Struktur und Prozess miteinander verbindend, betrachtet. Damit wurde er in die Nähe der

Prozessgeographie HARTKES gerückt und stellte – zusammen mit der Aktionsraumforschung – das Fundament eines Ansatzes dar, der die zeitliche Dimension in der Geographie angemessener berücksichtigen konnte als dies bis zu diesem Zeitpunkt geschehen war. Auch die Integration individueller, subjektiver Raum- und Zeitwahrnehmung wurde von KLINGBEIL an dieser Stelle empfohlen. Allerdings fielen diese Forderungen in der deutschsprachigen Sozialgeographie nicht auf fruchtbaren Boden. Seit Ende der 80er Jahre entstanden nur noch vereinzelt Arbeiten, die sich im Themenbereich der „time geography" ansiedeln lassen könnten.

Abb. 2.5: Analyseschema für Tätigkeitenmuster von Haushaltsmitgliedern

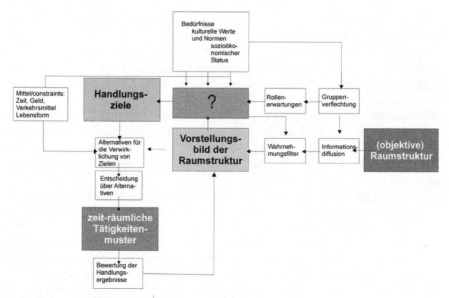

Quelle: KLINGBEIL 1978 (nachbearbeitet)

GÜRTLER (1979) versuchte, die Regelmäßigkeiten raumzeitlichen Verhaltens zu fassen, indem er sie danach unterschied, ob sie sich einem gemeinsamen Intentions-Aspekt, Zeit-Aspekt oder Raum-Aspekt zuordnen ließen. Den Raum-Aspekt unterteilte er in die objektive Stadtstruktur, den potentiellen Handlungsraum, der durch das subjektive Vorstellungsbild des Individuums geprägt sei und schließlich den tatsächlichen Aktionsraum. Die Regelmäßigkeiten des Verhaltens im Raum beschrieb er – analog zu zeitlichen Verhaltensregelmäßigkeiten – als Regelmäßigkeiten hinsichtlich a) des Orts, an dem eine Aktivität ausgeübt wird, b) des Modus der Ortsveränderung und c) der Wegewahl. Er verband dann die Regelmäßigkeiten raumzeitlichen Verhaltens mit rollentheoretischen und statusbedingten Konstrukten. So hat der – häufig statusbedingte – Wohnstandort massive Konsequenzen für die Erreichbarkeit bestimmter Ort, die Wegezeiten u.v.m.. Das Rollenverhalten bestimmt wiederum Bedürfnisse und Wertmuster und – denkt man an die geschlechtsrollentypische Arbeitsteilung im Haushalt – bestimmt ebenfalls in hohem Maße das raum-zeitliche Verhalten. Mit dem Anspruch, eine planungsbezogene Umsetzung dieser Ergebnisse zu ermöglichen, entwarf GÜRTLER ein Schema von Handlungsrestriktionen, die im Wesentlichen den „constraints" HÄGERSTRANDS entsprachen, nur stärker handlungstheoretische Ansätze berücksichtigten. Die vorliegende Arbeit wird sich bezüglich der rollen- und statusbedingten Modifizierung des raum-zeitlichen Verhaltens in Teilen an die Ansätze GÜRTLERS anschließen.

2.2.3.1 Geographische Zentralitätsforschung und Aktionsraumforschung

Die Aktionsraumforschung wird in der Sozialgeographie häufig als eine Ergänzung der zentralörtlichen Forschung angesehen (vgl. Fachsitzung „Aktionsräumliche Ansätze in der Zentralitätsforschung" auf dem Göttinger Geographentag 1979). So stellte KRETH (1979) fest: „In diese Lücke (die, die das Wissen um das raumrelevante Handeln der Bevölkerung betrifft, Anm. d. A.) stößt die aktionsräumliche Forschung vor, die den Ansatz von der Reichweite eines Gutes in umgekehrter Richtung verfolgt, indem sie beim einzelnen Individuum nachfragt, aus welchem Grund es wohin und wie weit geht, um ein bestimmtes Bedürfnis zu befriedigen" (KRETH 1979, S. 266). Auch POPP (1979) war der Ansicht, dass das aktionsräumliche Konzept zu einer Erweiterung der Zentralitätsforschung beitrage, und zwar durch drei Ansätze:
a) „Zentralörtlich relevante Aktivitäten werden in den komplexen Zusammenhang des gesamten Tätigkeitssystems eines Individuums eingebunden und aus diesem Zusammenhang erklärt.
b) Zentralörtlich relevante Aktivitäten werden auch im Rahmen von Mehr-Stationen-Ausgängen (multifinalen Ausgängen) berücksichtigt, während die klassische Zentralitätsforschung ja stets von monofinalen Wegen ausgeht.
c) der ökonomisch-rationale Forschungsansatz der Zentralitätsforschung wird verhaltenswissenschaftlich erweitert bzw. uminterpretiert, indem Verhaltensweisen nicht einseitig normativ gesetzt, sondern einer empirischen Überprüfung unterzogen werden" (POPP 1979, S. 301).
HEINRITZ (1979) veränderte die traditionelle Frage der Zentralitätsforschung zur Bestimmung der Reichweite unter Einbeziehung der Aktionsraumforschung dahingehend, dass „Es ... nicht mehr darum (geht), ob ein bestimmter Standort aus einer gegebenen Distanz überhaupt einmal aufgesucht wird, wichtiger erscheint die Frage, wie oft dieser Standort innerhalb einer bestimmten Zeiteinheit erreicht wird" (HEINRITZ 1979, S. 314).

KLINGBEIL (1978) schlug vor, dass sich die geographische Aktionsraumforschung mit „a) der Transformation von objektiven Raumstrukturen zu subjektiven Landkarten, b) der Genese von Handlungszielen und c) der Umsetzung von Handlungszielen in zeiträumliche Abläufe" beschäftigen solle. Vor allem die Genese von Handlungszielen stelle immer noch das schwierigste Aufgabengebiet dar. KLINGBEIL entwickelte dazu ein Konzept des Handlungsspielraums, in dem die drei Hauptgruppen der HÄGERSTRANDSCHEN „constraints" als soziale, zeitliche und distanzielle Erreichbarkeit einerseits die Umwelt und ihre Gelegenheitspoteniale darstellten und andererseits die persönlich verfügbaren Mittel (Geld, Zeit, PKW, sozialer und kultureller Zugang) für die individuelle Seite standen (KLINGBEIL 1978, S. 31ff). Diese Elemente finden sich in dem hier vorgestellten Ansatz ebenfalls wieder.

Mitte der 1990er Jahre entstanden – angeregt durch die Diskussion der handlungstheoretischen Ansätze – einige Arbeiten zur Aktionsraumforschung in Deutschland. Die stärker theoretisch orientierten Arbeiten werden in Kap. 2.2.5 vorgestellt. Eine anwendungsbezogene Arbeit zu Aktionsräumen stammt von HEYDENREICH (2000), die mit Hilfe von Aktionsräumen einen akteursbezogenen Ansatz zur Analyse von Suburbanisierungsprozessen am Beispiel der Stadtregion Leipzig entwickelte. Sie verwendete „Aktionsräume als Indikator einer gelebten Nutzungsmischung" in dem Sinne, dass Nutzungsmischung wiederum als ein zentrales Ziel nachhaltiger Stadtentwicklung zu betrachten sei. Auch sie versteht sich einerseits in der Tradition der „klassischen Aktionsraumforschung", in der die Alltagswege im Vordergrund stehen, jedoch, weniger um die Erklärung räumlichen Verhaltens zu leisten, sondern „vielmehr das räumliche Verhalten als Indikator für das Nachhaltigkeitspotential bestimmter städtebaulicher Strukturen...(zu analysieren, Anmerk. d. Aut.)" (HEYDENREICH 2000, S. 20). Sie kam bei der Analyse von drei unterschiedlichen Gebieten zu dem Schluss, dass neben dem Angebot der Geschäfte des täglichen Bedarfs auch der öffentliche Raum selbst, d.h. für Wege zu den Geschäften, für Spaziergehen usw., zentrales Element für eine gelebte Nutzungsmischung darstelle (HEYDENREICH 2000, S. 115). Demzufolge zielten ihre Handlungsempfehlungen hin auf eine verbesserte Gestaltung dieses öffentlichen Raumes, sei es hinsichtlich Sicherheit (vor Straßenverkehr, aber auch vor Kriminalität), ästhetischer Qualität, hinsichtlich der Gestaltung halböffentlicher Räume (Spielplätze, Restaurants etc.) oder der Lösung der Parkprobleme, z.B. im Umland.

2.2.3.2 Verkehrsgeographie

Eine Umsetzung der „time geography" fand ebenfalls in Arbeiten statt, die der Stadt- oder der Verkehrsgeographie zuzuordnen waren. In ihnen wurden z.B. Sozialkontakte (KEMPER 1980), Zentreneinzugsbereiche und Nahverkehrsplanung (MAIER 1976; KREIBICH 1979), Einkaufsverhalten (KRETH 1979), Koppelungsverhalten bei Einkäufen (POPP 1979), die Verhaltensdimension „Besucherfrequenz" in Verbrauchermärkten (HEINRITZ 1979) oder suburbane Aktionsräume als Determinanten der Einzugsbereiche zentraler Einrichtungen in Verdichtungsräumen (Wehling 1979) analysiert. WEHLING (1979) konnte darstellen, wie sehr soziostrukturelle Merkmale, wie z.B. Haushaltsstruktur, „Berufstätigkeit der Hausfrau"[27], der Besitz eines PKWs oder Schulbildung die Aktionsräume im Zuge der Bedarfsdeckung beeinflussten.

Die Verkehrsgeographie, die sich mit dem menschlichen Verhalten bzw. Handeln zur Überwindung von Raum beschäftigt, hat ihren Ursprung bereits in den Ansätzen HETTNERS 1897 und wurde von MAIER 1976 in den Bereich der funktionalen Sozialgeographie überführt. Sie unterliegt in besonderem Maße dem technologischen aber auch dem gesellschaftlichen Wandel. So wurde das Auto immer wieder als „Zeitverkürzungs-" und „Raumverkleinerungsmaschine" bezeichnet (OLONETZKY 1997, 03.36). Verkehr als „Voraussetzung und gleichzeitig Folge jeglicher räumlicher Betätigung des Menschen" in Verbindung mit „räumlichen Aktivitäten spezifischer menschlicher Gruppen bei der Entfaltung ihrer Grundfunktionen" ist die Perspektive dieses Ansatzes (MAIER 1976, S. 158f). Maier gelangte im empirischen Teil seiner Arbeit zu einer „Bestimmung sozialgeographischer Gruppen als Gruppen gleichartigen verkehrsräumlichen Verhaltens", die von „überaus stark innenorientiert" (standortorientiert in ruralen Raum) bis zu „stark außenorientiert" (in städtischen Gemeinden) reichten. Es wird zu überprüfen sein, ob bei der Analyse der Wegezeiten ähnliche Muster erkennbar sind.

Der PKW als das technische Mittel, das von den festen Zeittakten des ÖPNV unabhängig macht und den Zeitaufwand für die Wege verringert (solange sich kein Stau einstellt), stellte *die* Innovation im Bereich der Mobilität in der Nachkriegszeit dar. Seine Verfügbarkeit für einen großen Teil der Bevölkerung hatte massive Veränderungen in der Stadt- und Siedlungsentwicklung zur Folge und stellt in der jüngsten Zeit das größte Problem der Stadt- und Raumplanung dar. Die Bedeutung des ÖPNVs schwindet im Nahbereich als Verkehrsmittel und wird zunehmend entweder von jungen Menschen, die noch keinen Führerschein besitzen, älteren Personen, die nicht mehr Auto fahren können oder von Personen, die sich keinen PKW leisten können, benutzt. Er besitzt noch in den Stoßzeiten der „Normalarbeitszeit" Bedeutung, vor allem im städtischen Verkehr. Es ist allerdings anzunehmen, dass die zunehmende Flexibilisierung der Arbeitszeiten weiterhin den ÖPNV zurückdrängen wird. Wenn nach Erhebungen des Deutschen Instituts für Wirtschaftsforschung Ende der 1990er Jahre bereits 50% der zurückgelegten Personenkilometer für Freizeit verwendet wurden, so wird deutlich, dass die vergrößerten Freiräume einen Anstieg der Mobilität implizieren. Die Wahl des Verkehrsmittels ist nur begrenzt rational und nutzenorientiert, nicht selten liegt keine vollständige Kenntnis der Alternativen vor und zudem ist sie von den Routinen im Alltag geprägt. Diese Fragestellungen, die u.a. von BAMBERG und SCHMIDT (1998) oder von HELLER (1997) mit ihren Anwendungen der „Theorie des geplanten Verhaltens" (nach FISHBEIN/ AJZEN 1975) in der Verkehrsmittelwahl untersucht wurden, lassen sich in dem hier vorgestellten Ansatz innerhalb der qualitativen Untersuchung bei der Analyse der Verkehrsmittelwahl vertiefen.

In der Verkehrsgeographie und der Verkehrsplanung wurden in der jüngeren Zeit erneut die Ansätze des „human activity approach" verwendet. Die Abkehr

---

27 Ist sie dann noch Hausfrau, wenn sie berufstätig ist? – Anm. der Autorin.

vom Modell des rational entscheidenden und Kosten-Nutzen-orientiert handelnden Menschen und die Hinwendung zu den Aktionsraum-/ Constraints-Modellen der Lund-Schule impliziert auch für die Verkehrsforschung Veränderungen. FOX (1995) nannte als wichtigen Aspekt, „that space has temporal expression in the time it takes to move from one location to another" (FOX 1995, S. 108). Aufbauend auf dem PESASP-Modell LENNTORPS wurden weitere Modelle in der Verkehrsforschung entwickelt, um Verhaltensmuster vorherzusagen. Zu ihnen zählen die Modelle des „situational approach" (BRÖG/ ERL 1983), in dem davon ausgegangen wurde, „individual behavioral situations determine individual options" (FOX 1995, S. 111). Individuen handeln demnach nicht unbedingt irrational, aber sie handeln nach einer subjektiven Rationalität. Der situative Kontext, der die Mobilitätsentscheidungen beeinflusse, könne z.B. der einer Familie sein, deren Wege und Aktivitäten am Tag miteinander in Verbindung stehen. Eines der Modelle, mit deren Hilfe die Aktivitätsmuster eines Haushalts analysiert werden können, ist das Modell des „Household Activity – Travel Simulator (HATS)". Es kann damit simuliert werden, wie sich z.B. das Aktivitätsmuster eines Haushalts ändern könnte, wenn eine neue Buslinie eingerichtet würde, wenn sich Öffnungszeiten von Einrichtungen ändern würden usw.. Diese Modelle stehen stellvertretend für den Prozess, der sich in der Verkehrsplanung bzw. dem „transportation planning" vollzieht. Es wurden zunehmend auch hier individuelle Verhaltensmuster, psychologische Aspekte und damit der „human activity approach" in die Planung einbezogen.

Im nachfolgenden Kapitel 2.5 zur jüngeren räumlichen Mobilitätsforschung, die sich seit Anfang der 1990er Jahre als interdisziplinäre Aufgabe stark weiterentwickelt hat, werden neuere Arbeiten vorgestellt, die sich zwar auch unter dem Begriff Verkehrsgeographie behandeln ließen, jedoch eine breitere Perspektive einnehmen als die „klassische" Verkehrsgeographie und sich nicht in unmittelbarer Nachfolge der „time geography" verstehen lassen. Dazu zählen auch die Ansätze zur geschlechtsspezifischen Mobilität.

2.2.3.3 Stadtgeographie/ Stadtforschung

In der Stadtforschung und Stadtplanung beschäftigt man sich seit geraumer Zeit vor allem in Arbeiten des Deutschen Instituts für Urbanistik (Difu) in Berlin ausführlich mit Zeitstrukturen und Stadtentwicklung (HENCKEL 1988; HENCKEL ET AL. 1989; HENCKEL ET AL. 1997a; HENCKEL/ EBERLING 2002). Ähnlich wie bereits in Arbeiten der Chicagoer Schule untersuchten sie Rhythmen der Stadt und ihre Bestimmungsgrößen. Die Arbeits- und Betriebszeiten als die zentralen „Taktgeber" seien zwar immer noch wirksam, aber neben einer allgemeinen Beschleunigung führe die Ausdehnung dieser Zeiten zur einer „kontinuierlich aktiven Gesellschaft" (HENCKEL ET AL. 1989, S. 13). Dies habe zur Folge, dass der „städtische Taktschlag ... diffuser und zufälliger (wird)" (DIES., S. 13). HENCKEL ET AL. schlugen verschiedene Strategien von Planung *der* Zeit (Zeitpolitik, Zeitstrukturen), Planung *mit* Zeit (Zeit als Ressource und als Steuerungsinstrument) und Planung *in der* Zeit (Fristigkeit, Beschleunigung, Rhythmus) vor (DIES., S. 243ff). Für die zukünftige Stadtplanung empfahlen sie zusätzlich zur räumlich orientierten Planung eine Zeitplanung. Allerdings wiesen sie auch darauf hin, dass es bezüglich dieser Steuerung derzeit weder einen Problem- noch einen Ziel- oder einen Mittelkonsens gebe (DIES., S. 267). In dem Sammelband der Arbeitsgruppe der Akademie für Raumforschung und Landesplanung (ARL) mit dem Titel „Raumzeitpolitik" wurden 2002 erste Ansätze zu einer Planungspolitik für diesen Bereich aufgezeigt.

Die DIFU-PROJEKTGRUPPE (1988) machte drei Prozesse aus, die für die Stadtentwicklung von maßgeblicher Bedeutung seien: Entmaterialisierung als Folge der Tertiärisierung, Entkoppelung (vor allem von Betriebs- und Arbeitszeiten) und Verdichtung von Zeit. Den Zusammenhang von Raum und Zeit stellten sie anhand der immer häufiger auftretenden Zeit- und Raumengpässe dar: „Flächenengpässe führen zu Nutzungsverzögerungen und damit zu Zeitengpässen" (DIES. 1988, S. 161). Die Präsenz zum richtigen Zeitpunkt und am richtigen Ort seien Ursachen der Zeit-Raum-Engpässe. Als eine Lösungsmöglichkeit diskutierten sie die Substituierung von Raum durch Zeit und entwickelten Konzepte zur Zeit-Raumplanung. Somit ergänzten sie das „was?" und „wo?" der Raumplanung um ein „wann?" und schlugen vor, Zeitpunkte, -dauer und -abläufe von Aktivitäten und Funktionen in die Raumplanungskonzepte einzubeziehen (DIES. 1988, S. 164).

In den jüngsten Arbeiten der o.g. Arbeitsgruppe der ARL zu „Räumliche Wirkungen veränderter Zeitstrukturen" unter Leitung von HENCKEL stellte EBERLING die Frage, wer Taktgeber und Taktnehmer in der zeitlich beengten modernen Gesellschaft sei, d.h. wer die Macht über die zeitlichen Rahmenbedingungen besitze (EBERLING 2002). Er identifizierte neben den natürlichen Taktgebern (Tag/ Nacht, Biorhythmus), die zunehmend in den Hintergrund gedrängt würden, künstliche Taktgeber, die er in institutionelle, soziokulturelle und ökonomische Taktgeber unterteilte. In dieser aufsteigenden Reihenfolge liege bereits eine Abfolge der Dominanz, denn die institutionellen Taktgeber (gesetzliche Vorgaben) würden verdrängt, soziokulturelle Taktgeber (Kirche, soziale Einrichtungen, Vereine) verlören an Bedeutung und ökonomische Taktgeber gewännen an Macht. Dies geschehe nicht ohne Rückkoppelung mit den anderen Taktgebern, jedoch Entwicklungen wie z.B. die Aufweichung der Ladenöffnungszeiten und der Arbeitsgesetze zeigten den Trend an (EBERLING 2002). Er betonte dabei auch die Umwandlung des „formalen Fremdzwang(s) in einen informellen Selbstzwang", wie dies bei zunehmend eigenverantwortlicher Gruppenarbeit in modernen Unternehmen geschehe (DERS. 2002, S. 205).

HENCKEL (2002) ging in diesem Zusammenhang der Frage nach, „wer die Zeit verteile" und wie man dieses Gut „Zeit" und dessen „gerechte Verteilung" überhaupt fassen könne. Er zeigte die vielfältigen Zusammenhänge von zeitlichen (Ungleich)Verteilungen und die Wirkungen von zeitlichen Veränderungen zwischen der Dauer und Verteilung von Arbeitszeiten, Familien- und Sozialzeiten, usw. auf. Ein wesentliches Indiz für die Aktualität und Relevanz dieses Themas sah er u.a. in der Zunahme zeitlicher Konflikte, der Auflösung kollektiver Rhythmen und im Zerfall von „Zeitinstitutionen" (Rolle der Wochenendtage) (HENCKEL

2002, S. 226). Darüber hinaus thematisierte er auch eine normative Ebene, in deren Zentrum er die Begriffe „Zeitwohlstand", „Zeitgerechtigkeit" und „Zeit(verteilungs)politik" stellte. Außerdem zeigte er mögliche Konfliktlinien auf, und stellte die Frage, inwieweit es analog zu den (raumordnerisch) gleichwertigen Lebensbedingungen auch „zeitlich gleichwertige räumliche Lebensbedingungen" geben könne (DERS. 2002, S. 229), oder ob der Begriff der „zeitlichen Chancengleichheit" als Minimalforderung dienen könne.

Für das Städtesystem bedeute die Beschleunigung, die sich vor allem in einer Beschleunigung der Verkehrsmittel niederschlage, eine time-space-compression zwischen den jeweiligen Knotenpunkten. Damit entstehe eine neue Hierarchie zwischen Orten im Netz und den restlichen Orten dazwischen (HENCKEL 1997a, S. 273). Der erbitterte Kampf um jeden ICE-Knoten zeuge von dieser Entwicklung. Gleichzeitig drohten bei hoher Geschwindigkeit nicht nur Kosten, Gefahren und Energieverbrauch, sondern auch ein hoher Flächenverbrauch, da hohe Geschwindigkeiten eine alleinige Flächennutzung beanspruchten. Mögliche Lösungsansätze, in denen die auch für die Stadtentwicklung gewünschte „Entschleunigung" verborgen liegen könnte, sah HENCKEL in dem Konzept der Nachhaltigkeit, das langlebige Produkte, ökologische Konzepte und ausführliche Beteiligungsmöglichkeiten im Planungsprozess vorsieht. Dies stelle eine Chance hin zu einer Entwicklung dar, in der das bisherige Prinzip der Beschleunigung um jeden Preis ersetzt werde durch ein Konzept der „angemessenen intelligenten Geschwindigkeiten" (DERS. 1997a, S. 295).

Wege zu einer Institutionalisierung von Zeitpolitik wurden von MÜCKENBERGER (1997, 2002) auf kommunaler Ebene aufgezeigt. Er forderte eine „transversale" Politikorganisation, die zwischen Anbietern öffentlicher Dienstleistungen, zwischen öffentlichen und privaten Dienstleistungen und zudem zwischen Bürgerinnen/ Bürgern und Institutionen vermittle. Anknüpfungspunkte sah er auf vier Ebenen in einem Prozess, in dem die Kommune als Moderatorin agiere. Die Ebenen seien: zivilgesellschaftliche Foren, Modellversuche im Stadtteil, Bürgerbefragungen und ressortübergreifende Arbeitsgruppen. Sein Ansatz basiert auf einem grundsätzlich veränderten kommunalen Demokratieverständnis, demzufolge zuerst Organisationsstrukturen für eine reale Partizipation geschaffen werden müssten. Dann sollten sowohl auf einer „kleinteiligen" Ebene, der der Stadtteile oder Quartiere, als auch auf der regionalen Ebene Gemeindekooperationen und Bürgerbeteiligungen initiiert werden. Als Vorbild kann eine italienische Initiative von ca. 50 Städten angesehen werden, in denen eine kommunale Zeitpolitik begonnen wurde. Dort wurden „Zeitbüros" eingerichtet, in denen verschiedene Gruppen und Akteure diskutierten und „Zeitleitpläne" entwickelten. Es wurden dort Konzepte erstellt, die z.B. die Öffnungszeiten der kommunalen Dienste regelten, in denen als mobilitätsorientierende Maßnahmen Öffnungszeiten so gestaffelt wurden, dass sich die Verkehrsspitzen entzerrten und in denen Ladenöffnungszeiten und Schulzeiten reguliert wurden. In all diesen Projekten waren es vorwiegend Frauen, die sowohl als Betroffene der alltäglichen Zeitkoordination als auch als Gestalterinnen der Maßnahmen aktiv waren[28]. Inwieweit sich die Forderungen nach einem neuartigen Politiktypus, einer auf Dezentralisierung ausgerichteten lokalen Zeitpolitik (nach MÜCKENBERGER 2002) verwirklichen lassen, wird sich weisen.

Ein Expo-2000-Projekt in Bremen (zusammen mit Hamburg und Hannover) mit dem Titel „zeiten:der:stadt" stellte einen ersten Versuch in diese Richtung dar. Hier wurde versucht, durch öffentliche „hearings" zu zeitpolitischen Themen den Bedarf der Bürgerinnen und Bürger an zeitpolitischen Maßnahmen zu erkennen[29]. Das Projekt „zeiten:der:stadt" und das daraus resultierende Leitbild „Bremen – eine zeitbewusste Stadt" (STADT BREMEN 2005) hat sich zur Aufgabe gemacht, mehr Zeitwohlstand zu erwirtschaften, um die Lebensqualität zu verbessern. Dabei werden besonders Frauen als eine der Gruppen erwähnt, die unter dem alltäglichen Zeitdruck am meisten zu leiden hätten. In Bremen wurde im Rahmen des „zeiten:der:stadt"-Projekts vier Teilprojekte entwickelt: SchulZeiten, PoliZeiten, BürgerZeiten und das ZeitBüro, in dem die Zeit-Interessen der BürgerInnen im Stadtteil koordiniert und Abstimmungsprozesse initiiert werden (vgl. HÜLSBERGEN 2002).

2.2.3.4 Raum-Zeit-Karten und -Modelle in der Raum-/ Regionalplanung

Während in den 1970er und 1980er Jahren in der allgemeinen Geographie noch das Konzept des Funktionsraums vorherrschte, beschäftigte sich die Raum-/ Regionalplanung zu diesem Zeitpunkt bereits mit dem Aktionsraum. Dabei wurde die Konzeption des Alltags als ein raum- und zeitbezogenes Allokationsproblem betont. Von planerischem Interesse war neben dem realen Aktionsraum auch – oder gerade – der potentielle Aktionsraum. Hierbei wurde der constraints-Ansatz HÄGERSTRANDS empirisch überprüft und es wurde festgestellt, dass der Stellung im Familienzyklus zentrale Bedeutung zukomme, gefolgt vom Mobilitätspotential und anderen Zwängen. Hinzu kämen aber auch nicht-rationale Faktoren, wie z.B. Gewohnheiten und Unkenntnis von Alternativen. Eine Klassifizierung in „verhaltenshomogene Gruppen" wurde als sinnvoll erachtet und eine daran anschließende Typisierung von Aktionsräumen durchgeführt. Dadurch wurde eine „benutzerorientierte Beurteilung der regionalen Gelegenheitsstruktur" (KREIBICH/ KREIBICH/ RUHL 1989, S.62) ermöglicht, und es konnten „Defizite in der Infrastrukturausstattung" festgestellt werden. Das Ergebnis einer vergleichbaren Studie stellte sogar eine Umverteilung in der Zentrale-Orte-Hierarchie dar. Eine andere Anwendung des o.g. PESASP-Modells in Wien ergab Vorschläge für eine „gerechtere" Verteilung von Versorgungseinrichtungen und Verkehrsanbindungen. Auch das Programmsystem STTS (Spacing Time – Timing Space), das potentielle

---

[28] Sowohl in Kap. 2.3.4.3.1 zur geschlechtsspezifischen Ungleichheit in der Verfügbarkeit von Zeit als auch in Kap. 2.5.1.1 zur geschlechtsspezifischen Mobilität wird auf diese Aspekte noch näher eingegangen.

[29] Das Projekt wurde an der Hochschule für Wirtschaft und Politik in Hamburg durch ein Projekt „Zeiten und Qualität der Stadt" wissenschaftlich begleitet (MÜCKENBERGER 1997, 2002).

2.2 Das Räumliche und die Zeit – die Perspektive der Sozialgeographie 51

Aktionsräume von spezifischen Aktivitätsgruppen ermitteln konnte (in Form von Options- und Restriktionsanalysen), nahm die Ansätze der Lund-Schule auf (nach KREIBICH/ KREIBICH/ RUHL 1989).

Die Folgen der Anwendungen von Raum-Zeit-Modellen auf die Planung sahen KREIBICH, KREIBICH und RUHL darin, dass z.B. sichtbar werden konnte, ob es zu weiteren Dezentralisierungen von Einrichtungen kommen müsse, um unzumutbare Wegezeiten zu vermeiden, oder inwiefern die Bündelung von Einrichtungen zu Zeitersparnissen führen könne. Es waren also sowohl Analysen der Regionalstruktur, der regionalen Versorgungsqualität, der regionalen Restriktionen als auch der sozialgruppenspezifischen Probleme damit möglich. Die somit erstellte Verflechtungsmatrix gab dann Auskunft über die Zentralität eines bestimmten Ortes (auch für einzelne Teilgruppen) und die Beziehungen zwischen den umliegenden Orten. Im Vergleich mit der Umlandmethode (basierend auf Umfragen in den Gemeinden) wurde Ende der 1980er Jahre für die Regionalplanung den Raum-Zeit-Modellen der Vorzug gegeben, vor allem in der Hoffnung, näher an den realen Lebensumständen planen zu können. In der derzeitigen Raum- und Regionalplanung finden diese Modelle allerdings kaum mehr Anwendung.

Eine der wenigen Publikationen (neben denjenigen der DIFU-GRUPPE um HENCKEL und EBERLING), die sich mit neuen Zeitverwendungsstrukturen und ihren Folgen für die Raumordnung beschäftigte, erschien 1999 von WOLF und SCHOLZ. Sie erwarteten als Auswirkung der flexibleren Arbeitszeiten (u.a. durch Telearbeit) z.B. Entzerrungen der Stoßzeiten, räumten allerdings auch ein, dass sowohl Umfang als auch Geschwindigkeit der Diffusion der Telearbeit deutlich geringer seien als dies von vielen erwartet wurde (WOLF/ SCHOLZ 1999, S. 107f). Ein weiteres Problem stelle – nach WOLF und SCHOLZ – die polarisierte Nutzung von bestimmten Räumen zu ausgewählten Zeiten dar, die Zeit- und Raumengpässe zur Folge habe. Diesem Problem könnte mit flexibler Raumnutzung und ausgewogenen Zeit-Rhythmen entgegen gewirkt werden. WOLF und SCHOLZ zeigten anhand verschiedener Bereiche die aktuelle Situation, aber auch unterschiedliche Zukunftsszenarien auf. So könnte für den Bereich Verkehr die Arbeitszeitflexibilisierung eine Entzerrung des PKW-Aufkommens bedeuten, andererseits erschwere sie die Rentabilität des ohnehin zuschussbedürftigen ÖPNV noch mehr. Hinzu komme, dass zunehmende En-bloc-Freizeit die Bereitschaft zu großräumigem Pendeln oder zu Wochenendurlauben, Zweitwohnsitzen usw. und damit die Mobilität erhöhe. Diese Einschätzung wurde durch Aussagen von Experten aus großen Wirtschaftsunternehmen bestätigt. Standortentscheidungen stellen sowohl für Betriebe als auch für Individuen eine weitere zentrale zeiträumliche Komponente dar. Sie findet in der hier vorliegenden Arbeit in Form von Wohnortentscheidungen ihre Berücksichtigung. WOLF und SCHOLZ (1999) skizzierten dabei einerseits Tendenzen zur Inkaufnahme großer Distanzen z.B. bei Wochenendpendlern, aber andererseits auch Trends, die bei einer zunehmenden Erwerbstätigkeit mehrerer Personen im Haushalt Koordinationsleistungen erhöhten, die meist mit einer zunehmenden Distanzempfindlichkeit einhergingen. In Anlehnung an HENCKEL (1988, S. 162) empfahlen auch sie Lösungen, die neben der bisher üblichen Erweiterung der Raumeinheiten bei gleichbleibenden Zeiteinheiten eine Erweiterung der Zeiteinheiten bei gleichbleibenden Raumeinheiten (d.h. zeitliche Nutzungserweiterung) vorsehen (WOLF/ SCHOLZ 1999, S. 145). Sie schlossen mit der Forderung nach einer „zuverlässigen Erforschung raum-zeitlicher und zeit-räumlicher Interdependenzen", die eine Integration der Dimension Zeit in die Raumplanung und eine von HENCKEL et al. (1998) geforderte „Chrono-Urbanistik" erst ermöglichen können. Inwieweit die hier vorgestellten Ergebnisse dazu beitragen können, wird die weitere Diskussion zeigen.

Einen Beitrag zu einer systematischen und konzeptionell neu gestalteten Raum-Zeit-Planung lieferten FRANCK und WEGENER (2002), die mit Hilfe einer prozessorientierten Sicht des Wandels und der Stabilität einer Stadt ein neues Analysekonzept entwickelten. Sie schlugen vor, die eben benannte Dichotomie als „Spektrum von Prozessen dar(zustellen), die sich in Parametern, wie Stabilität und Geschwindigkeit unterscheiden" (FRANCK/ WEGENER 2002, S. 14). Diese Prozesse wurden von ihnen nach den Kriterien „Reiz, Reaktion, Reaktionszeit, Wirkungsdauer, Wirkungstiefe und Reversibilität" (DIES. 2002, S. 13) unterschieden und zudem nach dem Grad der Stabilität beurteilt. Daraus resultierte der Vorschlag, „räumliche Planung als gezielte Stabilisierung beziehungsweise Entstabilisierung von Prozessen zu konzipieren" (DIES. 2002, S. 14).

Die zukünftige Raum(-Zeit-)Planung müsse sich nach STIENS (2002) vor dem Hintergrund einer bisher ungebremsten „Beschleunigungspolitik" – die seiner Ansicht nach die bisherige Raumordnungspolitik des Staates darstellt – fragen, wie sich auf einer makroskopischen Perspektive die unterschiedlichen Zeitregimes auf den Raum auswirken werden. Er entwickelte zu diesem Zweck drei Szenarien, durch die deutlich wurde, welche Folgen die häufig geforderte Förderung „Europäischer Metropolregionen", deren Schnelltrassenverbindung und die daraus entstehenden „leeren" Maschen der „Restregionen" besitzen könnten.

Einen methodisch interessanten Ansatz stellten die Arbeiten von SPIEKERMANN und WEGENER (1993) dar, die das Verfahren zur Erstellung von Zeitkarten verbesserten, um damit anschaulich z.B. Veränderungen im Straßen- oder Eisenbahnnetz darzustellen. Ihre Methode der schrittweisen multidimensionalen Skalierung und Interpolation mittels Triangulation eröffnete eine Darstellungsweise, in der die Topologie erhalten blieb, dennoch aber dem Prinzip der Zeitkarten folgend Raumdistanzen durch Zeitdistanzen abgebildet wurden.

Es wird in den Karten der Abb. 2.6 deutlich, wie sich die Veränderung der Eisenbahnverbindungen (die Modellierung hat Frankfurt a.M. als Ausgangspunkt) auf die Fahrtzeiten niederschlägt. Vor der Wende (Abbildung 2.6b)) wies das Bahnnetz der DDR nicht nur längere Reisezeiten auf, sondern es rückten durch die Wartezeiten an der Grenze die Gebiete auf der Zeitkarte weiter von Westdeutschland weg. Der Wegfall der Grenze (Abbildung 2.6c)) verkürzte zwar die Entfernungen in den grenznahen Regionen, dennoch waren die Nord-Süd-Verbindungen im Westen deutlich besser als im Osten. Besonders das Bundesland Mecklenburg-Vorpommern erschien immer noch in großer Distanz zu Westdeutschland. Das Ziel, ähnlich gute Verbindungen in Ost und West zu erlangen, soll 2010 (Abbildung 2.6d)) dann das Erscheinungsbild der Zeitkarte wieder dem der „Raumkarte" (Abbildung 2.6a)) – in komprimierter Form – ähnlich werden lassen. Durch diese Visualisierung von „Zeiträumen" lassen sich raumstrukturelle Veränderungen erkennen. Die Darstellungsmethode ist vor allem für großräumige Darstellungen geeignet, auch wenn sie keine Aussagen über die dazwischen liegenden Gebiete zulässt. Es können z.B. neue „peripherialisierte" Räume zwischen diesen Linien entstehen, die dann sogar noch weiter weg von den Zentren rücken, als dies zuvor der Fall war.

Abb. 2.6: Zeitkarten für das Eisenbahnnetz in Deutschland

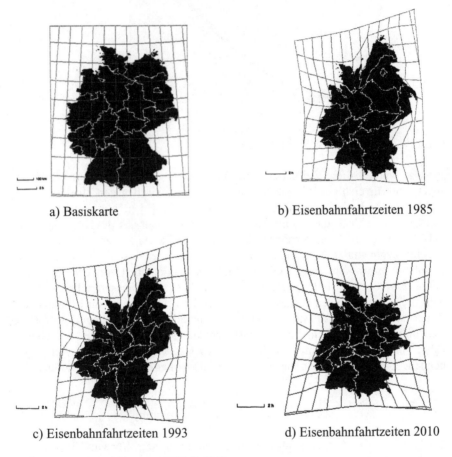

a) Basiskarte
b) Eisenbahnfahrtzeiten 1985
c) Eisenbahnfahrtzeiten 1993
d) Eisenbahnfahrtzeiten 2010

Quelle: SPIEKERMANN/ WEGENER 1993, S. 484f

Abb. 2.7: Lorenzkurven der Tageserreichbarkeit mit der Eisenbahn 1993 und 2010

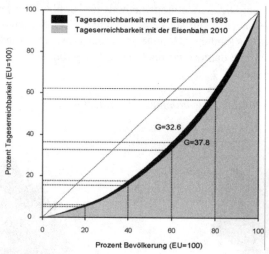

Quelle: WEGENER/ SPIEKERMANN 2001, S. 20

Ergänzt wurden diese Zeitkarten von WEGENER und SPIEKERMANN (2001) um sogenannte Erreichbarkeitsanalysen, in denen die zwischen den Hochgeschwindigkeitstrassen befindlichen Regionen als Flächen berücksichtigt wurden. Sie kamen zu dem Schluss, dass sich sowohl die Erreichbarkeit des Bevölkerungspotentials als auch die Tageserreichbarkeit von Bevölkerung stark zugunsten der ohnehin begünstigten Metropolen und mindestens ebenso stark zuungunsten der Peripherie entwickeln werde. Die als Maß für Ungleichheit verwendete Lorenzkurve (bzw. der Gini-Index) zeigte für den Indikator der Tageserreichbarkeit (vgl. Abb. 2.7), dass nach den Plänen des Ausbaus die Ungleichheit von 1993 bis 2010 weiter zunehmen wird. Sie schlugen vor, parallel zum Ausbau der Hochgeschwindigkeitsbahn auch die Verkehrsverbindungen in der Fläche auszubauen, dabei aber gleichzeitig nicht außer Acht zu lassen, dass Wechsel von Tagespendeln zu Wochenpendeln ganz andere Erreichbarkeiten implizieren können[30].

2.2.4 Kritik an der „time geography"

Die Kritik an der Zeitgeographie richtete sich neben dem Vorwurf einer zu starken Vereinfachung, der Theorielosigkeit und des Holismus zum einen gegen die Prämisse der Zeitknappheit, die für alle Personen angenommen werde (und die nicht alle Personen in gleichem Maße betreffe). Zum anderen gehe sie von einem rational zweckorientiert handelnden Menschen aus, dessen Handeln nach einer

---

30 Die Politik der Deutsche Bahn AG verfolgte in der vergangenen Zeit jedoch eine gegenteilige Entwicklung, indem der Rückzug der Bahn aus der Fläche weiter vorangetrieben wurde.

2.2 Das Räumliche und die Zeit – die Perspektive der Sozialgeographie

„Zeit-Nutzen-Funktion" ablaufe (KLINGBEIL 1980, S.22). Damit blieben große Bereiche des menschlichen Handelns nicht erklärbar. Auch die Art der Daten, die den Arbeiten der Zeitgeographie zugrunde liegen, wurde kritisiert. So bemängelte KLINGBEIL, dass Zeitbudgetdaten als Zeitsummen analysiert würden und damit ihre zeiträumlichen Bezüge und ihren Prozesscharakter verlieren würden.

Während man sich in den benachbarten Disziplinen der Sozialwissenschaften der Zeitverwendung und der Bedeutung von Zeit für Individuen und Gesellschaft besonders in den 90er Jahren verstärkt widmete, so schien in der Geographie das Interesse an diesen Fragestellungen zunehmend in den Hintergrund gerückt zu sein. WIRTH (1979) konstatierte in seinem Lehrbuch zur Theoretischen Geographie „Wenn die Theoretische Geographie gegenwärtig in ihren Modellen ganz erheblich vereinfachen oder weglassen muss, um mit diesen überhaupt noch arbeiten oder rechnen zu können, dann liegt es immer noch näher, auf die Dimension der Zeit als auf die des Raumes zu verzichten." (WIRTH 1979, S. 189). Ob es die hier geäußerten Bedenken oder pragmatische Gründe waren, die in dem Mangel großer, flächendeckender Umfragen begründet waren, bleibt offen.

Es ist anzunehmen, dass nach dem „Boom" der „time geography" in den 1970er und 1980er Jahren auch dahingehend Grenzen erkannt wurden, dass es zwar mittlerweile durch den Einsatz von Computern möglich geworden war, große Datenmengen zu bearbeiten und multivariate Verfahren zu rechnen, jedoch das hoch gesteckte Ziel, *die* alles erklärende Theorie menschlichen Verhaltens im Raum zu entwickeln, scheiterte. Sowohl die Ansätze der geographischen Aktionsraumforschung als auch die der stadtsoziologischen Aktionsraumforschung gelangten immer wieder an den Punkt, an dem auch bei großen Datenmengen Ursachen, Gründe und Motive für die Auswahl bestimmter „Gelegenheiten" im Dunkeln blieben. Hinzu kam, dass sich die empirischen Arbeiten trotz aller technischen Verbesserungen auf ein begrenztes Gebiet, wie z.B. bestimmte Ortsteile einer Großstadt oder den Einzugsbereich eines zentralen Ortes beschränken mussten, so dass die Analysen auf der Mikro- oder Mesoebene verharrten und die Makroebene nicht erreichten. Auch GLENNIE und THRIFT (2001) hielten die schlechte Anwendbarkeit der klassischen „time geography" auf der Ebene ganzer Städte und Regionen für einen zentralen Kritikpunkt an dieser Forschungsrichtung (DIES. 2001, S. 15693).

Ein weiterer Kritikpunkt an der „time geography" war nach ZIERHOFER (1989) die Tatsache, dass sie „weitgehend ohne begriffliche und konzeptionelle Brücke zu soziokulturellen und psychischen Prozessen geblieben (ist)" (ZIERHOFER 1989, S. 87). Er sah in den handlungstheoretischen Ansätzen und der Strukturationstheorie die Stufe, auf der Handlungen als Elemente der sozialen Realität betrachtet wurden und damit auch „constraints" als Ergebnis von Handlungsfolgen einzustufen seien. Mittlerweile zeigen einige Arbeiten, wie z.B. von HALLIN (1991) und SCHEINER (1998), dass es durchaus Anknüpfungspunkte der „time geography" an die Handlungstheorie geben kann. Eine ähnliche Kritik verfolgte HALLIN (1991), der zwar den Erfolg der „time geography" darin sah, dass sie das Individuum als Analyseeinheit in die Raumwissenschaften integrierte, jedoch als Nachteil eine dem „physialism" verhaftete Grundhaltung erkannte. Auch er kam zu dem Schluss, dass die klassische „time geography" das Individuum nicht angemessen als handelndes Wesen in einem sozialen Kontext betrachtet habe. In der Weiterführung der Konzepte der „time geography" in GIDDENS' Strukturationstheorie sah er allerdings – ähnlich wie CARLSTEIN (1981) und ZIERHOFER (1989) durchaus eine verbesserte Tauglichkeit dieser Arbeiten.

GEBHARDT und WARNEKEN (2003a) erweiterten in ihrem interdisziplinären Ansatz, indem sie sich als Kulturwissenschaftler/innen und Geographen/innen dem aktionsräumlichen Handeln von Frauen widmeten, die HÄGERSTRANDSCHEN „constraints" um die Dimension der gesellschaftlichen Rahmenbedingungen, um somit Zusammenhänge der „klassischen" constraints besser zu erfassen und gleichzeitig den spezifischen Bedingungen von Frauen besser gerecht zu werden.

In einem Beitrag von JOHNSTON (1997) mit dem zweideutigen Titel: „W(h)ither a Spatial Science and Spatial Analysis" wurde von dem britischen Geographen die Frage aufgeworfen, aus welchem Grund die „spatial analysis", zu der auch die Ansätze HÄGERSTRANDS gezählt wurden, nach dem Boom der 1960er und 1970er Jahre in der jüngeren Zeit so in Vergessenheit geraten sei. Die wenigen, die sich damit noch befassten, seien einzelne Forscherinnen und Forscher, die im Rahmen von GIS-Projekten „spatial analysis" betrieben.. Er führte dabei auch die Kritik von Geographen, wie GREGORY, oder Soziologen, wie GIDDENS, an, die in den Arbeiten HÄGERSTRANDS und der „spatial analysis" den Faktor „bounded spaces", Territorialität und „authority constraints" vermissten. Seine Beispiele aus aktuellen politischen Prozessen, wie die räumlichen Auswirkungen der Apartheid-Politik in Südafrika, die des Konflikts in Nordirland oder der Krise auf dem Balkan führten vor Augen, wie „authority constraints in time-space" Bedeutung gewinnen, auch wenn gleichzeitig die „time-space compression" voranschreite, die Kommunikation und Interaktion über den Realraum hinweg ermögliche. In diesem Zusammenhang wurde auch von der „Implosion" gesprochen, d.h. durch Verkehrstechnologien verschöben sich pyhsisch-metrische Distanzen: gut verbundene Zentren rückten einander näher, ursprünglich nahe kleine Orte entfernten sich vom Geschehen. Es handle sich dabei um konvergente Bewegung von Zentren und divergente Bewegung der kleinen Orte (geographische Lage vs. implodierte Lage (HAGGET 1991, S. 426)). Diese gegenläufigen Prozesse gelte es bei einer sozialgeographischen Arbeit im Auge zu behalten, und nach Johnston hätte die „spatial science" dazu durchaus eine wichtigen Beitrag zu leisten. GLENNIE und THRIFT (2001) sahen ebenfalls durchaus Möglichkeiten für zukünftige Anwendungen der „time geography", z.B. im Bereich der Wahrnehmung bzw. des Bewusstseins von Zeit (DIES. 2001, S. 15695). Ansätze zur „Zeitpolitik" oder auch „Zeitplanung" in Analogie zu einer Raumplanung – wie z.B. in Italien und Deutschland (vgl. Kap. 2.2.3.3) – wurden auch von ihnen als zukunftsträchtige Ansätze genannt (DIES. 2001, S. 15696).

In dem von MAY und THRIFT (2001) herausgegebenen Buch zu „TimeSpace – Geographies of Temporalities" wurde sowohl Kritik an dem klassischen Ansatz der „time geography" geübt als auch ein Versuch unternommen, sie durch eine Erweiterung modernen Ansprüchen an eine Theorie anzupassen. DAVIES (2001) stützte ihre Kritik auf die beiden zentralen Argumente, dass die klassische „time geography" zu atomistisch und zu Ressourcen-basiert sei. Vor allem die quantitative Herangehensweise, und die Voraussetzung der Linearität von Zeit würden z.B. dem Alltag von Frauen, in dem eine „rationality of caring" und eine Parallelität von Zeiten bestimmend sei (S. 133), nicht gerecht. Sie plädierte für eine „relationale Konstruktion der ZeitRäume", in der Zeit nicht als individuell frei verfügbare Ressource, sondern in „a relational manner" (S. 137) verstanden werden müsse. Ihre Ausführungen, in denen sie nachwies, dass „weibliche Zeit" weitaus stärker mit gleichzeitig stattfindenden Aktivitäten und sich überschneidenden Temporalitäten verbunden sei, führten zu dem Schluss, dass aus diesem Grund der Ansatz der „time geography" nicht für eine feministische Sicht des Alltags tauge. Während die Kritik an der „reinen Quantifizierung" der Zeit durchaus berechtigt erscheint, muss jedoch dem klassischen Ansatz zugute gehalten werden, dass in Form der „social constraints" auch bei HÄGERSTRAND rollenspezifische Elemente und die Eingebundenheit in einen sozialen Kontext Berücksichtigung fanden.

GILBERT wies bereits 1985 in ihrer Arbeit „Frauenforschung am Beispiel der Time-Geography" auf ähnliche Kritikpunkte hin, die vor allem daran ansetzten, dass die Kategorie der „Restriktion" die geschlechtsspezifische Arbeitsteilung voraussetze und gleichzeitig die „gesellschaftlichen Bedingungen des Handelns... (und) dessen subjektiven Motivationen aus(blende)" (GILBERT 1985, S. 143). Vor allem die Vernachlässigung der Qualität der Geschlechterbeziehung stellte eine zentrale Kritik GILBERTS an den Arbeiten der „klassischen time geography" dar. Sie schlug eine Vorgehensweise vor, in der die Analyse der gesellschaftlichen Verhältnisse erfolgen müsse und in der sowohl theoretisch als auch methodisch die „Verknüpfung struktureller Verhältnisse und individueller Handlungsweisen" (GILBERT 1985, S. 126) Platz finden müsste.

In dem o.g. Band von MAY und THRIFT (2001) erweiterte dagegen GREN (2001) in seinem Beitrag mit dem Titel „Time-Geography matters" den klassischen Ansatz HÄGERSTRANDS um eine „corporeality of representation", in der u.a. der subjektive Charakter von Objektivität Bedeutung erlangte. Er verstand HÄGERSTRANDS Entwurf als Suche nach einer „tangible geography of the tangible" (S. 215), die durch die Akteurs-Netzwerk-Theorie und einer Überwindung des dualistischen Denkens seiner Meinung nach erreicht werden könne. Nach GREN könne die „time geography" als „discursive choreography of performative behaviour" (S. 222) durchaus modernen Ansprüchen einer Theorie genügen.

2.2.5. Die Dimension Zeit in der Diskussion der handlungstheoretischen Sozialgeographie

„Space is a social construct. (...) The spatial is not only an outcome; it is also part of the explanation" (MASSEY 1985, S. 4).

„It is not spatial form in itself (nor distance, nor movement) that has effects, but the spatial form of particular and specified social processes and social relationships" (MASSEY 1985, S. 5).

Im Laufe der achtziger und neunziger Jahre war innerhalb der Sozialgeographie sowohl im englischsprachigen Raum (MASSEY sei hier stellvertretend für zahlreiche ihrer Kolleginnen und Kollegen genannt) als auch in Deutschland eine stärkere Hinwendung zu gesellschaftswissenschaftlichen Themenbereichen festzustellen. So wurde von einer „Inversion der Frage nach der ‚Raumwirksamkeit' menschlichen Handelns" gesprochen (HARD 1986, S. 78). WERLEN – in Kap. 2.1.2 bereits erwähnt – entwickelte zu diesem Zeitpunkt die Theorie einer handlungszentrierten Sozialgeographie. Seine Ansätze wurzeln in den klassischen Handlungstheorien und in der Strukturationstheorie von GIDDENS (1987). Er definierte die Aufgabe der Sozialgeographie folgendermaßen: „Es ist nach der sozialen Bedeutung des Räumlichen zu fragen und nicht nach der räumlichen Struktur des Sozialen" (WERLEN 1995b, S. 519). Somit rückte – im Sinne eines spät-modernen Verständnisses der Wissenschaft – das Subjekt ins Zentrum des Interesses. Forschungsgebiet wurden somit die „Geographien der Subjekte", die Handlungen und das Handeln der Subjekte wurden die erklärende Instanzen – nicht mehr die „Geofaktoren" (DERS. 1997c, S. 114). „Aufgabe der Sozialgeographie soll es sein, das alltägliche Geographie-Machen auf wissenschaftliche Weise zu untersuchen. Denn wir machen ... nicht nur täglich Geschichte, sondern auch Geographie" (DERS. 1995b, S. 519). Diese Geographie „alltäglicher Regionalisierungen" hat zum Ziel, regionalisierende Dimensionen menschlichen Handelns zu erfassen. Regionalisierung ist in diesem Zusammenhang zu verstehen als die Praxis der Welt-Bindung (Wiederverankerung) der Subjekte unter prinzipiell entankerten Lebensbedingungen. Region wird in diesem Konzept verstanden als soziale Kategorie (nach WERLEN 1998b). Dieser Ansatz ist in der Geographie nicht unumstritten und auch nicht unwidersprochen (vgl. BLOTEVOGEL 1999), vor allem da WERLEN nicht einen handlungszentrierten neben einem raumzentrierten Ansatz gelten lassen wollte, sondern die Ablösung des raumzentrierten durch den handlungszentrierten Ansatz forderte.

Versucht man nun, die Aktionsraumforschung in WERLENS Ansatz des „Geographie-Machens" zu verorten, so ergeben sich zahlreiche Anknüpfungspunkte. Sie lässt sich in allen drei Formen der Regionalisierung, die WERLEN ausweist, verankern. So zählt das Entstehen oder Festlegen von Aktionsräumen zweifelsohne zu den alltäglichen Regionalisierungen und zwar zu der Form, die WERLEN die „zweckrationalen Geographien der Produktion und der Konsumtion" nannte (WERLEN 1995b, S. 520). Sowohl die räumlichen als auch die zeitlichen „constraints" gemäß HÄGERSTRAND zählen zur zweiten Form der Regionalisierung, die „normativ-politisch" genannt wurde. Dabei handelt es sich um „Geographien der Allokation" und „Geographien autoritativer Kontrolle". Dieser Bereich wird durch den Zugang oder Ausschluss von alltagsweltlichen Lebensbereichen durch rollen- oder geschlechtsspezifische Regelungen im Zeitbudget und in den dort erwähnten häuslichen oder außerhäuslichen Aktivitäten sichtbar. Die dritte Form der Regionalisierung, die WERLEN auswies, ist die der signifikativ-informativen, die sich in die „Geographien symbolischer Aneignung" und „Geographien der Informationsbezüge" unterscheiden ließ. Letztere sind Teil dessen, was WIRTH (1979) in seinem räumlichen Niederschlag „Informationsfeld" nannte, während die symbolische Aneignung sich in emotionalen Bezügen oder aber in einer Einschränkung der Aktionsräume durch subjektive Wahrnehmungen nieder-

2.2 Das Räumliche und die Zeit – die Perspektive der Sozialgeographie

schlagen kann. Somit steht die „alte" Aktionsraumforschung nicht per se im Widerspruch mit WERLENS „neuem" Ansatz der handlungsorientierten Sozialgeographie, da auch sie auf handlungstheoretischen Grundlagen basierte. Der spezifische Blickwinkel, den WERLEN in die geographische Diskussion einbrachte, kann m.E. auch für die Aktionsraumforschung in der Geographie belebend wirken.

WEICHHART (1999) stellte in einem Diskussionsbeitrag zu WERLENS Entwurf verschiedene Raumkonzepte nebeneinander und kam zu dem Schluss, dass das substantialistische Raumverständnis nicht mehr brauchbar sei, jedoch Raum als Ordnungsraum, der „erlebte Raum" (als subjektiv wahrgenommener Raum) und insbesondere der relationale Raum durchaus brauchbare Konzepte für die Sozialwissenschaften böten. Allerdings sei nur ein Teil des relationalen Raums, nämlich der physisch-materielle Teil, abbildbar und kartierbar. Die aktuelle Forschungsdiskussion bewegt sich zwischen den beiden Polen „Raumexorzismus" und „Raumfetischismus" (vgl. MEUSBURGER 1999). Für die vorliegende Arbeit werden je nach Fragestellungen unterschiedliche Raumkonzeptionen eingesetzt.

Im Zuge der o.g. Diskussion wurde die theoretische Diskussion um die „begrabene" Aktionsraumforschung zumindest punktuell wieder belebt. SCHEINER (1998) entwickelte ein Modell aktionsräumlichen Handelns, dessen theoretische Annahmen darauf basierten, „den Aktionsraum als Ergebnis von Handlungen und eben nicht von Verhalten im Sinne einer vor allem psychologisch zu erklärenden Reaktion auf externe Reize anzusehen" (SCHEINER 1998, S. 52). Die Ansatzpunkte einer aktionsräumlich relevanten Handlungstheorie waren WEBERS zweckrationales Handeln und Schütz' „Strukturen der Lebenswelt". „Der Aktionsraum bilde also die Reduktion des „Alltagsraumes" (d.h. der räumlichen Struktur der Alltagswelt) auf dessen Aspekt der physischen Bewegung" (SCHEINER 1998, S. 55). Darin stelle das Subjekt „Mittel- und Bezugspunkt sowohl von Alltagswelt als auch von Aktionsraum" dar (DERS. 1998, S. 56).

SCHEINERS Modell aktionsräumlichen Handels ist in Abb. 2.8 schematisch dargestellt. Zu den Handlungsbedingungen zählen die „Logik der Situation" (nach ESSER 1991, zit. nach SCHEINER 1995, S. 61) ebenso wie die dem Ort zugewiesenen Bedeutungen, aber auch die Beschränkungen und Möglichkeiten. Hinter den Handlungsmaximen verbergen sich neben konkreten Zielen und Absichten auch soziale und ökonomische Faktoren wie Rollenerwartungen, Stellung im Lebenszyklus usw.. Über die Reduktion von Handeln auf Aktivität und damit auf räumliche Bewegung führt das Schema zum Aktionsraum. Daraus ergibt sich, dass der Aktionsraum ein Ergebnis von Bewegungen ist, diese aber als Komponenten von Handeln verstanden werden. Damit begründete SCHEINER die Notwendigkeit eines handlungstheoretischen Ansatzes für die Aktionsraumforschung. Seine Forderungen lauteten: „Die Logik des Handelns muss Bestandteil aktionsräumlicher Forschung werden,..." (DERS. 1998, S. 62) und „An der Berücksichtigung subjektiver Relevanzstrukturen hinter dem sichtbaren Verhalten führt kein Weg vorbei" (DERS. 1998, S. 64). Diesen Forderungen kann nur mit Hilfe qualitativer Methoden nachgekommen werden, was in der vorliegenden Arbeit durch die eigenen Interviews zumindest ansatzweise erfolgt.

Abb. 2.8: Analyse-Schema aktionsräumlichen Handelns

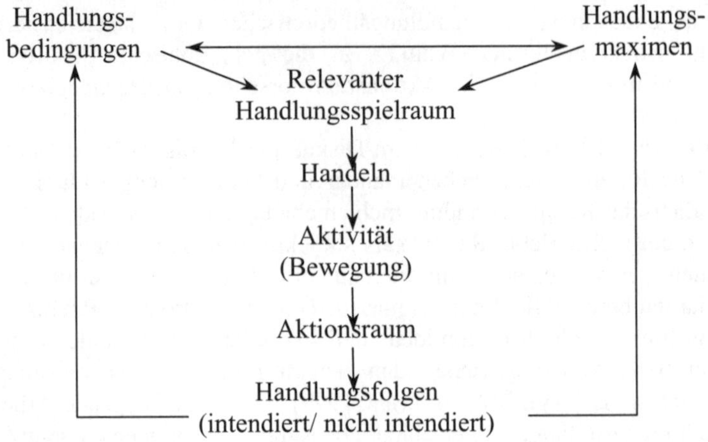

```
Handlungs-                                          Handlungs-
bedingungen   ◄─────────────────────────►           maximen
    ▲              Relevanter                          ▲
    │         ►  Handlungsspielraum  ◄                 │
    │                    │                             │
    │                    ▼                             │
    │                 Handeln                          │
    │                    │                             │
    │                    ▼                             │
    │                Aktivität                         │
    │               (Bewegung)                         │
    │                    │                             │
    │                    ▼                             │
    │               Aktionsraum                        │
    │                    │                             │
    │                    ▼                             │
    │             Handlungsfolgen                      │
    └──────  (intendiert/ nicht intendiert)  ──────────┘
```

Quelle: SCHEINER 1998, S. 60

HEINZE und KILL setzten ebenfalls mit ihren Arbeiten zu Freizeit und Mobilität (1997) auf den Konzepten HÄGERSTRANDS („constraints") an und entwickelten ein Modell für Raum-Zeit-Restriktionen (nach GÜRTLER (1979)), das beispielhaft den Teilnehmer am Freizeit- und Urlaubsverkehr in seinem sozialen Korsett darstellte (HEINZE/ KILL 1997, S. 8). Das Modell wurde um eine Komponente der Verhaltensgewohnheiten erweitert, die die Handlungswünsche auf dem Weg zum spontanen Verhalten weiter einschränken (vgl. Abb. 2.9). Auch für das in dieser Arbeit untersuchte verkehrsräumliche Handeln sind die „Filter", die HEINZE und KILL in der Abbildung zusammenstellten, von Bedeutung.

Eine Weiterbearbeitung des WERLENSCHEN Ansatzes der „Geographie alltäglicher Regionalisierungen" aus einer feministischen Perspektive stellte SCHELLER (1997) vor. Sie interpretierte geschlechtsspezifische Regionalisierungen der Alltagswelt als Ausdruck von Machtstrukturen. Sie schlug den Bogen „von den Verfügungsmöglichkeiten über räumliche Strukturen zu den gesellschaftlichen Machtverhältnissen" (SCHELLER 1997, S. 140) und kam zu dem Schluss, dass „entsprechend der sozialen Hierarchisierung einer Gesellschaft ... auch der reifizierte soziale Raum hierarchisiert (ist), die Verfügungsmacht über öffentliche und halböffentliche Räume ... ungleich verteilt (ist), weil auch das ‚soziale Kapital', das für den Zugang zu Ressourcen notwendig ist, ungleich verteilt ist" (SCHELLER 1997, S. 142). Das Ergebnis sind „‚zementierte' Handlungsbedingungen" (s.o.), die nicht selten als „naturgegeben" bezeichnet würden. Mit diesem Ansatz beleuchtete sie mit Hilfe der Handlungstheorie das Verhältnis zwischen FRAU-MACHT-RAUM (so der Titel ihrer Arbeit) auf eindrucksvolle Weise. Die „zementierten Handlungsbedingungen" für die Geschlechter schlagen sich sowohl in der unterschiedlichen Verfügbarkeit über Zeit (vgl. Kap. 2.3.4.3.1) als auch in den Mobilitätsbedingungen nieder (vgl. Kap. 2.5.1.1).

2.2 Das Räumliche und die Zeit – die Perspektive der Sozialgeographie

Abb. 2.9: Der Teilnehmer am Freizeit- und Urlaubsverkehr im sozialen Korsett

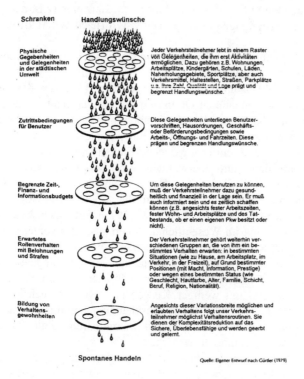

Quelle: HEINZE/ KILL 1997, S. 8

2.2.6 Psychologische und kulturelle Aspekte der Raum(Zeit)wahrnehmung

Der Prozess des „cognitive mapping", dessen Produkt kognitive Karten oder „mental maps" darstellen, zählt zu einem der Überschneidungsbereiche der Disziplinen Psychologie und Geographie und besitzt seinen Ursprung in den USA. Die Arbeit von LYNCH „The Image of the City" aus dem Jahre 1960 gilt als richtungsweisend auf diesem Gebiet. Er erkannte folgende Elemente der „mental maps" 1) Wege (Linien, auf denen man sich bewegt), 2) Grenzlinien oder Ränder (lineare Bruchstellen in einer Stadtlandschaft), 3) Knotenpunkte (Kreuzungen oder Plätze), 4) Bezirke (in die man „hinein" geht) und 5) Wahrzeichen einer Stadt (LYNCH 1968). Entlang dieser strukturierenden Merkmale entwickeln sich die kognitiven Karten einer Person für ihre Umgebung. Auch kognitive Distanzen zählen zu diesem Arbeitsgebiet. Sie beziehen sich auf „Urteile und Meinungen, die wir in Abwesenheit des Objekts bilden oder an denen wir festhalten. Grundlage für diese Urteile ist die räumliche Information, die wir in kognitiven Karten gespeichert haben" (DOWNS/ STEA 1982, S. 191). Diese kognitiven Distanzen werden von verschiedenen Faktoren beeinflusst, z.B. von der objektiven Distanz (je größer die Entfernung, um so höher sei die Überschätzung), von der Lage übergeordneter Einheiten (z.B. auf Kontinenten), von Barrieren (z.B. der „Eiserne Vorhang") und von Einstellungen (Vertrautheit usw.) (nach WINTERHOFF-SPURK 1992).

In der Medienforschung wird dieses Konzept u.a. auch dazu verwendet, um zu testen, ob und für welche Bereiche das „global village" bereits existiert (WINTERHOFF-SPURK 1992), und ob sich durch Fernsehkonsum die kognitive Distanz zu in den Medien genannten Orten verringere oder nicht[31]. Das typische Verkehrsmittel, mit dem bestimmte Distanzen überwunden werden, und die Dauer des Weges zählt ebenso zu den Einflussfaktoren auf die kognitive Distanz. So könne die in Kilometer weiter entfernt gelegene Einkaufsmöglichkeit, die aber in relativ kurzer Zeit mit dem Auto überwunden werde, als näher wahrgenommen werden als der Laden in zu-Fuß-Nähe. Der Forschungsbereich, der sich mit Distanzwahrnehmungen beschäftigt, und in dem die Arbeiten von GOLLEDGE und ZANNARAS (1973), MEYER (1977) und BRIGGS (1973) (zit. nach TZSCHASCHEL 1986) anzusiedeln sind, ging im Wesentlichen davon aus, dass verzerrte Distanzwahrnehmungen Ausdruck verzerrter Images darstellten (TZSCHASCHEL 1986, S. 44). Ein Trend zur Überschätzung von Distanzen sei mit „längerer Fahrtzeit, höherer Verkehrsdichte, dichterer Bebauung, im städtischen Raum mit häufigeren Abbiegungen und überland mit weniger Kurven (weniger Abwechslung)" feststellbar (TZSCHASCHEL 1986, S.44f). Diese Einschätzungen und Bewertungen von (zumutbarer) Entfernung in Kombination mit (zumutbarem) Zeitaufwand sind Bestandteil der qualitativen Studie dieser Arbeit.

Besonders für die Kommunikations- und Medienforschung spielen Raumverständnis, Raumwahrnehmung, aber auch Raumgestaltung, eine zentrale Rolle. Dieser Forschungsbereich nennt sich „raumbezogene Kommunikationsforschung", „Kommunikationsraumanalyse" oder „Lokalkommunikationsforschung", und Raum wird darin als Begrenzung, als Verbindung und Vernetzung betrachtet (MAIER-RABLER 1992). Häufig werden – ähnlich wie bei der Abgrenzung von Aktionsräumen – ineinander geschachtelte Räume definiert (GRÄF 1988, S. 43 und GRÄF 1992, S. 377). Die relativ neue Forschungsrichtung der „Geographie der Kommunikation" stellt einen Anwendungsbereich dar, in dem die beiden Dimensionen Raum und Zeit und die Veränderungen, die sie durch die Einführung von neuen Medien erfahren, ebenfalls thematisiert wird. RAUH (1999) untersuchte in seiner Arbeit zu Telekommunikation und Raum Informationsströme im internationalen, regionalen und individuellen Beziehungsgefüge. GRENTZER (1999) widmete sich zum einen der Raum-Zeit-Konvergenz, die durch I&K-Technologie zu erwarten sei, zum anderen der zeitlichen Entwicklungsdynamik, mit der sich I&K-Technologien weiter verbreiten (GRENTZER 1999, S. 24). Er machte zudem darauf aufmerksam, dass sich (nach BAUMAN 1997) zunehmend eine Kluft auftue zwischen den Vermögenden, die den Einschränkungen des Raumes durch nahezu uneingeschränkte Nutzungsmöglichkeiten des virtuellen und des realen

---

31 Erste Ergebnisse weisen darauf hin, dass durch Fernsehkonsum keine Verringerung der kognitiven Distanz zu den gezeigten Orten eintritt (WINTERHOFF-SPURK 1992).

Raumes entfliehen können und den Armen, denen nur der nicht schrumpfende reale Raum verbliebe (GRENTZER 1999, S. 25f). In den Untersuchungen der Geographie der Telekommunikation stellt zudem – ähnlich wie in der Aktionsraumforschung „die Kategorie *Zeit* – und nicht die metrisch messbare *Distanz* – die entscheidende Maßeinheit für den Raum" dar (GRENTZER 1999, S. 23).

In diesem Zusammenhang ist auch von Phänomenen wie der „Entörtlichung, Entzeitlichung und Entsinnlichung" von Kommunikation die Rede (METTLER-MEIBOM 1992, S. 390). Die beiden ersten Phänomene lassen sich auch als „Entkontextualisierung" bezeichnen, d.h. dass Kommunikation losgelöst von ihrem zeitlichen, räumlichen und sozialen Umfeld stattfinden kann. Wie wichtig dennoch sogenannte „Zeitorte" (KLUGE 1985 zit. nach METTLER-MEIBOM 1992, S. 395) als Erfahrungsräume, als Orte der Begegnung, als Orte des gleichzeitigen Tuns oder „pockets of local order" (LENNTORP 2004) sind, wird besonders in der Kommunikationsforschung immer wieder betont. Betrachtet man einerseits die Art der Informationen, die über neue Medien ausgetauscht werden (Routinekontakte und Kontrollen) und andererseits diejenigen, die nach wie vor in face-to-face-contacts fließen (entscheidungsrelevantes Insiderwissen), so sind dabei große qualitative Unterschiede zu erkennen (nach MEUSBURGER 1998, S. 50ff). Die modernen Kommunikationstechnologien führen in erster Linie dazu, Routinekontakte zu vereinfachen und zu beschleunigen (vgl. TÖRNQVIST 2004, S. 233). Ähnlich wie das Telefon zur Erleichterung der alltäglichen Koordination eingesetzt wurde/ wird, hat auch die Kommunikation via Internet vor allem die Funktion, einfache Routinekontakte zu beschleunigen und zu verbindlicher zu gestalten (schriftlich, aber nicht so förmlich und aufwendig wie ein Brief). Mit den neuen Medien der Informationsübermittlung geht allerdings die Gefahr einer, mit eben beschriebenen Routinekontakten überflutet zu werden, da eine mailbox – im Gegensatz zum Telefon – nicht „besetzt" ist und keine Kontaktversuche abweist. Hinzu kommt, dass neben den Kontaktmöglichkeiten die Informationsmöglichkeiten zwar außerordentlich gestiegen sind, gleichzeitig sich jedoch das Problem der sinnvollen Auswahl vergrößert hat. MEUSBURGER (1998, S. 50ff) führte aus, dass die sogenannte „time-space-compression" (nach HARVEY 1989 oder „time-space convergence" nach JANELLE 1968) oder das „global village" nur ausgewählte Bereiche umfasse. Weiter kam er zu dem Ergebnis, dass „die Globalisierung ... wegen des zunehmenden Koordinationsbedarfs, des steigenden Umfangs der Informationsverarbeitung und der Vernetzung zwischen den Wissenszentren eher zu einer weiteren räumlichen Konzentration von Wissen und zu einer Zunahme von Arbeitsplätzen des quartären Sektors in den großen ‚transactional cities' führen (werde)" (MEUSBURGER 1998, S. 58).

In dem Bereich der psychologischen Ökologie oder Ökopsychologie existieren ebenfalls Ansätze, die sich mit der räumlich-zeitlichen Umwelt der Menschen beschäftigen. KRUSE (1996) unterschied z.B. in ihrem Kapitel zu „Raum und Bewegung" im Handbuch „Ökologische Psychologie" zwischen zwei Konzepten, 1) dem orientierten Raum, der sich wiederum in den Wahrnehmungsraum und den Handlungsraum gliedert und 2) dem gestimmten Raum, d.h. Raum „in seinem Ausdrucksgehalt, seinen Anmutungsqualitäten, seiner Atmosphäre" (KRUSE 1996,

S. 318), wobei erstgenanntes Konzept für die vorliegende Arbeit von größerer Bedeutung ist.

Das Konzept des „behaviour setting", von BARKER 1968 erstmals ausgeführt, ist dabei von besonderem Stellenwert, da es versucht, die Kontexte näher zu beleuchten, die als verhaltensdeterminierend betrachtet werden. Dabei wurden sowohl die Ordnungen im Alltagsgeschehen als auch deren Variabilität analysiert, wobei die „behaviour settings" als Teil des Habitats, der Lebenswelt zu verstehen sind. Sie zeichnen sich durch reale Gegebenheiten aus, die in Raum und Zeit lokalisiert sind (z.B. Schulstunde), abgegrenzt sind, für einen Zweck bestimmt sind (z.B. ein Klassenzimmer) und aus Personen und Objekten bestehen, deren Objekte in synomorpher Beziehung zueinander stehen (z.B. Tischordnung). Damit ist das behaviour setting durchaus mit einem technologischen Modell vergleichbar, das an- und ausgeschaltet werden kann (z.B. durch die Pause in der Schule). Zudem zeichnet sich das behaviour setting durch ein Programm aus, dessen Abfolge durch diverse Mechanismen gesichert ist (nach KOCH 1986, S. 34ff). Es wird dabei auch von „Verhaltensorten" (BOESCH, zit. nach KAMINSKI 1986a, S. 22) gesprochen, die ein Akteur wählt und sich dafür oder dagegen entscheidet, sich den Orten und den damit verbundenen Gegebenheiten und Ordnungen anzupassen. Somit stellt das behaviour-setting-Konzept einen auch für Geographen wichtigen Ansatz dar, der – wie so viele geographische Theorien auch – bestrebt ist, „für das Zusammenspiel zwischen Mensch und Umweltbedingungen allgemeine (durch kybernetische Grundkonzepte geprägte) Modellvorstellungen zu entwickeln" (KAMINSKI 1986a, S. 25).

Auch die Kognitionspsychologie beschäftigte sich mit Konzepten von Raum und der Raumwahrnehmung des Menschen. TVERSKY/ BRYANT (1999) unterschieden dabei drei Typen von Raum und deren Schematisierung: 1) der Orientierungsraum (space of navigation), 2) der Umgebungsraum (space surrounding the body) und 3) der Körperraum (space of the body). Sie zeigten, dass die Wahrnehmung des Orientierungsraums in erster Linie eine zweidimensionale ist und von zahlreichen Randbedingungen beeinträchtigt und verzerrt werde. So würden in der Wahrnehmung z.B. Gebäude oder andere Elemente im Raum nach Funktionen gruppiert. Die Distanzen zwischen den Elementen einer Gruppe würden dann häufig unter-, die zu Elementen einer anderen Gruppe überschätzt. Oder weniger bekannte Orte würden zuerst einem Staat, dann innerhalb des Staates einer Position zugewiesen; es finde also ein hierarchisches Zuordnen statt. Ebenfalls würden Distanzen zwischen nahen Orten größer eingeschätzt als zwischen entfernten Orten. Im Gegensatz zum Orientierungsraum werde der Umgebungsraum dreidimensional wahrgenommen. TVERSKY/ BRYANT stellten fest, dass die meisten Probanden sich mithilfe von drei Körperachsen koordinierten: Kopf-Füße, Vorderseite-Rückseite und Rechts-Links, wobei die erste Achse durch die Schwerkraft asymmetrisch sei, die beiden anderen Achsen seien nur vom Betrachterstandpunkt aus verschieden. Auf den Körperraum selbst kann jedoch an dieser Stelle nicht ausführlich eingegangen werden.

Unter Raumwahrnehmung kann auch die höchst persönliche (Körper-) Raumwahrnehmung verstanden werden, d.h. wie nahe einer Person anderen Men-

2.2 Das Räumliche und die Zeit – die Perspektive der Sozialgeographie

schen kommen darf, welche „natürlichen Distanzen" es zwischen Menschen gibt. Die Forschungen zur Körpersprache behandeln diese Art von Raumanspruch, vor allem jedoch die kulturellen Unterschiede mit dem Umgang bzw. der Verteidigung von Raum. Sie weisen sogenannte persönliche Raumzonen aus, wie z.B. die intime, die persönliche und die gesellschaftliche Distanz (FAST 1979, S. 23f). Auch die Frage, ob ein Raum eine „soziofugale" Funktion (d.h. Menschen von einander fern hält, wie z.B. Wartehallen) oder „soziopetale" Funktion (d.h. Menschen einander näher bringt, wie z.B. Restaurants oder Kneipen) besitze (RONNEBERGER 1992), zählt in den Forschungsbereich der psychologischen Aspekte von Raum(Zeit)wahrnehmung. Darauf wird jedoch in dieser Arbeit nicht näher eingegangen werden können.

In Arbeiten der „Behavioural Geography" (GOLLEDGE/ STIMSON 1987, S. 75f) beschäftigte man sich u.a. mit kognitiven Karten und mit der Entstehung kognitiver Distanzen. In den meisten Arbeiten, die dort zitiert wurden, wurde das Verhältnis zwischen der physikalischen Distanz und der kognitiven Distanz als flache Kurve beschrieben. Die kurze physikalische Distanz werde in der Wahrnehmung eher über-, die lange physikalische Distanz werde in der subjektiven Einschätzung eher unterschätzt. Allerdings wiesen GOLLEDGE und STIMSON (1987) auch darauf hin, dass es in der früheren Literatur der 1960er Jahre durchaus widersprüchliche Ergebnisse gab. Diese deuten darauf hin, dass besonders viel Sorgfalt auf das Untersuchungsdesign und die Auswahl des Untersuchungsgebietes verwendet werden muss. Ebenso dachte man darüber nach, nicht-euklidische Distanzen für die Beschreibung kognitiver Distanzen einzusetzen, da die Vermutung bestand, dass der geometrische Raumbegriff nicht für diese Form von Distanzen geeignet sei.

Die kulturellen Unterschiede in der Wahrnehmung von Raum und Zeit stellen seit einigen Jahren ebenfalls ein großes Forschungsgebiet dar. Besonders bekannt wurde die Arbeit von LEVINE (1998) „Eine Landkarte der Zeit – Wie Kulturen mit Zeit umgehen", in der er nicht nur die kulturellen Unterschiede der Funktionen von Zeit darstellte, sondern auch in empirischen Untersuchungen die Unterschiede zwischen dem Lebenstempo der Kulturen untersuchte. Einer seiner Indikatoren war dabei die „Gehgeschwindigkeit", mit der Fußgänger in einem Innenstadtbereich eine bestimmte Strecke zurücklegten. Besonders schnell waren die Menschen in Irland, den Niederlanden, der Schweiz, England, Deutschland und den USA unterwegs, was dem Prinzip der Zeitökonomie entspricht, besonders langsam in Brasilien, Rumänien, Syrien, Jordanien und Bulgarien (LEVINE 1998, S. 180). Er verwandte in seinen Ausführungen ein Vielzahl weiterer Indikatoren, wie die Genauigkeit der Uhren oder die Bedienungszeit bei der Post, doch für den subjektiven Eindruck des Tempos einer Kultur ist offensichtlich die „Zeit für Mobilität", die auch in der vorliegenden Arbeit verwendet wird, von zentraler Bedeutung.

Die Folgen dieser kulturell unterschiedlichen Zeitwahrnehmungen, insbesondere im Zusammenhang mit Mobilitätszeit, auf die Gestaltung des Verkehrsnetzes thematisierte BORSDORF (2004) in seinem Vergleich der Verkehrs- und Städtenetze in Alpen und Anden. Er wies darauf hin, dass dem europäischen „Primat der

Beschleunigung" (BORSDORF 2004, S. 307) „Lo Andino" entgegen setze, dass „die Zeit für den Menschen arbeite", so dass ein Ausbau der Verkehrsnetze in Europa einen quantitativen Gewinn, in den Anden dagegen eine qualitative Verbesserung verfolge (BORSDORF 2004, S. 307).

Diese kulturellen Unterschiede in der Wahrnehmung von Zeit und Raum, von Zeit für Raum und von Mobilität insgesamt sind in umfangreiches Arbeitsgebiet, das derzeit besonders dann Bedeutung erlangt, wenn die Übertragbarkeit europäischer bzw. westlich geprägter Erfahrungen, Planungsprinzipien und Entwicklungsmuster auf andere Länder und Kulturkreise kritisch hinterfragt wird.

2.3 DAS SOZIALE UND DIE ZEIT – DIE PERSPEKTIVE DER SOZIOLOGIE

„Die menschliche Erfahrung dessen, was heute ‚Zeit' genannt wird, hat sich in der Vergangenheit verändert und verändert sich in der Gegenwart weiter, und zwar nicht in einer zufälligen oder historischen Weise, sondern in einer strukturierten und gerichteten Weise, die erklärt werden kann" (ELIAS 1988, S. 1).

Die soziologische Diskussion über die Zeit hat eine lange Tradition. Sie wurzelt in den Untersuchungen zu Religion, Ritualen und dem „Heiligen". Auch die meisten „Klassiker" der Soziologie beschäftigten sich mit ihr. Nach einem kurzen Überblick über die verschiedenen Formen des Zeitbewusstseins werden zuerst die Aussagen von Durkheim, Luhmann und Giddens zum Thema Zeit erörtert, dann folgt ein Überblick über die Arbeiten der modernen „Zeitsoziologen", die Ergebnisse der soziologischen Aktionsraumforschung und ein Exkurs zum Thema Zeitstress und dessen Bewältigung. Den Zeitbudgetstudien, ihrer Entstehung, ihren Methoden und ihrer kritischen Diskussion wird ein eigenes Kapitel (2.4) gewidmet. Die Diskussion um die Bedeutung der Zeit für die Sozialforschung wurde in den letzten beiden Jahrzehnten dadurch wieder intensiviert, dass sich zum einen die Forschungsrichtungen der Lebensstilforschung und Freizeitforschung mit der individuellen Zeitverwendung intensiv beschäftigen und sich zum anderen ein zunehmender Zeitdruck und eine Zeitknappheit als Eigenschaften der modernen Gesellschaft wahrnehmen ließen. Eine Zusammenfassung der Literatur bis Anfang der achtziger Jahre und eine ausführliche Erörterung zum Stand der „zeitsoziologischen" Theorie bieten BERGMANN (1983) und RINDERSPACHER (1985). Von PRONOVOST stammt eine Überblicksarbeit „The Sociology of Time" aus dem Jahr 1989. An dieser Stelle soll wird nur auf die zentralen Ansätze der Zeitsoziologie eingegangen, die für die eigene Fragestellung von Bedeutung sind.

2.3.1. „Soziale Zeit" – Begriffsdefinition

Die Abgrenzung von Zeitkategorien, die in der soziologischen Literatur am meisten verbreitet ist, unterscheidet drei Ebenen: 1) Weltzeit (abstrakte, astronomische, chronologische), 2) soziale Zeit (Zeit gesellschaftlicher Praxisfelder bzw. Subsysteme) und 3) individuelle Zeit (Zeitdispositionen im Alltagsleben) (vgl. WOTSCHAK 1997, S. 22). Diese Abgrenzungen wiederholen sich häufig in ähnlicher Form und decken sich mit der Aufteilung, die in Kap. 2.2.2 im Rahmen der „time geography" bereits vorgestellt wurde.

Der Begriff „soziale Zeit" oder „soziokulturelle Zeit" oder „kulturelle Zeit" (PRONOVOST 1989) steht im Zentrum der soziologischen Arbeiten zum Thema Zeit. Zeit wird häufig als Mittel sozialer Kontrolle mit disziplinierendem Charakter verstanden, d.h. als einen der unauffälligsten und wirksamsten sozialen Zwänge überhaupt. Die Arbeiten von SOROKIN und MERTON (1937) gelten als richtungsweisend auf diesem Gebiet. So stellten sie fest, dass allen Kalendern gemeinsam ist, dass sie auf „social requirements", d.h. regelmäßig wiederkehrenden Ereignissen (z.B. religiösen Festen), basieren. Sie kamen zu dem Ergebnis „All time systems may be reduced to the need of providing means for synchronizing und co-ordinating the activities and observations to the constituents of groups." (SOROKIN/ MERTON 1937, S. 627). Auch die astronomische Zeit, als eine „time esperanto", bezeichneten sie als ein soziales Produkt (DIES. 1937, S. 628) und empfahlen, die Kategorie Zeit um ein Konzept der „sozialen Zeit" zu erweitern. Eine Erweiterung und Erneuerung dieses Ansatzes erfolgte durch Elias (1988).

Häufig wird das Entstehen von „sozialer Zeit" aus der zunehmenden Differenzierung der Gesellschaft und als Teil der gesellschaftlichen Entwicklung betrachtet. RAMMSTEDT (1975) fasste dies in seinem Beitrag über das „Alltagsbewusstsein von Zeit" zusammen. Er stellte fest, dass es über die subjektive Ebene der Zeitwahrnehmung und Zeitmessung hinaus ein intersubjektives Moment von Zeit gebe. Die intersubjektiven Bedingungen von Handeln und/ oder Erleben führten zu einem intersubjektiven Zwang, die ‚subjektiven Zeiten' aufeinander abzustimmen. Dieser Zwang werde in der arbeitsteiligen Gesellschaft manifest. „Diesem ökonomischen Aspekt gesellt sich in arbeitsteiligen Gesellschaften zu allen Zeiten ein politisch-ökonomischer zu, als die Zeitrechnung zum Mittel der Herrschaftsausübung wurde, Voraussetzung wurde für eine kontinuierliche Ausbeutung" (WOTSCHACK 1997, S. 48). In dem Moment, in dem Zeit quantifizierbar wurde, konnte sie in einem zweiten Schritt als knappe und ausbeutbare Ressource verstanden werden. Dies war nach MARX ein Kennzeichen der Sichtweise des modernen Kapitalismus. Das Kapital ist – so MARX – „einzig und allein" interessiert „am Maximum von Arbeitskraft, das in einem Arbeitstag flüssig gemacht werden kann" (zit. nach WOTSCHAK 1997, S. 35). Somit sind die Dauer und die Lage eines Arbeitstages bis heute ein zentrales Streitobjekt der Auseinandersetzungen zwischen Arbeitgebern und Arbeitnehmern (z.B. die Diskussion um Sonntagsarbeit).

2.3.2. Formen des Zeitverständnisses und der Zeitkultur

RAMMSTEDT (1975) unterschied vier grundsätzliche Formen des Zeitverständnisses, nämlich:
- occasional (Zeit als erlebte Folge von nichtkontinuierlichen Ereignissen, archaisch) – in anderen Ansätzen, z.B. bei RINDERSPACHER (1985) heißt sie „organisch",
- zyklisch (schließt vom Messen kontinuierlich wiederkehrender gleicher Bewegungen auf den kreisförmigen Verlauf aller Bewegungen, Teile im System haben eine räumlich festgelegte, unvertauschbare Stellung im Ganzen, wirkt systemstabilisierend),
- linear mit festgelegter Zukunft (Bewegungen als irreversibler, progressiver Ablauf auf ein letztes Ziel hin (Telos), endzielorientierte Handlungsentwürfe des einzelnen sind nicht nötig) und
- linear mit offener Zukunft (Bewegung als unterschiedlich schnellen, irreversiblen Ablauf, hohe Gegenwartsbezogenheit durch offene machbare Zukunft, Zeitbewusstsein als Verdinglichung der Vergesellschaftung durch Anpassung an die sozialen Gegebenheiten (DERS. 1985, S. 56), Relativierung von Raum und Zeit, reflexive Verwendung von Zeit).

RINDERSPACHER erweiterte diesen Ansatz um eine zusätzliche Kategorie, die abstrakte Zeit oder auch ökonomische Zeit, die durch das Merkmal der „Bewirtschaftung" der Zeit charakterisiert sei (DERS. 1985, S. 72). Diese Formen des Zeitbewusstseins fassen die meisten Zeitvorstellungen vergangener oder bestehender Gesellschaftssysteme zusammen. Als neue „Zeitordnungen" wurden eine Zunahme von Geschwindigkeit sowohl im Bereich der Arbeitswelt als auch eine „Zeitbewirtschaftung" im privaten Bereich und eine verstärkte Linearisierung der Zeit festgestellt (GRABOW/ HENCKEL 1988). Unter Linearisierung wird zum einen ein „Überdecken und Glätten von natürlichen Zyklen oder Rhythmen" und zum anderen eine „Verstetigung im Sinne alltäglicher Verfügbarkeit und Zuverlässigkeit" verstanden. Der Weg zu einer „kontinuierlichen Gesellschaft" sei nach Ansicht der Autoren vorgezeichnet, deren neue Zeitordnung nicht ohne Folgen für die Städte bzw. für die Stadt- und Raumentwicklung bleiben werde.

In jüngerer Zeit wird in der Diskussion um Zeitkultur und temporale Muster als ein „Paradoxon der Moderne" auf eine Widersprüchlichkeit zwischen den Entwicklungen hingewiesen, die einerseits zu einer „Rationalisierung des Grenznutzens" von Zeit auf der Ebene der Organisationen – vor allem im Rahmen von Produktions- oder Arbeitszeiten – und andererseits zu einer „Entkoppelung der Bewertungsskalen für Zeit und Geld auf der Ebene der Individuen" führe (LÜDTKE 1999, S. 5). Die Formel „Zeit ist Geld" sei nicht umkehrbar und somit sei auch Zeit nicht anhäufbar. Ende führte in seinem Roman „Momo" mit den „grauen Herren" und deren „Zeit-Spar-Kasse" im Bereich der Literatur vor, dass Zeit sparen nicht zum Gewinn von Zeit und damit nicht von Lebensqualität führt.

„Aber Zeit ist Leben. Und das Leben wohnt im Herzen. Und je mehr die Menschen daran sparten, desto weniger hatten sie." (Ende 1996, S. 80)

2.3.3. Die Dimensionen Zeit und Raum in der Soziologie

DURKHEIM (1981, Original 1912) fasste Zeit und Ort mit einer Reihe von weiteren Begriffen zusammen, die er „Kategorien des Urteilsvermögens" nannte. „Sie sind feste Regeln, die den Gedanken einengen; der Gedanke kann sich nicht davon lösen, ohne sich selbst zu zerstören, denn es scheint nicht möglich zu sein, von Dingen anzunehmen, daß sie außerhalb von Zeit und Raum oder unzählbar seien" (DURKHEIM 1981, S. 27). Er ging davon aus, dass für das soziale Leben eine kollektive Organisation von Zeit und Raum vorhanden sein müsse, damit sich Individuen in der Welt zurechtfänden. Sie seien somit „Kollektivvorstellungen", die gleichzeitig „Kollektivzustände" ausdrücken. Diese seien wiederum davon abhängig, wie die Morphologie der Kollektivität gestaltet sei (DURKHEIM 1981, S. 36). Das heißt, dass für ihn die „soziale Zeit" außerhalb des individuellen Bewusstseins liegt und einen äußeren Zwang auf das Individuum ausübt.

Nach SCHÜTZ (1960, 1979, zit. nach BERGMANN 1983) „gewinnt Handlung erst ihren Sinn, indem sie reflexiv als Einheit im inneren Zusammenhang aus dem Ablauf des Erlebnisstromes herausgehoben und in den Gesamtzusammenhang der Erfahrung eingeordnet wird." (BERGMANN 1983, S. 464) Der individuelle Erlebnisstrom werde mit den Erlebnisströmen anderer abgeglichen, so dass die Zeitstruktur der Lebenswelt, die „Weltzeit", die Zeit der Individuen koordiniere. Diese Annahme ähnelt der DURKHEIMS, der die soziale Zeit als äußerlichen Zwang bezeichnete.

In LUHMANNS systemtheoretischem Ansatz „... wird Zeitlichkeit zu einer konstituierenden Dimension ihres Gegenstandes und kann nicht länger nur als Bedingung der Erkenntnis ihres Gegenstandes behandelt werden" (LUHMANN 1975, S. 103). Seine These lautete: soziale Systeme konstituieren (machen sinnhaft verfügbar als Bedingung des Aufbaus und der Reduktion von Komplexität) Zeit, Zeithorizonte und bestimmte Auslegungen zeitlicher Relevanzen. Er stellte fest, „... daß die Differenzierung von System und Umwelt Zeitlichkeit produziert" (LUHMANN 1975, S. 105). „Ein System reproduziert in der Erinnerung seine eigene Selektionsgeschichte, die Geschichte der Selektivität seines eigenen umweltbezogenen Erlebens und Handelns. Es reproduziert darüber hinaus auch eine Weltgeschichte nicht mitvollzogener Selektivität, die es braucht, um die eigene Anschlußselektivität begreifen zu können" (LUHMANN 1975, S. 107). Seine These lautete: „...komplexere Gesellschaftssysteme (bilden) weitere, abstraktere und in sich differenziertere Zeithorizonte als einfachere Gesellschaften" (DERS. 1975, S. 107f), was er anhand von Beispielen aus der Geschichte belegte. So führte er weiterhin aus: „Das Zeitbewußtsein ist mithin eine ... Antwort auf die Notwendigkeit, als Bedingung von Selektivität im Verhältnis System/ Umwelt Konstanz und Veränderung zugleich zu denken" (DERS. 1975, S. 109). Die zunehmende funktionale Systemdifferenzierung habe nach LUHMANN zur Folge, dass für die Koordination der unterschiedlichen Systemgeschichten eine koordinierende Generalisierung – die Weltzeit – notwendig werde. Die Weltzeit habe Homogenität, Reversibilität (gedankliche Rückrechenbarkeit), Bestimmbarkeit durch Datierung und Kausalität und Transitivität (Vergleichsmöglichkeit verschieden liegender

Zeitstrecken) zu leisten. Damit sei „Die Weltzeit ... zugleich Systemzeit der Weltgesellschaft" (DERS. 1975, S. 111). Dabei entspreche die lineare Vorstellung von Zeit diesen Bedingungen am besten (im Gegensatz z.B. zu zyklischen Zeitvorstellungen, die in traditionellen Gesellschaften vorherrschen). Mit der sog. Mehrfachmodalisierung oder reflexiven Modalisierung werde weiterhin festgelegt, welche Zeitpunkte zur Vergangenheit, Gegenwart oder Zukunft zählen. Die beiden Prozesse, die dabei maßgeblich seien, seien zum einen die „Historisierung der Zeit" (DERS. 1975, S. 112), sie „ermöglicht den Zugriff auf eine weltzeitlich unterscheidbare Abfolge von Möglichkeitshorizonten..." (DERS. 1975, S. 114), und zum anderen die „Verzeitlichung der Vergangenheit" (DERS. 1975, S. 112f).

LUHMANN ging in seinem systemtheoretischen Ansatz ebenfalls auf das Phänomen der Knappheit der Zeit und der „Vordringlichkeit des Befristeten" ein (DERS. 1971). Er ging von folgender Prämisse aus: „Wer in einer sozial komplexen Welt leben will und deshalb viel Konsens braucht, strapaziert sein Zeitbudget" (DERS. 1971, S. 145). Das Problem der Vordringlichkeit des Befristeten hat nach LUHMANN zur Folge, dass eine Verzerrung der Weltordnung durch rein zeitliche Schwierigkeiten der Koordination eintrete (nach LUHMANN 1971, S. 146). Aus Zeitproblemen könne sich somit sogar eine Umstrukturierung der Wertordnung ergeben (DERS. 1971, S. 148). LUHMANN ging so weit, dass er behauptete, „Termine und Fristen sind institutionalisierte Ausreden" (DERS. 1971, S. 148). Dem Phänomen der Zeitknappheit begegnete LUHMANN mit der These: „Zeit an sich ist nicht knapp. Der Eindruck der Zeitknappheit entsteht erst aus der Überforderung des Erlebens durch Erwartungen" (DERS. S. 149). Zeitknappheit entstehe insofern in Folge einer Divergenz von Zeithorizont und Erwartungsstruktur. Diese These LUHMANNS wird anhand der subjektiven Einschätzungen von Zeit in dem geplanten qualitativen Teil der Arbeit ebenfalls zumindest in Teilen überprüft werden können.

Unter den jüngeren soziologischen Theorien, die sich u.a. mit den Dimensionen Zeit und Raum beschäftigten, hat die Strukturationstheorie von GIDDENS große Beachtung gefunden haben.

„ ... problems of time and space are quite fundamental to social theory." (GIDDENS 1987, S. 142)

Nach GIDDENS sind Prozesse sozialer Strukturbildung nicht trennbar vor der konkreten räumlichen und zeitlichen Gestalt des sozialen Lebens. Seine Theorie zählt damit zu den wenigen soziologischen Theorien, in denen diese beiden Dimensionen nicht als „noise" (d.h. zu vernachlässigende Hintergrundgeräusche vor der „wahren" Musik) verstanden werden, sondern sie als „settings" zu den Voraussetzungen einer Gesellschaft zählen.

Innerhalb der Theorie der Strukturation hat die Zeit als strukturierende Variable zentrale Bedeutung. „For social systems only have structural properties in and through their ‚functioning' over time: the ‚pattering' of social relations is inseparable from their continual reproduction across time" (GIDDENS 1981, S. 91). Sie ist nicht nur Rahmen, innerhalb dessen sich die gesellschaftliche Entwicklung abspielt, sondern Ausdruck der Objekte. „Entities do not only exist ‚in time'; time expresses the nature of what objects are" (DERS. 1987, S. 141).

Aufbauend auf MARX' Annahme, dass alle menschlichen Wesen „historisch" seien, bezeichnete GIDDENS folgende Elemente der Zeit als zentral: 1) „... time is not an environment, in which the ‚elapsing' of social events occurs, it is constitutive of forms of social activity". 2) „... in different cultures experience time differently.". 3) „Reversible time is time as repetition, temporality as reproduction" (DERS. 1987, S. 144). Er schlug vor, die sozialen Handlungen grundsätzlich im Zeit-Raum-Kontext zu analysieren, da sie als „settings of interaction" strukturierend wirkten.

Dabei empfahl er, drei Formen der Zeitlichkeit und drei Formen von Räumlichkeit zu unterscheiden (DERS. 1987, S. 144f). Die drei Formen der Zeitlichkeit sind 1) „durée of day-to-day life", 2) „durée of lifespan of the individual" und 3) „durée of institutions" („longue durée" nach BRAUDEL). Die drei Formen von Räumlichkeit bestehen aus 1) „physical presence of others in settings of interaction (co-presence nach GOFFMAN), 2) Interaktion bestimmt durch Präsenz oder Absenz und 3) „... the regionalization of social activity refers to the interlacing of contexts of co-presence whereby the spaciality of social systems of differing extension is organized. To these we must add the spaciality of the body" (GIDDENS 1987, S. 146). Das somit entwickelte Konzept des „settings" von Interaktionen (aus Zeit und Raum) hat zur Folge, dass man insgesamt von Zeit-Raum-Beziehungen spricht, in denen sich Gesellschaft strukturiert. Die Routinen des „day-to-day life" können beschrieben werden als Zeit-Raum-Pfade oder als Zeit-Raum-Distanzierungen. GIDDENS empfahl an dieser Stelle die Konzepte und Methoden der „time geography" als fruchtbare Vorgehensweise (DERS. 1987, S. 146) und betonte die Bedeutung der „time-regulations" und ihre Beziehung zur räumlichen Organisation im modernen sozialen Leben, das ohne Konventionen hinsichtlich Zeitmaße und Raummaße nicht funktionieren würde.

Mit dem Begriff des „time-space zoning" vertiefte GIDDENS die Verankerung der Gesellschaft in Zeit und Raum. Er entwarf ein Bild von Gesellschaften, die als das Bestehen von Zeit-Raum-Zonen betrachtet werden, durch die sich die Spuren der täglichen individuellen Zeit-Raum-Pfade ziehen. Die Koordination im Raum könne nur durch eine Koordination in der Zeit funktionieren. Ein Beispiel für das „time-space-zoning of activities" sei die Trennung von Arbeits- und Wohnort. Als weiteren Begriff innerhalb des „time-space-zoning" führte GIDDENS die „Sequestration" (d.h. Abtrennung) zwischen Öffentlichkeit und Privatheit ein, die kennzeichnend für moderne Gesellschaften sei. Als Kennzeichen des Kapitalismus und der modernen Arbeit bezeichnete GIDDENS den Verkauf von Arbeit als abstrakte Zeiteinheiten (GIDDENS 1987, S. 152). Er stellte eine zunehmende Vermarktung der Zeit (nach MARX) fest, ähnlich wie die des Raumes. Wie in anderen soziologischen Theorien auch, so sah GIDDENS ebenfalls in der Messbarkeit von Zeit durch die Uhr den Schlüssel zu ihrer Vermarktung. „Clock time is quantified time, seperated from and set against the phenomenal experience of the individual" (GIDDENS 1987, S. 152). Ihr Zweck sei die „synchronization of activities in time-space" (EBD.).

In seiner „Theory of Social Organization" stellte GIDDENS die Frage, wie Systeme Zeit und Raum umklammern, wie sie sie kontrollieren. Als eines der Zeichen von Zeit-Kontrolle betrachtete er Zeitpläne: sie seien nicht nur eine Beschreibung der Aktivitäten, sondern vor allem Zeit-Raum organisierende Anweisungen. Organisiert werde nicht nur den Stundenplan eines einzelnen und seiner Beziehungen zu den anderen, sondern die Koordination der Betroffenen. Mit einem Beispiel aus der Arbeitswelt illustrierte GIDDENS Zeit-Raum-Kontrolle. In modernen Organisationen werde Arbeit assoziiert mit der Aufteilung in Arbeitszeit und Freizeit, Arbeitstage und Wochenendtage – verbunden mit Supervision. Jedoch auch Raum-Kontrolle habe dort ihre Bedeutung. So gelte z.B. ein eigenes Büro als Zeichen dafür, dass die Position in der Hierarchie hoch sei, und man sich der Kontrolle entziehen könne, d.h. über eigenen Zeit-Raum verfüge. Mit diesem Ansatz wurden Fragestellungen von Soziologie und Sozialgeographie eng miteinander verknüpft, so dass es möglich wurde, darauf aufbauend interdisziplinär zu arbeiten.

In einem Beitrag über Strukturation und sozialen Wandel formulierte GIDDENS noch deutlicher den Vorwurf, „..., dass die meisten Sozialtheorien nicht nur versäumt haben, die Zeitlichkeit sozialen Handelns ernst genug zu nehmen, sondern auch dessen räumliche Eigenheiten übersehen haben" (DERS. 1995, S. 155f). GIDDENS betonte eine „enge Verbindung zwischen Zeit, Raum und dem sich wiederholenden Verlauf des sozialen Lebens" (S. 159). „Soziale Entwicklung impliziert charakteristischerweise räumliche und zeitliche Bewegung, und die wichtigste davon ist derzeit die weltweite Expansion des westlichen Industriekapitalismus" (S. 161). Die zeitliche Dimension integrierte er, indem er annahm, dass „soziale Systeme ... nur infolge ihrer kontinuierlichen Strukturation im Verlauf der Zeit (existieren, Anm. d. Autorin)" (S. 174). Der Ansatz dieser Theorie fand u.a. seinen Niederschlag in WERLENS Entwurf, der in seiner „Geographie der alltäglichen Regionalisierungen" das kontinuierliche „Geographie-Machen" in den Mittelpunkt seiner Theorie stellte.

In einem soziologisch-ethnologisch orientierten Ansatz zu „Space, Time, Space-Time and Society" entwarf BAKER (1993) aufbauend auf den post-newtonschen Erkenntnissen von EINSTEIN und MANDELBROTS Chaos-Theorie Thesen zu Raum und Zeit, die sich nahe der GIDDENSCHEN Strukturation und der WERLENSCHEN alltäglichen Regionalisierung befinden. Er führte den Begriff des „centering" ein, unter dem er einen interaktiven Prozess verstand, der die menschliche soziale Ordnung konstruiere und gleichzeitig rekonstruiere. „Centering is a process of ‚world' creation", so BAKER, und „Center is a relative term, emphasizing a pole in a relativship" (1993, S. 409). Er kam zu dem Ergebnis: „Space and time are no longer seen as abtract continua within which events occur, but as human constructs in more than a symbolic sense ... Particular cultures create particular spacetimes" (DERS. 1993, S. 415). Am Beispiel der Entwicklung der Gesellschaft auf der karibischen Insel Dominica erläuterte BAKER die Veränderungen der „ethnographischen Zeit". Er kam zu dem Schluss, dass Raum und Zeit unterschiedliche Produkte von Gesellschaften seien und die soziale Welt mit einem eigenständigen Bezugsrahmen operiere. Über den Prozess des „centering" als Überbegriff der gesellschaftlichen Aktivitäten gelangte BAKER dann in Bezug auf den Umgang mit den Dimensionen Zeit und Raum zu dem Schluss: „Human centering does not merely operate in space and time; rather human centering embodies its own spacetime" (DERS. 1993, S. 420).

Wie in vielen Bereichen der empirischen Sozialforschung sind auch für die Dimension Zeit – und vor allem in Kombination mit der Dimension Raum – die Arbeiten aus der Chicagoer Schule der Sozialökologie als grundlegend zu nennen. In der amerikanischen Soziologie ist gerade in der jüngsten Zeit wieder eine „Rückbesinnung" auf Ansätze aus der Chicagoer Schule festzustellen. In einem Beitrag von ABBOTT (1997) „Of Time and Space: The Contemporary Relevance of the Chicago School" wurde auf die Bedeutung der „Kontextualisierung" sozialer Sachverhalte durch die Einbettung in Raum und Zeit hingewiesen. Er stellte fest: „no fact makes any sense abstracted from its context in social (and often geographic) space and social time. Social facts are *located*" (ABBOTT 1997, S. 1152). Nachdem dieser Aspekt jedoch durch das Vordringen der Umfrage- und Marktforschung in den Hintergrund geraten sei und die „Dekontextualisierung" zu einer Zersplitterung von Fragestellungen und einem „sense of exhaustion" geführt habe (DERS. 1997, S. 1150), forderte ABBOTT die Entwicklung einer Methodology für „contextualist sociology". Seine Forderung lautete: „We require ... ways of investigating complex spatial interdependence, and of making this spatial interdependence more and more temporally structured, till again we arrive at the description and measurement of interactional fields" (DERS. 1997, S. 1166). Die vorliegende Arbeit wird dieser Forderung sicher nicht in vollem Umfang nachkommen können, jedoch entspricht die Zusammenführung der räumlichen und der zeitlichen Perspektive wie sie hier vorgesehen ist, sicher in Teilen diesem Ziel.

Eine gemeinsame Betrachtung von Raum und Zeit nahm ebenfalls BOURDIEU (1991) in seinen Arbeiten zum sozialen Raum vor. Er schlug vor, physische Distanzen besser mit einem Zeit- als mit einem Raummaß zu messen, und stellte die Verfügungsmacht über Raum der Verfügungsmacht über Zeit gleich (BOURDIEU 1991, S. 31)

2.3.4 Zeitsoziologie – verschiedene Ansätze

Seit Mitte der 1970er Jahre nahmen die Arbeiten, die sich innerhalb der „speziellen Soziologien" als „Soziologie der Zeit" verstanden, deutlich zu. Zu ihnen zählt die Arbeit von RAMMSTEDT (1975), der seinen Zeitentwurf an die Kategorie des „sozialen Handelns" band, indem er annahm, dass die Einheit der Handlung durch den Zeitentwurf geprägt sei. Das Zeitbewusstsein vermittle somit zwischen Handeln (betrifft die Mikroebene, beinhaltet einen Handlungsentwurf und ist immer prozessual) und der Handlung (betreffe die Makroebene, sei zweiphasig, da das Handeln vor der Handlung stattfinden müsse). BERGMANN (1983) erarbeitete einen Vorschlag für den Umgang mit der Dimension Zeit und dem sozialen Wandel. Er empfahl eine Trennung zwischen 1) Bewegung bzw. Prozess, 2) Zeit als sozialer Realitätskonstruktion und 3) Chronologie (nach LUHMANN), als das Vergleichsschema, mit dem unterschiedliche Bewegungen gemessen werden könnten.

2.3.4.1 Funktionen von Zeit

In den Arbeiten, die die sozialen Funktionen von Zeit analysieren, wird Zeitkultur als strukturierendes Merkmal einer Gesellschaft für folgende Aspekte herangezogen (GARHAMMER 1996, S. 23):
- die Strukturierung von individuellen und sozialen Prozessen,
- die Synchronisation unterschiedlicher Personen und Handlungen,
- den Erwartungs- und Planungshorizont auf der gesellschaftlich-politischen Ebene und der Ebene der Akteure.

Viel Aufmerksamkeit wurde in der Soziologie dem Phänomen der Zeitpläne (timetables) und der Synchronisationsfunktion von Zeit gewidmet. Zeitpläne und das Aufstellen bzw. Aushandeln der Zeitpläne (scheduling) wurden bei ZERUBAVEL (1981) ausführlich behandelt. So wies er darauf hin, dass die Gleichheit der individuellen und der kollektiven Zeitpläne und Rhythmen bereits den Stadtplanern große Probleme bereite. Die daraus folgenden „timing problems" sind ein weiteres Gebiet, das in der soziologischen Literatur viel Beachtung gefunden hat. Ob es im täglichen Zeitplan oder im Wochen- und Jahresplan sei, es sei die zeitliche „Gleichschaltung" der Individuen und vor allem die daraus resultierende zeitlich gleichgeschaltete Mobilität, d.h. das gleichzeitige Wechseln von Standorten im Raum, die Raumplaner und Verkehrsplaner gleichermaßen vor große Probleme stellten (ZERUBAVEL 1981, S. 66). Dieses Phänomen findet auch in vorliegendem Ansatz Beachtung.

Der Zeitplan stellte nach ZERUBAVEL einen „institutionelle(n) Eckstein im sozialen Leben der modernen Welt" dar (DERS. 1981, S. 69). Neben der segregierenden Funktion von Zeitplänen zeigte er die differenzierende Funktion von Zeit in Form von Kalendern am Beispiel der religiösen Kalender der jüdischen und der christlichen Religion auf. Er stellte fest: „The principle of temporal segregation is ... among the fundamentals of social life" (DERS. 1981, S. 103). Ebenso trenne nach ZERUBAVEL Zeit die private von der öffentlichen Sphäre (EBD. S. 138). Es bestehe ein Anrecht auf einen gewissen Umfang an privater Zeit, an „Nicht-Erreichbarkeit". Inwieweit der „moderne" Handy-besitzende Mensch dieses Anrecht noch in Anspruch nimmt oder sich vielleicht gar nicht bewusst ist, dass er mit einer „Dauer-Erreichbarkeit" ein Recht verschenkt, kann an dieser Stelle leider nicht näher diskutiert werden, stellt aber m. E. eine interessante Forschungsfrage dar.

Ein weiteres Phänomen, das mit den Synchronisationsproblemen zwischen Zeitplänen einhergeht, ist, dass Synchronisationsprobleme zu Zeitknappheit und/ oder Wartezeiten führen können. Sowohl Zeitknappheit als auch Wartezeiten finden ihren Ausdruck in Abhängigkeit von sozialer Stellung und Macht. Besonders die soziale Verteilung von Wartezeiten ist nach SCHWARTZ (1975) ein Ausdruck von Machtpositionen. Jeder Mensch, der schon lange Wartezeiten vor Sprech-„Stunden" verbracht hat, kennt diese Art des Machtausdrucks.

Auch innerhalb von sozialen Gruppen, genauer, von Berufsgruppen, kann der Umgang von Zeit geregelt sein. Der sprichwörtlichen Pünktlichkeit der Maurer – insgesamt der handwerklichen Berufe – steht immer noch das Recht auf das „akademische Viertel" gegenüber (nach GARHAMMER 1996). Der Umgang mit Zeit – nicht nur mit der eigenen, sondern mit der der anderen – steht unverändert stellvertretend für Privilegien, Stellung in der gesellschaftlichen Hierarchie und die Machtposition der Akteure.

Der Zeit als Norm wurde von SCHÄUBLE (1985) großes Gewicht beigemessen. Er konstruierte eine Hierarchie von Verbindlichkeiten von Zeitordnungen, die mit zeitnormativ unstrukturierten Aktivitäten beginnt, habituell normierten Aktivitäten (z.B. Mittagessenszeiten), die sich meist auf Kleingruppen beziehen, weiter steigt, mit traditionalen Zeitordnungen (z.B. Bräuchen) auf lokaler bis nationaler Ebene weitergeht und schließlich mit statuierten Zeitordnungen (z.B. Gesetzen, Öffnungszeiten) den Grad höchster Verbindlichkeit erreicht (nach SCHÄUBLE 1985, S. 59ff). Am Beispiel des Klosterlebens der Zisterzienser zeigte er auf, wie die Verpflichtung an den Ort und an eine strenge zeitliche Ordnung als Beispiel für eine extrem hohe Verbindlichkeit als Weg zur religiösen Vervollkommnung betrachtet werden kann.

Abb. 2.10: Rechtliche Regelungen mit Zeitbezug nach zeitlicher Bezugsperiode und Regelungsbereich – Auswahl*

Zeitbezug	Arbeitszeit	Betriebszeit/ Öffnungszeit	Schutz vor Immissionen	Schutz der Natur	Sonstiges
Tag	Arbeitszeitordnung, Jugendarbeitsschutzgesetz, Mutterschutzgesetz, Gesetz über die Arbeitszeit in Bäckereien und Konditoreien	Ladenschlußgesetz, Gaststättengesetz mit Sperrstundenverordnung	Immissionsschutzgesetz, TA Lärm, DIN 18005 (Schallschutz im Städtebau), VDI Richtlinie 2058 (Arbeitslärm), Straßenverkehrsordnung, Flugverkehrsgesetz, Gesetz zum Schutz gegen Fluglärm mit besonderen Lärmverordnungen, Ordnungswidrigkeitengesetz, Gesetz zum Schutz gegen Baulärm, Rasenmäherverordnung, Verordnung über die zeitliche Beschränkung des Flugbetriebes mit Leichtflugzeugen, Verkehrslärmschutzgesetz (Entwurf)		Hausordnungen
Woche/ Wochenende	Art. 140 Grundgesetz, Gewerbeordnung	Ladenschlußgesetz	Straßenverkehrsordnung		
Jahr	Bundesurlaubsgesetz				
Jahreszeit/ Saison				Bundes- und Landesnaturschutzgesetze mit Verordnungen, Bundesjagdgesetz, Wildschongesetz, Kulturpflanzenschutzgesetz	Bundeskleingartengesetz, Ferienverordnungen
Sonstiges	Feiertagsgesetz, Reichsversicherungsordnung				Höchstrichterliche Urteile (z. B. zu Kirchenglocken)

* Quelle: Eigene Zusammenstellung des Deutschen Instituts für Urbanistik.

Quelle: HENCKEL ET AL. (1989) S. 152

Rechtliche Zeitordnungen betreffen in Deutschland zahlreiche Bereiche des Lebens. Sie sind in erster Linie dazu da, um Ruhe- und Erholungszeiten von Arbeitnehmern und Bewohnern zu sichern. In einer Zusammenstellung von HENCKEL ET AL. (1989) wird deutlich, welche Bereiche mit welchen Maßnahmen in ihrer zeitlichen Nutzung geschützt werden (Abb. 2.10). Eine weitere Funktion dieser Regelungen ist die Aufrechterhaltung einer zeitlichen Rhythmik, die jedoch in der jüngeren Zeit immer stärker in Frage gestellt wird. Vor allem ökonomische Interessen stehen hinter dem Druck auf eine Verlängerung der Ladenöffnungszeiten oder auf die Erlaubnis zur Sonntagsarbeit. Die zunehmende Linearisierung von Zeit in Kombination mit der Flexibilisierung habe – nach HENCKEL ET AL. (1989) – zur Folge, dass die „Zeitfenster", d.h. die Überschneidungen von gemeinsamen Zeiten immer kleiner würden und damit die gemeinsame Zeitgestaltung immer problematischer werde. Im Unterkapitel „Soziologische Analysen zur Arbeitszeit" (Kap. 2.3.4.4) und „Bewältigung von Zeitstress" (Kap. 2.3.6) wird darauf näher eingegangen.

2.3.4.2 Temporale Muster von Zeit

Versucht man, über die Analyse von einzelnen Aktivitäten hinaus zu gehen, und die Aktivitätsstruktur einer Gesellschaft abzubilden, dann können „temporale Muster, definiert als die Verteilung von Spannen und Orten in einem Intervall der Makrozeit (Woche, Monat, Jahr) für bestimmte Tätigkeiten ... einen ergänzenden, den ‚anatomischen' Aspekt von Tätigkeitssystemen dar(stellen)" (LÜDTKE 1999, S. 1). Temporale Muster sind demnach „das Ordnungsgerüst der Zeitverwendung zwischen Zwang und Freiheit als multifaktoriell erzeugtes, zunächst unauflösbar scheinendes Ergebnis von Organisationsregeln, ökonomischen Zwängen, individuellen Präferenzen und kulturell geprägten Gewohnheiten" (DERS. 1999, S. 1). Kürzer formuliert sind sie „Schemata der Ordnung des Alltagsflusses" (DERS. 1999, S. 1). Sie setzen auf der Mikroebene des Handelns an und reichen in die Mesoebene hinein.

Temporale Muster werden zum einen von Organisationen vorgegeben, die vermehrt als Zeitgeber auftreten, und zum anderen durch die Flexibilisierung und damit die „Privatisierung von Zeitverwendungsmustern" zunehmend von Personen bestimmt. Die Abstimmung und Koordination und die Suche nach „kollektiv verträglichen Zeitmustern" stellt eine immer schwierigere Aufgabe dar (nach LÜDTKE 1999). Die von vielen ersehnte „Zeitsouveränität", die sich durch flexible Arbeitszeiten ergeben kann, schwindet dann wieder dahin, wenn es darum geht, sich mit all den anderen ebenfalls „flexiblen" Individuen zu koordinieren – eine Erfahrung, die jede/-r sicher schon an sich selbst und seinem/ihrem Umfeld beobachten konnte. Die Untersuchung der Genese temporaler Muster bietet nach LÜDTKE die Möglichkeit, mehr über die Alltagsordnung der Menschen und die Habitualisierung zu erfahren, die Mischung aus Umweltsteuerung und Präferenzen und die Handlungs- und Interaktionsspielräume zu untersuchen, Koordinierungsprobleme und Zeitfallen und die Quellen von Zeitstress zu analysieren uvm..

"Temporale Muster vermitteln in ihrem Gesamtzustand ein Querschnittsbild der Zeitordnung und Zeitkultur einer Bevölkerung" (DERS. 1999, S. 11). Inwieweit diese temporalen Muster durch regionale Strukturen auf der Makroebene mitbestimmt (oder vielleicht erst entstanden) sind, ist eine der Fragestellungen der Arbeit.

2.3.4.3 Ungleichheit in der Verfügbarkeit von Zeit

Eine spezielle Art der "Ungleichheitsforschung" ist die Ungleichheit hinsichtlich der Verfügbarkeit der knappen Ressource Zeit. Ungleichheiten in der Zeitausstattung, im "unterschiedlichen Zugriff auf Umfang und Qualität der scheinbar neutral und an alle gleich verteilten Ressource Zeit" (MÜLLER-WICHMANN 1984, S. 186) wurden unter unterschiedlichen Aspekten bearbeitet. MÜLLER-WICHMANN fasste dazu prägnant zusammen: "Zeitordnungen sind nachweislich Attribute von Sozialordnungen, und Dispositionsmacht über Zeit ist zugleich Voraussetzung, Medium wie Befestigung der durch Sozialstatus, Bildung, Einkommen etc. vermittelten sozialen Unterschiede" (DIES. 1984, S. 186). Auch SCHÄUBLE (1985) kam zu dem Schluss, dass "Die Verfügung über Zeit ... eine, in ihrer Bedeutung noch steigende Dimension sozialer Ungleichheit (bleibt)" (DERS. 1985, S. 126).

Zahlreiche Arbeiten beschäftigten sich mit verschiedenen Formen der Arbeitszeit und deren Veränderungen (stellvertretend seien hier zu nennen: RINDERSPACHER 1985, 1990; MÜLLER-WICHMANN 1984; GARHAMMER 1996; WOTSCHACK 1997). Auf die Untersuchungen zur Arbeitszeit wird in Kap. 2.3.4.4 eingegangen. Auch die Freizeitforschung beschäftigte sich sowohl mit der Verwendung der freien Zeit, aber auch mit der Verteilung der freien Zeit, vor allem zwischen den einzelnen Mitgliedern eines Haushalts. Daran schlossen sich zahlreiche Beiträge zur ungleichen Verteilung von freier Zeit zwischen Männern und Frauen an (stellvertretend seien hier genannt: MÜLLER-WICHMANN 1984; HAUGG 1990; MITTERAUER 1992; LÜDTKE 1995b; BLANKE/ EHLING/ SCHWARZ 1996a; BECKER 1996; BLÄTTEL-MINK/ KRAMER/ MISCHAU 1998, für die ehemalige DDR: HOLST/ PRILLER 1991). Auch in der Frauenforschung wurde dieser Aspekt ausführlich behandelt, vor allem nachdem sich die Ungleichheit im Zugang zu Erwerbsarbeit verringert hatte und gleichzeitig immer deutlicher wurde, dass diese Entwicklung u.a. auf Kosten der freien Zeit ging. In Kap. 2.3.4.3.1 zur geschlechtsspezifischen Ungleichheit in der Verfügbarkeit von Zeit und Kap. 2.3.4.5 zur Lebensstilforschung und Freizeit wird darauf näher eingegangen.

Inwieweit der Klassenbegriff dazu geeignet ist, die Ungleichheit im Zugang zur knappen Ressource Zeit zu fassen, untersuchte WOTSCHACK in der Arbeit "Zeit und Klasse – Soziale Ungleichheit im Licht moderner Zeitstrukturen" (1997). Er kam zu dem Schluss, dass "das Zeitarrangement dieser Gesellschaft ... vom Klassenverhältnis und Patriarchat gekennzeichnet (ist). Es schlägt sich in vielfältigen klassen- und geschlechtsspezifischen Strukturmustern und Benachteiligungen nieder, welche gleichzeitig einen ständigen Konfliktherd für Auseinandersetzungen und Kämpfe um Zeit bilden" (WOTSCHACK 1997, S. 151). Für ihn entschied das „primäre Machtgefälle" zwischen Lohnarbeit und Kapital, über das sich vor allem der Faktor Arbeitszeit, dessen Lage und Länge und die darin befindliche Zeitautonomie regele, immer noch wesentlich über die Möglichkeiten der Zeiteinteilung. Dieses Klassenverhältnis – wie WOTSCHACK es nannte – werde überlagert durch das Geschlechterverhältnis, das durch die überwiegende Verantwortlichkeit von Frauen für den Bereich der Reproduktion bei gleichzeitiger Eingebundenheit in den Arbeitsmarkt zu einer Benachteiligung der Frauen in ihrer Zeitverfügbarkeit führe. Seine Kritik an der Zeitbudgetforschung richtete sich vor allem gegen Analysen, in denen Zeitbudgets ohne eine Differenzierung nach horizontalen oder vertikalen Ungleichheitsfaktoren untersucht werden. Obwohl das Klassenverhältnis in der vorliegenden Arbeit nicht im Mittelpunkt des Interesses stehen wird, werden die Zeitbudgets auch nach den o.g. Ungleichheitsfaktoren unterschieden werden.

Eine der bekanntesten Theorien im Zusammenhang mit der ungleichen Verteilung der Zeit ist das Zeitallokationsmodell von BECKER (1996a). Die zentrale Aussage dieser ökonomischen Theorie ist, dass Zeit „als *knappe und nützliche Ressource* behandelt (wird), deren Schattenpreis allgemein aus den *Opportunitätskosten* alternativer Verwendungen besteht" (DIES. 1995, S. 132). Dabei wird allerdings von einem frei entscheidenden Individuum und einem homo oeconomicus ausgegangen, der Zeit nicht nach ihrem intrinsischen, sondern nur ihrem vergleichbaren Wert im Sinne der entlohnten Erwerbsarbeit misst. Sehr häufig wird diese Theorie bei der Untersuchung der geschlechtsspezifischen Unterschiede in der Gestaltung von Familien- und Erwerbsarbeit eingesetzt. In der jüngsten Zeit wird allerdings immer häufiger auch Kritik an dieser neoklassischen Theorie laut, und es wird zunehmend das Augenmerk auf den Eigenwert von Zeit, den Diskurswert von Zeit, d.h. auf eine Erweiterung der Sicht über die ökonomische Effizienz hinaus (KIRSCH 1995) gerichtet.

In einer Arbeit von DAVIDOV, SCHMIDT und BAMBERG (2002) wurde BECKERS Zeitallokationstheorie hinsichtlich ihrer Anwendbarkeit auf die Verkehrsmittelwahl mit Hilfe von Daten des bundesdeutschen Mikrozensus geprüft und festgestellt, dass der sozioökonomische Status der Personen größeren Einfluss auf ihrer im Alltag gewählten Verkehrsmittel besaß als ihre Einkommen. Allerdings blieb auch hier ein relativ großer Bereich der Schwankungen ungeklärt, so dass die Frage nach weiteren Einflussfaktoren auf die Verkehrsmittelwahl offen blieb.

2.3.4.3.1 Geschlechtsspezifische Ungleichheit in der Verfügbarkeit von Zeit

Die Ungleichheit zwischen den Geschlechtern, was die Art des Zeitmanagements, den Grad der Selbstbestimmung hinsichtlich der Nutzung der Zeit und vor allem den Umfang der freien Zeit angeht, ist ein zentrales Thema zahlreicher Untersuchungen der Zeitsoziologie. Aufgrund der geschlechtsspezifischen Rollenzuschreibungen der Gesellschaft unterscheiden sich die Aufgabenbereiche im Alltag zwischen Männern und Frauen und damit auch dessen zeitliche Gestaltung. Die „doppelte Vergesellschaftung" nach KNAPP (1990), d.h. die gleichzeitige Verant-

2.3 Das Soziale und die Zeit – die Perspektive der Soziologie

wortlichkeit für den Bereich der Reproduktion und die Einbindung in den (bezahlten) Arbeitsmarkt, führt zu der bekannten „Doppelbelastung" von Frauen und geht meist auf Kosten der für sie frei verfügbaren Zeit. Dass diese ökonomische Umstrukturierung und die damit verbundene Doppelbelastung Folgen haben kann, die sich auf Gesundheit und Wohlbefinden von Müttern und Kindern (vor allem in den Ländern der Dritten Welt) auswirken, wurde bereits in zahlreichen Studien nachgewiesen (vgl. FLORO 1995).

In den Arbeiten von LÜDTKE (1995b) konnte festgestellt werden, dass sich zwar der Zeitaufwand von Frauen für Hausarbeit seit Mitte der 1960er Jahre deutlich verringert hat, jedoch für Frauen nicht zugunsten der freien Zeit. Für voll erwerbstätige Frauen ohne kleine Kinder hat sich der Umfang ihrer freien Zeit nahezu dem Umfang der freien Zeit von berufstätigen Männern angenähert. Dies konnte auch in der Studie von BLÄTTEL-MINK, KRAMER und MISCHAU (1998) über Frauen in zwei Landkreisen Baden-Württembergs bestätigt werden. Umgekehrt gilt: „Je weniger die befragten Frauen einer bezahlten Erwerbsarbeit unter der Woche nachgehen, umso mehr reicht ihre Arbeitszeit in das Wochenende hinein" (BLÄTTEL-MINK/ KRAMER/ MISCHAU 1998, S. 153). Die Normalitätsvorgaben für die weibliche Biographie sind – betrachtet man speziell den Umfang und die Verfügbarkeit der freien Zeit – trotz einer Pluralisierung der Lebensformen nahezu ungebrochen.

Die spezifischen Zeit-Probleme und Zeit-Chancen von Frauen ergeben sich in erster Linie durch die Alltagswelten, die sich aufgrund ihrer Rollen von denen der Männer unterscheiden. ROMEIß-STRACKE und PÜRSCHEL machten bereits 1988 in ihrem Beitrag „Frauen und Zeitpolitik" zahlreiche Elemente der von ihnen so genannten „Zeitklammer", bestehend aus externen Zeitzwängen (Öffnungszeiten, eigene Arbeitszeit, Arbeitszeit des Partners usw.) und Rollenanforderungen, aus, die dann die „Zeit für sich" „in die Klemme nehmen" (ROMEIß-STRACKE / PÜRSCHEL 1988, S. 9). Die Zeitprobleme der Frauen insgesamt unterscheiden sich im Wesentlichen dadurch, ob eine Frau berufstätig ist oder nicht. Die Zeitprobleme der Hausfrauen betreffen dagegen z.B. die nicht selten notwendige Gleichzeitigkeit von Tätigkeiten und die Eintönigkeit und Repetition von „Kernbereichen" der Hausarbeit, wie z.B. Waschen, Putzen usw.. Das Kürzel „Sysiphos ohne Pathos" (BARKOWSY/ LEY 1984, zit. nach ROMEIß-STRACKE/ PÜRSCHEL 1988) bezeichnet diesen eher qualitativen Bereich der Zeitprobleme. Zu den Kernaufgaben der Hausarbeit kommen dann noch Tätigkeiten wie Symbolproduktion und Schaffen emotionaler Qualität (das „Heim" schaffen) oder auch Konsumarbeit und die „immer andauernde Verfügbarkeit" als Mutter. Ebenso sind meist Frauen die Hauptverantwortlichen für die Organisation der Familienfreizeit, so dass die eigene Freizeit – unabhängig von der Familie – darin weiter beschnitten wird. Berufstätige Frauen sehen sich den nahezu unveränderten Anforderungen durch Hausarbeit und den zusätzlichen Anforderungen durch die Erwerbsarbeit ausgesetzt. Ihnen verbleiben auf dem Arbeitsmarkt in erster Linie die Teilzeitberufe, die sich zudem in räumlicher Nähe der Wohnung befinden müssen, damit die Kinderbetreuung gewährleistet bleibt. Dem stehen – im Sinne der „authority constraints" HÄGERSTRANDS – die Öffnungszeiten von Kindergärten,

-horten und -krippen gegenüber, die häufig nur schwer mit den Arbeitszeiten der Mütter vereinbar sind. Hinzu kommt, dass ein Alltag, der innerhalb dieser Mehrfachverantwortlichkeiten organisiert werden muss, ein äußerst fragiles Konstrukt ist. Wird ein Kind krank, bricht meist die komplette Organisation dieses Alltags in sich zusammen. Auch fehlt in dieser Form der Alltagsorganisation häufig das, was in der Literatur „Zeitschleuse" oder „Zeithof" genannt wird, d.h. Zeiträume für den Übergang zwischen festgelegten Aktivitäten[32].

MITTERAUER (1992) wies auf ein Abgrenzungsproblem von Freizeit hin, denn die gleiche Tätigkeit kann – besonders Haushaltsaufgaben – sowohl zur Arbeit als auch zur Freizeit gerechnet werden. „Im Familienbereich kann die gleiche Tätigkeit belastende Verpflichtung oder Entspannung als Freizeitbeschäftigung sein. Entscheidend ist die Perspektive der agierenden Person. ... Zur Freizeitbeschäftigung wird die Aktivität im Familienbereich bloß, wenn sie ihren täglich verpflichtenden Charakter verliert" (MITTERAUER 1992, S. 336).

Außerdem gilt zu berücksichtigen, dass Männer und Frauen offensichtlich Zeitdruck oder Tempo in ihrer Qualität unterschiedlich wahrnehmen. So wurde festgestellt, dass Männer deutlich häufiger ein hohes Lebenstempo als etwas Positives beschreiben, während Frauen hohes Tempo eher als belastend ansehen (SHAW 1998, S. 69; HEWENER 2004, S. 28f).

Die Vorschläge, die als „zeitpolitische Maßnahmen" häufig genannt werden, beziehen sich zum einen auf eine verbesserte Chancengleichheit in der Verteilung der Ressource Zeit und zum anderen auf einen Abbau der rollenspezifischen Zuschreibungen, die für eine ungleiche Zuteilung mitverantwortlich sind. Die kurzfristigen Maßnahmen für Frauen sind daher auf eine Erleichterung der Vereinbarkeit von Beruf und Familie angelegt: mehr Teilzeitarbeitsplätze in Wohnortnähe, Flexibilisierung von Arbeitszeiten, verlängerte Öffnungszeiten der Kinderbetreuungseinrichtungen und der Geschäfte. Die langfristigen Maßnahmen müssen dahingehend wirken, dass auch mehr Männer bereit sind, einen Anteil an der Reproduktionsarbeit zu übernehmen und damit die o.g. kurzfristigen Maßnahmen zunehmend auch von Männern in Anspruch genommen werden. Genau genommen ist das „Zeitproblem der Frauen" ein „Zeitproblem der Familienperson", die jedoch aufgrund der Geschlechtsrollenstereotype fast immer weiblich ist. Wie METZ-GÖCKEL 1986 formulierte: „Die stabilste Bastion gegen die Gleichstellung der Frau ist, die Frauenfrage zur Kinderfrage zu machen" (METZ-GÖCKEL 1986, S. 28, zit. nach ROMEIß-STRACKE, PÜRSCHEL 1988, S. 23).

Ausgehend von der Idee einer kommunalen Zeitpolitik analysierte KÜSTER (1999) die Daten der bundesdeutschen Zeitbudget-Studie und betrachtete dabei besonders den Zeitaufwand, den Frauen für Mobilität aufwenden müssen. Sie unterschied dabei drei Kategorien der Verfügbarkeit von Zeit: 1) frei verfügbar, 2) an Personen gebunden und 3) an Institutionen gebunden. Frauen müssen aufgrund ihrer familiären Verpflichtungen deutlich mehr personen-(d.h. meist kinder-)-gebundene Zeit einsetzen. Sie sind dadurch an den Schnittstellen der Institutionen,

---

32 In den qualitativen Interviews zur Wahrnehmung von Mobilitätszeit wird dieser Aspekt der „Zeitschleuse", die Fahrtzeiten darstellen können, weiter vertieft (Kap. 4.3.2).

wie z.B. den Öffnungszeiten von Kindergärten, weitaus stärker gezwungen, ihre Zeit mit der der Institutionen zu synchronisieren (KÜSTER 1999, S. 186f). Kategorisiert man weiterhin Mobilität der Privathaushalte danach, von wem sie veranlasst wird, dann kann man selbst- und fremdveranlasste eigene Mobilität und selbstveranlasste fremde Mobilität unterscheiden. Nach den o.g. Vorbedingungen zur Zeitverfügbarkeit ist für die Mobilität von Frauen anzunehmen, dass sie mehr als Männer fremdveranlasst mobil sein müssen (DIES. 1999, S. 186). Für die Codierung der Zeitbudgetdaten wurden zudem die drei Kategorien der Öffentlichen Zeit, Familialen Zeit und der Persönlichen Zeit (Erläuterungen siehe Kap. 3.1.1) eingeführt. Grundsätzlich zeigte sich, dass Männer mehr Zeit außer Haus verbrachten als Frauen und auch im Durchschnitt sowohl an Werktagen als auch am Wochenende etwas mehr Zeit unterwegs waren. Frauen benutzten dabei deutlich seltener den PKW und waren häufiger zu Fuß und mit dem ÖPNV unterwegs als die Männer. Die Wegezeiten für Erwerbstätigkeit waren bei Vollzeit erwerbstätigen Männern und Frauen gleich lang, für Teilzeit erwerbstätige Frauen reduzierte sich die Wegezeit, da diese Frauen wesentlich häufiger im nahen Umfeld beschäftigt waren (sein mussten). KÜSTER konnte aufzeigen, dass bei erwerbstätigen Frauen mit zwei Kindern, wobei eines unter sechs Jahren alt war, Fahrdienste ein Viertel ihrer Mobilität ausmachten. Bei einer Gegenüberstellung von Stadt- und Landgemeinden mussten Frauen in der Stadt ein Viertel mehr Zeit für Wege- und Fahrzeiten aufwenden als auf dem Land (DIES. 1999, S. 198). Dies könnte damit zusammenhängen, dass auf dem Land die Anzahl der Wege, die zurück gelegt wurden, deutlich geringer war. Eine These, die in der nachfolgenden eigenen Analyse der Zeitbudgetdaten – vor allem jedoch auch der der eigenen Befragungen – ebenfalls überprüft wird, ist die, dass Frauen mit Familie zum einen ihre Erwerbsarbeit reduzieren, zum anderen aber auch die Wahl ihrer Arbeitsstätte in weitaus höherem Maße von der „raum-zeitlichen Vereinbarkeit" abhängig machen als dies Männer tun (DIES. 1999, S. 200).

Bei der Erarbeitung von Vorschlägen zur Zeitpolitik verwies KÜSTER auf die bereits in 2.2.3.3 erwähnte Initiative von italienischen Städten, in denen man sich seit einigen Jahren bereits mit der Erarbeitung von kommunalen Zeitplänen und Zeitordnungen für Städte in eigenen „Zeitbüros" oder „Zeitämtern" beschäftigt hat. Die Versuche, mit kommunaler Zeitpolitik dem Zeitstress von Frauen zu begegnen, scheinen in Italien (und in einzelnen Projekten in Deutschland, z.B. in Hamburg und Bremen, vgl. Kap. 2.2.3.3) bereits Früchte zu tragen.

2.3.4.4 Soziologische Analysen zur Arbeitszeit

„Bedenke, daß die Zeit Geld ist: wer täglich zehn Schillinge durch seine Arbeit erwerben könnte und den halben Tag spazieren geht, oder auf seinem Zimmer faulenzt, der darf, auch wenn er nur sechs Pence für sein Vergnügen ausgibt, nicht dies allein berechnen, er hat nebendem noch fünf Schillinge ausgegeben oder vielmehr weggeworfen" (FRANKLIN 1784: „Advice to a Young Tradesman, Written by an Old One", zit. nach HELD/ NUTZINGER 1998, S. 35).

„Zeit ist ein Arbeitsmesser, wie Geld der Warenmesser ist" – oft verkürzt auf die Formel „Zeit ist Geld" (nach FRANKLIN)

Mit dem Beginn der Arbeitsteilung und der daraus folgenden industriellen Massenproduktion wurde Ende des 18. Jahrhunderts der Grundstock für eine effektivere und damit zeit- und kostenökonomische Gestaltung der Arbeit gelegt (SMITH 1776, Aufl. 1978). ADAM SMITH formulierte diese Prinzipen bereits 1776, indem er die Arbeitsteilung als Motor der ökonomischen Dynamik ansah. Bereits in seinen Ausführungen zur Steigerung der Arbeitsproduktivität nahm der Faktor „Zeit" eine entscheidende Bedeutung ein. Er hielt die Ersparnis von Zeit durch Arbeitsteilung für einen der drei zentralen Faktoren für die Steigerung der Arbeitsproduktivität.

„Die Ersparnis an Zeit, die sonst beim Wechsel von einer Tätigkeit zur einer anderen verloren geht ist viel größer, als wir auf den ersten Blick annehmen mögen" (SMITH 1776, Aufl. 1978, S. 12).

Von MARX (1848) wurde in „Das Kapital" im Kapitel „Der Arbeitstag" der Normalarbeitstag als Resultat von Kämpfen verschiedener Interessen betrachtet (nach WOTSCHACK 1997). Dem Verwertungsinteresse des Kapitals stehe das Reproduktionsinteresse der Arbeitskraft gegenüber. MARX nahm weiterhin die Unterscheidung zwischen notwendiger Arbeitszeit (zur Reproduktion des vorgeschossenen Kapitals), Surplusarbeitszeit (zur Schaffung von Mehrwert) und Nicht-Arbeitszeit vor. Der Reichtum einer Gesellschaft zeige sich nach MARX in der „disponiblen Zeit", die jedoch das Kapital zur Surplusarbeitszeit machen wolle. Das Kapital besitze die Tendenz, sich z.B. über die Ausweitung des Arbeitstages (absolute Mehrwertproduktion) einen Teil der disponiblen Zeit anzueignen und ihn in unbezahlte Mehrarbeitszeit zu verwandeln (nach WOTSCHACK 1997). Ebenso kann neben der Dauer auch die Dichte der Arbeitszeit (Arbeitsintensivierung) Gegenstand der kapitalistischen Verwertungslogik werden. Ein Zitat von MARX zum Verhältnis von aktiver und disponibler Arbeitskraft erscheint im Zusammenhang mit den aktuellen Problemen auf dem Arbeitsmarkt erstaunlich aktuell.

„Die Überarbeit des beschäftigten Teils der Arbeiterklasse schwellt die Reihen ihrer Reserve, während umgekehrt der vermehrte Druck, den die letztere durch ihre Konkurrenz auf die erstere ausübt, diese zur Überarbeit und Unterwerfung unter die Diktate des Kapitals zwingt. Die Verdammung eines Teils der Arbeiterklasse zu erzwungenem Müßiggang durch Überarbeit des anderen Teils und umgekehrt, wird Bereicherungsmittel des einzelnen Kapitalisten" (MARX 1962, S. 665; zit. nach WOTSCHACK 1997, S. 36).

Beginnend mit dem Arbeitskampf der Metallarbeiter für die 35-Stunden-Woche im Jahr 1984 hatte die Erosion der 40-Stunden-Woche und damit auch die Erosion einer fest umrissenen Arbeitswoche eingesetzt. Abweichungen von der ehemaligen „Normalarbeitszeit" unter dem Stichwort der „Flexibilisierung" sind zunehmend verbreitet, wobei sich ein Trend zu „en-bloc-Freizeit" durchzusetzen scheint. Welchen Bevölkerungsgruppen die so genannte „Zeitsouveränität" eine Wiederaneignung der eigenen Zeit ermöglicht und für welche die Folgen einer 24-Stunden-Gesellschaft – zum Beispiel im Dienstleistungsbereich und dessen Öffnungszeiten – das Ende einer „gemeinsamen" Zeit bedeutet (RINDERSPACHER

2.3 Das Soziale und die Zeit – die Perspektive der Soziologie

1990), wird zu diskutieren sein. GEIßLER (1998) verglich diese Entwicklung mit dem Prozess, in dem „der Raum durch das Prinzip des ‚Überall' lückenlos besetzt (werde)" und in dem „die Zeit durch die Pausenlosigkeit des ‚Immer'(besetzt werde)" (DERS. 1998, S. 13)[33].

WEBER sah in der protestantischen Arbeitsethik – und ihrem rational-sparsamen Umgang mit der Zeit – eine der Wurzeln des Kapitalismus. Der Übergang von der „lebensorientierten Arbeitszeit zur arbeitsorientierten Lebenszeit" (GEIßLER 1998, S. 9) oder „vom heiligen Geist zum eiligen Geist" (DERS. 1998, S. 9) kennzeichnet den Übergang von der Vormoderne zur Moderne. Mit dem Kapitalismus und dem fest eingegrenzten Arbeitstag sowie dem Diktat der Stechuhr setzte der Vorgang ein, der als „Ökonomisierung der Zeit" bezeichnet wird. Doch nicht nur die wirtschaftliche Ausbeutung der Zeit, sondern auch der „Verwendungsimperativ" von Zeit (RINDERSPACHER 1985, S. 55), der Anspruch, Zeit müsse immer sinnvoll und zweckorientiert eingesetzt werden, liegt – nach GEIßLER (1998) – in dieser protestantischen Ethik begründet. Inwieweit der in der jüngsten Zeit immer mehr verbreitete Begriff des „Zeitwohlstands" als Konzept für einen „anderen Wohlstand einer Nation" gelten kann, wurde in einem Sammelband von RINDERSPACHER (2002) untersucht, indem der populäre Begriff auf seine Verwendung im ökonomischen, sozialen und wohlfahrtstheoretischen Sinne geprüft wurde sowie seine methodischen Probleme und seine Operationalisierung diskutiert wurden.

In seiner umfassenden Arbeit „Gesellschaft ohne Zeit" stellte RINDERSPACHER (1985) zusammen, wie sich die individuelle Zeitverwendung und die soziale Organisation der Arbeit entwickelt haben. Er untersuchte u.a. den Widerspruch zwischen der Behauptung, dass der Umfang der freien Zeit zugenommen habe und gleichzeitig das subjektive Gefühl der Zeitnot zunehme. Er unterschied „konkrete Zeit" als Zeitorientierung, d.h. als „Orientierungssystem für menschliches Handeln" von der „abstrakten Zeit" als Form der Zeitökonomie, d.h. „Zeit erhält eine zusätzliche Dimension als ökonomische Zeit, den Verwendungsimperativ" (RINDERSPACHER 1985, S. 55). Als Dimensionen der Zeitökonomie unterschied er zeitliche Verdichtung (Rationalisierung), zeitliche Ausdehnung (von Betriebszeiten) sowie zeitliche Abstimmung und zeitliche Vertiefung (parallele Verrichtung von Tätigkeiten) (RINDERSPACHER 1988, S. 41ff).

Er untersuchte die zeitliche Organisation des industriellen Produktionsprozesses und nachfolgend, inwieweit Zeitordnung, Zeitnormen und Arbeitszeit als Belastungsfaktor wirken. Als besonders schwierig erschien die Koexistenz verschiedener Zeitstrukturen von Einzelnen, wie z.B. Zeitnot von Personen mit Doppelbelastung im Gegensatz zum Zeitüberfluss von Arbeitslosen[34] oder Personen im Ruhestand. Diese disparate Zukunft der Zeitverwendung als Indikator für soziale Probleme gehe gleichzeitig mit einer zeitlichen Dimension einer jeden so-

---

33 Ein anderer Buchtitel von GEIßLER dazu lautet: „Alles. Gleichzeitig. Und zwar sofort" (2004a).
34 Dieser Aspekt wurde bereits 1933 in der berühmten Arbeit von JAHODA, LAZARSFELD UND ZEISEL über die Arbeitslosen von Marienthal thematisiert (Österreichische Wirtschaftspsychologische Forschungsstelle (Hrsg.) (1933)).

zialen Problematik einher. Die in nahezu allen Bereichen der Gesellschaft voranschreitende Beschleunigung, HENCKEL (1997) nannte sie „Geschwindigkeitsaufrüstung" (S. 259), habe fast alle Bereiche des Lebens erfasst. Beispielhaft seien dabei die Bereiche des Bildungswesens oder die Reduzierung der Halbwertszeit des Wissens zu nennen.

In diesem Zusammenhang erhält FRANKLINS berühmter Satz „Zeit ist Geld" auf ein neue Art Bedeutung: Zeit ist nicht nur Geld in dem Sinne, dass sie sparsam und effektiv einzusetzen ist, sondern sie ist als Wissensvorsprung ebenfalls ein wichtiger Wirtschaftsfaktor (vgl. MEUSBURGER 1998, S. 56f). Sei es in der Wirtschaft oder in der Wissenschaft, der zeitliche Vorsprung eines Produktes oder einer Publikation ist meist maßgeblich für deren Erfolg oder Misserfolg entscheidend. Auch moderne Kommunikationsformen ändern an diesem Sachverhalt nichts, außer dass die Zeitspannen immer kürzer werden, in denen Produkte veralten und der Wissensvorsprung an Bedeutung verlieren kann. Es entstehen somit durch moderne Informationstechnologien weder ubiquitäre noch synchrone Wissensstände (und damit auch keine Loslösung von Raum und Zeit), sondern nur noch schnellere und kurzlebigere Wissensvorsprünge. Der Wettbewerbsfaktor (zeitlicher) Wissensvorsprung wird somit auch in Zukunft nicht an Bedeutung verlieren, sondern unterliegt nur einer immer kürzer werdenden Verfallszeit. Dass dieses kostbare (Insider-)Wissen nicht überall verfügbar ist, zählt zu den zentralen Erkenntnissen, die bildungsgeographische Arbeiten auch für die Wirtschaftswissenschaften interessant machen (vgl. MEUSBURGER 1998, S. 20ff).

Koexistenz von Zeitstrukturen tritt auch durch unterschiedliche Aufgaben auf, indem Erwerbstätigkeit einen ökonomischen Umgang mit Zeit erfordert, wogegen Kinderbetreuung „vorindustrielle" Zeitmuster verlangt. RINDERSPACHER stellte fest, dass „die wirtschaftliche Nutzung der Zeit sich im Verlauf der Geschichte in der Mehrzahl der gesellschaftlichen Subsysteme als ein Handlungsimperativ festsetzt, der nicht weiter hinterfragbar ist." (RINDERSPACHER 1985, S. 289). Aus dem Zusammenhang von Zeit und Belastung entwickelte er fünf Dimensionen zeitlicher Belastung:

1. „die infinitesimale Verwendungslogik oder der Verwendungsimperativ der Zeit (d.h. dass auf jede gewonnene Zeiteinheit infinit der Imperativ der Zeitersparnis angewandt wird),
2. der Widerspruch zwischen bzw. das Gleichgewicht von biologisch-sozialer Rhythmizität des Subjekts und der uhrzeitlich bestimmten Linearität der sozialen Umwelt,
3. die zeitliche Normierung von Tätigkeiten, Verhaltensweisen und Bedürfnissen,
4. die Verschnellerung von Handlungen und Prozessen,
5. der Wechsel der Zeitstrukturreferenz und das Problem der Adäquanz zeitlicher Bearbeitungsmodi" (DERS. 1985, S. 289).

Diese Belastungen können, müssen aber nicht in jedem Falle eintreten. Sie sind weiter abhängig davon, wie hoch der Grad der „Kontrolliertheit" (im Sinne von Gestaltungsmöglichkeiten) ist, wie die Regenerationsbedingungen gestaltet sind, wie hoch die Identifikation mit der Aufgabe ist oder welche zeitlichen Vorgaben existieren. Ein Kontrollentzug findet vor allem durch den „Zwang zur Einhaltung zeitlicher Normierungen in der Erwerbsarbeit" (Arbeitstempo, Arbeitszeiten) und den „Zwang zur Übernahme bestimmter Formen des Zeitverbrauchs" (räumliche Mobilität und Verkehrswesen, Einkaufsgewohnheiten, Öffnungszeiten, usw.) statt (DERS. 1985, S. 291). Insbesondere der Bereich der räumlichen Mobilität und die damit verbundenen Zwänge oder „constraints" werden in der vorliegenden Arbeit berücksichtigt.

Wesentlichen Anteil an der Belastung hat – nach RINDERSPACHER – auch die mit der Industrialisierung einher gehende neuartige Motivationsstruktur des Leistungsethos. Seine Empfehlung lautete, „dass die Dominanz des zeitökonomischen Rationalitätsprinzips durch eine Ökologie der Zeit zu ersetzen bzw. zu ergänzen wäre" (DERS. 1985, S. 295). Dies geschieht nicht durch eine Vergrößerung des Zeitguthabens, sondern über eine „Vergrößerung der Aktionsspielräume. Das Richtige im richtigen Moment tun zu können – darin besteht der Zeitwohlstand in einem System der Ökologie der Zeit." (DERS. 1985, S. 297). Dabei ist vor allem eine erhöhte Selbstkontrolle über die Zeit anzustreben. Der Aufruf von GEIßLER „Schützt die Chronotope!" betrifft diese Ebene (GEIßLER 1994, S. 36, zit. nach HENCKEL, 1997, S. 260). Auf Zeitstress und dessen Bewältigung wird in Kap. 2.3.6 eingegangen.

Der moderne „flexible" Umgang mit der Arbeitszeit betrifft bisher weniger den Jahresrhythmus, auch in geringerem Maße nur den tageszeitlichen Rhythmus, da diesem immer noch „naturbedingte" Schlaf- und Wachphasen gegenüberstehen, sondern er wirkt sich vor allem im Wochenrhythmus aus. Die Einteilung der Woche in sieben Tage, von denen für die Mehrheit der Bevölkerung zwei Tage frei sind, ist eine Einteilung, die religiös-kulturellen Ursprungs ist, und der keine „natürliche" Grenze gesetzt ist. Die Funktionen, die das Wochenende besitzt, basieren auf der Kollektivität der freien Zeit und lassen sich nach RINDERSPACHER (1990) in eine Schutzfunktion, eine Entlastungsfunktion, eine Animationsfunktion, eine Koordinationsfunktion und eine Integrationsfunktion unterscheiden. Allerdings könnte in Anbetracht der Verkehrsinfarkte auf den Autobahnen an Wochenenden und besonders an langen Wochenenden eine Auflösung oder Entzerrung dieser Rhythmen durchaus als wünschenswert erscheinen.

In GARHAMMERS Arbeit „Balanceakt Zeit – Auswirkungen flexibler Arbeitszeiten auf Alltag, Freizeit und Familie" (1994) wurde deutlich, dass zwar diese Standards, z.B. die Wochenendfreizeit, in Auflösung seien und zahlreiche Varianten der Freizeitgestaltung entstünden, jedoch diese nicht unbedingt eine Zeitautonomie des Einzelnen zur Folge hätten. So würden zwar neue Optionen möglich, gleichzeitig sei jedoch die Sozialzeit in Gefahr. Vergleicht man die Bewertung verschiedener Arbeitszeitmodelle durch die Betroffenen, so wird deutlich, dass Teleheimarbeitskräfte ihr Zeitmanagement am besten bewerten, gefolgt von denjenigen in der Normalarbeitszeit, und ganz am Ende rangiert die Bewertung der Schicht- und Wochenendarbeitenden. Eine Flexibilisierung, die soweit geht, dass die Arbeit rund-um-die-Uhr und rund-um-die-Woche verteilt werde, sei nach GARHAMMER aufgrund der Verluste an „wertvoller Lebens- und Sozialzeit" nicht anzustreben (GARHAMMER 1994, S. 249). HENCKEL ET AL.

(1989) warnten in diesem Zusammenhang ebenfalls vor einer „zeitlichen Zersiedlung" analog zur räumlichen Zersiedlung.

In einem Vergleich zwischen verschiedenen Ländern in Europa machte GARHAMMER (1999) verschiedene Trends aus, die allesamt eine „Deregulierung der sozialen Zeit" zur Folge haben. Dazu zählt die Tatsache, dass eine Schere zwischen Personen aufgeht, die deutlich mehr als 40 Stunden pro Woche arbeiten und denen, die in Teilzeitarbeit oder in geringerem Umfang beschäftigt sind. Außerdem nehmen kurzfristige Arbeitsverhältnisse und die Scheinselbständigkeit auf Kosten der unbefristeten und über ein Arbeitsleben hinweg andauernden Arbeitsverhältnisse zu. Weiterhin sind die Arbeitszeiten sowohl, was ihre tageszeitliche Positionierung angeht, als auch was ihre Stellung im Wochen- oder Jahresrhythmus anbelangt, flexibel bzw. „dereguliert" – in Abhängigkeit von der Perspektive des Betrachters. Zudem ist die räumliche Positionierung, d.h. der feste Arbeitsplatz, durch Trends wie Telearbeit nicht mehr unbedingt verbindlich. GARHAMMER (1999) unterstrich die Trends zur Individualisierung der Arbeitszeit, die gleichzeitig eine Individualisierung der Freizeit und damit einen hohen Aufwand zur Koordination gemeinsamer Freizeit zur Folge hätten (vgl. GEIßLER 2004b).

Eine Verknüpfung der Folgen der Flexibilisierung der Arbeitszeit mit den Auswirkungen auf den Stadtraum stellten GRABOW und HENCKEL (1988) her, indem sie dies für den Verkehr, die Flächen, das Wohnen, die Infrastruktur und den Standort analysierten. Dabei sind häufig gegenläufige Entwicklungen zu beobachten. So wird zwar einerseits der Verkehr ausgeweitet (z.B. hinsichtlich der Tageszeiten) und durch just-in-time-production intensiviert, andererseits ist durch die Flexibilisierung der Arbeitszeiten eine Entzerrung und durch Heimarbeit vielleicht sogar eine Verkehrsreduktion zu erwarten. Es wäre allerdings auch möglich, dass durch die Option zur Heimarbeit nur die „stillen Reserven" des Arbeitsmarktes aktiviert würden und somit keine Reduktion des Verkehrsaufkommens entstehe. Eine weitere Variante ist, dass durch die Heimarbeit größere Distanzen zwischen Arbeitsplatz und Wohnort möglich würden und somit Pendelwege seltener aber dafür über größere Strecken zurückgelegt würden. Die zu erwartende Flexibilisierung insgesamt lässt allerdings eine geringere Nutzung des ÖPNVs erwarten, der damit noch größere Probleme haben werde, rentabel betrieben werden zu können. Inwieweit das „time sharing", das z.T. schon Arbeitsplätze oder Ferienwohnungen betrifft, ausgeweitet wird und es zu einer Substituierung von Fläche durch Zeitmanagement kommen kann, bleibt offen, jedoch stellen die Heimarbeitsplätze bereits einen ersten Schritt dahin dar. Die Auswirkungen dieser Flexibilisierung der Arbeitszeiten auf die Infrastruktur sind vielfältig – der Wunsch nach verlängerten Ladenöffnungszeiten stellt eine erste Folge davon dar. Als raumplanerisches Element wurde von den Autoren eine „Beschränkung der Geschwindigkeit", in deren Folge wieder mehr „vor Ort" erledigt werde, und die die Mehrfachnutzung von Räumen begünstigen würde, vorgeschlagen (GRABOW/ HENCKEL 1988, S. 169). Die Abkehr von der lange praktizierten Funktionstrennung – im Sinne der Charta von Athen – und die Hinwendung zur Funktionsmischung stellt eine der deutlichsten Zäsuren in der

Regionalplanung seit der Nachkriegszeit dar. Dazu können auch die „Zeitforscher" einen Beitrag leisten.

2.3.4.5 Lebensstilforschung, Zeitverwendung und Freizeit

Die Pluralisierung der Lebensformen hat dazu geführt, dass die klassischen Schichtungs- und Klassentheorien soziale Ungleichheit nicht mehr ausreichend beschreiben. Aus diesem Grund wurde das Konzept der Lebensstile entwickelt. Lebensstile sind „unverwechselbare relativ stabile Muster der Lebensführung und der Lebensorganisation privater Haushalte, die ... als Mischeffekte von rationaler Wahl und Habitualisierung entstehen und die, da symbolisch im sozialen Verkehr dargestellt und sanktioniert, sich zu kollektiven Typen aggregieren und insofern eine Form der Vergesellschaftung darstellen" (LÜDTKE 1995b, S. 10). Eine Besonderheit des Lebensstilansatzes ist, die Rolle des Individuums, des Akteurs, zu betonen und damit eine handlungszentrierte Betrachtungsweise zu eröffnen. Lebensstile bedeuten nach LÜDTKE „die aktive, expressive, Performanzen abbildende Dimension der Sozialstruktur" (DERS. 1995b, S. 11), die es ermöglicht, horizontale Ungleichheit besser abzubilden. Lebensstile drücken sich in verschiedenen Dimensionen des Alltags aus, zu denen auch das Freizeit- und Urlaubsverhalten zählt, d.h. die Zeitverwendung in dem Bereich des Lebens, der nicht durch äußerliche Restriktionen vorstrukturiert ist. Damit steht das Freizeitverhalten für den „Entfaltungsspielraum persönlicher Präferenzen, expressiver Handlungsorientierungen und eine diffuse Beteiligung der Person" (DERS. 1995b, S. 39), und Freizeit selbst stellt den „Orientierungs- und Handlungskern moderner Lebensstile" dar. (DERS. 1995b, S. 40). LÜDTKE kam zu dem Ergebnis, dass „Zeitverwendungsstil in Grenzen ein Korrelat des Lebensstils" sei (DERS. 1995b, S. 155).

In den meisten Studien zur Lebensstilforschung spielen Freizeitaktivitäten oder die Zeitverwendung speziell für diesen Lebensbereich eine entscheidende Rolle (z.B. SPELLERBERG 1992, 1994; MÜLLER 1989; MÜLLER/ WEIHRICH 1991), so dass durch die Intensivierung der Lebensstil- und Freizeitforschung auch die Forschung zur Zeitverwendung wichtige Impulse erfuhr. Was die räumlichen Komponenten der (Frei-)Zeitverwendung angeht, so wird – wenn überhaupt – meist zwischen häuslichen und außerhäuslichen Aktivitäten unterschieden, jedoch selten auf die räumliche Ausdehnung eingegangen. So stellte GARHAMMER (1996) fest, dass die Häuslichkeit von Freizeitaktivitäten sowohl einen Wochenverlauf als auch einen Tagesverlauf besitze (GARHAMMER 1996, S. 126f). Eine regionale Dimension wurde bisher – wenn überhaupt – in Aktionsraumstudien (vgl. Kap. 2.3.5) berücksichtigt.

In der Arbeit von SCHNEIDER und SPELLERBERG zu „Lebensstile, Wohnbedürfnisse und räumliche Mobilität" (1999) wurde „eine mögliche Homologie von Wohngebieten und Lebensstilen" vermutet (SCHNEIDER/ SPELLERBERG 1999, S. 79). Sie gingen davon aus, dass „Lebensstile ... in den alltäglichen Aktivitäten, die zumeist einen klaren Raumbezug aufweisen, sichtbar und stabilisiert (werden)" (DIES., S. 79). DANGSCHAT (1996) führte dies in einem Beitrag zu „Raum als Dimension sozialer Ungleichheit und Ort als Bühne der Lebensstilisierung" weiter aus. Er konzentrierte sich dabei auf den Nahbereich, den er Mikro-Raum nannte und den er mit seinen Arbeiten zur Gentrification näher beleuchtete. Nach DANGSCHAT Verständnis stellt Gentrification einen Sonderfall der Segregation, also der sozialräumlichen Strukturierung, dar (1996, S. 116). Er entwickelte dabei ein Makro-Meso-Mikro-Konzept des Sozialen Raumes, auf das im nachfolgenden Kapitel 2.3.5 näher eingegangen wird.

SCHNEIDER und SPELLERBERG überprüften ebenfalls, inwieweit das von BOURDIEU entworfene Modell vom Zentrum mit den herrschenden Schichten und der Peripherie mit dem Kleinbürgertum heute noch Gültigkeit besitze. Sie kamen mit Hilfe von Analysen des Wohlfahrtssurveys von 1993 zu dem Schluss, dass die Suburbanisierung diese einfachen Stadt-Land-Unterschiede in Westdeutschland stark verwischt hätten, aber dass es bestimmte Lebensstile gebe, die sich eher dem städtischen oder ländlichen Bereich zuordnen ließen. In Ostdeutschland dagegen konnten sie 1993 noch ein deutlich stärkeres Stadt-Land-Gefälle in einigen Lebensstilen feststellen. Dies wird sich in den Folgejahren jedoch durch die auch dort einsetzende Suburbanisierung verwischt haben.

Interessante Unterschiede ergaben sich auch hinsichtlich des Umzugsverhaltens, der Umzugsbereitschaft und den Umzugsmotiven. SCHNEIDER und SPELLERBERG fanden heraus, dass sich mit dem Schichtmodell ökonomisch orientierte Problemstellungen am besten erklären ließen, dass das Lebensphasen- bzw. Lebensformenmodell gut Präferenzen beim Wohnstandort und Wohnstandard erklärte und dass sich mit dem Lebensstilkonzept Wohnlagen, Einrichtungsweisen, Ortsbindungen sowie Einschätzungen und Bewertungen erfolgreich untersuchen ließen (DIES., S. 285).

Kritik am Lebensstilkonzept wurde vor allem dahingehend geübt, dass die Auswahl der Items oft nicht theoretisch ausreichend begründet sei, die dimensionale Darstellung unklar bliebe (vor allem der Begriff „horizontale" Ungleichheit wurde kritisiert), die Validität zu selten geprüft werde und die bisherigen Konzepte zu statisch seien (HARTMANN 1999, S. 236f). Zudem stellte HARTMANN (1999) fest, „dass hinsichtlich ihrer statistischen Erklärungskraft Lebensstilkonzepte einer angemessenen Kombination traditioneller demographischer und sozioökonomischer Variablen vermutlich nicht generell überlegen sind" (DERS. 1999, S. 239). Dennoch hielt er spezielle Formen der Lebensstilkonzepte in der Marktforschung oder für die Vorhersage sozialen Handelns für durchaus sinnvoll und brauchbar.

Bereits bei der Unterscheidung von Freizeit, Erholung und freier Zeit (leisure, recreation, free time) treten Probleme in der Zuordnung von Tätigkeiten auf. Diese methodischen Probleme entstehen vor allem in dem Fall, wenn Aktivitäten bei der Vercodung Aktivitätsgruppen zugeordnet werden müssen. So zeigte eine Zeitbudgeterhebung in Kanada, dass nach Ansicht der Befragten mehr Zeit pro Tag zur „Freizeit" zähle als zur „freien Zeit" oder zur „Erholung". Eine ausschließliche Definition von Freizeit als Erholungsaktivitäten schließt damit einen nicht unerheblichen Anteil von Freizeit aus (SHAW 1986, S. 187). Hinzu kommt die subjektiv sehr unterschiedliche Wahrnehmung von Aktivitäten als Freizeit[35]. Besonders große Abweichungen zeigen sich dabei bei allen nicht erwerbstätigen Gruppen. Diese methodischen Probleme müssen bei der Analyse von Zeitbudgetdaten berücksichtigt werden.

In einer empirischen Studie zu „Zeitverwendung und Lebensstile" entwickelte LÜDTKE (1995b) mittels einer Clusteranalyse 12 Zeitverwendungsstile. Durch einen Vergleich mit Daten der Internationalen Zeitbudgetstudie von 1966 (siehe Kap. 2.1.4 Zeitbudgetstudien) konnte LÜDTKE eine Reduktion der Arbeitszeit und Hausarbeit auf 70% der Ausgangszeit und einen Anstieg der Mediennutzung (vor allem Fernsehkonsum) auf das 1,4-fache feststellen. Die *geschlechtsspezifische Ungleichheit* im Zugang zur Ressource Zeit oder genauer zur Freizeit konnte in dieser Studie ebenfalls festgestellt werden. Das ungleiche Geschlechterverhältnis ist somit hinsichtlich der Zeitverwendung in den knapp 30 Jahren des Zeitvergleichs nahezu konstant geblieben. Berufstätige Männer verfügen immer noch über die meiste freie Zeit, während die Zeit der Hausfrauen vor allem am Wochenende durch Aktivitäten entsprechend der Rollenerwartungen immer noch in hohem Maß gebunden ist. Auf die geschlechtsspezifischen Unterschiede in der Zeitverwendung wurde bereits in Kap. 2.3.4.3.1 eingegangen.

2.3.5 Soziologische Aktionsraumforschung – Raumkonzepte in der Soziologie

Wie bereits mehrfach erwähnt, erlebte die Aktionsraumforschung in den 1970er und 1980er Jahren sowohl in der Geographie als auch in der Soziologie eine „Blütezeit". FRIEDRICHS (1981) bezeichnete die „selektive Benutzung der Stadt, deren Ausmaß, Ursachen und Folgen" als Aufgabengebiet der Aktionsraumforschung (1981, S. 302). Die beiden zentralen Forschungsfragen der Aktionsraumforschung waren seiner Ansicht nach:
1. „Welche Effekte auf welche Gruppen der Bevölkerung hat die räumliche Kombination von ungleicher Bevölkerungs- und ungleicher Gelegenheitsverteilung?
2. Welches Ausmaß, welche Ursachen und welche Folgen hat die selektive Benutzung des metropolitanen Gebietes?" (DERS. 1981, S. 302).

Die „dreifache Differenzierung in Arbeitsteilung, Raumteilung und Zeitteilung" (LÜDTKE 1981, S. 303) sah er als Ursache für die unterschiedliche Verteilung der Aktivitäten im Raum. Er entwarf zudem das Konzept von ineinander geschachtelten Raumvorstellungen nach HORTON und REYNOLDS (1971 nach FRIEDRICHS 1981), in denen der gesamte Raum der Stadt und dessen objektive Ausstattung als „Objektive Stadtstruktur" dem Modell zugrunde liegen.

---

35 Ein einfaches Beispiel zeigt dies: Während für den Hobbykoch Kochen sicher eine Freizeitbeschäftigung darstellt, so zählt dies bei Hausfrauen zu ihrer Arbeit für den Haushalt.

Abb. 2.11: Zusammenhänge zwischen objektiver Stadtstruktur, subjektivem Stadtplan und Aktionsraum

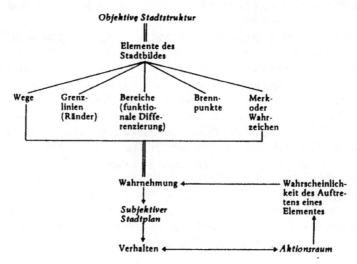

Quelle: FRIEDRICHS 1981, S. 313

Daraus entsteht der „subjektive Stadtplan", d.h. das, was die Person als Ausschnitt subjektiv wahrnimmt, und wiederum daraus entsteht durch eine weitere Selektion der Raum, der die tatsächlich benutzte Ausstattung, den „Aktionsraum", umfasst. Die Zusammenhänge zwischen objektiver Stadtstruktur, subjektivem Stadtplan und Aktionsraum wurden von FRIEDRICHS in Abb. 2.11 zusammengestellt. FRIEDRICHS beklagte an dieser Stelle – m.E. völlig zurecht – die „mangelnde gegenseitige Rezeption psychologisch-geografischer und soziologisch-geografischer Forschungen" (DERS. 1981, S. 313). Nach FRIEDRICHS lässt sich grundsätzlich für die Konstruktion von Aktionsräumen festhalten, dass sich die Aktivitätsorte danach unterscheiden, „wie viele und welche Aktivitäten einbezogen werden, in welcher Weise die Dimension Zeit berücksichtigt wird (und) welches die Erhebungs-, Untersuchungs- und Aussageeinheit ist" (DERS. 1981, S. 316).

Die Studie „Aktionsräume von Stadtbewohnern" von DANGSCHAT, DROTH, FRIEDRICHS und KIEHL aus dem Jahr 1982 zählt zu den bekanntesten Arbeiten auf diesem Gebiet und soll aus diesem Grund stellvertretend für die Aktionsraumstudien dieser Zeit vorgestellt werden. Die Aktionsraumforschung der 1970er und 1980er Jahre konzentrierte sich im Wesentlichen auf Städte und war damit im Arbeitsgebiet der Stadtsoziologie angesiedelt. Als Ziel der aktionsräumlichen Forschung wurde dort die „Beschreibung und Erklärung raumbezogenen Verhaltens von Personen oder Mengen von Personen" genannt (DANGSCHAT/ DROTH/ FRIEDRICHS/ KIEHL 1982, S. 4). Unter einem Aktionsraum einer Person verstanden die Autoren „die Menge der Orte, die die Person innerhalb eines bestimmten Zeitabschnittes zur Ausübung bestimmter Tätigkeiten aufsucht" (DIES. 1982, S. 4).

2.3 Das Soziale und die Zeit – die Perspektive der Soziologie

Die Ansätze, auf denen die Aktionsraumforschung beruht (nach DANGSCHAT/ DROTH/ FRIEDRICHS/ KIEHL 1982, S. 9f), sind vielfältig. Zum einen zählen dazu der Ansatz der „Human Activity Patterns" nach CHAPIN, der zeitgeographische Ansatz (oder Constraints-Ansatz) nach HÄGERSTRAND und der Ansatz der verhaltenshomogenen Gruppen nach KUTTER. Zum anderen können umweltpsychologische Ansätze nach LYNCH (u.a. auch Ansätze zu kognitiven Karten oder „mental maps"), entscheidungstheoretische Ansätze und der Disparitäten-Ansatz, der sich mit „räumlicher Gerechtigkeit" (territorial justice) beschäftigte, zu den zugrunde liegenden Ansätzen gerechnet werden. Letztgenannter Ansatz betonte die „ökologische Distanz" zu Gelegenheiten, die nicht direkt mit der Ausstattung des Quartiers zusammenhängen muss. Darauf aufbauend setzten FRIEDRICHS Hypothesen an, wie auf eine nicht ausreichende Ausstattung des Wohnquartiers reagiert werden kann: a) die Restriktionshypothese (Verringerung oder Verzicht auf die Aktivität – eine Hypothese, die sich empirisch bestätigen lässt), b) die Kompensationshypothese (Verringerung des Zeit-Kosten-Aufwandes – empirisch nur wenig bestätigt) und c) die Verlagerungshypothese (Bevorzugung von nahe liegenden Aktivitäten) (FRIEDRICHS 1988, S. 314).

Abb. 2.12: Orientierendes Modell zur Erklärung des „Aufsuchens von Gelegenheiten"

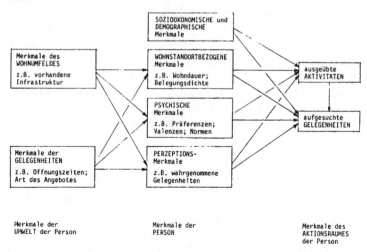

Quelle: Dangschat/ Droth/ Friedrichs/ Kiehl 1982, S. 43

Die soziologische Aktionsraumforschung stellte eine Erweiterung der in den klassischen Zeitbudget-Studien behandelten Dimensionen „Zeit", „Personen" und „Aktivitäten" dar. Als zusätzliche Dimensionen führten DANGSCHAT ET AL. ein: den „Ort", sowie den „Gelegenheitstyp" und den „Aktivitätstyp" (zur Unterscheidung von Aktivität und Gelegenheit) (DANGSCHAT/ DROTH/ FRIEDRICHS/ KIEHL 1982, S. 25). Gelegenheiten unterschieden sich demnach von Aktivitäten dadurch, dass sie sich an „räumlich fixierten Orten" (DIES. 1982, S. 29) befanden und „definierten und intendierten Zwecken" dienten, die sich als „beabsichtigte Nutzung" bezeichnen ließen (EBD.). Ein großer Problembereich war die Klassifikation von Aktivitäten, für die es zwar zahlreiche Entwürfe gab (u.a. die in Kap. 2.1.2 erwähnten Daseinsgrundfunktionen oder die der Time-Use-Studie von SZALAI (1972)), jedoch keine Vereinheitlichung. Auf der Basis einer individualistischen Entscheidungstheorie entwickelten die Autoren ein „orientierendes Modell", das in Abb. 2.12 visualisiert wurde.

Dabei war die „zentrale abhängige Variable des Erklärungsmodells ... die ‚Entfernung der aufgesuchten Gelegenheit' vom Wohnstandort" (DIES. 1982, S. 46). Der Entscheidungsprozess wurde als ein zweistufiger Vorgang betrachtet, indem zuerst entschieden wird, ob eine Aktivität ausgeübt wird und dann entschieden wird, einen Ort aufzusuchen, an dem es die Gelegenheit zur Ausführung dieser Aktivität gibt. Die 99 Hypothesen, die in dieser Arbeit in einem multivariaten Kausalmodell getestet wurden, wurden mithilfe von Variablen, wie z.B. Grad der Erwerbstätigkeit, Haushaltsgröße, Alter, Zahl der Kinder, Alter der Kinder, Geschlecht, Wohndauer, Belastung durch Erwerbstätigkeit, qualitative Ausstattung mit Gelegenheiten, Ausbildung, Beruf, PKW-Ausstattung, Erreichbarkeit des CBDs u.v.m. getestet. Die Untersuchungsregionen wurden in Abhängigkeit ihrer Lage auf innerstädtischen und regionalen Entwicklungsachsen ausgewählt sowie ihrer Entfernung zum CBD und zum Subzentrum, ihrer Sozialstruktur und ihrer Ausstattung mit ÖPNV-Stationen. Damit gingen in den Ansatz zentrale Kenngrößen der Raum- und Regionalplanung ein. Die Ansätze der Aktionsraumforschung insgesamt – und die der vorgestellten Arbeit besonders – erhoben nicht zuletzt den Anspruch, planerisch verwertbare Ergebnisse zu produzieren.

Die Ergebnisse dieser Studie waren Beschreibungen des räumlichen Verhaltens, in denen z.B. deutlich wurde, dass sich Unterschiede zwischen Innenstadt- und Umlandbewohnern vor allem in der Gestaltung des Freizeitbereichs und den dafür zurückgelegten Wegen ergaben. Das Ziel, über die Aktivitäten verhaltenshomogene Gruppen aus soziodemographischen Merkmalen zu entwickeln, konnte nicht erreicht werden. Was die Beeinflussung der Aktivitäten durch planerische Maßnahmen, d.h. durch die Ausstattung eines Quartiers mit Gelegenheiten, anging, so waren nach den Ergebnissen der Studie die Einflussmöglichkeiten eher als gering zu bewerten. Es konnte abschließend in dieser Arbeit (und auch in weiteren nicht) keine alleinige Theorie zur Erklärung aller Aktivitäten gefunden werden. Die abhängige Variable „Entfernung der Gelegenheit zum Wohnstandort" konnte durch keine unabhängige Variable direkt erklärt werden. Die Berufstätigkeit als erklärende Variable musste aufgrund von Korrelationen mit anderen exogenen Variablen ausfallen, erschien aber bedeutsam. Das Verhalten zeigte sich als so komplex, dass es nicht nur durch die äußeren Umstände erklärbar war. Die Autoren schlugen abschließend die Anwendung von Wert-Erwartungstheorien vor, um größere Erfolge in der Erklärung raumbezogenen Verhaltens zu erlangen.

Abb. 2.13: Kausalmodell einiger aktionsräumlicher Hypothesen

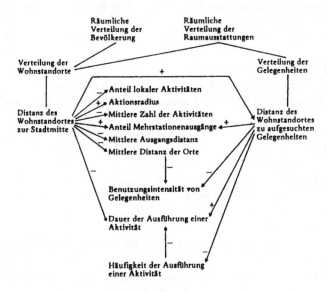

Quelle: FRIEDRICHS 1981, S. 322

FRIEDRICHS (1981) führte in seiner Arbeit die „ökologische Distanz" als die wichtigste erklärende Variable ein. Sie sei zentral im Zusammenspiel zwischen der Verteilung der Wohnstandorte und der Verteilung der Gelegenheiten. In Abb. 2.13 verdeutlichte FRIEDRICHS diese aktionsräumlichen Hypothesen. Der Zeit/Kosten-Aufwand entstehe in erster Linie durch die Distanz und werde durch das Zeitbudget, die verfügbaren finanziellen Mittel und die Motilität/Mobilität beeinflusst. Dabei spiele die PKW-Verfügbarkeit eine ganz entscheidende Rolle, was besonders in den Regionen deutlich werde, in denen die Anbindung an den ÖPNV schlecht sei. Als nahezu ungeklärt wurden von FRIEDRICHS die Unterschiede im aktionsräumlichen Verhalten zwischen den einzelnen Bevölkerungsgruppen bezeichnet, die sich nicht befriedigend erklären ließen. Es müssten für zukünftige Arbeiten geschlechts-, alters- und schichtspezifische Zeitbudgets ausgewertet werden – eine Möglichkeit, die sich durch die Datensätze des Statistischen Bundesamtes ergeben hat.

Zusammenfassend muss man Aktionsräume als „das Produkt eines dreifachen Entscheidungsprozesses von Individuen" sehen: „Aktivitäten müssen a) in eine Rangfolge der Bedeutung gebracht, b) auf Tages- und Wochenzeiten verteilt und c) auf Gelegenheiten in Räumen unterschiedlicher Erreichbarkeit verteilt werden" (FRIEDRICHS 1981, S. 328). In diesem Zusammenhang sind entscheidungstheoretische Modelle gefragt, die – zumindest für Studien zur Verkehrsteilnahme (BAMBERG/ SCHMIDT 1993) – mittlerweile Verwendung gefunden haben.

Raumkonzepte in der Soziologie
Auch in der Soziologie hat das sich Raumverständnis gewandelt, bzw. unterliegt unterschiedlichen Sichtweisen. LÜDTKE (1998) fasste die unterschiedlichen Raumkonzepte in der Soziologie folgendermaßen zusammen (LÜDTKE 1998, S. 16f):
- Geographischer Raum als Behälter
- Raum als Struktur von Restriktionen, Zwängen, Gelegenheiten
- Raum als Medium und Objekt der Interessensdurchsetzung, als knappe Ressource
- Raum als Alltagsordnung des Verhaltens (behavioral setting)
- Aktionsraum
- Raum als Kulturraum und Symbolstruktur
- Kognitiver Raum
- Sozialer Raum als metaphorisches, symbolisches Konstrukt, Raum der Lebensstile
- Virtueller Raum.

DANGSCHAT (1996) skizzierte außerdem – aufbauend auf den Arbeiten von HAMM (1982, zit. nach DANGSCHAT 1996, S. 118) und LÄPPLE (1991a, 1991b, 1993, zit. nach DANGSCHAT 1996, S. 118) – ein Makro-Meso-Mikro-Konzept des Sozialen Raumes. Nach LÄPPLE werden dabei vier Aspekte des „gesellschaftlichen Raumes" unterschieden. Dies sind 1) das materiell-physische Substrat (Natur, Gebäude, der Mensch selbst), 2) die gesellschaftlichen Interaktions- und Handlungsstrukturen, die gesellschaftliche Praxis, 3) ein institutionalisiertes und normatives Regulationssystem (Vermittlung zwischen materiellem Substrat und gesellschaftlicher Praxis) und 4) „ein mit dem materiellen Substrat verbundenes räumliches Zeichen-, Symbol- und Repräsentationssystem" (DANGSCHAT 1996, S. 119), das dem symbolischen Kapital BOURDIEUS zu vergleichen wäre. DANGSCHAT verband diesen Ansatz mit seiner Fragestellung nach räumlichen Ausprägungen der Lebensstile. Er verwandte dabei als beobachtbare Formen der „Politik der Lebensstilisierung" das „Verorten", das „Raumgreifen" und das „Platzhalten".

Einen weiteren Versuch zur Strukturierung von Zeit und vor allem von Raum als Basiskonzept raumbezogener Wissenschaften unternahm STURM (2000). Mit dem von ihr entwickelten „Quadrantenmodell" stützte sie sich ebenfalls auf Überlegungen von LÄPPLE, PARSON u.a. Sie stellte in den vier Quadranten 1) die materielle Gestalt des Raumes, 2) die strukturierende Regulation im Raum und des Raumes, 3) das historische Konstituieren des Raumes und 4) den kulturellen Ausdruck im Raum und des Raumes dar (STURM 2000, S. 199f). Diese Facetten stehen alle miteinander in Bezug und können dabei sowohl relationale als auch positionale Funktionen übernehmen.

All diese Raumkonzepte finden auch in der Geographie Anwendung (vgl. BLOTEVOGEL 1995), wobei die veränderte Perspektive meist in unterschiedliche Fragestellungen mündet. Dennoch sind die Forschungsobjekte dieselben und eine erhöhte gegenseitige Wahrnehmung sowie ein verbesserter Austausch der Arbeiten (wie bereits 1981 von FRIEDRICHS gefordert) wäre beiden Disziplinen sicherlich förderlich.

2.3.6 Bewältigung von Zeitstress: „Entschleunigung" und Muße als neue Konzepte zum Umgang mit Zeit

„Der Mensch lebt um der Muße willen" (ARISTOTELES, zit. nach TEWES 1989, S. 61).

„Die Geschwindigkeit ruft die Leere hervor, die Leere treibt zur Eile" (VIRILIO, zit. nach HENCKEL 1997, S. 294).

Bereits bei LUHMANN (1971) wurde das Phänomen der Zeitknappheit als eines der Kennzeichen von hochentwickelten Systemen genannt. Die Vermarktung und Ökonomisierung von Zeit wird meist als Ursache der Verknappung von Zeit und des Zeitstresses angesehen. Dass diese Ökonomisierung der Zeit auch zunehmend die freie Zeit erfasse und damit eine alle Lebensbereiche umfassende „Zeitschraube" entstehe, ist eine These, die sich seit den 1980er Jahren vermehrt durchsetzt[36].

In den Umfragen der Freizeitforscher (z.B. OPASCHOWSKI/ RADDATZ 1983, OPASCHOWSKI 1993) beklagen vor allem die jüngeren Menschen, dass sie zu wenig Freizeit hätten, gerne für freie Zeit auch auf Gehalt verzichten würden und geben an, dass die Freizeit für sie nach dem Lebensbereich der Familie/Partnerschaft der zweitwichtigste Lebensbereich sei. Dadurch, dass eine „Freizeitethik" die Freizeit anstelle der Arbeit in den Lebensmittelpunkt rücken lässt, erscheint es immer wichtiger, diese neue Lebensmitte sinnvoll zu gestalten. Dass sie aus der Sicht der meisten Menschen gestaltet, gefüllt und mit einem Konzept versehen werden müsse, ergeben die Studien der meisten Freizeitforscher.

Zu den Problemen mit der freien Zeit zählen im Wesentlichen zwei gegensätzliche Phänomene: zum einen die Langeweile, die häufig von der älteren Generation beklagt wird, und zum anderen der Freizeitstress, den jüngere Menschen in zunehmendem Maße äußern. In einer Umfrage des BAT-Freizeitforschungsinstitutes gaben bereits Ende der 1980er Jahre 79% der Jugendlichen zwischen 14 und 19 Jahren an, dass sie nicht mehr genügend Zeit zum Ausschlafen hätten, und 67% gaben zu, dass sie sich zu viele Aktivitäten am Feierabend und am Wochenende vornähmen, so dass sie unter Stress gerieten (OPASCHOWSKI 1990b, S.106). Die Allzeit-Verfügbarkeit und Überall-Erreichbarkeit durch Handys – besonders verbreitet unter Jugendlichen – stellt ein Merkmal des hier vorgestellten Phänomens dar. In der Karikatur in Abb. 2.14 wird eine zeitgemäße Variante der Wiederherstellung von Muße vorgeschlagen.

Bereits vor mehr als 30 Jahren wurde von dem Schweden LINDER (1970) in „The Harried Leisure Class" Zeitstress als wesentliches Problem der modernen Gesellschaft erkannt („Wohlstandsparadoxie" vgl. SEIFERT, 1990). Auch in der amerikanischen Literatur erschienen Titel wie „Your Money or Your Time" (ROBINSON, 1991), „Where Does the Free Time Go?" (CUTLER, 1990) oder „The

---

36 SCHRÖDER (1996) zeigte in einem Beitrag über die Entwicklung der Raum-Zeit in historischen Städten auf, dass bereits angefangen im 17. Jahrhundert mit dem Kaffeegenuss (vs. Alkohol), dem Branntweingenuss (vs. Bier und Wein) bis hin zum Tabakgenuss (Temposteigerung von der Pfeife hin zur Zigarre bis hin zur (hektischen) Zigarette) sich auch das Genusstempo entsprechend dem schneller werdenden Zeitgeist erhöht habe.

Time Squeeze" (ROBINSON, 1990), die sich u.a. mit dem Problem der Zeitknappheit im Zusammenhang mit der freien Zeit beschäftigten. Das „Sich-immer-gehetzt-Fühlen" trifft mittlerweile – laut Umfragen – auf nahezu ein Drittel aller Amerikaner zu. Im Vergleich zu den weniger „Gestressten" gehen die gehetzten Menschen seltener den „beschaulicheren" Tätigkeiten nach, wie z.B. Lesen oder Briefe-Schreiben, sie arbeiten mehr, bemühen sich aber auch stärker als andere um kulturelle Aktivitäten, d.h. sie planen mehr Aktivitäten am Tag als die weniger gestresste Vergleichsgruppe. Insofern lässt sich in der US-amerikanischen Studie ein Freizeitstress-Typ herauskristallisieren, der auch in Deutschland zu entstehen scheint (ROBINSON, 1990). Allerdings sei auch darauf hinzuweisen, dass sich die „Gehetzten" immer noch als glücklicher bezeichneten als die, die sich langweilten.

Abb. 2.14: Mit Power-off-Funktion...

Quelle: HELD/ KÜMMERER 1998, S. 241

Während bis zum Ende der 1970er Jahre in Deutschland die Langeweile als eines der Hauptprobleme der freien Zeit genannt wurde, hat seitdem der Anteil derer deutlich zugenommen, die Stress in der Freizeit als Problem nennen. So ging der Anteil derer, die Langeweile in ihrer freien Zeit als Problem benannten, zurück, nur in der Gruppe der Verwitweten und Geschiedenen lag dieser Anteil noch relativ hoch. In zunehmendem Maße gewannen dagegen im individuellen Bereich Probleme, die in den Bereich „Freizeitstress" gehören, an Gewicht. Als Stressfaktoren wurden bereits 1990 (OPASCHOWSKI 1990b, S. 19) von 73% Gedränge, Enge und Schlangestehen genannt, gefolgt von Pflichtbesuchen (65%), Familientreffen (64%) und dem Verkehrsstau, der von 58% – mit deutlich ansteigender Tendenz – zu einem Stressfaktor in der freien Zeit geworden ist.

2.3 Das Soziale und die Zeit – die Perspektive der Soziologie

Eine der Thesen, warum Zeitstress von so vielen Personen wahrgenommen werde, bezieht sich auf die immer fließender werdenden Grenzen zwischen Beruf und Freizeit: immer mehr Menschen arbeiten auch zu Hause und somit entstehe der Eindruck der Überarbeitung: „This inability to seperate our personal lives and work lives has created a chronic syndrome of feeling overworked and overwhelmed" (CREEL 2001;). Auch GEIßLER (2004a) thematisiert diese „Entgrenzung von Raum und Zeit" und das Ende der geschützten Privatheit als ein zentrales Merkmal der modernen Gesellschaft.

Dem Verwendungsimperativ der Zeit, der in vielen Fällen auch schon die Freizeit erfasst hat, wird jedoch spätestens seit Beginn der 1990er Jahre zunehmend die *Muße,* die *Verlangsamung,* die *„Entschleunigung"* als Lebenskonzept entgegengestellt. Der Begriff der „Muße" war bis zum 15./ 16. Jahrhundert mit der Bedeutung von Ruhe, Genuss und Würde verbunden, und Muße war ein Privileg der oberen Stände (nach TEWES 1989). Der Müßiggang, der „aller Laster Anfang und des Teufels Ruhebank ist", wurde erst in der Zeit der Reformation negativ konnotiert. Die protestantische Ethik, die nach WEBER als eine der Wurzeln des Kapitalismus anzusehen ist, hatte die Aufwertung der Arbeit und die Abwertung der Muße, d.h. ihre Herabqualifizierung als Müßiggang, zur Folge[37].

Auch in dem umfassenden Werk „Soziologie der Freizeit", hrsg. von SCHEUCH und MEYERSOHN (1972), wurde ausdrücklich zwischen Freizeit und Muße unterschieden. ROSENMAYR (1972) bezeichnete Muße als „eine Bedingung für qualifizierte Reflexion". Meist wird Muße im Gegensatz zu Freizeit als eine Art „gehaltvolles Nichtstun" beschrieben, dem – im Gegensatz zur modernen Freizeit, die häufig als Gegenpol zur Erwerbsarbeit definiert wird – keine bestimmten Aktivitäten zugewiesen werden.

Auf der individuellen Ebene wird in jüngster Zeit der Respekt vor der inneren Uhr des Einzelnen, die Kreativität der Langsamkeit (REHEIS 1996) und die Wiederentdeckung der Muße gefordert. Bereits 1989 erschien herausgegeben von TEWES das Buch „Nichts Besseres zu tun. Über Muße und Müßiggang". TEWES unterschied in seiner Einleitung Freizeit und Muße dahingehend, dass sich bei Freizeit immer wieder die Frage stelle, womit man sie ausfüllen könne, was bei Muße nicht notwendig sei (1989, S. 14). Muße – und sie gehe immer einher mit Langsamkeit und Gelassenheit – wird verstanden als „sehr alte Vollkommenheitsvorstellung" (TEWES 1989, S. 17), die sowohl von den asiatischen (z.B. buddhistischen) als auch von den griechisch-antiken Philosophen vertreten werde. Muße habe – im Gegensatz zur Arbeit – ihren Sinn nur in sich, es „gelten Weg und Ziel gleich viel" (DERS. 1989, S. 17), sie beinhalte ein „Lassen" im Sinne von „die Welt lassen wie sie ist", d.h. ein „Sich-Enthalten von Einwirkung". In einer Gesellschaft, die die Leistungsorientierung, das „Höher-Schneller-Weiter" zu ihrem

---

37 In VEBLENS „Theorie der feinen Leute" (1986, Original 1899) wurde Ende des 19. Jahrhunderts erstmals eine Art „Freizeitgesellschaft" als anzustrebende Lebensform der privilegierten Klasse beschrieben. Dort heißt es, „Von dieser Zeit an besteht das Merkmal der müßigen Klasse im demonstrativen Vermeiden einer jeglichen nützlichen Tätigkeit" (VEBLEN 1986, S. 54f).

handlungsleitenden Prinzip erhoben hat, und die nicht nur die Selbstbestimmung, sondern auch das Agieren an sich als wesentliches Grundrecht eines modernen Menschen betrachtet, erscheint eine Hinwendung zur Muße geradezu als Paradigmenwechsel. Besonders dann, wenn man Muße als das Ergebnis einer (Konsum-)Verweigerung und eines Verzichts betrachtet, wird deutlich, wie sehr sie den modernen Gesellschaftsregeln widerspricht.

Auch in der Literatur, wie z.B. in ENDES Märchen „Momo" (1973) oder NADOLNYS Roman „Die Entdeckung der Langsamkeit" (1983) wurden gegen Ende eines Jahrhunderts, das als ein Zeitalter der Beschleunigung gilt, die Stimmen lauter, die eine Rückkehr zur Langsamkeit und zur Muße empfahlen.

GEIẞLER, Pädagoge und Autor zahlreicher Arbeiten über die Zeit (1994, 1997a, 1997b, 1998, 2004a, 2004b), kam in einem seiner Werke zu dem Schluss, dass der Mensch nach RAHNER „‚die versöhnte Verschiedenheit' unterschiedlicher Zeitformen (brauche, Anm. d. A.)" (GEIẞLER 1997b, S. 20). Er führte aus, welchen Gewinn der moderne Mensch durch eine neue Langsamkeit in der allgemeinen hektischen Betriebsamkeit der Gesellschaft erreichen könne. „Zeitwohlstand ist immer auch Pausenwohlstand und diesen haben wir dann, wenn wir verfügbare Zeit haben, über die wir *nicht* verfügen" (GEIẞLER 1997b, S.31). Diese Vorstellung von Zeitwohlstand ist den Ausführungen zum Begriff der Muße sehr nahe. GEIẞLERS Forderung lautete, in einer Zeit der Pausenlosigkeit, die „Chronotope" Wochenende und Nacht zu schützen (1994). Er verwies dabei nicht zuletzt auf die Philosophie, die zwei Wege zur Vollendung kenne: vita activa und vita contemplativa. Er stellte die Frage, weshalb sich die moderne Gesellschaft nur dem erstgenannten Weg zuwende (DERS. 1994, S. 46). Er bezog in seiner Arbeit mit ADAM (1998) insofern auch den Raum ein, als er von der „Nonstop-Gesellschaft" sprach, die „Alles zu jeder Zeit und überall" wolle (GEIẞLER/ ADAM 1998). Vor allem die Auflösung von Anfang und Ende, die zeitliche und räumliche Grenzenlosigkeit, führten zu einem „Leben im Transit", das durch den Verlust von Anfang und Ende uns auch die Mitte verlieren ließe.

In einem interdisziplinären Projekt zur „Ökologie der Zeit" versuchte er zusammen mit anderen Wissenschaftlern, das Prinzip der Nachhaltigkeit auf die Dimension Zeit zu übertragen[38]. In dem von ADAM, GEIẞLER und HELD herausgegebenen Buch zur Nonstop-Gesellschaft werden zahlreiche Beispiele aus dem Alltag zur Illustration dieser Zeit- und Raumlosigkeit der Moderne herangezogen. Die „Ubiquität und Omnitemporalität des modernen Essens" (KÖNIG 1998) kombiniert mit einer Individualisierung der Essensaufnahme, insbesondere verkörpert durch das Fast Food, zählt ebenso dazu wie die Forschungsrichtung der Chronopharmakologie (LEMMER 1993) oder die Berücksichtigung von natürlichen Zeitmaßen und Rhythmen der Umwelt. Die Empfehlungen der Zeitpolitik heißen demzufolge: nicht „immer und überall", sondern „alles zu seiner Zeit und an seinem Ort" – in Anlehnung an den Prediger Salomo (vgl. Kap.1.1.2).

---

38 Geißler und Adam schlugen u.a. vor, Konventionen für Zeitformen zu entwickeln, wie z.B. Schutz für das „Trödeln" oder das „großstädtische Flanieren" (GEIẞLER/ ADAM 1998, S. 27).

2.3 Das Soziale und die Zeit – die Perspektive der Soziologie

Neben den theoretischen und philosophischen Überlegungen zur individuellen Zeitnot und zum Zeitstress sind auf gesellschaftlicher Ebene bereits durchaus konkrete und sichtbare Gegenströmungen wahrzunehmen. Die Gegenbewegungen durch „Zeitpioniere", die sich gegen starre Arbeitszeiten wenden, „Tempus", der „Verein zur Verzögerung der Zeit", die „associazione slow food" oder den Reiseveranstalter „slow motion tours" zeigen an (nach HENCKEL 1997, S. 291), dass es Versuche gibt, sich der allgegenwärtigen Beschleunigung zu entziehen. HENCKEL (1997) erkannte in den vielfältigen Aufrufen zur Verlangsamung und zum Bremsen der Entwicklungsgeschwindigkeit das Paradoxon „in Eile zur Gemächlichkeit und Vielfalt" zu gelangen (KAFKA 1994, S. 141, zit. nach HENCKEL 1997, S. 292). Die drohenden Konsequenzen einer unfreiwilligen Verlangsamung bestünden nach HENCKEL (1997) in Form von Risiken (Unfällen) oder Staus[39].

HENCKEL (1997) nannte einige Bereiche, in denen Tendenzen zur „Entschleunigung" durchaus erkennbar seien. So könnten zahlreiche Ansätze, die im Zusammenhang mit dem Leitbild des „sustainable development" bzw. der nachhaltigen Entwicklung entstehen, als Ansätze zur Reduzierung von Geschwindigkeit betrachtet werden, wie z.B. die Förderung langlebiger Produkte und von Produkten aus der jeweiligen Region oder Geschwindigkeitsbegrenzungen am Boden und in der Luft. FORNALLAZ (1995) definierte z.B. nachhaltiges Wirtschaften folgendermaßen: „Die Wirtschaft der Zukunft, die ökologisch verträgliche Wirtschaftsweise, soll Muße schenken, damit die Menschen ‚das wahre Leben' entdecken und ‚symbolische' Aktivitäten entfalten können... Die Wirtschaft muss dem Menschen Zeit schenken und nicht Geld" (FORNALLAZ 1995, zit. nach BLÄTTEL-MINK 2001, S. 110).

Die Interpretation von Stau als „demokratische Verlangsamung" (HENCKEL 1997, S. 293) und als Möglichkeit „endlich allein" in Ruhe zu sein oder in Ruhe telefonieren zu können, zählt ebenfalls zu diesen Strömungen. Ähnlich wird die Verstärkung von Bürgerbeteiligungen bei politischen Entscheidungen als eine sinnvolle und zielgerichtete Möglichkeit der Verlangsamung angesehen (nach HENCKEL 1997). HENCKELS Ausführungen münden in der Forderung nach einer Zeitpolitik, die – auf der von ihm betrachteten Ebene der Kommune – als neues Politikfeld zu implementieren wäre. Die Erweiterung der Perspektive einer nachhaltigen Bewirtschaftung der begrenzten Ressource Raum um die einer nachhaltigen Bewirtschaftung der nicht minder begrenzten Ressource Zeit schließt sich diesem Konzept an.

Zur Ergänzung dieses gesellschaftlichen Diskurses seien hier einige kontroverse Ausschnitte deutscher Magazine vorgestellt. Während zum einen die neu entdeckte Muße progagiert wird, werden zum anderen Techniken der noch effektiveren Nutzung von Zeit angepriesen. Dies reicht bis hin zum sogenannten „speed dating", das ein findiger Essener Gastronom anbot, bei dem die Menschen

---

39 Das ICE-Unglück bei Eschede im Juni 1998 und der Absturz einer Concorde in Paris im Juli 2000 stehen stellvertretend für die Frage danach, ob die Hochgeschwindigkeitsverkehrsmittel nicht zunehmend an ihre Grenzen geraten. Diese beiden Ereignisse lösten auch eine öffentliche Diskussion über Geschwindigkeit und ihre Beherrschung durch den Menschen aus.

sieben Minuten Zeit hatten, sich „kennen zu lernen", bevor sich das Dating-Karussell weiterdrehte[40]. Diese Ausschnitte sollen dokumentieren, wie unterschiedlich mit dem Thema Zeit – Zeitnot usw. auch im öffentlichen Diskurs umgegangen wird.

Abb. 2.15:   *Das Thema „Zeitstress" in der deutschen Presse*

Quellen: bild der Wissenschaft (1999), ZEITPunkte (2000), Der Spiegel (2001); Focus (2001), Stern (2003)

Um den Umgang von Zeit und Technik näher zu untersuchen, entwickelte AHRENS (1999) drei „Zeittypen", die sich unterschiedlich im Wechselspiel von Technik und Zeit verhalten. AHRENS bezeichnete sie als 1) „technikfaszinierten Wellenreiter", 2) „kommunikationsbesorgten Skeptiker" und 3) „zeitjonglierenden Spieler". Während sich Typ 1 durch eine instrumentelle Technik- und Zeitnutzung auszeichnet und eine quantitative Orientierung und Steigerung der Zeitnutzung anstrebt, betrachtet Typ 2 Technik eher als Hindernis funktionierender Sozial- und Kommunikationsverhältnisse, er hält Gelassenheit und „Tempodiät" für zentrale Eigenschaften. Insofern entsprechen diese beiden Typen den soeben aufgezeigten gegensätzlichen Zeitungsartikeln. Typ 3 des „Spielers" versucht „in der Zeit über Zeit zu disponieren" (AHRENS 1999, S. 11) und strebt die Schaffung von zeitlichen Spielräumen – bei gleichzeitiger entpathetisierter Techniknutzung an. Ahrens sah ihn, der weder technikfasziniert noch technikskeptisch agiert, als zukunftsträchtige Alternative zu den beiden anderen Extremen an.

---

40   Im Rahmen eines Forschungsaufenthalts in Halifax, Nova Scotia (Kanada) im März 2003 konnte die Autorin auch hier Werbung für eine Veranstaltung mit dem Titel „speed dating" finden, was vor dem Hintergrund, dass die Bewohner von Nova Scotia innerhalb Kanadas als extrem langsam gelten, besonders pikant wirkt.

2.4 ZEITBUDGETFORSCHUNG

„For tribal man space was the uncontrollable mystery. For technological man it is time that occupies the same role" (MCLUHAN 1951, zit. nach HARVEY 1999, S. 124).

2.4.1 Geschichte der Zeitbudgetforschung

„Ein Zeitbudget ist ein Logbuch oder Tagebuch der Abfolge und Dauer von Aktivitäten, die von einem Individuum während einer spezifischen Periode ausgeübt wurden, üblicherweise während eines 24-Stunden-Tages. Zeitbudget-Forschung umfaßt die Sammlung zahlreicher solcher Protokolle von den Mitgliedern einer Population, um die hauptsächlichen Trends und Unterschiede zwischen den Subgruppen bezüglich der Verteilung der Zeit zu analysieren" (CONVERSE, 1968, S. 42, zit. nach BLASS, 1980, S. 15).

Nach BLASS (1980) wurden die ersten Zeitbudgetstudien bereits von GIDDINGS 1876 in New York nach Anregungen FRANKLINS durchgeführt, die sich wiederum auf Vorgänger in der französischen und englischen Haushaltsrechnung für Arbeitshaushalte zurückführen lassen (LEPLAY 1882, ENGEL 1882, zit. nach BLASS 1980, S. 24). Meist werden die Anfänge der Zeitbudget-Forschung jedoch erst in die 1920er und 1930er Jahre dieses Jahrhunderts verlegt, sowohl in der Sowjetunion als auch in den englischsprachigen Nationen des Westens. PÜTZ (1970) sah in seiner Übersicht über die Zeitbudgetforschung in der Sowjetunion drei entscheidende Vorbedingungen für das Entstehen dieser Forschungsrichtung: 1) die Einnahmen-Ausgaben-Forschung, die Aufschluss über die Haushaltseinnahmen und -ausgaben gab, 2) der Taylorismus, von dem man sich eine Erhöhung der Arbeitsproduktivität versprach und schließlich 3) die Kulturrevolution, deren Ziel es war, die Zeit nicht nur im Arbeitsprozess, sondern im gesamten Leben einer sinnvollen Planung und Gestaltung zu unterziehen (nach PÜTZ 1970). Als erste „echte" Zeitbudgetstudie gilt demnach die Arbeit von STRUMILIN VON 1922, der nach dem Vorbild der Einnahmen-Ausgaben-Forschung die Verwendung der Zeit (es gibt im Zeitbudget ja nur Ausgaben, keine Einnahmen) von Personen innerhalb der Haushalte erfasste. Die Ziele der Zeitbudgetstudien waren z.B. die Erziehung der Sowjet-Bürgerinnen und -Bürger, die Rationalisierung der persönlichen Tätigkeiten, die Kontrolle der Zeitverwendung im Kollektiv, die Infrastrukturplanung sowie Informationen über den sozialen Wandel (nach PÜTZ 1970). Blass nannte in diesem Zusammenhang „Zeitbudgetstudien ... die Marktforschungs-Studien der zwanziger Jahre" (BLASS 1980, S. 31). In den Arbeiten von Strumilin tauchte immer wieder die „dreimal Achtstundenformel – 8 Stunden Arbeit, 8 Stunden Schlaf, 8 Stunden frei" als Richtwert auf (nach PÜTZ 1970), wobei unter Freizeit Selbstbildung, gesellschaftliche Arbeit und Erholung zu verstehen war. Die Rationalisierung und Ökonomisierung der Zeit – nicht nur der Arbeitszeit – standen als Ziele im Zentrum der Zeitbudgetforschung der sowjetischen Forscher. Die Zeitverwendung verschiedener sozialer Gruppen wurde hier „als deskriptiver

Indikator für die sozioökonomische Entwicklung einer Gesellschaft benutzt" (MÜLLER-WICHMANN 1984, S. 59).

Nach HARVEY (1999) lagen die Anfänge der Zeitbudgetstudien in den Arbeiten von BEVANS und PEMBER-REEVES (1913) zur Haushaltszeitverwendung sowie BAILEY (1915) begründet. In den USA galten die Arbeiten von LUNDBERG ET AL. (1934) über Zeit und Freizeit und SOROKIN und BERGER (1939) (zit. nach BLASS 1980) als richtungsweisend. SOROKIN war als Schüler STRUMILINS in die USA ausgewandert und hatte dort seine Arbeit fortgesetzt (nach PRONOVOST 1989). Er war in einem Beitrag zusammen mit MERTON 1937 der Ansicht, dass auch die astronomische Zeit als ein „Zeit-Esperanto" ein soziales Erscheinungsbild sei. Sie plädierten für eine konzeptuelle und methodische Erweiterung der Kategorien der Zeit um das Konzept der „sozialen Zeit". Ihr Ansatz der Zeitbudgetforschung war stark verhaltens- und motivationsorientiert und sollte Grundlage einer „induktiven Theorie des Verhaltens und der menschlichen Motivation" werden (MÜLLER-WICHMANN 1984, S. 60). Damit sind zwei Ansätze der Zeitbudgetforschung in den USA und in der UdSSR zu unterscheiden. Auch in Japan wurde bereits 1923 eine erste Zeitbudgetstudie über Freizeitaktivitäten durchgeführt.

In der Nachkriegszeit wurden in Europa, den USA und nach Unterbrechung der Arbeiten durch die Stalinzeit auch in der UdSSR nach 1958 Zeitbudgetstudien wieder verstärkt eingesetzt. Die sowjetischen Zeitbudgetstudien der Nachkriegszeit hatten – im Gegensatz zu denen der 1920er Jahre – den Zweck, „durch ihre praktisch verwendbaren Ergebnisse den Übergang vom Sozialismus zum Kommunismus zu beschleunigen" (PÜTZ 1970, S. 58), d.h. als Ziel die klassenlose Gesellschaft mit unbeschränktem Überfluss an materiellen und geistigen Gütern anzustreben. Die lange Tradition der sowjetischen Zeitbudgetstudien besitzt den Vorteil, dass es Replikationen von Arbeiten gibt (z.B. STRUMILINS Arbeit von 1922 wurde von PRUDENKSY Ende der 1950er Jahre repliziert) und somit auf eine große Fülle von Erhebungen zurückgegriffen werden kann.

Mit dem Anwachsen der Umfrageforschung nach dem Zweiten Weltkrieg erfuhr die Zeitbudgetforschung sowohl einen quantitativen Anstieg als auch methodische Verbesserungen. Große Umfragen in Japan 1960/61 mit 170.000 Interviews und 1965 mit 24.000 Personentagen, in der UdSSR zwischen 1959 und 1966 mit 100.000 Personentagen und in Ungarn 1963 mit 12.000 Personen stehen stellvertretend für die Fülle von Zeitbudgeterhebungen dieser Zeit (nach SZALAI 1972, S. 8f). Auch in Polen wurden bereits in den 1960er Jahren Zeitbudgeterhebungen mit über 13.000 Befragten durchgeführt. Ebenso gab es seit dieser Zeit in der ehemaligen DDR zahlreiche Zeitbudgetstudien. Die Freizeitforschung, die Markt- oder Konsumforschung und deren Fragestellungen, die Stadtsoziologie und -planung stellten die Impulsgeber dieser Zeit dar.

Ausgehend von dem 1963 in Wien gegründeten „European Centre for Coordination of Research and Documentation in the Social Sciences" wurde als Kooperationsprojekt zwischen Ost- und Westeuropa das „Multinational Time Budget Research Projekt", finanziert von der UNESCO, unter der Leitung des Ungarn SZALAI ins Leben gerufen. 1965/66 fand schließlich in zwölf Ländern die „Internationale Zeitbudgetstudie" statt, die als *die* Zeitbudgetstudie der

Nachkriegszeit sowohl durch ihren Umfang, ihre internationale Vergleichbarkeit, aber auch durch ihre methodischen Erkenntnisse Standards setzte. Ein Ergebnis – unter vielen – war die Entstehung einer internationalen Arbeitsgruppe, die sich seitdem als die „International Association of Time Use Research (IATUR)"[41] regelmäßig trifft. Auch die dort erarbeitete Klassifizierung der Aktivitäten wird heute noch in vielen Zeitbudgetstudien verwendet. In Westdeutschland waren z.B. SCHEUCH und ROSENBLADT als Forscher beteiligt, in der DDR MANZ und LIPPOLD und in den USA CONVERSE und ROBINSON, um einige Namen der involvierten Wissenschaftler zu nennen. Nach der Erhebungsphase 1965 lagen 30.000 Interviews von Personen vor, die zwischen 18 und 56 Jahre alt waren, in deren Haushalt mindestens eine Person lebte, die außerhalb der Landwirtschaft beschäftigt waren und die in einer mittelgroßen Industriestadt (<25% der Erwerbstätigen in der Landwirtschaft und >30% in der Industrie) zwischen 40.000 und 200.000 Einwohnern lebten. Die Stichprobenanweisungen waren restriktiv, so dass angenommen werden kann, dass die Ergebnisse als repräsentativ gelten können. Das tagebuchgestützte Interview umfasste drei Tage: am ersten Tag wurden die Befragten geschult, am eigentlichen Tag notierten sie von 0.00 bis 24.00 ihre Aktivitäten (ohne Vorgaben, Kategorien usw.) und am Tag danach erfolgte mit dem Interviewer ein kurzer Rückblick über den vergangenen Tag. Zudem wurden zahlreiche soziodemographische Hintergrundvariablen erhoben. Als methodisch neu – und seitdem immer wieder eingesetzt – galt die Tatsache, dass neben der Primärtätigkeit auch Sekundärtätigkeiten, d.h. gleichzeitige Tätigkeiten, erhoben wurden. Die groben Kategorien der klassifizierten Aktivitäten lauteten: „work", „housework", „other household obligations", „child care", „personal needs", „non work travel", „study and participation", „mass media" und „leisure". Sie lassen sich in die Gruppen der sozioökonomischen Pflichten, der persönlichen Bedürfnisse und der Freizeit zusammenfassen. Auf die Ergebnisse der Internationalen Zeitbudgetstudie, die sieben Jahre nach ihrer Erhebung in dem knapp 900 Seiten mächtigen Buch „The Use of Time" ihren Niederschlag fanden, kann an dieser Stelle nicht weiter eingegangen werden (SZALAI 1972). Das Werk gilt als Meilenstein der Zeitbudgetforschung im Zusammenhang mit der Entwicklung der „Quality of Life" Studien.

In Tab. 2.2 wurden die in den vergangenen Jahrzehnten durchgeführten Zeitbudgetstudien zusammengestellt (nach GERSHUNY (1990) durch eigene Recherchen ergänzt[42]), wobei die Übersicht keinen Anspruch auf Vollständigkeit besitzt. Seit den 1970er Jahren wurden in zahleichen Ländern Zeitbudgetstudien – häufig mit Beteiligung der Statistischen Ämter – durchgeführt. In Kanada fanden zahlreiche Zeitbudgetstudien statt, z.T. sogar als Panel. Auch in der Sowjetunion wurden von der Statistischen Zentralbehörde und der Akademie der Wissenschaften

---

41 Die Homepage dieser internationalen Arbeitsgruppe (Sprecher: Harvey, St. Mary's University, Halifax) findet sich unter http://www.stmarys.ca/partners/iatur/ (11.3.2005), das Publikationsorgan ist der Newsletter „It's about time" und das „Time Use Research Centre" ist derzeit auch an der St. Mary's University, Halifax eingerichtet.

42 Die Ergänzungen erfolgten nach einer Recherche im Archiv des „Time Use Research Program" an der St. Mary's University in Halifax, Nova Scotia (Kanada) (2003).

zahlreiche Zeitbudgetstudien sowohl unter der ländlichen als auch der städtischen Bevölkerung durchgeführt, die z.T. sogar als Replik der Studien aus den 1920er und 1930er Jahre konzipiert wurden. In Osteuropa, wie z.B. Bulgarien, der DDR, Polen und Ungarn fanden ebenfalls in den 1970er und 1980er Jahren von staatlicher Seite aus Zeitbudgetstudien statt. In Westeuropa und Skandinavien wurden dagegen bis in die 1990er Jahre die meisten Studien außerhalb der Statistischen Ämter durchgeführt.

Allerdings wurden nur in den seltensten Fällen die Orte dieser Aktivitäten ausreichend erhoben. In der Time Use Studie von SZALAI wurden zehn Klassifizierungen von Orten und sieben von Verkehrsmitteln vorgesehen, jedoch wurden in den meisten Studien einfachere Gliederungen verwendet (dreistufig: zuhause, am Wohnort, nicht am Wohnort o.ä.). Meist ist die Relevanz dieser zeiträumlichen Information nur in den seltensten Fällen, so heißt es bei Harvey „Location is an unavoidable dimension of every activity. One is always someplace" (HARVEY 1999, S. 134). In seinem Beitrag „From activities to activity settings: Behaviour in context" wies er auf die Defizite hin, die eine isolierte Betrachtung von Zeitbudgets ohne Raum und dessen Wirkung aufweist (vor allem im Sinne von „constraints"). Er definierte „activity settings" als „spatial location", „temporal location", „duration" und „social contact". Den Grund für die geringe Integration von Zeitbudgetdaten in die Verkehrsplanung sah HARVEY in folgendem Mangel: „... the lack of attention paid by time use researchers to contextual aspects, particularly the spatial context" (HARVEY 1998, S. 13). HARVEY knüpfte darin an seine früheren Arbeiten (1985) an, in denen er bereits regionale Aspekte der Zeitverwendung analysiert hatte (vgl. Kap. 2.4.4). Insofern ist die vorliegende Arbeit zu regionalen Disparitäten in der individuellen Zeitverwendung nahe an den Forschungsfragen, die derzeit auch auf internationaler Ebene aufgeworfen werden. Von den jüngeren technologischen Entwicklungen, wie z.B. global positioning satellite (GPS) erhofft man sich nun Möglichkeiten der Ortsbestimmung, die gleichzeitig nicht von den Befragten selbst durchgeführt werden müssen.

Der Mangel an räumlichen Informationen hat vielfältige Folgen. Es bleibt eine wesentliche Dimension des Alltagslebens nahezu unberücksichtigt. Es sind somit keine Aktionsräume analysierbar, keine Planungen im Sinne einer Raum-Zeit-Planung zur Entlastung der Verkehrswege durchführbar, d.h. anwendungsorientierte Forschung für konkrete Orte ist mit Zeitbudgetstudien dieser Art nicht möglich. Damit verharrt die derzeitige Zeitbudgetforschung auf dem vom Raum weitgehend losgelösten, abstrakten Niveau der Makroebene. Dieser Kritikpunkt trifft natürlich auch die vorliegende Arbeit, in der versucht wird, mit Regionaltypisierungen der Wohnorte zumindest den Ausgangspunkt des alltäglichen Aktionsraumes feiner regional zu differenzieren als dies bisher in Zeitbudgetstudien geschah. Wären die Zielorte der Aktivitäten erfasst, stünde natürlich ein ungleich wertvollerer Datensatz zur Verfügung, bei dem man z.B. den Zeitaufwand für Wege mit den räumlichen Distanzen hätte in Bezug setzen können, wie dies ansatzweise für die Wege der Haushalte zu Infrastruktureinrichtungen durchgeführt werden konnte (Kap. 3.1.2).

Tab. 2.2: *Zeitbudgetstudien in verschiedenen Ländern (aktualisiert 2003)*

Land	früheste Studie	jüngste Studie	Kontinuität/ Vergleichbarkeit der Einzelerhebungen
Niederlande	1975	1997	ja
Belgien	1965		nein
Frankreich	1947	1998	ja
Großbritannien	1931	1995	ja
Italien	1973	1989	nein
Österreich	1981	1999	nein
Schweiz	1979		nein
Dänemark	1954	1987	ja
Bundesrepublik Deutschland	1965	2001/02	nein
ehem. DDR	1965	1990	ja
Norwegen	1970	1990	ja
Schweden	1981	1990/91	nein
Finnland	1975	1996	nein
Lettland	1987	2000	z.T.
Polen	1965	1993	z.T.
ehem Tschechoslowakei	1965	1990	nein
ehem. Jugoslawien	1965		nein
Slowenien	2001		nein
Ungarn	1963	1993	ja
Bulgarien	1979	1996	?
ehem. Sowjetunion	1927	1993/94	z.T.
Indien	1998/99		nein
Pakistan	1991		nein
Indonesien	1992		nein
Nepal	1978	1993	z.T.
Südkorea	1981	1998	ja
Fiji	1987		nein
Japan	1960	1996	ja
Israel	1970	1995	nein
Marokko	1996/97		nein
Mexiko	1998		nein
Kanada	1971	1998	ja
USA	1936	2000	ja
Australien	1992		nein
Neuseeland	1974	1999	z.T.
Dominikanische Republik	1993	1997	nein
Jamaika	1993		nein
Elfenbeinküste	1986		nein
Nigeria	1999		nein
Tansania	1992		nein
Südafrika	1989	1992	z.T.

Quelle: GERSHUNY 1990, S. 26, Ergänzungen aus HARVEY 1999, S.128f, eigene Recherchen 2003.

Da Zeitbudgetstudien häufig von Familienministerien gefördert und initiiert werden und diese ein vorrangiges Interesse an der Dokumentation nicht entlohnter Arbeit besitzen, sind für sie planerisch relevante räumliche Aspekte meist nachrangig, so dass dann im Sinne der „Fragebogenökonomie" auf die Erhebung solcher Merkmale, wie Zielort der Aktivität, verzichtet wird. Somit sind die Daten dieser Studien für die meisten Geographen/innen uninteressant, und sie sind nicht oder nur selten in der Auswertungsgruppe oder im wissenschaftlichen Beirat vertreten. Da sie nicht zu den wichtigen Nutzern/innen zählen, sind sie wiederum nicht an der Planung der nachfolgenden Studien beteiligt und somit verharren nicht zuletzt aus solch forschungspolitischen Gründen Zeitbudgetstudien auf einer für Geographen/innen nur begrenzt auswertbaren Stufe.

Auf die zahlreichen Einzelerhebungen zur Zeitverwendung, zur Freizeitgestaltung usw., die meist regional oder thematisch begrenzt sind, kann an dieser Stelle nicht eingegangen werden[43]. Die Erhebungen, die dieser Arbeit zugrunde liegen, sind die Zeitbudgeterhebungen des Statistischen Bundesamtes Deutschland aus den Jahren 1991/92 und 2001/02. Sie stellen eine bisher einmalige bundesweite Datenbasis dar, und ermöglichen erstmals einen repräsentativen Überblick über die Zeitverwendung der Bevölkerung in Deutschland, die sich nicht nur auf bestimmte Bevölkerungsgruppen, Regionen oder Aktivitätsbereiche beschränkt. Die Erhebungen bauen in ihrer methodischen Anlage auf der oben erwähnten internationalen Zeitbudgetstudie aus dem Jahre 1965 von SZALAI auf und berücksichtigen die Empfehlungen der International Association for Time Use Research (nach EHLING/ BIHLER 1996, S. 237). Auf die methodischen Besonderheiten wird im nachfolgenden Abschnitt bzw. in Kap. 3.1 genauer eingegangen.

2.4.2 Erhebungsmethoden von Zeitbudgets

Die zentralen Fragen der Zeitbudgetforschung lauten: „Warum tut wer was, wie lange, wie häufig, in welcher Abfolge an welchem Ort?" (BLASS 1980, S. 86). Somit stellen sich die Objekte der Zeitbudgetforschung folgendermaßen dar (ders. 1980, S. 86):

Tab. 2.3: *Objekte der Zeitbudgetforschung*

	Personen	Zeit	Aktivitäten	Orte
Aktivitäten	Aktivitätsausübung	Aktivitätszeiten	Aktivitätsabfolgen	
Orte	Aktionsräume	Dichte	Aktionsorte	Distanz, Verkehr

Quelle: BLASS 1980, S. 86

---

43 Es sei an dieser Stelle auf die Übersicht bei WOTSCHACK (1997, S. 58f) verwiesen.

2.4 Zeitbudgetforschung

Die Methoden, mit denen die Informationen der einzelnen Felder erhoben werden, sind – neben finanziellen Restriktionen – davon abhängig, welche der o.g. Fragestellungen im Vordergrund steht. Da es denkbar schwierig ist, alle Informationen über das Aktivitätsprofil einer größeren Gruppe von Menschen zu erhalten, müssen einzelne Felder der Tabelle (Tab. 2.3) „unterbelichtet" bleiben. Im folgenden werden die fünf bekanntesten Methoden der Zeitbudget-Erfassung (nach BLASS 1980) kurz vorgestellt:

1) Zeitbudget-Interview (mündlich)
Im Zeitbudget-Interview gibt die befragte Person Auskunft über ihren Tagesverlauf, indem sie auf die verbalen Äußerungen (meist Fragen) reagiert, die der/die Interviewer/in vorgibt. Die Antworten können nach einem offenen oder einem geschlossenen Antwortenschema erfasst werden. Diese Form gilt als suboptimal, wird jedoch aus pragmatischen Gründen häufig eingesetzt. Sie kommt vor allem dann zum Einsatz, wenn die Zeitbudgeterhebung in einen umfangreichen Fragebogen eingebaut wird (z.B. auch im Datensatz des Heidelberger Instituts für Interdisziplinäre Frauenforschung, der in der vorliegenden Arbeit ebenfalls Verwendung findet (Kap. 3.2))

2) Zeitbudget-Questionaire (schriftlich)
Die schriftliche Befragung (auch genannt: Recall-, Time- oder Activity-Questionaire) stellt eine der kostengünstigsten Methoden dar. Ein Nachteil ist jedoch, dass die vorgegebenen Aktivitäten sehr unterschiedlich verstanden werden können (z.B. was zählt zur „Freizeit"?). Die Abwesenheit einer Person, an die Verständnisfragen gerichtet werden könnten, stellt ein weiteres Problem dar.

3) Zeitbudget-Beobachtung
Die Zeitbudget-Beobachtung kann verdeckt/ offen, teilnehmend/ nicht teilnehmend, systematisch/ unsystematisch, natürlich/ künstlich und als Selbstbeobachtung oder Fremdbeobachtung durchgeführt werden. Diese Methode ist enorm aufwändig, es sind ihr u.a. ethische und persönlichkeitsrechtliche Grenzen gesetzt und sie ist dann am ehesten anwendbar, wenn man sie auf einen bestimmten öffentlichen Bereich (z.B. Spielplatz) beschränkt.

4) Zeitbudget-Dokumentenanalyse
Hier werden Dokumente, wie z.B. Tagebücher, Sitzungsprotokolle usw. eingesetzt und können z.T. mit Inhaltsanalysen bearbeitet werden. Sie geben allerdings in erster Linie die Vorstellungen der Antwortenden wieder und nicht unbedingt deren tatsächliche Aktivitäten.

5) Zeitbudget-Protokoll
Das Zeitbudget-Protokoll (auch genannt: Tagebuch-Methode, Time Budget Diary o.ä.) ist die Methode der Zeitbudget-Erhebung, die mit Abstand am häufigsten eingesetzt wird und als „Königsweg" unter den Zeitbudgetmethoden gilt. Die Protokollierung kann durch den Forschenden, durch den Beobachtenden oder durch die Befragungsperson erfolgen, wobei letzteres am häufigsten realisiert wird. Als besonders günstig erweist es sich, wenn möglichst wenig Zeit zwischen den zu protokollierenden Aktivitäten und dem Protokoll selbst liegt. So steigen die Fehlerquellen in den sogenannten „Yesterday-Inter-

views", die die Zeitbudgets des voran gehenden Tages erfassen, deutlich an. Man kann Zeitbudgetprotokolle unterschiedlich stark standardisieren, so dass die Befragten z.B. beim unstandardisierten Protokoll gar keine Vorgaben erhalten, nach denen sie ihr Protokoll anfertigen sollen. Im teilstandardisierten Interview werden dann die Zeiträume vorgegeben oder es wird eine Aktivitätenliste beigelegt, wobei man hier noch zwischen offenen und geschlossenen Antwortvorgaben unterscheiden kann, d.h. bei letzterer Form keine eigenen Formulierungen erlaubt sind. Im vollstandardisierten Zeitbudgetprotokoll sind dann sowohl die Antwortmöglichkeiten als auch die Zeitabschnitte vorgegeben, so dass die Befragten nur noch in einer Kreuztabelle ihre Aktivitäten ankreuzen müssen. Diese Form ist zwar leicht auswertbar, es gehen jedoch viele Detailinformationen verloren. Am besten hat sich die Kombination von einem Zeitbudgetprotokoll und einem Zeitbudgetinterview am darauffolgenden Tag, an dem das Protokoll des Vortags besprochen, ergänzt oder korrigiert wird, bewährt. Dieser Methodenmix wurde sowohl in der Internationalen Time Use Study als auch in den bundesdeutschen Erhebungen von 1991/92 angewandt. Die Effekte, die auf die Gültigkeit des Protokolls einwirken können, reichen von Müdigkeit über Selektionseffekte bis hin zu reaktiven Messeffekten. Zu diesen zählt, einen bestimmten Eindruck hinterlassen zu wollen, sowie die Tendenz von Befragten, sozial erwünschte Antworten zu geben.

Ein prinzipielles Problem, das Zeitbudgetstudien immer zu eigen ist, ist die Tatsache, dass sich Menschen in ihrem Alltag nicht unmittelbar über das Verstreichen der Zeit bewusst sind, wie GERSHUNY (1999) es nannte: „... we as individuals don't know how we allocate our time." (GERSHUNY 1999, S. 13). Er kam aus diesem Grund zu dem Schluss, dass die Tagebuch-Methode, mit der versucht wird, die Aktivitäten möglichst zeitnah festzuhalten, die beste Methode darstelle.

Ein wichtiges methodisches Problem, das alle Arten von Zeitbudgetstudien betrifft, ist die Klassifizierung von Aktivitäten. Bereits die Bedeutung des Begriffs „Aktivität" ist nicht eindeutig, was die Vergleichbarkeit der Zeitbudgeterhebungen untereinander erschwert. So war lange Zeit bei der Untersuchung von Freizeitaktivitäten das „Nichts-Tun", das Nachdenken oder das Faulenzen als „Nicht-Aktivität" deutlich unterrepräsentiert, da viele Befragte Freizeitaktivitäten so verstanden hatten, dass sie nur aktive Tätigkeiten festhielten. Klassifikationen und Begriffe müssen als Operationalisierungen von Theorien behandelt werden (BLASS 1980, S. 143f). Aus diesem Grund empfahl BLASS (1980) die Ableitung von Aktivitätsklassen aus Theorien, die jedoch – in Ermangelung von Theorien – nur äußerst selten erfolgte. Die Klassifikation „als Lesefrucht", die intuitive Klassenbildung, die „demokratisch beschlossene" Klassifikation oder die empirische Klassenbildung (durch Cluster- oder Diskriminanzanalyse) sind verbreitetete Formen, wobei eine Mischung aus den beiden erstgenannten Methoden am häufigsten stattfindet.

Auch die Kategorisierung der Zeit übt einen Einfluss auf das Ergebnis aus. Ob nach einer Mindestdauer von Aktivitäten (Problem der Vernachlässigung kurzer Aktivitäten), nach der objektiven Dauer von Aktivitäten (Problem der Überbewertung kurzer Aktivitäten), mit Hilfe einer intervallskalierten Zeit-Variable oder anderer Methoden die Zeit skaliert wird, hat Folgen. Ähnlich verhält es sich mit der Skalierung des Aktionsraums oder der der Interaktionspersonen.

In den Zeitbudgeterhebungen des Statistischen Bundesamtes, die im Zentrum dieser Arbeit stehen, wurde als Erhebungsmethode ein Methodenmix verwendet, der 1991/92 aus einem Interview mit der Erhebung von Grunddaten über den Haushalt am Vortag, dem selbstgeführten Tagebuch über ein Wochenende und mindestens einen Wochentag und einem Schlussinterview besteht. In Form von teilstandardisierten Tagesprotokollen wurde die Zeitverwendung der Personen im Haushalt ab dem 12. Lebensjahr an zwei aufeinanderfolgenden Tagen im 5-Minuten-Rhythmus für Hauptaktivitäten, Nebenaktivitäten, nach beteiligten Personen, für wen diese Aktivität ausgeübt wird und dem Ort der Hauptaktivität erhoben. In jedem Haushalt wurde zudem ein Einführungs- und Abschlussinterview durchgeführt, in dem u.a. soziodemographische Variablen für alle Haushaltsmitglieder erhoben wurden, so dass auch Informationen über Kinder unter 12 Jahren vorliegen. Außerdem wurden darin Angaben zur Ausstattung mit Gebrauchsgütern, zu den Wohnverhältnissen, zu Dienstleistungsangeboten und Einrichtungen (Einkaufsmöglichkeiten des täglichen Bedarfs, Arzt, usw.), zu Kinderbetreuungseinrichtungen, zu Ehrenamt und Hilfeleistungen gemacht. In der Folgestudie 2001/02 wurde das Design dahingehend verändert, dass für alle Personen des Haushalts ab dem 10. Lebensjahr an drei Tagen (zwei Wochentage und ein Wochenendtag) im 10-Minuten-Takt die gleichen Variablen wie 1991/92 erhoben wurden. Außerdem wurde anstelle eines Einführungs- und Schlussinterviews 2001/02 ein schriftlicher Haushalts- und Personenfragebogens eingesetzt.

Die Befragten erhielten keine Vorgaben für Aktivitäten, d.h. sie konnten ihre Aktivitäten frei eintragen. Neben den Wegezeiten wurden auch die benutzten Verkehrsmittel erfasst. Die Aktivitäten wurden anschließend mit Hilfe einer Aktivitätenliste (200 Aktivitäten) verschlüsselt, die 1991/92 in folgende Bereiche (grob) untergliedert wurde: Hauswirtschaftliche Tätigkeiten, Handwerkliche Tätigkeiten, Erwerbstätigkeit/ Arbeitssuche, Ehrenamt/ Soziale Dienste, Qualifikation/ Bildung, Physiologische Regeneration, Geselligkeit/ Kontakte, Mediennutzung/ Freizeitaktivitäten, Kinderbetreuung, Pflege. Die Aktivitätenliste der Zeitbudgetstudie 2001/02 wurde dahingehend verändert, dass die Bereiche Kinderbetreuung und Pflege in einen großen Bereich Haushaltsführung und Familie eingebunden wurden und der Bereich Mediennutzung/ Freizeitaktivitäten in die drei einzelnen Bereiche Teilnahme an sportlichen Aktivitäten bzw. Aktivitäten in der Natur, Hobbys und Spiele sowie Massenmedien feiner untergliedert wurde. Da in diesen Hauptbereichen umfangreiche Teilaktivitäten mit ihrem zugehörigen Wegen einzeln verschlüsselt wurden, bleibt die Vergleichbarkeit zwischen den beiden Studien gewährleistet.

2.4.3 Anwendungsgebiete der Zeitbudgetforschung

Während die frühen Zeitbudgetstudien vor allem auf die Arbeitsproduktivität ausgerichtet waren, so hat sich in der jüngeren Zeit das Anwendungsfeld dieser Studien deutlich erweitert. Mittlerweile widmet sich ein großer Teil der Zeitbudgetforschung der freien Zeit, deren Umfang, deren tages-, wochen- und jahreszeitlichen Rhythmen und den Aktivitäten, mit denen die Freizeit gefüllt wird (vgl. ANDORKA 1987; LÜDTKE 1995b). Häufig werden Zeitbudgetstudien auch in der Medienanalyse verwendet, um die Nutzung von Massenmedien zu analysieren (z.B. KIEFER 1987) oder um kaufträchtige Werbezeiten für bestimmte Zielgruppen zu ermitteln. Die Anwendungen der Zeitbudgetforschung in der Stadtsoziologie und in der Aktionsraumforschung wurden bereits in Kap. 2.3.5 diskutiert bzw. werden im nachfolgenden Absatz vertieft.

Die Aufteilung der Arbeit zwischen den Geschlechtern – sei es nun die Erwerbsarbeit oder die Reproduktionsarbeit – ist ein Anwendungsgebiet, das in jüngster Zeit im Zentrum der Zeitbudgetforschung steht. Auch die bundesdeutschen Zeitbudgeterhebungen setzten sich zum Ziel, die „bisher in der Wirtschaftsberichterstattung weitgehend unsichtbaren Leistungen der privaten Haushalte ... so in Mengenangaben (Zeitangaben) und – durch geeignete Bewertung – in Geldeinheiten sichtbar (zu machen)" (BLANKE/ EHLING/ SCHWARZ 1996, S. 3). Da es sich bei den bisher unsichtbaren Leistungen im Haushalt vor allem um Arbeit handelt, die von Frauen geleistet wird, ist diese Erhebung besonders geeignet, um auf die unterschiedliche Arbeitsteilung zwischen den Geschlechtern einzugehen. Die Vergleiche zwischen Frauen in der Bundesrepublik bzw. den alten Ländern und der DDR bzw. den neuen Ländern hinsichtlich Zeitaufwand für Hausarbeit und Erwerbsarbeit erweisen sich als besonders spannend (HOLST/ PRILLER 1991). Dass sich das Aufgabengebiet der Haushaltsarbeit in den eher traditionell geprägten Gesellschaften als „very resistant to change" (ANDORKA 1987, S. 155) erweist, muss auch in den jüngsten Studien festgestellt werden (BLÄTTEL-MINK/ KRAMER/ MISCHAU 1998) – und dies unabhängig vom Rückgang des absoluten Zeitaufwands für Hausarbeit von 1960 bis 1984 (GERSHUNY 1988). In diesen Zusammenhang sind auch die Arbeiten zu sozialen Netzwerken, die Fragen danach, mit wem und für wen die Zeit verwendet wird, einzuordnen. Die letztgenannte Frage nach dem sozialem Kapital der Gesellschaft stellt eine der Dimensionen dar, die in den bundesdeutschen Zeitbudgetstudien besondere Berücksichtigung gefunden hat.

Der Bereich der „Schattenwirtschaft" oder der „informal economy" zählt ebenfalls zu den Forschungsgebieten, die sich fast ausschließlich über Zeitbudgetstudien erschließen lassen (ANDORKA 1987). GERSHUNY (1999) unterschied in „declared paid work, undeclared paid work and unpaid work" (GERSHUNY 1999, S. 17), wobei er die beiden letztgenannten Arten von Arbeit zur „informal economic activity" zählte. Die Erfassung dieser Aktivitäten, die z.T. als Indikatoren der Modernisierung oder der Transformation in den Ländern Osteuropas erhoben werden, zählt zu den zentralen Anliegen der modernen Zeitbudgetstudien.

Die Sozialindikatorenbewegung, die Wohlfahrtsforschung und „Quality of Life-Forschung" entstanden mit dem Anspruch, das zu erfassen, was Wohlfahrt ausmache und vor allem die Bestandteile zu berücksichtigen, die über das Einkommen als zentralen Indikator hinausgehen. Der Umfang der freien Zeit wird dabei häufig als ein Indikator für Wohlfahrt eingesetzt. Auch im System Sozialer

Indikatoren der Bundesrepublik Deutschland ist seit mehreren Jahren ein Modul „Freizeit und Mediennutzung" implementiert (KRAMER/ WEICK 1999). Die Lebensstilforschung als ein Anwendungsgebiet der Zeitbudgetstudien wurde ebenfalls bereits in Kap. 2.3.4.5 erwähnt. Ähnlich verhält es sich mit der Sozialstrukturanalyse, in der Statusdifferenzen mit Hilfe von Zeitbudgetstudien analysiert werden konnten (ANDORKA 1987). Im internationalen Vergleich finden seit der Time Use Studie von 1965 Zeitbudgetstudien zunehmend Beachtung, allerdings konnte seit der o.g. Studie keine so umfassende Erhebung mehr geleistet werden. ANDORKA (1987) fasste die Ergebnisse des internationalen Vergleichs bzgl. der Sozialstruktur Europas so zusammen, dass er von zwei Achsen sprach, die Europa im Jahr 1965 durchzogen: eine Achse teile den Osten und den Westen und insofern, als im Osten mehr Arbeit am Hauptarbeitsplatz stattfinde, mehr Bücher gelesen würden und man mehr ins Kino gehe, während im Westen mehr ferngesehen werde und mehr soziale Kontakte gepflegt würden. Eine zweite Achse teile den Norden und den Süden: Während man im Norden wesentlich mehr freie Zeit im Haus verbringe, so verbringe man im Süden wesentlich mehr Freizeit außer Haus.[44]

Ein Bereich, der in der soziologischen Literatur zur Zeitbudgetforschung meist nur wenig wahrgenommen wird, ist der der Verkehrsforschung oder des „transport planning". Auf diese Ansätze wurde kurz in Kap. 2.2.3.2 eingegangen. Sie stellen mittlerweile eine große Gruppe von Arbeiten dar, in denen sowohl spezielle Methoden als auch spezielle Designs entwickelt wurden. Dieses Forschungsgebiet erhielt seit Beginn der 1990er Jahre vor allem dadurch neue Impulse, dass ein Wechsel von „trip-based models" zu „activity-based models" stattfand (BHAT/ KOPPELMAN 1999, S. 119). Dazu zählen ebenfalls die Arbeiten von YAMAMOTO/ KITAMURA (1999) und HARVEY (1985, 1997). Während „trip-based models" die Zeit auf den Wert einer Ressource, d.h. die Kosten einer Fahrt, reduzieren, betrachten „activity-based models" Zeit als die umfassende Einheit, innerhalb derer Individuen ihre (Reise-)Entscheidungen treffen. Besonders Studien zu „activity episodes" (im Gegensatz zur einfachen „activity time allocation") beziehen jegliche Form des Kontextes innerhalb des Tageszeitverlaufs, mit anderen Personen bzw. den Ort mit ein. Sie umfassen auch „their associated spatial, temporal, sequencing, and company contexts of participation" (BHAT/ KOPPELMAN 1999, S. 120). Zahlreiche Modelle wurden z.B. dazu entwickelt, um Folgen von veränderten Nahverkehrsangeboten zu testen oder Veränderungen von Arbeitszeiten und Reisezeiten zu simulieren.

In den Arbeiten zu individuellen „Reise-Zeitbudgets" (individual travel time budgets), konnten Gruppen mit relativ stabilen „Reise-Zeitbudgets" ausgemacht werden, die sich durch Erwerbsstatus, Geschlecht und Alter, Haushaltseinkommen und PKW-Besitz beschreiben ließen (PENDERGAST/ WILLIAMS 1981 oder WIGAN/ MORRIS 1981). Die Arbeiten der Verkehrsforscher und -planer mit Zeitbudgetdaten stehen am stärksten in der Tradition der Lund-Schule und der Ak-

---

44 Ohne dem Geodeterminismus zu verfallen, ist dieses Ergebnis bei den klimatischen Unterschieden zwischen Nord- und Südeuropa nicht überraschend.

tionsraumforschung der 1970er und 1980er Jahre. In einem Vergleich zwischen zwei australischen Städten wurde z.B. anhand der unterschiedlichen Aufwendungen für Fahrtzeiten deutlich, dass die beiden Städte verschiedene räumliche Strukturen und unterschiedliche Erreichbarkeiten für die Aktivitätsorte boten. Anhand der Untersuchung von Bevölkerungsgruppen, die hinsichtlich ihres Zeitbudgets homogen waren, ließen sich weitere Unterschiede zwischen den Städten finden. Dieser Ansatz wird in ähnlicher Form auch in der vorliegenden Arbeit verfolgt werden, wobei durch die Analyse zahlreicher Gemeinden das Augenmerk stärker auf die unterschiedlichen Gemeindetypen gerichtet wird. Die Analyse der Zeitaufwendungen für Wegezeiten stellt somit einen ganz speziellen Ausschnitt der Zeitbudgetstudien dar. In einem Modell, das wechselseitige Einflussfaktoren auf die Zeitverwendung innerhalb einer Familie überprüfte, stellte sich als einzig signifikanter Einflussfaktor (neben Gehalt der Ehepartner u.v.m.) auf die Zeitgestaltung die Fahrtzeit der Personen heraus: „in all the time use equations at least one person's travel time variable is significant" (SOLBERG/ WONG 1992, S. 508). Dies verdeutlicht, wie wichtig es ist, die Wege- und Fahrtzeiten näher zu betrachten.

Tab. 2.4: *Ausgewählte Anwendungen von Zeitbudgetdaten*

Discipline	Analysis
Development studies	fertility, home production
Communications	audience analysis, program scheduling
Economics	macro-accounting, forensic accounting, micro modelling, poverty analysis, labour analysis
Environment	exposure studies
Gerontology, ageing	activity patterns, ageing and leisure
Health	physical activity assessment, access to health care
Household economics	household production, nutrition, cost of children, child care, elder care
Leisure studies	work/leisure balance, comparative leisure studies
Marketing	consumer behaviour, life style, shopping times [PATTERNS?]
Nursing	quality of life
Occupational therapy	activity/occupation analysis
Psychology	ecological, cognitive
Planning	college location, housing, children's environments, teleworking, housing design
Quality-of-life studies	activity engagement, activity satisfaction
Sleep research	epidemiology of sleep
Sociology	social integration, occupational analysis, work ethic analysis, social change
Travel behaviour	activity patterns, trip making
Women's/gender studies	role analysis, gender division of labour

Quelle: HARVEY 1999, S. 137

HARVEY stellte 1999 in einer Übersicht zentrale Anwendungsgebiete von Zeitbudgetstudien zusammen (vgl. Tab. 2.4). Es wird deutlich, dass das Spektrum der Arbeiten nahezu alle Lebensbereiche abdeckt. Insbesondere zur Lebensqualitätsforschung und zur Gender-Forschung entstanden in den vergangenen Jahren zahlreiche Arbeiten, die auf Zeitbudgetstudien aufsetzten. In Osteuropa dagegen lag ein wesentlicher Schwerpunkt auf den Arbeiten zur wirtschaftlichen Situation, insbesondere der „informal economy" (GERSHUNY 1999). Einer der Anwendungsbereiche der Zeitbudgetanalysen, der für die vorliegende Arbeit von Bedeutung ist, ist die Aktionsraumforschung. Aus diesem Grund wird ihr an dieser Stelle mehr Platz eingeräumt als den anderen Anwendungsgebieten. Sie zählten zu den Arbeiten, in denen versucht wurde, räumliche und zeitliche Strukturen miteinander zu verknüpfen.

2.4.4 Zeitbudgetstudien und Aktionsraumforschung – theoretische Ansätze

Die Aktionsraumforschung ist ein Anwendungsbereich der Zeitbudgetanalysen, der für die vorliegende Arbeit von besonderer Bedeutung ist. Aus diesem Grund wird ihr an dieser Stelle mehr Platz eingeräumt als den anderen Anwendungsgebieten. Sie zählen zu den Arbeiten, in denen versucht wurde, räumliche und zeitliche Strukturen miteinander zu verknüpfen.

Die Theorieskizzen, die nach BLASS (1980) bisher für Zeitbudgetstudien im Zusammenhang mit Aktionsraumstudien Verwendung fanden, lassen sich folgendermaßen gruppieren (BLASS, 1980, S. 55f):

a) Erste Ansätze stammen aus der Ethologie (Tierverhaltensforschung), die mit Begriffen operiert, wie z.B. Aktionsraum, Revier, Territorium oder Aktionsort. Unter einem Aktionsort wird der geographische Ort verstanden, an dem sich ein Individuum aufhält.

b) Einen ähnlichen Hintergrund hat die Überlastungs-Hypothese, die sozialpsychologisch argumentiert. STOKOLS (1972) führte die Begriffe objektive Dichte (denisty = Personen pro Flächeneinheit) und Enge (crowding = Nachfrage nach Fläche durch Dichte) ein. Die „Theorie sozialräumlicher Organisation" von FRIEDRICHS (1977) basierte auf diesen Grundannahmen. Ziel dieses Ansatzes war die Erklärung von Unterschieden in den Aktionsräumen von Bevölkerungsgruppen. Damit kann dieser Ansatz als Theorie des raumzeitlichen Verhaltens betrachtet werden, die über die Deskription hinaus geht.

c) In der Feldtheorie wurde der Begriff des hodologischen Raums (LEWIN 1934) entwickelt, worunter der durch Wege eröffnete Raum, der geographische Lebensraum, zu verstehen ist. Darauf aufbauend setzt die „ökologische Psychologie" an, die davon ausgeht, dass das Verhalten durch das „Behavioral setting" (BARKER 1968) beeinflusst wird.

d) Eine der bekanntesten Theorien ist die „Constrained-Theorie", die davon ausgeht, dass „räumliche(s) Verhalten ... das Ergebnis einer Auswahl zwischen verschiedenen Verhaltensmöglichkeiten (darstellt), die durch individuelle Motivationen und Werte beeinflußt wird" (BLASS, 1980, S. 58). CHAPIN

(1965) formulierte erstmals diesen Ansatz anhand der Verteilungen der Aktivitäten über eine Stadt aus. In den Arbeiten von HÄGERSTRAND (1970) wurde dieser Ansatz fortgesetzt, indem das Verhalten des Menschen innerhalb eines Raum-Zeit-Kontinuums betrachtet wurde. Jedoch bestehen nicht unbegrenzte Wahlmöglichkeiten, sondern dieses Verhalten ist eingeschränkt durch Umweltbedingungen, sogenannte „constraints" (HÄGERSTRAND 1970). Damit lässt sich das Verhalten als ein Kontinuum zwischen Wahlfreiheit (Freedom of choice) und Zwang (constraints) beschreiben und raum-zeitliche Beschränkungen sind für das Verhalten im Raum entscheidend (vgl. Kap. 2.2.2.4)

e) Eine Fortführung fand die Constrained-Theorie durch ELLIOT, HARVEY und PROCOS Mitte der siebziger Jahre in Halifax (Kanada) in einem Projekt mit dem Titel „Dimensionen metropolitaner Aktivitäten: Zeit, Raum und Einstellungen (DOMA)." Dabei wurde mit den gleichen Erhebungsinstrumenten wie in der Studie „Use of Time" gearbeitet, jedoch zusätzlich ein 100m- bzw. 1km-Koordinatennetz für eine regionale Modellierung verwendet.

f) Ebenso fand der Ansatz von HÄGERSTRAND in London an der „London Joint Unit for Planning Research" eine Weiterentwicklung (CULLEN, 1972 und 1978, zit. nach BLASS, 1980). Dort wurden zusätzlich zum sozialen und ökonomischen Kontext Elemente, wie z.B. psychischer Stress, in das Modell aktionsräumlichen Handelns einbezogen.

g) Erweitert wurde die Aktionsraumforschung durch den Versuch, subjektive Zufriedenheiten bei der Ausübung der Aktivitäten einzubeziehen (MICHELSON 1978). Auch die Konstruktion eines „subjektiven Aktionsraums" (action space) (HORTON/ REYNOLDS 1971) als eine Sammlung von Orten, für die es besondere „preferences" gibt, ging einen ähnlichen Weg.

h) In einer kommunikationstheoretischen Tradition standen die Arbeiten von MEIER (1962) und HITCHCOCK (1969) (beide zit. nach BLASS, 1980), in denen z.B. aus einem Zeitbudget ein Index des Urbanisierungsgrades der Bevölkerung gebildet wurde. HITCHCOCK vermutete einen Zusammenhang von Aktionsraum (non-work activity space) und Lebensraum (life space defined by his access to information), der sich in der Variabilität der Aktivitäten niederschlägt.

Die Verwendung von Zeitbudgets in der Aktionsraumforschung reicht über die Analyse von Revieren (MICHELSON/ REED, 1975, zit. nach BLASS 1980) bis hin zu den Ansätzen, die DANGSCHAT und FRIEDRICHS erarbeiteten, und die in Kap. 2.3.5 näher erläutert wurden. Die Kritik an der Aktionsraumforschung (BLASS, 1980, S. 67) richtet sich in erster Linie dagegen, dass die Vorgehensweise rein deskriptiv sei – ein Vorwurf, der auch häufig gegen die Zeitbudgetforschung selbst gerichtet wird – und dass physikalische Variablen (d.h. die physische Umgebung des Wohnortes) mangelhaft berücksichtigt würden. Der Vorwurf einer „Tendenz zu theoretischem Provinzialismus" mündet in der Forderung nach einem befriedigenden Ansatz, der „soziologische, psychologische und physikalische Wirkungen auf die Benutzung der Aktionsräume enthält" (BLASS, 1980, S. 67).

Eine Trennung der theoretischen Ansätze in der Zeitbudgetforschung in ökonomische und soziologische Ansätze nahm WOTSCHAK (1997) vor. In den *öko-*

2.4 Zeitbudgetforschung

nomischen Ansätzen wird Zeit als Wirtschaftsgut erfasst. Die rationale Zeitallokation und Haushaltsproduktion unter dem Aspekt der Nutzenmaximierung (neoklassische subjektive Werttheorie) bestimmen die Zeitverwendung (BECKER 1965). Zeit gilt in diesem Ansatz als knappe Ressource, die entweder für Lohnarbeit oder für Haushaltsproduktion eingesetzt wird. Die Bewertung der Zeitverteilung geschieht über ein Kosten-Nutzen-Verhältnis der eingesetzten Zeit und der Güter (der Mensch als homo oeconomicus). Ziel des Haushalts ist die Nutzenmaximierung, indem er die dem Haushalt zur Verfügung stehenden Ressourcen möglichst gewinnbringend einsetzt. Die Umsetzung dieser Theorien erfolgte z.B. in den Versuchen zur Wertbestimmung der Haushaltsproduktion, die mit Hilfe der deutschen Zeitbudgeterhebung des Statistischen Bundesamtes vorgenommen wurden (SCHÄFER/ SCHWARZ 1996). In Arbeiten zur Verkehrsmittelwahl konnte nachgewiesen werden, dass die Ressource Zeit für Erwerbstätige eine deutlich größere Rolle spielt als die Ressource Geld, wenn es z.B. um die Entscheidung zwischen PKW und ÖPNV geht (BAMBERG 1996).

In den *soziologischen Ansätzen* werden verschiedene Theorien des sozialen und individuellen Verhaltens mit Hilfe von Zeitbudgetdaten überprüft. Ein Ansatz stammt von LÜDTKE (1984b), der prüfte, inwieweit das Freizeitverhalten als Ausdruck von Präferenzsystemen zu verstehen sei. LÜDTKE kam zu dem Ergebnis, dass die Freizeit nicht als individuell disponible Zeit verstanden werden könne, sondern durch Einschränkungen und Handlungsspielräume vorstrukturiert sei. Der Akteur bestimme allerdings im Rahmen seiner Präferenzen und des situativen Kontextes immer noch, welche Lösung (nutzenorientiert) die für ihn gewinnbringendste darstelle.

SCHEUCH (1972) ging in seinem soziologischen Ansatz davon aus, dass sich in Zeitbudgetdaten soziale Sachverhalte widerspiegeln. Er verband vor allem das Freizeitverhalten und den Rollenansatz insofern miteinander, als er den Zeitverbrauch im Wesentlichen als ein Produkt von Geschlecht * Alter * Familienstand (modifiziert durch den Faktor Erwerbstätigkeit) ansah. Weiterhin modifizierten nach SCHEUCH (1972) zahlreiche Bestimmungsgründe die Zeitverwendung. Freizeit sei demnach das Verhalten unter Bedingungen mit Dispositionsspielraum (SCHEUCH 1977). Die sozialen Rollen bestimmten wiederum die sogenannte „Elastizität von Zeit". Scheuch wies darauf hin, dass man mit Hilfe von Zeitbudgetdaten auch den Verbrauch von Zeit und Raum, die Nutzung von Stadt oder sozialökologische Phänomene wie das der Segregation erfassen könne. In den beiden o.g. soziologischen Ansätzen sind Elemente des unter Kap. 2.2.2.4 erläuterten „constraints-Ansatzes" enthalten.

Der von BLASS (1990) „Disparitätshypothese" genannte Ansatz vertiefte den Aspekt der Segregation, der mit Hilfe von Zeitbudgetdaten analysiert werden kann. Die Disparitäten der Gelegenheiten sollen sich auch in raumzeitlichen Disparitäten in ihrer Nutzung und damit in Disparitäten im sozialräumlichen Verhalten niederschlagen. Geht man davon aus, dass eine Minimierung der Distanzbelastung ein Ziel der Individuen bzw. der Haushalte darstellen könnte, so wäre mit Hilfe der Kompensationshypothese (KLINGBEIL 1978) die Ausdehnung des

Aktionsraums zu erklären. Auch würden Tätigkeitsabfolgen, -koppelungen, -häufungen und Aktionsortmobilität damit erklärt werden können.

Aus einer Kritik an der ökonomischen Haushaltsforschung entwarf VON SCHWEITZER (1990) den Ansatz, dass Zeitbudgets das Abbild unterschiedlicher Lebensweisen seien. Die Struktur- und Systemzusammenhänge der Haushalte können als Lebensweisekonzepte verstanden werden, in denen zwar Zeit auch eine Humanressource darstelle, die jedoch im Kontext des Haushaltes eine andere Bewertung erfahren könne. In der Zeitbudgetstudie des Statistischen Bundesamtes wurde dieser Ansatz mit den beiden Kategorien „persönliche Zeit" und „Familienzeit" berücksichtigt.

Handlungstheoretische Ansätze, wie z.B. der von MISCHEL (1973), gehen davon aus, dass „Situationen" über eine Mischung aus Erwartungen, Fähigkeiten uvm. ein Verhalten hervorrufen. Der Akteur verwandle dann die objektive Umweltsituation unter Berücksichtigung seiner Kompetenzen in eine subjektive Situation (mental map), in der er schließlich handle. Die Wechselwirkungen zwischen Situation und Akteur müssten jedoch auch berücksichtigt werden, so dass sich daraus ein komplexes Gefüge von statischen und dynamischen Interaktionen zwischen Person, Situation und Handlung gebe.

All diesen theoretischen Ansätzen der Zeitbudgetforschung wird vorgeworfen, sie lieferten ausschließlich eine rein deskriptive Beschreibung, seien jedoch nicht in der Lage, die Verteilung der Aktivitäten am Tage zu erklären. Ein zentraler Vorwurf zielt darauf, dass keine Theorien zur Erklärung der Zeitverwendung vorlägen und auch die Hypothesenbildung oft erst nach der Datenerhebung erfolge. Der Ruf nach einer umfassenden „comprehensive theory of time use" wird auch in jüngerer Zeit von Seiten des englischsprachigen „transportation planning" laut (BHAT/ KOPPELMAN 1999, S. 131). Das Zusammenwirken von Motivationstheorie, soziologischen Theorien, geographischen und stadtplanerischen Ansätzen oder ökonomischen Theorien sollte nach Ansicht von BHAT und KOPPELMAN zu einer integrierten Theorie führen, um neue Einsichten in die Zeitverwendung zu erlangen. In die gleiche Richtung gehen die Arbeiten von HARVEY ET AL. (1997) und LEE-GOSSELIN und POLAK (2002), die einen „Activity Systems Approach" (HARVEY ET AL. 1997, S. 1) vorschlagen, in dem eine ganzheitliche Betrachtung der Aktivitäten des Alltags vorgenommen werden sollte.

In den jüngeren Arbeiten von BAMBERG und SCHMIDT wurde überprüft, inwieweit sich die Verkehrsteilnahme und die Entscheidung, welches Verkehrsmittel gewählt wird, als „Rational Choice"-Modell bzw. als Modell der „Theorie des geplanten Verhaltens" erklären lassen (BAMBERG 1996; BAMBERG/ SCHMIDT 1998). Durch die Einführung eines Semester-Tickets im ÖPNV der Universitätsstadt Gießen, das als „Intervention" in den Entscheidungsprozess der Verkehrsmittelwahl anzusehen ist, konnten sie Brückenhypothesen zwischen „conceptual theory" auf der Makro-Ebene und der Handlungstheorie auf der Mikroebene formulieren. Der Eingriff „Semester-Ticket" auf der Makro-Ebene und die Reaktionen der Akteure auf der Mikro-Ebene konnten so miteinander verknüpft werden. Dieser Ansatz kann durchaus auf andere Arten von Aktivitäten und damit auf

Zeitbudgetanalysen übertragen werden und die viel beklagte Theorielosigkeit der Zeitbudgetstudien beseitigen.

An der kanadischen St. Mary's University in Halifax, Nova Scotia, wird seit Mitte der 1970er Jahre intensiv sowohl theoretisch als auch empirisch zum Thema Zeitbudget gearbeitet. Es wird in diesen Arbeiten u.a. räumlichen Aspekten des Kontexts immer wieder große Bedeutung zugeschrieben. HARVEY wies bereits 1978 darauf hin, dass es gerade für die Analyse von Zeitbudgetstudien unentbehrlich sei, die Wirkung der „constraints" in Form von sozialen, räumlichen und zeitlichen Kräften zu berücksichtigen (HARVEY 1978, S. 6).

Abb. 2.16: Das „Constrained Choice Model of Enacted Behaviour" nach HARVEY (1995)

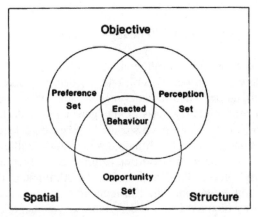

Source: After Procos and Harvey (1977), p. 261.

Quelle: HARVEY 1995, S. 156

HARVEY und PROCOS (1977, HARVEY 1995) entwickelten daraus ein „Constrained Choice Model of Enacted Behaviour" (Abb. 2.16) , in das neben den Zielen und der Struktur auch der Raum einging. Demnach entstehe das tatsächliche, durchgeführte und beobachtbare Verhalten der Personen aus einem Set von Präferenzen, Wahrnehmungen und Gelegenheiten, wobei nicht alle Gelegenheiten wahrgenommen oder gewünscht seien, nicht alles Wahrgenommene möglich oder gewünscht sei und nicht alles Gewünschte möglich sei oder wahrgenommen werde. Besonderen Wert legte man darauf, dass der Kontext bei der Realisierung der Aktivitäten eine entscheidende Rolle spiele: „In reality, however, one must deal with a spatial-temporal objective structure" (Harvey 1995, S. 155). Dieses Modell entspricht in zahlreichen Aspekten dem in Kap. 1 (Abb. 1.2) vorgestellten Ansatz der vorliegenden Arbeit. Auch hier werden objektive Raumstrukturen als Eigenschaften des Wohnorts (Opportunity Set) zugrunde gelegt und diese werden durch Eigenschaften und Präferenzen der Akteure (Preference Set) in ihrem jeweiligen Lebenszyklus unterschiedlich beurteilt.

Neben HARVEY untersuchte auch JANELLE (et al. 1983, 1988, 1995, 1998) das Zeitbudget zusammen mit räumlichen Komponenten. So wurde z.B. für Halifax von JANELLE ET AL. (1993) die zeitliche Ordnung des städtischen Raumes für unterschiedliche Bevölkerungsgruppen („role groups") studiert. Die Autoren konnten zeigen, wie sich die sozialökologischen Strukturen der Stadt über den Tagesverlauf aufgrund der alltäglichen Aktivitäten und des Mobilitätsverhaltens der Bewohner/innen änderten und welche Gruppen wann und wo die Stadt nutzten. Sie konnten somit wichtige Informationen über das städtische Verkehrssystem und das individuelle Verkehrsverhalten erhalten und die Nachfrage der Betroffenen an das Verkehrssystem ermitteln. Die Untersuchung mündete in der nachdrücklichen Forderung nach vergleichbaren Daten zeitlich und räumlich codierter Tagebücher in Halifax und in anderen Städten.

2.4.5 Kritik an der Zeitbudgetforschung

Wie bereits mehrfach erwähnt gibt es zahlreiche Kritikpunkte an der Zeitbudgetforschung. Sie setzt entweder an der Theorie oder an den methodischen Besonderheiten an. Die Kritik an der Theorie lautet meist – abgesehen von dem generellen Vorwurf der Theorielosigkeit –, dass Zeitbudgetstudien zu deskriptiv seien, Trivialitäten abbildeten, weder Werte noch soziale Prozesse berücksichtigten und nur ein unvollständiges buchhalterisches Abbild des Lebens darstellten.

Die Kritik an der Methode ist meist differenzierter. So richtet sie sich z. B. nach WOTSCHACK (1997) gegen die Klassifikation der Aktivitäten, die Auswahl und Abgrenzung von Aktivitäten und die Zusammenfassung von Aktivitäten zu Episoden. Ein weiterer Kritikpunkt ist, dass der Einbezug von nicht-zeitlichen Dimensionen (Ort, Personen, Merkmalen der Befragten) oft – meist aus finanziellen Gründen – vernachlässigt werde. Auch die Mehrdimensionalität des menschlichen Handelns könne in Zeitbudgeterhebungen nicht erfasst werden, ebenso wie qualitative Unterschiede und soziale Bedeutung der Tätigkeiten wegfallen und Zusammenhänge nicht erfasst würden. Da auch die Intensität der Tätigkeiten nicht berücksichtigt wird, lautet die Hauptkritik, dass die Dimension „Qualität von Zeit" unbeachtet bliebe (nach WOTSCHACK 1997, S. 64). Es ist bekannt, dass Aktivitäten oberflächlich gleich, aber inhaltlich durchaus verschieden sein können sowie unterschiedliche soziale Funktionen haben können. MÜLLER-WICHMANNS Resümee zum Aussagehalt von Zeitbudgets ist: „Zeitbudgets bilden – unvollkommen – faktisches Verhalten ab. Dabei erfasst die bloß buchhalterische Aufgliederung weder die Qualität (bzw. den Inhalt) noch die Intensität der Zeitverwendung" (MÜLLER-WICHMANN 1984, S. 64).

Neue Ansätze, die qualitativen Aspekte von Zeitverwendung zu berücksichtigen, werden in jüngerer Zeit immer wieder diskutiert. Es müsse dabei darauf geachtet werden, dass nicht nur verschiedene Personen ein und dieselbe Tätigkeit unterschiedlich bewerten können (Aktivität Kochen: a) Verpflichtung , b) Hobby), sondern auch die gleiche Person je nach Situation diese Tätigkeiten unterschiedlich beurteilen kann. Eine Möglichkeit, zumindest ein knappes qualitatives Urteil über Tätigkeiten zu erhalten, stellt die in Kanada erprobte Frage nach der Tätigkeit dar, die an einem Befragungstag am meisten Spaß bereitet habe (HARVEY 1999, S. 136).

Zur „Ehrenrettung" der Zeitbudgetstudien sei an dieser Stelle ergänzt, dass all die hier zitierten kritischen Autorinnen und Autoren (BLASS 1980; MÜLLER-WICHMANN 1984 und WOTSCHACK 1997) diese Kritik an den Anfang von Arbeiten stellten, in denen sie selbst Zeitbudgetdaten für ihre Analysen verwandten. Inwieweit sich Zeitbudgetdaten trotz alledem sogar für eine Arbeit mit regionalwissenschaftlichen Fragestellungen eignen, wird im Folgenden gezeigt. Für eine Weiterentwicklung der derzeitigen Zeitbudgetforschung hin zu einer stärker raumbezogenen Perspektive ist es m.E. wichtig, zu zeigen, was selbst mit den bisher vorliegenden Daten zu leisten ist.

Auf die Analysemöglichkeiten von Zeitbudgetstudien soll an dieser Stelle nicht ausführlich eingegangen werden. Sie sind – wie auch die Erhebungsverfahren der Zeitbudgetstudien selbst – vielfältig und reichen von deskriptiven Analysen über Längsschnittanalysen (u.a. LISREL-Ansatz), Ereignis-Analysen (BLASS 1980) bis hin zur Analyse von mehreren hintereinander gehängten Aktivitäten mit Hilfe des Modells der Markovschen Ketten (WIGAN/ MORRIS 1981, S. 81). Auch die Methode des „Sequence-alignment" oder „String matching" – sie kommt aus der Molekularbiologie und ist geeignet, einzelne (Zeit)Stränge dahingehend zu überprüfen, ob sie identisch sind oder nicht – wird für Zeitbudgetstudien eingesetzt. Sie bietet eine neue Möglichkeit, das Aktivitätsmuster ganzer Tage miteinander zu vergleichen und nicht nur Dauer und Zeitpunkt einzelner Aktivitäten zu analysieren (WILSON 1997).

2.4.6 Aktuelle Forschungsgebiete der Zeitbudgetforschung

Im Konferenzband der „International Conference on Time Use" (ICTU) 1998 in Lüneburg (MERZ/ EHLING 1999) wird ein Überblick über den jüngsten Stand der Zeitbudgetforschung gegeben. Darin werden internationale Zeitbudgetstudien oder -statistiken, wie z.B. der OECD und von EUROSTAT[45], aber auch nationale Programme wie das der deutschen Zeitbudgetstudien oder der russischen Zeitbudgetstudien seit 1920 vorgestellt sowie methodische Aspekte und Konzepte zur Klassifizierung von Aktivitäten diskutiert. Die inhaltlichen Schwerpunkte, mit denen man sich derzeit beschäftigt, reichen vom Arbeitsmarkt (Arbeitszeit von Selbständigen vs. Angestellten, Erwerbsbeteiligung von Paaren, Einfluss von Steuerpolitik) über die Haushaltsproduktion und Wohlfahrtsanalysen bis hin zu unterschiedlichen Analysen von verschiedenen Themen, wie Zeitaufwand von Ehepartnern für Hausarbeit, Sequenz-Analysen oder Analysen zur Erreichbarkeit

---

45 Im europäischen Rahmen wurde von Seiten EUROSTATs bereits seit Anfang der 1990er Jahre damit begonnen, Zeitbudget-Daten zu harmonisieren. Mit dem „Eurostat Time-Use Projekt" ist seit 1994 ein Projekt auf den Weg gebracht worden, das sich zur Aufgabe gestellt hat, die Harmonisierung der europäischen Zeitbudgetstudien voran zu treiben.

von Einrichtungen. Die Arbeit von OCCELLI (1999) aus Italien soll an dieser Stelle etwas ausführlicher vorgestellt werden, da sie sich mit dem Thema der Erreichbarkeit (accessibility) und Konzepten dazu, wie Erreichbarkeit messbar ist beschäftigt, was auch in dieser Arbeit von Interesse ist[46].

Abb. 2.17: Konzeptueller Rahmen zur Umfrage des Italienischen Statistischen Amtes zur Erreichbarkeit

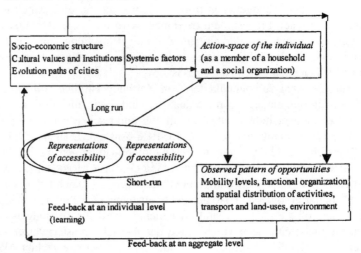

Quelle: OCCELLI 1999, S. 537

Im Rahmen eines Forschungsprojekts im Piedmont wurden sowohl in städtischen als auch in ländlichen Regionen Untersuchungen zur Erreichbarkeit von Einrichtungen gemacht. Bemerkenswert an dieser Arbeit ist neben den empirischen Analysen der konzeptuelle Teil, in dem „Erreichbarkeit" diskutiert wird. Erreichbarkeit hänge danach im Wesentlichen von zwei Komponenten ab: a) es müsse eine Nachfrage nach einem Produkt geben und b) diese nachgefragten Produkte müssten ungleich über den Raum verteilt sein (OCCELLI 1999, S. 519). Gleichzeitig besitze Erreichbarkeit zwei Aspekte: 1) die Nähe bzw. die Leichtigkeit der Interaktion und 2) die Möglichkeit der Interaktion. Die bisherige Forschung reicht von „physical-deterministic (gravity type approach)"-Ansätzen über „economic-functionalist"- oder „economic-behavioural"-Ansätzen bis hin zu rein „informational"-Ansätzen. OCCELLI kam zu dem Schluss, dass Erreichbarkeit als „not simply a time-space opportunity, but also a ressource" verstanden werden müsse (OCCELLI 1999, S. 534) und sich deshalb auch mit der Art der Interaktion beschäftigen solle.

Das Schaubild mit dem konzeptuellen Rahmen, in dem sich die empirische Studie versteht (Abb. 2.17), verdeutlicht, dass zusätzlich zu den tatsächlich mess-

---

46 Weber und Kwan (2002) entwickelten ein ähnliches Konzept der „space-time accessibility", das in Kombination mit individuellen Parametern zu einer „geography of accessibility" führe.

baren Aktionsräumen und Möglichkeiten sowohl auf der Makro- als auch auf der Mikroebene „Representations of accessibility", d.h. subjektiv geprägte Bilder und Vorstellungen, bzw. das Wissen von/ über Erreichbarkeit wesentlichen Einfluss auf die realisierten Aktionsräume besitzen.

Die zukünftigen Arbeitsfelder der Zeitbudgetforschung sah HARVEY (1999) in erster Linie in den inhaltlichen Bereichen der nationalen Haushaltsrechnung und dem Verkehrsverhalten. Was die methodischen Weiterentwicklungen angehe, so seien regelmäßige Zeitbudgeterhebungen, episodische Analysen, die eine Einordnung in Zeitpläne und Aktivitätsmuster erlauben, internationale Vergleiche, unterschiedlich feine Messinstrumente und „cumulative learning", wie HARVEY (1999) es nannte, die Wege, die Zeitbudgetforschung in Zukunft beschreiten solle. Er sah außerdem eine wichtige Aufgabe in der Zeitbudgetforschung darin: „... as mapping has helped us control our space, time-diary studies can help us to do the same with time" (HARVEY 1999, S. 142).

2.5 RÄUMLICHE MOBILITÄTSFORSCHUNG

„Durch die Eisenbahnen wird der Raum getötet, und es bleibt uns nur noch die Zeit übrig. Hätten wir nur Geld genug, um auch letztere anständig zu töten! In viereinhalb Stunden reist man jetzt nach Orleans, in ebenso viel Stunden nach Rouen. Was wird das erst geben, wenn die Linien nach Belgien und Deutschland ausgeführt und mit den dortigen Bahnen verbunden sein werden! Mir ist, als kämen die Berge und Wälder aller Länder auf Paris angerückt. Ich rieche schon den Duft der deutschen Linden; vor meiner Türe brandet die Nordsee" (HEINE 1834, zit. nach HENCKEL 1997, S. 262).

Dass die Einführung „moderner" Transportmittel schon in früherer Zeit Ängste vor dem „Tod des Raumes" auslöste, zeigt das Zitat von HEINE. Es zeigt allerdings auch, wie eng Raum, Zeit und die Überwindung von Raum miteinander verknüpft sind. Die Zeitverwendung zur Überwindung von Raum wird nicht nur in den umfassenden Zeitbudgetstudien untersucht, sondern ist in erster Linie Teil der Mobilitätsforschung bzw. der Verkehrswissenschaften im Allgemeinen. Aus diesem Grund werden in diesem Kapitel zur räumlichen Mobilitätsforschung sowohl Ergebnisse der aktuellen Verkehrsstatistik als auch die jüngsten Ansätze im Bereich der Verkehrswissenschaften vorgestellt. Erstere dienen dazu, einen Überblick über die Entwicklung der Verkehrsleistung, die Anteile der Verkehrsbereiche, sowie die geschlechtsspezifischen Aspekte von Mobilität zu erhalten. Dies ist notwendig, um die nachfolgenden empirischen Ergebnisse der Befragungen mit den allgemeinen Verkehrsstatistiken in Bezug setzen zu können. Hinzu kommt, dass jüngere Ansätze im Bereich der Verkehrsforschung über die rein statistische, ingenieurwissenschaftliche Perspektive hinaus gehen und sich mit der Frage nach differenzierten Mustern im langfristigen und kurzfristigen Mobilitätsverhalten sowie mit den dahinter stehenden Mobilitätsentscheidungen beschäftigen. Diese Aspekte werden im zweiten Teil des Kapitels zu Mobilitätsforschung vertieft, soweit sie den Fokus der Arbeit „Zeitverwendung für Mobilität" betreffen. Der Begriff „räumliche Mobilitätsforschung" wurde gewählt, da er nicht nur den Verkehr als Ergebnis realisierter Mobilitätsentscheidungen, sondern auch Aspekte wie Migration (langfristige Mobilität), Migrationsmotive und Mobilitätsentscheidungen berücksichtigt.

2.5.1 Mobilität in Deutschland – Ergebnisse der Verkehrsstatistik

Um einen ersten Eindruck von der Entwicklung der Mobilität in Deutschland zu erhalten, werden an dieser Stelle einige Ergebnisse der Verkehrsstatistik vorgestellt. Die Verkehrsleistung im motorisierten Personenverkehr (gemessen in Personenkilometer/ Einwohner) stieg vom 1950 mit durchschnittlich 1.754 Personenkilometern/ Einwohner nahezu kontinuierlich auf 11.385 Personenkilometer/ Einwohner im Jahr 2000 an, d.h. auf das 6,5-fache des Ausgangswertes (vgl. Abb. 2.18). Die Abflachung dieser Kurve ist durch die deutsche Wiedervereinigung zu erklären, da sich im Osten erst in den nachfolgenden Jahren der Motorisierungsgrad erhöhte. Im Jahr 2000 lag der Motorisierungsgrad der Haushalte im Westen bei 76%, im Osten noch bei 71% (Statistik der Laufenden Wirtschaftsrechnungen (LWR)). Differenziert man das Verkehrsaufkommen des motorisierten Verkehrs nach den genutzten Verkehrsmitteln (Abb. 2.19), so wird deutlich, dass der starke Anstieg des Verkehrsaufkommens in erster Linie durch den motorisierten Individualverkehr (PKW) entstanden ist. Während 1950 noch 36% des motorisierten Personenverkehrs mit der Eisenbahn, 28% mit dem öffentlichen Straßenpersonenverkehr (Busse und Straßenbahnen) und nur 35% im Individualverkehr bewältigt wurden, so sank der Anteil des Eisenbahnverkehrs bereits 1966 auf unter 10%, im öffentlichen Straßenpersonenverkehr 1986 unter 10%.

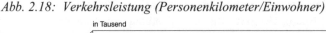

Abb. 2.18: Verkehrsleistung (Personenkilometer/Einwohner)

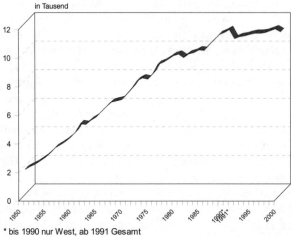

Quelle: Bundesministerium für Verkehr, Bau- und Wohnungswesen (Hrsg.) 2001/2002, S. 212/213

Die Phase, in der die Motorisierung im Individualverkehr im Westen am schnellsten und stärksten voran schritt, waren die 1950er und 1960er Jahre. Während sich 1962 nur in jedem vierten Haushalt ein PKW befand, waren 1969 bereits 44% der Haushalt motorisiert, 1978 62%, und 1998 verfügten durchschnittlich drei von vier Haushalten über ein Auto.

Abb. 2.19: Anteile der Verkehrsbereiche am motorisierten Personenverkehr

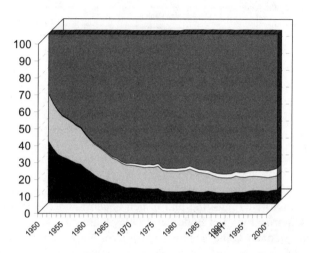

■Eisenbahnen □Öff.Straßenpersonenverk. □Luft ■Individualverkehr

* bis 1990 nur West, ab 1991 Gesamt

Quelle: Bundesministerium für Verkehr, Bau- und Wohnungswesen (Hrsg.) 2001/2002, S. 214/215

Im Osten setzte unmittelbar nach der Wende eine sog. „nachholende Motorisierung" ein, in deren Phase der Motorisierungsgrad sich binnen kurzer Zeit von rd. 237 PKW/ Kombi pro 1000 Einwohner (dies entsprach dem Stand Anfang der 1970er Jahre im Westen) auf knapp 500 PKW/ Kombi pro 1000 Einwohner erhöhte und damit verdoppelte (DEITERS/ GRÄF/ LÖFFLER 2001, S. 18). Nach FLIEGNER (1998) war diese nachholende Motorisierung nicht zuletzt auf einen hohen Anteil von Frauen zurückzuführen, die erst nach 1989 den Führerschein erworben hatten. Diese Entwicklung ist auch an den Ergebnissen der Zeitbudgetstudien nachzuvollziehen, denn hier markiert der Erhebungszeitpunkt 1991/92 die Zeit zu Beginn dieser Motorisierungswelle. Besonders die niedrigen Anteile von PKW-Wegen von Frauen 1991/92 weisen auf den Zusammenhang zwischen Führerscheinbesitz, Motorisierungsgrad und PKW-Nutzung im Alltag hin.

Die Unterschiede in der Verfügbarkeit des PKWs zwischen den Haushaltstypen waren allerdings auch im Jahr 2000 noch immer groß. Während die Hälfte der Einpersonenhaushalte im Westen über ein Auto verfügte, traf dies dagegen nur auf ein Drittel im Osten zu. Bei den Zweipersonenhaushalten (85% West,

79% Ost) und bei den größeren Haushalten waren jedoch hinsichtlich des Motorisierungsgrads keine großen Unterschiede mehr festzustellen.

Abb. 2.20 Entwicklung der privaten Motorisierung 1970-1998 in den neuen und alten Ländern

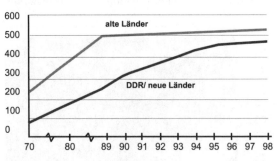

Quelle: nach DEITERS/ GRÄF/ LÖFFLER 2001, S. 17

In Abb. 2.20 ist im Westen seit Ende der 1980er Jahre ein gewisser „Sättigungseffekt" im Motorisierungsgrad und in den neuen Ländern ein steiler Anstieg der privaten Motorisierung bis Ende der 1990er Jahre zu erkennen. Die abflachende Kurve leitet jedoch keine Trendwende hin zu Verkehrsmitteln des öffentlichen Personenverkehrs ein. Insgesamt reduzierte sich der öffentliche Personennahverkehr von 1991 bis 2000 um 11%. Vor allem in den Städten der neuen Länder, die vor der Wende hohe Wege- bzw. Fahrtenanteile des ÖPNVs aufwiesen, ging parallel mit der zunehmenden Motorisierung ein dramatischer Rückgang der Fahrgastzahlen einher (DEITERS 2000, S. 129; DERS. 2001, S. 68). In diese frühe Phase des Rückgangs der ÖPNV-Anteile im Personennahverkehr fällt die erste Erhebung der Zeitbudgetstudie.

Differenziert man innerhalb des Bereichs des motorisierten Individualverkehrs nach den Fahrtzwecken, so wird deutlich, dass das Gros der geleisteten Personenkilometer mit dem PKW (ca. 45%) für Freizeitzwecke verwendet wurde (vgl. Abb. 2.21). Dieser Anteil ist – wie die anderen Anteile auch – über den dargestellten Zeitraum von über 20 Jahren nahezu unverändert geblieben. Die Fahrten aus beruflichen Gründen nehmen rd. 20% ein, die Geschäfts- und Dienstreisen 17%, die Einkaufsfahrten 11%, die Urlaubsfahrten 6% und die Ausbildungsfahrten mit dem PKW machen knapp 3% der motorisierten Fahrten im Individualverkehr aus.

Festzuhalten bleibt, dass die Freizeitmobilität eine dominante Größe darstellt. Es stellt sich für diese Arbeit über Zeitverwendung für Mobilität die Frage, inwieweit sich dort ebenfalls ein hoher Zeitaufwand für Freizeitwege feststellen lässt. Bedenkenswert sollte an dieser Stelle auch sein, dass nach MONHEIM (1997) im Arbeitsverkehr, jedoch insbesondere im Freizeitverkehr relativ kleine Gruppen für hohe Anteile im Verkehrsaufwand verantwortlich sind, so dass durchaus von einer „Ungleichverteilung der Automobilität" (DERS. 1997, S. 117) gesprochen werden kann.

Abb. 2.21: Verkehrsbereiche nach Zwecken der Fahrt (gefahrene Personenkilometer) im motorisierten Individualverkehr

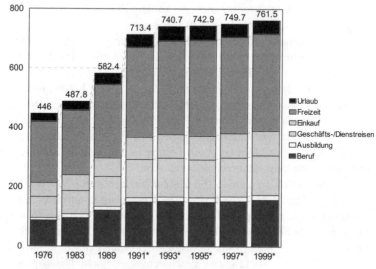

* bis 1989 nur West, ab 1991 Gesamt

Quelle: BUNDESMINISTERIUM FÜR VERKEHR, BAU- UND WOHNUNGSWESEN (HRSG.) 1999, S. 221

In einer Studie von HEINZE/ KILL (1997) über den Freizeitverkehr wird deutlich, dass diese Art von Verkehr besonderen Bedingungen unterliegt. Neben der Funktion von Verkehr als Mittel, um eine Distanz zwischen zwei Orten zu überwinden, wird in diesem Fall Verkehr auch als Selbstzweck, als „Erlebnismobilität" und als Mobilität um des Fahrens willen (sog. Wegemobilität im Gegensatz zur Zielmobilität) eingesetzt. Diese Einstellung offenbart sich auch in Umfragen, in denen die Befragten angeben sollten, was ihnen beim Autofahren am meisten Spaß machte. Mehr als ein Drittel der Befragten nannte „einfach durch die Gegend fahren" und „ein Gefühl der Freiheit" als die wichtigsten Gründe für den Spaß am Autofahren (HEINZE/ KILL 1997, S. 33). Unterschiede zwischen Männern und Frauen zeigten sich darin, dass Frauen ihr Mobilitätsbedürfnis in erster Linie mit dem Verlangen nach frischer Luft und Flucht vor dem Alltagseinerlei erklären, während Männer Bewegungsdrang, Unternehmungslust und „einen Hauch von Freiheit" als zentrale Motive für die (motorisierte) Mobilität angaben (DIES. 1997, S. 50). Deutliche Unterschiede zeigten sich auch zwischen den unterschiedlichen Wohnformen, in denen die Befragten lebten. So waren Garten- und Wohneigentumsbesitzer deutlich seltener in ihrer Alltagsfreizeit mit dem PKW unterwegs als diejenigen, die keine „eigene Grünfläche" besaßen. Es zeigt sich insgesamt immer wieder, dass „zum Individualismus unserer Freizeitgesellschaft ... Individualverkehrsmittel (gehören)" (DIES. 1997, S. 32). Die Autoren gehen davon aus, dass der vermutete Rückgang von Mobilität[47] durch die Zunahme von wohnortnahen Arbeitsplätzen durch andere Fahrtzwecke, die vorwiegend im Freizeitbereich liegen, überkompensiert werden wird. In ihrer Arbeit stellen sie zusätzlich zur Analyse der Motive des Freizeitverkehrs auch Alternativen vor: Zum einen könnte man die Attraktivitätssteigerung der Quellorte Freizeitverkehr reduzieren (Gegensteuerung zum „Flucheffekt"), zum anderen sollten die Vorteile von „Nähe", Heimat, Gruppe und Identität wieder belebt werden.

Als Voraussetzung für eine PKW-Mobilität gilt zum einen der Führerscheinbesitz und zum anderen die Möglichkeit, über einen PKW zu verfügen. In der bundesdeutschen Gesamtbevölkerung besaßen 1998 insgesamt 78% eine PKW-Fahrerlaubnis, unter den Männer rd. 89%, unter den Frauen 68%, was bereits auf die geschlechtsspezifischen Unterschiede hindeutet. Besonders groß waren die Unterschiede zwischen Männern und Frauen unter den älteren Personen ab 60 Jahren: dort war der Anteil der Frauen mit Führerscheinbesitz nur halb so groß wie der Anteil der Männer. Auch Frauen in den neuen Ländern verfügten etwas seltener über einen Führerschein. (vgl. Abb. 2.22)

Noch deutlicher werden die Unterschiede bei der Verfügbarkeit über einen PKW (vgl. Abb. 2.23). Rund 61% aller Deutschen konnten 1998 über einen PKW verfügen. Dies galt für drei Viertel der Männer, jedoch nur für knapp die Hälfte der Frauen. Während die PKW-Verfügbarkeit für Männer ab 60 Jahren nahezu unverändert hoch blieb, sank sie jedoch bei Frauen auf unter ein Viertel ab. Somit wird deutlich, wie wichtig eine geschlechtsspezifische Differenzierung der Mobilität, insbesondere der Mobilitätschancen ist.

Abb. 2.22: Führerscheinbesitz nach Geschlecht und Alter 1998

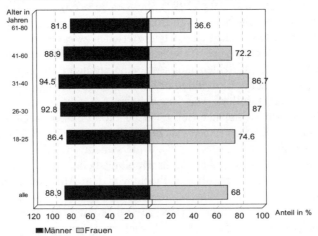

Quelle: BUNDESMINISTERIUM FÜR VERKEHR, BAU- UND WOHNUNGSWESEN (Hrsg.) 2001/2002, S. 126

---

47 Allerdings zeichnet sich in den vorliegenden Daten kein Rückgang der Arbeitswege zwischen 1991/92 und 2001/02 ab, sondern eher ein Anstieg.

Abb. 2.23: PKW-Verfügbarkeit nach Geschlecht und Alter 1998

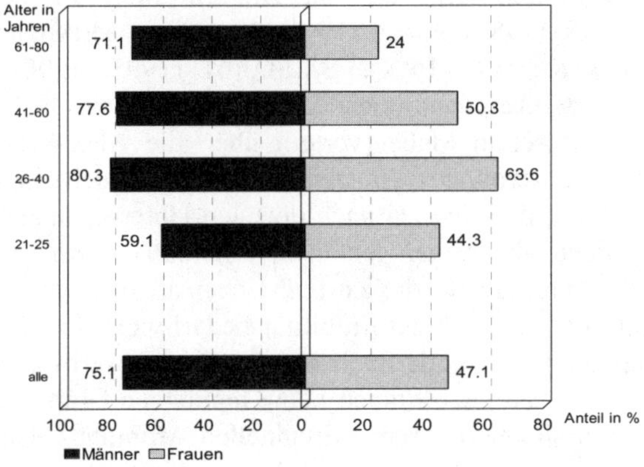

[Balkendiagramm mit folgenden Werten – Männer / Frauen:
- 61-80: 71,1 / 24
- 41-60: 77,6 / 50,3
- 26-40: 80,3 / 63,6
- 21-25: 59,1 / 44,3
- alle: 75,1 / 47,1
Anteil in %]

Quelle: BUNDESMINISTERIUM FÜR VERKEHR, BAU- UND WOHNUNGSWESEN (HRSG.) 2001/2002, S. 126

Auf die geschlechtsspezifischen Unterschiede wird im nachfolgenden Kap. 2.5.1.1 näher eingegangen. Obwohl bei den älteren Befragten die stärksten Anstiege in der Zunahme der Mobilität zu verzeichnen sind, bleibt diese Altersgruppe zu fast der Hälfte auf das Angebot des öffentlichen Personenverkehrs angewiesen. Damit zählt ein nicht zu vernachlässigender Anteil von älteren Menschen zu der Gruppe der „captive riders", die auf Angebote des ÖPNVs bzw. das Zu-Fuß-Gehen und Radfahren angewiesen sind und nicht wie „choice riders" zwischen allen Verkehrsmitteln wählen können. Besonders bei Infrastrukturplanungen sollte dieser Sachverhalt berücksichtigt werden.

2.5.1.1 Geschlechtsspezifische Mobilität

Da die Zeitverwendung für Mobilität im Vordergrund dieser Arbeit steht und Ungleichheit in der Zeitverwendung zwischen Männern und Frauen als bekanntes Phänomen gilt, soll kurz auf die geschlechtsspezifische – eigentlich geschlechts*rollen*spezifische – Mobilität eingegangen werden.

Seit Beginn der 1980er Jahre wird vorwiegend unter dem Aspekt „Verkehrs- und Stadtplanung" auch das Thema Frauen und Mobilität diskutiert. Allgemeine Erkenntnisse des gegenwärtigen Forschungsstandes zu diesem Thema sind, dass 1.) sich das Verkehrsverhalten und die Verkehrsmittelwahl in erheblichem Maße geschlechtsspezifisch unterscheiden; 2.) sowohl der Mobilitätsbedarf als auch die Mobilitätschancen von Frauen und Männern unterschiedlich sind und 3.) Verkehrs- und Stadt- bzw. Regionalplanung bislang die Bedürfnisse oder Alltagserfahrungen von Frauen und deren Lebenszusammenhänge nicht bzw. nur unzureichend berücksichtigt haben. Umfassende Gegenüberstellungen des Verkehrsverhaltens von Frauen und Männern auf der Grundlage der Daten der

Kontinuierlichen Verkehrserhebung KONTIV (1976, 1982, 1989, 2002 durchgeführt) finden sich in den Arbeiten von BUSCHKÜHL (1984), HAUTZINGER/ TASSAUX (1989), BRÖG (1985), FLADE (1991), MONHEIM/ MONHEIM-DANDORFER (1990), KÖRNTGEN/ KRAUSE (1994), BAUHARDT (1995, 1996) UND FLADE/ LIMBOURG (1999). Das übereinstimmende Ergebnis all dieser Arbeiten ist, dass Frauen in deutlich stärkerem Maße (verteilt über alle Altersklassen) die Verkehrsmittel des Umweltverbundes[48] nutzen als Männer. Auch ein Vergleich mit anderen Ländern ergibt, dass Frauen nach dortigen Untersuchungen eher zu den „captive riders" zählen, die wegen fehlender Alternativen auf öffentliche Verkehrsmittel oder das Fahrrad bzw. das Zu-Fuß-Gehen angewiesen sind.

Außerdem unterscheidet sich der Mobilitätsbedarf vieler Frauen im tageszeitlichen Verlauf deutlich von dem der meisten – Vollzeit erwerbstätigen – Männer. Dabei ist zu beachten, dass auch Frauen keine homogene Gruppe darstellen und ihre jeweilige Lebenssituation ihren individuellen Mobilitätsbedarf wesentlich bestimmt. Dennoch zeigen die Ergebnisse bisheriger Studien zum geschlechtsspezifischen Mobilitätsbedarf folgende Trends: Während Männer meist nur den Weg zum Arbeitsplatz und wieder zurück zu bewältigen haben, sind die Wege von Frauen häufig vielfältiger. Nach dem gegenwärtig noch immer überwiegenden Rollenverständnis sind Frauen für die Haus- und Familienarbeit zuständig. Aus dieser Aufgabenverteilung ergeben sich z.B. Wege zum Einkaufen, Wege zu Behörden, Wege zur Begleitung von Kindern oder zu Familienangehörigen (sog. Begleitmobilität: z.B. Kindergarten, Schule, Arztbesuche usw.[49]).

Abb. 2.24: Frauen- und Männerwege im Alltag

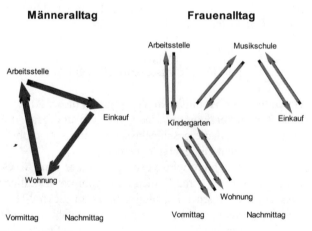

Quelle: nach KÖRNTGEN (1994)

---

48 In dem Begriff Umweltverbund werden die Fortbewegungsarten Gehen, Radfahren und die Nutzung öffentlicher Verkehrsmittel zusammengefasst.
49 Kindergartenkinder werden zu über 90% auf ihrem Weg zum Kindergarten von einem Erwachsenen begleitet (nach FLADE 1993, zit. nach KRAUSE 1999, S. 73).

So fallen 49% der Wege von Frauen in den Bereich der Haus- und Familienarbeit, während dies nur für 25% der Wege der Männer zutrifft. Auch bei Vollzeit erwerbstätigen Frauen mit Kindern sind immer noch ca. 40% der Wege der Haus- und Familienarbeit zuzurechnen, wohingegen die Wege der voll erwerbstätigen Männer mit Kindern nur zu gut 20% diesem Bereich angehören (KRAUSE 1999, S. 75).

Bereits die „Nur-Hausfrau" hat so einen vielfältigen und komplexen Mobilitätsbedarf und muss ihre Wege zu Wegeketten kombinieren und koordinieren (vgl. Abb. 2.24) (vgl. KÖRNTGEN 1994, KRAUSE 1999, GEBHARDT/ WARNEKEN 2003, KAPPELER 2003). Diese Problematik verstärkt sich um einen weiteren Faktor, wenn eine Erwerbstätigkeit in die ohnehin komplexeren Mobilitätsabläufe integriert werden soll. Vor allem die Teilzeit erwerbstätigen Frauen, die wenig Entlastung von der Reproduktionsarbeit und den damit verbundenen Wegen erhalten, müssen ein hohes Maß an Koordinationsfähigkeiten beweisen, um ihren Alltag zu bewältigen. „Erwerbstätige Mütter sind die größten ‚Zeitmanagerinnen'" (KRAUSE 1999, S. 70; HANSON/ HANSON 1993).

Der erhöhte Mobilitätsbedarf von Frauen aufgrund ihrer Rollenzuschreibung hat sich durch städtebauliche Entwicklungen, wie z.B. eine zunehmende Trennung zwischen Wohn- und Gewerbegebieten und eine Zentralisierung wichtiger Versorgungs- und Dienstleistungseinrichtungen, weiter verstärkt. Die Wege der Frauen werden durch die räumliche Trennung der Bereiche Wohnen, Arbeiten, Einkauf (z.B. auf der „grünen Wiese") komplexer und länger. Besonders der Wunsch nach Erwerbstätigkeit stellt Frauen im ländlichen Raum vor das Problem, entweder einen wohnortnahen – aber u.U. nicht der Qualifikation entsprechenden – Arbeitsplatz zu akzeptieren oder lange Wege und einen hohen Koordinationsaufwand in Kauf nehmen zu müssen (vgl. auch KÜSTER 1999, S. 200 und KEVENHÖRSTER 2000). Der Zusammenhang zwischen Mobilität und Infrastruktur wird an diesem Konflikt besonders deutlich: Siedlungsstrukturen, die in der Konsequenz monostrukturierte Wohnsiedlungen[50] im suburbanen Raum und autofreundliche Supermärkte auf der grünen Wiese zur Folge haben, üben einen Mobilitätszwang aus, dem – so von BLÄTTEL-MINK/ KRAMER/ MISCHAU 1998 festgestellt – mit einer zunehmenden Motorisierung geantwortet wird. In der jüngsten Zeit rückt die steigende Motorisierung der Frauen – wie sie auch in dieser Studie beobachtet werden konnte – unter dem Stichwort „nachholende Motorisierung" (SPITZNER 1993, S. 2) zunehmend in den Vordergrund. Wie jedoch SPITZNER (1993) feststellte, sind „Appelle an umweltbewusste und vernunftgeleitete Autoabstinenz ... weder sinnvoll noch legitim" (EBD., S. 2). Die zunehmende Motorisierung entspringe häufig eher einem Motorisierungszwang als einem Motorisierungswunsch. Es sei bei der derzeitigen Struktur der ÖPNV-Angebote in den suburbanen und in den ländlichen Gemeinden zwar möglich, den

---

50 In diesem Zusammenhang wird häufig der Begriff „Schlafstädte" verwendet, dem jedoch eine androzentrische Perspektive innewohnt: für Männer mögen diese Orte in erster Linie „Schlafstädte" sein, für Frauen, die dort Haushalt und Kinder versorgen, sind es gleichzeitig ihre Arbeitsorte.

„männlichen" Alltag (d.h. morgens zur Arbeit in das nächste Mittel- oder Oberzentrum und abends wieder zurück) ohne PKW zu bewältigen, jedoch ausgeschlossen, Wege für Einkauf, Kinderbegleitung zu Schule oder Freizeit und gar noch Erwerbstätigkeit nur mit Verkehrsmitteln des Umweltverbundes zurückzulegen.

In den Arbeiten von BAUHARDT (1995, 1996), FLADE/ LIMBOURG (1999) und KEVENHÖRSTER (2000) wurde der Mobilitätsbegriff unter einer feministischen Perspektive differenziert betrachtet. Sie unterschieden zwischen quantitativer Mobilität, d.h. der Mobilität, die der möglichst schnellen Überwindung möglichst großer Distanzen dient, und qualitativer Mobilität, die die Bedürfnisse menschlicher Existenz in den Vordergrund stellt und deren Leitlinien Entschleunigung und Ortsbezug sind (nach BAUHARDT, 1995, S. 89). Dabei wurde hervorgehoben, dass die „Motorisierungsentwicklung zur Steigerung der Lebensqualität Weniger und zur Minderung der Lebensqualität Vieler" (BAUHARDT, 1995, S. 156) beigetragen habe. Es wurde Kritik an den bisherigen Mobilitätsstudien vermerkt, dass das reduktionistische Verständnis von Mobilität nur den quantitativen Zuwachs an Verkehrsleistung als Indikator für eine gesteigerte Mobilität betrachte (nach BAUHARDT, 1995, S. 157f). Auch die Nachhaltigkeitsdiskussion hat sich mittlerweile diesem Thema gewidmet.

Was ebenfalls bei der Erfassung und Beurteilung „weiblicher" Mobilität beachtet werden muss, sind methodische Besonderheiten. Wenn nicht ausdrücklich „Wegeketten" in den Befragungsinstrumenten vorgesehen werden (was bei der KONTIV leider nicht der Fall ist), werden die vielfältigen Wege meist nicht vollständig abgebildet. Auch eine zu grobe Einteilung der Wegezeiten kann problematisch sein. Wie KEVENHÖRSTER (2000) feststellen konnte, sind mehr als die Hälfte der Wege, die Frauen im Alltag zurücklegen, weniger als 10 Minuten lang, knapp 40% der Wege sogar nur 5 Minuten oder weniger lang (DIES. 2000, S. 71f). Werden nur Wege ab 5 Minuten oder gar ab 10 Minuten Dauer erfasst, bleibt ein wesentlicher Teil dieser Mobilität unberücksichtigt[51].

Im Zusammenhang mit Mobilität – und speziell mit Mobilität von Frauen – muss auch auf die Aspekte der Sicherheit eingegangen werden. Sicherheit kann zum einen als Verkehrssicherheit verstanden werden, d.h. als Vermeidung von Unfall- und Verletzungsrisiken, die besonders für sehr junge und für ältere Verkehrsteilnehmerinnen bestehen[52]. Dabei geht es um sichere Straßenübergänge, sicheren Zugang/ Einstieg zum ÖPNV, aber auch um die sogenannte „Begleitmobilität", die – in erster Linie von Frauen – geleistet wird, um Kinder sicher zum Kindergarten, zur Schule usw. zu bringen. Ein anderer Aspekt ist die persönliche

---

51 Mit diesem Problem sieht sich auch die Zeitbudgetstudie 2001/02 des Statistischen Bundesamtes konfrontiert, denn dort sind – im Gegensatz zu der Studie 1991/92 – die Zeiten im 10-Minuten-Takt erhoben.
52 Frauen besitzen im Gegensatz zu Männern grundsätzlich ein deutlich geringeres Risiko, einen Unfall zu verursachen. Dies betrifft alle Altersgruppen. Auch bei den Unfallursachen zeigen sich deutliche Unterschiede zwischen den Geschlechtern: Männer verursachen zehnmal so oft Unfälle mit Alkohol und fast viermal soviel Unfälle mit nicht angepasster Geschwindigkeit (MÄDER 1999, S. 104).

Sicherheit von Frauen im Sinne von Sicherheit vor sexueller Gewalt im öffentlichen Raum. Zahlreiche Studien zu sog. „Angst-Räumen"[53] haben gezeigt, dass besonders Verkehrsknotenpunkte, Unterführungen, Parkhäuser und Haltestellen des ÖPNVs zu den Orten zählen, an denen sich Frauen nicht sicher fühlen (vgl. KRAMER/ MISCHAU 1994a, 1994b). Dieser Aspekt muss bei Mobilitätsstudien ebenfalls Berücksichtigung finden.

Eine weitere Dimension von Mobilität soll ebenfalls im Rahmen der eigenen Interviews einbezogen werden: nämlich der psychologische Aspekt von Mobilität, der mit dem Begriff „Freiheit" verbunden ist. Es zeigt sich immer wieder, dass für einige Frauen im ländlichen Raum das Auto „die letzte Bastion der Freiheit" darstellt – selbst dann, wenn sie es nur selten benutzen. Die Tatsache, dass es zur Verfügung steht, wenn sie es bräuchten, stellt für sie einen wesentlichen potentiellen Freiraum dar, auf den sie nur ungern verzichten würden – auch wenn das Angebot des ÖPNVs ausreichend wäre.

Eine Studie aus den Niederlanden, die sich mit dem Aktionsräumen von erwerbstätigen Frauen beschäftigte, nahm die Ansätze der Lund-Schule explizit auf (CAMSTRA 1994). Die zentrale Rolle von „constraints", die in den Arbeiten von HÄGERSTRAND beschrieben wurden, war besonders hinsichtlich des Alltags von erwerbstätigen Frauen (und ganz besonders von Müttern) in allen Dimensionen zu bestätigen. Vor allem ihre Einschränkungen in räumlicher Hinsicht, die Tatsache, dass nur Arbeitsplätze nahe am Wohnort in Frage kommen, dort auch wieder nur mit flexibler Arbeitszeitregelung usw., sind in der Literatur unumstritten. Die voranschreitende Suburbanisierung mit einer Vergrößerung der Distanz zwischen den Arbeitsstätten und den Wohnorten ist besonders für das Raum-Zeit-Budget erwerbstätiger Frauen von Nachteil. In der Literatur wurden diese Fragestellungen in Aktionsraumstudien speziell für berufstätige Frauen (CAMSTRA 1994) oder für Frauen in „nonmetropolitan areas" (PALM 1981) bearbeitet. GEBHARDT und WARNEKEN (2003a) erweiterten in ihrem interdisziplinären Sammelband „Stadt-Land-Frau" die „klassischen" HÄGERSTRANDSCHEN constraints um das Element der gesellschaftlichen constraints, um damit die Einschränkungen von Frauen in ihrem Alltag angemessen zu untersuchen. Dabei fanden aktionsräumliche Muster und spezifische Mobilitätsmuster von Frauen besondere Berücksichtigung.

In einer Studie aus Großbritannien wurde von TURNER und GRIECO (2000) zum einen der Zusammenhang von Geschlecht und Zeitarmut insbesondere hinsichtlich der Verkehrsbedingungen dargestellt, zum anderen wurden Vorschläge für eine Verbesserung dieser Benachteiligung mithilfe moderner Kommunikationstechnologien entwickelt. So könnte sich die Entwicklung der häuslichen Kommunikationstechnologie mit den Dienstleistungsangeboten des ÖPNVs verbinden lassen, um besonders (alleinerziehenden) Frauen ohne PKW bessere

---

53 In der jüngsten Diskussion über Sicherheit im öffentlichen Raum wird zunehmend der Begriff „Angst-Räume" in Frage gestellt, da der Begriff das Phänomen auf eine psychologische Befindlichkeit der Frauen reduziere. Es wird vorgeschlagen von „Gefahr-Raum" oder „Gewalt-Raum" zu sprechen, da damit Orte gemeint sind, an denen die Gefahr bestehe, dass sich (männliche) Gewalt gegen Frauen zeigen könne (vgl. BECKER 2002).

Transportmöglichkeiten anzubieten. Diese „telestrategy solutions" könnten als eine Art „Taxi-Ruf-System", evtl. auch zur Abholung/ Begleitung kleiner Kinder usw. konzipiert werden.

Aus der individuellen Perspektive analysierte KÜSTER (1999) mit Hilfe der Zeitbudgetstudie des Statistischen Bundesamtes die Zeitverwendung von Frauen für Mobilität. Auf diese soziologisch ausgerichtete Arbeit wurde bereits in Kap. 2.3.4.3.1 „Geschlechtsspezifische Ungleichheit in der Verfügbarkeit von Zeit" näher eingegangen. Dieser Aspekt soll in dem Teil der Arbeit, der auf den Daten des Heidelberger Instituts für Interdisziplinäre Frauenforschung aufsetzt (Kap. 4.2), weiter vertieft werden.

2.5.2 Mobilitätsverhalten und -entscheidungen

Neuerungen in der Verkehrstechnik und deren Folgen für den Menschen und seine Fortbewegung haben schon früher bei den Menschen nicht nur Freude sondern auch Skepsis hervorgerufen. Wie HEINE die Verkürzung der Reisezeit von Paris an die Nordsee mit der Eisenbahn zu ernster Besorgnis Anlass gab (vgl. Beginn dieses Kapitels), so gab es auch nach der Erfindung des Automobils kritische Stimmen, die nicht daran glaubten, dass der Mensch eine rüttelnde, stinkende Kiste dem angenehmen Reisen mit dem Pferd oder zu Fuß jemals vorziehen würde. Auch wurde damals angezweifelt, ob die Geschwindigkeit noch „natürlich" sei, da der Mensch die vorbeiziehende Landschaft nicht mehr ausreichend würdigen könne (nach SICHTERMANN 2000, S. 10).

Obwohl Mobilität als die Triebfeder der menschlichen Entwicklung gilt – vom Nomadentum der Frühzeit über die Seefahrernationen der Entdeckerzeiten bis hin zu den Bildungsreisen in der Klassik und letztlich dem (auto-)mobilen Menschen des 20. Jahrhunderts –, wird zunehmend Kritik laut, in der die Frage gestellt wird, wo/ wann der Grenznutzen von Mobilität erreicht werde. Diese Frage stellt sich sowohl auf kollektiver Ebene, d.h. dann, wenn z.B. die Umweltschäden oder Verkehrstoten als Opfer von Mobilität beklagt werden müssen, als auch auf individueller Ebene, wenn die „Entdeckung der Langsamkeit" (NADOLNY 1983) oder die „Kreativität der Langsamkeit – Neuer Wohlstand durch Entschleunigung" (REHEIS 1996) als Gegenentwürfe zum bestehenden Beschleunigungsimperativ entwickelt werden. Die Frage danach, ob eine Erhöhung der Mobilität auch immer zu einem Anstieg der Lebensqualität führe, ist längst mit einem klaren „Nein" beantwortet. In zahlreichen Arbeiten, wie z.B. in VESTERS „Crashtest Mobilität" (1999), MAURERS „Mobilität ohne Grenzen" (2000), dem ZEIT-Punkte-Themenheft „Bewegte Welt" (2000) oder dem Expo 2000 Themenpark „Mobilität" werden in der jüngeren Zeit die Grenzen des Verkehrswachstums thematisiert. Die Schlagworte lauten „Immer schneller in den Stillstand" oder „...der Mensch bleibt sitzen" (ZEIT-Punkte 2000, S. 10f) und spielen auf den Grenznutzen von Mobilität an – vor allem im Individualverkehr. An dieser Stelle kann leider nicht auf die neuen Konzepte, neuen Verkehrsmittel usw. eingegangen werden, da dieses Thema den Rahmen der Arbeit sprengen würde. Es erfolgt daher eine Beschränkung auf die Ansätze, in deren Zentrum der Zeitaufwand für Mobilität steht.

Die Entwicklung der Tele-Mobilität, d.h. der modernen Informationstechnologien, die es erlauben, virtuelle Reisen in virtuelle Realitäten zu unternehmen, wird von dem Theoretiker VIRILIO in seinem Werk „Der rasende Stillstand" (1992) ähnlich skeptisch beurteilt wie damals von HEINE die Eisenbahn. Zentraler Unterschied ist jedoch, dass VIRILIO eine völlig neue Dimension der Tele-Mobilität ausmacht, die in langer Sicht zur völligen Immobilität der Individuen führe.

„Es besteht kein Zweifel daran, dass der Untergang der *speziellen Ankunft*, die im Akt des Aufstehens oder Abreisens noch eine physische Fortbewegung von oben nach unten, im Akt der Reise eine Bewegung von der Nähe in die Ferne erforderte, daß dieser Untergang für die Menschheit eine genauso grundlegende Veränderung bedeutet wie das Erscheinen des *Aufrechtstehens*. Nur, daß es sich nicht mehr um eine ‚positive Evolution' hin zu einer neuen Art von Beweglichkeit handelt, sondern gerade um eine ‚negative verhaltensbezogene Involution', die die Gattung zu einer pathologischen Unbeweglichkeit führt: Das Aufkommen eines *sitzenden Menschen*, oder schlimmer noch, eines *liegenden Menschen"* (VIRILIO 1992, S. 125).

„So scheint sich mit den schwindelerregenden Geschwindigkeiten, die das ausgehende 20. Jahrhundert kennzeichnen, bereits ein merkwürdiges Paradox des dritten Jahrtausends anzudeuten. Es liegt darin, daß der Mensch, der eigentlich den ganzen technologischen Wirbel entfesselt hat, letztlich selbst zum Stillstand kommen wird. Die Echtzeit-Technologien von morgen versprechen uns, interaktiv zu sein" (VIRILIO 1993, S. 13f.).

VIRILIO (1993) spricht dabei von einer „dromosphärischen"[54] Verschmutzung, der „Verschmutzung der räumlichen Weite". Dieses Phänomen, häufig auch als „time-space-compression" bezeichnet (HARVEY 1989), wird in der Literatur als Zukunftsvision prognostiziert. Ähnlich spricht MAURER (2000) davon, dass sich „...der physische Raum ... in einen neuen, virtuellen Raum auf(löst)" (MAURER 2000, S. 44) und „die Entwicklung vom Ort zur Allgegenwart in vollem Gange (ist)" (DERS., S. 44). Trotz dieser Visionen sprechen jedoch die aktuellen Verkehrsstatistiken noch eine andere Sprache. Hier ist seit den 1950er Jahren immer noch eine Zunahme der individuellen Mobilität zu beobachten (vgl. vorhergehendes Kap. 2.5.1).

2.5.2.1 Theoretische Ansätze zu räumlicher Mobilität im Alltag

Die theoretischen Ansätze zu räumlicher Mobilität im Allgemeinen lassen sich grob in Ansätze zur langfristigen Mobilität (d.h. Migration) und Ansätze zur kurzfristigen Mobilität bzw. kurzfristigen Raum-Zeit-Nutzung unterscheiden.

Für die *langfristige Standortwahl* des Wohnortes als den zentralen Ort des Lebensschwerpunktes (in der Regel durch einen Umzug, d.h. Migration, eingeleitet) gibt es verschiedene Modelle. Die Makrotheorien, wie z.B. Gravitationstheorien, betrachten regionale Wanderungsströme als Ergebnis von regional unterschiedlichen Angebotsstrukturen (z.B. Wohnungen oder Arbeitsplätze). Mikro-

---

54 Dieser Begriff ist von griechisch „dromos": Lauf, Rennen, Rennbahn abgeleitet.

theorien basieren dagegen auf Handlungs- und Entscheidungsmodellen und stellen das Individuum als Akteur in den Vordergrund der Betrachtungen. Die Ansätze reichen von LEE (1972) und dessen Theorie der push-pull-Faktoren über SJAASTAD (1962) und der Humankapitaltheorie über das Prinzip des „satisfying" nach dem Konzept der „place utility" nach WOLPERT (1965), dem behaviouristischen Modell nach BROWN/ MOORE (1970) bis hin zum Modell der „Subjective Expected Utility" (SEU) nach ESSER (1991), in dem von einer Nutzenmaximierung ausgegangen wurde. Häufig wird angenommen, dass die Abfolge von einer Ausgangssituation über einen Wanderungsgedanken, einen Wanderungsplan bis hin zur tatsächlichen Wanderung erfolge (nach KALTER 1997). Für intraregionale Wanderungen sind als auslösende Faktoren häufig Gründe auszumachen, die mit der Wohnung selbst oder dem Wohnumfeld zusammenhängen, während interregionale Wanderungen eher in familiären oder berufsbezogenen Faktoren begründet sind (nach WEICHHART 1987).

In Deutschland war 1996/97 – bei einer grundsätzlich abnehmenden Mobilitätsbereitschaft – die zu geringe Größe der aktuellen Wohnung mit einem Drittel der Nennungen in West- und 44% in Ostdeutschland das am häufigsten genannte Motiv für den letzten Umzug. In Ostdeutschland folgte dann mit einem Drittel der Nennungen die schlechte Ausstattung, in Westdeutschland waren es mit über 30% die familiären Gründe (nach MOBIPLAN-PROJEKTKONSORTIUM 1999, S. 30). Die Gründe für die abnehmende oder stagnierende Umzugsbereitschaft wurden in der Erwerbstätigkeit beider Ehepartner und der Bereitschaft, größere Pendel-Distanzen (u.U. auch Wochenendheimfahrer) in Kauf zu nehmen, vermutet. In die Kostenrechnungen, die durch Fahrtkosten und Wohnen nah/ fern vom Arbeitsplatz entstehen, müssen allerdings auch die nicht monetär fassbaren Kosten der sozialen Kontakte und familiären Beziehungen aller Haushaltsmitglieder einbezogen werden.

Die Erkenntnisse der Mobilitätsforschung zeigen altersspezifisch große Unterschiede in der räumlichen Mobilität. So sinkt sie im Kindesalter, um in der Zeit zwischen dem 20. und dem 30. Lebensjahr ihren Höhepunkt zu erreichen und dann stark abzusinken, und ab dem 65. bzw. dem 75. Lebensjahr wieder leicht anzusteigen. Selbstverständlich sind zudem Ereignisse im Familienleben, wie Heirat, Geburt von Kindern oder Auszug der Kinder Anlässe für Mobilität. Die Einflüsse von Bildung auf die räumliche Mobilität und die größere Mobilität von Hochqualifizierten sind ebenfalls vielerorts nachgewiesen (MEUSBURGER 1998, KÖSTLIN 1999, WAGNER 1989). Ebenso sind Beruf und Einkommen zentrale Faktoren, die die Mobilität bestimmen. Auch Bedingungen der Wohnsituation, wie z.B. Wohneigentum, zählen zu den starken Einflussfaktoren. So ist der Besitz von Wohneigentum deutlich mobilitätshemmend und der Wunsch nach dem Erwerb von Wohneigentum häufig Grund für einen Umzug. Bei der Suche nach der Wohnung spielen die finanziellen Möglichkeiten des Haushalts die entscheidende Rolle, während erst an zweiter Stelle das Wohnumfeld steht. Für die tatsächliche Standortwahl stehen dann nach ZERWECK (1997) zum einen der einkommensmaximale Standort (nahe am Arbeitsplatz) und der kostenminimale Standort (geringe Versorgungskosten für den Haushalt) zur Wahl. Letzteres käme beim Erwerb von

Wohneigentum häufiger zur Anwendung, Ersteres bei Mietwohnungen oder der Erwartung eines späteren Wohnstandortwechsels. SCHNEIDER und SPELLERBERG (1999) konnten nachweisen, dass auch Lebensstile als differenzierendes Merkmal für Mobilitätsbereitschaft und -motive herangezogen werden können (vgl. Kap. 2.3.4.5). WACHS ET AL. (1993) kamen zu dem Ergebnis, dass nicht die Pendlerdistanz als Wegstrecke, sondern die Wegezeit über einen Wohnstandort entscheide. Insofern liegt weniger die metrische Entfernung, sondern die raumzeitliche Entfernung, d.h. die Wegezeit, den Standortentscheidungen zugrunde. Auf struktureller Ebene sind die Voraussetzungen des Wohnstandorts in Form von Arbeitsplatzangebot, Infrastruktur oder Freizeitangebot für einen Umzug ausschlaggebend. Diese Merkmale des Wohnorts stellen eine wesentliche Vorbedingung für Mobilitätschancen und -gelegenheiten dar und müssen daher bei der Analyse von Zeitbudgeterhebungen berücksichtigt werden.

Zu den generellen Determinanten der *kurzfristigen Zeit- und Raumnutzung* gibt es unterschiedliche Ansätze und Modelle. Sie reichen von mikroökonomischen Theorien der Nutzenmaximierung (BECKER 1965) über die Ansätze der „time geography", das Modell der „Human Activity Patterns" (CHAPIN 1965), in dem persönlichen Neigungen eine große Rolle spielen, das sozial-ökologische Modell nach HEIDEMANN (1981), KUTTERS (1972) Modell, der die Zugehörigkeit zu einer (verhaltenshomogenen) Bevölkerungsgruppe, d.h. die soziale Rolle, in den Mittelpunkt seines Erklärungsansatzes stellte, bis hin zum situativen Ansatz zur Erklärung von Wahlentscheidungen wie ihn BRÖG und ERL (1980) vorschlugen (nach Planung Transport Verkehr (PTV) 1999, S. 56ff)[55].

Diese Modelle lassen sich nach nach PEZ (1998) in vier Typen unterscheiden, die gleichzeitig auch vier aufeinander abfolgende Generationen darstellen. Die 1.) aggregierten Modelle stützen sich auf das Konzept verhaltenshomogener Gruppen und die Eigenschaften der Bevölkerung sowie des Verkehrssystems. In 2.) disaggregierten, verhaltensorientierten Modellen werden sozioökonomische Variablen der Personen sowie Qualitätsvariablen für Mobilität mit einbezogen. 3.) Einstellungsorientierte Modelle, zu denen die sozialpsychologischen und psychologischen Ansätze zählen, machen in jüngster Zeit eine wichtige Gruppe von Modellen aus. Zu ihnen zählen z.B. der einstellungsorientierte Ansatz von VERRON (1986), in dem Einstellungen sowohl als Bewertung/ Information als auch als motivierende Elemente verstanden werden. Dort wird davon ausgegangen, dass Einstellungen und Verhalten nicht in einem eindimensionalen kausalen Verhältnis zueinander stehen, sondern sich wechselseitig bedingen. In ihren empirischen Untersuchungen konnte sie feststellen, dass die Bewertung der Reisezeit den größten Einfluss auf die Verhaltensintention besaß (bei einer Abwägung zwischen PKW und ÖPNV).

Auch die Theorie des geplanten Verhaltens (Theory of Planned Behavior (TOBP)), die auf den Arbeiten von FISHBEIN und AJZEN (1975) aufsetzt, wurde von BAMBERG und SCHMIDT (1993) zur Erklärung der Verkehrsmittelwahl eingesetzt. Die Verhaltensintention wird dabei als zentrale Größe für das nachfolgende

---

[55] vgl. auch Modelle der Aktionsraumforschung ausgeführt in Kap. 2.2 und Kap. 2.3.

Verhalten angesehen, und sie wird als das „Resultat hierarchisch aufeinander aufgebauter Informationsverarbeitungsprozesse" (PREISENDÖRFER ET AL. 1999, S. 23) betrachtet. In Abb. 2.25 wurde das theoretische Rahmenmodell der Verkehrsmittelwahl von BAMBERG und SCHMIDT ausdifferenziert. Die Theorie des geplanten Verhaltens (TOPB) wird als eine Theorie innerhalb der Rational-Choice-Handlungstheorie angesehen und demzufolge stützt sich die Kritik auf Elemente, die grundsätzlich dieser Theorie eigen sind (LÜDEMANN 1997). Allerdings kann die TOPB auch als der Versuch angesehen werden, den homo oeconomicus mit dem homo sociologicus zu vereinen, indem sowohl Kosten/ Nutzen-Abwägungen als auch (Rollen)Erwartungen u.ä. integriert werden. Allerdings fehlt in dieser Theorie der Umgang mit habitualisiertem Verhalten, d.h. mit Gewohnheiten.

Abb. 2.25: Theoretisches Rahmenmodell der Verkehrsmittelwahl (BAMBERG/ SCHMIDT 1993)

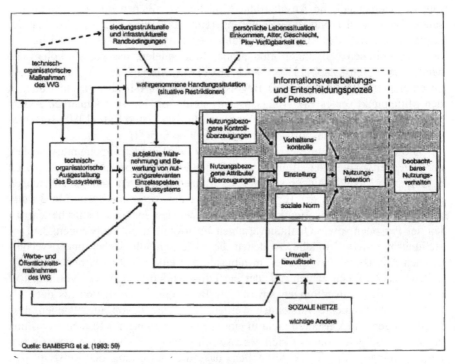

Der 4.) Ansatz abgestufter Wahlmöglichkeiten, der von SOCIALDATA (BRÖG 1985) entwickelt wurde und den PEZ (1998) als eigenständigen Ansatz bezeichnete, basiert auf einer Wahlfreiheit der Individuen und analysiert die Einschränkungen (vergleichbar mit den HÄGERSTRANDSCHEN constraints). Daraus resultiert dann der Anteil derjenigen, die tatsächlich frei zwischen den Verkehrsmitteln wählen können.

Insgesamt wird in zahlreichen Studien (VERRON 1986; PREISENDÖRFER ET AL. 1999; LÜDEMANN 1997; PEZ 1998) immer wieder die zentrale Rolle von Verhaltensgewohnheiten betont, die in keinem der o.g. vier Ansätze befriedigend berücksichtigt werden. Der bei LÜDEMANN 1997 so genannte „habit" definiert sich als Handlungen, die zum einen häufig ausgeführt werden und zum anderen mit einer geringen kognitiven Steuerung verbunden sind (LÜDEMANN 1997, S. 73). Die Integration der verschiedenen Ansätze und Konzepte steht in den Verhaltenswissenschaften im Allgemeinen und der Mobilitätsforschung im Besonderen noch aus.

Betrachtet man speziell die Determinanten, die für das gewohnheitsmäßige Verkehrsverhalten, d.h. für Routinen und Rhythmen verantwortlich sind, so wird angenommen, dass die Wiederholung von Tätigkeiten als Strategie zur Komplexitätsreduzierung im Alltag eingesetzt wird. Entsprechend dem Konzept der „bounded rationality" nach SIMON (1955) wird davon ausgegangen, dass „häufig eine befriedigende, subjektiv ausreichende Lösung der optimalen vorgezogen wird" (PLANUNG TRANSPORT VERKEHR (PTV) 1999, S. 64). Dies hänge nicht zuletzt damit zusammen, dass meist nicht vollständige Informationen vorliegen und wenn sie vorliegen würden, deren Verarbeitung zu kompliziert wäre, um die schnellen Alltagsentscheidungen damit zu treffen.

Die rhythmischen Muster im Verkehrsverhalten stellen die Reaktion auf unterschiedliche natürliche (Tages- und Jahreszeiten), biologische (Schlaf, Essen), soziale und kulturelle (Arbeitszeit, Wochenende) Rhythmen dar. In zahlreichen Studien (z.B. in der weiter unten ausgeführten Studie „Mobidrive") werden diese Rhythmen zusammen mit den „constraints" nach HÄGERSTRAND als die beiden entscheidenden Erklärungsansätze für Rhythmen im Verkehrsverhalten angesehen. Über die zeitliche Komponente hinaus besitzen diese Rhythmen auch Folgen auf räumliche Muster. So lassen sich Restaurant-Angebote, die speziell für Mittagspausen konzipiert sind, als räumlicher Niederschlag zeitlicher Rhythmen verstehen. Ebenfalls auf der Akteurs- bzw. Mikroebene bewegt sich das „Sozialökonomische Modell des Mobilitätsverhaltens" (SMM), das ZÄNGLER (2000) in seiner Arbeit zum Mobilitätsverhalten in Alltag und Freizeit entwickelte. Für ihn war – ähnlich wie in der vorliegenden Arbeit – der private Haushalt der Rahmen, in dem sich das Individuum bewegt. Obwohl sich sein Erhebungsdesign auch an die standardisierten KONTIV-Designs anlehnte, zeichnete es sich dadurch aus, dass zusätzlich zu den Wegstrecken (keine Wegezeiten) Meinungen zu und Bewertungen der zurückgelegten Wege erhoben wurden. So konnte er z.B. ermitteln, dass es ein großes Potential von habitualisierten Wegen im motorisierten Individualverkehr gab (ZÄNGLER 2000, S. 126).

2.5.2.2 Interaktion von Siedlungsstruktur und Mobilität

Aus einer verkehrsgeographischen Perspektive wurden in der jüngeren Zeit akteursbezogene Ansätze entwickelt, in denen „die spezifischen Wechselwirkungen von Mobilität und individuellem Handeln in konkreten räumlichen Kontexten" als Aufgaben genannt wurden (HESSE 1999, SCHEINER 2002). Dort wurde das planerische Konzept der „Stadt der kurzen Wege" oder der „Region der kurzen Wege" unter dem Aspekt analysiert, in wieweit Siedlungsstrukturen Verkehrshandeln bedingen oder zumindest beeinflussen. Es wird festzustellen sein, ob und wie stark der Begriff der „kurzen" Wege sich nicht stärker noch auf die zeitliche Kürze als auf die metrische Kürze beziehen sollte. Dass ein Einfluss von Siedlungsstruktur auf Mobilität besteht, ist unbestritten, jedoch wird der vermutete Einfluss bisher nur selten konkret analysiert. Im Interaktionsfeld zahlreicher Einflussfaktoren erkannte HESSE (1999, S. 326) Siedlungsstrukturen, Lebensstile und Verkehr als die entscheidenden Elemente, mit denen die verkehrsgeographischen Phänomene erklärbar werden könnten. Diese Faktoren sollen in der vorliegenden Arbeit ebenfalls Berücksichtigung finden.

Bei Analysen zum Zusammenwirken von Siedlung und Verkehr wurden für sehr unterschiedliche Bereiche des Schienenverkehrs bereits interessante Konzepte entwickelt. So zeigte KYRIELEIS (1998), welche Handlungsmöglichkeiten zur besseren Integration von Bahnhof und Siedlung bestehen und wie die Regionalisierung des Schienenpersonenverkehrs eine Chance für integrierte Planung darstellen kann (KYRIELEIS 1998, S. 154f). Er entwickelte Vorschläge, wie man z.B. durch einen integralen Taktfahrplan, die Förderung neuer Baugebiete am Bahnhof oder eine neue Aufteilung von Haltepunkten zu einer besseren Integration von Siedlungsstruktur und Bahnhofsanlagen gelangen kann. GIFFEL und STEINKE (1998) stellten für den schienengebundenen Hochgeschwindigkeitsverkehr fest, dass auch er wesentliche Entwicklungsimpulse für das unmittelbare Quartier des Bahnhofsumfeldes liefern kann. Sie zeigten an mehreren Beispielen aus Europa, dass vor allem dann, wenn „die durch den Hochgeschwindigkeitsverkehr ‚vermittelten' Standortfaktoren auf entsprechende ‚gebundene' Standortfaktoren treffen" (GIFFEL / STEINKE 1998, S. 265), positive Effekte möglich sind. Zudem ist unabdingbare Vorraussetzung, dass nur eine planerische Lenkung dieser Raumwirkungen zu positiven Effekten für die Stadtentwicklung führen kann.

Analysiert man das Mobilitätsverhalten im Zusammenhang mit der jeweiligen Siedlungsstruktur – was in der vorliegenden Arbeit auch geschehen soll –, so zeigen sich nach HOLZ-RAU (1997) Muster, die sich folgendermaßen beschreiben lassen: „Innerhalb der Stadt steigt der Verkehrsaufwand von innen nach außen. Die BewohnerInnen von Stadtrandsiedlungen geringer Dichte sind im Durchschnitt am weitesten unterwegs und nutzen den MIV am häufigsten" (HOLZ-RAU 1997, S. 23). Zudem nahm er an, dass „die Wohnbevölkerung in den kleinen Gemeinden im Umland der Großstädte ... die größten Distanzen zurück(legt)" (DERS. 1997, S. 23). HOLZ-RAU beschrieb eine zweifache Ursache-Wirkungs-Beziehung zwischen Mobilität und Wohnstandort, nämlich derart, dass einerseits die Motorisierung aus dem Wohnstandort erfolge und andererseits die Motorisierung, bzw. der damit verbundene Lebensstil, die Wahl des Wohnstandorts bedinge. Diese Wechselseitigkeit von Bedingungen und Folgen erschwert natürlich die Frage nach Ursache-Wirkungs-Zusammenhängen.

2.5 Räumliche Mobilitätsforschung

„Der Lebensort beeinflusst die Lebensweise; gleichzeitig ist der Lebensort aber auch Ausdruck individueller Lebenswünsche. Soziale und räumliche Strukturen bilden eine Einheit, die sich analytisch nicht trennen lässt. Sozialräumliche Strukturen sind nur aus ihrer Entstehungszeit und -geschichte heraus zu verstehen" (HOLZ-RAU 1997, S. 71).

In einer Differenzierung der Verkehrsintensität nach Gemeindegrößenklassen kam HOLZ-RAU zu dem Schluss, dass den höchsten Verkehrsaufwand Gemeinden mit starken Auspendlerströmen (vor allem kleine Gemeinden) und große Gemeinden mit starken Einpendlerströmen und gleichzeitig langen innerörtlichen Pendlerwegen besitzen. (HOLZ-RAU, 1997, S. 59). Konzepte zur Verkehrsverlagerung, -beruhigung und vor allem -vermeidung kombiniert mit dezentraler Konzentration führen nach HOLZ-RAU zu einer integrierten Verkehrsplanung. Diese integrierte Verkehrsplanung als Prozess berücksichtigt nicht nur siedlungsstrukturelle und organisatorische Maßnahmen, sondern betrachtet auch Planung selbst stärker als interdisziplinären Prozess, an dem Bürgerinnen und Bürger partizipieren.

KUTTER und STEIN (1996) forderten in einem Beitrag zur „Verkehrsminderung ‚vor Region'" eine stärkere Verknüpfung von Verkehrspolitik und den „Raumdisziplinen" in dem Sinne, dass sie die Schlüsselfunktion der Raumstruktur als einziges Mittel gegen die „Verkehrsspirale" betonten. Als Ergebnis wurden fünf Forderungen nach Umkehr sowohl in der Siedlungsgestaltung als auch in der Verkehrsplanung formuliert: von der Verkehrsförderung zur Verkehrsminderung, von der sektoral-kommunalen Planung zur regionalen Planung, von der Maximal- zur Mindestdichte (der Siedlungen), vom Trennungs- zum Mischungsprinzip und von der Erschließung für den motorisierten Individualverkehr zur Erschließung durch den Umweltverbund (KUTTER / STEIN 1996, S. 485f).

Einer ähnlichen Fragestellung ging KAGERMEIER (1997a) nach, indem er Siedlungsstruktur und Verkehrsmobilität miteinander in Beziehung setzte. Er plädierte dafür, dass sich die Verkehrswissenschaft stärker mit den Ursachen von Transportbedürfnissen beschäftigen solle als dies bisher geschehen sei. Das Wechselspiel von Verkehr, Innovationen im Verkehrssystem, Veränderungen der Erreichbarkeitsverhältnisse und Flächennutzung als dynamischen Prozess stellte er in das Zentrum seiner Betrachtungen. Die räumliche Auseinanderentwicklung von Wohn- und Arbeitsplätzen und der daraus erfolgende erhöhte Aufwand für Pendelwege, die zudem vermehrt mit dem PKW zurückgelegt werden, zählen zu den wichtigsten Ursachen für eine Zunahme der Mobilität. Eine grobe Klassifikation von Verkehrsleistung in Abhängigkeit von der Größe der Wohnorte ergab, dass die durchschnittliche Verkehrsleistung mit der Größe des Wohnortes abnahm und ebenso die Anteile des motorisierten Individualverkehrs abnahmen (KAGERMEIER 1997a, S. 21).

In Tab. 2.5 wurde der Anteil der Auspendler an den Erwerbstätigen nach siedlungsstrukturellen Gebietstypen zusammengestellt. Dabei wird deutlich, dass die höchsten Anteile von Auspendlern im hochverdichteten Umland der großen Verdichtungsräume und im ländlichen Umland anzutreffen waren. In den ländlich geprägten Regionen waren dagegen niedrigere Auspendleranteile anzutreffen. In Tab. 2.6 wird zum einen sichtbar, dass die stärksten Pendlerströme in die Kernstädte zielen, zum anderen ist erkennbar, dass auch Ströme zwischen den anderen Gemeindetypen bestehen.

Tab. 2.5: *Anteile von Erwerbstätigen am Wohnort und Auspendlern 1987 nach siedlungsstrukturellen Gebietstypen*

	Erwerbstätige	Anteil Erwerbstätige am Wohnort	Anteil Berufsauspendler
Regionen mit großen Verdichtungsräumen			
Kernstädte	8.030.848	89,0	11,0
Hochverdichtetes Umland	8.527.938	65,1	34,9
Ländliches Umland	3.489.172	66,1	33,9
Regionen mit Verdichtungsansätzen			
Kernstädte	1.536.982	88,8	11,2
Ländliches Umland	9.144.974	67,9	32,1
Ländlich geprägte Regionen	5.964.175	71,1	28,9

Quelle: eigene Berechnungen nach OTT/GERLINGER 1992, S. 97

Quelle: KAGERMEIER 1997a, S. 28

Tab. 2.6: *Quelle-Ziel-Beziehungen von gemeindegrenzenüberschreitenden Pendlerströmen 1987*

nach	Kernstädten	Ober-/Mittelzentren	sonst. Gemeinden	insg.
von				
Kernstädten	5,0	3,7	2,0	10,8
Ober-/Mittelzentren	14,8	11,2	5,9	31,9
sonst. Gemeinden	18,4	11,2	12,1	57,3
insgesamt	38,2	41,8	20,0	100,0

Quelle: SCHMITZ 1992, S. 329

Quelle: KAGERMEIER 1997a, S. 28

Bei KAGERMEIERS empirischen Untersuchungen im Großraum München wurden die Verkehrswege für unterschiedliche Bedarfsdeckungen ermittelt. So wurde deutlich, dass z.B. die Lebensmitteleinkäufe bei niedrigrangigen Gemeinden außerhalb des Ortes getätigt werden müssen, die wiederum häufig mit anderen Einkäufen oder persönlichen Erledigungen gekoppelt werden. Bei einer umfassenden Betrachtung der Alltagsmobilität zeigte sich, dass „ein Teil des motorisierten Verkehrsaufkommens siedlungsstrukturell bedingt ist" (KAGERMEIER 1997a, S. 137). Besonders günstig schnitten dabei die mittelzentralen Orte ab, in denen zum einen weniger Wege mit PKWs zurückgelegt wurden, in denen zum anderen eine hohe Zahl von nicht motorisierten Wegen innerhalb der Gemeinde stattfand. Darin lag – nach KAGERMEIER – ein entscheidendes Entwicklungspotential, an dem man mit Hilfe der Bindungswirkung der lokalen Angebote arbeiten müsste.

Im Freizeitverkehr konnte KAGERMEIER eine Gunst der niedrigrangigen Gemeinden feststellen, in denen der überdurchschnittliche Alltagsverkehr „durch geringere Verkehrsleistungen im Besuchs- und Ausflugsverkehr abgemildert (wird)" (DERS. 1997a, S. 160). Die Ausstattung der Haushalte mit wohnungsnahen privaten Freiflächen konnte er ebenfalls als Einflussfaktor auf den Freizeitverkehr ausmachen. Inwiefern Wegezeiten von Strukturmerkmalen der Wohngemeinden abhängen, steht im empirischen Teil dieser Arbeit im Vordergrund.

BAHRENBERG dagegen bezweifelte, dass es eine „Schuld des Raumes" an der zunehmenden Motorisierung im innerstädtischen Verkehr gebe (1997). Er stellte die gemeinhin angenommene raumstrukturelle Logik in Frage, nach der die Verlängerung der Wege in erster Linie als Ursache einer verstärkten PKW-Nutzung erachtet werde. Außerdem bezweifelte er, inwieweit Zeitrationalität bei der Wahl des Verkehrsmittels eine Rolle spiele. Am Beispiel der Entwicklung des innerstädtischen Pendelverkehrs in Bremen zwischen 1970 und 1987 zeigte er, dass rd. doppelt so viele Wechsel des Verkehrsmittels wie (räumliche) Verlängerungen des Arbeitsweges stattgefunden hatten. Bei einem Vergleich von Verkehrsmittelwechseln, die aufgrund einer Verlängerung des Arbeitsweges stattfinden mussten mit Verkehrsmittelwechseln, die ohne Verlängerung des Arbeitsweges stattfanden (BAHRENBERG nannte dies „Wahleffekt", S. 363), machten erstgenannte nur rd. 18%, letztere jedoch rd. 82% der Verkehrsmittelwechsel aus. Die zunehmende Automobilität im Bremer innerstädtischen Pendelverkehr sei demnach weitaus weniger durch längere Arbeitswege „erzwungen" als frei gewählt. Er empfahl demzufolge, weniger Anstrengung auf die „Realisierung der ‚Stadt der kurzen Wege' (zu) richten, sonder eher (zu) versuchen, die Mobilität auf den kurzen Wegen zu beeinflussen" (BAHRENBERG 1997, S. 367). Rd. 50% der für Bremen ermittelten Pendeldistanzen zählten zu den kurzen und mittleren Wegen, die (im Sinne der Zeitrationalität) durchaus schneller mit anderen Verkehrsmitteln hätten zurückgelegt werden können. Dennoch folgten offensichtlich wesentlich weniger Personen diesen unterstellten zeitökonomischen Vorgaben. Sein Appell richtete sich dahin, die Motive für die Verkehrsmittelwahl aller Verkehrsmittel (vor allem der nicht motorisierten) transparenter zu machen, und dabei Faktoren, wie z.B. die Bequemlichkeit und Gedankenlosigkeit der Autonutzer/innen mehr zu berücksichtigen als dies bisher geschehen sei. In einer Kritik an BAHRENBERGS Ergebnissen führte SCHEINER (2002) u.a. an, dass sich die Analyse auf eine rein innerstädtische Dimension beschränke und wies darauf hin, dass Raum nicht als eigenständig „wirkende" Entität zu verstehen sei, sondern Raum als „gedeuteter Raum" zu werten sei, der „lediglich eine notwendige, aber keine hinreichende Voraussetzung für kurze Wege (darstelle)" (SCHEINER 2002, S. 38).

Jüngste Studien zum Bereich Verkehr, Raum und dem Einfluss von neuen Medien auf dieselben zeigen, dass es nach wie vor eine große Bandbreite in den Einschätzungen der aktuellen Situation und in den Prognosen für zukünftige Entwicklungen gibt. Für eine zukünftige Stadtentwicklung wurde bei SCHMITZ (2000) z.B. weniger eine „Auflösung" der realen Städte erwartet als eine zunehmende Polyzentralität in post-modernen „Stadtlandschaften" (SCHMITZ 2000, S. 41).

In der jüngsten Siedlungs- und Verkehrsplanung – zwei Planungsbereiche, die zunehmend integrativ betrachtet werden – wird das Leitbild der dezentralen Konzentration bevorzugt (MOTZKUS 2002). In Abb. 2.26 wird dieses Leitbild den früheren und den aktuellen Siedlungs- und Verkehrsstrukturen gegenüber gestellt. Es wird allerdings kontrovers diskutiert, ob Siedlungsplanung überhaupt noch im bisherigen Umfang stattfinden könne und ob diese Planungen sich dann tatsächlich im Verkehrsaufkommen niederschlagen würden.

Abb. 2.26: Von der Stadt der kurzen Wege von Gestern zur Region der kurzen Wege von Morgen

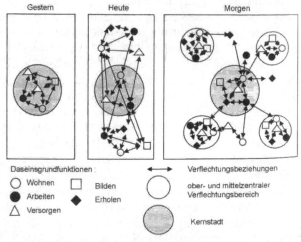

Quelle: MOTZKUS 2000, S. 506

Bei einer Überprüfung des Leitbildes und seiner potentiellen Leistungsfähigkeit in der Region Rhein-Main kam MOTZKUS (2002) zu dem Ergebnis, dass „das Konzept der Dezentralen Konzentration (...) prinzipiell ein distanzminimierendes Grundmodell für eine nachhaltige Entwicklung in Metropolregionen dar(stelle)" (DERS. 2002, S. 516). Wesentlicher Faktor in diesem Szenario sei die „konzentrierte Dezentralisierung der Arbeitsplätze" (DERS. 2002, S. 516). Bedingungen für eine solche Entwicklung seien u.a. attraktive dezentrale Orte, ein großer Umfang und eine hohe Qualität der Angebote in diesen Orten sowie eine konsequente Nutzungsmischung als Ordnungsprinzip.

Betrachtet man das – viel diskutierte – Substitutionspotenzial, das „virtueller Verkehr" bzw. Telekommunikation für den realen Verkehr darstellen könnte, so kam KÖNIG (2000) mit Hilfe des Fraunhofer-Instituts auf maximal 8% der Personenverkehrsleistung bis zum Jahr 2010, wobei der Freizeitverkehr die am schwierigsten abzuschätzende Größe darstellte und vom Geschäfts- und Berufsverkehr die größten Einsparpotenziale (rd. 3%) erwartet wurden. Bei Analysen zum Einfluss auf die Reduzierung des Berufsverkehrs durch den verstärkten Einsatz von Telearbeit (in diesem Fall Teleheimarbeit) wurde zwar grundsätzlich ein Potenzial zur Einsparung vermutet, jedoch seien ebenso Kompensationseffekte, Substitutionseffekte, Induktionseffekte oder Langfristeffekte – wie z.B. die Verlagerung des Wohnorts an entferntere Orte – zu erwarten (DENZINGER/ VOGT 2000, S. 220f, CARROLL 1993). Es gibt sogar Befürchtungen, dass eine zunehmende Telekommunikation/ Telearbeit zu ungeahnten Verlagerungen und Verschiebungen führen könnte: „...telecommunication opens Pandora's box of potentialities for decentralization" (CARROLL 1993, S. 11).

Die Ausbreitung der Telearbeit ist derzeit allerdings deutlich geringer als dies Anfang der 1990er Jahre prognostiziert wurde. Nach verschiedenen Schätzungen waren 1-2% der Beschäftigten (max. knapp 1 Mio. Beschäftige) im Jahr 2000 Telearbeiter/-innen, wobei vermutet wurde, dass 10-11% aller Arbeitsplätze für mobile oder alternierende Telearbeit geeignet sein könnten (GLASER/ GLASER 2000, S. 102). Die Reduzierung dieses Pendlerverkehrs würde das Gesamtvolumen der Verkehrsleistung im motorisierten Individualverkehrs um ca. 1% reduzieren, was unter den aktuellen Wachstumsraten pro Jahr läge. Allerdings könnten auf anderen Maßstabsebenen, wie der der Städte, durchaus tageszeitliche Verkehrsspitzen etwas entlastet werden (DENZINGER/ VOGT 2000, S. 221f). Insgesamt kann jedoch nicht mit signifikanten Verkehrsreduzierungen durch die Telearbeit gerechnet werden (vgl. auch Kap. 2.3.4.4).

Arbeiten, in denen das Mobilitätsverhalten und die Kontakthäufigkeit von Personen im Alltag untersucht wurde, ergaben allerdings, dass weniger Wege durch Tele-Kontakte entfallen (geringe Substitutionseffekte) als eher Wege durch andere Kontakte entstehen (Komplementarität bzw. Induktion) (ZUMKELLER 2000, S. 246). Insbesondere waren Personen mit physisch großem Aktionsradius auch im virtuellen Aktionsradius häufig und über große Distanzen mobil. ZUMKELLER kam zu dem Schluss: „Vor dem Hintergrund steigender Arbeitsteilung und weiterer Ausdifferenzierung und Spezialisierung in Privatleben wird ein weiterer Anstieg sowohl im Bereich der Telekommunikation als auch im Verkehr erwartet" (ZUMKELLER 2000, S. 252). Für den Bereich der Geschäftsreisen und die dahingehend erwarteten Kompensationseffekte durch Telekommunikation und Videokonferenzen konnte bereits festgestellt werden, dass die Bedeutung der face-to-face-Kontakte unverändert hoch ist (TÖRNQVIST 2004). Neue Medien ermöglichen zwar eine andere Art der Unternehmensorganisation (Stichwort Internationalisierung der Konzerne und Globalisierung), diese erfordert jedoch ihrerseits eher neue Geschäftsreisen als dass sie durch diese Medien verringert würden (RANGOSCH ET AL. 2000, S. 287).

Im Rahmen einer Initiative der Bundesregierung „Mobilität und Verkehr besser verstehen" wurden unter dem Projektträger TÜV Rheinland und geleitet vom Institut für Stadtbauwesen der RWTH Aachen (Beckmann) und unter Mitwirkung der PLANUNG TRANSPORT VERKEHR (PTV) AG Karlsruhe zwischen 1998 und 2001 zwei umfangreiche Projekte zur Mobilität durchgeführt, deren Instrumente z.T. immer noch benutzt werden können[56]. Auf diese beiden Studien soll an dieser Stelle ausführlicher eingegangen werden, da sie in einigen Ansätzen Fragestellungen berücksichtigen, die nahe an den in dieser Arbeit untersuchten Sachverhalten liegen.

Das Projekt „Mobiplan – Eigene Mobilität verstehen und planen – Langfristige Entscheidungen und ihre Wirkung auf die Alltagsmobilität" versucht, Mechanismen aufzudecken, die über die aktuell festgestellte Mobilität hinaus die Entscheidungsfindungsprozesse für längerfristige Mobilität näher beleuchten (MOBIPLAN-PROJEKTKONSORTIUM (Hrsg.) 1999; BECKMANN 2001; DOLLASE 2000; KUTTER 2001). Es wurde außerdem ein Beratungsinstrument (MOBIPLAN) entwickelt, mit dem es Personen ermöglicht werden soll, die Wirkungen ihrer Mobilitätsentscheidungen abzuschätzen und ihr eigenes Verkehrsverhalten zu optimieren. Dazu wurden in einer Längsschnitterhebung (Panel) vier Befragungen zu unterschiedlichen Zeitpunkten eines Umzugs durchgeführt. Es sollten damit sowohl die Motive für die Standortwahl als auch die Veränderungen in den Raum-Zeit-Verhaltensmustern durch einen Umzug ermittelt werden. Ein Ziel dieses Projekts war, das komplexe Zusammenspiel von personen-, haushaltsspezifischen sowie raum-/ wohnortspezifischen Faktoren beim aktionsräumlichen Verhalten näher zu beleuchten (Raumstruktur und Verkehrssystem bzw. Verkehrserreichbarkeit im Wechselspiel (KUTTER 2001)).

Das Raum-Zeit-Verhalten stellt die kleinräumige und kurzfristige Form der Mobilität dar. Da in dem Projekt Mobiplan Entscheidungsstrukturen analysiert werden sollten, war der Umgang mit Informationen im Rahmen der Mobilitätsentscheidung von Interesse. Nimmt man an, dass den Akteuren nicht alle Informationen zur Verfügung stehen, so könnte man vermuten, dass die Akteure mit Hilfe zusätzlicher Informationen zu einer Optimierung der Mobilität gelangen können. Diese Informationen können die Gestalt eines Parkleitsystems, elektronischer Navigationshilfen oder einer Mobilitätszentrale annehmen. Sie werden jedoch in Abhängigkeit vom situativen Kontext, der Strecke, der Art der Information und persönlichen sozioökonomischen Charakteristika unterschiedlich verarbeitet und verwendet.

Das Beratungswerkzeug MOBIPLAN kann eine Verbindungsauskunft (alternative Wege und Reihenfolgen zum Ziel, Planung eines Tagesablaufs), eine Nutzungsauskunft (Was kann dort genutzt werden?) und eine Standortauskunft (Suche nach dem optimalen Standort) anbieten. Dies alles wird interaktiv im Internet angeboten[57]. Zudem kann in einem Bewertungswerkzeug eine Aufstellung der verschiedenen Kosten (Wohnstandortkosten, Vorhaltekosten des Verkehrsmittels und Fahrtkosten) vorgenommen werden. Berücksichtigt werden dabei ebenfalls sog. externe Kosten, wie z.B. Kosten aus Emissionen, Lärm, Unfällen und Staus (Zeitkosten), die es den Nutzern ermöglichen, die Folgen ihres

---

56 Homepage des Forschungsprojektes: http://www.isb.rwth-aachen.de/mobiplan/index_d.html (13.3.2005).
57 Homepage des Projekts für Teilnehmende: http://www.mobiplan.de/intro2.asp (13.3.2005). Zu Beginn des Jahres 2005 wurden das Beratungswerkzeug für die Versuchsregion Oberrhein angeboten.

Verkehrsverhaltens in einem gesamtgesellschaftlichen Zusammenhang wahrzunehmen. Dies ist als Überblick, für einen Tag und für ein Jahr zu erhalten.

Ein ähnliches Projekt mit dem Titel „Mobidrive – Dynamik und Routinen im Verkehrsverhalten" wurde ebenfalls unter Mitwirkung des Instituts für Stadtbauwesen der RWTH Aachen und der Planung Transport Verkehr (PTV) AG Karlsruhe durchgeführt[58]. Dabei standen die Elemente Rhythmik, Routinen, Dynamik und Zeitplanung im Vordergrund. Dafür wurden sowohl Daten auf der Systemebene (Verkehrszählungen, KONTIV-Erhebungen) als auch auf der Individualebene eingesetzt (PLANUNG TRANSPORT VERKEHR (PTV) AG (HRSG.) 1999, S. 47). Dabei standen besonders die Aktivitätenmuster und das Verkehrsverhalten am Wochenende, der Einfluss von wiederkehrenden strukturellen Elementen (Umwelt) und der des Haushaltszusammenhangs im Vordergrund. Bezüglich der Tagesrhythmen konnte das Projektteam an Wochentagen erwartungsgemäß den Tag-Nacht-Rhythmus mit einem steilen Anstieg von 5-7 Uhr und einem flacheren Abfall zwischen 17 und 21 Uhr feststellen, wobei freitags der Abfall etwas früher einsetzte. An Samstagen lag die Verkehrsspitze in der Mittagszeit, an Sonntagen in der Nachmittagszeit. Es gestaltete sich jedoch sehr schwierig, allgemeingültige Aussagen zu formulieren, da die unterschiedlichen Raumstrukturen sehr unterschiedliche Ergebnisse zur Folge hatten (z.B. Naherholungsgebiete usw.). Im Vergleich zu früheren Messungen wurde festgestellt, dass sich neben der Erhöhung der absoluten Werte die Nachmittagsspitze zum einen verbreitete und zum anderen ca. eine Stunde früher stattfand als 1970 (PLANUNG TRANSPORT VERKEHR (PTV) AG (Hrsg.) 2001, S. 23). Es sind somit in den Verkehrszählungen die Arbeitszeitverkürzungen und Flexibilisierungen der vergangenen Jahre erkennbar[59].

Der Rhythmik bzw. Periodizität von Mobilität widmete sich ebenfalls eine Arbeit von KUNERT (1992), der die Verteilung von Mobilität im Wochenverlauf untersuchte. Er stützte seine Analysen auf ein sozialökologisches Modell, in dem auf der einen Seite die Nachfrage (durch den Haushalt/ die Personen) und auf der anderen Seite das Angebot (durch den Kontext) stand. Die Ausprägung der Grundmuster wurde durch Eigenschaften, wie z.B. die soziale Rolle, den Lebensstil oder die Haushaltsstruktur, erklärt. Des weiteren wurden habituelle Verhaltensweisen als wesentliches erklärendes Moment in die Interpretationen mit einbezogen. Es zeigte sich, dass für die Mobilitätsbeteiligung (vor allem werktags) erwartungsgemäß die Erwerbsbeteiligung von großer Bedeutung war, während am Wochenende die Faktoren Alter, Ausbildungsgrad und Erreichbarkeit mehr Gewicht besaßen. KUNERT betonte die große Bedeutung von Alter und Ausbildungsgrad und eine relativ geringe Bedeutung des Geschlechts für die Wegezahl (nicht für die Wegezwecke). Er begründete dies u.a. damit, dass seine Analysen eine ganze Woche als Untersuchungseinheit umfassten und nicht – wie sonst verbreitet – nur einzelne Tage. In seiner Arbeit wurden – ähnlich wie in der vorliegenden

---

58 Homepage des Forschungsprojektes: http://80.146.239.182/mobidrive/MobiDriv/welcome.html (13.3.2005).

59 Dies trifft für den Zeitvergleich der Zeitbudgetstudien 1991/92 und 2001/02 nicht zu, da sich hier die Veränderungen des Arbeitsmarktes in den neuen Bundesländern maßgeblich auswirkten.

Arbeit – in einem weiteren Schritt Personengruppen untersucht, für die sowohl inter- als intrapersonelle Varianzen ermittelt wurden. Es konnte festgestellt werden, dass trotz der unterscheidbaren Gruppen eine hohe intrapersonelle Varianz im Alltag beobachtbar war. So war insbesondere bei Hausfrauen und Rentnern/innen eine große Heterogenität festzustellen. Insbesondere die soziale Rolle und der Lebenszyklus erwiesen sich als zentrale Unterscheidungskriterien.

2.5.2.3 Qualität von Mobilität

In den vergangenen zehn Jahren hat sich neben den rein quantitativen Analysen des Verkehrsaufkommens auch die Erforschung der Qualität von Mobilität als maßgebliche Grundlage für Mobilitätsentscheidungen etabliert. KLEMM (1996) stellte in seiner Untersuchung des Verkehrs in Basel fest, dass sich zahlreiche Aspekte des individuellen Verhaltens mit dem Modell VON ROSENSTIELS (1987, zit. nach KLEMM 1996, S. 85f) analysieren ließen. Dieses Modell benennt vier Faktoren, die für das Verhalten und vor allem die Verkehrsmittelwahl verantwortlich sind: Persönliches Wollen, Soziales Dürfen/ Sollen, Situative Ermöglichung und Individuelles Können. Ebenso wies er auf psycho-soziale Aspekte von Mobilität hin und verwies dabei auf die Unterscheidung in ziel- und wegorientierte Mobilität (GÜLLER 1991, zit. nach KLEMM 1996. S. 63). Während die zielorientierte Mobilität zumindest z.T. Kosten-Nutzen-Aspekten unterliege, sei die wegorientierte Mobilität dem Erlebnis- oder Freizeitgewinn verpflichtet und damit stärker psychischen und emotionalen Motiven verhaftet. Außerdem identifizierte KLEMM eine Verschiebung von Werten im Rahmen einer zunehmend hedonistisch progressiv-außen gerichteten Haltung, die sich in der Wahl des Verkehrsmittels und des Fahrzeugtyps niederschlage. Er vermutete z.B. in der zunehmenden Wahl leistungsstarker Geländewagen (die sich nicht funktional begründen lässt), die Vermittlung eines bestimmtes Images, wie z.B. der Attribute „Kraft, Aktivität, Unabhängigkeit usw." (KLEMM 1996, S. 65). Dies deute darauf hin, dass „unsere Mobilitätsansprüche von psychosozialen Faktoren bestimmt werden und wie wichtig Wegqualität als Bestimmungsgröße der Mobilität ist" (DERS. 1996, S. 65). Zu diesem Thema können die qualitativen Interviews dieser Arbeit weitere Erkenntnisse liefern.

Eine Ergänzung der verkehrsgeographischen Sicht um die subjektiven Einschätzungen zu Verkehrswegen und -zeiten erfolgte in einer Arbeit von KICKNER (1998), in der wahrgenommene und tatsächliche Reisezeiten für verschiedene Verkehrsmittel miteinander verglichen wurden. Die Ergebnisse zeigten, dass 44% der Befragten die Fahrtzeiten für den ÖPNV über- und für den MIV richtig einschätzten und 38% beides richtig einschätzten. Die immer wieder geäußerte These, dass der Umstieg auf den ÖPNV nicht erfolge, weil die Autofahrer den Zeitaufwand für die Autofahrt unter- und den Zeitaufwand für den ÖPNV überschätzten, ist damit nicht uneingeschränkt haltbar. Dennoch zeigt die Arbeit erneut, wie wichtig es ist, die subjektiven Wahrnehmungen des Aufwands für die Entscheidungsfindung mit einzubeziehen.

2.5 Räumliche Mobilitätsforschung

Für die Analyse des Verkehrs und des Verkehrsverhaltens wird zudem immer häufiger das Einbeziehen psychologischer Komponenten gefordert (HILGERS 1992; KLÜHSPIES 1999). HILGERS stellte in seinem Ansatz 1992 die zentralen tiefenpsychologischen Dimensionen des Autofahrens vor. Diese Dimensionen gliederte er in:

1) „Die Entwicklungspsychologie von persönlicher Autonomie und Bewegungsfähigkeit.
2) Das Verhältnis zwischen Auto und Selbstwertgefühl (Narzissmus).
3) Die Beziehungsdimension, bzw. deren Fehlen im Straßenverkehr.
4) Die Triebkomponente: Aggression und Sexualität.
5) Die soziologische Bedeutung des Autogebrauchs oder -typs.
6) Die Ebene der Affekte.
7) Interaktionsphänomene. Straßenverkehr als Gruppengeschehen" (HILGERS 1992, S. 9).

Ausgehend von dem Grundbedürfnis nach Mobilität und nach Bewegung, die Autonomie und Selbstwertgefühl bedeutet, zeigte HILGERS auf, wie sehr das Auto zur Darstellung von Unabhängigkeit, Identität und Befreiung von sozialen Zwängen genutzt wird. Machtentfaltung, Gruppenzugehörigkeit und Fluchtphänomene werden mit Hilfe dieser Art von Fortbewegung entfaltet und erlebt. Aus diesem Grund sind psychologische Widerstände für Verkehrsplaner zu erwarten, wenn sie versuchen, die Nutzung des Autos zu reduzieren. Diese Widerstände kommen aus den Bereichen des Selbstwertgefühls, des Thrills, der Regression des Ichs, der sozialen Kompensation, des rechtsfreien Raums, der Pseudo-Identität, des Symbols für Lebensqualität, sozialer Errungenschaften, der Distanz zur sozialen Realität und schließlich der Kontrolle (nach HILGERS 1992, S. 117ff). Besonders die beiden letztgenannten Bereiche zeigten sich in den eigenen qualitativen Interviews als wichtige Determinanten für das Plädoyer für den PKW. HILGERS Vorschläge für eine Verkehrspolitik, die dieses Wissen implementiert, konzentrierten sich auf „Werbung für ein neues Lebensgefühl statt gegen das Auto" (DERS. 1991, S. 131), d.h. sowohl den Beförderungs- als auch den Lustcharakter von Mobilität anzusprechen. Somit müssten Werbestrategien u.a. Attraktivität und Spaß mit dem ÖPNV vermitteln, statt nur das Auto zu verdammen. Zudem müsse die Erkenntnis, dass besonders problematisches Verhalten im Auto häufig unbewusst geschehe, dazu führen, dass das Ansprechen des Unbewussten wesentlich mehr in die Verkehrserziehung einfließe.

BURKART (1994) zeigte in einem Beitrag zur „Soziologie des Automobilismus" auf, wie sehr soziale Integration und individuelle Mobilität zusammen hängen. Besonders bemerkenswert für die Interpretation der nachfolgenden empirischen Ergebnisse sind die von ihm beschriebenen motivationalen Grundlagen der Automobilität, die eng mit der Erfahrung der „selbsterzeugten und eigenkontrollierten Geschwindigkeit" (BURKART 1994, S. 226) einhergehen. Die damit verbundene „machtvolle Selbstdarstellung" (DERS. 1994, S. 227) wurde auch in den qualitativen Interviews – zumindest andeutungsweise – thematisiert.

In der verkehrsgeographischen Arbeit von KLÜHSPIES (1999) wurden die Nutzungsinteressen am PKW in „harte" (objektive) und „weiche" (subjektive)

Interessengruppen unterschieden. Aus einer Literaturrecherche kristallisierte KLÜHSPIES weiterhin die psychosozialen Faktoren heraus, die als psychosoziale Regulationsbedürfnisse besondere Bedeutung für das Mobilitätsverhalten hatten:
- „Sozialpartnerersatz, Partnerdefizit-Regulation
- Positive Selbstdarstellung, Image- und Prestigeförderung
- Identitätsfindung und Ausweg aus Sinnleere
- Freiheitsgefühlerlebnis, Angstregulation, Thrill
- Privatheitsregulation, Schutz des Primären Territoriums
- Steigerung positiver Kommunikationschancen, Überwindung von Kontaktarmut
- Aggressionsregulation, Abbau sozialer Ängste
- Bequemlichkeit" (DERS. 1999, S. 26).

Aufbauend auf diesen Regulationsbedürfnissen leitete er den Begriff „Psychosoziales Regulationspotential („Pep!") ab, d.h. die „Gesamtheit aller emotionalen Ausgleichsfunktionen, die ein Verkehrsmittel seinen Kunden zur Regulation der individuellen psychischen Bedürfnisse anbietet" (DERS. 1999, S. 27). Dabei zeigte sich, dass zwischen PKW, ÖPNV und Fahrrad große Unterschiede hinsichtlich des „Pep!" bestanden. Besonders die Angebote des PKWs stellten sich als regelrechte „psychische Falle" dar, der nur mit „Verführung" durch andere Angebote begegnet werden könne. Ähnlich wie HILGERS (1992), betonte auch KLÜHSPIES die Notwendigkeit, Gewinnaspekte anderer Verkehrsmittel hervorzuheben und die Konzepte auf das Ansprechen der emotionalen Ebene zu erweitern, anstelle die Sanktionierung des Autofahrens weiter zu betreiben.

Dass Fahrten selbst, und insbesondere die Fahrten zwischen dem Arbeitsplatz und zu Hause als positiv empfunden werden, wurde in einigen US-amerikanischen Studien festgestellt (CREEL 2001, JANELLE 1995). Sie wiesen darauf hin, dass diese Pendelfahrten wichtig seien, um die „psychological transition from work to family roles" (JANELLE 1995, S. 426) zu vollziehen. CREEL (2001) führte u.a. die von vielen wahrgenommene Zeit-Armut bzw. den Zeit-Stress darauf zurück, dass häufig nicht mehr die (notwendige) Distanz zwischen Arbeit und Freizeit gewahrt werde. Dies werde dadurch verstärkt, dass zu Hause weiter gearbeitet werde und so der Eindruck des ununterbrochenen Arbeitens und des Zeitmangels entstehe. Er stellte auch fest, dass die Zeit des Pendelns zwischen zu Hause und dem Arbeitsplatz von vielen Personen als Zeit des Rückzugs, der Muße und der Ruhe wahrgenommen werde. Es sei die Gelegenheit, in Ruhe zu telephonieren, Distanz zur Arbeit zu gewinnen oder in Form von „books on tape" Literatur zu genießen.

2.6 ZUSAMMENSTELLUNG DER ZUR ANWENDUNG KOMMENDEN ANSÄTZE

2.6.1 Verwendete Ansätze zum Verständnis von Zeit

Das Verständnis von Zeit, das dem empirischen Teil dieser Arbeit zu Grunde liegt, entspricht dem in Kapitel 2.1.2 vorgestellten linearen Verständnis von Zeit. Inwieweit dieses lineare Verständnis von Zeit bei Einzelnen ein linear festgelegtes Verständnis ist (z.B. bei Personen, die (christlich) religiös gläubig sind) oder ein linear offenes Zeitverständnis ist, was wohl für den typisch postmodernen Menschen gilt, bleibt für diese Arbeit ohne Bedeutung. Was für den Teil von Bedeutung ist, in dem die subjektiven Einschätzungen von Zeit behandelt werden, sind Wahrnehmungen von Fahrzeiten. Es sind dabei die unterschiedlichen Wahrnehmungen in Abhängigkeit vom Verkehrsmittel, von der Umgebung und Begleitung, vom Fahrtzweck usw. von Interesse. Diese Perspektive schließt sich dem Vorschlag von PARKES und THRIFT (1978) an, nicht nur „mental maps" sondern auch „mental clocks" oder – wie sie hier genannt werden sollen – „mental travelling times" in die Analyse einzubeziehen.

Im empirisch-quantitativen Teil der Analyse der Zeitbudgetstudien[60], aber auch bei der Analyse der Studie des Heidelberger Instituts für Interdisziplinäre Frauenforschung (HIFI e.V)[61] erhalten die Reisezeiten bzw. Wegezeiten einen besonderen Stellenwert. Sie werden als Distanzmaß verwendet, indem sie in Kombination mit dem verwendeten Verkehrsmittel einen Eindruck über die alltägliche „Reichweite" vermitteln. Damit wird – ähnlich wie bei FORER (1978) – zwar Bewegung im Raum in das Zentrum des Interesses gestellt, jedoch die Analyse der Bewegung im Raum erfolgt über die Analyse der dafür benötigten Zeit.

In Abb. 2.27 ist anhand einer Visualisierung im 3-dimensionalen Raum dargestellt (in Anlehnung an CARLSTEIN 1980), welche Variablen in dem Set von Raum-Zeit-Variablen für die empirischen Auswertungen mit Hilfe der Daten der bundesdeutschen Zeitbudgeterhebungen des Statistischen Bundesamtes von 1991/92 und 2001/02 zur Verfügung stehen. Die Aktionsorte, d.h. die Orte, an denen die im Zeitbudget erhobene Aktivität durchgeführt wurde, sind in diesem Datensatz zwar nicht enthalten, es liegen jedoch Informationen über den Wohnort der Befragten und über den Zeitaufwand vor, der für den Weg zu einer Aktivität notwendig war. Es wird somit über den Umweg „Zeitaufwand für die Überwindung der räumlichen Distanz" in Zusammenhang mit der Information über das benutzte Verkehrsmittel eine „Zeit-Distanz" (t (E,K)) bestimmt, die die metrische Distanz ersetzt (vgl. Abb. 2.27). Unter dem o.g. Verständnis von Zeit als knapper Ressource erscheint es zudem sinnvoll, die temporale Distanz zu einer „Gelegen-

---

60 Im Folgenden sind mit den „Zeitbudgetstudien" die Studien des Statistischen Bundesamtes (1991/1992 und 2001/2002) zu verstehen.
61 Im Folgenden werden diese Daten die „Daten der HIFI-Studie" genannt.

heit" zu betrachten, da sie als wichtiger für die Entscheidung für oder gegen eine angestrebte Aktivität eingeschätzt wird als die metrische Distanz[62].

Abb. 2.27: Zeitpfade und ihre bekannten und unbekannten Größen in der Zeitbudgeterhebung des Statistischen Bundesamtes.

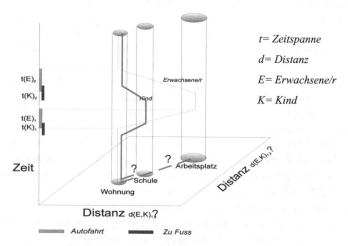

Quelle: eigener Entwurf nach CARLSTEIN (1980)

2.6.2 Verwendete Ansätze zum Verständnis von Raum

In Tab. 2.7 sind die wichtigsten Analyse-Ebenen, Konzepte und Modelle für Aktivitäten in Raum und Zeit zusammengestellt, die in Kap. 2 besprochen wurden und in dieser Arbeit Anwendung finden sollen. In Anlehnung an diese Ansätze wurden in Kap. 1 die eigenen Arbeitshypothesen entwickelt und die zentralen Fragestellungen für die Arbeit formuliert. Im Wesentlichen lassen sich in fast allen Ansätzen zum Verständnis von Raum und Zeit eine objektive und eine subjektive Betrachtungsebene unterscheiden.

---

[62] Dennoch wäre es für eine umfassende Analyse wünschenswert gewesen, zusätzliche Informationen über die metrische Distanz zu besitzen. Diese sind zwar in Daten der Verkehrserhebungen vorhanden, dort sind jedoch entweder die konkreten Wohnorte nicht auswertbar oder es handelt sich nur um regionale Einzelerhebungen. Da für die vorliegende Fragestellung jedoch die bundesweite Ebene von Interesse ist, wurde auf die Daten der Zeitbudgetstudie zurückgegriffen.

2.6 Zusammenfassung der zur Anwendung kommenden Ansätze

Tab. 2.7: Analyse-Ebenen, Konzepte und Modelle für die Aktivitäten in Raum und Zeit

Analyse-Ebene, Konzepte, Modelle	objektive Betrachtungsebene	subjektive Betrachtungsebene	Details in Kapitel...
Raumverständnis (BLOTEVOGEL)	relationales Raumverständnis	subjektiver Raum, Wahrnehmungsraum	2.1.2
Analyse-Ebene (BLOTEVOGEL)	Strukturebene	Handlungsebene	2.1.2
Aktionsraum (HÄGERSTRAND, PARKES, THRIFT)	„constraints" im Raum: authority, coupling, capablity constraints	subjektive Wahrnehmung von „constraints"	2.2.2.4
Aktionsräumliches Verhalten (FRIEDRICHS)	Objektive Stadt-(Raum-)struktur	subjektiver Stadt-(Raum-)plan	2.3.5
Aktionsräumliches Handeln (SCHEINER)	Handlungsbedingungen, „Logik der Situation"	Handlungsmaximen (Ziele, Absichten, Rollenerwartungen usw.)	2.2.5
Handlungsspielraum des Individuums (KLINGBEIL)	Umwelt (Gelegenheitspotentiale): soziale Erreichbarkeit (authority const.), zeitliche Erreichbarkeit (coupling const.), distanzielle Erreichbarkeit (capabil. const.)	Individuum – persönlich verfügbare Mittel: Geld, Zeit, PKW, sozialer Zugang, kultureller Zugang	2.2.3.1
Konzept der Erreichbarkeit (accessibility) (OCCELLI)	Handlungsmöglichkeiten, objektive Umweltbedingungen	Sozio-ökonomische Struktur, kulturelle Werte	2.4.7
Konzept zur Verkehrsmobilität (HEINZE/ KILL)	Physische Gegebenheiten und Gelegenheiten der städtischen Umwelt, Zutrittsbedingungen, Zeit-/Finanzbudgets	Rollenbedingungen Verhaltensgewohnheiten	2.2.5
Handeln, Handlung (GIDDENS)	Raum und Zeit als Strukturwirkung auf das Handeln	Raum und Zeit als gesellschaftliche Produkte, Konstruktionen	2.3
Alltägliche Regionalisierung (WERLEN)		Raum als Ergebnis von Handlungen, alltäglicher Regionalisierungen	2.2.5
Psychologische Ökologie (Behaviour Setting-Konzept) (BARKER)	Kontext als Ordnungsrahmen im Alltagsgeschehen, „Verhaltensorte"	Kontext auf der Mikroebene wirkt verhaltensdeterminierend	2.2.6

Quelle: eigene Zusammenstellung

Das relationale Raumverständnis „als zwei- oder dreidimensionaler metrischer Ordnungsrahmen erdoberflächlich lokalisierbarer Objekte" (BLOTEVOGEL 1995, S. 734) ist die Auffassung von Raum, die dieser Arbeit im ersten empirisch-quantitativen Teil zu Grunde liegt. Die o.g. Verwendung von Zeit-Distanz-Maßen als Raum-Distanz-Maße lässt sich mit diesem Raumkonzept gut vereinbaren. Dass ein Zeitmaß sogar besser zur Messung physischer Distanzen geeignet sei als ein Raummaß, sieht auch der Soziologe BOURDIEU (BOURDIEU 1991, S. 31).

In diesem Raumkonzept sind ebenfalls die HÄGERSTRAND'SCHEN „constraints" anzusiedeln, die als „authority constraints", „coupling constraints" oder „capability constraints", als „objektive Raumstruktur" nach FRIEDRICHS (1981), als Umweltbedingungen, Handlungsspielräume oder Handlungsbedingungen nach KLINGBEIL (1980), SCHEINER (1998) oder OCCELLI (1999) in deren Raum-Zeit-Aktivitäts-Modellen Eingang gefunden haben. Diese in der ökologischen Psychologie als „Behaviour Setting-Konzept" bezeichneten materiell-physischen Realitäten, finden in dieser Arbeit ebenfalls Verwendung, jedoch mit einer weniger starken Verhaltensdetermination als dies in der Psychologie der Fall ist. Diese Analyseebene wird im Folgenden als „Kontextebene" bezeichnet werden. Die Operationalisierung des zentralen Begriffs „Kontext" erfolgt u.a. unter Zuhilfenahme ergänzender Daten, wie z.B. aus dem Informationssystem INKAR des BBR. „Kontext" wird im Folgenden – wie bereits erwähnt – als Umwelt der Akteure, im Sinne von Lage und Infrastruktur der Wohngemeinde und des Wohnumfeldes verstanden.

Dazu zählen die Lage des Wohnorts in West- oder Ostdeutschland (da dies 1991/92, aber auch 2001/02 noch mit zahlreichen typischen Mobilitätsrestriktionen oder -vorteilen verbunden war), die Zugehörigkeit zu einem Kreis- oder Gemeindetyp (nach Typisierungen des BBR), die Nähe/ Ferne zu Autobahnanschlüssen oder DB-Bahnhöfen, der Haustyp (d.h. das unmittelbare Wohnumfeld) und – für die Wege zur Schule – die Schulendichte des Kreises. Das Verständnis von Kontext setzt auf der Maßstabsebene des Haushalts als kleinster Einheit an, der den Kontext darstellt, in dem das Individuum agiert.

Die zweite Analyse-Ebene, die in dieser Arbeit Verwendung findet, ist die, der ein subjektives Raumverständnis oder das des Wahrnehmungsraumes zugrunde liegt. Diese Ebene wird sowohl von BLOTEVOGEL (1995) als auch von SPIEGEL (1998) als Handlungsebene bezeichnet. Sie konzentriert sich auf die Ebene des subjektiven Raumes, des Wahrnehmungs- und Handlungsraums. Auch die „constraints" nach HÄGERSTRAND besitzen eine subjektive Komponente, da die Wahrnehmung von „constraints" z.B. im sozialen Bereich von Person zu Person durchaus unterschiedlich sein kann und verschiedene Folgen auf die Handlungen und die Mobilität besitzen kann.

Ähnlich ist der Einfluss von subjektiven Stadtplänen (mental maps) auf die Aktionsräume, und damit ihr Einfluss auf die Mobilität sowie die Reisezeiten einzuschätzen, wie FRIEDRICHS (1981) und zahlreiche Geographen (z.B. DOWNS/ STEA 1982, HAGGETT 1991 uvm.) nachwiesen. Die Ressourcen des Individuums, bzw. der handelnden Personen, wie z.B. finanzielle und zeitliche Ressourcen oder auch die sozialen Erwartungen und Verpflichtungen durch Rollenzuschreibungen,

2.6 Zusammenfassung der zur Anwendung kommenden Ansätze

zählen in erster Linie zur subjektiven Analyse-Ebene der Akteure. Sie sind damit als „Handlungsebene" oder – wie im vorliegenden Ansatz bezeichnet – als „Akteursebene" vor allem mit Hilfe handlungstheoretischer Ansätze zu analysieren. Nach den Theorien von GIDDENS und WERLEN, die sowohl die wesentlichen gesellschaftlichen als auch die räumlichen Verhältnisse als Produkt menschlicher Handlungen verstehen, stellen handlungstheoretische Konzepte den richtigen Ansatz für diese Fragestellungen dar. Für die hier vorgestellte Arbeit wäre es wünschenswert, alle Befragungsdaten auch hinsichtlich ihrer subjektiven Aspekte zu untersuchen. Damit wären „echte" Brückenhypothesen, die Verbindung von Kontext- und Akteursebene, aufstellbar. Leider muss jedoch die subjektive Betrachtungsebene im Wesentlichen auf die Daten der HIFI-Studie und die eigenen qualitativen Erhebungen beschränkt werden, da die Daten der Zeitbudget-Studie des Statistischen Bundesamtes nur wenige subjektive Aspekte besitzen. Es ist dort zwar möglich, durch die Informationen zur Person (Geschlecht, Alter, Familienstand usw.) die Wegezeiten mit den soziodemographischen Eigenschaften in Verbindung zu bringen, aber zur Beurteilung der Handlungen oder zu Motiven und Hindernissen stehen keine Informationen zur Verfügung.

In dieser Arbeit wird versucht, dort Forschungslücken zu schließen, wo die Verknüpfung zwischen Alltagskontext und Alltagshandeln bearbeitet wird. Dies ist im Rahmen der Aktionsraumforschung bereits versucht worden, jedoch zum einen mit dem m.E. überhöhten Anspruch nach der „alles erklärenden Theorie zum menschlichen Handeln im Raum" und zum anderen mit begrenztem empirischem Material. Die bisherige Bearbeitung dieses Themas beschränkte sich häufig auf Analysen auf der Mikroebene, die allenfalls erweitert wurden auf die Ebene eines Stadtteils oder einzelner Einheiten innerhalb einer Stadtregion. Die Frage, ob der moderne Mensch ein autonom entscheidender Akteur oder ein in seinem Kontext und den damit verbundenen „constraints" Gebundener ist, wird sicher an dieser Stelle nicht endgültig beantwortet werden können. Jedoch besteht die Möglichkeit, zumindest für den Bereich der Alltagsmobilität einer Antwort etwas näher zu kommen. Es besteht zudem die bisher einmalige Gelegenheit, diese Fragestellung bundesweit anhand von Datensätzen auf Akteursebene zu überprüfen. Damit ist es möglich geworden, die individuelle Lebenssituation der Akteure soweit einzubeziehen, dass Personen mit vergleichbaren sozialen, familiären, finanziellen „constraints" dahingehend analysiert werden können, inwieweit die „constraints" des Kontexts Auswirkungen auf die Gestaltung ihrer Alltagsmobilität besitzen.

3. WIE GESTALTET SICH DIE ZEITVERWENDUNG FÜR MOBILITÄT IM ALLTAG? ANALYSEN DER QUANTITATIVEN ERHEBUNGEN ZUR ZEITVERWENDUNG

In diesem Kapitel werden die zu Beginn der Arbeit aufgestellten Arbeitshypothesen mit Hilfe verschiedener Datensätze überprüft. Diese Datensätze sind in erster Linie quantitative Erhebungen, da hier Wegezeiten und Wegestrecken vor allem in ihrer Dauer und Länge erhoben werden. Es sind die beiden mehrfach erwähnten Datensätze der Zeitbudgetstudien des Statistischen Bundesamtes aus den Jahren 1991/92 und 2001/02 sowie der Datensatz einer Studie des Heidelberger Instituts für Frauen- und Geschlechterforschung (HIFI e.V.), erhoben in zwei Kreisen Baden-Württembergs aus dem Jahr 1996. Die Analyse der beiden Zeitbudgetstudien stellt den ersten ausführlichen Teil dieses Kapitels dar. In einem zweiten kürzeren Teil werden die entsprechenden Indikatoren der HIFI-Studie ausgewertet.

3.1. ZEITVERWENDUNG FÜR MOBILITÄT IN DEUTSCHLAND – EINE ANALYSE DER ZEITBUDGETSTUDIEN DES STATISTISCHEN BUNDESAMTES (1991/92 UND 2001/02)

Zur Überprüfung der vorgestellten Arbeitshypothesen werden all die Informationen der Datenbasis herangezogen, die es ermöglichen, Eigenschaften der Akteure, deren Wohnsituation und ihre Aktionsräume näher zu beleuchten. Diese Eigenschaften werden vor allem hinsichtlich der Fragestellung untersucht, inwieweit sie analog zu Abb. 1.2 „Lang- und kurzfristiges Raum-Zeit-Verhalten" in Wechselwirkung mit den aufgewandten Wegezeiten stehen.

Zuerst wird in Kap. 3.1.1 ein Überblick über die soziodemographische und regionale Struktur der Haushalte und Personen und ihre Verteilung auf die siedlungsstrukturellen Gemeindetypen gegeben. Anschließend folgt in die Bewertung der Eigenschaften der Wohnortsituation durch die Akteure selbst, d.h. ihre Angaben über Wohnungsgröße, Gartenbesitz und PKW-Besitz. In Kap. 3.1.2 wird in Kürze dargestellt, wie die befragten *Haushalte* sowohl die metrischen als auch die zeitlichen Entfernungen zu bestimmten Infrastruktureinrichtungen, wie Geschäften für den täglichen Bedarf oder Ärzten, einschätzen und welche Verkehrsmittel sie dafür benutzen. Die Angaben auf der Haushaltsebene ermöglichen aufgrund ihrer Erhebung sowohl in Kilometer-Entfernung als auch in Minuten-Reisezeit (zumindest 1991/92) ein interessantes Bild von der räumlichen Nähe/ Ferne vs. zeitlichen Nähe/ Ferne modifiziert durch das genutzte Verkehrsmittel.

Im Zentrum der Analyse stehen die *Wegezeiten der Akteure* (Kap. 3.1.3), die wiederum in vier Einzelauswertungen untergliedert werden. Kap. 3.1.3.1 beschäftigt sich mit den Wegezeiten aller Akteure, so dass ein Überblick über die Gesamtheit der Wegezeiten erlangt werden kann. Im darauffolgenden Kap. 3.1.3.2

werden die Wegezeiten nach den einzelnen Lebensbereichen ausgewertet, um die Unterschiede in Dauer und Struktur von z.B. Arbeits-, Haushalts- oder Freizeitwegen aufzuzeigen. In Kap. 3.1.3.3 werden dagegen die Akteursgruppen betrachtet, so dass z.B. der Frage nachgegangen werden kann, wo die Vollzeit erwerbstätigen Singles die längsten bzw. die kürzesten Wege in ihrem Alltag zurücklegen. In einem letzten Auswertungskapitel 3.1.3.4 wird kurz auf die Unterschiede der Wegezeiten über den Tagesverlauf hinweg eingegangen. Weitere Auswertungsdetails werden in den jeweiligen Kapiteln näher ausgeführt (vgl. auch Abb. 3.14).

Die Zeitbudgetstudie 1991/92 stellt die Ausgangsplattform der Analysen dar und wurde demzufolge sehr ausführlich ausgewertet. Es wurden alle Berechnungen, die für diesen Datensatz durchgeführt wurden, gleichermaßen für die Daten der Erhebung 2001/02 berechnet. In der Darstellung werden die jüngeren Ergebnisse vor allem dann ausführlicher behandelt, wenn sich Änderungen zu den Ergebnissen der ersten Zeitbudgetstudie ergeben. Leider war es aufgrund von Datenschutzbestimmungen nicht möglich, auf die einzelnen Gemeinden mit ihren Besonderheiten so einzugehen, wie es wünschenswert gewesen wäre. Ebenso musste auf Informationen über die konkreten Ausgangs- und Zielorte der Wege verzichtet werden, da sie in den Zeitbudgetstudien nicht erhoben wurden. Andererseits war es möglich – im Gegensatz zu den zahlreichen Mobilitätsstudien –, Typisierungen der Wohnorte vorzunehmen und zu Aussagen zu gelangen, die auf einer bundesweiten Datenbasis aufsetzen. Aus diesem Grund stellten die beiden Zeitbudgetstudien trotz ihrer Defizite die beste verfügbare Grundlage für die vorliegende Fragestellung dar.

3.1.1 Allgemeine Informationen zu den Zeitbudgetstudien

3.1.1.1 Informationen zur Datenbasis

Mit den ersten deutschen Zeitbudgeterhebungen des Statistischen Bundesamtes aus den Jahren 1991/92 und 2001/02 wurde eine repräsentative Datenbasis geschaffen, die einen Einblick in die Zeitverwendung bundesdeutscher Haushalte ermöglicht, der sich nicht nur auf bestimmte Bevölkerungsgruppen, Regionen oder Aktivitätsbereiche beschränkt[63]. Zudem ist aufgrund der beiden Erhebungen im Abstand von zehn Jahren ein zeitlicher Vergleich der Zeitverwendung möglich geworden.

Diese Zeitbudgetstudien wurden vom Statistischen Bundesamt in Wiesbaden in Zusammenarbeit mit den Statistischen Landesämtern und mit finanzieller Un-

---

63 Die Daten der Zeitbudgetstudie 1991/92 sind seit April 1999 als „Scientific Use File" (faktisch anonymisiert, um Regionalvariablen ergänzt und nur für wissenschaftliche Institutionen erhältlich) und seit Juni 2000 als „Public Use File" (absolut anonymisiert) der Öffentlichkeit zugänglich. Die Daten werden in Form mehrerer SPSS-Files auf CD vertrieben. Die Daten der 95%-Stichprobe der Zeitbudgetstudie 2001/02 waren ab April 2003 dem Wissenschaftlichen Beirat zugänglich und sollen voraussichtlich Ende des Jahres 2005 der Öffentlichkeit zur Verfügung gestellt werden.

3.1 Zeitbudgetstudien des Statistischen Bundesamtes (1991/92 und 2001/02)

terstützung des Bundesministeriums für Familie, Senioren, Frauen und Jugend durchgeführt. Im Zentrum des Interesses stand – neben methodischen Weiterentwicklungen –, Daten zu liefern, die den Aufbau eines Satellitensystems Haushaltsproduktion[64] innerhalb der volkswirtschaftlichen Gesamtrechnung ermöglichen. Damit in Zusammenhang stand der Anspruch, die nicht entlohnte Arbeit im Haushalt und im Ehrenamt zum einen sichtbar, zählbar und messbar zu machen und zum anderen ihr damit eine erhöhte Wertschätzung zukommen zu lassen. Es sollten vor allem für den Bereich der Familien- und der Frauenpolitik Informationen erhoben werden, die bisher in der Form noch nicht verfügbar waren. Demzufolge liegen auch die Themenschwerpunkte der bisherigen Auswertungen in den Bereichen „Wert der unbezahlten Arbeit", „Zeit für unbezahlte Arbeit", „Zeit für Kinder", „Pflegebedürftige in privaten Haushalten", „Netzwerkhilfe als Teil der Haushaltsproduktion", „Ehrenamtliche Tätigkeiten und soziale Hilfeleistungen", „Beruf und Familie" und „Arbeitsfreie Zeit – Freizeit heute", um die Titel der Beiträge in der ersten größeren Publikation mit Daten der Zeitbudgetstudie „Zeit im Blickfeld" (BLANKE, EHLING, SCHWARZ (Hrsg.) 1996) zu nennen. Bevor nun eigene Auswertungen der Zeitbudgetstudien vorgestellt werden, sollen an dieser Stelle noch einige technische und methodische Aspekte der Zeitbudgetstudien näher beleuchtet werden.

Der Stichprobenumfang der Zeitbudgeterhebung des Statistischen Bundesamtes betrug 1991/92 rd. 7.200 Haushalte in Deutschland, davon 5.800 in den alten Ländern, 1.400 in den neuen Ländern (1.612 Gemeinden). Betrachtet man die Erhebung auf individueller Ebene, so umfasste sie rd. 32.000 Tagebücher von knapp 20.000 Personen (angestrebt waren 2 Tagebücher pro Person). Die Erhebung fand in vier Zeiträumen von Herbst 1991 bis Sommer 1992 statt. Die Vorgabe war, dass mindestens einer der Erhebungstage ein Wochentag war. Die Wochen- und Wochenendtage wurden entsprechend ihrer tatsächlichen Verteilung gewichtet.

Im Scientific Use File der Zeitbudgetstudie 2001/02 sind knapp 36.000 Tagebücher von rd. 14.000 Personen in rd. 5.200 Haushalten enthalten. Davon befanden sich rd. 4.200 Haushalte in den alten und knapp 1.000 Haushalte in den neuen Ländern, in insgesamt 2.195 Gemeinden. Diese Personen notierten im 10-Minuten-Takt ihre Aktivitäten in ein Tagebuch (ca. 3 Tagebücher pro Person). Die Feldphase begann im April 2001 und endete im März 2002. Von diesen drei Erhebungstagen sollte ein Tag ein Wochenendtag sein, wobei auch hier ein Gewichtungsfaktor für eine repräsentative Verteilung sorgte.

Als Stichprobenmethode wurde vom Statistischen Bundesamt die Quotenstichprobe verwandt, die folgende Quotierungsmerkmale berücksichtigt:

---

64 Ein Satellitensystem zu einem bestimmten Themenbereich ist ein Modul, das in eine (meist volkswirtschaftliche) Gesamtrechnung integriert wird. Die traditionellen volkswirtschaftlichen Gesamtrechnungen werden zunehmend von integrierten umwelt- und volkswirtschaftlichen Gesamtrechnungen (System for Integrated Environmental and Econmomical Accounting (SEEA), United Nations) abgelöst, in denen versucht wird, u.a. ökologische und soziale Fragestellungen zu integrieren (vgl. STAHMER/ EWERHART 2000, S. 1).

- vier Gemeindegrößenklassen (0-<20.000, 20.000-<100.000, 100.000-<500.000, >=500.000)
- Stellung im Beruf der Bezugsperson (erwerbstätig: fünf Gruppen, nicht erwerbstätig: zwei Gruppen)
- Haushaltstyp (drei Typen: Einpersonen-, Familienhaushalte, darunter wieder fünf Typen und sonstige Haushalte)

Die Studie ist in wesentlichen Zügen an den „Klassiker" der Zeitbudgetstudien, die Internationale Studie „The Use of Time" (SZALAI 1972, vgl. Kapitel 2.4.1), angelehnt, wobei die Verbesserungsvorschläge späterer Arbeiten integriert wurden. Neben den eigentlichen Tagebüchern, die an zwei vorgegebenen Tagen ausgefüllt werden sollten, wurden in den Haushalten 1991/92 sowohl ein Einführungs- als auch ein Abschlussinterview durchgeführt.

Im Einführungsinterview wurden soziodemographische Basisdaten für alle Haushaltsmitglieder erhoben, so dass auch Informationen über Kinder unter 12 Jahren (bzw. 2001/02 unter 10 Jahren) vorliegen. Neben den Merkmalen zur Haushaltsgröße, zu Alter, Geschlecht und Familienstand der Haushaltsmitglieder wurden Daten zum Besuch von Kindergärten und von Bildungseinrichtungen erhoben. Auch das Ausbildungsniveau, die Art und der Umfang von Erwerbsbeteiligung, die Stellung im Beruf und die Dauer der Wegezeit zur Arbeitsstätte wurden für alle Haushaltsmitglieder festgestellt. Angaben über den Unterhalt und das Einkommen der Personen vervollständigen die Informationen über die einzelnen Personen. Außerdem wurden im Einführungsinterview Angaben zur Ausstattung mit Gebrauchsgütern und zu den Wohnverhältnissen (Wohnungsgröße, Garten) erhoben. In der Zeitbudgetstudie 2001/02 wurde im Haushaltsfragenbogen eine zusätzliche Frage zur zeitliche Nähe/ Ferne einer Vielzahl von Infrastruktureinrichtungen gestellt, in der die Haushalte angeben konnten, ob diese Einrichtungen für sie zu Fuß erreichbar waren oder nicht. Im Abschlussinterview wurden diese Angaben ergänzt durch Informationen über Hilfeleistungen, die entweder vom Haushalt in Anspruch genommen oder selbst geleistet wurden, durch Angaben über ehrenamtliche Leistungen und Informationen zu Dienstleistungsangeboten und Einrichtungen (Einkaufsmöglichkeiten des täglichen Bedarfs, Arzt, usw.).

In Form von Tagesprotokollen wurde die Zeitverwendung der o.g. Personen im Haushalt im 5-Minuten-Takt (2001/02: 10-Minuten-Takt) in folgender Form erhoben (vgl. Abb. 3.1.):
- Hauptaktivitäten
- Nebenaktivitäten
- Für wen diese Aktivität ausgeübt wird
- Ort der Hauptaktivität (d.h. zuhause/nicht zuhause, 2001/02 auch: z.B. am Arbeitsplatz)
- Beteiligte Personen

3.1 Zeitbudgetstudien des Statistischen Bundesamtes (1991/92 und 2001/02)

Abb. 3.1: *Tagebuchformular der Zeitbudgetstudie von 1991/92*

Uhrzeit von - bis	Hauptaktivität	Gleichzeitige Aktivität	für wen	wo ausgeführt	Kindern	anderen Haushaltsmitgliedern	Verwandten, Nachbarn, Freunden	Kollegen, Mitschülern	sonstigen Personen	ich war allein
15.00-15.05			1	1	X					181
15.05-15.10	Kindern beim Aufräumen		1	1	X					182
15.10-15.15	geholfen		1	1	X					183
15.15-15.20		über seinen kommenden	2	2					X	184
15.20-16.25	Vater mit dem Auto zur	70ten Geburtstag geredet	2	2					X	185
16.25-15.30	Massage gefahren	zwecks Planung, Einladung etc.	2	2					X	186
15.30-15.35			2	2					X	187
15.35-15.40	zu Fuß zum Supermarkt		1	2						X 188
15.40-15.45			1	2						X 189
15.45-15.50	Lebensmittel eingekauft		1	2						X 190
15.50-15.55			1	2						X 191
15.55-16.00			1	2						X 192
16.00-16.05			1	2						X 193
16.05-16.10	zur Post und Bank gegangen		1	2						X 194
16.10-16.15	Post, Paket aufgegeben		1	2						X 195
16.15-16.20	Bank Erledigungen		1	2						X 196
16.20-16.25	zum Auto gelaufen		1	2						X 197
16.25-16.30	Vater mit Auto v.d. Massage abgeholt		1	2					X	198

Quelle: STATISTISCHES BUNDESAMT (Hrsg.) (1991/92) Zeitverwendung privater Haushalte – Tagebuch

In der Folgestudie 2001/02 wurde das Design dahingehend etwas verändert, dass für alle Personen des Haushalts ab dem 10. Lebensjahr an drei Tagen (zwei Wochentage, ein Wochenendtag, die nicht zusammenhängen müssen) im 10-Minuten-Takt die gleichen Variablen wie 1991/92 erhoben wurden. Außerdem wurden die Informationen, die zuvor im Einführungs- und Schlussinterview gesammelt wurden, in der Studie von 2001/02 mit Hilfe eines schriftlichen Haushalts- und Personenfragebogens erhoben.

Die Befragten erhielten keine Vorgaben für die Felder der Aktivitäten, d.h. sie konnten ihre Aktivitäten frei eintragen. Ebenso wurden die Wegezeiten und die benutzten Verkehrsmittel erfasst. Die Aktivitäten wurden danach mit Hilfe einer Aktivitätenliste (rd. 200 Aktivitäten) von Kodierern/innen im Statistischen Bundesamt verschlüsselt, die 1991/92 in folgende Bereiche (grob) untergliedert wurde: Hauswirtschaftliche Tätigkeiten, Handwerkliche Tätigkeiten, Erwerbstätigkeit/ Arbeitssuche, Ehrenamt/ Soziale Dienste, Qualifikation/ Bildung, Physiologische Regeneration, Geselligkeit/ Kontakte, Mediennutzung/ Freizeitaktivitäten, Kinderbetreuung, Pflege. Die Aktivitätenliste der Zeitbudgetstudie 2001/02 wurde dahingehend etwas abgeändert, dass die Bereiche Kinderbetreuung und Pflege in einen großen Bereich Haushaltsführung und Familie mit eingebunden wurden und der Bereich Mediennutzung/ Freizeitaktivitäten in die drei einzelnen Bereiche Teilnahme an sportlichen Aktivitäten bzw. Aktivitäten in der Natur, Hobbys und Spiele sowie Massenmedien feiner untergliedert wurde. Da in all diesen Hauptbereichen sowohl 1991/92 als auch 2001/02 umfangreiche Teilaktivitäten mit ihren zugehörigen Wegen einzeln erhoben wurden, blieb die Vergleichbarkeit zwischen den beiden Studien im Wesentlichen gewährleistet, an einigen

Stellen musste jedoch auf detaillierte Auswertungen aufgrund dieser methodischen Unterschiede verzichtet werden.

In den Zeitbudgetstudien wird zwischen *allen Personen* und den *befragten Personen* unterschieden. Es wurden zwar alle Haushaltsmitglieder eines Haushalts erfasst, ein Tagebuch füllten jedoch nur die Personen ab 12 (bzw. 10) Jahren aus, so dass sich durch die nicht befragten Kinder unter 12 (bzw. 10) Jahren die Zahl von 19.708 Personen 1991/92 bzw. 13.859 Personen 2001/02 (alle erfassten Personen) auf 15.366 Befragte 1991/92 bzw. 11.962 Befragte 2001/02 (alle Personen, die ein Tagebuch ausgefüllt haben) reduziert. Insgesamt sind in den beiden Zeitbudgetstudien aufgrund des oben erwähnten thematischen Schwerpunkts der Erfassung unbezahlter Arbeit Familienhaushalte mit drei bis vier Personen sowie Alleinerziehende etwas überrepräsentiert, während Single- und Rentner/innenhaushalte dagegen unterrepräsentiert sind. Diese Schiefe wird durch Hochrechnungsfaktoren ausgeglichen. Durch die Auswertungen nach Akteursgruppen ist es zudem möglich, dieses Ungleichgewicht aufzufangen, da hier die einzelnen Gruppen getrennt betrachtet werden können.

Was die Angaben über den Wohnort der Befragten anbelangt, so wurden den Scientific Use Files 1991/92 und 2001/02 in einem zusätzlichen Arbeitsschritt in Zusammenarbeit mit dem Bundesamt für Bauwesen und Raumordnung (BBR) (ehemals Bundesforschungsanstalt für Landeskunde und Raumordnung) Regionalvariablen zugespielt. Sie wurden über die Haushaltskennziffer den Haushalten und den Einzelpersonen zugespielt und umfassten die Unterscheidung in alte und neue Bundesländer, die Regionstypen des BBR (n=3), die Kreistypen des BBR (n=9), die Gemeindetypen des BBR (n=17), vier Gemeindegrößenklassen sowie Angaben zu den sozialversicherungspflichtig Beschäftigten in den drei Wirtschaftssektoren. Aufgrund einer Forschungskooperation wurde es möglich, für diese Auswertungen die Wohnorte der Befragten einzubeziehen, da es das Statistische Bundesamt zulässt, diese nicht offiziell verfügbaren Daten innerhalb der Räumlichkeiten des Statistischen Bundesamtes unter speziellen Bedingungen zu analysieren[65].

Die Typisierung des BBR (vgl. Tab. 3.1) stellt ein Instrument dar, „das als gemeinsamer Bezugspunkt regionalwissenschaftlicher und raumordnerischer Fragestellungen eine weite Verbreitung und Akzeptanz gefunden hat" (Bundesamt für Bauwesen und Raumordnung 2000, S. 2). Es hat sich aus mehreren Gründen bewährt: es ist hierarchisch gegliedert, erlaubt Aggregationen innerhalb der jeweiligen Analyseeinheiten und setzt auf den funktionalräumlichen Bezügen zwischen den jeweiligen Einheiten auf. So erlauben die Regionstypen Aggregationen von unterschiedlichen Regionen Deutschlands, die sich hinsichtlich der Größe des Oberzentrums und der Bevölkerungsdichte ähneln.

---

[65] Für diese Forschungskooperation wurden Kooperationsverträge geschlossen, die die Nutzung von Dateien/ Variablen (wie z.B. die Gemeindekennziffer) in den Räumen des Statistischen Bundesamtes erlaubten, und ohne die detaillierte Auswertungen auf der Ebene der Gemeinden nicht möglich gewesen wären. Seit Mitte 2003 wurden sowohl im Statistischen Bundesamt als auch bei den Landesämtern sog. Forschungsdatenzentren eingerichtet, in denen Zugangsmöglichkeiten dieser Art vorgesehen sind.

Tab. 3.1: *Übersicht über die siedlungsstrukturellen Gebietstypen des Bundesamtes für Bauwesen und Raumordnung (BBR) (ehemals Bundesforschungsanstalt für Landeskunde und Raumordnung)*

Regionstypen	Kreistypen	Gemeindetypen
I Regionen mit großen Verdichtungsräumen Regionen mit einem Oberzentrum von mindestens 300 000 Einwohnern und/oder einer Bevölkerungsdichte von über 300 E/qkm	**1 Kernstädte** Kreisfreie Städte über 100 000 Einwohner	1 Kernstädte > 500 000 Einw. 2 Kernstädte < 500 000 Einw.
	2 Hochverdichtete Kreise Kreise mit einer Bevölkerungsdichte von um/über 300 E/qkm, kreisfreie Städte unter 100 000 Einwohner	3 Ober-/Mittelzentren 4 sonstige Gemeinden
	3 Verdichtete Kreise Kreise mit einer Bevölkerungsdichte zwischen 150 und 300 E/qkm	5 Ober-/Mittelzentren 6 sonstige Gemeinden
	4 Ländliche Kreise Kreise mit einer Bevölkerungsdichte unter 150 E/qkm	7 Ober-/Mittelzentren 8 sonstige Gemeinden
II Regionen mit Verdichtungsansätzen Regionen mit i. d. R. einem Oberzentrum von über 100 000 Einwohnern und/oder einer Bevölkerungsdichte von über 150 E/qkm	**5 Kernstädte** Kreisfreie Städte um/über 100 000 Einwohner	9 Kernstädte
	6 Verdichtete Kreise Kreise mit einer Bevölkerungsdichte über 150 E/qkm, kreisfreie Städte unter 100 000 Einwohner und umliegende Kreise oder umliegende Kreise von Kernstädten mit einer Bevölkerungsdichte von zusammen mindestens 150 E/qkm	10 Ober-/Mittelzentren 11 sonstige Gemeinden
	7 Ländliche Kreise Kreise und kreisfreie Städte mit zusammen einer Bevölkerungsdichte unter 150 E/qkm m	12 Ober-/Mittelzentren 13 sonstige Gemeinden
III Ländlich geprägte Regionen Stärker besiedelt, nicht peripher: Regionen ohne Oberzentrum über 100 000 Einwohner, verdichtungs-raumnähere Lage und/oder einer Bevölkerungsdichte über 100 E/qkm oder Gering besiedelt, peripher gelegen: Regionen ohne Oberzentrum über 100 000 Einwohner, Bevölkerungsdichte um 100 E/qkm und weniger	**8 Verdichtete Kreise** Kreise mit einer Bevölkerungsdichte um/über 150 E/qkm, kreisfreie Städte und umliegende Kreise mit zusammen einer Bevölkerungsdichte von um/über 150 E/qkm, kreisfreie Städte um 50 000 Einwohner und mehr und umliegenden Kreise, Kreise mit einer Gemeinde über 50 000 Einwohner	14 Ober-/Mittelzentren 15 sonstige Gemeinden
	9 Ländliche Kreise Sonstige Kreise und kreisfreie Städte in ländlich geprägten Regionen	16 Ober-/Mittelzentren 17 sonstige Gemeinden

Quelle: BUNDESFORSCHUNGSANSTALT FÜR LANDESKUNDE UND RAUMORDNUNG (Hrsg.): Laufende Raumbeobachtung – Aktuelle Daten zur Entwicklung der Städte, Kreise und Gemeinden 1989/90, Heft 47 der Schriftenreihe Materialien zur Raumentwicklung, Bonn 1992, S. 11.

Die feinere Einheit der Kreistypen stellt die interne Gliederung der jeweiligen Regionstypen dar, in der die Kernstadt-Umlandbeziehung abgebildet wird. Darunter schließt sich wiederum die Typisierung der Gemeinden an, in der Kernstädte sowie Ober-/Mittelzentren von Unterzentren oder Gemeinden ohne zentralörtlichen Rang unterschieden werden. Besonders die Gemeindetypisierungen erlauben eine Feingliederung, die für die vorliegende Fragestellung von zentraler Bedeutung ist. Viele suburbane Gemeinden, die ein besonders hohes Mobilitätsaufkommen erwarten lassen, sind Gemeinden ohne zentralörtlichen Rang. Wenn sie gemeinsam mit den Mittel- oder Oberzentren in einer Kategorie (z.B. einem Kreis) analysiert werden müssten, würden interessante Unterschiede verwischt werden[66].

Abb. 3.2: *Kreise mit/ ohne Befragungsgemeinden in den Zeitbudgetstudien 1991/92 und 2001/02 des Statistischen Bundesamtes*

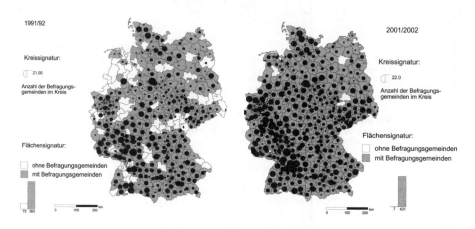

Quelle: Zeitbudgetstudien 1991/92 und 2001/02 – eigene Berechnungen

In einem Vergleich der Stichproben mit der regionalen Verteilung der Gesamtbevölkerung zeigte sich, dass die neuen Länder insgesamt leicht überrepräsentiert waren, ebenso wie Personen in großen Verdichtungsregionen und Personen in ländlichen Regionen. Insgesamt bildete jedoch die Verteilung innerhalb der beiden Befragungen die Verteilung der Wohnbevölkerung über die Gebietstypen befriedigend ab. Dies ist für die nachfolgenden Analysen, in denen u.a. diese Raumkategorien verwendet werden, von entscheidender Bedeutung. Um die Flächendeckung der beiden Stichproben zu überprüfen, wurde für alle Stadt- und

---

[66] Für Geographen bieten Gemeinde- oder Regionstypisierungen eine Fülle zusätzlicher Implikationen, die an dieser Stelle nicht vertieft werden können. So besitzen z.B. die Variablen Gemeindegröße oder Zentralität als Indikatoren für Urbanität, Verkehrsdichte, Kriminalität uvm. große Bedeutung. Es muss allerdings auch festgehalten werden, dass es innerhalb der einzelnen Typen oder Klassen durchaus zu einer beträchtlichen Varianz kommen kann, so dass die Ergebnisse vor allem bei den Gemeindetypen im unteren Bereich der zentralörtlichen Hierarchie mit einer gewissen Vorsicht zu interpretieren sind.

3.1 Zeitbudgetstudien des Statistischen Bundesamtes (1991/92 und 2001/02)

Landkreise Deutschlands ermittelt, in welchen Kreisen Gemeinden mit befragten Haushalten anzutreffen waren und wo nicht.

In Abb. 3.2 ist zu erkennen, dass es 1991/92 nur 75 und 2001/02 sogar nur sieben Stadt- oder Landkreise gab, in denen keine Befragungsgemeinde lag. Die Befragungen der Zeitbudgetstudie 1991/92 fanden in insgesamt 1.612 Gemeinden, 2001/02 in 2.195 Gemeinden statt. Eine Darstellung und Auswertung auf der Ebene der Einzelgemeinden ist jedoch aus Datenschutzgründen nicht möglich. Aus diesem Grund wird – wie bereits mehrfach erwähnt – auf Gemeindetypen, wie z.B. die des BBR zurückgegriffen. Für einzelne Fragestellungen finden zudem eigene Gemeindetypisierungen (z.B. nach Nähe oder Ferne von Verkehrsanbindungen oder nach Schuldichte) Verwendung.

Bei einer Analyse der Besetzung dieser Kreis- und vor allem der Gemeindetypen in Ost- und Westdeutschland muss berücksichtigt werden, dass manche Gemeindetypen stärker mit Westdeutschen (z.B. Ober-/Mittelzentren der Agglomerationsräume) und manche deutlich stärker mit Ostdeutschen (z.B. ländliche Gemeinden der Agglomerationsräume) besetzt waren als dies einer proportionalen Verteilung entspräche[67]. Bei bestimmten Analysen, wie z.B. der der weiblichen Erwerbstätigkeit, die im Osten 1991/92 wesentlich höher war als im Westen, wurde diese disproportionale Verteilung der Befragten berücksichtigt.

Verwendung der Zeitbudgetdaten für die Analyse von Mobilität
Mit Hilfe des in Abb. 3.1 dargestellten Tagebuchs wurden u.a. die Wegezeiten und die benutzten Verkehrsmittel erfasst. Dies geschah in der Form, dass man die Befragten ausdrücklich bat, zusätzlich zu den Wegen die jeweiligen Verkehrsmittel, den Zweck der Fahrt und den/die Mitreisenden innerhalb der Aktivitätenliste zu notieren, wie dies in dem Beispiel mit „Vater mit dem Auto zur Massage gefahren" (Abb. 3.1) dargestellt ist. Diese Vorgehensweise birgt allerdings für eine präzise Analyse von Wegezeiten und Wegzwecken einige Hindernisse. Zum einen wurden sehr kurze Wege von unter fünf Minuten bzw. 2001/02 sogar unter 10 Minuten vermutlich untererfasst, und zum anderen ist zu anzunehmen, dass sich die Wegezeiten für die angegebenen Wege zwischen den beiden Befragungen systematisch verlängern, da die Mindestangabe für einen Weg 2001/02 bei 10 Minuten lag. Die Änderung der Erfassungseinheit im Tagebuch vom 5-Minuten-Takt zum 10-Minuten-Takt entspricht zum einen einer Empfehlung für die europäische Zeitbudgeterhebung und berücksichtigt zum anderen die Kritik zahlreicher Befragter, denen die 5-Minuten-Taktung 1991/92 zu kurz erschien. Es muss somit beim Vergleich der Wegezeiten zwischen den beiden Erhebungsjahren mit diesem systematischen, methodisch bedingten Unterschied gerechnet werden. Da man andererseits aber auch unterstellen kann, dass Wege prinzipiell weniger oft vergessen werden als andere Aktivitäten, da sie in der Logik des Tagesablaufs

---

67 Bei manchen Disaggregationen z.B. nach Geschlecht und Umfang der Erwerbstätigkeit lagen in einzelnen Gemeindetypen die Fallzahlen unter 10 Personen. Diese Fälle wurden in den Auswertungen entsprechend gekennzeichnet.

erscheinen müssen, um wichtige Ortswechsel sinnvoll erscheinen zu lassen, ist zu vermuten, dass sie insgesamt ausreichend erfasst wurden.

Hinzu kommt, dass Wegeketten, in denen Wege für verschiedene Tätigkeiten miteinander verknüpft werden, vermutlich nicht angemessen vertreten sind. Es ist anzunehmen, dass Befragte eher den Hauptzweck der Fahrt (z.B. „Weg zur Arbeit mit dem Auto") notierten und dabei Unterabschnitte (z.B. „Beim Bäcker eingekauft" oder „Kind vom Kindergarten abgeholt") vergaßen oder wegließen. Sie wurden zwar in den Erläuterungen zum Tagebuch ausdrücklich gebeten, die einzelnen Fahrten und Erledigungen getrennt zu notieren, jedoch ist anzunehmen, dass es dahingehend – wie bei fast allen Erhebungen – eine gewisse Untererfassung gibt.

Allerdings muss ebenfalls berücksichtigt werden, dass die Zeitbudgetstudien in erster Linie zur Erfassung aller Aktivitäten konzipiert wurden und keine spezielle Studien zum Mobilitätsverhalten darstellen. Dennoch bleibt die Analyse der Wegezeiten sinnvoll und möglich. Es sind zum einen die zahlreichen zusätzlichen Informationen über den familialen bzw. sonstigen Kontext der Befragten, die es möglich machen, einer größeren Zahl von Fragestellungen nachzugehen als dies bei den üblichen Verkehrsbefragungen der Fall ist. Zum anderen gibt es für die gesamte Bundesrepublik keine vergleichbare Studie, in der die Zeitverwendung für Mobilität über den Tages- und Wochenverlauf in regional differenzierter Form über ein Jahrzehnt hinweg analysierbar wäre.

Außerdem ist die Möglichkeit gegeben, die zurückgelegten Wege nicht nur nach ihrer Anzahl, Dauer, dem Verkehrsmittel und dem Wegezweck zu analysieren, sondern auch den Zeitpunkt im Tagesverlauf und die Einbettung in die anderen Aktivitäten zu untersuchen[68]. Bevor nun die Wegezeiten selbst Gegenstand der Betrachtung werden, werden in einem Überblick die Gesamtheit der Befragten, ihre soziodemographische Struktur und ihre Verteilung auf die verschiedenen regionalen Einheiten, die Gemeindetypen, vorgestellt.

3.1.1.2 Die soziodemographische und regionale Struktur der Haushalte und der Befragten sowie ihre regionale Verteilung

Die soziodemographische Struktur der befragten Haushalte und Personen der beiden Zeitbudgetstudien entsprach im Wesentlichen den bekannten Verteilungen von Haushalts- und Familienformen sowie Altersgruppen in der deutschen Bevölkerung. Im Vergleich mit den jeweiligen Strukturdaten der Gesamtbevölkerung[69]

---

68 Die Analyse von typischen Aktivitätsabfolgen und damit auch von Wegeketten wird in der jüngsten Zeit mit der Methode des „Sequence Alignment" betrieben. Dabei können Ähnlichkeiten von Sequenzen sowohl im Tagesverlauf derselben Person als auch im Vergleich mit anderen Personen herausgearbeitet werden (vgl. RINDSFÜSER 2000, WILSON 1998). Dies kann an dieser Stelle allerdings nicht erfolgen.

69 Dazu wurden Sonderauswertungen des Mikrozensus 1997 sowie das System Sozialer Indikatoren des Zentrums für Umfragen, Methoden und Analysen (Stand 2002) herangezogen.

– vor allem in ihrer Differenzierung in West- und Ostdeutschland – konnten identische regionale Muster ausgemacht werden.

Dies gilt ebenso für die Verteilung der Haushaltsgrößen, der Haushalte mit Kindern wie für die Anteile der männlichen und weiblichen Erwerbstätigen. Während sich erwartungsgemäß die Haushalte der (älteren, weiblichen) Alleinlebenden in den Kernstädten aller Regionen konzentrierten, so waren dagegen 4-Personen-Haushalte am seltensten in den Kernstädten anzutreffen. Sie befanden sich auch im Datensatz der Zeitbudgetstudien eher in den ländlichen Kreisen der Agglomerationsräume oder in den suburbanen Gemeinden ohne zentralörtlichen Rang, in Regionen mit Verdichtungsansätzen oder ländlichen Regionen. Unterscheidet man nach den schulischen und beruflichen Abschlüssen der Befragten und ihrer Verteilung auf die Gemeindetypen, so wird ein zentral-peripheres Gefälle der Personen mit hohen Bildungsabschlüssen von den Kernstädten zu den Randgemeinden sichtbar. Dies entspricht der Konzentration der Arbeitsplätze für Hochqualifizierte auf den oberen (zentralen) Rangstufen der Siedlungshierarchie (vgl. dazu FASSMANN/ MEUSBURGER 1997 oder MEUSBURGER 1998).

Die Differenzierung in Voll- und Teilzeit Erwerbstätigkeit nach Geschlecht ergab, dass sich für die Verteilung der nahezu ausschließlich Vollzeit erwerbstätigen Männer 1991/92 keine regionalen Unterschiede zeigten (rd. zwei Drittel aller befragten Männer gingen einer Vollzeit Erwerbstätigkeit nach), jedoch 2001/02 im Osten deutlich weniger Männer erwerbstätig waren als zehn Jahre früher. Der Anteil der Vollzeit erwerbstätigen Männer sank hier auf knapp unter 50%, während er im Westen unverändert auf rd. 63% verharrte. Umgekehrt stieg der Anteil der nicht erwerbstätigen Männer im Osten in der Zeitbudgetstudie 2001/02 auf 46%, während er im Westen bei nur 35% lag. Die veränderte wirtschaftliche Lage zeigte sich hiermit auch in der Beschäftigungssituation der Befragten der Zeitbudgetstudien.

Dagegen nahmen die Unterschiede zwischen ost- und westdeutschen Frauen hinsichtlich des Umfangs der Erwerbstätigkeit deutlich ab. Dies ist in erster Linie einem höheren Anteil Vollzeit erwerbstätiger Frauen im Westen zuzuschreiben. Von allen erwerbstätigen Frauen waren in der Zeitbudgetstudie 1991/92 in Ostdeutschland 91% Vollzeit erwerbstätig, während nur 64% der westdeutschen Frauen einer Vollzeit Erwerbstätigkeit nachgingen. In der Zeitbudgetstudie 2001/02 dagegen sank der Anteil der Vollzeit erwerbstätigen Frauen im Osten auf 84%, während er im Westen auf 74% anstieg. Diese regionale Ungleichheit war in hohem Maße auf das „Erbe" der langjährig unterschiedlichen Gesellschaftssysteme zurückzuführen. Die Teilzeit Erwerbstätigkeit als Kennzeichen eines eher traditionellen Rollenmodells war eine Form der Erwerbstätigkeit, die sich auch in den Zeitbudgetstudien insgesamt deutlich häufiger bei westdeutschen Frauen als bei ostdeutschen Frauen beobachten ließ. Veränderungen zeigten sich jedoch darin, dass der Anteil der Teilzeiterwerbstätigkeit bei den Frauen im Westen leicht zurückging, im Osten dagegen von 4% auf 7% anstieg. Man kann hier durchaus eine Angleichung der Lebensverhältnisse erkennen.

Regionale Unterschiede im Umfang der Erwerbstätigkeit von Frauen zeigten sich in beiden Zeitabschnitten darin, dass in die höchsten Anteile Vollzeit erwerbstätiger Frauen sowohl in den großen Städten der Agglomerationen als auch in den Gemeinden ohne zentralörtlichen Rang in den ländlichen Regionen erreicht wurden, so dass die Erwerbstätigkeit von Frauen nicht nur als „städtische" Erscheinung bezeichnet werden kann.

Aus der Gesamtheit der Befragten wurden fünf Familien-/ Haushaltstypen gebildet, die sich nach den Merkmalen Geschlecht, allein lebend/ mit Partner lebend und mit Kinder/ ohne Kinder unterscheiden. Personen, die allein oder als Ehepaare ohne Kinder lebten, waren häufiger in den zentralen Orten anzutreffen, sei es in den Kernstädten der Agglomerationsräume oder noch häufiger in den Kernstädten der Regionen mit Verdichtungsansätzen. Auch innerhalb der weniger verdichteten Regionen waren die jeweiligen Ober- oder Mittelzentren die bevorzugten Wohnorte der Personengruppen, die ohne Kinder im Haushalt lebten. Umgekehrt waren die Anteile der Personen in Lebensformen mit Kindern in allen Gemeindetypen ohne oder mit niedrigem zentralörtlichen Rang relativ hoch, d.h. in den suburbanen Wohnorten im Umfeld der Ober- und Mittelzentren. Diese Verteilung war sowohl 1991/92 als auch 2001/02 zu beobachten.

Differenziert man innerhalb dieser Haushaltstypen weiter nach dem Umfang der Erwerbstätigkeit, so sind insbesondere Unterschiede hinsichtlich des Anteils der Teilzeit Erwerbstätigen festzustellen. Hohe Anteile von Teilzeit Erwerbstätigen fanden sich unter den Alleinerziehenden und in den Familien, in denen beide Ehepartner erwerbstätig waren. Dies sind die „typischen" (westdeutschen) Familien, in denen die Frauen nach einer „Baby-Pause" in das Berufsleben als Teilzeit Erwerbstätige wieder einsteigen. Die Verteilung der Familien-/ Haushaltstypen auf die Regions- und Gemeindetypen wird im Folgenden Berücksichtigung finden, wenn auf deren Wegezeiten Bezug genommen wird.

3.1.1.3 Eigenschaften des häuslichen und räumlichen Kontexts der Befragten

Im nächsten Schritt wird für die befragten Personen der häusliche und räumliche Kontext in Form von Wohn- und Verkehrssituation näher beleuchtet. Es wird davon ausgegangen, dass sich Eigenschaften des Wohnumfelds auch auf die alltägliche Zeitverwendung (speziell für Mobilität) niederschlagen. Aus den Haushaltsfragebögen der Zeitbudgetstudien konnten Informationen über Wohnungsgröße, Gartenbesitz, Verfügbarkeit von PKWs und den jeweiligen Haustyp, in dem die Befragten lebten, gewonnen werden. Weitere Infrastrukturdaten, die mit Hilfe des Informationssystems INKAR bzw. durch Auswertungen von GIS-Daten erhoben wurden, dienen dazu, die schulische Infrastruktur (Schulendichte), die Verkehrsanbindung (Nähe/ Ferne von Autobahnanschlüssen, Nähe/ Ferne von Bahnhöfen der Deutschen Bahn AG) sowie die Versorgung mit Frei-/Erholungsflächen in ihrer regionalen Differenzierung darzustellen.

Die *Wohnsituation* gestaltete sich für die befragten Haushalte in West- und Ostdeutschland sehr unterschiedlich. Zum einen verfügten die Haushalte in Westdeutschland über wesentlich größere Wohnungen (West 1991/92: 103 qm, 2001/02: 100 qm) als die Haushalte im Osten (Ost: 1991/92: 76 qm, 2001/02: 77

qm). Zum anderen waren im Westen – als Ergebnis der Suburbanisierung – wesentlich größere Unterschiede in der Wohnungsgröße zwischen den Zentren (mit kleineren Wohnungen) und der Peripherie (mit größeren Wohnungen) festzustellen[70]. Vor allem die Kernstädte waren (in jedem Regionstyp) erwartungsgemäß die Gemeindetypen mit kleineren Wohnungen, während sich größere Wohnungen eher in Gemeinden ohne zentralörtlichem Rang finden ließen. Dieses Muster galt in beiden Erhebungsjahren und auf abgeschwächterem Niveau ebenfalls in den neuen Ländern.

Ein zum Haus oder zur Wohnung gehörender *Garten* stellt eine Möglichkeit dar, ins Grüne zu gelangen, ohne Wege zurücklegen zu müssen. Der wohnungs- oder hauseigene Garten ist damit eine potentielle Erholungsfläche, die u.U. Wege zu anderen Erholungsflächen reduzieren kann. Hinsichtlich der Wege zu öffentlichen Grünflächen und Erholungsgebieten galt es demzufolge zu überprüfen, ob diese abnehmen, wenn ein eigener Garten zur Verfügung stand. Die Differenzierung nach Gemeindetyp ergab erwartungsgemäß, dass der Anteil der Personen mit Gartenbesitz mit der Zentralität des Wohnorts abnahm. Die niedrigsten Werte von unter 40% oder 50% Haushalte mit Garten (1991/92) wurden in den Kernstädten erreicht[71]. Die höchsten Werte von über 80% Gartenbesitz oder -verfügbarkeit der Haushalte waren in allen „sonstigen Gemeinden" (d.h. Unterzentren oder Gemeinden ohne zentralörtlichen Rang) anzutreffen. Hier schien sich der Traum vom „Häuschen im Grünen" für die Mehrzahl der westdeutschen Haushalte verwirklicht zu haben. Unterschiede zwischen Ost und West waren dahingehend festzustellen, dass im Westen etwas mehr Haushalte (61%) über einen Garten verfügten als im Osten (57%)[72].

Grundsätzlich ist für die Mobilität der Haushaltmitglieder von großer Bedeutung, ob überhaupt ein PKW im Haushalt vorhanden ist oder nicht. Die Unterschiede in der Motorisierung der Haushalte zwischen den alten und den neuen Ländern waren unmittelbar nach der Wende noch groß, hatten sich aber bis 1991/92 bereits reduziert. Was den PKW-Besitz angeht, so wies – über alle Haushalte hinweg betrachtet – die Zeitbudgetstudie 1991/92 77% der ostdeutschen Haushalte und 84% der westdeutschen Haushalte als PKW-Besitzer aus[73]. In der

---

70 Demzufolge war auch die Standardabweichung im Westen in beiden Erhebungen größer. Sie stieg zudem systematisch mit abnehmendem zentralörtlichem Rang, was darauf hindeutet, dass die Heterogenität der Wohnungsgrößen innerhalb der kleinen Gemeinden deutlich größer war als in den Großstädten, in denen die Verteilung leicht linksschief dichter am Mittelwert war.

71 Das Merkmal „Haushalt verfügt über einen Garten" war nur in der Zeitbudgetstudie 1991/92 erhoben worden.

72 Die Standardabweichung für die Variable Gartenbesitz nimmt im Gegensatz zur Wohnungsgröße mit abnehmendem zentralörtlichem Rang ab, was auf eine größere Streuung dieser Variable in den Städten hinweist.

73 Laut Einkommens- und Verbrauchsstichprobe des Statistischen Bundesamtes besaßen 1993 im Westen 73,9% und im Osten 66,2%, im Jahre 1998 im Westen 76,2% und im Osten 70,6% einen PKW. Der Abstand zwischen Ost und West blieb von 1993 bis 1998 damit nahezu gleich; nur das Niveau erhöhte sich. Die höheren Zahlen in diesem Sample der Zeitbudget-

Zeitbudgetstudie 2001/02 war dagegen der Anteil der Haushalte mit mindestens einem PKW in beiden Teilen Deutschlands auf rd. 95% angestiegen. Unabhängig davon, dass dieser hohe Anteil PKW-besitzender Haushalte u.U. auf die Überrepräsentanz der Familienhaushalte zurückzuführen sein könnte, ist jedoch das zentrale Ergebnis, dass es dahingehend keine Unterschiede mehr zwischen den Haushalten der neuen und der alten Ländern gibt. Die „nachholende Motorisierung" ist nach mehr als zehn Jahren deutscher Einheit offensichtlich vollzogen.

Im Osten verfügten 1991/92 in den Mittel- und Oberzentren weniger Haushalte über einen PKW, in den Gemeinden ohne zentralörtlichen Rang war jedoch – wie im Westen auch – ein PKW in mehr als rd. 90% der Haushalte vorhanden. Der PKW-Besitz war auch 2001/02 in Haushalten in kleinen Gemeinden am höchsten, hier wurden Werte von über 98% erreicht. Haushalte ohne PKW befanden sich 2001/02 ebenfalls am häufigsten sowohl im Osten als auch im Westen in den Kernstädten. Diese Zunahme des PKW-Besitzes im Haushalt bei abnehmender Zentralität des Wohnorts war in Ost und West sowie in fast allen Haushaltstypen – auch bei den Single-Haushalten – festzustellen. Dennoch verfügte der Einpersonenhaushalt in den neuen Ländern 1991/92 im Durchschnitt deutlich seltener (PKW-Besitz 1991/92: 35%) über einen PKW als dies für den gleichen Haushaltstyp im Westen galt (52% PKW-Besitz). Ein Abstand zwischen Singlehaushalten und Mehr-Personenhaushalten blieb auch 2001/02 – allerdings auf deutlich höherem Niveau – erhalten.

Abb. 3.3: *Durchschnittliche Zahl der PKWs nach Gemeindetypen pro Haushalt (alle Haushalte) in der Zeitbudgetstudie 1991/92*

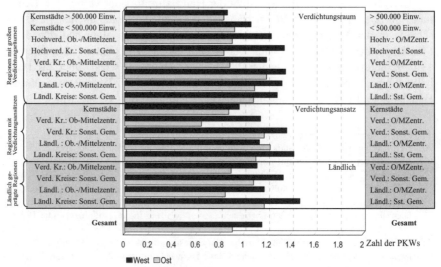

Quelle: Zeitbudgetstudie 1991/92 – eigene Berechnungen

studie sind darauf zurückzuführen, dass mehr Familienhaushalte befragt wurden, die wiederum mehr PKWs besaßen.

3.1 Zeitbudgetstudien des Statistischen Bundesamtes (1991/92 und 2001/02) 169

Abb. 3.4: Durchschnittliche Zahl der PKWs nach Gemeindetypen pro Haushalt (alle Haushalte) in der Zeitbudgetstudie 2001/2002

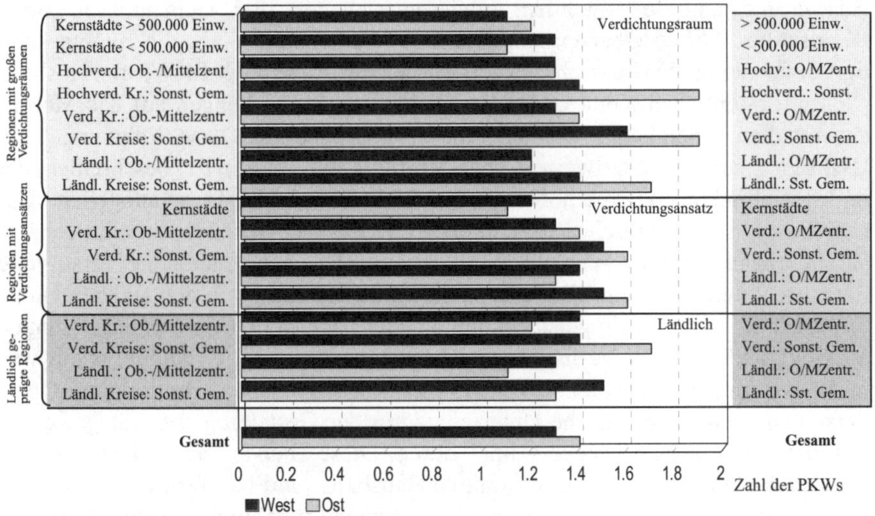

Quelle: Zeitbudgetstudie 2001/2002 – eigene Berechnungen

Auch die *Anzahl der PKWs* im Haushalt war 1991/92 in den Gemeinden ohne zentralörtlichem Rang am höchsten (im Mittel 1,3), während in den Kernstädten dagegen deutlich weniger PKWs pro Haushalt existierten (im Mittel 0,9) (vgl. Abb. 3.3). Die höhere PKW-Verfügbarkeit der westdeutschen Haushalte ist 1991/92 in einem höheren Mittelwert von 1,2 (West) gegenüber 0,9 (Ost) zu erkennen. Dagegen verfügten die befragten Haushalte im Osten 2001/02 im Mittel über 1,4, im Westen über 1,3 PKWs (vgl. Abb. 3.4), so dass hier nicht nur von einer „nachholenden", sondern geradezu einer „überholenden" Motorisierung gesprochen werden kann. Das für 1991/92 beobachtete Muster der Zunahme der Anzahl von PKWs im Haushalt bei abnehmendem zentralörtlichem Rang wurde 2001/02 dadurch weiter verstärkt, dass besonders im Osten die Haushalte in den kleinen ländlichen Gemeinden häufig über mehr als einen PKW verfügten. Dies könnte eine Folge der Suburbanisierung sein, die in den 1990er Jahren im Osten eingesetzt hatte. Der Bau von Eigenheimen, der insbesondere in den Umlandgemeinden der Zentren in den Agglomerationsräumen und ganz besonders in den verstädterten Räumen den Flächenverbrauch deutlich ansteigen ließ (vgl. BUNDESAMT FÜR BAUWESEN UND RAUMORDNUNG, 2000, S. 39), zog in der Regel eine erhöhte Motorisierung nach sich.

Den stärksten Zusammenhang mit der Anzahl der PKWs im Haushalt besaß jedoch 1991/92 nicht die Tatsache, ob Kinder im Haushalt lebten, oder welchem Gemeindetyp der Wohnort angehörte, sondern, ob eine zweite oder dritte Person im Haushalt erwerbstätig war[74]. Auch im Erhebungsjahr 2001/02 war dies die Va-

---

74 Korrelationskoeffizient nach Spearman r=0.47 (1991/92) bzw. r=0.4 (2001/02) bei einem Signifikanzniveau von p=0.01.

riable, die den größten Zusammenhang mit der Anzahl der PKWs im Haushalt aufwies. Innerhalb der verschiedenen Gemeinde-/ Kreistypisierungen, die für die Auswertung eingesetzt wurden, erwiesen sich die drei Gemeindekategorien (Kernstädte, Mittel-/Oberzentren, Sonstige Gemeinden[75]) als die aussagekräftigsten für regionale Unterschiede hinsichtlich der Anzahl der PKWs im Haushalt.

Zum räumlichen Kontext des Haushalts, der Auswirkungen auf das Mobilitätsverhalten haben kann, zählt auch die Wohnumgebung. Diese Wohnumgebung lässt sich – zumindest teilweise – über den Indikator „*Haustyp*", beschreiben, der in den Zeitbudgetstudien erhoben wurde. So kann man die These aufstellen, dass sich das typische „Häuschen im Grünen", d.h. das frei stehende Einfamilienhaus, als suburbane Form des Wohnens durch eine weniger nahe und dichte Versorgung mit Geschäften, wie dies z.B. Innenstadtbezirke besitzen, von den anderen Hausformen unterscheidet. Umgekehrt könnten aber auch in den Großwohnsiedlungen am Stadtrand lange Wege für Haushaltszwecke existieren. Es könnte somit vermutet werden, dass bestimmte Hausformen vorherrschend in bestimmten Quartierstypen auch systematische Unterschiede in der Gestaltung der Alltagswege – z.B. der für Haushaltszwecke – implizieren. Diese Hausformen stehen natürlich gleichzeitig stellvertretend für bestimmte Haushalts- und Familienformen, so dass hier die Hausform nicht nur für sich, sondern auch für zahlreiche andere Elemente der Lebensform und des Wohnkontextes steht.

Erwartungsgemäß zeigten sich in der Verteilung der Haustypen große Unterschiede zwischen den alten und den neuen Ländern. Im freistehenden 1-/2-Familienhaus oder Reihen-/ Doppelhaus wohnten 1991/92 als Ergebnis einer jahrzehntelangen Suburbanisierung knapp die Hälfte der Befragten in den alten Ländern (46%)[76]. In den Gemeinden ohne zentralörtlichen Rang traf dies im Westen sogar auf drei Viertel der Befragten zu. In den neuen Ländern erreichten diese Werte 1991/92 in den gleichen Regionen nur rd. 56%. Dagegen wohnte im Osten mehr als ein Drittel der Befragten in Wohnhäusern mit mehr als acht Wohnungen oder Hochhäusern, was 1991/92 nur für 14% der westdeutschen Befragten zutraf. Unterscheidet man nach den drei Gemeindekategorien Kernstädte, Ober-/Mittelzentren und Gemeinden ohne zentralörtlichen Rang (vgl. Tab. 3.2), so wird zudem deutlich, dass in den Kernstädten der neuen Länder das Hochhaus mit mehr als acht Etagen für über 20% der Befragten deren Wohnhaustyp darstellte, wohin-

---

75 Dazu wurden aus den 17 Gemeindetypen drei neue Kategorien (alle Kernstädte, alle Ober- und Mittelzentren und alle sonstigen Gemeinden) gebildet. Die „sonstigen Gemeinden" werden im Folgenden „Gemeinden ohne zentralörtlichen Rang" genannt, auch wenn sie evtl. den Rang eines Unterzentrums besitzen. Für diese neu gebildeten drei Gemeindekategorien ergeben sich für fast alle hier betrachteten Variablen die stärksten Zusammenhänge. Die Gemeinsamkeiten zwischen z.B. Ober- und Mittelzentren oder auch zwischen sonstigen Gemeinden – gleichgültig, ob sie in einer großen Verdichtungsregion oder in einer ländlichen Region liegen – scheinen für die hier analysierten Hintergrundvariablen deutlich größer zu sein als die innerhalb einer Verdichtungsregion oder einer der anderen Regionstypen.
76 Diese Auswertungen wurden nun nicht wie bisher auf Haushalts-, sondern auf Personenebene durchgeführt, so dass diese Verteilungen später mit den Verteilungen bei den Wegezeiten der Personen direkt verglichen werden können.

gegen dies nur auf 3% der Befragten im Westen zutraf. In der Stichprobe der Zeitbudgetstudie 2001/02 hatte sich die Verteilung der Personen auf die Haustypen dahingehend geändert, dass im Westen die Anteile der Personen in freistehenden Einfamilienhäusern leicht zurückgegangen und gleichzeitig in Reihen- und Doppelhäusern und in Mehrfamilienhäusern angestiegen waren, wobei die deutlichsten Unterschiede in den Gemeinden ohne zentralörtlichen Rang zu erkennen sind. Es entsteht der Eindruck, dass sich die Suburbanisierungswelle in den alten Ländern verlangsamt hat, in den neuen Ländern jedoch weiter voran schreitet. Denn im Osten nahmen die Anteile in freistehenden Einfamilienhäusern und Reihen- und Doppelhäusern in den Ober- und Mittelzentren und in den kleinen Gemeinden seit 1991/92 deutlich zu. Die Bevölkerungsanteile in den großen Wohngebäuden gingen dagegen im Osten außerhalb der Kernstädte zurück.

Tab. 3.2: *Anteil der Befragten nach ausgewählten Haustypen ihres Wohngebäudes und nach Gemeindekategorien in % 1991/92 und 2001/02*

Haustyp*	Kernstädte		Ober-/ Mittel- zentren		Gemeinden ohne zentr. örtl. Rang		Gesamt	
	West	Ost	West	Ost	West	Ost	West	Ost
freist. 1-2 Familienhaus 91/92	13,2	3,5	39,0	10,9	63,0	44,8	39,5	23,9
freist. 1-2 Familienhaus 01/02	*9,3*	*2,4*	*35,1*	*17,1*	*50,2*	*51,9*	*32,4*	*26,7*
1-2 Fam.h. (Reihen-/Doppelh.) 91/92	15,6	3,3	18,3	5,9	12,9	11,0	15,6	7,4
1-2 Fam.h. (Reihen-/Doppelh.) 01/02	*21,9*	*6,7*	*20,5*	*12,6*	*15,8*	*14,1*	*19,4*	*11,8*
Wohnhaus <= 8 Wohnungen 91/92**	41,4	27,5	27,6	35,5	11,0	21,0	28,0	27,1
*Wohnhaus < 11 Wohnungen 01/02***	*44,1*	*38,0*	*30,1*	*39,2*	*17,2*	*15,4*	*30,0*	*30,0*
Wohnhaus > 8 Wohn. (max. 8 Etagen) 91/92**	25,6	42,6	9,0	42,4	3,7	11,8	12,2	29,0
*Wohnhaus >= 11 Wohnungen ***	*20,6*	*49,6*	*8,5*	*26,5*	*4,4*	*8,1*	*10,7*	*25,1*
Hochhaus mit mehr als 8 Etagen 91/92**	2,6	22,1	1,8	1,9	0,2	0,3	1,5	6,4

* die Zahlen addieren sich nicht auf 100%, da einige Haustypen, wie z.B. landwirtschaftliche Wohngebäude oder sonstige Haustypen fehlen.
** Kategorien der beiden Zeitbudgetstudien nicht identisch, sondern nur grob vergleichbar, bzw. 2001/02 nicht erhoben.
Quelle: Zeitbudgetstudien 1991/92 und 2001/02 – eigene Berechnungen

Ob diese Entwicklung, die in den beiden Stichproben der Zeitbudgetstudie zu erkennen ist, in vollem Umfang einem Trend der Siedlungsentwicklung entspricht, kann an dieser Stelle nicht entschieden werden, jedoch deutet sich das „Aufholen" im Osten hinsichtlich einer voranschreitenden Suburbanisierung auch in diesen Werten an. Inwieweit sich die Verteilung der Befragten auf die unterschiedlichen Haustypen z.B. auf die Wege für den Haushalt niederschlug, wird nachfolgend geprüft.

Für die Analyse der Schulwege und ihrer Wegezeiten ist wiederum von Interesse, wie dicht das Netz der Schulen in dem jeweiligen Kontext der befragten Haushalte war, da anzunehmen ist, dass die räumliche Entfernung der Schulen – vor allem der weiterführenden Schulen – maßgeblichen Einfluss auf die Wegezeit zur Schule besitzt. Dazu wurde der Indikator Anzahl der weiterführenden Schulen (Haupt-, Real-, Gesamtschulen und Gymnasien sowie alle Orientierungsstufen) pro 10 km^2 für jeden Stadt- und Landkreis gebildet („Schulendichte")[77]. Erwartungsgemäß sind hierbei große Unterschiede zwischen den Regions- und Gemeindetypen zu erkennen. Diese Schulendichte war grundsätzlich in den neuen Ländern höher als in den alten Ländern. Zudem unterlag sie im Osten einem weniger starken zentral-peripheren Gefälle als im Westen. Dies lag darin begründet, dass in den neuen Ländern die Kombination der Haupt- mit der Realschule (früher: polytechnische Oberschule (POS)) die zentrale weiterführende Schule für Kinder zwischen der 5. und 10. Klasse darstellte. Diese Schulen konnten auch in kleinen Gemeinden geführt werden und somit lag der Einzugsbereich für Realschulen 1998 in den neuen Ländern bei 53 km^2 (West: 91 km^2). Dagegen waren die Einzugsbereiche für Grundschulen Ende der 1990er Jahre in den neuen Ländern deutlich höher als in den alten Ländern (31 km^2 Ost vs. 18 km^2 West) und ganz besonders hoch für Gymnasien (171 km^2 Ost vs. 99 km^2 West)[78]. Es wird zu überprüfen sein, inwieweit sich die zahlreichen Schulschließungen auf die Schulwege niederschlagen. Die Information zu Wegen der Grundschüler wird sich allerdings nur indirekt aus den Angaben der Haushalte ermitteln lassen, da Kinder unter 10 Jahren nicht zu den befragten Personen zählten.

Um für den Aspekt Freizeit den Kontext der Befragten näher zu beschreiben, wurden Indikatoren ausgewählt, die das Angebot, das in Form von Naturnähe und natürlicher Umgebung „öffentlich" zur Verfügung steht, angemessen beschreiben[79]. Für die Einschätzung der Ausstattung der Wohngemeinden mit unbebauten, natürlichen und naturnahen Flächen wurden das Verhältnis bebauter zu unbebauter und die Erholungsflächen/ Einwohner der Gemeinden bzw. Stadt- und Landkreise herangezogen. Die Kernstädte besitzen demzufolge erwartungsgemäß das ungünstigste Verhältnis zwischen bebauter Fläche und Freifläche, können aber umgekehrt mit relativ viel Erholungsfläche/ Einwohner aufwarten. Das günstigste Verhältnis für beide Indikatoren der „Freizeitflächen" besitzen die Gemeinden der ländlichen Regionen. Dies wird bei der Analyse der Wege für Freizeitzwecke berücksichtigt werden.

Für die Mobilitätschancen der Befragten ist von großer Bedeutung, wie sich die Angebotsstruktur bzgl. verschiedener Verkehrsnetze in ihrem Kontext gestal-

---

[77] Die Daten stammen aus dem Informationssystem INKAR, hrsg. vom BUNDESAMT FÜR BAUWESEN UND RAUMORDNUNG (BBR) (Version 1999). Die Angaben zur Anzahl der Schulen wurden im Jahr 1996 erhoben, und bilden somit den Stand zwischen den beiden Erhebungsjahren ab. Leider waren weder in älteren noch in jüngeren Versionen dieses Datensatzes flächendeckend Angaben zur Anzahl der Schulen auf Kreisebene enthalten.

[78] Die Angaben zu den Einzugsbereichen sind dem Beitrag von FICKERMANN, SCHULZECK und WEISHAUPT (2002), des Nationalatlas „Bildung und Kultur", S. 26f entnommen.

[79] Datenquelle: INKAR 1999 hrsg. vom BBR.

tet. Diese Angebotsstruktur wurde durch die beiden Indikatoren „Nähe/ Ferne der Wohnorte zum nächsten Autobahnanschluss" und „zum nächsten Anschluss an das Netz der Deutschen Bahn (DB) AG" operationalisiert[80]. Die Nähe/ Ferne der Wohngemeinden zu Autobahnanschlüssen zeigte zum einen eine deutlich bessere Versorgungssituation der zentralen Orte und Verdichtungsregionen gegenüber den ländlichen Regionen und zum anderen einen klaren Vorsprung des Westens gegenüber dem Osten. Innerhalb der drei Regionstypen ist ein deutliches zentralperipheres Gefälle zu erkennen. Besonders in den ländlichen Kreisen im Osten war die Distanz zu Autobahnanschlüssen außerordentlich hoch, so dass im Mittel im Osten die Autobahnen ca. doppelt so weit von den Wohngemeinden entfernt lagen als im Westen (vgl. Abb. 3.5).

Abb. 3.5: Durchschnittliche Entfernung des Gemeindemittelpunktes der Wohngemeinde zum nächstgelegenen Autobahnanschluss in Kilometer (2000)

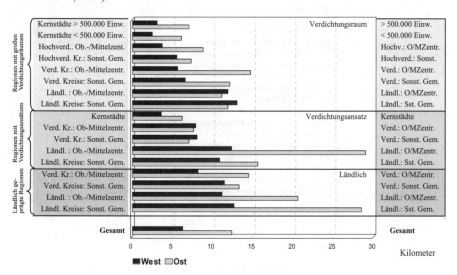

Quelle: eigene Auswertungen einer GIS-Grundlage (Stand: 2000)

Die Distanzen der Gemeindemittelpunkte zu DB-Anschlüssen waren dagegen umgekehrt im Westen deutlich größer als im Osten (vgl. Abb. 3.6), was auf eine bessere Versorgung im Schienenverkehr in den neuen Ländern hindeutet[81]. Auch

---

80 Dafür wurden die Distanzen zwischen den Gemeindemittelpunkten und dem (Luftlinie) nächstgelegenen Autobahnanschluss bzw. Bahnhof der DB AG berechnet (Stand 2000). Dies stellt zwar eine Vergröberung dar, die – je nach Größe und Gestalt der politischen Gemeinde – durchaus Unschärfen produziert, jedoch für eine grobe Einschätzung der Nähe oder Ferne einer Gemeinde von diesen Anschlüssen erscheint diese Methode m.E. geeignet.
81 Dies lag zum einen daran, dass das Bahnnetz Mitte der 1990er Jahre in den neuen Ländern über mehr Bahnhöfe verfügte, zum anderen aber auch daran, dass die durchschnittliche Ge-

bei diesem Infrastrukturmerkmal deutete sich ein zentral-peripheres Gefälle vergleichbar mit dem der Autobahnanschlüsse an, jedoch wurden wesentlich größere Unterschiede zwischen Gemeinden ohne und Gemeinden mit zentralörtlichem Rang sichtbar. Besonders in den ländlichen Regionen und Kreisen lagen im Mittel die Gemeinden ohne zentralörtlichen Rang z.T. mehr als doppelt so weit von den Bahnhöfen der DB AG entfernt als die kleinen Mittel- oder Unterzentren. Hierbei ist festzuhalten, dass besonders in den neuen Ländern bis Mitte der 1990er Jahre eine deutlich größere Nähe zu den Bahnhöfen – gerade im ländlichen Raum – gewährleistet war als in den alten Ländern. Es wird sich zeigen, ob sich die größere Nähe der Bahnhöfe auch in einer stärkeren Nutzung des ÖPNVs niederschlug.

Abb. 3.6: *Durchschnittliche Entfernung des Gemeindemittelpunktes zum nächstgelegenen Bahnhof der DB AG in Kilometer (2000)*

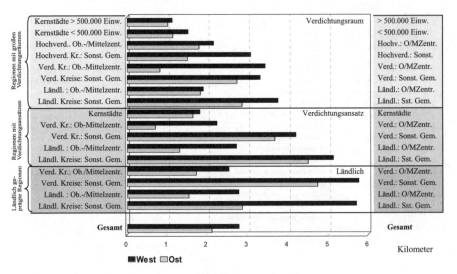

Quelle: eigene Auswertungen einer GIS-Grundlage (Stand: 2000)

---

meindegröße wesentlich geringer war, so dass damit auch die Entfernung zwischen Gemeindemittelpunkt und Bahnhof verringert wurde.

3.1.2 Wegezeiten und Wegstrecken der Haushalte zu ausgewählten Infrastruktureinrichtungen

In den folgenden Abschnitten wird für die befragten Personen in den Haushalten ermittelt, wie hoch die durchschnittlichen Wegezeiten für das Erreichen bestimmter Infrastruktureinrichtungen, wie z.B. Geschäfte für den täglichen Bedarf, Lebensmittelmärkte, Hausarzt, Sozialstation oder bestimmte Kinderbetreuungseinrichtungen eingeschätzt wurden. Es wurden dabei in der Zeitbudgetstudie 1991/92 für jede einzelne Infrastruktureinrichtung Angaben zur Entfernung in Kilometer, zur benötigten Zeit, zum benutzten Verkehrsmittel und zum Grund, warum eine Einrichtung nicht besucht wurde, erhoben[82]. Diese Auswertungen sind allerdings nicht zu verwechseln mit den tatsächlichen Wegezeiten der einzelnen Akteure, sondern sie stellen die allgemeinen Angaben zur Zeit- und Kilometer-Distanz der Einrichtungen für die Haushalte dar. Es kann über diese Angaben ermittelt werden, inwieweit die Haushalte mit bestimmten Infrastruktureinrichtungen versorgt waren, ob sie sie nutzten und wie sie sie erreichten. Somit wird der Rahmen des Kontextes abgebildet, in dem sich die Befragten in ihren Haushalten bewegten.

Ein besonderes Augenmerk wird in diesem Kapitel denjenigen Einrichtungen gewidmet, die sich mit der Betreuung von Kindern im Vorschulalter (Kinderkrippe, Kindergarten) beschäftigen, sowie den schulischen Einrichtungen, da hier die Infrastruktur zentrale Rahmenbedingungen sowohl für die Erwerbstätigkeit von Frauen als auch für die schulische Ausbildung der nachwachsenden Generation liefert (Kap. 3.1.1. und 3.1.2).

In der Zeitbudgetstudie 2001/02 wurde diese Frage in veränderter Form gestellt, indem dort danach gefragt wurde, ob eine Reihe von Infrastruktureinrichtungen zu Fuß erreichbar waren und, wenn ja, in wie vielen Minuten diese erreicht werden konnten. Durch die Reduzierung der Frage auf die Zeitdimension und den Zu-Fuß-Weg sollte die zentrale Dimension der Erreichbarkeit besser erfasst werden. Hier wurden darüber hinaus die Erreichbarkeiten von Haltestellen des öffentlichen Personennahverkehrs, von Spielplätzen, Einrichtungen für Ältere, für Jugendliche, Treffs für Gleichgesinnte, Weiterbildungseinrichtungen, Bibliotheken, Kinos, Gaststätten, Sport- und Grünanlagen, sowie die Erreichbarkeit von Freunden und Verwandten erhoben. Auf diese Einrichtungen wird jedoch nur kurz eingegangen (Kap. 3.1.3). Auf die hauptsächlich benutzten Verkehrsmittel der Haushalte musste an dieser Stelle verzichtet werden, da diese ausführlich im Tagebuch für die ausgeübten Wege berücksichtigt werden. Aufgrund der veränder-

---

82 Die Informationen zum Kontext wurden in beiden Erhebungen im Haushaltsfragebogen für den gesamten Haushalt erhoben. Sie wurden jedem einzelnen Haushaltsmitglied entsprechend zugeordnet, so dass sie dann auch auf individueller Ebene auswertbar sind. An einigen Stellen der Analyse werden die Angaben auf Haushaltsebene ausgewertet (z.B. bei der Frage danach, wie viele Haushalte bestimmte Einrichtungen überhaupt nutzten). Für die Berechnung der Wegstrecken, Wegezeiten und die genutzten Verkehrsmittel wurden die Daten jedoch auf Personenebene ausgewertet, da die Angaben nachfolgend mit den Angaben aus den Tagebüchern verglichen wurden.

ten Fragestellung zwischen 1991/92 und 2001/02 sind die Ergebnisse nicht unmittelbar vergleichbar. Die regionalen Disparitäten als Muster können jedoch miteinander verglichen werden.

3.1.2.1 Wege zu Kinderbetreuungseinrichtungen

Da die Zeitbudgetstudien des Statistischen Bundesamtes in ihrer Grundkonzeption darauf ausgerichtet sind, unbezahlte Arbeit und Betreuungsarbeit besser abzubilden und sichtbar zu machen als dies bisher der Fall war, wurden zahlreiche Möglichkeiten der Kinderbetreuung und ihre Erreichbarkeit für den Haushalt in den Fragebogen aufgenommen. Es wurde nach dem bisher bekannten Muster die Erreichbarkeit von Kinderkrippe, Kindergarten, Kinderhort, Tages-/Pflegemutter (öffentliche Vermittlung), Tages-/Pflegemutter (private Vermittlung) und Krabbelgruppe/ Spielkreis (private Initiative) erfragt. Da es nur eine relativ geringe Zahl von Haushalten war, die diese Einrichtungen nutzte, ist es nicht möglich, eine Auswertung nach den Gemeindetypen des BBR vorzunehmen. Es wurde daher – wenn möglich – die Gemeindekategorisierung in Kernstädte, Mittel-/ Oberzentren und sonstige Gemeinden verwendet. Die nachfolgenden Auswertungen konzentrieren sich auf zwei unterschiedlich stark genutzte Einrichtungen, nämlich Kinderkrippen und Kindergärten[83].

Tab. 3.3: *Erreichbarkeit von Kinderkrippen durch die Personen in den befragten Haushalten 1991/92*

	Gesamt	West	Ost
Anzahl (Anteil) der Haushalte, die die Einrichtung nutzten	106 (1,5%)	27 (0,5%)	79 (5,2%)
Anzahl der Haushalte, die keine Nutzung angaben, da die Einrichtung nicht ausr. vorhanden gewesen sei	71	70	1
Entfernung in Kilometer	2,0	2,9	1,7
Wegezeit in Minuten			
Kernstädte	10,8	12,4	10,2
Ober-/Mittelzentren	8,9	9,3	8,8
sonstige Gemeinden	12,5	13,0	12,4
Anteil Zu-Fuß-Wege	48%	30%	54%
Anteil PKW-Wege	37%	52%	33%

Quelle: Zeitbudgetstudie 1991/92 – eigene Berechnungen

---

83 Da in der Zeitbudgetstudie 2001/02 die Erreichbarkeit von Kinderkrippen und Kindergärten gemeinsam erhoben wurde, wird sie am Ende des Kapitels zu den Kinderbetreuungseinrichtungen ausgewertet.

Wege zur Kinderkrippe

Diese Einrichtung, in der Kinder unter drei Jahren betreut werden, wurde 1991/92 zwar insgesamt nur von 1,5% der Haushalte genutzt (5,2% Ost, 0,5% West), jedoch nannte ein weiteres Prozent der Haushalte, die fast alle im Westen beheimatet waren, dass sie diese Einrichtung nutzen wolle, wenn sie vorhanden wäre.

Abb. 3.7: Versorgung mit Kinderkrippen- und Kindergartenplätzen 1994

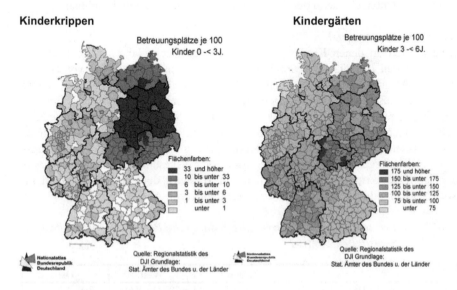

Quelle: GOHRBANDT/ WEISS 2002, S. 23 und S. 24

Auch im Nationalatlas Deutschland, Band „Bildung und Kultur" (GOHRBANDT/ WEISS 2002, S. 22ff) wurde die Asymmetrie der Versorgung mit Kinderbetreuungsplätzen für Kinder unter drei Jahren deutlich: während in den neuen Ländern 1994 fast in allen Kreisen für mindestens ein Drittel der Kinder im Alter unter zwei Jahren ein Krippenplatz angeboten wurde, so galt dies in den alten Ländern (bis auf wenige Ausnahmen) für maximal 3% bis 6% der Kinder. Ein zusätzlicher Bedarf an Kinderkrippenplätzen in Westdeutschland war sowohl in der hier vorgestellten Zeitbudgetstudie als auch bei GOHRBANDT/ WEISS festzustellen, nicht zuletzt, weil auch im Westen knapp 40% der Frauen mit Kindern unter drei Jahren erwerbstätig waren (DIES. 2002, S. 24f). Dennoch darf an dieser Stelle nicht vergessen werden, dass es bezüglich der Betreuung von kleinen Kindern in Einrichtungen zwischen Ost- und Westdeutschland immer noch deutliche Unterschiede in den Bewertungen dieser Betreuung und im Geschlechtsrollenverständnis gibt[84].

---

84 In der Allgemeinen Bevölkerungsumfrage der Sozialwissenschaften (ALLBUS) stimmten 1996 72% der Frauen und 80% der Männer in Westdeutschland der Aussage zu „Ein Kleinkind wird sicherlich darunter leiden, wenn seine Mutter berufstätig ist.". In Ostdeutschland galt dies nur für 49% der Männer und Frauen (Statistisches Bundesamt 1997). Dies impliziert,

In Tab. 3.3 wurden die wichtigsten Ergebnisse für die Erreichbarkeit von Kinderkrippen zusammengestellt. Die – fast ausschließlich westdeutschen – Haushalte, die angaben, dass die Einrichtung nicht ausreichend vorhanden sei, nahmen außerdem mit abnehmender Zentralität des Wohnorts deutlich zu – ein Muster, das auch auf zahlreiche andere Kinderbetreuungseinrichtungen zutraf. Entsprechend der geringen Zahl der Kinderkrippen gestalteten sich die Wege dahin im Westen länger. Da dadurch wiederum der PKW häufiger genutzt wurde, wurden die Unterschiede in der Wegezeit jedoch nicht so deutlich sichtbar.

Wege zum Kindergarten
Kindergärten, in denen Kinder zwischen drei und sechs Jahren betreut werden können, waren 1991/92 für deutlich mehr Haushalte in Ost und West von Bedeutung. 14,3% der Haushalte nutzten 1991/92 diese Einrichtung, wobei weitere 0,5% der Haushalte – ausschließlich im Westen – beklagten, dass diese Einrichtung für sie nicht ausreichend vorhanden sei. Im Osten lagen im Mittel diese Kinderbetreuungseinrichtungen mit 1,5 Kilometer Entfernung erneut etwas näher zu den Haushalten als im Westen mit 2 Kilometer (vgl. Tab. 3.4). Die Versorgungslage mit Kindergartenplätzen gestaltete sich zwar insgesamt deutlich günstiger als die der Kinderkrippenplätze (vor allem im Westen), doch auch hier stand im Westen nicht jedem Kind ein Platz zur Verfügung (vgl. Abb. 3.7)[85].

Tab. 3.4: Erreichbarkeit von Kindergärten durch die Personen in den befragten Haushalten 1991/92

	Gesamt	West	Ost
Anzahl (Anteil) der Haushalte, die die Einrichtung nutzten	976 (14,3%)	707 (13,3%)	269 (17,6%)
Anzahl der Haushalte, die keine Nutzung angaben, da die Einrichtung nicht ausreichend vorhanden gewesen sei	35	35	
Entfernung in Kilometer	1,9	2,0	1,5
Wegezeit in Minuten			
Kernstädte	10,5	10,5	10,5
Ober-/Mittelzentren	9,4	8,8	11,1
sonstige Gemeinden	9,9	9,7	10,5
Anteil Zu-Fuß-Wege	56%	53%	64%
Anteil PKW-Wege	30%	33%	24%

Quelle: Zeitbudgetstudie 1991/92 – eigene Berechnungen

---

dass im Westen einer institutionellen Betreuung von Kleinkindern z.T. mit negativen Haltungen (auch von Seiten der Familie oder des Umfelds) begegnet wird.
85 In einzelnen Bundesländern im Westen, wie z. B. in Baden-Württemberg und in Rheinland-Pfalz wurde 2003 in den meisten Kreisen eine Vollversorgung von über 100 Plätzen pro 100 Kinder zwischen 3 und 6 Jahren erreicht.

Ähnlich wie bei den Wegen zu Kinderkrippen wurde die Wegezeit im Westen dadurch verringert, dass 1991/92 etwa ein Drittel der befragten Personen in den alten Ländern die Kinder mit dem PKW zum Kindergarten brachte, während dies nur auf ein Viertel der Befragten in den neuen Ländern zutraf.

Im Vergleich zu den Kinderkrippen wird deutlich, dass Kindergärten als eine im Westen wie im Osten gleichermaßen verbreitete und akzeptierte Einrichtung den Befragten deutlich kürzere Wege abverlangten als dies für die im Westen nicht sehr verbreiteten Kinderkrippen oder Kinderhorte der Fall war. Für Kindergärten galt – als einzige Kinderbetreuungseinrichtung in Westdeutschland –, dass die Klage über ein unzureichendes Angebot sich nicht mit dem zentralörtlichen Rang veränderte, d.h. dieses Angebot schien keine zentral-peripheren Disparitäten zu besitzen (vgl. Tab. 3.4 und Abb. 3.7). Dies wurde durch das seit 1996 gesetzlich einklagbare Recht auf einen Kindergartenplatz für jedes Kind ab drei Jahren weiter verfestigt[86].

Wege zu Kinderbetreuungseinrichtungen 2001/02
In der Erhebung des Jahres 2001/02 wurde die Nähe/ Ferne zu Kindergärten und Kinderkrippen gemeinsam abgefragt, so dass die oben analysierten feinen Unterschiede nicht mehr auswertbar waren. In beiden Teilen Deutschlands waren für rd. 92% der Befragten diese Einrichtungen zur Kinderbetreuung zu Fuß erreichbar, was prinzipiell auf deutliche Verbesserungen im Vergleich zu 1991/92 – vor allem im Westen – schließen lassen könnte. Da jedoch die prinzipielle Zu-Fuß-Erreichbarkeit noch nicht auf die tatsächlichen Anteile der alltäglichen Zu-Fuß-Wege schließen lässt, können diese Erreichbarkeitswerte nicht unmittelbar mit den Ergebnissen aus dem Jahr 1991/92 verglichen werden. In den ländlichen Regionen der neuen Länder war eine Verschlechterung der Verhältnisse dahingehend sichtbar, dass 2001/02 nun auch – wie im Westen – ein Stadt-Land-Gefälle entstanden war, so dass auch hier die Einrichtungen für etwas weniger Befragte zu Fuß erreichbar waren als in den Städten. Für diejenigen, die Kindergärten und -krippen zu Fuß erreichen konnten, waren allerdings – wie zehn Jahre zuvor auch – die Fußwege in den ländlichen Regionen im Westen mit bis zu 15 Minuten deutlich länger als im Osten (meist unter 10 Minuten), so dass im Westen das zentral-periphere Gefälle für die Erreichbarkeit der Kinderbetreuungseinrichtungen deutlich höher war als im Osten.

Beurteilung der Möglichkeiten der Kinderbetreuung
Zusätzlich zu den Fragen zur alltäglichen Nutzung/ Nichtnutzung von Kinderbetreuungseinrichtungen wurden die Haushalte 1991/92 um eine Beurteilung dieses Angebots gebeten. In die Auswertungen wurden nur die Haushalte einbezogen, in denen Kinder unter 15 Jahren lebten, da nur sie sich zu diesen Fragen

---

86 Dieses Gesetz wird allerdings dadurch „aufgeweicht", dass die gesetzliche Pflicht für die Kommune bereits dann erfüllt ist, wenn jedem Kind ein Halbtagsplatz angeboten wird. Für berufstätige Eltern ist dies jedoch meist kein ausreichendes Angebot (nach GOHRBANDT/ WEISS 2002, S. 25).

äußerten. Grundsätzlich äußerten sich 1991/92 die ostdeutschen Haushalte zu 87% als sehr zufrieden oder zufrieden über die Möglichkeiten der Kinderbetreuung, während dies nur auf 62% der westdeutschen Haushalte zutraf. Es ist allerdings fraglich, ob diese Zufriedenheit in der Zeitbudgetstudie 2001/02 noch so hoch gewesen wäre, da sich die Situation in den neuen Ländern in den vergangenen Jahren durch zahlreiche Schließungen deutlich verschlechtert hat. Im Westen äußerte sich 1991/92 ein Drittel der Haushalte mit Kindern mit den Möglichkeiten der Kinderbetreuung unzufrieden, 14% sogar sehr unzufrieden (im Osten nur 3% sehr unzufrieden). Leider gibt es für diese Frage kein Pendant in der Erhebung 2001/02.

3.1.2.2 Wege zu Schulen

Grundschulen
Eine wohnortnahe Grundschule gehört zu den wichtigsten Infrastruktureinrichtungen einer Gemeinde. Sie besitzt nicht nur als Bildungseinrichtung Bedeutung, sondern auch als identitätsstiftende Institution, insbesondere für ländliche Gemeinden[87]. Die Grundschule stellt somit für einen großen Teil der Haushalte und damit auch der Befragten (auch wenn Grundschulkinder selbst nicht befragt wurden) eine wichtige Einrichtung dar. Von knapp 20% der befragten Haushalte wurde 1991/92 eine Grundschule genutzt. Die Grundschule war in Westdeutschland von den Befragten im Mittel 2,4 Kilometer, in Ostdeutschland 2,0 Kilometer entfernt und war von zwei Drittel der Befragten zu Fuß oder mit dem Fahrrad erreichbar[88]. In den neuen Ländern konnten mehr als drei Viertel der Befragten die Grundschule zu Fuß oder mit dem Fahrrad erreichen, 18% benötigten öffentliche Verkehrsmittel und nur 6% das Auto für den Weg zur Grundschule. In Westdeutschland wurden dagegen bereits bei 24% der Haushalte öffentliche Verkehrsmittel für den Weg zur Grundschule notwendig, und 7% der Befragten legten den Weg mit dem PKW zurück.

Vor allem in den ländlichen Kreisen stiegen im Westen die Anteile für Wege mit dem öffentlichen Verkehr auf 30-40% an und erreichten in peripheren Gemeinden über 50%. Dies ist darauf zurückzuführen, dass seit den Schulreformen der 1960er und 1970er Jahre, in denen vor allem im Grundschulbereich zahlreiche Schulen aufgelassen und zentralisiert wurden, viele kleine Gemeinden keine eigene Grundschule mehr besaßen, so dass die Kinder mit dem Bus in die Zentralschule gebracht werden mussten. In den neuen Ländern war zum einen eine davon völlig verschiedene Siedlungsentwicklung, aber auch ein anderes Schulsystem für eine 1991/92 günstigere Grundschulversorgung verantwortlich. Nach dem dramatischen Geburtenrückgang seit der Wende setzte jedoch auch in den neuen Län-

---

87 vgl. KRAMER 1993.
88 Die Standardabweichung war allerdings in den neuen Ländern höher als in den alten Ländern. Es wurden dort Maxima von 40 km Entfernung und 90 Minuten Schulweg erreicht.

dern eine Ausdünnung des Grundschulnetzes ein, die die Wegezeiten und die Art des Verkehrsmittels beeinflusste.

Die Wegezeiten, die 1991/92 von den Kindern des Haushalts zur Grundschule zurückgelegt wurden, lagen in den neuen und alten Ländern bei rd. 13 Minuten. Am wenigsten Zeit mussten Kinder in den Ober- und Mittelzentren der ländlichen Kreise aufwenden, wo sie noch zu Fuß – und damit auf kürzerem Weg als z.B. in den Kernstädten – die Schule erreichen konnten. Besonders in den Gemeinden, die in den ländlich geprägten Regionen lagen, wurde deutlich, dass sich in Westdeutschland die längeren Wegstrecken und die Busfahrten auf die Wegezeiten auswirkten (vgl. Abb. 3.8)[89].

Abb. 3.8: Durchschnittliche Wegezeiten der Personen zur Grundschule nach Gemeindetypen in Ost- und Westdeutschland (in Minuten) 1991/92

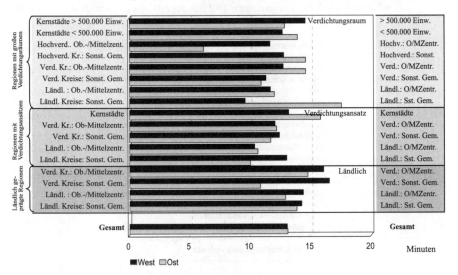

Quelle: Zeitbudgetstudie 1991/92 – eigene Berechnungen

Im Jahr 2001/02 hatte sich diese Situation erwartungsgemäß geändert. Es waren nunmehr nur noch für 85% der Befragten im Osten und dagegen für knapp 90% der Befragten im Westen Grundschulen zu Fuß erreichbar, wobei diese Werte in den kleinen Gemeinden im Westen auf rd. 80% und im Osten sogar auf nur 66% absanken. Der Vorsprung, den die Gemeinden in den ländlichen Regionen in den neuen Ländern 1991/92 hinsichtlich einer besseren Versorgung mit Grundschulen noch besessen hatten, war in der Zwischenzeit durch die z.T. dramatischen Schulschließungen dahingeschmolzen (vgl. FICKERMANN/ SCHULZECK/ WEISHAUPT

---

[89] Bei der Analyse der Verteilungen wird darüber hinaus sichtbar, dass sowohl in den westdeutschen Kernstädten als auch in den ländlichen Regionen immerhin ein Viertel der Befragten angab, dass die Wegezeit zur Grundschule zwischen 20 und 30 Minuten in Anspruch nahm, und Ausreißer und Extremwerte reichten nicht selten bis zu einer Stunde.

2002, S. 26f). Die damit stark vergrößerten Einzugsbereiche der Grundschulen zeigten sich in dem Indikator der Zu-Fuß-Erreichbarkeit, der deutlich zurückgegangen war. Wenn die Grundschulen zu Fuß erreichbar waren, dann war dieser Weg allerdings im Westen mit rd. 12 Minuten im Durchschnitt eine Minute länger als im Osten, was vor allem auf die längeren Zu-Fuß-Wege in den ländlichen Regionen Westdeutschlands zurückzuführen war.

Weiterführende Schulen
Eine weiterführende Schule wurde 1991/92 von 28% aller befragten Haushalte genutzt und war in Ostdeutschland – nach Angaben der Befragten – 4,4 Kilometer, in Westdeutschland 7,5 Kilometer vom Wohnort entfernt (vgl. Abb. 3.9).

Abb. 3.9: *Durchschnittliche Entfernung der Personen von der weiterführenden Schule nach Gemeindetypen in Ost- und Westdeutschland (in Kilometer) 1991/92*

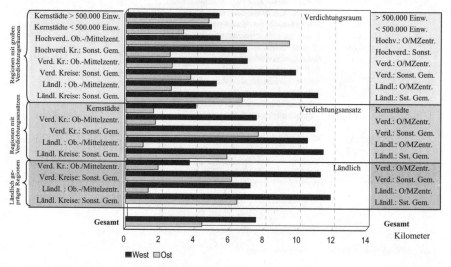

Quelle: Zeitbudgetstudie 1991/92 – eigene Berechnungen

Vor allem in Ober- und Mittelzentren sowie in den Gemeinden ohne zentralörtlichen Rang befanden sich die befragten Haushalte im Westen 1991/92 mindestens doppelt so weit von einer weiterführenden Schule entfernt als die ostdeutschen Haushalte. Selbst in den ländlich geprägten Regionen blieben die Distanzen im Osten zur weiterführenden Schule in den Mittel- und Oberzentren unter zwei Kilometern, wohingegen sie im Westen nicht selten die Zehn-Kilometer-Marke überschritten. Auch hier zeigten sich noch offensichtliche Unterschiede in der Schulstandortpolitik zwischen den beiden politischen Systemen[90]. Insbesondere

---

[90] Bei dieser Interpretation muss berücksichtigt werden, dass das System der weiterführenden Schulen in Ost und West sehr verschieden ist/ war. So stellte die polytechnische Oberschule (POS) die einzige weiterführende Schule für alle Kinder zwischen der 5. und 10. Klasse dar.

durch das kombinierte Angebot der Real- und Hauptschulen in den neuen Ländern war dort eine bessere Versorgung mit dieser Art Schulen gewährleistet. Für Gymnasien dagegen waren in den neuen Ländern die Einzugsbereiche wesentlich größer (vgl. FICKERMANN/ SCHULZECK/ WEISHAUPT 2002, S. 26f).

Abb. 3.10: Durchschnittliche Wegezeiten der Personen zur weiterführenden Schule nach Gemeindetypen in Ost- und Westdeutschland (in Minuten) 1991/92

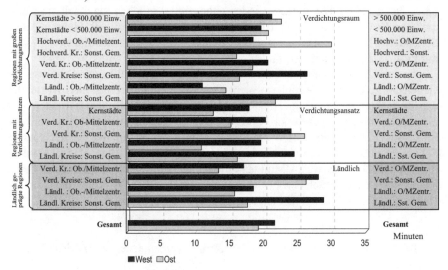

Quelle: Zeitbudgetstudie 1991/92 – eigene Berechnungen

Diese sehr unterschiedlichen Schulentfernungen besaßen erwartungsgemäß sowohl Auswirkungen auf die Art des Verkehrsmittels, mit dem der Schulweg zur weiterführenden Schule zurückgelegt wurde als auch auf die Wegezeit. So wurden erwartungsgemäß deutlich mehr Wege zur weiterführenden Schule in den neuen Ländern 1991/92 zu Fuß zurückgelegt (49% gegenüber 18% West), während seltener öffentliche Verkehrsmittel (34% gegenüber 49% West) benutzt wurden. Dagegen wurde dieser Schulweg im Westen von doppelt so vielen Personen wie im Osten (22% gegenüber 11% Ost) bevorzugt mit den Fahrrad zurückgelegt. Dadurch, dass rd. die Hälfte der ostdeutschen Befragten die weiterführenden Schule zu Fuß erreichte, zu Fuß jedoch in der gleichen Zeit eine geringere Strecke zurückgelegt wurde als mit dem Bus, sind die Unterschiede im Zeitaufwand für den Schulweg zur weiterführenden Schule nicht ganz so deutlich wie die Unterschiede in der räumlichen Distanz (Abb. 3.10).

Diese Schulen konnten auch in kleinen Gemeinden geführt werden. Erst ab der 10./11. Klasse gab es die erweiterte Oberschule (EOS), die jedoch nur rd. 10% der Absolventen/-innen der POS besuchen durften und die dann natürlich auch deutlich stärker zentralisiert war.

Im Westen lag der Zeitaufwand im Mittel mit rd. 21 Minuten somit nur etwas höher als im Osten mit 19 Minuten, jedoch wird beim Vergleich der einzelnen Gemeindetypen deutlich, dass besonders in den Gemeinden ohne zentralörtlichen Rang und in ländlichen Kreisen im Westen sich die größeren Entfernungen der Haushalte zu den weiterführenden Schulen auch in längeren Schulwegen niederschlugen. Dort war der Schulweg zur weiterführenden Schule rd. eine halbe Stunde lang, während er im Osten in rd. der Hälfte der Zeit bewältigt wurde. Allerdings waren im Osten auch größere Schwankungen innerhalb der Gemeindetypen festzustellen. Für alle Gemeinden ohne zentralörtlichen Rang galt, dass dort einfache Schulwege zur weiterführenden Schule von 50 bis 60 Minuten keine Seltenheit waren, d.h. dass der Zugang zu diesen Bildungseinrichtungen z.T. doch mit großem Zeitaufwand verbunden war.

Im Jahr 2001/02 hatte sich die Situation für die weiterführenden Schulen – im Gegensatz zu den Grundschulen – nicht wesentlich verändert. Für zwei Drittel der westdeutschen Befragten und fast drei Viertel der ostdeutschen Befragten war eine weiterführende Schule zu Fuß erreichbar, wobei hier erwartungsgemäß die Situation in den Kernstädten am günstigsten war. Wenn die weiterführende Schule zu Fuß erreichbar war, dann mussten die Westdeutschen rd. 18 Minuten, die Ostdeutschen nur rd. 14 Minuten aufwenden. Insgesamt war somit der Osten mit weiterführenden Schulen besser versorgt als der Westen, wobei dies nur auf Haupt- und Realschulen, nicht dagegen auf Gymnasien zutraf.

3.1.2.3 Wege zu verschiedenen Infrastruktureinrichtungen im Überblick

Um einen Überblick über die Versorgungssituation mit Infrastruktureinrichtungen zu gewinnen, wurde in Tab. 3.5 zusammengestellt, wie weit die hier analysierten Infrastruktureinrichtungen der Wohngemeinden 1991/92 aus der Sicht der Haushalte räumlich (in Kilometern) und zeitlich (in Minuten) entfernt waren, wie hoch der Anteil der Zu-Fuß-Wege und der Auto-Wege war und ob es signifikante Unterschiede zwischen West und Ost gab. Für die gleichen Infrastruktureinrichtungen wurden in der nachfolgenden Tab. 3.6 die signifikanten Unterschiede zwischen Zentren (Kernstädte, Ober- und Mittelzentren) und Peripherie (Sonstige Gemeinden mit niedrigem oder ohne zentralörtlichen Rang) zusammengestellt. Die Auswertungen der nicht vollständig vergleichbaren Analysen der Zeitbudgetstudie 2001/02 wurden in Tab. 3.7 zusammengefasst.

Die Geschäfte für den täglichen Bedarf waren im Osten wie im Westen 1991/92 knapp zwei Kilometer vom Wohnort der Befragten entfernt. Da jedoch im Westen etwas häufiger der PKW für diese Fahrten verwendet wurde, und man dagegen im Osten häufiger zu Fuß ging, waren die Wegezeiten dafür im Osten signifikant länger. Im Osten stiegen die Wegezeiten zu Geschäften des täglichen Bedarfs mit abnehmendem zentralörtlichem Rang deutlich an, was im Westen aufgrund des verstärkten Einsatzes des PKWs, aber auch des Fahrrads, nicht in dem Maße der Fall war. Das Fahrrad war grundsätzlich ein Verkehrsmittel, das im Westen – nach Aussage der Haushalte – deutlich häufiger für Alltagswege eingesetzt wurde als im Osten. Diese Situation gestaltete sich für die Zu-Fuß-Erreichbarkeit in der Erhebung 2001/02 nur wenig anders. Auch hier waren in der Peripherie für weniger Befragte Geschäfte des täglichen Bedarfs zu Fuß erreichbar als in den Zentren, wobei für die westdeutschen Befragten die Distanzen der Zu-Fuß-Wege in kleinen Gemeinden z.T. deutlich länger waren als im Osten. Dies wurde im Westen unverändert mit einem höheren Anteil an PKW-Fahrten ausgeglichen, was sich auch in der Analyse der Alltagswege zeigte.

Tab. 3.5: Wegstrecken, Wegezeiten und benutzte Verkehrsmittel zu Infrastruktureinrichtungen im West-Ost-Vergleich 1991/92

	Wegstrecke (in Kilometer)				Wegezeit (in Minuten)				Anteil der Nutzung mit dem Verkehrsmittel: - zu Fuß - mit dem Auto - mit ÖPNV	
	West	Ost	Diff. W-O	Sign. *	West	Ost	Diff. W-O	Sign. *	West	Ost
Geschäfte für den tägl. Bedarf	1,8	1,8	0	-	8,5	11,5	-3,0	*	51% z.Fuß 26% Auto	60% z.Fuß 17% Auto
Lebensmittelmärkte	5,5	7,2	-1,7	*	13,1	19,1	-6,0	*	12% z.Fuß 63% Auto	14% z.Fuß 61% Auto
Hausarzt	3,2	2,9	+0,3	*	10,9	14,3	-3,4	*	37% z.Fuß 42% Auto	47% z.Fuß 28% Auto
Kinderkrippe	2,9	1,7	+1,2	-	11,2	10,7	+0,5	-	30% z.Fuß 52% Auto	54% z.Fuß 33% Auto
Kindergarten	2,0	1,5	+0,5	*	9,6	11,5	-1,9	-	53% z.Fuß 33% Auto	64% z.Fuß 24% Auto
Kinderhort	4,3	1,6	+2,7	*	12,6	11,5	+0,9	-	47% z.Fuß 37% Auto	75% z.Fuß 13% Auto
Grundschule	2,2	1,9	+0,3	*	13,1	13,1	0	-	62% z.Fuß 8% Auto 16% ÖPNV	75% z.Fuß 10% Auto 13% ÖPNV
Weiterführende Schule	7,5	4,4	+3,1	*	21,4	19,1	+2,3	*	18% z.Fuß 9% Auto 49% ÖPNV	49% z.Fuß 5% Auto 34% ÖPNV

Quelle: Zeitbudgetstudie 1991/92 – eigene Berechnungen

Die Wege zum Lebensmittelmarkt unterschieden sich dagegen zwischen Ost und West hinsichtlich der Wahl des Verkehrsmittels nur wenig. In beiden Regionen wurde der PKW bevorzugt, mit dem Unterschied, dass im Osten die Wege signifikant weiter und länger waren. Auch nahmen in beiden Regionen im ländlichen Raum die Wegezeiten deutlich zu, sie waren allerdings in den Mittel- und Oberzentren am kürzesten und nicht in den Kernstädten. Hier hat sich die Versorgungslage der Befragten im Osten 2001/02 in allen Regionen außer den sehr peripheren Gebieten deutlich verbessert. Hausärzte, deren Standorte nicht nur den Gesetzen der Marktwirtschaft unterliegen, sondern (zumindest im Westen) auch von den Ärztekammern geregelt werden, waren im Osten deutlich näher am Wohnort der Haushalte angesiedelt als im Westen. Da sie jedoch von den ostdeutschen Haushalten häufiger zu Fuß aufgesucht wurden als im Westen, war die Wegezeit trotz der räumlich kürzeren Distanz länger. Die Erreichbarkeit der Hausärzte im Jahr 2001/02 zeigte keine Ost-West-Unterschiede mehr.

Grundschulen als eine häufig genutzte Infrastruktureinrichtung der Familien befanden sich 1991/92 in den neuen Ländern räumlich näher an den befragten Haushalten. Die Wegezeit dorthin war allerdings im Mittel genau gleich lang, was daran lag, dass im Osten drei Viertel der Befragten diesen Weg zu Fuß zurücklegten, während dies nur für zwei Drittel der westdeutschen Haushalte galt. Dort mussten bereits 24% der Kinder unter 10 Jahren den Weg mit öffentlichen Verkehrsmitteln bewältigen. Dieser Anteil stieg in peripheren Gemeinden sogar auf bis zu 50% an.

In der Erreichbarkeit von Grundschulen zeigte sich im Vergleich zu 2001/02 eine deutliche Verschlechterung in den neuen Ländern. Die massiven Schulschließungen in Folge des Geburtenrückgangs kombiniert mit der Planungsideologie „zentrale große Schule = bessere Schule" in den ländlichen Regionen bewirkten, dass nur noch für zwei Drittel der Befragten in kleinen Gemeinden im Osten Schulen zu Fuß erreichbar waren, wohingegen dies im Westen noch für 80% der Befragten galt, so dass hier eine Umkehrung der Versorgungslage zu beobachten war. Die Wegezeiten der Zu-Fuß-Wege waren zwar im Westen in den ländlichen Regionen etwas länger als im Osten, jedoch mussten im Osten seit der Vergrößerung der Grundschul-Einzugsgebiete deutlich mehr Kinder mit Schulbussen zu ihrer Grundschule gelangen als zehn Jahre zuvor.

Auch die weiterführenden Schulen befanden sich 1991/92 im Osten deutlich näher am Wohnort der Haushalte als im Westen. Demzufolge konnten rd. die Hälfte der Befragten diese Einrichtungen im Osten zu Fuß erreichen, was nur für knapp ein Fünftel der westdeutschen Befragten galt. Besonders in westdeutschen Gemeinden ohne zentralörtlichen Rang schlug sich diese größere Distanz auch in den längeren Schulwegzeiten zur weiterführenden Schule nieder. Es wird in den beiden Tabellen deutlich, dass nicht nur die Wegstrecken zu den weiterführenden Schulen im Westen signifikant höher waren als im Osten, sondern auch die Wegezeiten. Außerdem gestalteten sich für westdeutsche Befragte in der Peripherie die Wege zu weiterführenden Schulen signifikant länger als in den Kernstädten – ein zentral-peripheres Gefälle, das im Osten 1991/92 für keine der Kinderbetreuungseinrichtungen bzw. Schulen anzutreffen war. Diese günstigere Versorgungslage war auch zehn Jahre später noch in der Zu-Fuß-Erreichbarkeit der weiterführenden Schulen zu erkennen, die im Osten für drei Viertel, im Westen nur für zwei Drittel grundsätzlich gegeben war. Auch die Schulwegzeiten des Zu-Fuß-Weges waren für die Befragten im Westen länger als im Osten. Hierbei müssen jedoch auch die unterschiedlichen Schulsysteme berücksichtigt werden, denn der Vorteil der besseren Erreichbarkeit im Osten betrifft ausschließlich die kombinierten Haupt- und Realschulen. Für Gymnasien waren die Einzugsgebiete im Osten wesentlich größer als im Westen[91].

Bei den Kinderbetreuungseinrichtungen waren 1991/92 besonders deutliche Unterschiede in der Versorgung und dem Dichtenetz zwischen Ost- und Westdeutschland erkennbar[92]. Die Kinderkrippe (Kinder bis 3 Jahre) wurde im Osten wesentlich stärker genutzt als im Westen, was u.a. in der höheren Verfügbarkeit dieser Einrichtung begründet war. Immerhin gaben mehr als doppelt so viele Haushalte im Westen an, sie würden gerne eine Kinderkrippe nutzen als es Haushalte gab, die tatsächlich eine Krippe in Anspruch nahmen. Kinderkrippen waren im Osten wesentlich näher und trotz des höheren Anteils der Zu-Fuß-Wege schneller erreichbar als im Westen.

Tab. 3.6: Wegstrecken, Wegezeiten und benutzte Verkehrsmittel zu Infrastruktureinrichtungen im Vergleich Zentrum-Peripherie 1991/92

	Wegestrecke: Differenzen zwischen Zentrum-Peripherie + = längere Wege in der Peripherie 0 = keine systemat. Differenzen - = längere Wege in den Zentren			Wegezeit: Differenzen zwischen Zentrum-Peripherie + = mehr Zeitaufw. i. d. Peripherie 0 = keine systemat. Differenzen - = mehr Zeitaufw. in den Zentren		
	West	Ost	Sign. *	West	Ost	Sign. *
Täglicher Bedarf	+	+	*	0	+	*
Lebensmittelmärkte	+	+	*	+	+	*
Hausarzt	+	+	*	-	-	*
Kinderkrippe	+	0	-	0	0	-
Kindergarten	+	0	-	-	0	-
Kinderhort	+	+	*	0	-	-
Grundschule	+	0	*	0	0	-
Weiterführende Schule	+	0	*	+	0	*

Quelle: Zeitbudgetstudie 1991/92 – eigene Berechnungen

Anders verhielt es sich mit der Betreuungseinrichtung Kindergarten (Kinder zwischen 3 und 6 Jahren). Kindergärten waren/ sind auch im Westen weit verbreitet und akzeptiert. Was die Bereitstellung von Kindergartenplätzen anbelangt, existieren zudem seit 1996 Auflagen für die verantwortlichen Gemeinden. Doch bereits zuvor waren sie fast überall gleich gut verfügbar und in beiden Regionen für mehr als die Hälfte der Haushalte zu Fuß erreichbar. Hierbei waren sogar eher längere Wegezeiten in den Kernstädten als auf dem Land zu erkennen, was wahr-

---

91 Die mittlere Fläche des Einzugsbereichs einer Realschule betrug in den neuen Ländern 1998 52,5 km^2, in den alten Ländern 90,7 km^2, die eines Gymnasiums in den neuen Ländern 171,2 km^2 und in den alten Ländern 98,7 km^2 (FICKERMANN/ SCHULZECK/ WEISHAUPT 2002, S. 26).

92 Die hier berechneten Unterschiede sind zwar aufgrund der relativ geringen Fallzahl der betroffenen Befragten in den Zeitbudgetstudien nicht signifikant, sie werden jedoch von GOHRBANDT/ WEISS (2002, S. 22ff) im Nationalatlas eindeutig bestätigt.

scheinlich in den schwierigeren Verkehrsbedingungen der Städte und der geringeren Dichte von Kinderbetreuungseinrichtungen in Großstädten begründet lag[93].

Mit der Einrichtung Kinderhort (ab 6 Jahren im Anschluss an den Unterricht) gestaltet es sich ähnlich wie bereits für die Kinderkrippen festgestellt: Kinderhorte waren deutlich besser für ostdeutsche als für westdeutsche Haushalte zu erreichen, die Entfernung in Kilometern betrug im Osten fast ein Drittel der Entfernung im Westen. Demzufolge wurden im Westen mehr Wege mit dem Auto zurückgelegt. Bei einer Beurteilung der Kinderbetreuungseinrichtungen insgesamt schnitten die ostdeutschen Einrichtungen 1991/92 erwartungsgemäß deutlich besser ab als die westdeutschen: 87% der ostdeutschen Haushalte waren damit sehr zufrieden oder zufrieden, während dies nur auf 62% der westdeutschen Haushalte zutraf.

Der Vergleich mit den Erreichbarkeitswerten des Jahres 2001/02 zeigte ein für die neuen Länder bisher nicht festgestelltes Stadt-Land-Gefälle, denn nun waren, wie im Westen, auch in den kleinen Gemeinden weniger Kindergärten bzw. -krippen zu Fuß erreichbar als früher, so dass auch hier die Schließung der Einrichtungen erkennbar wurde. Dennoch waren auch 2001/02 im Westen die Wege zu diesen Einrichtungen auf dem Lande immer noch deutlich länger als im Osten. In der Zeitbudgetstudie 2001/02 wurde – wie in Tab. 3.7 dargestellt – die Erreichbarkeit zahlreicher zusätzlicher Infrastruktureinrichtungen, Angebote oder Personen erhoben. An dieser Stelle soll nur auf diejenigen eingegangen werden, für die markante regionale Unterschiede zu erkennen waren. So waren z.B. die Haltestellen des ÖPNV für fast alle Haushalte in Ost wie in West zu Fuß erreichbar, jedoch dieser Anteil nahm in den alten Ländern in den kleinen Gemeinden ab, wohingegen er in den neuen Ländern keine Stadt-Land-Unterschiede zeigte. Darüber hinaus wurden die Zu-Fußwege zu den Haltestellen vor allem in den ländlichen Regionen im Westen deutlich länger. Dagegen war für fast alle Einrichtungen, die Kinder unter 10 Jahren betreffen (Kindergärten, Kinderspielplätze, Grundschulen), in den neuen Ländern 2001/02 ein wesentlich stärkeres Stadt-Land-Gefälle zu beobachten als zehn Jahre früher. Hier scheint sich vor allem in den ländlichen Regionen die Versorgungslage deutlich verschlechtert zu haben.

Treffpunkte, sowohl für Ältere als auch für Jugendliche, waren 2001/02 in den neuen Ländern häufiger und näher zu den Wohnungen gelegen als in den alten Ländern, dagegen war im Westen die Versorgung mit Weiterbildungseinrichtungen in fast allen Gemeindetypen besser als im Osten, vor allem aber auf dem Land. Eine Umkehrung des Stadt-Land-Gefälles der Erreichbarkeit in dem Sinne, dass gewisse Angebote bzw. Personen auf dem Land besser verfügbar/ erreichbar waren als in der Stadt, galt für Parks und Grünanlagen, aber ganz besonders für den privaten Personenkreis der Verwandten und Freunde. Während z.B. Verwandte für nur 45% der Befragten in den Kernstädten im Osten zu Fuß erreichbar waren, so galt dies für 62% der Ostdeutschen in kleinen Gemeinden. Noch deutlicher wird der Unterschied für den Freundeskreis. Er befand sich für drei Viertel der Befragten in kleinen Gemeinden (West wie Ost) in Zu-Fuß-Erreichbarkeit,

---

[93] Die geringere Dichte von Kinderbetreuungseinrichtungen in Großstädten ist wiederum auf geringere Anteile von Kindern in diesen Gemeindetypen zurückzuführen.

jedoch nur für 60% der Befragten in den Kernstädten, so dass hier deutlich geringere Wegezeiten für die privaten Wege zu erwarten sind. Dies spricht für den höheren Grad der sozialen Eingebundenheit in kleinen Gemeinden, in denen sich soziale und räumliche Nähe weitaus stärker entsprechen als in großen Städten.

Tab. 3.7: *Wegezeiten der Personen für den Fußweg zu Infrastruktureinrichtungen sowie der Anteil derjenigen, die diese Einrichtungen zu Fuß erreichen konnten, im West-Ost-Vergleich 2001/02*

	Wegezeit für den Fußweg (in Minuten)					Anteil derjenigen, für die die Einrichtung **zu Fuß erreichbar** war					
	West	Ost	Diff. W-O	Diff. Stadt-Land		West	Ost	Diff. W-O	Diff. Stadt-Land		
				W	O				W	O	
Haltestelle des ÖPNV	5.9	6.1	-0.2	+	+	98.8	99.6	0.8	+	**0**	
Geschäfte tägl. Bedarf	10.2	8.1	**2.1**	+	+	90.3	89.7	-0.6	+	+	
Lebensmittelmärkte	18.4	16	**2.4**	+	+	53.4	57.4	**4,0**	+	+	
Hausarzt	12.6	11.9	0.7	0	0	83.6	83	-0.6	+	+	
Kinderkrippe, -garten	9.8	9.9	-0.1	+	+	92.8	91.9	**-0.9**	+	++	
Kinderspielplatz	6.7	6.6	0.1	0	+	96.6	93.7	-2.9	+	+	
Grundschule	12.1	11.1	**1.0**	+	+	89.7	85	-4.7	+	+	
Weiterführende Schule	18.1	14.1	**4.0**	+	+	65.9	73	**7.1**	+	++	
Einrichtungen f. Ältere	15.4	13.3	**2.1**	+	0	74.5	77	2.5	+	+	
Treffen f. Gleichgesinnte	14.1	14.4	-0.3	0	-	81.9	76.8	-5.1	+	++	
Kino	23.4	22.1	**1.3**	0	+	42.8	45.5	2.7	+	+	
Bibliothek	16.8	16.5	0.3	0	0	73.5	75.2	1.7	+	+	
Weiterbildungseinr.	21	22.1	**-1.1**	-	0	58	52.6	**-5.4**	0	++	
Treffen f. Jugendliche	15.3	13.1	**2.2**	0	+	81.4	82.6	1.2	+	+	
Gaststätte, Kneipe	10.2	9.7	0.5	+	+	94.4	92.4	-2	+	+	
Sportanl., Fitnesscenter	16.9	16.5	0.4	0	0	76	71.3	**-4.7**	+	+	
Park, Grünfläche	9.1	10.8	**-1.7**	-	-	96.6	96.4	-0.2	-	-	
Verwandte	14.4	15.3	-0.9	--	--	52	57.5	5.5	-	-	
Freunde	11.6	12.9	-1.3	-	--	70.2	69.1	-1.1	-	-	

+ = längere Wege in der Peripherie, 0 = keine systemat. Differenzen, - = längere Wege in den Zentren
Quelle: Zeitbudgetstudie 2001/02 – eigene Berechnungen

Für eine Beurteilung der Nähe und Ferne der gesamten Infrastruktur der befragten Haushalte wurden für die Auswertungen 1991/92 zwei Indizes gebildet, indem jeweils die mittleren Wegstrecken und die mittleren Wegezeiten für die abgefragten Infrastruktureinrichtungen berechnet wurden (vgl. Abb. 3.11 und Abb. 3.12). Die mittleren Distanzen aller Infrastruktureinrichtungen wiesen zwar zwischen Ost und West insgesamt keine großen Unterschiede auf (3,6 km West, 3,8 km Ost), jedoch bei einer Differenzierung nach Gemeindetypen wurden deutliche Differenzen sichtbar, die das System der zentralen Orte widerspiegeln. Im Westen waren vor allem in den Gemeinden ohne zentralörtlichen Rang die größten räumlichen Distanzen zu überwinden. Dies lag u.a. an der größeren Entfernung der

3. Wie gestaltet sich Zeitverwendung für Mobilität im Alltag?

schulischen Einrichtungen. Insgesamt waren hinsichtlich der metrischen Distanz die kürzesten Wege aller Haushalte in den Kernstädten, bzw. den Ober- und Mittelzentren aller Regionen festzustellen.

Abb. 3.11: Abweichung der mittleren Entfernung aller Infrastruktureinrichtungen in Kilometern vom jeweiligen Mittel (Ost und West) 1991/92

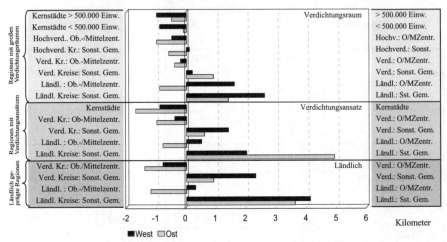

Quelle: Zeitbudgetstudie 1991/92 – eigene Berechnungen

Abb. 3.12: Abweichung der mittleren Entfernung aller Infrastruktureinrichtungen in Minuten vom jeweiligen Mittel (Ost und West) 1991/92

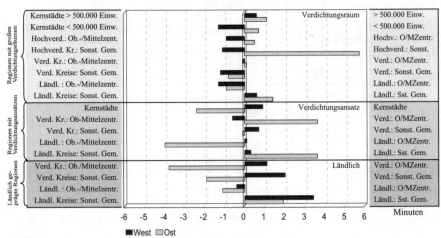

Quelle: Zeitbudgetstudie 1991/92 – eigene Berechnungen

Betrachtet man den gleichen Sachverhalt mit der Distanzmessung der mittleren Wegezeit zu allen Infrastruktureinrichtungen in Minuten, so verändert sich das Bild. Der Zeitaufwand war für ostdeutsche Haushalte mit durchschnittlich 15,7 Minuten insgesamt gegenüber rd. 11,8 Minuten im Westen wesentlich höher, obwohl die Kilometerdistanzen fast gleich groß waren. Besonders wirksam waren die West-Ost-Differenzen in den Kernstädten und im Verdichtungsraum, wo Befragte im Osten für die Wege zu den Infrastruktureinrichtungen mehr Zeit aufwenden mussten als im Westen. Im Gegensatz zu dem im Westen beobachteten zentral-peripheren Gefälle der Wegezeiten von ländlichen Regionen zu Verdichtungsräumen, wurden im Osten eher in den kleinen Zentren der ländlichen Kreise die kürzesten Wegezeiten erreicht. Ein wesentlicher Grund liegt sicherlich darin, dass in den neuen Ländern insbesondere die Wege für Kinder bzw. zur Kinderbetreuung als relativ kurze (Zu-Fuß-)Wege zur Reduzierung der gesamten Wegezeiten führten.

Differenziert man diese mittleren Wegezeiten nach Haushaltstypen, so zeigte sich, dass – die meist unmotorisierten – Einpersonenhaushalte im Osten deutlich mehr Zeit aufwenden mussten als Singles im Westen. Dabei stieg der Zeitaufwand für Westdeutsche mit abnehmendem zentral-peripheren Rang der Gemeinden, während er für Ostdeutsche in den ländlichen Regionen am geringsten war. Dagegen stieg für Familien im Westen die Wegezeit mit zunehmender Peripherie deutlich an, während sie für ostdeutsche Familien gleich blieb – dies ist sicherlich z.T. auf die Bildungswege zurückzuführen, die in Ostdeutschland keinem so starken zentral-peripheren Gefälle unterworfen waren wie im Westen.

Abb. 3.13: Abweichung der mittleren Anzahl der Infrastruktureinrichtungen, Angebote und Personengruppen, die Befragte zu Fuß erreichen konnten, vom jeweiligen Mittel (Ost und West) 2001/2002 (Maximum: 19 Einrichtungen)

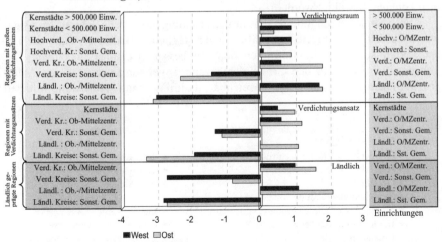

Quelle: Zeitbudgetstudie 2001/02 – eigene Berechnungen

In der Zeitbudgeterhebung des Jahres 2001/02 wurden zwar keine Entfernungen zu Infrastruktureinrichtungen in Kilometern gemessen, jedoch wurde erhoben, welche Infrastruktureinrichtungen, Angebote oder Personengruppen (von 19 angebotenen[94]) zu Fuß erreicht werden konnten und welche nicht. Die mittlere Zahl von zu Fuß erreichbaren Einrichtungen lag in West und Ost bei knapp 15, wobei die Standardabweichung im Osten größer war als im Westen und in den kleinen Gemeinden größer als in den Kernstädten. Die Differenzierung der Abweichung vom Mittelwert (West und Ost getrennt) nach Gemeindetypen lässt ein deutliches Gefälle zwischen den zentralen Orten und ihrem jeweiligen Umland erkennen, in dem grundsätzlich weniger Einrichtungen, Angebote usw. zu Fuß erreichbar waren (Ausnahme: private Kontakte, vgl. Tab. 3.7)

Es wird insgesamt deutlich, dass 1991/92 die „privat verantworteten Standortnetze", d.h. Geschäfte des täglichen Bedarfs und Lebensmittelmärkte, im Westen in ihrer metrischen Ausprägung dichter waren als im Osten, die „öffentlich verantworteten Standortnetze" zu diesem Zeitpunkt jedoch im Osten noch deutlich dichter waren. Besonders in den Bereichen des Schulwesens und der Kinderbetreuung wurde ein dichteres Netz an Einrichtungen sichtbar. Dieses dichtere Netz spiegelte sich nicht für alle Infrastruktureinrichtungen in niedrigen Wegezeiten wider, da die metrisch kürzeren Wege zu zeitlich längeren wurden, wenn sie zu Fuß bewältigt wurden, was im Osten deutlich häufiger geschah als im Westen. Zum Teil wurden die größeren Entfernungen im Westen mit einer Motorisierung, die entweder auf individueller Ebene (PKW) oder auf kollektiver Ebene (öffentliche Verkehrsmittel) erfolgte, ausgeglichen. In den kleinen Gemeinden im ländlichen Raum verblieben dennoch für die betroffenen Haushalte im Westen längere Wegezeiten. Mit öffentlichen Verkehrsmitteln wurden zwar die längeren Wege zu Grundschulen und weiterführenden Schulen kompensiert. Auf privater Ebene musste jedoch individuell die große Entfernung zu Kinderbetreuungseinrichtungen für kleinere Kinder, die noch nicht am öffentlichen Verkehr teilnehmen konnten, bewältigt werden.

Diese Situation veränderte sich in den nachfolgenden zehn Jahren. Im Osten waren 2001/02 sowohl die Geschäfte für den täglichen Bedarf als auch die Lebensmittelmärkte für die Befragten deutlich besser erreichbar als zuvor. Die Lebensmittelmärkte für den Großeinkauf waren sogar für einen größeren Anteil der Befragten im Osten zu Fuß erreichbar als im Westen – Ausnahme bildeten

---

94 Zu Fuß erreichbare Infrastruktureinrichtungen, Angebote oder Personengruppen:
- Haltestelle ÖPNV
- Großeinkauf/ Einkaufszentrum
- Kinderkrippe/ Kindergarten
- Grundschule
- Einrichtungen für Jugendliche
- Möglichkeiten Gleichgesinnte zu treffen
- Bibliotheken/ Büchereien
- Gaststätten/ Café
- öffentliche Grünanlagen/ Parks, Wald
- Freundes-/Bekanntenkreis
- Einkaufmöglichk. tägl. Bedarf
- Arzt/ Ärztin Allgemeinmedizin
- Kinderspielplatz
- weiterführende Schule
- Einricht. f. ältere Menschen
- Kino
- Weiterbildungsangebote
- Sportanlagen/ Fitness-Studio
- Verwandte

3.1 Zeitbudgetstudien des Statistischen Bundesamtes (1991/92 und 2001/02)

jedoch für nahezu alle Infrastruktureinrichtungen die Gemeinden in den neuen Ländern ohne zentralörtlichen Rang. Sie schienen bezüglich des „Aufholens" in der Versorgung von Einkaufsmöglichkeiten die Verlierer der jüngeren Entwicklung zu sein. Ganz besonders wurden sie von den Schließungen der Grundschulen getroffen, wodurch sich deren Zu-Fuß-Erreichbarkeit im Vergleich zu 1991/92 deutlich verschlechtert hatte. Die weiterführenden Schulen waren 2001/02 aufgrund des kombinierten Angebots der Haupt- und Realschulen immer noch für einen größeren Anteil Befragter zu Fuß erreichbar als im Westen. Das Angebot der Kinderbetreuung erschien 2001/02 in beiden Teilen Deutschlands gleich, wobei sich auch hier 2001/02 im Osten neue Stadt-Land-Unterschiede herausgebildet hatten. Am Versorgungsgrad der Haushalte mit Bildungseinrichtungen und mit Kinderbetreuungseinrichtungen und dessen Entwicklung wurde sichtbar, wie unterschiedlich 1991/92 in Ost- und Westdeutschland die Voraussetzungen und Realisierung der weiblichen Erwerbstätigkeit war. Außerdem ist zu erkennen, dass sich die Entwicklung der Infrastruktur in den verschiedenen Bereichen (privat vs. öffentlich verantwortet) unterschiedlich gestaltete und in den letzten zehn Jahren neue Stadt-Land-Disparitäten entstanden.

Modifiziert durch die Differenzen in der Nutzung der Verkehrsmittel, die 1991/92 ausgewertet werden konnten, konnte gezeigt werden, aus welchen Bestandteilen sich Gemeindetypen mit „Zeitwohlstand" für Haushalte zusammensetzten, und dass dies nicht unbedingt die Orte waren, in denen die Infrastruktureinrichtungen in einer geringen metrischen Distanz vorhanden waren. Zeitwohlstand boten demnach die kleinen und mittleren Zentren vor allem in den Regionen mit Verdichtungsansätzen und den ländlichen Regionen, in denen entweder viele Einrichtungen auf kurzem Wege zu Fuß oder mit dem Fahrrad erreicht werden konnten oder PKW-Nutzer/innen die Einrichtungen in kurzer Zeit und mit wenigen Verzögerungen durch Stau oder Parkplatzsuche erreichen konnten. Die Vorteile der vielen kurzen Zu-Fuß-Wege, die in den kleinen Gemeinden der ländlichen Regionen im Osten 1991/92 noch zu niedrigen Wegezeiten führten, waren 2001/02 – zumindest für die öffentlichen Einrichtungen – stark geschwunden. Während die engen privaten Netzwerke zu Freunden und Verwandten auf dem Lande immer noch kurze Wege ermöglichten, war der Vorsprung der kleinen Gemeinden was den „Wegezeitwohlstand" insgesamt anging, im Osten zwischen den Jahren 1991/92 und 2001/02 deutlich geschrumpft.

3.1.3 Wegezeiten der Akteure

Nach der Analyse der Wegstrecken und Wegezeiten der Haushalte zu verschiedenen Infrastruktureinrichtungen stehen in diesem Kapitel die individuellen Wegezeiten der Akteure im Vordergrund. Wie in Abb. 3.14 schematisch dargestellt, werden in Kap. 3.1.3.1 alle Wege aller Befragten vorgestellt. In weiteren Analyseschritten wird dann auf ausgewählte Wegearten, d.h. Aktivitätsbereiche, wie z.B. Arbeit, Haushalt, Freizeit usw., eingegangen (Kap. 3.1.3.2), wobei auch hier alle Befragten die Grundgesamtheit bilden.

Abb. 3.14: Auswertungen der individuellen Wegezeiten (schematische Darstellung)

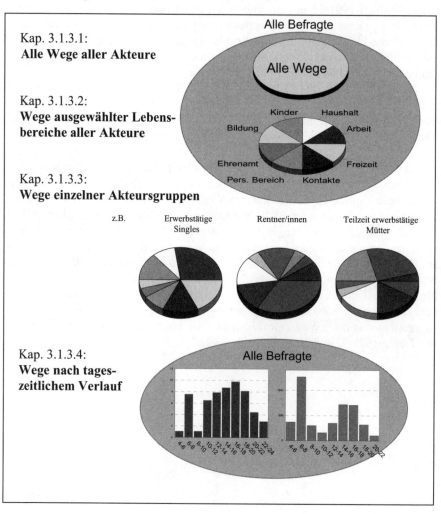

Quelle: eigener Entwurf

In einem dritten Schritt werden einzelne Akteursgruppen (Kap. 3.1.3.3), wie z.B. Teilzeit erwerbstätige Frauen mit Kindern, hinsichtlich ihrer Wegezeiten untersucht und verglichen. Am Ende dieses Kapitels wird eine Analyse ausgewählter Wegezeiten nach ihrem tageszeitlichen Verlauf die Auswertungen der Tagebücher der Zeitbudgetstudien abschließen (Kap. 3.1.3.4).

3.1.3.1 Wegezeiten aller Akteure

Für Wege in ihrem Alltag verwendeten die Befragten[95] im Durchschnitt 1991/92 rd. 106 Minuten (106,2 Minuten West, 105,5 Minuten Ost), während sie zehn Jahre später bereits 136 Minuten (134,7 Minuten West, 142,4 Minuten Ost) benötigten, d.h. mehr als zwei Stunden pro Tag unterwegs waren[96]. In ihrer Differenzierung über die Gemeindetypen hinweg (Unterschiede sind statistisch signifikant) ist zum einen erkennbar, dass grundsätzlich im Verdichtungsraum in beiden Zeitschnitten längere Wege anfielen als in den anderen Regionen, und zum anderen sind innerhalb des Verdichtungsraumes in Ost- und Westdeutschland unterschiedliche Muster festzustellen (vgl. Abb. 3.15).

Abb. 3.15: Abweichung der durchschnittlichen Wegezeit aller Befragten vom jeweiligen Mittelwert (West/Ost) in Minuten 1991/92

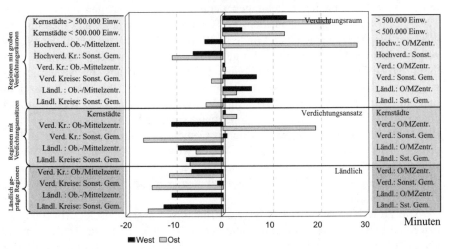

Quelle: Zeitbudgetstudie 1991/92 – eigene Berechnungen

---

95 Sowohl für die Auswertungen der Zeitbudgetstudie 1991/92 als auch 2001/02 wurden nur die Angaben der Personen verwertet, die mindestens 12 Jahre alt waren, um die Vergleichbarkeit zwischen den beiden Datensätzen zu gewährleisten.

96 Die Abweichungen zu Verkehrszählungen entstehen dadurch, dass in dieser Arbeit nur die Wegezeiten der Ausübenden aufsummiert wurden. Berechnet man die Wegezeit über alle Befragte, so verwendeten die Befragten 1991/91 rd. 66 Minuten und 2001/02 rd. 88 Minuten für die Wegezeit.

Während in den alten Ländern 1991/92 sowohl in den Kernstädten als auch in den ländlichen Kreisen im Verdichtungsraum längere Wegezeiten anfielen, so waren die Wegezeiten in den neuen Ländern in den zentralen Gemeinden grundsätzlich deutlich länger als in allen andern Gemeindetypen. Diese Kluft zwischen den Kernstädten (vor allem in großen Verdichtungsräumen) und den Gemeinden in den ländlichen Regionen vergrößerte sich zwischen 1991/92 und 2001/02 weiter. Dabei erhöhte sich die Wegezeit der ostdeutschen Befragten in den großen Kernstädten deutlich im Vergleich zum ostdeutschen Mittelwert, so dass hier mit Abstand die höchsten Wegezeiten erreicht wurden (rd. 50 Minuten mehr als der ostdeutsche Durchschnitt). Die Wegezeiten in den anderen ostdeutschen Gemeindetypen des Verdichtungsraumes gingen gleichzeitig auf den Mittelwert zurück und die der ländlichen Regionen blieben unverändert niedrig im Vergleich zum jeweiligen Durchschnitt, wobei besonders die Ober- und Mittelzentren der ländlichen Kreise in ländlichen Regionen „Orte der kurzen Wege" darstellten.

Diese regionalen Unterschiede zwischen den Gemeindetypen in der mittleren Wegezeit hängen in engem Maße mit den genutzten Verkehrsmitteln zusammen, die in bestimmten Gemeindetypen unterschiedlich stark zum Einsatz kamen, was nachfolgend gezeigt wird. Als Verkehrsmittel dominierte bereits 1991/92 der PKW: für 54% aller Wegezeiten wurde das Auto verwendet, was sich 2001/02 weiter auf 62% der Wegezeit erhöhte. Die Unterschiede der PKW-Nutzung zwischen den neuen und den alten Bundesländern verringerten sich in den zehn Jahren zwischen den beiden Erhebungen deutlich. Während in den alten Ländern 1991/92 56% der Wegezeit mit dem PKW zurückgelegt wurde, galt dies nur für 45% der Wegezeit in den neuen Ländern. 2001/02 hatte sich der Anteil der Wegezeit mit dem PKW im Westen weiter auf 63% und im Osten auf 58% erhöht, wodurch die Differenz zwischen den beiden Teilen Deutschlands spürbar zurückgegangen ist. Umgekehrt wurden im Osten 1991/92 knapp 30% der Wegezeiten unmotorisiert (19% West) und 14% mit dem ÖPNV (knapp 12% West) zurückgelegt[97]. Diese Werte haben sich dahingehend verändert, dass in den neuen Ländern 2001/02 vor allem in den ländlichen Gemeinden aller Regionen wesentlich seltener der ÖPNV genutzt wurde. Im Westen wurde 2001/02 mit 25% der Wegezeit etwas mehr Zeit auf Fußwege und das Fahrradfahren verwendet als früher (31% Ost) und nur rd. 12% der Wegezeit wurde in beiden Regionen mit dem ÖPNV zurückgelegt.

Die PKW-Nutzung nahm in beiden Erhebungen systematisch – vor allem in den alten Ländern – mit abnehmendem zentralörtlichen Rang zu. In den ländlichen Kreisen – in den alten wie in den neuen Ländern – stellte mit über 60% der Wegezeit der PKW das dominante Verkehrsmittel dar. Bemerkenswert sind auch die Unterschiede im ländlichen Raum zwischen den Gemeinden mit zentralörtlichem Rang und den im gleichen Kreistyp befindlichen Gemeinden ohne zentralörtlichen Rang (vgl. Abb. 3.16). In den neuen Ländern stieg 2001/02 die PKW-

---

[97] Da in dem Datensatz 1991/92 – im Gegensatz zu 2001/02 – die Verkehrsmittel nicht trennscharf kodiert wurden (es gab z.B. Wege, die mit den ÖPNV und zu Fuß zurückgelegt wurden), sind die Zahlen nicht genau miteinander vergleichbar.

Nutzung vor allem in den kleinen und peripheren Gemeinden und dort sogar über die Anteile im Westen.

Abb. 3.16: *Anteil der Wegezeit, der von allen Befragten mit dem PKW zurückgelegt wurde, in % 1991/92*

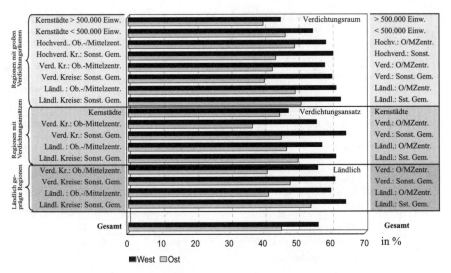

Quelle: Zeitbudgetstudie 1991/92 – eigene Berechnungen

In diesen Gemeinden bestand bereits 1991/92 ein relativ hoher Motorisierungsgrad (vgl. Kap. 3.1.1.3), der 2001/02 weiter anstieg. In den jeweiligen Ober- und Mittelzentren dagegen konnten 1991/92 offensichtlich noch viele Gelegenheiten zu Fuß oder mit dem Fahrrad erreicht werden, so dass hier der PKW weniger oft zum Einsatz kam[98].

Betrachtet man die Anteile der unmotorisierten Wege an der gesamten Wegezeit (vgl. Abb. 3.17) über die Gemeindetypen hinweg, so zeigt sich im Wesentlichen eine Umkehrung des oben genannten Musters. Es werden hier die höheren Anteile der unmotorisiert zurückgelegten Wege in den Mittel- und Oberzentren sichtbar. Bemerkenswert sind die deutlich höheren Anteile der unmotorisierten Wege in den neuen Ländern in allen Gemeindetypen, die im Erhebungsjahr 1991/92 vor allem durch Wege von Frauen und Schulkindern entstanden. 2001/02 nahm in den alten Ländern der Anteil der Wegezeit, die unmotorisiert zurückgelegt wurde, leicht zu, was vor allem für die zentralen Orte in weniger verdichteten

---

[98] An dieser Stelle wird deutlich, wie wichtig eine regionale Differenzierung (mindestens) auf der Ebene der Gemeinden für regionale Auswertungen ist. Wenn diese Daten nur auf Kreisebene vorgelegen hätten (wie dies z.B. für die Regionalisierung des Mikrozensus vorgesehen ist), dann wären diese Disparitäten völlig verwischt worden. Die Ergebnisse entsprechen den Auswertungen von MOTZKUS, der für 1993 ebenfalls nach BBR-Gemeindetypen in den „Sonstigen Gemeinden" die höchsten und in den Kernstädten die niedrigsten PKW-Fahrleistungen identifizierte (MOTZKUS 2001a, S. 64f).

Regionen galt, so dass sich hier die West-Ost-Unterschiede vor allem durch einen Anstieg der Radfahrer/innen in den alten Ländern etwas verringerten.

Abb. 3.17: *Anteil der Wegezeit, der von allen Befragten unmotorisiert zurückgelegt wurde, in % 1991/92*

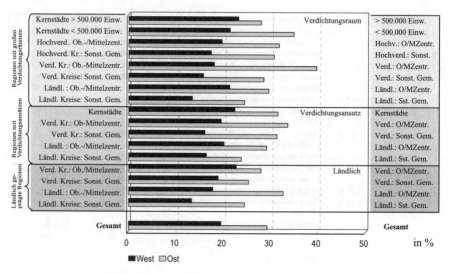

Quelle: Zeitbudgetstudie 1991/92 – eigene Berechnungen

Eine regional noch markantere Verteilung zeigen die Anteile der Wegezeiten, die mit dem ÖPNV zurückgelegt wurden (vgl. Abb. 3.18). Hier waren 1991/92 im Westen nur in den Kernstädten ernst zunehmende Anteile von über 20% der Wegezeit zu erkennen, wohingegen im Osten 1991/92 20% bis knapp 30% der Wegezeit in den Kernstädten mit Bussen und Bahnen zurückgelegt wurde. Diese Anteile der ÖPNV-Nutzung in den großen Kernstädten blieben im Osten (d.h. in Ost-Berlin) 2001/02 bei 28% der Wegezeit, und auch im Westen lagen die Anteile noch bei rd. 20% der Wegezeit in den Kernstädten. Dass dies ganz bestimmte Wegearten waren (Arbeit, Bildung), die mit dem ÖPNV bewältigt wurden und ganz bestimmte Teilpopulationen (Frauen, ältere Personen), die den ÖPNV häufiger nutzten, wird in den nachfolgenden Auswertungen noch weiter vertieft. In den neuen Ländern wurde darüber hinaus nicht nur in den Zentren, sondern auch in den ländlichen Regionen 1991/92 z.T. noch mehr als 15% der Wegezeit mit dem ÖPNV zurückgelegt. Die größere Nähe zu den Bahnhöfen der DB AG, die in Kap. 3.1.1.3 bereits festgestellt wurde, trug sicher auch zu der höheren Nutzung des ÖPNVs bei. Diese relativ häufige Nutzung des ÖPNVs in den ländlichen Regionen der neuen Länder war jedoch 2001/02 nicht mehr festzustellen. Die Werte sanken von ehemals 15-20% in den ländlichen Regionen auf 5-10%, so dass 2001/02 in den alten Ländern sogar höhere Anteile erzielt wurden. Dieser „Einbruch" der ÖPNV-Nutzung in den ländlichen Regionen spiegelt zum einen die rasch voranschreitende Motorisierung in diesen Regionen, zum anderen aber auch den „Rückzug der Bahn aus der Fläche" und die reduzierten Fahrpläne der DB AG sowie die z.T. deutlichen Fahrpreiserhöhungen in den neuen Ländern wider (vgl. auch DEITERS 2000 und 2001).

Abb. 3.18: Anteil der Wegezeit, der von allen Befragten mit dem ÖPNV zurückgelegt wurde, in % 1991/92

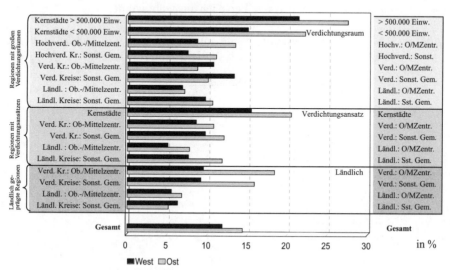

Quelle: Zeitbudgetstudie 1991/92 – eigene Berechnungen

Für eine Bewertung des Wegeaufkommens insgesamt ist jedoch nicht nur von Bedeutung, wie viel Zeit Wege in Anspruch nahmen und welche Verkehrsmittel genutzt wurden, sondern auch, wie viele Personen diese Wege tatsächlich ausübten. Um diese beiden Indikatoren miteinander in Bezug zu setzen, wurde in Abb. 3.19 auf der x-Achse die Wegezeit für den jeweiligen Wegezweck in Minuten und auf der y-Achse der Anteil der Personen, die einen solchen Weg an mindestens einem der beiden Befragungstage überhaupt zurückgelegt hatten, in % abgetragen. Im linken unteren Feld der Graphik finden sich demzufolge selten ausgeübte und kurze Wege, im rechten oberen Feld der Graphik lange Wege, die zudem von einem großen Anteil Befragter zurückgelegt wurden. Somit sind letztgenannte Wege in ihrer Bedeutung für das Wege- bzw. Verkehrsaufkommen insgesamt als einflussreicher zu bewerten als Wege, die sich eher im unteren bzw. linken Bereich befinden. Um die Situation 1991/92 und 2001/02 unmittelbar vergleichen zu können, wurden die entsprechenden Werte nebeneinandergestellt und mit einer Linie verbunden.

Dabei wird deutlich, dass in beiden Erhebungen die Wege für Haushalt, Arbeit, Freizeit und Kontakte die Wege darstellen, die am meisten zum Verkehrsaufkommen von Personen beitrugen. Während die Haushaltswege vor allem dadurch auffallen, dass sie von einem sehr hohen (zunehmenden[99]) Anteil von Personen ausgeübt wurden, waren die Wege für Arbeit, Freizeit und Bildung besonders zeitintensiv. Allerdings wurden die Wege für Bildung nur von einem sehr geringen Anteil an Personen im Alltag zurückgelegt. Mit großem Abstand folgen zu den o.g. vier Wegearten die Wege für den persönlichen Bereich, zur Begleitung von Kindern und Jugendlichen oder für das Ehrenamt, das die Aktivität darstellte, die von den wenigsten Personen ausgeübt wurde.

Abb. 3.19: Anteil derjenigen, die Wege ausführten, und die durchschnittliche Wegedauer nach Wegezweck 1991/92 (kursiv) und 2001/02 (fett)

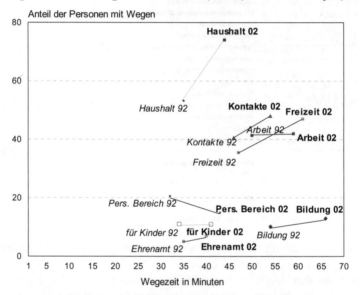

Quelle: Zeitbudgetstudien 1991/92 und 2001/02 – eigene Berechnungen

Im Vergleich zwischen den beiden Untersuchungszeitpunkten 1991/92 und 2001/02 wurde deutlich, dass sich die Wegezeit insgesamt erhöhte[100], was sich

---

99 Hier muss allerdings auch berücksichtigt werden, dass 1991/92 an zwei und 2001/02 an drei Tagen erhoben wurde, so dass sich die Wahrscheinlichkeit 2001/02 erhöhte, eine Aktivität (z.B. einen Weg für Freizeit) zu erfassen und sich somit der Anteil der Ausübenden vermutlich auch durch die größere Zahl der Erhebungstage erhöht hat.

100 In der Literatur (HUPKES 1982, JANELLE/ GOODCHILD/ KLINKENBERG 1988, JANELLE 1995) wird immer wieder auf ein sogenanntes „Law of Constant Travel Time" verwiesen, das besagt, dass trotz steigender Motorisierung der Haushalte, wachsender Verkehrsleistung, höherer Geschwindigkeiten usw. die Anzahl der zurückgelegten Wege und die dafür verwandte Zeit über längere Zeiträume (z.B. zwischen 1962 und 1972) gleich bliebe. HUPKES (1982) schlug als Erklärung einen Ansatz der Nutzenoptimierung (utility-optimizing) vor, nach dem bei einer bestimmten Zeitspanne, die für Fahrten aufgewandt werde, das Optimum erreicht sei und darüber hinaus gehende Fahrten vermieden würden. Dieses „Gesetz der konstanten We-

ebenfalls an den verlängerten Wegezeiten der einzelnen Wegezwecke erkennen lässt. Eine größere Beteiligung an Wegen für den Haushalt, für die Freizeit und für Kontakte/ Geselligkeit ist ebenfalls zu erkennen, wobei die Haushaltswege 2001/02 durch die veränderte Kodierung auch etwas mehr Aktivitäten enthalten als die Wege 1991/92, was u.a. die stark erhöhte Beteiligung erklären könnte. Inwieweit es zu Erhöhungen der Wegezeit durch die Vergrößerung des kleinsten Zeitintervalls von fünf auf zehn Minuten kam, kann an dieser Stelle leider nicht geklärt werden. Die Anteile der verwendeten Verkehrsmittel veränderten sich dahingehend, dass insgesamt der Anteil der PKW-Nutzung anstieg (vor allem in den neuen Ländern) und sich gleichzeitig die Unterschiede zwischen den Gemeindetypen in den neuen Ländern weiter vergrößerten. Während in Ost-Berlin die Nutzung des ÖPNVs weiter zunahm, ging sie in den ländlichen Regionen im Osten aus o.g. Gründen dramatisch zurück.

Im folgenden Kapitel werden ausgewählte Wegearten nun noch differenzierter hinsichtlich der Merkmale des Kontexts, wie z.B. der zentralörtlichen Lage der Wohnorts, und der Merkmale der Akteure, wie z.B. Alter oder Geschlecht ausgewertet.

3.1.3.2 Wegezeiten der Akteure in den einzelnen Lebensbereichen

Im Rahmen dieser Analysen werden vor allem die in den Arbeitshypothesen formulierten Annahmen bezüglich der vermuteten Unterschiede in den Wegezeiten zwischen West- und Ostdeutschland, zwischen verschiedenen Familienformen, zwischen Männern und Frauen usw. sowie die zwischen den Wohnorttypen geprüft[101]. Das Auswertungsschema in Tab. 3.8 und Tab. 3.9 gibt einen Überblick darüber, welche Aspekte der Wegezeiten ausgewertet wurden und dient als Rahmen für die folgenden Analysen. Die Trennung in Kontext- und Akteursebene, die bei der Formulierung der Arbeitshypothesen vorgenommen worden war, spiegelt sich hier auf der Analyseebene in Form der beiden Tabellen 3.10 und 3.8 wider.

---

gezeit" kann mit den vorliegenden Auswertungen nicht bestätigt werden (vgl. ELLEGÅRD/ VILHELMSON 2004, S. 289f.)

101 Es wurden pro Person über die Befragungstage, an denen bestimmte Wegezeiten angegeben wurden, Mittelwerte gebildet. War nur ein Tag mit Angaben zu diesen Wegezeiten verfügbar, so wurde nur dieser Tag gewertet. Tage ohne Wegezeit blieben bei der Mittelwertsbildung unberücksichtigt, da sie ansonsten die an dem anderen Tag angegebene Wegezeit reduzieren würden. Wenn jedoch an einem Tag gar kein Weg zu diesem Zweck ausgeführt wurde, dann sollte dies m.E. auf die Wegezeit des anderen Tages keinen Einfluss haben. Daher ergeben sich Unterschiede zu den Auswertungen des Statistischen Bundesamtes, in denen Tage ohne Wege (mit Zeit=0) dann in die Auswertung eingingen, wenn am anderen Tag ein Weg erfolgte, so dass damit die Mittelwerte der Wegezeiten des Statistischen Bundesamtes z.T. deutlich niedriger sind als diejenigen in den hier vorgestellten Auswertungen.

Tab. 3.8: Auswertungsschema für die unterschiedlichen Wegezeiten – Eigenschaften des Kontexts

Wegezeit für...	West/Ost	Zentralität/ Lage	Verkehrsanbindung	Haustyp	Flächennutzung	Schulendichte
Erwerbstätigkeit	X	X	X			
Haushalt	X	X	X	X		
Wege für Kinder	X	X	X		X	
Bildung/ Qualifikation	X	X	X			X
Ehrenamt	X	X				
Pers. Bereich/ Kontakte	X	X	X			
Freizeit	X	X	X		X	

Quelle: eigene Zusammenstellung

Auf einer dritten Ebene und damit „quer" zu diesem Auswertungsschema liegt das jeweils benutzte Verkehrsmittel, das maßgeblichen Einfluss auf die Wegezeit besitzt. Dies wird ebenfalls in die Analyse mit einbezogen.

Tab. 3.9: Auswertungsschema für die unterschiedlichen Wegezeiten – Eigenschaften der Akteure

Wegezeit für...	Alter	Geschlecht	Schulabschluss	Erwerbstätigkeit	Wirtschaftssektor	Haushaltsform	Kinder i. Haushalt	PKW-Verfügbarkeit	Gartenbesitz
Erwerbstätigkeit		X	X	X	X			X	
Haushalt	X	X		X		X	X	X	
Wege für Kinder	X (der Kinder)	X		X			X	X	X
Bildung/ Qualifik.	X	X	X (der Eltern)						
Ehrenamt	X	X	X	X		X	X		
Pers. Ber./ Kontakte	X	X		X		X	X	X	X
Freizeit	X	X	X	X		X	X	X	X

Quelle: eigene Zusammenstellung

Da sich die verschiedenen Haushalts-/Familientypen, der Umfang der Erwerbstätigkeit, die PKW-Verfügbarkeit und vor allem die Nutzung der einzelnen Verkehrsmittel sowie andere Merkmale nicht über Ost- und Westdeutschland und über die Gemeindetypen gleichmäßig verteilen, werden diese beiden Kontextmerkmale immer wieder mit den Akteursmerkmalen in Bezug gesetzt. Die Unterschiede nicht nur hinsichtlich der Eigenschaften des Kontexts, die sich zwischen den alten und den neuen Ländern aufgrund der bis 1989 verschiedenen politischen und gesellschaftliche Systeme ergeben, sondern auch bezüglich der Eigenschaften der Akteure (z.B. Frauenerwerbstätigkeit, Motorisierung), sind beträchtlich. Aus diesem Grund wird der Differenzierung nach diesem Merkmal relativ viel Platz eingeräumt. Zur Vervollständigung der Analyse wäre es sehr interessant gewesen, wenn man die Zielorte der Wege hätte auswerten können, doch leider wurden diese nicht in den Zeitbudgetstudien erhoben. Außerdem wären Auswertungen und Darstellungen auf Gemeindeebene ebenfalls wünschenswert gewesen, dies war aus Datenschutzgründen nicht möglich. Die vergleichbaren Verkehrserhebungen hätten allerdings umgekehrt keine Analysen nach Wohnortgemeinden (auch nicht als Typisierung) erlaubt, so dass die vorliegenden Zeitbudgetdaten zwar nicht die optimale Datenlage boten, dennoch die beste verfügbare Grundlage für die Fragestellung darstellten.

Die Auswahl der Kontextmerkmale leitet sich aus der Operationalisierung ab, die in Kap. 1 bereits vorgestellt wurde. Die Akteursmerkmale sind Merkmale, die im Wesentlichen die Familienphasen/ Lebenszyklusphasen abbilden. Da aus zahlreichen Studien bekannt ist, dass die größten Unterschiede in der individuellen Zeitverwendung zwischen diesen Lebensphasen – variiert durch den Umfang der Erwerbstätigkeit – bestehen (z.B. JANELLE/ GOODCHILD 1983, BLANKE/ EHLING/ SCHWARZ 1996), wurden diese Variablen ausgewählt.

3.1.3.2.1 Wegezeiten für Erwerbstätigkeit

Im Tagesablauf von Erwerbstätigen zählen die Wege zur Arbeit zu den wichtigsten Wegen im Alltag, da sie die regelmäßig zurückgelegt werden müssen. Umfang und Lage der Arbeitszeit und die Arbeitswege entscheiden in wesentlichem Maße über die Gestaltung des Alltags und den Umfang der verbleibenden freien Zeit. Zudem entziehen sie sich in großen Teilen der individuellen Gestaltung und zählen somit zu den nicht disponiblen festen Einheiten des Alltags[102]. Durch ihre Dauer, das benutzte Verkehrsmittel und ihre Wegführung werden zudem die Möglichkeiten, auf dem Weg andere Dinge zu erledigen, bestimmt. So wird eine Person, die mit öffentlichen Verkehrsmitteln den Arbeitsweg bestreitet, weniger leicht ein Kind abholen oder den Lebensmitteleinkauf erledigen können, als wenn sie mit dem PKW unterwegs ist. Somit stellen die Erwerbsarbeit an sich und ihre Wegezeiten im Besonderen ein stark strukturierendes Merkmal im alltäglichen

---

102 HARVEY (1998) nannte diese Aktivitäten die „pegs" (Pflöcke), die sowohl zeitlich als auch räumlich fixiert sind, und „um die herum" der Rest der disponiblen Zeit arrangiert werde.

3. Wie gestaltet sich Zeitverwendung für Mobilität im Alltag?

Aktionsraum von Erwerbstätigen dar. Für die Wegezeiten zur Erwerbstätigkeit war es möglich, zwei unterschiedliche Angaben auszuwerten und miteinander zu vergleichen. Es wurde in beiden Zeitbudgetstudien zum einen im allgemeinen Personenfragebogen danach gefragt, wie lange der Arbeitsweg (Hin- und Rückweg in Minuten) grundsätzlich sei. In den Tagebüchern dagegen wurde die dort von den Befragten angegebene Zeit für den jeweils erfassten Tag ausgewertet. Im Folgenden konzentrieren sich die Auswertungen auf die Arbeitswege, die in den Tagebüchern der jeweiligen Personen angegeben wurden. Die allgemeinen Angaben werden den Tagebuch-Angaben dort gegenübergestellt, wo sie von ihnen abweichen. Insgesamt benötigten die Erwerbstätigen nach ihren Tagebuch-Angaben 1991/92 rund 50 Minuten und 2001/02 rund 59 Minuten für ihren Arbeitsweg, d.h. der Zeitaufwand für die Arbeitswege stieg in den zehn Jahren um rd. 18% an.

Tab. 3.10: Anteil der Personen, die an einem der Befragungstage Wege für Arbeit zurücklegten, in % nach Geschlecht in West- und Ostdeutschland 1991/92 und 2001/02

	1991/92			2001/02		
	Männer	Frauen	alle	Männer	Frauen	alle
West	51,2	29,0	39,5	51,0	32,8	41,6
Ost	60,2	39,2	48,4	45,0	37,0	40,8
Mittelwert (in %)	*52,8*	*31,2*	*42,0*	*49,9*	*33,6*	*41,5*

Quelle: Zeitbudgetstudien 1991/92 und 2001/02 – eigene Berechnungen

Der Anteil aller Personen, die an mindestens einem der Befragungstage Wege für die Erwerbstätigkeit zurücklegten, blieb zwar zwischen den beiden Beobachtungszeitpunkten mit insgesamt rd. 42% fast gleich, unterlag jedoch vor allem bei den Männern in den neuen Ländern deutlichen Veränderungen. Ihr Beteiligungsgrad ging geradezu dramatisch von 60% (1991/92) auf 45% 2001/02 zurück. Ebenfalls leicht rückläufig war der Anteil der Frauen mit Wegen für Arbeit in den neuen Ländern, wohingegen er in den alten Ländern zwischen 1991/92 und 2001/02 leicht angestiegen war, was zu einer Angleichung der Situation der Frauen in Ost und West führte. Der Rückgang der Anteile der ostdeutschen Männer mit Arbeitswegen betraf vor allem ältere Männer, die entweder in die Arbeitslosigkeit oder die Frührente gegangen waren[103].

Die Regel, dass eine Teilzeit Erwerbstätigkeit sich aufgrund der kürzeren Arbeitszeit in größerer Nähe zum Wohnort befinden müsse, um noch rentabel zu sein, wird durch die kürzeren Arbeitswege fast aller Teilzeit Erwerbstätigen im Vergleich zu den Vollzeit Erwerbstätigen in der Realität der Tagebücher bestätigt.

---

103 Da in der Zeitbudgetstudie 1991/92 weniger Wochenendtage und Feiertage erfasst wurden als in der Zeitbudgetstudie 2001/02, könnte sich auch dadurch ein methodischer Einfluss auf die Beteiligungsgrade ergeben, der allerdings m.E. als gering einzuschätzen ist.

Während Vollzeit Erwerbstätige 1991/92 rd. 52 Minuten und 2001/02 rd. 62 Minuten Zeit für ihren alltäglichen Arbeitsweg aufwandten, waren Teilzeit Erwerbstätige 1991/92 nur rd. 38 Minuten und 2001/02 rd. 46 Minuten unterwegs. Deutlich wird hier auch, dass sich für beide Gruppen der Zeitaufwand für Arbeitswege verlängert hat. Männer waren im Durchschnitt zu beiden Zeitschnitten rd. sieben Minuten länger für ihren Weg zur Arbeit unterwegs als Frauen, was sich im Wesentlichen auf die höhere Teilzeitquote der Frauen zurückführen ließ[104].

Tab. 3.11: Zeitaufwand für den Arbeitsweg nach Umfang der Erwerbstätigkeit und Geschlecht 1991/92 und 2001/02

	West			Ost			Gesamt		
1991/92	Voll-zeit	Teil-zeit	alle	Voll-zeit	Teil-zeit	alle	Voll-zeit	Teil-zeit	alle
Männer	54,3	47,1	53,9	48,5	67,7*	49,0	53,0	49,7	52,9
Frauen	49,2	35,1	44,6	51,4	38,4	50,3	49,9	35,5	46,1
Mittelwert (in Minuten)	52,7	36,9	50,3	50,0	44,3	49,9	52,0	37,6	50,2
2001/2002									
Männer	*63,6*	*58,9*	*63,5*	*71,7*	*62,5***	*70,1*	*64,9*	*60,0*	*64,6*
Frauen	*55,5*	*43,2*	*51,2*	*55,0*	*40,1*	*53,3*	*55,4*	*42,9*	*51,7*
Mittelwert (in Minuten)	*61,1*	*45,2*	*58,5*	*64,5*	*47,5*	*62,2*	*61,7*	*45,5*	*59,2*

*n=14, **n=38

Quelle: Zeitbudgetstudien 1991/92 und 2001/02 – eigene Berechnungen

Kombiniert mit dem Merkmal Teilzeit-/Vollzeiterwerbstätigkeit zeigen die Ergebnisse in Tab. 3.11, dass Frauen 1991/92 im Westen – gleichgültig, ob sie Teilzeit- oder Vollzeit erwerbstätig waren – weniger Zeit für ihren Arbeitsweg benötigten als Männer und weniger als Frauen im Osten. Im Erhebungsjahr 1991/92 besaßen in den neuen Ländern die Vollzeit erwerbstätigen Frauen sogar längere Arbeitswege als die Vollzeit erwerbstätigen Männer. Dies lässt sich dadurch erklären, dass dort zu diesem Zeitpunkt nur 27% der Vollzeit erwerbstätigen Frauen mit dem PKW zur Arbeit gelangten, während dies immerhin für 51% der Vollzeit erwerbstätigen Männer galt. Im Vergleich dazu benutzten im Westen 51% der Vollzeit erwerbstätigen Frauen und 64% der Vollzeit erwerbstätigen Männer den PKW für den Weg zur Arbeit. Hier spiegelt sich die geringere Anzahl der PKWs pro Haushalt im Osten in der Form wider, dass offensichtlich dann, wenn nur ein PKW im Haushalt zur Verfügung stand, ihn eher der Mann für seine Fahrt zum Arbeitsplatz benutzte als die Frau, auch wenn sie ebenfalls Vollzeit erwerbstätig war. Sie war dagegen deutlich häufiger auch als Vollzeit Erwerbstätige mit dem ÖPNV unterwegs (33,8% der Vollzeit erwerbstätigen Frauen im Osten gegenüber

---

104 Diese Unterschiede sind nur für Westdeutschland signifikant.

18,8% der Frauen im Westen) als der Vollzeit erwerbstätige Mann (11,2% der Vollzeit erwerbstätigen Männer im Osten gegenüber 11,7% der Männer im Westen). Dieses Muster änderte sich in den darauf folgenden zehn Jahren.

Während sich im Westen für alle Beschäftigten der Zeitaufwand für Arbeitswege gleichermaßen um rd. acht Minuten pro Tag erhöhte, so stieg er für Vollzeit erwerbstätige Männer in den neuen Ländern deutlich von ehemals relativ niedrigen 49 Minuten auf nunmehr 72 Minuten an. Gleichzeitig stieg in dieser Gruppe die PKW-Nutzung von ehemals 51% auf 81% und war damit sogar höher als die der westdeutschen Vollzeit erwerbstätigen Männer 2001/02 mit 75%. Auch die Vollzeit erwerbstätigen ostdeutschen Frauen nutzten 2001/02 deutlich häufiger den PKW für ihren Arbeitsweg, denn dieser Anteil erhöhte sich von ehemals 27% geradezu dramatisch auf 65%. Es wird deutlich, dass die Motorisierung der Haushalte in den 1990er Jahren in den neuen Ländern, wie sie in Kap. 3.1.1.3 auch für die Haushalte bereits dargestellt werden konnte, u.a. ihren Niederschlag in einer verstärkten Nutzung des PKWs für den Arbeitsweg fand. Dieser Prozess war nicht zuletzt mit der voranschreitenden Suburbanisierung verbunden, im Rahmen derer sich Wohn- und Arbeitsorte auch in den neuen Ländern zunehmend voneinander entfernen. Hinzu kamen die schwierigen Arbeitsmarktbedingungen im Osten, die einen Druck erzeugten, unter dem auch lange Arbeitswege in Kauf genommen wurden. So mussten 2001/02 in den neuen Ländern rd. 23% der Erwerbstätigen täglich mehr als 1,5 Stunden Zeit für Arbeitswege aufwenden, während dies nur für 18% der westdeutschen Erwerbstätigen galt.

Die Analyse der Arbeitswege nach den benutzten Verkehrsmitteln (Tab. 3.12) zeigt, dass bereits 1991/92 das Auto mit Abstand das meist genutzte Verkehrsmittel für den Arbeitsweg darstellte und sich die PKW-Nutzung für den Arbeitsweg weiter verstärkte. 67,5% der Arbeitswegezeit (69,6% bei Vollzeit und 62,1% bei Teilzeit Erwerbstätigen) wurde 1991/92 zumindest teilweise mit dem Auto zurückgelegt. Für die Vollzeit Erwerbstätigen stieg dieser Anteil 2001/02 auf 73,4% an, für Teilzeit Erwerbstätige ging er leicht auf 59,8% zurück, was vor allem durch Teilzeit Beschäftige aus den neuen Ländern zu erklären ist, die allerdings immer noch einen relativ geringen Anteil ausmachten (7% der Erwerbstätigen Teilzeit Ost, 11% der Erwerbstätigen Teilzeit West)[105].

Mit der steigenden PKW-Nutzung der ostdeutschen Erwerbstätigen für den Arbeitsweg ging gleichzeitig zwischen 1991/92 die Nutzung des ÖPNVs dramatisch zurück. Während in den neuen Ländern Anfang der 1990er Jahre immerhin noch 22% der Zeit für Arbeitswege mit dem ÖPNV zurückgelegt wurde, so sank dieser Wert auf unter 10% und damit sogar noch unter das ohnehin niedrige Niveau von 12% im Westen. Diese Entwicklung steht ebenfalls in engem Zusammenhang mit der Suburbanisierung, aber auch mit den reduzierten Angeboten der Busse und Bahnen in der Peripherie sowie den erhöhten Fahrpreisen.

---

105 Die Unterschiede zwischen Vollzeit und Teilzeit Erwerbstätigen, Ost- und Westdeutschland sowie zwischen den Gemeindetypen erwiesen sich als statistisch signifikant.

3.1 Zeitbudgetstudien des Statistischen Bundesamtes (1991/92 und 2001/02) 207

Die regionalen Unterschiede im Zeitaufwand für die Arbeitswege zwischen Vollzeit und Teilzeit Erwerbstätigen[106] bestanden 1991/92 darin, dass Teilzeit Erwerbstätige in den Kernstädten eher längere Wege (im Mittel über 42 Minuten) und in den Ober- und Mittelzentren (vor allem in den Regionen mit Verdichtungsansätzen und den ländlichen Regionen) mit knapp 35 Minuten eher kürzere Fahrzeiten zum Arbeitsplatz benötigten. Dies lag vor allem daran, dass Teilzeit Beschäftigte in den Zentren häufiger den ÖPNV benutzten, und ÖPNV-Wege grundsätzlich zu den langen Wegen zählten.

Tab. 3.12: *Anteile der Arbeitswegezeit von Vollzeit- und Teilzeit Erwerbstätigen nach Verkehrsmitteln in % 1991/92 und 2001/02*

	West			Ost			Gesamt		
1991/92[1]	Vollzeit in %	Teilzeit in %	alle in %	Vollzeit in %	Teilzeit in %	alle in %	Vollzeit in %	Teilzeit in %	alle in %
PKW	74.3	63.9	71.3	57.4	42.2	56.1	69.6	62.1	67.5
ÖPNV	13.5	13.3	13.7	21.6	22.6	22.3	15.8	14.1	15.8
unmotorisiert	12.8	24.7	16.1	20.8	39.3	21.8	15.0	26.0	17.5
Mittelwert (in Min.)	**52,7**	**36,9**	**50,3**	**50,0**	**44,3**	**49,9**	**52,0**	**37,6**	**50,2**
2001/02									
PKW	*73,2*	*60,7*	*70,5*	*73,8*	*53,7*	*70,2*	*73,3*	*59,6*	*70,5*
ÖPNV	*11,4*	*12,6*	*11,9*	*9,2*	*9,7*	*9,7*	*11,0*	*12,1*	*11,5*
unmotorisiert	*15,4*	*26,7*	*17,6*	*17,0*	*36,7*	*20,1*	*15,7*	*28,3*	*18,0*
Mittelwert (in Min.)	***61,1***	***45,2***	***58,5***	***64,5***	***47,5***	***62,2***	***61,7***	***45,5***	***59,2***

[1] PKW (auch PKW in Kombination mit anderen), ÖPNV (auch in Kombination mit anderen, außer mit PKW); unmotorisiert (nur zu Fuß und/oder Fahrrad)
Quelle: Zeitbudgetstudien 1991/92 und 2001/02 – eigene Berechnungen

In der Erhebung von 1991/92 verlängerten sich die Arbeitswege für Vollzeit Erwerbstätige in Westdeutschland mit abnehmendem zentralörtlichem Rang der Wohngemeinde – ein Muster, das sich 2001/02 umkehrte. Grundsätzlich gelangten alle Beschäftigte der ländlichen Regionen wesentlich häufiger mit dem PKW zum weiter entfernten Arbeitsplatz, was in der Regel in den ländlichen und peripheren Regionen gleichzeitig weniger zeitintensiv war. Der Gemeindetyp mit dem kürzesten Arbeitsweg für Vollzeit Erwerbstätige war im Westen die Gemeinde ohne höhere zentralörtliche Funktionen in der ländlichen Region. In diesen Gemeinden waren zwar die Arbeitswege in metrischer Distanz länger[107], der Zeitauf-

---

106 Diese Analyse war nur für die westdeutschen Befragten sinnvoll, da es im Osten zu wenige Teilzeit Erwerbstätige gab.
107 Durch die Abfrage dieser Wegstrecken im Personenfragebogen waren ausnahmsweise Vergleiche zwischen metrischer Distanz und Wegezeit möglich.

wand war jedoch dadurch kürzer, dass in den ländlichen Regionen weniger Zeit für Staus und Parkplatzsuche aufgewendet werden musste als in den Agglomerationen. Damit wird deutlich, dass die räumliche und die zeitliche „Länge" von Wegen nicht unbedingt kongruent sein muss.

Abb. 3.20: Abweichung der Arbeitsweges der erwerbstätigen Befragten nach Gemeindetypen vom west-/ostdeutschen Mittelwert (in Minuten/ Hin- und Rückweg) 1991/92

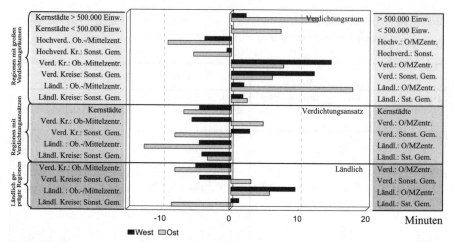

Quelle: Zeitbudgetstudie 1991/92 – eigene Berechnungen

Bei der detaillierten Auswertung der Arbeitswege (vgl. Abb. 3.20) wird zum einen sichtbar, dass 1991/92 insgesamt in den großen Verdichtungsregionen längere Arbeitswege anfielen (dort vor allem in den peripheren Kreisen). Zum anderen legten die kürzesten Arbeitswege von ca. 40 Minuten Erwerbstätige in den Kernstädten der Regionen mit Verdichtungsansätzen und in den Zentren im ländlichen Raum zurück. In diesen Gemeindetypen erreichten vor allem die Arbeitswege im Osten deutlich geringere Wegezeiten als im Westen[108]. Der Mehraufwand in den „zeitintensiven" peripheren Gemeinden im Verdichtungsraum betrug immerhin rd. 14-17 Minuten im Vergleich zum jeweiligen Mittel. In diesen Regionen nahmen vor allem in den neuen Ländern 2001/02 die Wegezeiten ab, was sicherlich mit der zunehmenden Motorisierung zusammenhing. In den „zeitsparsamen" Regionen hinsichtlich des Arbeitsweges, nämlich den Regionen mit Verdichtungsansätzen bzw. dem ländlichen Raum blieben die Arbeitswege unverändert z.T. bis zu 10 Minuten unter dem Mittel. Die hohe Ansammlung von Arbeitsplätzen in den Agglomerationsräumen war offensichtlich mit so vielen Zeitrestriktionen beim Erreichen dieser Arbeitsplätze verbunden (z.B. weit entfernte Wohnorte/ Suburbanisierung, Staus usw.), dass sich der Zeitaufwand für den Arbeitsweg erhöhte. Auffallend ist, dass die Abweichungen für die Mehrzahl der

---

108 Die Unterschiede waren statistisch signifikant auf dem Signifikanzniveau von $p<0.01$.

Gemeindetypen jeweils in Ost und West in die gleiche Richtung gingen, d.h. dieses regionale Muster nur selten Unterschiede zwischen Ost und West aufwies. Weitere Erklärungen für die regionalen Unterschiede des Arbeitsweges finden sich bei der Analyse der benutzten Verkehrsmittel.

Ein Vergleich der hier analysierten Tagebuchangaben mit den allgemeinen Angaben über die Länge des Arbeitsweges in den Personenfragebögen ergab 1991/92 eine Korrelation von r^2=0.68, 2001/02 von r^2=0.59. In einer Kreuztabelle, in der die Werte in klassifizierter Form[109] einander gegenüber gestellt wurden, lag der Mittelwert für die Diagonale 1991/92 bei 38,3%, 2001/02 sogar nur bei 28,8%. D.h., dass nur knapp 40% bzw. 30% der Befragten an den Erhebungstagen tatsächlich die Wegezeit für Arbeit aufwandten, die sie in der allgemeinen Frage nach der Dauer des Arbeitsweges angegeben hatten. Nimmt man die Anteile hinzu, die jeweils in die nächsthöhere oder nächstniedrigere Klasse fallen, so entsprachen immerhin 76,2% bzw. 66,1% der Antworten aus den Tagebüchern den allgemeinen Angaben. Bezeichnend für die Fehleinschätzungen war, dass diejenigen, die angaben, sie seien weniger als eine halbe Stunde unterwegs, zu mehr als 40% in ihren Tagebüchern länger für diesen Weg benötigten, ihren relativ kurzen Weg also im Vergleich zum Alltag in der allgemeinen Angabe unterschätzten. Dagegen befanden sich unter denen, die angaben, mehr als eine Stunde Arbeitsweg zu haben, mehr als 40%, die tatsächlich weniger lang unterwegs waren und damit in den allgemeinen Angaben eher dazu neigten, ihren relativ langen Arbeitsweg zu überschätzen. Dies stimmt mit Erkenntnissen aus der „Behavioral Geography" (GOLLEDGE/ STIMSON 1987) überein, die herausfanden, dass kurze metrische Distanzen eher über-, lange Distanzen dagegen eher unterschätzt würden.

Wie bereits angedeutet, waren die Unterschiede in der Nutzung des PKWs zwischen Ost- und Westdeutschland 1991/92 noch beträchtlich (74% West, 57% Ost), doch auch zwischen den Gemeindetypen zeigten sich deutliche Differenzen[110]. Im Westen waren die Anteile der Wegezeit mit dem PKW für den Arbeitsweg höher, je ländlicher der Kreis und je niedriger der Rang der Wohngemeinde in der Hierarchie der Siedlungen war. Der geringste Anteil an PKW-Nutzung fand sich im Westen in den Kernstädten, im Osten war 1991/92 dagegen noch kein solch klares Muster erkennbar (vgl. Abb. 3.21). Dies ist mit großer Wahrscheinlichkeit u.a. auf die 1991/92 noch unterschiedlichen Siedlungsstrukturen zurückzuführen. Während in den alten Ländern die Suburbanisierung zusammen mit einer hohen Motorisierung zu Siedlungsstrukturen geführt hatte, die die Nutzung eines PKWs nahezu unvermeidbar machten, konzentrierte sich der Wohnungsbau

---

109 Die Klassen sind: 0-<10, 10-<20, 20-<30, 30-<40, 40-<60, 60-<90, 90-<120, 120-<150, 150-<210, >210 Minuten.
110 Die Werte von PKW-, ÖPNV- und Zu-Fuß-Mobilen addierten sich nicht auf 100%, da zum einen Verkehrsmittel, wie das Motorrad, fehlten, und zum anderen dann, wenn mehrere Wege mit verschiedenen Verkehrsmitteln zurückgelegt wurden, diese in allen genannten Kategorien gezählt wurden.

in den neuen Ländern bis zur Wende auf die Stadtränder der großen und mittleren Städte.

Abb. 3.21 : Anteile der Wegezeit für Arbeitswege an den Befragungstagen mit dem PKW in % (auch in Kombination mit Fahrrad, Öffentlichen Verkehrsmitteln und Fußweg) 1991/92

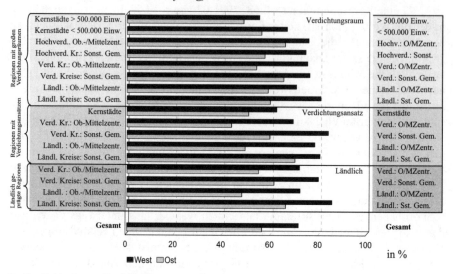

Quelle: Zeitbudgetstudie 1991/92 – eigene Berechnungen

Der Wandel in der Siedlungsentwicklung und dem Motorisierungsgrad lässt sich nicht nur in der Zunahme der Arbeitswegezeit mit dem PKW erkennen (vgl. Abb. 3.22), sondern auch in ihrer regionalen Verteilung. Der Anteil der Wegezeit, die zur Arbeit mit dem PKW zurückgelegt wurde, stieg insgesamt in den neuen Ländern um 15%-Punkte von 56% auf 71%, wobei diese Zunahmen ausschließlich außerhalb der Kernstädte und bevorzugt in den ländlichen Kreisen stattfanden. In den alten Ländern ging dagegen die PKW-Nutzung für den Arbeitsweg sogar leicht zurück. Somit wird deutlich, dass die Suburbanisierung in den neuen Ländern in engem Zusammenhang mit der zunehmenden Nutzung des PKWs für Arbeitswege gesehen werden muss.

Im ersten Erhebungszeitraum 1991/92 nutzten die ostdeutschen Erwerbstätigen insgesamt für rd. 20% der Arbeitswegezeit den ÖPNV (16% West) (vgl. Abb. 3.23) und waren zu weiteren 20% (16% West) unmotorisiert zum Arbeitsplatz unterwegs. Die Differenzierung der ÖPNV- Nutzung nach Gemeindetypen zeigt, dass die geringen Anteile Auto fahrender Erwerbstätiger in den Kernstädten in erster Linie darauf zurückzuführen waren, dass dort der ÖPNV eine ernst zunehmende Alternative darzustellen schien.

Abb. 3.22 : Veränderung der %-Anteile der Wegezeit, für die an den Befragungstagen den PKW für den Arbeitsweg genutzt wurde, von 1991/92 bis 2001/02

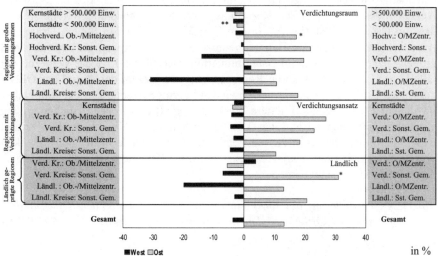

* n=<50
Quelle: Zeitbudgetstudien 1991/92 und 2001/02 – eigene Berechnungen

Abb. 3.23: Anteile der Wegezeit, in der mit öffentlichen Verkehrsmittel für den Arbeitsweg genutzt wurden in % (auch in Kombination mit Fahrrad und Fußweg – nicht in Kombination mit PKW) 1991/92

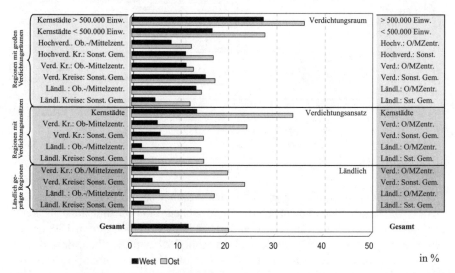

Quelle: Zeitbudgetstudie 1991/92 – eigene Berechnungen

212 3. Wie gestaltet sich Zeitverwendung für Mobilität im Alltag?

Ob es das rundum bessere Angebot, angefangen von der Haltestellendichte, der Erreichbarkeit der Arbeitsstätten, der Taktfrequenz oder der Preisstruktur war, oder ob es die vielen Hindernisse für den PKW-Verkehr, wie Stau oder Parkplatzmangel waren, die den ÖPNV attraktiv machten – es ist sichtbar, dass die Angebote des ÖPNVs in den Kernstädten von den Erwerbstätigen genutzt wurden. Im Osten wurden 1991/92 in den Kernstädten immerhin für ein Drittel der Arbeitswegezeit Busse und Bahnen genutzt. Selbst in den weniger zentralen und großen Gemeinden wurde im Osten immerhin noch für 11-15% der Wegezeit der ÖPNV genutzt. In den anderen Regionen ging im Westen der Anteil der ÖPNV nutzenden Erwerbstätigen auf verschwindend geringe Anteile zurück, während er im Osten 1991/92 noch auf höhere Werte anstieg als dies in den östlichen großen Verdichtungsräumen der Fall war. Die Versorgung im ÖPNV schien 1991/92 dort wesentlich besser gewesen zu sein, denn die Unterschiede in der Verfügbarkeit von PKWs im Haushalt waren zwischen West und Ost nicht so groß, als dass sie dies allein erklären hätten können.

Abb. 3.24: *Veränderung der %-Anteile der Wegezeit, in der an den Befragungstagen den ÖPNV für den Arbeitsweg genutzt wurde, von 1991/92 bis 2001/02*

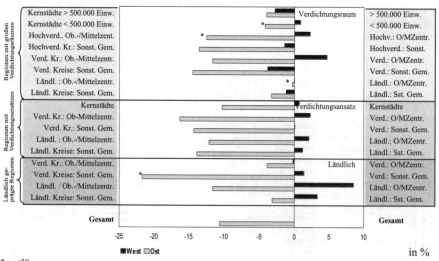

* n=<50
Quelle: Zeitbudgetstudien 1991/92 und 2001/02 – eigene Berechnungen

Der relativ hohe Anteil an Fahrzeit für den Arbeitsweg mit dem ÖPNV in Ost-Berlin war jedoch der einzige Wert, der zwischen 1991/92 und 2001/02 kaum Veränderungen unterlag. Ansonsten änderte sich die Situation in den 1990er Jahren in den neuen Ländern grundlegend. In Abb. 3.24 wird deutlich, dass die zunehmende Nutzung des PKWs in allen Regionen vor allem auf Kosten des ÖPNVs ging, dessen Anteil um bis zu 15 Prozentpunkte von ehemals über 20% sogar im ländlichen Raum auf 5-8% absank.

Für die unmotorisierte Fahrt zum Arbeitsplatz unterschieden sich die Gemeindetypen in beiden Erhebungen dahingehend, dass die Anteile der Arbeitswege, die zu Fuß zurückgelegt wurden, in den Kernstädten der Region mit Verdichtungsansätzen und in den Zentren der ländlichen Regionen mit Abstand am höchsten waren. Hier stellte offensichtlich der zu Fuß- oder Fahrrad-Weg eine wesentlich häufigere Alternative zum Auto dar als der ÖPNV. Immerhin mehr als ein Fünftel (z.T. 2001/02 sogar ein Viertel) der Erwerbstätigen konnte dort unmotorisiert den Arbeitsplatz erreichen. Dies waren die Orte, an denen die Nähe von Wohnen und Arbeiten offensichtlich besser realisiert werden konnte als in den Regionen mit großen Verdichtungsräumen. Da Arbeitswege zu den häufigsten Wegen zählen, waren somit Ortstypen mit kurzen (zu Fuß-/Fahrradwegen) Arbeitswegen auch Orte mit insgesamt eher kurzen Wegen.

Abb. 3.25: Durchschnittliche Dauer des Arbeitswegs der erwerbstätigen Befragten mit nur Auto, nur ÖPNV und nur zu Fuß nach Gemeindetypen (Minuten/ Hin- und Rückweg) 1991/92

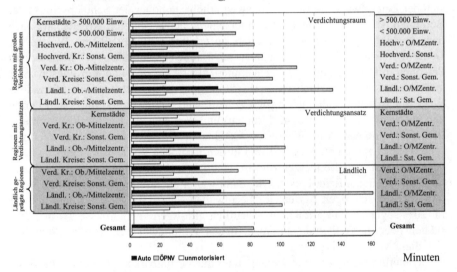

Quelle: Zeitbudgetstudie 1991/92 – eigene Berechnungen

Inwieweit nun die Wegezeit mit dem Verkehrsmittel variierte und ob die Auto fahrenden Erwerbstätigen längere oder kürzere Wege zum Arbeitsplatz zurücklegten als die ÖPNV fahrenden oder die unmotorisierten Erwerbstätigen, zeigen die nachfolgenden Auswertungen (Abb. 3.25). Die große Mehrheit der Erwerbstätigen, die mit dem Auto unterwegs war, benötigte 1991/92 für ihren Arbeitsweg (hin und zurück) 47 Minuten[111]. Die Fahrzeiten waren in den ländlichen

---

111 Die Unterschiede zwischen den einzelnen Gemeindetypen waren statistisch signifikant. Die Standardabweichung war in bei allen Verkehrsmitteln in den neuen Ländern größer als in den alten Ländern. Sie war für die Zu-Fußwege in den Kernstädten am größten und in Mittel- und

Gemeindetypen nur unwesentlich länger als in den Kernstädten, was darauf hindeutet, dass die metrisch längeren Strecken auf dem Land durch die höhere Verkehrsdichte in den Städte aufgewogen wurde. Dagegen mussten Nutzer/innen des ÖPNVs rd. 50% mehr Zeit für ihren Arbeitsplatz aufwenden als Autofahrer/innen. Das wichtigste Ergebnis dieser Analyse ist jedoch, dass sich in den Kernstädten, wo der Anteil der ÖPNV-Nutzer/innen hoch war, die Wegezeiten zwischen Auto-Nutzer/innen und ÖPNV-Nutzer/innen nur wenig unterschieden. Diese Differenzen waren im Osten in allen Gemeindetypen 1991/92 deutlich geringer. Dies erklärt z.T. zumindest, weshalb in den ländlichen Regionen Ostdeutschlands 1991/92 immerhin noch über 20% der Erwerbstätigen mit dem ÖPNV zur Arbeit gelangten. Dieses Phänomen war jedoch 2001/02 verschwunden, denn auch hier waren die Differenzen zwischen Wegezeit mit ÖPNV und PKW soweit angestiegen, dass im PKW deutlich kürzere Wegezeiten erreicht wurden.

Geht man davon aus, dass Arbeitsplätze für Hochqualifizierte zum einen von geringerer Zahl sind und zum anderen eher in zentralen Orten vorhanden sind (von Ausnahmen abgesehen, wie z.B. Lehrkräften), so wäre zu vermuten, dass sich der Zeitaufwand für den Arbeitsweg erhöht, je höher der Schulabschluss der Befragten ist. Analysiert man die Unterschiede der Wege zum Arbeitsplatz nach dem Ausbildungsniveau der Befragten, so erhöhte sich 1991/92 im Westen die Dauer der Arbeitsweges von Personen mit Hauptschulabschluss (47 Minuten) zu Personen mit Hochschulreife (52 Minuten). In den neuen Ländern wiesen zwar auch die Personen mit Hochschulreife (56 Minuten) den höchsten Zeitaufwand für Wege zur Arbeit auf, den geringsten Zeitaufwand besaßen allerdings dann Personen mit Fachhochschulreife (42 Minuten) und Personen mit Hauptschulabschluss/ POS (48 Minuten). Am günstigsten für Hochqualifizierte erschien ein Wohnort (und wahrscheinlich auch Arbeitsort) in den Regionen mit Verdichtungsansätzen oder in einem Mittel-/Oberzentrum im ländlichen Raum. Wenn dort ein Arbeitsplatz für Hochqualifizierte existierte, dann war er auch in großer räumlicher Nähe (u.U. bei selbständigen Ärzten, Rechtsanwälten sogar im gleichen Haus) und für rd. 20% sogar zu Fuß erreichbar – deutlich günstigere Verhältnisse als in Kernstädten oder in Verdichtungsräumen. In der Zeitbudgetstudie 2001/02 erhielten sich diese Muster weitgehend.

Weiterhin kann vermutet werden, dass die Verfügbarkeit über einen PKW im Haushalt Auswirkungen auf die Fahrtzeit zum Arbeitsplatz besitzt. Grundsätzlich lässt sich feststellen, dass die Tatsache, ob ein Auto im Haushalt verfügbar war oder nicht, zu signifikanten Unterschieden hinsichtlich der Dauer des Arbeitsweges führte. Diejenigen Befragten, in deren Haushalt sich 1991/92 kein PKW befand, waren sowohl in Ost- wie auch in Westdeutschland ca. acht Minuten pro Tag länger für den Arbeitsweg unterwegs als diejenigen, in deren Haushalt sich ein PKW befand. Dies lag daran, dass diejenigen ohne PKW im Haushalt zu knapp 50% mit dem ÖPNV zum Arbeitsplatz gelangten, wohingegen nur rd. 14% der Befragten in Haushalten mit PKW mit dem ÖPNV zur Arbeit fuhren. Da –

Oberzentren am geringsten, für die ÖPNV-Wege und für die PKW-Wege in den Kernstädten am geringsten und in den Mittel- und Oberzentren am größten.

wie bereits festgestellt – die Wegezeit mit dem ÖPNV deutlich länger war als diejenige mit dem PKW, ergaben sich daraus auch längere Arbeitswege für diejenigen, in deren Haushalt sich kein PKW befand. Besonders deutlich waren diese Unterschiede in den ländlichen Kreisen, wo die Fahrtzeiten mit dem ÖPNV die Fahrtzeiten mit anderen Verkehrsmitteln stark überstiegen. Ein Vergleich mit den Ergebnissen der Erhebung 2001/02 war nicht sinnvoll, da nur ein Anteil von weniger als 3% der Befragten in einem Haushalt ohne PKW lebte.

Als Indikator für die Erreichbarkeit von Orten auf dem Straßen- und Schienenweg wurde die Entfernung der Wohnorte von Autobahnanschlüssen und Bahnhöfen der DB AG in die Auswertung mit einbezogen[112]. Zwischen den Gemeindetypen in Ost- und West waren zwar signifikante Unterschiede hinsichtlich der Erreichbarkeit der beiden Verkehrswege festzustellen, jedoch hatten diese nur selten statistisch nachweisbare Zusammenhänge mit den entsprechenden Fahrtzeiten für den Arbeitsweg. Während im Osten vor allem im ländlichen Raum deutlich größere Entfernungen von den Gemeindemittelpunkten zu den Autobahnanschlüssen vorlagen (vgl. Kap. 3.1.1.3), so waren hinsichtlich der Dauer des Arbeitsweges insgesamt, aber auch hinsichtlich der Dauer des Arbeitsweges mit dem PKW keine signifikanten Unterschiede zwischen Gemeinden mit kurzen Wegen zu Autobahnanschlüssen und Gemeinden mit längeren Wegen zu Autobahnanschlüssen festzustellen. In der Erhebung von 2001/02 nahm der Zeitaufwand sogar mit zunehmender Distanz zur Autobahn leicht ab.

Interessant ist jedoch, dass nicht die Dauer des Arbeitsweges (vor allem des Arbeitsweges mit dem PKW) mit größerer Distanz zum nächsten Autobahnanschluss zunahm, sondern der Anteil derer, die den PKW für den Weg zur Arbeit benutzten – zumindest im Westen. Es schien somit der weit entfernte Autobahnanschluss auf die PKW-Nutzung im Westen nicht reduzierend zu wirken, sondern er wirkte, ganz im Gegenteil, eher erhöhend. Dies liegt zum einen daran, dass die Entfernung zum nächsten Autobahnanschluss ein Indikator ist, der u.a. den Grad der Peripherie einer Gemeinde markiert. Diese Peripherie schlägt sich in der Regel auch in einem geringeren Angebot an Arbeitsplätzen in der unmittelbaren Umgebung und einem schlechteren ÖPNV-Angebot nieder, so dass dann die vermehrte Nutzung des PKWs eine logische Folge darstellt, was durch die Ergebnisse 2001/02 bestätigt wurde. Für die Situation im Osten war dagegen festzustellen, dass 1991/92 diese Steigerung der PKW-Nutzung nicht auftrat, sondern stattdessen mit zunehmender Ferne zur Autobahn sich der Anteil derer deutlich erhöhte, die unmotorisiert zum Arbeitsplatz gelangten. Es waren dort offensichtlich auch in der Peripherie deutlich mehr Arbeitsplätze in großer Nähe zum Wohnstandort vorhanden als in den vergleichbaren Regionen der alten Länder. Zehn Jahre später hatte sich dagegen die Situation stark den westdeutschen Verhältnissen angenähert. Es ist anzunehmen, dass mit den zahlreichen Firmenschließungen und Auflassungen von genossenschaftlichen Betrieben die wohnortnahen und zu Fuß erreichbaren Betriebe verloren gegangen waren.

---

112 Die Daten stammen aus einer eigenen GIS-Auswertung mit Stand 2000.

Für die Entfernung zum nächsten Bahnhof der DB AG[113] galt in beiden Erhebungsjahren die Regel, dass sowohl in Ost- als auch in Westdeutschland die Anteile der Wegezeit mit dem PKW mit zunehmender Entfernung vom Bahnhof fast systematisch stiegen und die des ÖPNVs sanken. Im Osten blieben allerdings 1991/92 die Anteile der Wegezeit mit dem ÖPNV auch bei Entfernungen von zwei bis zehn Kilometern noch auf einem Niveau, das mindestens doppelt so hoch war wie das der westlichen ÖPNV-Nutzer/innen. Auch hier hatte sich die Situation 2001/02 dramatisch geändert und geradezu zu einer Umkehrung geführt. Im Westen wurde bei einer Entfernung von 2-<5 km vom DB-Anschluss immerhin noch 11% der Arbeitswegezeit mit dem ÖPNV zurückgelegt, im Osten nur noch 5%.

Da die Entfernungsberechnungen mit dem Stand des Jahres 2000 durchgeführt wurden und somit besser auf die Daten 2001/02 zutreffen als auf die Daten 1991/92, können diese erdrutschartigen Veränderungen in der ÖPNV-Nutzung nicht auf eine Reduzierung der Bahnhöfe und einen Ausbau der Autobahnen zurückgeführt werden, sondern sind Verhaltensänderungen, die z.T. auf veränderte Fahrpläne und erhöhte Preise reagieren, in erster Linie jedoch auf die Motorisierung der Haushalte zurückzuführen sind.

In den nachfolgenden beiden Tabellen wurden die bisher ausformulierten Ergebnisse z.T. um weitere Details ergänzt und übersichtlich zusammengefasst. Wenn sich Veränderungen zwischen 1991/92 und 2001/02 ergaben, so wurden die Änderungen in kursiver Schrift für 2001/02 ergänzt, wenn keine Ergänzungen vorlagen, gelten die Aussagen für beide Erhebungszeiträume. Fasst man die hier zusammengestellten Ergebnisse (vgl. Tab. 3.13 und Tab. 3.14) noch weiter zusammen, so könnte man – ganz plakativ – für beide Erhebungsjahre zwei Akteurstypen in einem jeweils typischen Kontext ermitteln, die stellvertretend für den längsten und den kürzesten Weg stehen. Dies sind zum einen für

- *den geringsten Zeitaufwand für Arbeitswege pro Tag: die Teilzeit erwerbstätige Frau mit Fachhochschulreife in der ländlichen Region im Westen, die ihren Arbeitsplatz zu Fuß oder mit dem PKW erreichte*

und für

- *den höchsten Zeitaufwand für Arbeitswege pro Tag: der Vollzeit erwerbstätige Mann mit Hochschulreife im Verdichtungsraum (dort in den verdichteten oder ländlichen Kreisen) im Westen, der seinen Arbeitsplatz dem ÖPNV erreichte.*

Versucht man nun, die bisher in einem deskriptiven Verfahren gewonnenen Ergebnisse mit statistischen Verfahren weiter zu verdichten (Lineare Regression[114], sowohl für Deutschland insgesamt als auch für West- und Ostdeutschland ge-

---

[113] Dieser Indikator wurde stellvertretend für die Nähe/ Ferne eines Anschlusses des ÖPNVs (vor allem in peripheren Regionen) verwendet. Er ist zwar nicht optimal, da damit Buslinien und Straßenbahnlinien nicht erfasst werden. Da jedoch flächendeckend für die Bundesrepublik dazu keine Daten verfügbar sind, wurde mit diesem Indikator Vorlieb genommen.

[114] Für die nominal skalierten Variablen wurden dichotome Dummy-Variablen verwendet.

trennt), so sind zwar dieselben Muster erkennbar, dennoch bleiben die Ergebnisse in ihrem Erklärungsgehalt – auf statistischer Ebene – unbefriedigend.

Tab. 3.13: *Ergebnisse der Auswertungen für den Arbeitsweg entsprechend dem Auswertungsschema für Eigenschaften des Kontexts 1991/92 und 2001/02*

Wegezeit für Erwerbstätigkeit – Eigenschaften des Kontexts				
	West/Ost	Zentralität/Lage	Verkehrsanbindung	
			Autobahn	DB-Bahnhof
Dauer	keine Unterschiede 2001/02: längere Wege im Osten	max. Dauer: im Verdichtungsraum (verd. und ländl. Kreise) min. Dauer: in Regionen mit Verdichtungsansätzen	keine Unterschiede	West: Dauer des Weges mit dem ÖPNV nimmt bei gr. Entf. zu
Verkehrsmittel	in West: häufigere PKW-Nutzung in Ost: häufigere ÖPNV-Nutzung und Zu-Fuß-Wege *2001/02: Anstieg der PKW-Nutzung Ost auf West-Niveau, Absinken der ÖPNV-Nutzung unter West-Niveau*	in West: PKW-Nutzung steigend mit abnehmendem zentralörtlichen Rang, ÖPNV-Nutzung fast nur in Kernstädten in Ost: ÖPNV-Nutzung hoch auch außerhalb der Verdichtungsräume, dort auch hoher Anteil Zu-Fuß-Wege *2001/02: Ost nur noch hohe ÖPNV-Nutzung in Ost-Berlin, in allen anderen Regionen: PKW-Nutzung vorherrschend*	in West: je ferner der Anschluss, desto höher der Anteil der PKW-Nutzer in Ost: je ferner der Anschluss, desto höher der Anteil der Zu-Fuß-Wege *2001/02: PKW-Nutzung davon unabhängig hoch*	Anteil der ÖPNV-Nutzer nimmt in West deutlich schneller mit zunehmender Distanz zum Bahnhof ab als in Ost *2001/02: Umkehrung: bereits ab 2 km Entf. zum Bahnhof sinkt der Ant. d. ÖPNV-Nutzer im Osten ab*

Quelle: Zeitbudgetstudien 1991/92 und 2001/02 – eigene Berechnungen

Signifikante Unterschiede für die Wegezeit für den Arbeitsweg waren im Westen in beiden Zeitschnitten am ehesten davon abhängig, ob eine Vollzeit- oder eine Teilzeitbeschäftigung ausgeübt wurde, was wiederum mit dem Geschlecht zusammenhing, das somit ebenfalls signifikante Unterschiede hinsichtlich der Dauer des Arbeitswegs aufwies. Auch die Unterschiede in der Zentralität des Wohnorts (über den Gemeindetyp operationalisiert) wiesen auf Unterschiede in der Dauer des Arbeitsweges hin – in den neuen Bundesländern allerdings stärker als in den alten Bundesländern. Im Osten zeigten sich 1991/92 die bereits festgestellten geschlechtsspezifischen Unterschiede in der PKW-Mobilität auch bei den Arbeitswegen. Dieser Einfluss verlor jedoch 2001/02 stark an Bedeutung.

Tab. 3.14: Ergebnisse der Auswertungen für den Arbeitsweg entsprechend dem Auswertungsschema für Eigenschaften der Akteure 1991/92 und 2001/02

	\multicolumn{5}{c	}{Wegezeit für Erwerbstätigkeit – Eigenschaften der Akteure}
	Geschlecht	Erwerbstätigkeit (Umfang)	Wirtschaftssektor	Bildung/ Qualifikation	PKW-Verfügbarkeit
Dauer	Männer sind länger zur Arbeit unterwegs als Frauen (vor allem wegen Teilzeit Erwerbstätigkeit der Frauen in West)	Nur im Westen: Vollzeit Erwerbstätige: lange Wege im Verd.raum (verd. u. ländl. Kreise) und in den sehr peripheren Regionen. Teilzeit Erwerbstätige: kürzere Wege mit abn. zentr. Rang *2001/02: alle: kurze Wege in ländl. Reg.*	kurze Wege in den Sektoren Land-/Forstw. lange Wege in den Sektoren Stahl, Maschinen-, Fahrz.bau, Elektrotechn., Bergb. *2001/02: kurze Wege: Ernährung, Textilbranche lange Wege: Geistes-/ Naturwiss.*	längere Wege für Pers. mit Hochschulreife, bes. lange Wege in peripheren Kreisen der Verdichtungsregionen, kurze Wege in Regionen mit Verdichtungsansätzen	ohne PKW im Haushalt: längere Wege als mit PKW im Haushalt *2001/02: kaum noch Befragte ohne PKW im Haushalt*
Verkehrsmittel	Männer nutzen häufiger den PKW als Frauen (vor allem in Ost) Frauen nutzen häufiger den ÖPNV oder gehen zu Fuß *2001/02: immer noch im Trend die gleichen Unterschiede bei deutlich geringeren Differenzen*	Nur im Westen: Vollzei Erwerbstätige nutzen häufiger den PKW als Teilzeit Erwerbstätige Teilzeit Erwerbstätige: häufiger unmotorisiert als Vollzeit Erwerbstätige *2001/02: Unterschiede bleiben auf höherem Niveau und mit geringerer Distanz*	Häufige PKW-Nutz. in den Sektoren Stahl, Masch./ Fahrzeugbau, Elektro, Fußwege i. d. Land- und Forstwirtschaft,ÖPNV-Nutzung im Dienstleist. *2001/02: fast gleichmäßig hohe PKW-Nutzung: Ausn.: Dienstleistungen mehr ÖPNV und unmotorisiert*	höchste PKW-Nutzung: Pers. mit FH, niedr. PKW-Nutzung Pers. mit HS. Hochschulr.: außerh. Verdichtungsräume: gr. Ant. Zu-Fuß-Wege *2001/02: höchste PKW-Nutzung bei Hauptschulab. u. Mittl.Reife, höchste ÖPNV-Nutzung bei Hochschulr.*	Deutlich höhere Nutzung des ÖPNV in Haushalten ohne PKW, auch in den ländlichen Regionen

Quelle: Zeitbudgetstudien 1991/92 und 2001/02 – eigene Berechnungen

Im Westen war 1991/92 noch die PKW-Nutzung für den Arbeitsweg in höherem Maße von der Zentralität des Wohnorts abhängig als dies im Osten der Fall war. Auch hier sind die Veränderungen deutlich sichtbar: 2001/02 hatte sich im Osten der Einfluss der Zentralität (Kernstädte, Mittel-/Oberzentren, Gemeinden ohne höheren zentralörtlichen Rang) auf die PKW-Nutzung für den Arbeitsweg so weit erhöht, dass er höher war als im Westen. Auf die Wegedauer besaß die Zentralität des Wohnorts 1991/92 im Westen insgesamt wenig, im Osten höheren Einfluss. Dieser stieg 2001/02 in den beiden Teilen Deutschlands auf gleich hohe Werte an. Zusammenfassend lagen Orte der kurzen Arbeitswege eher in den ländlichen Regionen und in den Regionen mit Verdichtungsansätzen und weniger in den Verdichtungsregionen selbst.

Abb. 3.26: Anteil derjenigen, die Wege für Arbeit ausführten, und die durchschnittliche Wegedauer nach verschiedenen Merkmalen 1991/92 und 2001/02

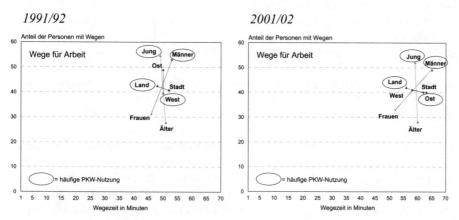

J (jünger): unter 45 Jahren, A (älter): über 45 Jahren
S (Stadt): Verdichtungsregion und Kernstädte der Regionen mit Verdichtungsansätzen, L (Land): restliche Gemeinden der Regionen mit Verdichtungsansätzen und ländliche Regionen
Quelle: Zeitbudgetstudien 1991/92 und 2001/02 - eigene Berechnungen

Um die wesentlichen Unterschiede zwischen zentralen Merkmalen der Akteure (Alter, Geschlecht) und des Kontexts (West/ Ost, Stadt/ Land) direkt miteinander in Bezug zu setzen, wurde analog zu Abb. 3.19 in Abb. 3.26 sowohl der Anteil der Personen mit Arbeitswegen als auch die durchschnittliche Wegedauer abgetragen. Der Effekt der Verkehrsmittelnutzung wurde insoweit integriert, als die häufigen PKW-Nutzergruppen „eingekreist" wurden.

Für die Wegezeiten selbst (nicht zu verwechseln mit den Anteilen der Ausübenden) war zwischen den Geschlechtern 1991/92 der Unterschied kleiner als der zwischen Stadt und Land, wobei hier die Verkehrsmittelnutzung eine große Rolle spielte. Ost- und Wesdeutschland unterschieden sich 1991/92 bei gleichen Wegezeiten vorwiegend aufgrund der unterschiedlichen Erwerbsbeteiligung (von Frauen). 2001/02 dagegen war der Anteil derjenigen mit Arbeitswegen in den neuen und alten Ländern fast gleich, wohingegen sich die Wegezeit für die neuen Länder deutlich erhöht hatte und die PKW-Nutzung auf höhere Werte gestiegen war als im Westen. Der Rückgang der Erwerbstätigkeit im Osten (Arbeitslosigkeit, geringere Erwerbstätigkeit der Frauen) bei einem gleichzeitigen Anstieg der Erwerbstätigkeit im Westen (höhere Erwerbstätigkeit der Frauen) führte zu diesen, im Schema erkennbaren Veränderungen. Dass sich durch die veränderte Arbeitsmarktlage die Wegezeit der Beschäftigten im Osten erhöht hatte und gleichzeitig bei einer voranschreitenden Suburbanisierung und Motorisierung die PKW-Anteile für Arbeitswege anstiegen, wurde bereits mehrfach thematisiert. Die Wege verlängerten sich für beide Geschlechter, jedoch in besonderem Maße für (ostdeutsche) Männer, so dass 2001/02 ein deutlich größerer Abstand zwischen Männern und Frauen zu erkennen war als 1991/92.

Zu ähnlichen Ergebnissen kam der Raumordnungsbericht 2000 (Hrsg. Bundesamt für Bauwesen und Raumordnung), in dem die typischen Verkehrsbeziehungen im ländlichen Raum und zu ländlichen Zentren als kürzere Entfernungen beschrieben wurden, die sich allerdings durch die Fernpendlerbeziehungen – die es dort häufiger gab – nicht in einer niedrigeren Gesamtmobilität in der Verkehrsstatistik niederschlugen (Bundesamt für Bauwesen und Raumordnung (BBR) 2000, S. 76). Wege der Fernmobilität waren nur selten in den Tagebüchern der Zeitbudgetstudie vorhanden, so dass hier nahezu ausschließlich die alltägliche Mobilität abgebildet wurde. Auch das BBR interpretierte die niedrigeren Verkehrsleistungen der Kernstädte (gemessen in mittlerer Fahrleistung pro Privat-PKW in km/ Jahr) zum einen durch die bessere allgemeine Angebotssituation, zum anderen auch durch die besseren Nahverkehrsangebote. Bei den Arbeitspendlerverflechtungen kam das BBR zu dem Ergebnis, dass in polyzentrischen Agglomerationsräumen und dem ländlichen Raum die Berufspendelwege kürzer seien als in monozentrischen Agglomerationsräumen. In den Zeitbudgetstudien tauchten letztgenannte besonders häufig in der Kategorie der Kernstädte mit mehr als 500.000 Einwohnern auf, die sich auch hier durch längere Arbeitswege hervorhoben.

3.1.3.2.2 Wegezeiten für Hauswirtschaft

Als die erste bundesdeutsche Zeitbudgetstudie 1991/92 konzipiert wurde, war ein zentraler Interessensschwerpunkt der Planenden und des Auftragsgebers (Bundesministerium für Familie, Senioren, Frauen und Jugend), die bisher nicht ausreichend erfassten unbezahlten Tätigkeiten im Haushalt, im Ehrenamt und in der Mithilfe/ Pflege im Familienkreis zeitlich zu erfassen und damit u.a. in eine integrierte volkswirtschaftliche Gesamtrechnung aufzunehmen. Aus diesem Grund wurden diese Tätigkeiten und ihre Wege in den Zeitbudgetstudien detailliert erhoben.

Tab. 3.15: *Anteil der Personen, die an einem der Befragungstage bzw. keinem der Befragungstage Wege für Haushaltszwecke zurücklegten, in % in West- und Ostdeutschland 1991/92 und 2001/02*

	Anteil der Personen, die an einem der Befragungstage bzw. keinem der Befragungstage Wege für Haushaltszwecke zurücklegten in %					
	West		Ost		Gesamt	
	Männer	Frauen	Männer	Frauen	Männer	Frauen
1991/92 (2 Befragungstage):						
mindestens einen Weg	44,6	59,6	50,0	61,0	45,6	59,9
keinen Weg	55,4	40,4	50,0	39,0	54,4	40,1
2001/02 (3 Befrag.tage):						
mindestens einen Weg	68,5	78,3	75,4	80,4	69,8	78,7
keinen Weg	31,5	21,7	24,6	19,6	30,2	21,3

Quelle: Zeitbudgetstudien 1991/92 und 2001/02 – eigene Berechnungen

Da sich die Erwerbstätigenquote von Frauen zwischen Ost- und Westdeutschland sowohl 1991/92 als auch 2001/02 unterschied, war zu erwarten, dass eine höhere Frauenerwerbstätigkeit gleichzeitig zu einer partnerschaftlicheren Verteilung der Aufgaben für den Haushalt und damit an den Wegen für den Haushalt führte. Im Osten legten in beiden Zeitschnitten erwartungsgemäß mehr Männer als im Westen an einem der beiden (1991/92) bzw. der drei (2001/02) Befragungstage Wege für den Haushalt zurück. In Tab. 3.15 wird sichtbar, dass 1991/92 nur ein geringer Abstand zwischen den Frauen in den beiden Teilen Deutschlands bestand, jedoch deutlich weniger Männer im Westen als im Osten an einem der beiden Tage Wege für den Haushalts zurücklegten. In der Zeitbudgetstudie 2001/02 stieg für beide Geschlechter die Beteiligung an Haushaltswegen an, was jedoch u.a. der erhöhten Zahl der Erhebungstage zuzuschreiben war, da bei insgesamt drei Befragungstagen die Wahrscheinlichkeit deutlich größer war, einen Tag mit Haushaltswegen anzutreffen als bei zwei Befragungstagen. Der Anteil der Männer, die Wege für den Haushalt zurücklegten, erhöhte sich von 1991/92 auf 2001/02 in beiden Regionen um exakt die Hälfte, der der Frauen um ein Drittel, was mit den ohnehin hohen Anteilen der Frauen mit Haushaltswegen zusammenhängt („ceiling Effekt"). Die Abstände zwischen Männern und Frauen verkleinerten sich, wobei sich immer noch weniger westdeutsche Männer an Haushaltswegen beteiligten als ostdeutsche Männer. Ob dies mit der immer noch höheren Vollzeit Erwerbstätigkeit der Frauen im Osten oder dem gesellschaftlichen „Erbe" zusammenhing, kann an dieser Stelle nicht abschließend geklärt werden.

Durchschnittlich waren 1991/92 die Befragten im Westen rd. 34 Minuten und im Osten rd. 38 Minuten pro Tag für Haushaltswege unterwegs. Zehn Jahre später war der durchschnittliche Zeitaufwand für diese Wege um neun Minuten auf rd. 43 Minuten West und 47 Minuten Ost angestiegen, wodurch der Abstand zwischen den beiden Teilen Deutschlands erhalten blieb. Unterscheidet man weiter nach den Gemeindetypen, so zeigt sich, dass im Westen innerhalb der drei Regionstypen (Verdichtungsregion, Region mit Verdichtungsansätzen, ländliche Region) die Anzahl der Wege abnahm, je niedriger der zentralörtliche Rang der Gemeinde war. In den peripheren Regionen im Westen war jedoch nicht nur die Anzahl der Wege geringer, sondern auch der Zeitaufwand, der für Wege für Haushaltszwecke eingesetzt wurde. Sowohl in West- als auch in Ostdeutschland fielen nicht nur die meisten, sondern auch die längsten Wege in den großen Kernstädten und in den Ober- und Mittelzentren im Verdichtungsraum an. In den Gemeinden ohne zentralörtlichen Rang wurden dagegen weniger Wege zurückgelegt, diese dafür jedoch häufiger mit dem PKW. Es zeigt sich somit, dass in den kleinen Gemeinden zum einen Einkaufswege offensichtlich seltener und mit weniger Zeitaufwand bestritten wurden, diese zum anderen jedoch eher mit dem PKW über weitere Strecken erfolgten.

Abb. 3.27: Durchschnittlicher täglicher Zeitaufwand für Wege für Haushaltszwecke in den Regionstypen 1991/92 und 2001/02

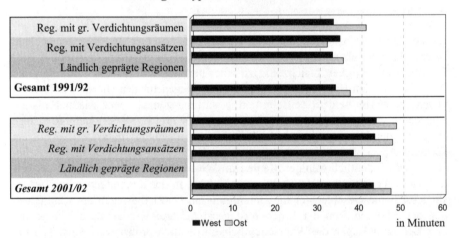

Quelle: Zeitbudgetstudien 1991/92 und 2001/02 – eigene Berechnungen

Dieses Muster blieb 2001/02 auf einem höheren Niveau der Wegezeit bestehen. Dies könnte sich auch durch die größere Entfernung der Geschäfte des täglichen Bedarfs und der Lebensmittelmärkte (vgl. Kap. 3.1.2.3) erklären lassen. Sowohl der hohe Zeitaufwand in den ländlichen Regionen der neuen Länder als auch in Kernstädten war 1991/92 wiederum auf die geringere Motorisierung der erwerbstätigen Frauen zurückzuführen, die weitaus häufiger als die Frauen im Westen die Haushaltswege ohne PKW bestritten. Hinzu kam, dass durch die 1991/92 im Osten gerade neu erbauten Märkte auf der „grünen Wiese" die Distanzen zu Geschäften für nicht motorisierte Personen noch länger wurden als zuvor. Zehn Jahre später waren sowohl die Geschäfte des täglichen Bedarfs als auch die Lebensmittelmärkte für Ostdeutsche häufiger zu Fuß erreichbar als für Westdeutsche und dies auch in kürzerer Zeit. Dennoch erhöhte sich die Wegezeit für Haushaltszwecke insgesamt und es bildete sich ein klares zentral-peripheres Gefälle aus, demzufolge in den Verdichtungsräumen im Mittel vier bis fünf Minuten mehr Zeit für Haushaltswege aufgewandt werden musste als in ländlich geprägten Regionen.

Bemerkenswert ist weiterhin, dass sich die größten Unterschiede zwischen West und Ost in den ländlichen Regionen zeigten, die in einzelnen Gemeindetypen – vor allem in Ober- und Mittelzentren der ländlichen Regionen – bis zu zehn Minuten betragen konnten. Hinzu kam, dass sich in den Kernstädten und den Verdichtungsregionen die Bevölkerungsgruppen befanden, die besonders häufige und besonders lange Wege für Haushaltszwecke zurücklegten: ältere nicht erwerbstätige, allein lebende Personen (vgl. nachfolgende Ausführungen).

Abb. 3.28: Anteil der Wegezeit für Haushaltszwecke an den Befragungstagen mit dem PKW in % (auch in Kombination mit Fahrrad, Öffentlichen Verkehrsmitteln und Fußweg) 1991/92

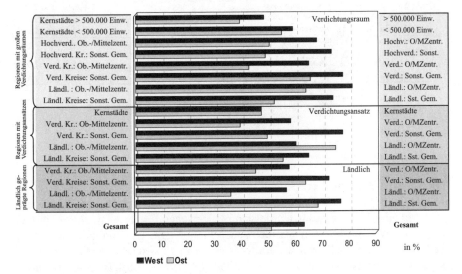

Quelle: Zeitbudgetstudie 1991/92 –eigene Berechnungen

Im Westen benutzten die Befragten sowohl 1991/92 als auch 2001/02 für rd. zwei Drittel der Wegezeit für Haushaltszwecke den PKW (vgl. Abb. 3.28). Dagegen wurde im Osten 1991/92 nur für 50% der Haushaltswegezeit ein PKW eingesetzt. Dieser Anteil erhöhte sich 2001/02 auf 57%, so dass dahingehend eine Annäherung an westdeutsche Verhältnisse stattgefunden hatte. Innerhalb der Regionstypen stieg in beiden Erhebungsjahren der Anteil der Wegezeit mit dem PKW mit abnehmenden zentralörtlichem Rang deutlich an. Hier spiegelte die PKW-Nutzung sehr deutlich das System der zentralen Orte und damit die Verteilung der Einkaufsgelegenheiten, d.h. die Angebotsstruktur wider.

Ein nahezu komplementäres Bild bietet sich in Abb. 3.29, in der die Anteile der Wegezeit für den Haushalt auf unmotorisiertem Wege dargestellt sind. Sowohl in den Kernstädten als auch in den Mittel- und Oberzentren aller Regionen sind deutlich höhere Anteile der unmotorisiert zurückgelegten Wegezeit zu erkennen als in den anderen Gemeindetypen, ein Muster, das sich 2001/02 auf einem etwas höheren Niveau gleichermaßen erhielt.

Abb. 3.29: Anteile der unmotorisierten Wegezeit für Haushaltszwecke in % 1991/92

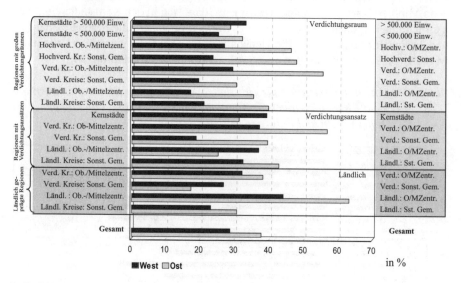

Quelle: Zeitbudgetstudie 1991/92 – eigene Berechnungen

Unterscheidet man die Verkehrsmittelnutzung wiederum nach Geschlecht, so ergab sich 1991/92 ein für Ost und West sehr unterschiedliches Bild. 60% der aufgeführten Haushaltswegezeit wurde von ostdeutschen Frauen ohne Auto zurückgelegt, was nur für 42% der westdeutschen Frauen galt. Es kann an dieser Stelle wieder die bereits mehrfach erwähnte These vom „Zweitauto" genannt werden, das den westdeutschen Frauen – zumindest 1991/92 – häufiger zur Verfügung stand als den ostdeutschen Frauen. Hinzu kam, dass die erwerbstätigen ostdeutschen Frauen eine größere Anzahl von Wegen für Haushaltszwecke zurücklegten als westdeutsche Frauen. Ob dies daran lag, dass die ostdeutschen Frauen ohne PKW geringere Mengen einkaufen konnten und damit häufiger einkaufen mussten oder die 1991/92 noch restriktiven Öffnungszeiten den Großeinkauf verhinderten, kann nicht endgültig geklärt werden. Ihre Wege waren im Durchschnitt häufiger, eher zu Fuß und zudem auch länger als die der westdeutschen Frauen – ganz besonders in den großen Kernstädten und in den verdichteten Kreisen der Verdichtungsregionen.

Zehn Jahre später bestanden zwar immer noch Unterschiede in der PKW-Nutzung zwischen west- und ostdeutschen Frauen, sie hatten jedoch deutlich abgenommen. Ohne PKW wurden von ostdeutschen Frauen nur noch 43% der Haushaltswegezeit zurückgelegt, so dass bei gleichbleibendem Anteil der PKW-

Wege der westdeutschen Frauen nur noch ein geringer Abstand in der PKW-Nutzung verblieb. Die „nachholende Motorisierung" in den neuen Ländern schlug sich somit deutlich auch in den Haushaltswegen nieder.

Für die Haushaltswege sollte außerdem die These überprüft werden, ob die Art des bewohnten Haustyps Einfluss auf Anzahl und Zeitaufwand für diese Wege ausübte (vgl. Tab. 3.16). Es wurde vermutet, dass z.B. das Wohnumfeld der Ein- und Zweifamilienhäuser, das häufig ein reines Wohngebiet mit wenigen Infrastruktureinrichtungen darstellt, für längere Wege mit verantwortlich sein könne. Auch könnte man annehmen, dass längere Haushaltswege für Hochhaussiedlungen am Stadtrand entstünden, wohingegen in Mehrfamilienhäusern, die häufiger in zentralen Stadtteilen der Gemeinden gelegen sind, evtl. weniger Zeit aufgewandt werden müsse, um zu Geschäften des täglichen Bedarfs zu gelangen.

Die meiste Zeit für Haushaltswege benötigten westdeutsche Befragte 1991/92 in Wohnhäusern mit mehr als acht Wohnungen, die vorwiegend in Verdichtungsräumen lagen[115]. Befragte, die in freistehenden Einfamilienhäusern wohnten, besaßen dagegen – entgegen der oben formulierten These – in ihrem Alltag weniger lange Haushaltswege. Auch 2001/02 bestätigten sich im Wesentlichen diese Muster: lange Wege traten häufiger bei Befragten in großen Wohneinheiten auf als bei Befragten, die im „Häuschen im Grünen" lebten.

Im Osten wurden 1991/92 ebenfalls die kürzesten Wege von Befragten in freistehenden Ein- und Zweifamilienhäusern zurückgelegt, die meisten Wege erreichten Befragte in Wohnhäusern mit zahlreichen Wohnungen, die – wie in Kap. 3.1.1.3 erläutert – zu diesem Zeitpunkt den größten Anteil an den Haustypen einnahmen. Diese befanden sich sowohl in den Mittel- und Oberzentren als auch in den Kernstädten. Insgesamt war für Befragte in Hochhäusern und in Wohnhäusern mit mehr als acht Wohnungen der Zeitaufwand für Haushaltswege mit Abstand am höchsten. Dieses Muster bestätigte sich im Wesentlichen 2001/02. Es ist somit anzunehmen, dass das Wohnen in Großwohnsiedlungen, ob als Plattenbau im Osten oder als Trabantensiedlung im Westen, eine weniger gute Versorgung mit Gütern des täglichen Bedarfs und damit längere alltägliche Wege für Haushaltszwecke implizierte. Die anfangs vermutete These der längeren Wege im „Häuschen im Grünen" muss aufgrund der hier vorliegenden Ergebnisse zurückgewiesen werden.

Bezieht man die genutzten Verkehrsmittel in Abhängigkeit vom Haustyp mit ein, so wird deutlich, dass 1991/92 im Westen die für Mehrheit der Haushaltswegezeit, die von Befragten in freistehenden Ein-/Zweifamilienhäusern zurückgelegt wurde, das Auto genutzt wurde (55,4%), wohingegen dies nur auf 46,0% der in diesem Haustyp wohnenden Befragten im Osten zutraf. Zehn Jahre später hatte sich dieser Unterschied vollkommen aufgehoben.

Dagegen wurde die Haushaltswegezeit der Befragten, die in den größeren Wohneinheiten lebten (und zu einem großen Teil allein lebten), nur zu einem Drittel mit dem Auto zurückgelegt und immerhin zu 35-40% unmotorisiert

---

115 Die Standardabweichung war im Osten größer als im Westen und in großen Wohneinheiten größer als für Ein- und Zweifamilienhäuser.

bestritten, was auch 2001/02 noch auf die ostdeutschen Bewohner in Wohnhäusern mit mehr als elf Wohneinheiten – d.h. die „klassischen Plattenbauten" – zutraf.

Tab. 3.16: *Durchschnittlicher Zeitaufwand pro Tag für Haushaltszwecke nach Haustyp 1991/92 und 2001/02*

Haustyp	Durchschnittliche Anzahl der Wege und Zeitaufwand pro Tag für Haushaltszwecke 1991/92 und 2001/02					
	West		Ost		Gesamt	
	Zeitaufwand pro Tag in Minuten 1991/92	*Zeitaufwand pro Tag in Minuten 2001/02*	Zeitaufwand pro Tag in Minuten 1991/92	*Zeitaufwand pro Tag in Minuten 2001/02*	Zeitaufwand pro Tag in Minuten 1991/92	*Zeitaufwand pro Tag in Minuten 2001/02*
freistehendes 1-2 Familienhaus	33,3	*42,6*	34,2	*46,0*	33,4	*43,2*
1-2 Familienhaus als Reihen- oder Doppelhaus	34,0	*41,0*	39,1	*45,4*	34,5	*41,6*
Wohnhaus mit <= 8 (<11)* Wohnungen	35,1	*43,1*	33,2	*50.5*	35,1	*44,6*
Wohnhaus mit > 8 (>= 11)* Wohnungen (max. 8 Etagen)	36,6	*45,9*	43,0	*47,4*	39,2	*46,4*
Hochhaus mit mehr als 8 Etagen	34,1	-	47,7	-	41,4	-
Gesamt	34,1	*43,2*	37,6	*47,5*	34,4	*44,0*

* Klassengrenze =11 im Jahr 2001/02

Quelle: Zeitbudgetstudien 1991/92 und 2001/02 – eigene Berechnungen

Was im Osten die Wegezeiten in großen Wohneinheiten 1991/92 außerdem stark erhöhte, war die Tatsache, dass dort 30% dieser Wege zumindest teilweise mit dem ÖPNV zurückgelegt wurden (im Gegensatz zu 11% im ostdeutschen Mittel). Dieses Verkehrsmittel, das wahrscheinlich auf dem Weg zur/ von der Arbeitsstätte auch als Verkehrsmittel für Haushaltswege diente, war im Westen für Haushaltswege nur von nachrangiger Bedeutung. Da sich besonders die größeren Supermärkte und Einkaufszentren auch in den neuen Ländern in autofreundlicher Lage – und damit gleichzeitig meist ÖPNV-feindlicher Lage – an den Rändern der Siedlungen angesiedelt hatten, wandten Personen, die den ÖPNV für Haushaltswege nutzen (mussten), meist längere Wege dafür auf.

Bezieht man die Angaben in die Auswertung mit ein, die im Haushaltsfragebogen 1991/92 zu Nähe und Ferne der Geschäfte des täglichen Bedarfs bzw. der Lebensmittelmärkte gemacht wurden, so zeigte sich, dass die Entfernung der Geschäfte des täglichen Bedarfs vom Haushalt in Kilometern im Westen keinen, im

Osten jedoch einen sichtbaren Einfluss auf die alltägliche Wegezeit der Befragten hatte, da im Westen die längere Strecke eher mit den PKW kompensiert werden konnte. Die Erreichbarkeit der entsprechenden Einrichtungen zu Fuß, die im Haushaltsfragebogen 2001/02 erfragt wurde, hatte zwar keine Auswirkungen auf die durchschnittliche Wegezeit. Sie hatte jedoch massive Auswirkungen auf die Nutzung der Verkehrsmittel, denn – erwartungsgemäß – stieg die PKW-Nutzung dann, wenn die Einkaufsmöglichkeiten des täglichen Bedarfs nicht von der Wohnung aus zu Fuß erreichbar waren, von einem Mittelwert von 65% im Westen und 57% im Osten auf 87% im Westen und 84% im Osten. Nach der Analyse der Kontextmerkmale West/ Ost, Zentralität und Haustypen, werden in den folgenden Abschnitten die Akteursmerkmale wie z.B. Alter, Geschlecht, Erwerbstätigkeit oder Haushaltsform mit den Wegezeiten für Haushaltswege in Bezug gesetzt.

Die Anteile derer, die überhaupt an einem der beiden Befragungstage Wege zurücklegten, schwankten über die Altersklassen deutlich. Bis zum Alter von 25 Jahren legten die Angehörigen beider Geschlechter noch relativ selten Haushaltswege zurück. Dies änderte sich mit dem Beginn einer Partnerschaft bzw. der Familiengründung – vor allem für Frauen. Sie unternahmen in fast jeder Altersgruppe häufiger Wege für Haushaltszwecke, wobei diese Differenz im Westen 1991/92 noch besonders groß war (rd. 20%-Punkte) und 2001/02 zurückging (rd. 15-10%-Punkte). Während 1991/92 zwei Drittel und 2001/02 mehr als drei Viertel aller Frauen in Ost- wie in Westdeutschland im Alter zwischen 25 und 65 Jahren an mindestens einem der Befragungstage Wege für den Haushalt zurücklegten, galt dies 1991/92 nur für gut 40% der westdeutschen Männer (2001/02: 68%) und gut 50% (2001/02: 75%) der ostdeutschen Männer.[116] Ab dem 65. Lebensjahr stiegen in Ostdeutschland die Anteile derer, die Wege für den Haushalt zurücklegten, 1991/92 auf rd. 70%, 2001/02 sogar auf rd. 85% an, im Westen pendelten sie sich bei 60% im Jahr 1991/92, bzw. auf rd. 80% im Jahr 2001/02 ein, wobei in dieser Altersgruppe die Unterschiede zwischen den Geschlechtern deutlich geringer wurden. Im Osten dagegen waren Männer in stärkerem Maße auch in der Familienphase für den Haushalt unterwegs – nicht zuletzt weil Vollzeit erwerbstätige Frauen diese Wege nicht in dem Umfang wahrnehmen konnten/ wollten als Teilzeit oder nicht erwerbstätige Frauen.

Die großen Unterschiede der Haushaltswege zwischen Männern und Frauen im Westen sind im Wesentlichen auf die unterschiedlichen Rollenmodelle zurückzuführen, die sich wiederum im unterschiedlichen Umfang der Erwerbstätigkeit u.a. in der Familienphase niederschlagen. Während im Westen Frauen in der Familienphase häufig die Erwerbstätigkeit für einige Jahre unterbrachen oder zumindest auf eine Teilzeit Erwerbstätigkeit reduzierten, geschah dies im Osten nur selten. Dadurch wurde für nicht oder Teilzeit erwerbstätige Frauen der Haushalt/ die Kinderbetreuung zu ihrer Zuständigkeit und Männer zogen sich aus den Aufgaben und damit aus den Wegen für diesen Lebensbereich zurück. Dies erklärt,

---

116 Wie bereits mehrfach erwähnt, ist diese Erhöhung des Anteils der Personen mit Haushaltswegen u.a. auf die erhöhte Zahl an Erhebungstagen zurückzuführen.

warum im Westen in beiden Jahren deutlich mehr Frauen im Alter zwischen 25 und 55 Jahren Wege für den Haushalt zurücklegten.

Abb. 3.30: Anteil der Befragten, die Wege für Haushaltszwecke zurücklegten, nach Alter und Geschlecht in West- und Ostdeutschland in % 1991/92

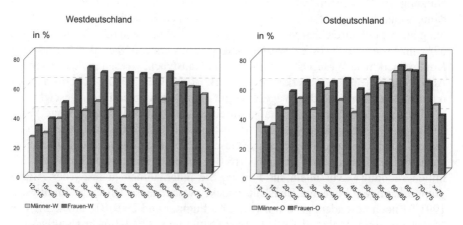

Quelle: Zeitbudgetstudie 1991/92 – eigene Berechnungen

Die Angleichung der Beteiligung an Haushaltswegen zwischen den Geschlechtern im Rentenalter deutet darauf hin, dass dann, wenn die Verpflichtungen der Erwerbstätigkeit verschwunden sind, Männer sich durchaus auch an Haushaltseinkäufen beteiligen bzw. sie übernehmen, da dies u.U. eine willkommene Beschäftigung oder Abwechslung verbunden mit sozialen Kontakten darstellt. Im Osten übertrafen 2001/02 sogar die Anteile der 70-75-jährigen Männer mit Wegen für den Haushalt die Anteile der gleichaltrigen Frauen.

Relativ viel Zeit für Haushaltswege wandten Personen zwischen 20 und 25 Jahren (vor bzw. in der frühen Familienphase) und ältere Menschen auf. Am wenigsten Zeit pro Tag investierten dagegen die Frauen, die am häufigsten Wege im Alltag zurücklegten: nämlich Frauen zwischen 25 und 40 Jahren in Westdeutschland, die sich in der Familienphase befanden und offensichtlich häufige, aber wenig zeitintensive Wege zurücklegten. Es ist anzunehmen, dass bei ihnen Haushaltswege weniger stark gebündelt und auf bestimmte Tage konzentriert, sondern – vielleicht im Zusammenhang mit Wegen zur Kinderbetreuung – an fast jedem Tag zurückgelegt wurden. Diese Muster waren sowohl 1991/92 als auch 2001/02 zu erkennen.

Dieser Trend bestätigte sich auch in der Auswertung nach dem Umfang der Erwerbstätigkeit (vgl. Tab. 3.17): die meiste Zeit verwandten in Ost- wie in Westdeutschland nicht Erwerbstätige für Haushaltswege. Auffallend war im Westen, dass die Gruppe der Teilzeit Erwerbstätigen, die hier eine relativ große Gruppe vor allem weiblicher Befragter darstellte, relativ wenig Zeit pro Tag dafür aufwandte. Es kann angenommen werden, dass dafür die Nähe von Wohnen und Arbeiten, die ja für Teilzeitkräfte unabdingbar ist, und die häufig verbundenen Wege (sog. Wegeketten) im Sinne einer Weg- und Zeitoptimierung, die für diese Gruppe besonders typisch sind, mitverantwortlich war.

Tab. 3.17: Durchschnittlicher Zeitaufwand pro Tag für Wege für Haushaltszwecke nach Umfang der Erwerbstätigkeit 1991/92 und 2001/02

	Durchschnittlicher Zeitaufwand pro Tag für Haushaltszwecke 1991/92 und 2001/02					
	West		Ost		Gesamt	
Umfang der Erwerbstätigkeit	Zeitaufwand pro Tag in Minuten 1991/92	Zeitaufwand pro Tag in Minuten 2001/02	Zeitaufwand pro Tag in Minuten 1991/92	Zeitaufwand pro Tag in Minuten 2001/02	Zeitaufwand pro Tag in Minuten 1991/92	Zeitaufwand pro Tag in Minuten 2001/02
Vollzeit erwerbstätig	32,7	41,1	33,2	41,6	32,8	41,2
Teilzeit erwerbstätig	31,1	41,9	34,4	44,4	31,3	42,2
nicht erwerbstätig	35,7	44,9	42,6	51,5	37,1	46,3
Gesamt	34,1	43,1	37,6	47,3	34,4	43,9

* keine oder zu geringe Fallzahl
Quelle: Zeitbudgetstudien 1991/92 und 2001/02 – eigene Berechnungen

Hinsichtlich der benutzten Verkehrsmittel für Haushaltswege bestand sowohl 1991/92 als auch 2001/02 in beiden Teilen Deutschlands das gleiche Muster: je größer der Umfang der Erwerbstätigkeit war, desto höher war der Anteil der PKW-Fahrer/innen und umgekehrt desto niedriger war der Anteil der Fußgänger/innen. Der wesentliche Unterschied zwischen Ost und West bestand 1991/92 im Niveau und im Umfang dieser Differenzen. Komplementär verhielt es sich mit dem Anteil der Wegezeit zu Fuß, der 1991/92 bei nicht Erwerbstätigen im Osten bei immerhin 38% lag (West 23%).

Im Jahr 2001/02 hatte sich die Situation dahingehend verändert, dass hinsichtlich der PKW-Nutzung der Vollzeit Erwerbstätigen keine Unterschiede mehr zwischen Befragten in Ost und in West bestanden. Der PKW wurde von dieser Gruppe (auch) für drei Viertel der Haushaltswegezeit genutzt. Bemerkenswerte Differenzen in der Nutzung des PKWs gab es 2001/02 noch zwischen Vollzeit Erwerbstätigen und nicht Erwerbstätigen in Ost und West dahingehend, dass Letztere im Westen deutlich häufiger für Haushaltswege den PKW einsetzten als nicht Erwerbstätige im Osten. Die Veränderungen der vergangenen zehn Jahre lassen erkennen, dass in den neuen Ländern starke Ungleichheiten entstehen, die im Wesentlichen in der Zugehörigkeit zum bzw. dem Ausschluss vom Erwerbsleben begründet sind.

In den folgenden Auswertungen wird nicht nur danach unterschieden, wo wie viel Zeit für die entsprechenden Wege verwendet wurde, sondern wie sich der

3. Wie gestaltet sich Zeitverwendung für Mobilität im Alltag?

Zeitaufwand zwischen den in Kap. 3.1.1.2 differenzierten Familien- und Haushaltstypen unterschied. Zuerst wird nach Geschlecht und Familienform dahingehend unterschieden (vgl. Tab. 3.18), ob die Befragten an einem der beiden Befragungstage überhaupt Wege für hauswirtschaftliche Tätigkeiten zurücklegten oder nicht.

Tab. 3.18: Anteile der Personen innerhalb der verschiedenen Familien- und Haushaltsformen, die Wege für hauswirtschaftliche Tätigkeiten zurücklegten, sowie der Zeitaufwand dieser Wege 1991/92 und 2001/02.

Personen, die in folgenden Familien-/ Haushaltsformen leben	Männer				Frauen			
	mit Wegen für Haushalt in %		Wegezeit in Minuten		mit Wegen für Haushalt in %		Wegezeit in Minuten	
	91/92	01/02	91/92	01/02	91/92	01/02	91/92	01/02
Alleinlebend, erwerbstätig	54,8	80,0	29,1	41,9	58,6	84,0	33,4	38,4
Alleinlebend, nicht erwerbstätig	72,9	84,1	41,3	53,5	68,2	83,3	37,2	47,6
im Haushalt als Alleinerziehenden/er mit Kindern	26,7*	65,6	33,1*	37,5	64,4	78,1	27,0	42,5
als Paar, ohne Kind/er	54,0	78,0	37,2	49,1	62,5	79,4	37,7	46,0
als Paar m. Kind/ern u. 6 Jahren, 1 Partner erwerbstätig	41,4	60,6	34,1	41,7	69,6	82,1	32,0	41,2
als Paar m. Kind/ern u. 6 Jahren, beide Partner erwerbstätig	41,8	65,1	30,7	40,2	69,2	76,6	29,8	39,4
als Paar m. Kind/ern zw. 6-18 Jahren, 1 Partner erwerbstätig	32,4	61,9	33,0	39,9	58,8	76,4	33,3	38,7
als Paar m. Kind/ern zw. 6-18 Jahren, beide Partner erwerbstätig	38,0	58,0	34,5	38,9	55,5	73,0	32,5	40,5
Alle	45,6	69,8	34,8	44,6	59,9	78,7	34,9	43,5

* geringe Fallzahl (n=40)
Quelle: Zeitbudgetstudien 1991/92 und 2001/02 – eigene Berechnungen

Neben der Tatsache, dass insgesamt in beiden Zeitschnitten wesentlich mehr Frauen Wege für den Haushalt zurücklegten als Männer[117], ist bemerkenswert, dass in beiden Zeitschnitten nahezu am häufigsten Wege für den Haushalt von der Gruppe der nicht erwerbstätigen alleinlebenden Männer (vor allem Rentner) bewältigt wurden[118]. Was auch überraschend erscheinen mag, ist die Tatsache, dass Männer dann, wenn sie mit Frau und Kindern im Haushalt lebten, an den Befragungstagen seltener Wege für den Haushalt übernahmen, als dann, wenn keine Kinder im Haushalt lebten. Dies traf auf beide Zeitpunkte zu, nur mit dem Unterschied, dass alle Anteile auf einem höheren Niveau lagen.

---

117 Die Wochentage/ Wochenendtage verteilten sich über die Geschlechter gleich.
118 Rd. 80% der Befragten in der Gruppe der allein lebenden nicht erwerbstätigen Personen waren sowohl 1991/92 als 2001/02 60 Jahre und älter.

3.1 Zeitbudgetstudien des Statistischen Bundesamtes (1991/92 und 2001/02) 231

Bei Paaren ohne Kinder übernahmen 54% (1991/92) bzw. 78% (2001/02) der Männer an mindestens einem der Befragungstage Wege für hauswirtschaftliche Tätigkeiten, jedoch diese Beteiligung nahm in beiden Erhebungen systematisch weiter ab, wenn Kinder im Haushalt waren und – so kann vermutet werden – Frauen im Zusammenhang mit der Kinderbetreuung dann auch die Besorgungen für den Haushalt erledigten. Waren die Kinder klein, d.h. unter sechs Jahren, so waren noch rd. 40% (1991/92) bzw. 60% (2001/02) der Männer an Wegen für den Haushalt beteiligt[119], wurden die Kinder jedoch größer, so sank der Anteil der Männer, die Haushaltswege unternahmen, deutlich unter 40% (1991/92) bzw. unter 50% (2001/02). Häufige Haushaltswege besaßen außerdem sowohl Frauen mit kleinen Kindern als auch Frauen ohne Kinder und – überraschenderweise – war in beiden Zeitschnitten auch bei erwerbstätigen Frauen mit Kindern die Beteiligung an Haushaltswegen niedriger als bei nicht erwerbstätigen Frauen mit Kindern. Offensichtlich fand sowohl bei Frauen als auch bei Männern dann, wenn beide Partner erwerbstätig waren, eine Reduktion der (evtl. vermeidbaren) Haushaltswege im Sinne der Optimierung und Konzentration auf wenige Wege statt. Wohingegen diejenigen, die nicht durch eine Erwerbstätigkeit in einen festen Zeitrahmen gebunden waren, häufigere und längere Einkaufswege für den Haushalt zurücklegten, die u.U. auch soziale Funktionen besaßen.

Entsprechend dem hohen Anteil der alleinlebenden, nicht erwerbstätigen Männer mit Wegen für den Haushalt war auch der Zeitaufwand bei dieser Gruppe sehr hoch: sie verwandten 1991/92 im Mittel über 41 Minuten, 2001/02 sogar 54 Minuten für Haushaltszwecke[120]. Es muss bei der Wegedauer dieser Wege für den Haushalt vermutet werden, dass u.U. unterschiedliche andere Aktivitäten wie z.B. Plaudern, Spazierengehen o.ä. in die Wegezeiten eingegangen sind, die vordergründig als Wege für Haushalt deklariert wurden und nicht ausschließlich unter dem Aspekt der Wegeökonomie gestaltet wurden. Dieser Aspekt, der hier mit dem Begriff „Wegequalität" umschrieben wird, muss sicherlich auch bei der Interpretation der Wegezeiten berücksichtigt werden. Auch wenn Männer im Rentenalter nicht ganz so häufig über einen PKW verfügten wie jüngere Männer und auch wenn sie vielleicht etwas länger für einen Zu-Fuß-Weg benötigten, so erklärt dies nicht die hier festgestellten hohen Wegezeiten (die zudem für Frauen noch höher sein müssten, wenn man den Motorisierungsgrad als zentrales Argument einsetzen würde). In Kap. 4 wird auf diese Aspekte der Qualität von Mobilität näher eingegangen.

Vergleicht man die Verkehrsmittelnutzung der verschiedenen Familien-/ Haushaltsformen (vgl. Tab. 3.19), so bestätigt sich die o.g. These, dass in beiden Zeiteinheiten mit Abstand die geringste PKW-Nutzung in der Gruppe der nicht

---

119 Bemerkenswert ist auch, dass es keine Unterschiede in der Beteiligung der Männer an Haushaltswegen zwischen den beiden Gruppen Ehepaar mit Kind/ern, ein Partner vs. beide Partner erwerbstätig gab. Es schien somit auch bei einer Erwerbstätigkeit der Frau keine stärkere Beteiligung der Männer an Haushaltswegen stattzufinden.
120 Die höchsten Maxima der Wegezeiten sowie die höchsten Standardabweichungen der Wegezeit wurden bei nicht erwerbstätigen Personen erzielt. Die niedrigsten Maxima sowie Standardabweichungen erreichten die Teilzeit Erwerbstätigen.

erwerbstätigen alleinlebenden Befragten festzustellen ist. Dies erklärt u.a. zusammen mit der hohen Anzahl der Wege die außerordentlich hohen Wegezeiten dieser Familien- bzw. Haushaltsgruppe.

Tab. 3.19: *Anteil der Wegezeit für hauswirtschaftliche Tätigkeiten mit dem PKW nach Familien-/ Haushaltsform in Ost und West 1991/92 und 2001/02*

Personen, die in folgenden Familien-/Haushaltsformen leben	Anteile der Wege, die für den Haushalt mit PKW zurückgelegt wurden*					
	West		Ost		Gesamt	
	PKW 91/92	PKW 01/02	PKW 91/92	PKW 01/02	PKW 91/92	PKW 01/02
Alleinlebend, erwerbstätig	61,9	55,4	44,6	60,0	59,6	55,9
Alleinlebend, nicht erwerbstätig	29,3	37,4	17,2	24,5	26,8	34,3
im Haushalt als Alleinerziehende/er mit Kindern	56,7	59,8	46,2	47,6	53,8	57,2
als Paar, ohne Kind/er	64,7	68,9	46,0	58,1	60,8	66,6
als Paar m. Kind/ern u. 6 Jahren, 1 Partner erwerbst.	73,5	77,5	72,3	70,0	73,5	76,6
als Paar m. Kind/ern u. 6 Jhr., beide Partn. erwerbst.	82,2	78,6	63,8	70,4	76,1	77,4
als Paar m. Kind/ern zw. 6-18 Jhr., 1 Partner erwerbst.	69,0	74,1	53,7	60,6	67,3	71,2
als Paar m. Kind/ern zw. 6-18 Jhr., beide Partner erw.	71,5	71,3	67,3	70,2	70,2	71,1
alle	62,8	65,1	50,5	57,2	60,2	63,5

* addiert sich nicht auf 100%, da zum einen Verkehrsmittel, wie Motorrad, fehlen, und zum anderen dann, wenn PKW und ÖPNV benutzt wurden, diese in beiden Kategorien gezählt wurden. Ansonsten sind die Kategorien trennscharf.
Quelle: Zeitbudgetstudien 1991/92 und 2001/02 – eigene Berechnungen

Im Westen wurde 1991/92 der PKW am häufigsten für Haushaltswege genutzt, wenn kleine Kinder im Haushalt lebten und beide Partner erwerbstätig waren, gefolgt von der Gruppe, in der kleine Kinder im Haushalt lebten und ein Partner erwerbstätig war. Danach folgten dicht die anderen Haushaltstypen mit Kindern. Große Unterschiede zu den neuen Ländern wurden 1991/92 vor allem bei den allein lebenden Befragten deutlich, die deutlich seltener für die Haushaltswege einen PKW benutzten, wobei diese Unterschiede für die erwerbstätigen Alleinlebenden 2001/02 verschwanden und nur für die nicht erwerbstätigen Alleinlebenden erhalten blieben, was die bereits erwähnte verstärkte Ungleichheit im Osten aufgrund der Partizipation am Erwerbsleben unterstreicht.

Besonders groß waren 1991/92 die Unterschiede in der Gruppe der erwerbstätigen Paare (beide Partner erwerbstätig) mit Kind/ern unter sechs Jahren, die im Westen für über 80% ihrer Haushaltswegezeit den PKW benutzten, während dies nur für rd. 64% der Befragten im Osten galt. Auch 2001/02 waren hier noch deutlich Unterschiede zu erkennen. Während Doppelerwerbstätigkeit im Westen 1991/92 systematisch zu einer Erhöhung der PKW-Nutzung für Haushaltswege führte, fand dies im Osten nicht statt. Dies hing wahrscheinlich damit zusammen, dass im Westen erwerbstätige Frauen (auch Teilzeit Erwerbstätige) 1991/92 wesentlich häufiger einen PKW für den Arbeitsweg benutzten als ostdeutsche erwerbstätige Frauen und damit dann gleichzeitig die Haushaltswege mit dem PKW (oft in Verbindung mit dem Arbeitsweg) bestritten.

Tab. 3.20: Ergebnisse der Auswertungen für den Haushaltsweg entsprechend dem Auswertungsschema für Eigenschaften des Kontexts 1991/92 und 2001/02

	Wegezeit für Haushalt – Eigenschaften des Kontexts			
	West/Ost	**Zentralität/ Lage**	**Verkehrsanbindung** (Autobahn)	**Haustyp**
Anz./ Anteil der Personen mit Wegen	mehr Personen mit Wegen im Osten *2001/02: höherer Anteil mit Wegen*	je höher der zentrale Rang desto mehr Wege werden zurückgelegt	West: Anzahl der Wege bei zun. Entfernung von AB abnehmend, Ost: zunehmend	West: wenige Wege in kleinen Wohneinheiten, viele Wege in mittelgr. Wohnhäusern Ost: wenige Wege in 1-Fam.häusern, viele Wege in gr. Wohnhäusern
Dauer	längere Wege im Osten *2001/02: insgesamt deutlich längere Wege*	West: längere Wege in den Zentren der verd. Kreise Ost: längere Wege in den gr. Kernstädten *2001/02: klares Gefälle Zentrum-Peripherie*	West: Wegedauer bei zun. Entfernung von AB abnehmend Ost: gleichbleibend	West: kurze Wege in kleinen Wohneinheiten, lange Wege in mittelgr. Wohnhäusern Ost: besonders lange Wege in gr. Wohnhäusern mit mehr als 8 bzw. 11 Parteien
Verkehrsmittel	mehr PKW-Nutzung im Westen, mehr unmotorisiert im Osten *2001/02: erhöhte PKW-Nutzung, vor allem „Aufholen" im Osten*	West: je niedriger der zentrale Rang, desto mehr PKW-Nutzung Ost: in ländl. Regionen große Untersch. PKW-Nutzung zw. Zentr. u. sonst. Gemeinde	West: keine syst. Muster Ost: zun. PKW-Nutzung bei zun. Entfernung von AB	alle 1-Fam.häuser: hohe PKW-Nutzung. West: gr. Wohnhäuser: viele zu Fuß-Wege Ost: gr. Wohnhäuser: viele zu Fuß-Wege und in Hochhäusern: viel ÖPNV

Quelle: Zeitbudgetstudien 1991/92 und 2001/02 – eigene Berechnungen

Tab. 3.21: *Ergebnisse der Auswertungen für den Haushaltsweg entsprechend dem Auswertungsschema für Eigenschaften der Akteure 1991/92 und 2001/02*

	Wegezeit für Haushalt – Eigenschaften der Akteure					
	Geschlecht	Alter	Erwerbstätigkeit	Familien-/ Haushaltsform	Kinder im Haushalt	PKW-Verfügbarkeit
Anzahl/ Anteil der Personen mit Wegen	mehr Wege für Frauen, am wenigsten Wege für Männer im Westen	Ost deutlich mehr Wege für ältere Personen ab 60 West am meisten Wege für Frauen zw. 30 und 60	West: Teilzeit Erw. mit den meisten Wegen, Vollzeit Erw. mit den wenigsten Wegen	viele Wege: alleinleb. nicht erw. tät. Männer, nicht erw. tät. Frauen mit kl. Kindern - Wege erw. tät. Männer m.gr. Kind.	mehr Wege ohne Kinder im Haushalt West: Männer mit Kindern im Haushalt mit den wenigsten Wegen	mit PKW weniger Wege, vor allem im Westen
Dauer	West: Wege von beiden gleich lang Ost: Wege der Frauen länger	mehr Zeitaufwand für ältere Personen, weniger für junge Personen unter 25 Jahren	West: Teilzeit Erw. kurze Wege, Nicht Erw. längsten Wege *2001/02: Wegezeit sinkt mit +. Erw.tät.*	Lg. Wege: alleinleb. nicht erw. Tätige, Ehep. o. Kinder kurze Wege: erw. tät. Ehep. mit kl. Kindern, Alleinerz..	längere Wege ohne Kinder im Haushalt, vor allem im Osten	mit PKW kürzere Wege, vor allem im Westen
Verkehrsmittel	West: nur 42% der Zeit d. Frauen ohne PWK *2001/02: 40%* Ost: 60% der Zeit d. Frauen ohne PKW *2001/02: 48%*	mehr PKW-Nutzung der Frauen zw. 25 und 45 Jahren, im Westen. mehr ÖPNV-Nutzung der Frauen im Osten *2001/02: ÖPNV-Nutz. gleich marginal*	je höher der Umfang der Erw.tätigkeit desto mehr PKW-Nutzung, je niedriger, desto mehr Zu-Fuß-Wege	Unmot.: alleinleb. n. erw. Tätige. West: zun. Motorisierung bei Paaren,. wenn beide erw. tät. *2001/02 Ost: erw. tät. Paare mit hoher PKW-Nutzung*	weniger PKW-Nutzung ohne Kinder im Haushalt, vor allem im Osten	ohne PKW mehr Zu-Fuß-Wege, weniger ÖPNV, vor allem im Osten

Quelle: Zeitbudgetstudien 1991/92 und 2001/02 – eigene Berechnungen

3.1 Zeitbudgetstudien des Statistischen Bundesamtes (1991/92 und 2001/02) 235

Zusammengefasst lassen sich die Ergebnisse für Haushaltswege aus den beiden Tabellen 3.20 und 3.21 für „Extremtypen" für die Wegezeit pro Tag folgendermaßen beschreiben:

- *Den geringsten Zeitaufwand für Haushaltswege pro Tag hatte: der erwerbstätige allein lebende Mann zwischen 20 und 25 Jahren (1991/92) oder der erwerbstätige Mann in Paarbeziehung mit Kindern in der ländlichen Region im Westen, mit PKW.*
- *Den höchsten Zeitaufwand für Haushaltswege pro Tag hatte: der nicht erwerbstätige allein lebende Mann über 60 Jahre in Ost-Berlin, in einem Wohngebäude mit mehr als acht (bzw. 11) Wohnungen, ohne PKW, der u.a. den ÖPNV für Haushaltswege nutzte.*

Es wird erneut deutlich, dass sich über die Familien-/ Haushaltstypen und ihre Verteilung in den Regionen zu beiden Zeitschnitten relativ viele Abweichungen in den Haushaltswegen erklären ließen (vor allem im Osten)[121].

Die Haushaltswege stellten die Wegeart dar, die von den meisten Befragten im Alltag zurückgelegt wurde. Unter ihnen waren besonders viele Frauen (jeden Alters) und besonders viele ältere Personen, wobei sich bei den älteren Personen die Geschlechterdifferenz nahezu aufhob. Die Wegezeiten waren für ältere Befragte und Personen in den neuen Ländern sowie in den großen Städten signifikant länger als für die anderen Befragten, was nicht zuletzt darauf zurückzuführen war, dass sie seltener den PKW für diese Wege nutzten. Diese Muster blieben auch zum zweiten Erhebungszeitpunkt 2001/02 im Wesentlichen erhalten, wobei sich die Werte sowohl bezüglich der Anteile der Ausübenden als auch der Wegezeit erhöhten, was z.T. auf die Erhöhung der Zahl der Erhebungstage zurückzuführen war. Insgesamt hatten sich die Unterschiede zwischen den Geschlechtern verringert, zwischen West und Ost sowie Stadt und Land jedoch geringfügig erhöht.

All diejenigen (Männer, Jüngere, Erwerbstätige (West), in ländlichen Regionen, im Westen), die den PKW für diese Wege häufiger nutzten, legten in der Regel seltener Wege für den Haushalt zurück und verwandten darauf im Tagesmittel weniger Zeit. Daraus lässt sich ableiten, dass diese Personen die Besorgungen in größeren Abständen und vermutlich auch eher als Großeinkauf erledigten, wohingegen die anderen Personen ohne PKW häufiger unterwegs waren und nur kleinere Mengen einkauften. Letztere waren damit auch in stärkerem Maße auf ein flächendeckendes wohnortnahes Angebot an Geschäften angewiesen, um ihre Bedürfnisse zu decken.

---

121 Dennoch vermag eine Regressionsanalyse über all die hier genannten Indikatoren nur wenig zusätzlichen Erklärungswert zu liefern, was – wie bereits erwähnt – mit der Struktur der unabhängigen Variablen und deren beschränkter Eignung für Regressionsanalysen zusammenhängt.

Abb. 3.31: Anteil derjenigen, die Wege für Haushalt ausführten, und die durchschnittliche Wegedauer nach verschiedenen Merkmalen 1991/92 und 2001/02

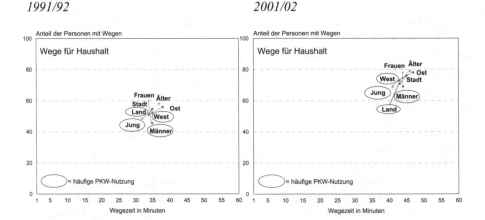

J (jünger): unter 45 Jahren, A (älter): über 45 Jahren
S (Stadt): Verdichtungsregion und Kernstädte der Regionen mit Verdichtungsansätzen, L (Land): restliche Gemeinden der Regionen mit Verdichtungsansätzen und ländliche Regionen
Quelle: Zeitbudgetstudien 1991/92 und 2001 – eigene Berechnungen

Inwieweit „lange Haushaltswege" grundsätzlich als Indikator für eine ungünstige Versorgung mit Lebensmittelgeschäften zu verwenden sind, ist fraglich, da vermutet werden kann, dass z.B. bei den langen Haushaltswegen älterer allein lebender Personen auch andere Aktivitäten, wie z.B. Kommunikation und soziale Kontakte in diese Wegezeiten einfließen.

3.1.3.2.3 Wegezeiten für Kinderbetreuung

Eines der wichtigsten Anliegen der Initiatoren der Zeitbudgetstudien war das Aufzeigen und Messen von Tätigkeiten, die nicht entlohnt werden (z.B. Arbeiten im Haushalt) und sich gleichzeitig durch ihre Kleinteiligkeit über den Tag hinweg einer Erfassung durch einfache Befragungen entziehen (z.B. Kinderbetreuung). Dies gilt für alle Hausarbeiten, aber besonders für all die Tätigkeiten, die sich bei der Mischung von Hausarbeit und Kinderbetreuung ergeben. Dazu zählen auch die Fahrten, die im Rahmen der Kinderbetreuung anfallen, seien dies Fahrten zu Kinderbetreuungseinrichtungen, wie Kinderkrippe, Kindergarten oder Pflegepersonen, aber auch Fahrten zur Schule, zu Freizeitaktivitäten, Musikunterricht, Sport, Kindergeburtstagen usw.. Wie bei den Auswertungen der Wege von Haushalten (Kap. 3.1.2.1) bereits festgestellt wurde, wurden besonders in den peripheren Regionen im Westen wesentliche Anteile der Wege zu Kinderbetreuungseinrichtungen mit dem PKW zurückgelegt (52% der Wege zur Kinderkrippe, 33%

3.1 Zeitbudgetstudien des Statistischen Bundesamtes (1991/92 und 2001/02)   237

der Wege zum Kindergarten, 37% der Wege zum Kinderhort). Besonders in den Regionen, in denen Kinder eine Schule außerhalb der Wohngemeinde besuchen und damit die Schulkameraden/innen nicht mehr vor Ort wohnen, können solche Fahrten häufig anfallen.

Tab. 3.22: Anteile der Personen mit Kindern unter 18 Jahren, die Wege für Kinderbetreuung zurücklegten, und Zeitaufwand pro Tag nach Geschlecht und Umfang der Erwerbstätigkeit 1991/92 und 2001/02

	West				Ost			
	Männer		Frauen		Männer		Frauen	
	mit Kinder und mit Wegen für Kinder in %	Zeitaufwand pro Tag in Min.	mit Kinder und mit Wegen für Kinder in %	Zeitaufwand pro Tag in Min.	mit Kinder und mit Wegen für Kinder in %	Zeitaufwand pro Tag in Min.	mit Kinder und mit Wegen für Kinder in %	Zeitaufwand pro Tag in Min.
1991/92								
Vollz. erwerbstätig	21,6	27,3	30,5	32,5	23,0	26,7	34,7	28,7
Teilz. erwerbstätig	25,0	32,6	49,3	33,7	-	-	32,5	25,8
nicht erwerbstätig	5,4	36,9	32,2	37,6	7,8	24,5	25,4	40,7
Gesamt	17,4	30,0	38,2	35,5	19,5	30,4	31,0	32,9
2001/02								
Vollz. erwerbstätig	*28,6*	*34,2*	*31,8*	*34,6*	*21,5*	*31,6*	*38,9*	*35,3*
Teilz. erwerbstätig	*17,7*	*34,3*	*55,0*	*42,8*	*14,8*	*72,0*	*38,6*	*37,5*
nicht erwerbstätig	*7,9*	*44,4*	*38,3*	*50,3*	*7,5*	*73,3*	*17,4*	*38,6*
Gesamt	22,8	35,2	42,4	45,6	16,0	41,1	28,6	36,6

nur Personen mit Kindern unter 18 Jahren im Haushalt
Quelle: Zeitbudgetstudien 1991/92 und 2001/02 – eigene Berechnungen

Insgesamt wurden in beiden Erhebungen von 11% der Befragten an mindestens einem Tag Wege für die Kinderbetreuung zurückgelegt. Diese Personen unterschieden sich erwartungsgemäß hinsichtlich der Merkmale Geschlecht und Umfang der Erwerbstätigkeit von der Gesamtheit der Befragten. Wenn man zudem das Alter der Befragten berücksichtigte, so wurde anhand der Wege für Aktivitäten der Kinder deutlich, dass die Familienphase 1991/92 in den neuen Ländern früher einsetzte als in den alten Ländern und deutlich früher beendet war[122]. Kurz nach der Wende 1991/92 waren noch typische demographische Strukturen der

---

122 Die frühere Eheschließung und Mutterschaft in den neuen Ländern ist in zahlreichen Statistiken nachzulesen (u.a. System Sozialer Indikatoren, ZUMA)

ehemaligen DDR zu erkennen, die sich in früheren Eheschließungen und früherer Elternschaft äußerten. Dies hing nicht zuletzt damit zusammen, dass die Zuteilung einer eigenen Wohnung eng an eine Familiengründung gebunden war. So legten 1991/92 nur 10% der westdeutschen Frauen unter 25 Jahren Wege für Kinderbetreuung zurück, während bereits 25% der ostdeutschen Frauen im gleichen Alter Wege dieser Art ausübten. Dagegen legten nur noch 22% der ostdeutschen Frauen zwischen 35 und 40 Jahren Wege für Kinder zurück, wohingegen noch 45% der westdeutschen Frauen in diesem Alter Wege für Kinder ausübten. Zehn Jahre später bot sich ein grundsätzlich anderes Bild: In beiden Teilen Deutschlands fielen nur noch für 5% der Frauen unter 25 Jahren Wege für Kinder an.

Die höchsten Anteile von Frauen mit Wegen für Kinder (knapp 50%) befanden sich im Osten in der Altersgruppe der 30-35-jährigen Frauen und im Westen in der Altersgruppe der 35-40-jährigen Frauen, d.h. dass vor allem im Osten die Zeit der Familiengründung deutlich in eine spätere Lebensphase verschoben wurde und sich die Situation nahezu an die des Westens angeglichen hatte. Westdeutsche Frauen legten Wege für Kinder noch zu 30% im Alter von 40 bis 45 Jahren zurück (zu beiden Zeitpunkten), wohingegen in diesem Alter nur noch 16% (bzw. 18% 2001/02) der Frauen im Osten Wege für Kinderbetreuung bestritten.

In Haushalten mit Kindern unter 18 Jahren legten 1991/92 knapp 20% der Männer (etwas weniger im Westen als im Osten), rd. 40% der westdeutschen Frauen und knapp 30% der ostdeutschen Frauen an mindestens einem der Befragungstage Wege für Kinder zurück. 2001/02 hatte sich die Situation dahingehend verändert, dass mittlerweile mehr westdeutsche (23%) als ostdeutsche Männer (16%) Wege für Kinder zurücklegten, während die Beteiligung von Frauen an dieser Wegeart nahezu gleich geblieben war. Es kann vermutet werden, dass die schwierige Arbeitsmarktlage, verbunden mit z.T. extrem langen Arbeitswegen, dazu führte, dass sich die ehemals stärker in Familienangelegenheiten involvierten ostdeutschen Männer aus diesem Bereich zurückgezogen haben. Im Westen fällt besonders die Gruppe der Teilzeit erwerbstätigen Frauen auf, die zu knapp 50% Wege für Aktivitäten der Kinder an mindestens einem der Befragungstage zurücklegte. Die Tatsache, dass Frauen im Westen Teilzeit arbeiteten, lässt vermuten, dass die Kinder dieser Frauen noch relativ klein waren, so dass sie mehr Wegbegleitung benötigten als die Kinder der Vollzeit erwerbstätigen Frauen. Im Osten legten dagegen Vollzeit erwerbstätige Frauen etwas häufiger Wege für Kinder zurück als Teilzeit oder nicht Erwerbstätige, was darauf zurückzuführen war, dass im Osten auch Frauen mit kleinen Kindern relativ oft Vollzeit erwerbstätig waren und deutlich seltener Teilzeitbeschäftigungen ausübten als dies im Westen der Fall war. Väter legten grundsätzlich seltener Wege für Kinderbetreuung zurück als Mütter.

Auch der Zeitaufwand von Männern[123] für Wege für Kinderbetreuung war erwartungsgemäß (1991/92) in beiden Teilen Deutschlands geringer als der der Frauen und bei beiden Geschlechtern stieg in Ost- wie in Westdeutschland der

---

123 Es wurden in diese Analyse nur die Männer einbezogen, die im Alltag Wege für Kinder zurücklegten.

Zeitaufwand für Wege für Kinderbetreuung mit abnehmendem Umfang der Erwerbstätigkeit. Es ist somit anzunehmen, dass Vollzeit erwerbstätige Eltern zum einen die Fahrten mit Kindern aus zeitlichen Gründen minimieren mussten (d.h. auf Fahrten zur Kinderbetreuungseinrichtungen einschränken), zum anderen aber auch – zumindest im Westen – die Kinder Vollzeit erwerbstätiger Mütter eher älter waren und damit nicht mehr so häufig auf ihren Wegen begleitet werden mussten. Auffällig ist ebenfalls, dass für Vollzeit erwerbstätige Frauen 1991/92 im Osten der Zeitaufwand für Wege für Kinderbetreuung deutlich geringer war als für Frauen im Westen. Dies kann u.a. auf die 1991/92 noch bessere Versorgung mit Kinderbetreuungseinrichtungen in den neuen Ländern zurückgeführt werden. Zehn Jahre später waren die Wegezeiten der Vollzeit erwerbstätigen Frauen im Osten 2001/02 von ehemals 29 Minuten auf über 35 Minuten angestiegen, was die Ausdünnung des Standortnetzes von Kinderbetreuungseinrichtungen widerspiegelt.

Unterscheidet man weiter nach dem Alter der Kinder, so mussten erwartungsgemäß in beiden Jahren Personen mit kleinen Kindern unter sechs Jahren häufiger Wege für sie zurücklegen als Personen mit größeren Kindern. Während die Wege für kleinere Kinder vorrangig Aufgabe der Frauen waren, so glich sich der Anteil der Väter und Mütter, die Wege für ein Kind unternahmen, bei größeren Kindern etwas an[124]. Mit zunehmendem Alter der Kinder nahmen zwar die Begleitwege für sie ab, wenn sie jedoch begleitet werden mussten, so waren diese Wege auch signifikant länger.

Insgesamt legten zu beiden Zeitpunkten die Befragten in Verdichtungsregionen und den Kernstädten häufiger Wege für Kinder zurück (besonders bei kleinen Kindern) und verwandten dafür mehr Zeit pro Tag als in den anderen Regionen. Der geringste Zeitaufwand für Wege mit Kindern fiel in ländlichen Regionen und Orten ohne zentralörtlichem Rang an. Es ist anzunehmen, dass dort Kinder ohne elterliche Begleitung früher mobil sein konnten als in zentralen Orten oder gar in Großstädten[125]. Die leichtere und ungefährlichere Erreichbarkeit von Spielplätzen, Sportstätten oder Freunden im ländlichen Raum reduziert offensichtlich die Begleitwege durch Erwachsene. Auch die durchschnittlichen Wegezeiten reduzierten sich leicht mit abnehmender Zentralität des Wohnortes. Sie sanken von rd. 44 Minuten in den Kernstädten auf 41 Minuten in den Ober- und Mittelzentren und knapp 40 Minuten in den Gemeinden ohne zentralörtlichen Rang.

Bezieht man als Infrastruktureinrichtung für Kinder unter sechs Jahren die Anzahl der Kindergartenplätze pro 1.000 Einwohner[126], in die Betrachtung mit ein,

---

124 Dies könnte damit zusammenhängen, dass die Beaufsichtigung von und die Fahrten mit kleineren Kindern verbreitet als Aufgabe von (nicht oder Teilzeit erwerbstätigen) Frauen angesehen werden, während Kinder auf dem Schulweg oder abends zur Party eher vom Vater mit dem PKW gefahren werden.
125 Dies entspricht den Ergebnissen der HIFI-Studie (Kap. 3.2), in denen ebenfalls die Frauen in den kleinen Gemeinden wesentlich weniger Zeit für Wege zur Kinderbetreuung zurücklegten als Frauen in den Mittelzentren.
126 Die Daten stammen aus dem Informationssystem INKAR, hrsg. vom Bundesamt für Bauwesen und Raumordnung (Versionen 1996 und 1999).

so sank im Westen diese Wegezeit kontinuierlich mit zunehmender Dichte der Kindergartenplätze von 40 Minuten Wegezeit pro Tag in Wohngemeinden mit geringer Kindergartendichte auf 26 Minuten Wegezeit pro Tag in Wohngemeinden mit hoher Kindergartendichte. Dabei ist festzuhalten, dass die Kindergartendichte pro 1.000 Einwohner in Kernstädten und Verdichtungsregionen relativ niedrig war und in ländlichen Regionen und Gemeinden ohne zentralörtlichen Rang in West wie in Ost relativ hoch war. Damit wären eigentlich bei den (räumlich) längeren Wegen zu Kindergärten (trotz hoher Dichte pro Einwohner) in der Peripherie auch längere Wegezeiten zu erwarten gewesen. Da im Westen jedoch zwei Drittel der Wege mit Kindern unter sechs Jahren mit dem PKW zurückgelegt wurden, ist dieses Ergebnis der kürzeren Wegezeit bei längeren Wegstrecken nicht so überraschend. Im Osten dagegen nahm die Wegezeit mit zunehmender Kindergartendichte zu, nämlich von 25 Minuten pro Tag bei geringer Kindergartendichte auf 37 Minuten bei hoher Kindergartendichte, was der zunehmenden Entfernung der Einrichtungen entsprach. Dadurch, dass hier weniger als die Hälfte der Wege mit dem PKW zurückgelegt wurden, schlugen sich längere Wege in der Peripherie auch unmittelbar in längeren Wegezeiten nieder[127].

Abb. 3.32: Anteile der Wegezeiten für Kinderbetreuung mit dem PKW in den Regionstypen 1991/92 und 2001/02

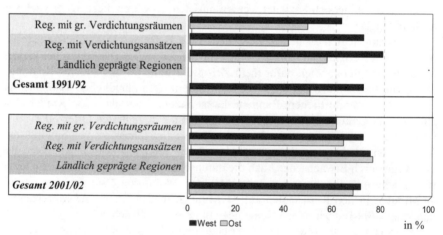

Quelle: Zeitbudgetstudien 1991/92 und 2001/02 – eigene Berechnungen

Interessant ist der Vergleich zwischen den Angaben der Haushalte 1991/92 hinsichtlich der Entfernung des Kindergartens sowie dem benutzten Verkehrsmittel allgemein (Kap. 3.1.2.1) und den in den Tagebüchern angegebenen Verkehrsmitteln. Nur 33% der westdeutschen Haushalte und 24% der ostdeutschen Haushalte gaben in der Haushaltsbefragung an, dass der Kindergarten üblicherweise mit dem

---

[127] Da in den jüngsten Versionen des INKAR 2002 die Kindergartenplätze pro 1.000 Einwohner nicht mehr enthalten waren, konnten leider keine aktuellen Vergleiche durchgeführt werden.

PKW erreicht werde. Dagegen wurden 1991/92 de facto im Westen 67% und im Osten 48% der Wege für Kinder unter sechs Jahren in den Tagebüchern mit dem PKW zurückgelegt. Dabei wurden natürlich auch andere Wege aufgeführt als nur diejenigen, die zum Kindergarten führten, aber dennoch war bei der alltäglichen Gestaltung der Wege mit Kindern/ für Kinder offensichtlich der PKW doch häufiger im Einsatz als es die Erreichbarkeit der Kindergärten vermuten ließe.

Im Haushaltsfragebogen der Zeitbudgetstudie 2001/02 hatten 92% der Befragten angegeben, dass sie Einrichtungen zur Kinderbetreuung, wie Kindergärten oder Kinderkrippen zu Fuß erreichen könnten. Im direkten Vergleich mit den Tagebüchern wurde jedoch von Familien mit Kindern unter sechs Jahren nur 35% der Wegezeit für Kinder im Westen und 38% der Wegezeit für Kinder im Osten unmotorisiert zurückgelegt, wobei hierin auch andere Wege als die zum Kindergarten enthalten waren. Wenn der Kindergarten allerdings für den Haushalt nicht zu Fuß erreichbar war, dann stieg die PKW-Nutzung in dieser Gruppe auf 72% im Westen und sogar 79% im Osten an. Auch hier zeigt sich eine deutliche Veränderung zu 1991/92 in Form der häufigeren (notwendigen) Motorisierung der Wege in den neuen Ländern.

Die Analyse der Verkehrsmittel für Wege für Kinderbetreuung insgesamt ergab, dass hier 1991/92 noch große Unterschiede zwischen Ost- und Westdeutschland bestanden (vgl. Abb. 3.32). Knapp drei Viertel der Wege für Kinder wurden zu diesem Zeitpunkt im Westen mit dem PKW zurückgelegt, während dies nur für die Hälfte der Wege für Kinder im Osten galt. Mit zunehmendem Alter der Kinder stieg die PKW-Nutzung in beiden Regionen an[128], wobei insgesamt auch hier im Zeitverlauf eine Annäherung der ostdeutschen Verhältnisse an die westdeutsche Situation festzustellen ist.

In den alten Ländern ist zu erkennen, dass 1991/92 innerhalb der drei Regionstypen der Einsatz des PKWs mit abnehmendem zentralörtlichem Rang zunahm. Damit wurde die größere Entfernung der Einrichtungen und Ziele ausgliechen, so dass sich bezüglich des Zeitaufwandes keine großen Unterschiede zwischen den Gemeindetypen zeigten. Insgesamt wurde zu diesem Zeitpunkt in den neuen Ländern der PKW deutlich seltener für die Wegezeit für Kinderbetreuung eingesetzt als in den alten Ländern, was sich 2001/02 dahingehend veränderte, dass die PKW-Anteile im Westen sogar leicht zurückgingen und im Osten deutlich anstiegen. Ein zentral-peripheres Gefälle in der PKW-Nutzung für die Wegezeit für Kinderbetreuung war 2001/02 noch zu erkennen.

Wenn Wege zur Kinderbetreuung 1991/92 im Westen unmotorisiert zurückgelegt wurden, dann geschah dies bevorzugt in den Kernstädten oder in Ober-/Mittelzentren – ein Muster, das auch 2001/02 noch Bestand hatte. Im Osten dagegen nahm der Anteil der unmotorisiert zurückgelegten Wege im Verdichtungsraum sogar mit abnehmendem zentralörtlichen Rang bis auf knapp 60% der Wege zu. Die hohen Anteile an unmotorisierten Wegen für Kinder in den neuen Ländern führten 1991/92 zudem nicht zu einem erhöhten Zeitaufwand – ganz im Gegen-

---

128 Dies ist vermutlich darauf zurückzuführen, dass größere Kinder nur dann eine Begleitung (d.h. einen Fahrdienst) benötigen, wenn sie größere Distanzen zurücklegen.

teil, dieser war in den ländlichen Regionen im Osten sogar eher niedriger. Dies bestätigt – zusammen mit den Ergebnissen der Haushaltsbefragung –, dass die zentral-peripheren Unterschiede hinsichtlich der Versorgung mit Kinderbetreuungseinrichtungen und des Schulstandortnetzes in den neuen Ländern 1991/92 deutlich geringer waren als in den alten Ländern. Diese „Gunstsituation" der kurzen Zu-Fuß-Wege für die Kinderbetreuung im Osten bestand 2001/02 nicht mehr. Es wurden im Osten in den kleinen Gemeinden genauso hohe Anteile (rd. 74%) der Wegezeit für die Kinderbetreuung mit dem PKW zurückgelegt wie im Westen. Inwieweit die typischen Siedlungsform des „Häuschens im Grünen", die sich durch weniger gute ÖPNV-Verbindungen und weniger Infrastrukturangebote auszeichnet, Auswirkungen auf Anzahl und Dauer der Wege für Kinder hatte, wurde ebenfalls geprüft (vgl. Tab. 3.23).

Tab. 3.23: Durchschnittlicher Zeitaufwand pro Tag für Wege für Kinder nach Haustyp 1991/92 und 2001/02

Haustyp	Durchschnittliche Anzahl der Wege und Zeitaufwand pro Tag für Kinder 1991/92 und 2001/02					
	West		Ost		Gesamt	
	Zeitaufwand pro Tag in Minuten 1991/92	*Zeitaufwand pro Tag in Minuten 2001/02*	Zeitaufwand pro Tag in Minuten 1991/92	*Zeitaufwand pro Tag in Minuten 2001/02*	Zeitaufwand pro Tag in Minuten 1991/92	*Zeitaufwand pro Tag in Minuten 2001/02*
freistehendes 1-2 Familienhaus	32,2	*42,6*	31,3	*32,3*	32,1	*41,1*
1-2 Familienhaus als Reihen- oder Doppelhaus	32,0	*41,2*	32,0	*37,5*	32,0	*40,9*
Wohnhaus mit <= 8 (<11)* Wohnungen	34,2	*41,8*	32,2	*35,5*	30,7	*41,0*
Wohnhaus mit > 8 (>= 11)* Wohnungen (max. 8 Etagen)	40,1	*44,6*	32,3	*56,0*	36,5	*49,2*
Hochhaus mit mehr als 8 Etagen	33,7	-	33,2	-	36,4	-
Gesamt	33,8	*41,8*	32,0	*38,2*	33,4	*41,2*

* Klassengrenze =11 im Jahr 2001/02
Quelle: Zeitbudgetstudien 1991/92 und 2001/02 – eigene Berechnungen

Es erwiesen sich jedoch 1991/92 sowohl im Westen als auch im Osten die 1-2-Familienhäuser als die Wohnformen, in denen die kürzesten Wege für Kinderbetreuung anfielen. Dagegen wurde im Typ „Wohnhaus mit mehr als 8 Wohnungen" am meisten Zeit für Wege für Kinder beansprucht. Es ist davon auszugehen, dass dort eine hohe Begleitmobilität erforderlich war, da Kinder sich im innerstädtischen Umfeld weniger alleine bewegen können. Hinzu kommt, dass dort besonders selten der PKW für Wege mit Kindern benutzt wurde, was den etwas höheren Zeitaufwand erklären könnte. Die These, dass Wege für Kinder im „Häuschen im Grünen" länger seien als in den zentralen Orten (ähnlich wie bei den Wegen zu Geschäften des täglichen Bedarfs) konnte nicht bestätigt werden. In diesem Haustyp wurde allerdings eine relativ hohe PKW-Nutzung festgestellt. Im Jahr 2001/02 fielen vor allem die extrem hohen Wegezeiten von knapp einer Stunde für Kinderbetreuung in großen Wohneinheiten im Osten auf. Diese Wohneinheiten, von denen zahlreiche zu den „Plattenbauten" zählten, lagen häufig am Rande der Siedlungen und waren vermutlich von Schließungen der Infrastruktureinrichtungen stark betroffen, so dass offensichtlich mehr Begleitwege für Kinder notwendig wurden als früher.

Tab. 3.24: Anteile der Personen innerhalb der verschiedenen Familien- und Haushaltsformen, die Wege für Kinderbetreuung zurücklegten, sowie der Zeitaufwand dieser Wege 1991/92

Personen, die in folgenden Familien-/ Haushaltsformen leben	Männer				Frauen			
	mit Wegen für Kinder in %		Wegezeit in Minuten		mit Wegen für Kinder in %		Wegezeit in Minuten	
	91/92	01/02	91/92	01/02	91/92	01/02	91/92	01/02
im Haushalt als Alleinerziehenden/er mit Kindern	11,0*	1,7	68,0*	25,1	36,2	22,7	38,6	47,6
als Paar m. Kind/ern u. 6 Jahren, 1 Partner erwerbstätig	24,4	27,9	47,9	36,8	60,8	61,7	54,3	48,2
als Paar m. Kind/ern u. 6 Jahren, beide Partner erwerbstätig	30,1	39,9	26,3	31,7	63,0	64,2	39,4	43,0
als Paar m. Kind/ern zw. 6-18 Jahren, 1 Partner erwerbstätig	11,6	20,8	32,2	44,1	22,3	33,9	37,0	44,2
als Paar m. Kind/ern zw. 6-18 Jahren, beide Partner erwerbstätig	13,8	13,9	27,3	37,7	22,5	25,3	31,0	37,7
alle	17,6	14,9	30,1	36,0	26,5	28,9	35,0	44,3

nur Personen mit Kindern im Haushalt;* geringe Fallzahl (n=40)
Quelle: Zeitbudgetstudien 1991/92 und 2001/02 – eigene Berechnungen

Unterschied man bei der Analyse der Wege für Kinderbetreuung nach der Familienform (vgl. Tab. 3.24), in der die Befragten lebten, so wird deutlich, wie in welcher Familienform zwischen den Partnern die Wege für das Kind wie verteilt waren. Überraschend mag erscheinen, dass Alleinerziehende – vor allem die Väter – relativ selten Wege für Kinder zurücklegten, die allerdings dann relativ lang waren. Dies lässt auf längere Betreuungsphasen außerhalb des Haushalts schließen (z.B. am Wochenende), allerdings war auch bei alleinerziehenden Müttern der

Anteil der Befragten, die Wege für Kinder zurücklegten, relativ gering[129]. Allerdings wurde hier nicht nach dem Alter der Kinder differenziert. Wenn das jüngste Kind weniger als sechs Jahre alt war und nur ein Partner erwerbstätig war, dann war dies in den meisten Fällen der Mann. Somit war die nicht erwerbstätige Frau in vollem Umfang für die Kinderbetreuung zuständig, und dies schlug sich entsprechend im Zeitaufwand nieder, denn Frauen in dieser Familienform besaßen 1991/92 mit knapp einer Stunde und 2001/02 mit knapp 50 Minuten den höchsten Zeitaufwand für Wege mit dem Kind.

Den höchsten Beteiligungsgrad an Wegen für Kinder besaßen sowohl Männer als auch Frauen dann, wenn beide erwerbstätig waren und das jüngste Kind unter sechs Jahre alt war. Bei dieser Konstellation nahm im Zeitverlauf sogar die Beteiligung der Männer an diesen Wegen zu, während die Beteiligung der Frauen leicht zurückging, d.h. dass eine tatsächliche Entlastung der Frauen stattfand. Man kann als Ergebnis festhalten: die höchste Beteiligung der Väter an Wegen für Kinder war dann festzustellen, wenn die äußerlichen Zwänge – sprich: Erwerbstätigkeit, d.h. Zeitknappheit, der Partnerin und kleine betreuungspflichtige Kinder – dies erforderten. Dennoch waren im Allgemeinen die Anteile der Väter, die Wege für Kinder zurücklegten, maximal halb so groß wie die Anteile der Mütter.

Das Vorhandensein eines PKWs im Haushalt wirkte sich nicht auf die Anzahl der zurückgelegten Wege mit Kindern aus (die meisten dieser Wege mussten vermutlich ohnehin bewältigt werden, ob mit oder ohne PKW) hinsichtlich des Zeitaufwandes unterschieden sie sich jedoch: Befragte ohne PKW im Haushalt mussten 1991/92 im Westen elf und im Osten sieben Minuten mehr Zeit investieren als diejenigen mit PKW im Haushalt. Das heißt, dass das Nicht-Verfügen über einen PKW im Westen stärkere Auswirkungen auf das Zeitvolumen hatte, das für Wege für Kinder investiert werden musste, als im Osten. Dies deutet erneut auf die zum ersten Befragungszeitpunkt bessere, wohnortnähere Versorgung mit Kinderbetreuungseinrichtungen im Osten hin, die schon mehrfach erwähnt wurde. 2001/02 hatte sich die Situation dahingehend verändert, dass zum einen nur noch 2,6% der befragten Personen in Haushalten ohne PKW lebten, diese jedoch nun vor allem im Osten deutlich längere Wege für Kinder zurücklegen mussten als Befragte ohne PKW im Westen. Die Reduktion der Infrastruktur für Kinderbetreuung im Osten schlug sich somit besonders deutlich bei denjenigen (wenigen) nieder, die nicht an der Motorisierung teilhatten.

Zusammengefasst lassen sich die Ergebnisse für Wege für Kinderbetreuung für „Extremtypen" zum einen für die Beteiligung an Wegen und zum anderen für die Wegezeit pro Tag folgendermaßen beschreiben (vgl. Tab. 3.25 und Tab. 3.26) (dabei wurden nur Personen berücksichtigt, in deren Haushalt Kinder unter 18 Jahren leben):

- *die wenigsten Wege für Kinderbetreuung und den geringsten Zeitaufwand hatte: der erwerbstätige Vater eines Kindes zwischen 6 und 18 Jahren, dessen*

---

129 Es ist auch denkbar, dass der knappe Zeitplan von Alleinerziehenden dazu führt, dass nur notwendige Wege für Kinder und wenige „freiwillige" Wege, z.B. zum Spielplatz o.ä., zurückgelegt werden.

3.1 Zeitbudgetstudien des Statistischen Bundesamtes (1991/92 und 2001/02)   245

Frau nicht erwerbstätig war, in einer kleinen Gemeinde der ländlichen Region im Osten mit PKW im Haushalt,

- *am häufigsten Wege für Kinderbetreuung und den höchsten Zeitaufwand hatte: die Teilzeit erwerbstätige Mutter eines Kindes unter sechs Jahren, deren Mann ebenfalls erwerbstätig war, im Verdichtungsraum im Westen ohne PKW im Haushalt.*

Tab. 3.25: Ergebnisse der Auswertungen für die Wege für Kinderbetreuung entsprechend dem Auswertungsschema für Eigenschaften des Kontexts 1991/92 und 2001/02

	Wegezeit für Wege für Kinder – Eigenschaften des Kontexts			
	West/Ost	Zentralität/ Lage	Verkehrsanbindung (DB-Anschluss)	Haustyp
Anzahl/ Anteil der Personen mit Wegen	weniger Wege im Osten, im Osten Unterschiede in den Wegen zwischen Männern und Frauen geringer 2001/02:Diff. zw. West und Ost nehmen ab.	in Verdichtungsregionen mehr Wege, dort besonders mit abn. Zentralität 2001/02: klares zentral-peripheres Gefälle der Beteiligung an Wegen	geringere Anzahl von Wegen je weiter der DB-Anschluss entfernt ist	hohe Zahl von Wegen in großen Wohneinheiten in Kernstädten
Dauer	Zeitaufwand pro Tag im Osten geringer als im Westen Zeitaufwand pro Weg im Osten höher als im Westen	Viel Zeitaufwand für Wege in der Verdichtungsregion Wenig Zeitaufwand in kleinen Gemeinden in ländlichen Regionen	geringerer Zeitaufwand je weiter der DB-Anschluss entfernt ist	hoher Zeitaufwand für Wege in großen Wohneinheiten in Kernstädten, geringer Zeitaufwand in 1-/2-Fam. Häusern 2001/02: bes. im Osten hoher Zeitaufwand in gr. Wohneinheiten
Verkehrsmittel	deutlich mehr PKW-Nutzung im Westen als im Osten 2001/02: keine O-W-Unterschiede mehr	West: innerhalb der Regionen: mit abn. zentr. örtl. Rang: zun. PKW-Nutzung 2001/02: gl. Muster auch in Ost	PKW-Nutzung steigt, je weiter der DB-Anschluss entfernt ist	viele Zu-Fuß-Wege in großen Wohneinheiten in Kernstädten, viel PKW-Nutzung in 1-/2-Familienhäusern

Quelle: Zeitbudgetstudien 1991/92 und 2001/02 – eigene Berechnungen

Tab. 3.26: *Ergebnisse der Auswertungen für die Wege für Kinderbetreuung entsprechend dem Auswertungsschema für Eigenschaften der Akteure 1991/92 und 2001/02*

	Wegezeit für Kinder – Eigenschaften der Akteure				
	Alter der Kinder	Geschlecht	Erwerbstätigkeit	Familien-/ Haushaltsform	PKW-Verfügbarkeit
Anzahl/ Anteil der Personen mit Wegen	hohe Anzahl der Wege bei Kindern unter 6 Jahren, besonders hoch für Frauen	Frauen legen häufiger und mehr Wege für Kinder zurück, vor allem Teilzeit erw. Frauen im Westen *2001/02: Väter von kl. Kindern legen mehr Wege zurück als früher*	je geringer der Umfang der Erwerbstätigkeit, desto größer der Anteil der Personen mit Wegen für Kinder	hohe Zahl von Wegen: erw.tät. Frauen mit kl. Kindern, wenige Wege, wenn Kinder über 6 Jahre *2001/02: Trend: weniger Wege für kl. Kinder, mehr Wege für gr. Kinder*	keine Unterschiede in der Anzahl der Wege im Osten: ohne PKW: weniger Personen mit Wegen für Kinder
Dauer	mehr Zeitaufwand für Wege für Väter bei größeren Kindern, für Mütter bei kleineren Kindern	mehr Zeitaufwand der Frauen, aber weniger Zeitaufwand der Frauen im Osten, mehr Zeitaufwand der Männer im Osten	je geringer der Umfang der Erwerbstätigkeit, desto mehr Zeitaufwand für Wege für Kinder	hoher Zeitaufwand bei nicht erw.tät. Frauen mit erw.tät. Partner, geringer Zeitaufwand bei Männern mit erw. Partnerin	mehr Zeitaufwand für Wege mit Kinder ohne PKW, besonders im Westen *2001/02: im O: ohne PKW längere Wege*
Verkehrsmittel	je älter die Kinder desto höher ist die PKW-Nutzung für Wege für Kinder	Männer benutzen häufiger den PKW für diese Wege	je höher der Umfang der Erwerbstätigkeit, desto häufiger im Westen die Nutzung des PKWs (nicht bei Frauen im Osten) *2001/02: W-O-Unterschiede verschwunden*	je älter die Kinder und je mehr Elternteile erw.tät., desto häufiger die Nutzung des PKWs (nicht bei Frauen im Osten) *2001/02: W-O-Unterschiede verschwunden*	wenn kein PKW vorhanden ist, wird in erster Linie zu Fuß gegangen oder Rad gefahren, selten der ÖPNV benutzt

Quelle: Zeitbudgetstudien 1991/92 und 2001/02 – eigene Berechnungen

Die Überblicksgraphik Abb. 3.33 zeigt nochmals deutlich, dass Wege für Kinderbetreuung nach dem vorherrschenden Rollenmodell vor allem im Westen (was sich in der Auswertung stark niederschlug) deutlich häufiger Aufgabe der Frauen waren und sie dafür mehr Zeit aufwandten. Im Osten wurde zwar von einem gleich hohen Anteil der Befragten wie im Westen Wege für Kinder zurückgelegt, diese waren jedoch 1991/92 im Durchschnitt kürzer, was auf die zu diesem Zeitpunkt noch bessere wohnortnahe Versorgung mit Kinderbetreuungseinrichtungen zurückzuführen war. 2001/02 legten deutlich weniger Befragte (mit Kindern) im Osten Wege für Kinderbetreuung zurück als im Westen, wobei diese Wege zwar länger geworden waren, insgesamt jedoch immer noch kürzer waren als im Westen. Weniger und kürzere Wege für Kinder legten auch die Befragten auf dem Land zurück, deren Kinder früher und häufiger ohne Begleitung mobil sein konnten, bzw. deren Begleitwege mit dem PKW stattfanden. Dieser Trend blieb 2001/02 erhalten.

Abb. 3.33: Anteil derjenigen, die Wege für Kinderbetreuung ausführten, und die durchschnittliche Wegedauer nach verschiedenen Merkmalen 1991/92 und 2001/02

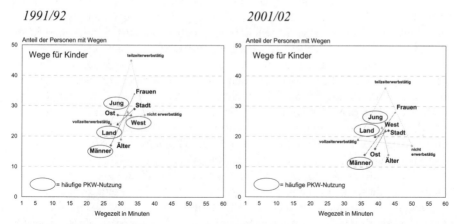

nur Personen mit Kindern im Haushalt
J (jünger): unter 45 Jahren, A (älter): über 45 Jahren
S (Stadt): Verdichtungsregion und Kernstädte der Regionen mit Verdichtungsansätzen, L (Land): restliche Gemeinden der Regionen mit Verdichtungsansätzen und ländliche Regionen
Quelle: Zeitbudgetstudien 1991/92 und 2001/02 – eigene Berechnungen

In diese Graphik wurden zusätzlich die Werte für Vollzeit, Teilzeit und nicht Erwerbstätige eingetragen, wobei sichtbar wird, dass zu beiden Zeitpunkten die Differenzen zwischen diesen Gruppen den größten Ausschlag besaßen. Fast die Hälfte der Teilzeit Erwerbstätigen (fast ausschließlich Frauen) bestritt 1991/92 in ihrem Alltag Wege für Kinder – 2001/02 waren es immerhin noch knapp 40%. Diese Wege führten vermutlich häufig zu Kinderbetreuungseinrichtungen, was aufgrund der Erwerbstätigkeit beider Erwachsenen im Haushalt wohl notwendig war (in den meisten Haushalten von Teilzeit Erwerbstätigen war der Partner ebenfalls erwerbstätig). Sowohl Vollzeit als auch nicht Erwerbstätige legten zu einem geringen Anteil in ihrem Alltag Wege für Kinder zurück, wobei die der nicht Erwerbstätigen am längsten waren. Für diese Gruppe ist anzunehmen, dass ihre Wege in höherem Maße freiwillig und weniger aus Sachzwängen heraus erfolgten.

3.1.3.2.4 Wegezeiten für die Ausbildung

Die Wegezeiten für Ausbildung bzw. Qualifikation zählen – ähnlich wie die Wege zur Arbeit auch – zu den Wegen, die, dann wenn sie existieren, sehr regelmäßig zurückgelegt werden. Es sind also – im Gegensatz zu Wegen für den Haushalt oder für die Freizeit – weniger Unterschiede dahingehend zu erwarten, welche Zahl von Wegen pro Tag von wem zurückgelegt wurde, sondern wie lange diese Wege wo für wen waren und welche Verkehrsmittel benutzt wurden[130]. Insgesamt legten in Ost- und Westdeutschland 1991/92 rd. 10%, 2001/02 knapp 13% der Befragten an mindestens einem Tag Wege für Bildung oder Qualifikation zurück[131]. 1991/92 waren zwei Drittel der Befragten mit Wegen für Ausbildung Kinder und Jugendliche, die eine allgemeinbildende Schule besuchten. 2001/02 nahm diese Gruppe fast drei Viertel der Personen mit Bildungswegen ein, wodurch sie im Mittelpunkt der Analyse stehen. Der Rest setzte sich aus Berufschüler/innen und Studierenden der Fachhochschulen und Hochschulen zusammen.

Für Schülerinnen und Schüler allgemeinbildender Schulen war 1991/92 der Schulweg mit rd. 54 Minuten im Westen und rd. 46 Minuten im Osten kürzer als für die anderen Befragten mit Wegen zur Ausbildung. Dieser Schulweg stieg jedoch 2001/02 in den alten Ländern auf 66 Minuten und in den neuen Ländern auf 61 Minuten an. Studierende besaßen meist längere Fahrtzeiten, wobei für Studierende an westdeutschen Hochschulen die Situation 1991/92 deutlich günstiger war als für Studierende an ostdeutschen Hochschulen. Längere Wege entstanden für Studierende an Fachhoch- und Hochschulen vor allem dann, wenn sie den ÖPNV für diese Wege benutzten (vgl. Tab. 3.27). Der Zeitaufwand für den Schulweg erhöhte sich zwischen 1991/92 und 2001/02 vor allem für Schüler/innen der allgemeinbildenden Schulen um rd. 12 Minuten, so dass sie in den alten Ländern 2001/02 rd. 65 Minuten, in den neuen Ländern rd. 56 Minuten täglich für Wege für Bildung unterwegs waren. Besondere Erhöhungen erfuhren in beiden Teilen Deutschlands die Wegezeiten derjenigen, die diesen Weg unmotorisiert bewältigten. Ihre Wegezeiten stiegen um rd. 30 Minuten von ehemals 33

---

130 Es waren in diesem Datensatz keine Unterschiede nach Geschlecht, Ost-West o.ä. in der Beteiligung an Wegen für Ausbildung festzustellen.
131 Personen unter 12 Jahren wurden in den Tagebüchern 1991/92 nicht erfasst, so dass diese Gruppe und ihre Wege nicht untersucht werden können. In der Zeitbudgetstudie 2001/02 wurde die Altersgrenze auf 10 Jahre gesenkt. Um die Vergleichbarkeit zu wahren, wurden jedoch auch 2001/02 nur Personen im Alter von mindestens 12 Jahren in die Auswertung einbezogen. Der Weg zur Grundschule wurde in den Haushaltsbögen erfasst und bereits in Kap. 3.1.2.2 analysiert.

3.1 Zeitbudgetstudien des Statistischen Bundesamtes (1991/92 und 2001/02) 249

Minuten auf 64 Minuten. Inwieweit dies mit der zurückgehenden Nutzung des ÖPNVs (vgl. Tab. 3.28) zusammenhängt und evtl. darauf zurückzuführen sein könnte, dass mehr Schüler/innen unabhängig von Bussen und Bahnen z.B. mit dem Rad zur Schule gelangen, kann an dieser Stelle nicht abschließend geklärt werden.

Tab. 3.27: Zeitaufwand für Wege für Ausbildung nach Schulart und Verkehrsmittel für Ost- und Westdeutschland 1991/92

Wege für Ausbildung	West Zeitaufwand pro Tag in Minuten			Ost Zeitaufwand pro Tag in Minuten			Gesamt Zeitaufwand pro Tag in Minuten		
	insg.	unmot.	ÖPNV	insg.	unmot.	ÖPNV	insg.	unmot.	ÖPNV
1991/92									
allg.bild. Schule	53,7	32,5	68,8	45,8	33,3	66,5	51,8	32,8	68,3
Fachhochschule	65,5	45,2	72,7	73,3	33,8	107,5	66,5	43,6	77,3
Hochschule	64,9	34,3	89,4	83,7	26,7	117,5	66,7	33,0	93,4
Gesamt	54,1	32,56	71,9	52,3	32,0	80,32	53,7	32,4	73,6
2001/02									
allg.bild. Schule	65,2	64,2	81,6	56,2	56,2	75,0	63,5	62,6	83,1
Fachhochschule	74,7	109,0	116,1	**	**	**	75,3	95,2	112,2
Hochschule	72,0	72,3	87,2	59,7	63,9	68,5	69,4	70,3	83,6
Gesamt	65,3	67,4	89,4	59,7	58,0	77,6	64,3	65,6	87,5

Quellen: Zeitbudgetstudien 1991/92 und 2001/02 – eigene Berechnungen

Die kürzesten Wege besaßen zu beiden Zeitpunkten Schülerinnen und Schüler der allgemeinbildenden Schulen in den neuen Ländern, was sich bereits bei den Analysen der Entfernung dieser Infrastruktureinrichtungen von den Haushalten gezeigt hatte (vgl. Kap. 3.1.2.3). Dies ist darauf zurückzuführen, dass das Schulstandortnetz 1991/92 für die allgemeinbildende weiterführende Schule in den neuen Ländern (Polytechnische Oberschule) deutlich dichter war als für die unterschiedlichen weiterführenden allgemeinbildenden Schultypen im Westen. Dagegen fielen die Wege zu den Fachhoch- und Hochschulen dort deutlich länger aus. Dieses Muster war 2001/02 für die weiterführenden Schulen auf einem etwas höheren Niveau unverändert vorhanden. Bezüglich der Wegedauer zu Universitäten hatte sich jedoch im Osten die Situation deutlich verbessert, so dass die Wegezeit für Studierende in den neuen Ländern zu diesem Zeitpunkt im Mittel sogar um 12 Minuten kürzer war als im Westen, was auch hier auf die veränderte Nutzung der Verkehrsmittel zurückzuführen war.

Die kurzen Schulwege im Osten waren zu beiden Zeitpunkten in hohem Maße darauf zurückzuführen, dass 1991/92 knapp zwei Drittel (2001/02: rd. 60%) der Schülerinnen und Schüler an allgemeinbildenden Schulen in den neuen Ländern unmotorisiert zur Schule gelangten, was im Westen 1991/92 nur für knapp 40%

(2001/02: rd. 48%) galt. Diese Gruppe benötigte dafür in Ost wie in West zu diesem Zeitpunkt nur etwas mehr als eine halbe Stunde pro Tag für den Schulweg. Dadurch, dass deutlich mehr Kinder im Osten diesen kurzen Zu-Fuß-Weg zurücklegten, wurde der durchschnittliche Schulweg im Osten kürzer. Die Dauer dieser unmotorisierten Wege hatte sich bis 2001/02 zwar nahezu verdoppelt, dennoch waren diese Wege immer noch deutlich kürzer als diejenigen Schulwege, die mit dem ÖPNV zurückgelegt werden mussten.

Tab. 3.28: *Anteile der Wegezeit, die mit bestimmten Verkehrsmitteln für die Wege für Ausbildung nach Schulart zurückgelegt werden, in % 1991/92 und 2001/02*

Wege für Ausbildung	West*			Ost*			Gesamt*		
	PWK in %	unmot. in %	ÖPNV in %	PWK in %	unmot. in %	ÖPNV in %	PWK in %	unmot. in %	ÖPNV in %
1991/92									
allg. bildende Schule	13,6	39,1	49,2	4,2	63,3	32,2	11,2	45,4	44,8
Fachhochschule	50,0	24,0	26,0	50,0	25,0	25,0	50,0	24,1	25,5
Hochschule	50,9	26,0	24,9	**	47,4	36,8	47,3	28,2	26,1
Gesamt	31,6	31,6	38,4	15,5	51,9	32,2	27,8	36,3	37,0
2001/02									
allg. bildende Schule	*13,9*	*48,1*	*38,0*	*12,0*	*61,1*	*26,9*	*13,5*	*50,4*	*36,0*
Fachhochschule	*63,3*	*12,1*	*24,6*	***	***	***	*60,1*	*16,9*	*23,0*
Hochschule	*36,8*	*34,0*	*29,2*	*26,3*	*45,1*	*28,6*	*34,7*	*36,2*	*29,1*
Gesamt	*32,4*	*37,4*	*30,2*	*29,4*	*46,9*	*23,7*	*31,8*	*39,1*	*29,0*

* addiert sich 1991/92 nicht auf 100%, da zum einen Verkehrsmittel, wie Motorrad, fehlen, und zum anderen dann, wenn PKW und ÖPNV benutzt wurden, diese in beiden Kategorien gezählt wurden. Ansonsten sind die Kategorien trennscharf.
** keine oder zu geringe Fallzahl
Quelle: Zeitbudgetstudien 1991/92 und 2001/02 – eigene Berechnungen

Im Westen benutzte dagegen 1991/92 knapp die Hälfte der Schülerinnen und Schüler an allgemeinbildenden Schulen den ÖPNV. Sie waren damit rd. 70 Minuten pro Tag unterwegs, was zwar der Dauer des ÖPNV-Weges im Osten entsprach, nur mit dem Unterschied, dass dort ein deutlich geringerer Anteil der Kinder den Schulweg mit Bussen oder Bahnen bestritt. Dies traf auch noch 2001/02 auf die Verteilung der Verkehrsmittel zu. Das dichte Standortnetz der Grundschulen und der Polytechnischen Oberschulen[132] in den neuen Ländern einerseits und die Zentralisierung der weiterführender Schulen innerhalb des differenzierten Systems im Westen andererseits waren die Ursache für diese Unterschiede, die

---

132 Die polytechnische Oberschule (POS) stellte die einzige weiterführende Schule für alle Kinder zwischen der 5. und 10. Klasse dar. Diese Schulen konnten auch in kleinen Gemeinden geführt werden.

3.1 Zeitbudgetstudien des Statistischen Bundesamtes (1991/92 und 2001/02)

sich auch 2001/02 noch in der Dauer der Schulwege niederschlugen. Bemerkenswert ist, dass 2001/02 die „nachholende Motorisierung" in den neuen Ländern auch die Schulwege erreicht hatte. Der Anteil der Wegezeit mit dem PKW erreichte im Osten zu diesem Zeitpunkt immerhin 12%, so dass zu vermuten ist, dass die abnehmenden Anteile der ÖPNV-Nutzung u.a. darauf zurückzuführen sind.

Studierende im Westen waren 1991/92 zur Hälfte mit dem PKW zur Universität unterwegs, im Osten legte dagegen knapp die Hälfte der Studierenden den Weg zur Bildungsstätte zu Fuß zurück. Dies hing damit zusammen, dass knapp die Hälfte der Studierenden in den neuen Ländern in Wohnheimen wohnte, die dort die vorherrschende Wohnform für Studierende darstellten (SCHÜTT/ LEVIN 1998, S. 214f). Solche Wohnheime waren meist in unmittelbarer Nähe der Universitäten angesiedelt, so dass es möglich war, zu Fuß die Hochschule zu erreichen. In den alten Ländern lebten nur rd. 10% der Studierenden in Wohnheimen, dort wohnten rd. 20% der Studierenden mit dem Partner, knapp 20% allein und ebenso knapp 20% in Wohngemeinschaften (SCHÜTT/ LEVIN 1998, S. 214f). Diese Wohnungen befanden sich aufgrund der Mietsituation in Hochschulstandorten meist nicht in unmittelbarer Nähe der Universität und implizierten damit eine höhere PKW-Nutzung. Dass in den neuen Ländern dennoch der mittlere Zeitaufwand für die Fahrt zur Hochschule höher war als im Westen, lag an dem hohen Zeitaufwand von knapp zwei Stunden, den die verbleibenden knapp 40% der Studierenden im ÖPNV aufbringen mussten.

Diese Situation hatte sich 2001/02 grundlegend geändert. Im Osten gingen die Anteile der ÖPNV-Wegezeit zurück, dafür stiegen die der PKW-Nutzung an und damit verringerte sich die Wegezeit der Studierenden im Osten deutlich. Studierende aus den alten Ländern dagegen nutzten 2001/02 zu einem geringeren Anteil der Wegezeit als früher den PKW (immer noch höher als im Osten), dafür aber häufiger den ÖPNV oder waren unmotorisiert unterwegs, so dass ihre Wegezeiten deutlich anstiegen. Diese Entwicklung könnte u.a. mit den zahlreichen Angeboten des ÖPNVs für Studierende (Semesterticket o.ä.) zusammenhängen, die in den vergangenen Jahren entwickelt wurden. Somit sind in diesem Bereich Zuwächse in der ÖPNV-Nutzung festzustellen, während sie in allen anderen Bereichen deutlich zurückging. Es werden somit auch auf der Ebene der nationalen Zeitbudgetstudie die Erfolge der lokalen und regionalen Initiativen der ÖPNV-Angebote für Studierende sichtbar.

Für eine regionale Differenzierung aller Wege für Ausbildung wurde nach Gemeindetypen (Kernstädte, Ober-/Mittelzentren und Sonstige Gemeinden) sowie nach Ost- und Westdeutschland unterschieden. In Tab. 3.29 wird deutlich, dass in West- wie in Ostdeutschland in den Gemeinden ohne zentralörtlichem Rang („Sonstige Gemeinden") in beiden Jahren die längsten Schulwege zu allgemeinbildenden Schulen zurückgelegt wurden[133]. Diese Unterschiede waren im Westen etwas größer als im Osten und befanden sich dort gleichzeitig auf einem etwas

---

133 Auch in den ländlichen Regionen waren im Westen die Schulwege deutlich länger als in den anderen Regionen.

3. Wie gestaltet sich Zeitverwendung für Mobilität im Alltag?

höheren Niveau. Das peripher-zentrale Gefälle der Wegezeit galt für die Hochschulen gleichermaßen, was sich durch die Standorte von Universitäten in Großstädten erklären lässt. Auch hier blieben die zentral-peripheren Muster im Wesentlichen erhalten.

Tab. 3.29: *Zeitaufwand der Personen für Wege für Ausbildung nach Schulart und Gemeindekategorie in Minuten 1991/92 und 2001/02*

Regionstyp	West			Ost			Gesamt		
	Schulart			Schulart			Schulart		
	allg.	FH	Uni	allg.	FH	Uni	allg.	FH	Uni
1991/92									
Kernstädte	49,2	43,3	61,1	43,7	69,2	67,2	48,0	47,0	61,6
Ober-/ Mittelzentren	48,5	79,4	62,6	38,5	*	*	46,4	79,4	66,3
Sonstige Gemeinden	62,6	67,8	77,3	51,8	*	*	59,5	69,8	78,4
Gesamt	53,7	65,5	64,9	45,8	73,3	83,7	51,8	66,5	66,7
2001/02									
Kernstädte	*63,5*	*116,1*	*53,6*	*56,8*	*	*61,3*	*62,4*	*105,9*	*55,2*
Ober-/ Mittelzentren	*58,4*	*55,6*	*84,7*	*46,2*	*	*55,1*	*56,4*	*61,8*	*80,1*
Sonstige Gemeinden	*73,0*	*69,2*	*86,5*	*62,9*	*	*60,8*	*70,8*	*73,1*	*80,8*
Gesamt	*65,2*	*74,7*	*72,0*	*56,2*	*77,3*	*59,7*	*63,5*	*75,3*	*69,6*

* keine oder zu geringe Fallzahlen
Quelle: Zeitbudgetstudien 1991/92 und 2001/02– eigene Berechnungen

Die etwas feinere Analyse der Wegezeiten zu allgemeinbildenden Schulen nach Gemeindetypen in Ost- und Westdeutschland 1991/92 (vgl. Abb. 3.34) zeigte für den Westen zwei Muster. Erstens: im Verdichtungsraum verlängerte sich der Schulweg kontinuierlich mit abnehmendem zentralörtlichem Rang und zweitens: dieser Trend wurde in den beiden anderen Regionstypen überlagert von den deutlichen Unterschieden zwischen Ober-/Mittelzentren und Gemeinden ohne zentralörtlichen Rang. Diese Unterschiede betrugen 1991/92 rd. 20 Minuten pro Tag und damit ein Drittel oder ein Viertel des gesamten Zeitaufwands für den Schulweg. Sie wiederholten sich in etwas schwächerer Form und auf einem niedrigeren Niveau im Osten, waren jedoch auch hier klar erkennbar. Die Zentralisierung des allgemeinbildenden Schulwesens in den 1960er und 1970er Jahren im Westen gegenüber der (1991/92 noch) flächendeckenden Versorgung in den neuen Bundesländern ist an diesen Werten deutlich abzulesen.

Die Auswertung von 2001/02 zeigt bis auf eine Ausnahme die gleiche Verteilung bei insgesamt höheren Wegezeiten. Die Ausnahme sind die großen Kernstädte im Westen, in denen die Schulwegzeiten von knapp 50 Minuten 1991/91 auf deutlich höhere 77 Minuten 2001/02 anstiegen. Ergänzt man dieses Ergebnis

3.1 Zeitbudgetstudien des Statistischen Bundesamtes (1991/92 und 2001/02)   253

um die Analyse der für den Schulweg genutzten Verkehrsmittel (vgl. Abb. 3.35 und Abb. 3.36), so erklären sich die Unterschiede zwischen West und Ost und auch zwischen den Gemeindetypen zumindest teilweise.

Abb. 3.34: Durchschnittlicher täglicher Zeitaufwand für Wege zu allgemeinbildenden Schulen nach Gemeindetypen in Minuten 1991/92

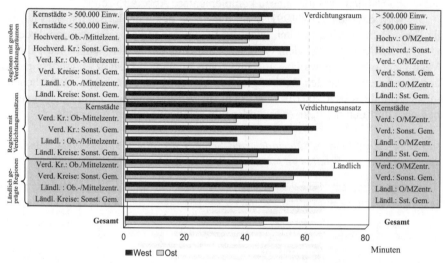

Quelle: Zeitbudgetstudie 1991/92 – eigene Berechnungen

Abb. 3.35: Anteile der unmotorisiert zurückgelegten Schulwegezeit für allgemeinbildenden Schulen 1991/92

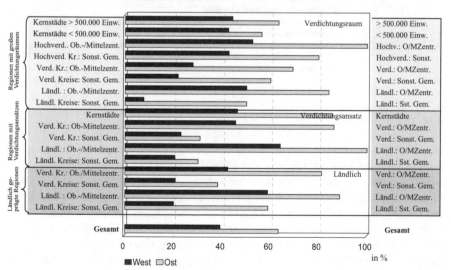

Quelle: Zeitbudgetstudie 1991/92 – eigene Berechnungen

254　　　　3. Wie gestaltet sich Zeitverwendung für Mobilität im Alltag?

Im Osten erreichten in den Ober- und Mittelzentren zu beiden Zeitpunkten rd. 80% der Schüler/innen unmotorisiert die Schule, während dieser Anteil in den Gemeinden ohne zentralörtlichen Rang auf rd. 40% zurückging. Dennoch war er damit immer noch doppelt so hoch wie im Westen: dort erreichten in den Gemeinden ohne zentralörtlichen Rang nur rd. 20% der Befragten die allgemeinbildende Schule zu Fuß oder mit dem Fahrrad. Sie benutzten zu einem großen Teil Busse und Bahnen, was die nahezu komplementäre Abb. 3.36 zeigt.

Es wird deutlich, dass 1991/92 an die Stelle des unmotorisierten Schulwegs die Bus-/ Bahnfahrt trat: in den jeweiligen Gemeindetypen gelangten mindestens 60-70% der Befragten mit dem ÖPNV zur allgemeinbildenden Schule. Dass diese Wege nicht nur weiter waren – im Sinne der räumlichen Distanz –, sondern auch länger andauerten, ist den Zeitbudgetdaten eindeutig zu entnehmen. Diese hohen ÖPNV-Anteile waren 2001/02 vor allem im Westen deutlich zurückgegangen – man ging dort nun häufiger zu Fuß oder fuhr mit dem Fahrrad zur Schule.

Abb. 3.36: Anteil der Schülerinnen und Schüler an allgemeinbildenden Schulen, die die Schulwege mit dem ÖPNV zurücklegten 1991/92

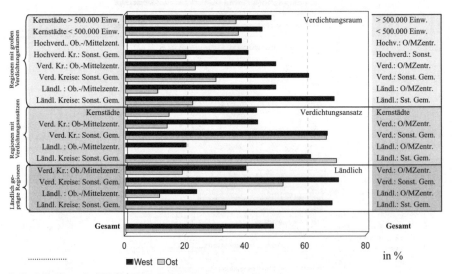

Quelle: Zeitbudgetstudie 1991/92 – eigene Berechnungen

Der um 10%-Punkte gesunkene Anteil der ÖPNV-Wegezeit für Schulwege ist in erster Linie auf einen Rückgang der ÖPNV-Nutzung in diesen peripheren Gemeinden zurückzuführen. Inwieweit Preiserhöhungen der Schülertickets bzw. verringerte Zuschüsse zu Schülerfahrten in den Landkreisen sowie verringerte Taktfrequenzen der Schulbusse dazu beigetragen haben, kann jedoch an dieser Stelle nicht eindeutig beantwortet werden. Da ein außerordentlich großer Anteil dieser Wege mit dem ÖPNV zurückgelegt wurde (keine andere Wegeart besaß vergleichbar hohe ÖPNV-Anteile) wurde der Frage nachgegangen, ob sich die Differenzen in den Gemeindetypen durch Unterschiede in der Anbindung an das Verkehrsnetz erklären ließen (vgl. Tab. 3.30)[134].

Tab. 3.30: Wegezeit der Schülerinnen und Schüler zur allgemeinbildenden Schule und Anteile der genutzten Verkehrsmittel für die Wegezeit zur Schule nach der Entfernung des Wohnorts zum nächsten DB-Anschluss 1991/92

Entfernung des Wohnorts zum nächsten DB-Anschluss (in km)	West			Ost			Gesamt		
	Wegezeit in Min.	Anteil genutztes Verkehrsmittel in %		Wegezeit in Min.	Anteil genutztes Verkehrsmittel in %		Wegezeit in Min.	Anteil genutztes Verkehrsmittel in %	
		unmotorisiert	ÖPNV		unmotorisiert	ÖPNV		unmotorisiert	ÖPNV
0-<1	49.7	47.7	40.4	39.7	76.6	20.2	46.8	57.1	33.8
1-<2	51.5	47.2	43.4	41.0	70.3	25.4	48.9	53.2	38.7
2-<5	52.7	35.1	51.7	53.1	54.9	40.2	52.8	40.1	48.8
5-<10	63.7	21.6	63.4	55.2	27.6	62.1	61.8	22.5	63.2
10-<15	77.9	**	**	**	**	**	72.0	5.3	89.5
>=15	**	**	**	**	**	**	**	**	**
Gesamt	*53.7*	*39.2*	*49.0*	*45.8*	*63.7*	*31.7*	*51.81*	*45.5*	*44.6*

* addiert sich nicht auf 100%, da zum einen Verkehrsmittel, wie Motorrad, fehlen, und zum anderen dann, wenn PKW und ÖPNV benutzt wurden, diese in beiden Kategorien gezählt wurden. Ansonsten sind die Kategorien trennscharf.
** keine oder zu geringe Fallzahl
Quelle: Zeitbudgetstudie 1991/92 – eigene Berechnungen

Dazu wurde der Indikator Nähe/ Ferne zum nächsten Halt der DB AG verwendet, auch wenn er nur einen Teil des ÖPNV-Angebotes repräsentiert[135]. Da die Nähe/ Ferne des nächsten DB-Halts gleichzeitig ein Indikator für den zentralörtlichen Rang war (und Schulwege sich mit abnehmendem Rang verlängerten), stiegen erwartungsgemäß die Wegezeiten der Schülerinnen und Schüler für den Weg zur allgemeinbildenden Schule kontinuierlich an, je weiter der nächste Bahnhof der DB AG von der Wohngemeinde entfernt war[136]. Überraschend ist jedoch, dass mit der zunehmender Entfernung vom Bahnhof die Nutzung des ÖPNVs nicht ab-,

---

[134] Eine Differenzierung nach Nähe/ Ferne des Autobahnanschlusses fand nicht statt, da nur bei rd. 10% der Befragten eine PKW-Nutzung stattfand und somit anzunehmen war, dass dieser Infrastrukturindikator nur in geringem Zusammenhang mit den Wegezeiten stehen würde.

[135] Es wäre zwar wünschenswert gewesen, auch die Nähe/ Ferne der nächsten Bus- oder Straßenbahnhaltestelle einbeziehen zu können, dies war jedoch nicht möglich, da 1991/92 keine genaueren Informationen über den Wohnstandort vorhanden waren. In der Zeitbudgetstudie 2001/02 konnte eine Frage in den Haushaltsfragebogen integriert werden, in der erfragt wurde, ob und wenn ja, in wie vielen Minuten eine Haltestelle für öffentliche Verkehrsmittel zu Fuß erreichbar war.

[136] PEARSONS Korrelationskoeffizient von $r=0.097$ (signifikant auf dem Signifikanzniveau von $p<0.01$) nur West $r=0.085$ ($p<0.01$), nur Ost $r=0.095$ ($p<0.05$).

sondern sogar zunahm: Von ohnehin schon hohen 40% im Westen auf über 60% und im Osten von nur 20% auch auf über 60%. Dieses Muster wiederholte sich gleichermaßen 2001/02. Da gleichzeitig zur Konzentration und Ausdünnung des Bahn-Netzes (Rückzug der Bahn aus der Fläche) eine Konzentration des Schulstandortnetzes in den zentralen Orten stattfand, die nicht nur die weiterführenden Schulen, sondern auch die Grundschulen betraf, waren immer mehr Kinder auf einen motorisierten Transport angewiesen, der seinerseits wiederum schlechter erreichbar wurde. Durch diesen Zusammenhang von Konzentration der Bahnhöfe und Konzentration der Schulen an zentralen Orten entstand der auf den ersten Blick widersprüchlich wirkende Zusammenhang von großer Entfernung zu Bahnhöfen und dennoch hoher Nutzung des ÖPNVs für den Schulweg. Ein weiterer Grund für die hohe Nutzung des ÖPNVs war sicherlich die Abhängigkeit der Schülerinnen und Schüler von diesem Verkehrsmittel. Betrachtet man Personengruppen, die freier darüber entscheiden konnten, welches Verkehrsmittel sie nutzten, wie z.B. Erwerbstätige (Kap. 3.1.3.2.1), so wurde deutlich, dass sie sich mit zunehmender Entfernung der Haltestelle von der Wohngemeinde auch zunehmend gegen den ÖPNV als Verkehrsmittel entschieden.

Im Erhebungsjahr 2001/02 wurde im Haushaltsfragebogen die Zu-Fuß-Erreichbarkeit von Haltestellen des ÖPNVs erhoben und für sie ergab sich das gleiche Muster. Mit zunehmender Distanz zur Haltestelle von Bussen und Bahnen erhöhte sich auch 2001/02 die durchschnittliche Wegezeit für den Schulweg. Diese zunehmende Distanz ging allerdings mit einer insgesamt zurückgehenden Nutzung des ÖPNVs einher, die zumindest teilweise von einer erhöhten Nutzung unmotorisierter Fortbewegungsmittel kompensiert wurde.

Um den Einfluss der bereits erwähnten Konzentration des Schulstandortnetzes auf den Zeitaufwand für den Schulweg näher zu betrachten, wurde die Anzahl der Schulen pro Flächeneinheit in den jeweiligen Kreisen der Wohngemeinden der Befragten mit den Schulwegen verglichen (vgl. Tab. 3.31)[137]. Auch dieser Indikator unterlag einem zentral-peripheren Gefälle, d.h. in Zentren der Verdichtungsregionen herrschte eher eine hohe, in ländlichen Regionen eher eine niedrige Schulendichte. In Westdeutschland trat erwartungsgemäß die absolut längste Wegezeit in den Kreisen auf, in denen die geringste Schulendichte bestand. Mit zunehmender Anzahl der Schulen pro 10 km^2 sank die Schulwegedauer bis zur Schulendichte von 1-1,5, um jedoch dann wieder leicht anzusteigen. Im Osten dagegen zeigten sich keine Unterschiede in der Schulweglänge in Abhängigkeit von der Schulendichte. Insbesondere die Ober- und Mittelzentren in den Regionen mit Verdichtungsansätzen (mit mittlerer Schulendichte zwischen 1-1,5 Schulen/ km^2) zeichneten sich durch sehr kurze Wege aus. Dass sich mit hoher Schulendichte der Schulweg wieder verlängerte, ist vermutlich darauf zurückzuführen dass die längeren Wegstrecken nicht aufgrund des Mangels einer weiterführenden Schule, sondern aufgrund der größeren Auswahl entstanden. Durch die Wahlmöglichkeit eines bestimmten Schultyps, die in den Kernstädten gegeben war, musste nicht die

---

137 Dazu wurde die Datenbasis „Statistik regional" (hrsg. vom Statistischen Bundesamt) als die älteste verfügbare gesamtdeutsche Version aus dem Jahr 1995 verwendet.

nächstgelegene Schule gewählt werden. Dies wäre eine These, die den U-förmigen Verlauf der Schulwegdauer nach Schulendichte erklären könnte.

Tab. 3.31: *Wegezeit der Schülerinnen und Schüler zur allgemeinbildenden Schule und Anteile der genutzten Verkehrsmittel nach der Dichte der weiterführenden Schulen 1991/92*

Anzahl der weiterführenden Schulen pro 10 km^2 im Stadt-/Landkreis	West			Ost			Gesamt		
	Wegezeit in Min.	Anteil genutztes Verkehrsmittel in %		Wegezeit in Min.	Anteil genutztes Verkehrsmittel in %		Wegezeit in Min.	Anteil genutztes Verkehrsmittel in %	
		unmotorisiert	ÖPNV		unmotorisiert	ÖPNV		unmotorisiert	ÖPNV
0-<0.5	60.2	27.8	57.5	45.3	66.1	27.4	55.4	40.8	47.3
0.5-<1	54.3	41.8	46.0	48.3	55.0	37.5	53.4	44.1	44.5
1-<1.5	45.8	52.0	39.0	45.2	76.2	23.8	45.8	55.6	36.8
1.5-<3	47.0	49.3	41.1	47.1	58.6	41.4	47.0	50.9	41.1
3-<6	49.7	45.0	41.7	**	**	**	**	47.9	41.1
6-<9	**	**	**	**	**	**	**	**	**
>=9	**	**	**	**	**	**	**	**	**
Gesamt***	53.7	39.0	48.6	45.8	64.5	30.4	51.8	45.5	44.6

* addiert sich nicht auf 100%, da zum einen Verkehrsmittel, wie Motorrad, fehlen, und zum anderen dann, wenn PKW und ÖPNV benutzt wurden, diese in beiden Kategorien gezählt wurden. Ansonsten sind die Kategorien trennscharf.
** keine oder zu geringe Fallzahl
*** geringfügige Abweichungen zu den anderen Gesamtzahlen, da nicht für alle Kreise die Schulendichte ermittelt werden konnte
Quelle: Zeitbudgetstudie 1991/92 – eigene Berechnungen

Ähnlich wie bei anderen Wegezeiten (Arbeit, Einkäufe), ging somit nicht die höchste Konzentration von Einrichtungen (Arbeitsplätze, Geschäfte, Schulen) mit kurzen Wegen einher, sondern es waren andere Faktoren, wie im Fall der Schulwege eine leichte Zu-Fuß-Erreichbarkeit, die kurze Wege implizierten. Lange Wege entstanden entweder durch eine Verlängerung der Wegstrecke und die häufigere Nutzung von ÖPNV bzw. PKW oder in den Kernstädten durch eine größere Vielfalt und größere Wahlmöglichkeiten, die nicht unbedingt zur nächsten Gelegenheit führen mussten. Diese Muster ließen sich 2001/02 bestätigen.

Als Merkmale der Akteure, die auf die Schulwegzeit Einfluss ausüben können, sind das Alter (d.h. in diesem Fall die im jeweiligen Alter besuchte Schulart), das Geschlecht und der Schulabschluss der Eltern von besonderem Interesse. Letztgenannter Indikator steht stellvertretend für das Ausbildungsniveau der Eltern, dessen Einfluss auf die Schulwahl und den Schulabschluss der Kinder in zahlreichen Untersuchungen nachgewiesen wurde (MEUSBURGER 1998, S. 279ff). Dabei wurde dem Einfluss des Ausbildungsniveaus der Mutter ein mindestens gleich großes Gewicht wie dem des Vaters zugeschrieben (DERS. 1998, S. 281), so dass hier beide Faktoren berücksichtigt wurden. Zudem ist das Ausbildungsniveau der Eltern einer von vielen Faktoren der sozialen Schichtzugehörigkeit, die wiederum in Zusammenhang mit den Schulwegbedingungen zu einem Einflussfaktor auf den Besuch einer weiterführenden Schule werden können. So ist bekannt, dass Eltern, die selbst ein hohes Ausbildungsniveau besitzen, sich weniger leicht durch einen langen Schulweg zu einer weiterführenden Schule davon abhalten lassen, ihre Kinder zu einer solchen Schule zu schicken, als dies für bildungsferne Gruppen der Fall ist (FINZEN 1970).

Unter den Befragten mit Wegen zu Bildungseinrichtungen 1991/92 waren im Westen in allen Bildungseinrichtungen etwas mehr männliche Befragte, im Osten etwas mehr weibliche Befragte anzutreffen – bis auf die Hochschulen im Osten: dort waren mehr Männer als Frauen vertreten. Dies entsprach im Wesentlichen den Verteilungen in der Gesamtheit, wie ein Vergleich mit Bildungsstatistiken ergab: zum Befragungszeitpunkt erreichten in den alten Bundesländern etwas mehr Jungen die Hochschul- und Fachhochschulreife und machten damit einen etwas größeren Anteil an der Zahl der Personen an allgemeinbildenden Schulen aus, während in den neuen Ländern bereits mehr Mädchen das Abitur erlangten – eine Verteilung, die zu Beginn des neuen Jahrtausends auch für die alten Länder galt. Hinsichtlich des Zeitaufwands für den Schulweg waren 1991/92 keine signifikanten Unterschiede zwischen den Geschlechtern festzustellen, 2001/02 waren jedoch Mädchen im Westen knapp 10 Minuten länger für ihren Schulweg unterwegs als Jungen, obwohl sie häufiger den PKW nutzten. Sie waren allerdings auch häufiger mit dem ÖPNV unterwegs als Jungen, was die höheren Wegezeiten erklären könnte.

Wie gestaltete sich der Besuch des Gymnasiums in Abhängigkeit vom Ausbildungsniveau der Eltern und wie sah der Zeitaufwand für diese Schulwege aus? Vergleicht man die Eltern von Gymnasialschülerinnen und -schülern der Oberstufe mit der gesamten Gruppe der Eltern, deren Kinder allgemeinbildende Schulen besuchten, so besaßen Väter mit Kindern in der gymnasialen Oberstufe nur zu 34% Hauptschulabschluss (Vergleichsgruppe: 38%) und zu 45% Fachhochschul- oder Hochschulreife (Vergleichsgruppe: 35%). Für die Mütter ergaben sich diese Unterschiede nicht.

Die längsten Wege besaßen Schülerinnen der gymnasialen Oberstufe, deren Vater selbst nur über einen Hauptschulabschluss verfügte (rd. 66 Minuten), die kürzesten Wege Schülerinnen, deren Mutter ein Fachhochschul- oder Hochschulabschluss besaß (rd. 40 Minuten). Für Schüler waren die Unterschiede im Zeitaufwand für den Schulweg nach Ausbildungsniveau der Eltern nicht ganz so groß: die längsten Wege hatten Jungen, deren Mutter nur einen Hauptschulabschluss besaß (rd. 58 Minuten), die kürzesten Wege Jungen, deren Vater einen Realschulabschluss oder deren Mutter einen Fachhochschulabschluss besaß (rd. 42 Minuten). Im Vergleich zu allen Schülerinnen und Schülern unterschieden sich die Schulweglängen hinsichtlich des Ausbildungsniveaus der Eltern nicht stark, denn auch für sie alle war der Schulweg am längsten, wenn die Eltern einen Hauptschulabschluss besaßen und am kürzesten, wenn die Eltern einen Fachhochschul- oder Hochschulabschluss besaßen, bzw. POS-Abschluss in den neuen Ländern.

Letzteres hing damit zusammen, dass die Schulwege im Osten grundsätzlich kürzer waren als im Westen. Das Muster, dass Kinder von Eltern mit hohem Ausbildungsniveau kürzere Schulwege hatten als Kinder von Eltern mit niedrigem Ausbildungsniveau, lag u.a. auch darin begründet, dass in Kernstädten und Mittel- und Oberzentren grundsätzlich mehr Personen mit hohem Ausbildungsniveau lebten als in Gemeinden ohne zentralörtlichen Rang. Deren Kinder konnten dann wiederum relativ häufig die Schulen (auch die Gymnasien) zu Fuß erreichen und besaßen damit gleichzeitig kurze Schulwege.

Die These, dass Eltern bildungsferner Schichten durch eine große Entfernung zur weiterführenden Schule deren Besuch für ihre Kinder weniger forcierten, ließ sich mit den vorliegenden Daten weder widerlegen noch bestätigen. Es war allerdings festzustellen, dass bildungsferne Schichten – im Sinne von Ferne durch niedrigeres Ausbildungsniveau der Eltern – sich offensichtlich zudem auch räumlich weiter entfernt von den höheren Bildungseinrichtungen befanden. Da ihre Kinder etwas unterproportional zur Gesamtbevölkerung in der gymnasialen Oberstufe vertreten waren, könnte man dies u.U. auch auf die größere räumliche Entfernung zurückführen, dies ist allerdings sicherlich nur ein Faktor unter vielen anderen Faktoren der geringeren Bildungsbeteiligung dieser Schichten. Fasst man die Ergebnisse zu zwei stellvertretenden Extremtypen zusammen (vgl. Tab. 3.32), so hatten

- *den geringsten Zeitaufwand für Wege für Ausbildung pro Tag: der/ die Schüler/ Schülerin einer allgemeinbildenden Schule in einem ländlichen Ober-/Mittelzentrum in den neuen Ländern mit mittlerer Schulendichte, dessen/ deren Eltern mindestens POS-Abschluss besaßen und der/ die den Schulweg zu Fuß zurücklegte.*
- *den höchsten Zeitaufwand für Wege für Bildung/ Qualifikation pro Tag: Fachhochschüler/innen in ländlichen Regionen mit geringer Schulendichte oder Studierende in den neuen Ländern 1991/92 (bzw. in den alten Ländern 2001/02), die den Weg zur Bildungseinrichtung mit dem ÖPNV zurücklegen mussten.*

Im graphischen Überblick der wichtigsten Merkmale für die Wege für Ausbildung zeigt sich (Abb. 3.37), dass zwar nicht sehr große, aber dennoch signifikante Unterschiede zwischen den einzelnen Merkmalen bestehen. Männer und Frauen (Jungen und Mädchen) unterschieden sich zwar nicht hinsichtlich der Beteiligung an Wegen für Ausbildung, jedoch aufgrund der häufigeren PKW-Nutzung von Berufsschülern und Studenten gegenüber den Berufsschülerinnen und Studentinnen waren ihre Wege kürzer. Kürzere Wege hatten auch Schulkinder im Osten und in den Städten bzw. in den Mittel- und Oberzentren, wobei sich die Effekte addierten: Kinder in ländlichen Regionen im Westen mussten aufgrund langer Wege (im ÖPNV) deutlich mehr Zeit für den Schulweg investieren als Schüler/innen in den neuen Ländern, die 1991/92 noch häufig zu Fuß zur Schule gelangen konnten.

Tab. 3.32: Ergebnisse der Auswertungen für den Weg für Ausbildung/ Qualifikation entsprechend dem Auswertungsschema für Eigenschaften des Kontexts und der Akteure 1991/92 und 2001/02

	Wegezeit für Ausbildung – Eigenschaften des Kontexts				Wegezeit für Ausbildung – Eigenschaften der Akteure		
	West/Ost	Zentralität/ Lage	Verkehrsanbind. (DB-AG)	Schulendichte	Alter	Geschl.	Ausbildungsniveau der Eltern
Dauer	allg.bild.: kürzere Wegezeiten in Ost FH/Uni: längere Wegezeit Ost *2001/02: FH/Uni längere Wegezeit West*	allg.bild.: längere Wege in ländl. Kreisen und in Gem. o. zentr.örtl. Rang – größere Diff. in West	mit zun. Entf. des Bahnhofs steigt die Länge des Weges	West: ger. Schulendichte: lange Wege i. ländl. Raum – hohe Schulendichte: lange Wege im Verd. raum	jünger: kürzere Wege. Ost: lange Wege für Univers. *2001/02: längere Wege FH/Uni West*	keine Unterschiede *2001/02: längere Wege für Mädchen West*	Bei Besuch der gymnasialen Oberstufe (nur West): je niedriger das Ausbildungsniveau der Eltern desto weiter ist der Schulweg der Kinder
Verkehrsmittel	allg.bild.: Ost.: mehr zu Fuß, West: mehr ÖPNV beruf./Uni: mehr PKW in West, wenn ÖPNV in Ost, dann längerer Weg *2001/02: mehr unmot. West, mehr mot. Ost*	West: zun. Nutzung ÖPNV mit Gefälle Zentr.-Peripherie und in den Gem. o. zentr.örtl. Rang	mit zun. Entf. des Bahnhofs steigt die Nutzung des ÖPNVs, sinken die Zu-Fuß-Wege *2001/02: hohe ÖPNV-Nutzung bei Nähe der Haltest. od. bei Nichterr. der Haltest. zu Fuß*	West: je geringer die Schulendichte desto mehr ÖPNV-Nutzung – Ausnahme :Kernstädte	West.: je jünger desto mehr ÖPNV, Ost: je jünger desto mehr Zu-Fuß-Wege West: ab 18 Jahr.: Anstieg der PKW-Nutzung	West: an der Hochschule benutzen mehr Männer PKWs *2001/02: Ost: wesentl. höhere Motor. der männnl. Stud.*	s.o. je höher das Ausbildungsniveau der Eltern desto eher erreichen die Kinder zu Fuß die weiterf. Schule

Quelle: Zeitbudgetstudien 1991/92 und 2001/02 – eigene Berechnungen

3.1 Zeitbudgetstudien des Statistischen Bundesamtes (1991/92 und 2001/02) 261

2001/02 hatten sich die Schulwege insgesamt verlängert, wobei sich die Ost-West-Unterschiede weiter vergrößerten. Zudem ging die Nutzung des ÖPNVs für Schulwege besonders im Westen deutlich zurück. Ein Anstieg in der Nutzung des ÖPNVs (ein Phänomen, das grundsätzlich sehr selten zu beobachten war) war nur unter den westdeutschen Studierenden festzustellen, was darauf schließen lässt, dass die Angebote speziell für Studierende Erfolge zeigten. Insgesamt hatte die zunehmende Motorisierung in den neuen Ländern auch die Bildungswege erfasst.

Abb. 3.37: Anteil derjenigen, die Wege für Ausbildung ausführten, und die durchschnittliche Wegedauer nach verschiedenen Merkmalen 1991/92 und 2001/02

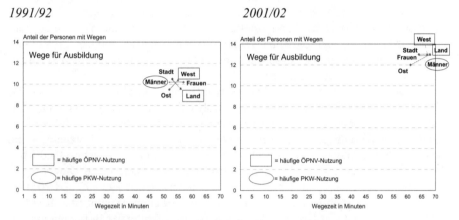

S (Stadt): Verdichtungsregion und Kernstädte der Regionen mit Verdichtungsansätzen, L (Land): restliche Gemeinden der Regionen mit Verdichtungsansätzen und ländliche Regionen
Quelle: Zeitbudgetstudien 1991/92 und 2001/02 – eigene Berechnungen

3.1.3.2.5 Wegezeiten für „private" Wege (Ehrenamt, Kontakte, Freizeitaktivitäten usw.)

Die nachfolgend als „private" Wege zusammengefassten Wegearten gliedern sich im Detail in die folgenden unterschiedlichen Zwecke: Wege für ehrenamtliche Tätigkeiten, Wege für den persönlichen Bereich (z.B. Friseur, Arzt-, Krankengymnastikbesuche), Wege für Kontakte (z.B. Gespräche, Gesellschaft, Essen gehen) und Wege für Mediennutzung/ Freizeit. Es wurden für all diese einzelnen Wegearten die in Kap. 3.1.3.2 vorgestellten Analysen nach Kontext- und Akteursmerkmalen vorgenommen. An dieser Stelle werden ausführlich die Analysen der Wege für Kontakte und der Wege für Mediennutzung/ Freizeit vorgestellt, da sie von einem relativ großen Anteil (40-50%) der Befragten ausgeübt wurden. Die beiden anderen Wegearten, die deutlich weniger Befragte in ihrem Alltag nannten, werden zu Beginn dieses Kapitels nur in zusammenfassender Form vorgestellt.

All diesen hier analysierten „privaten" Wegezeiten ist gemeinsam, dass sie nicht mit verpflichtenden Tätigkeiten verbunden sind. Es ist davon auszugehen, dass die Personen weitgehend selbst entscheiden, ob sie diese Aktivitäten ausüben, wo und wann sie sie ausüben (abgesehen von den Einschränkungen durch Verpflichtungen, wie Arbeit, Haushalt usw.) und vor allem, wie weit sie sich dazu von zuhause entfernen bzw. wie viel Zeit diese Wege in Anspruch nehmen.

Wege für ein Ehrenamt
Aus der Literatur ist bekannt, dass seit geraumer Zeit die Bereitschaft zu gesellschaftlicher Partizipation in allen Organisations- und Partizipationsformen abgenommen hat und dass große Unterschiede im Engagement zwischen Ost- und Westdeutschland bestehen (vgl. z.B. SCHÖB 1999). Besonders kritisch wird dies vor dem Hintergrund gesehen, dass dem Ehrenamt zentrale Funktionen, wie z.B. „integrative, demokratische und wohlfahrtsstaatliche Funktion(en)" in einer modernen Demokratie zugeschrieben werden (GABRIEL/ VÖLKL 2002, S. 2). Vor diesem Hintergrund ist die Analyse des ehrenamtlichen Engagements und der dafür verwendete Wegezeit von Interesse.

Wege für ehrenamtliche Aktivitäten wurden nur von 5% (1991/92) bzw. 7% (2001/02)[138] der Befragten zurückgelegt, wobei sich zu beiden Zeitpunkten deutlich mehr Personen im Westen als im Osten ehrenamtlich betätigten. Es wird bei einer regionalen Disaggregation erkennbar[139], dass Wege für ein Ehrenamt – und damit auch das Engagement an sich – zu beiden Zeitpunkten eher in ländlichen Regionen und Gemeinden ohne zentralörtlichem Rang stattfanden. Dieses regionale Muster der Beteiligungsgrade verstärkte sich zwischen 1991/92 und 2001/02 und ist als Land-Stadt-Gefälle auch aus anderen Arbeiten bekannt (u.a. KRAMER 1993)[140]. Insgesamt wurden diese Wege von rd. zwei Drittel der Befragten motorisiert zurückgelegt, wobei Männer diese Wege deutlich häufiger als Frauen mit dem PKW bestritten. Der etwas niedrigere Anteil der PKW-Nutzung bei Frauen ist zum einen darauf zurückzuführen, dass vor allem ältere Frauen seltener über einen PKW bzw. einen Führerschein verfügten als Männer und somit seltener das Auto benutzen konnten. Zum anderen waren auch 2001/02 noch in diesem Bereich im Osten die Unterschiede zwischen der PKW-Nutzung von Männern (60%) und Frauen (27%) beträchtlich. Insgesamt waren allein lebende ältere Männer (auch im Rentenalter) in den ländlichen Regionen im Westen die Gruppe, die sich am häufigsten und intensivsten dem Ehrenamt widmete und zu diesem Zweck Wege zurücklegte.

---

138 In der Erhebung 2001/02 wurde die Definition von ehrenamtlicher Tätigkeit um den Bereich „informelles Engagement" erweitert. Dieser Erweiterung hatte zur Folge, dass deutlich mehr Befragte in den neuen Ländern Aktivitäten in diesem Bereich ausübten.
139 Aufgrund der geringen Fallzahlen verbot sich eine feinere Disaggregation nach Gemeindetypen.
140 In einer Analyse des außerschulischen Engagements von Lehrkräften wurde als Muster deutlich: Je größer und zentralen der Wohnstandort war, desto eher wurden Funktionen, wie z.B. Leitung des Sportvereins oder eine Chores professionalisiert, bzw. wurden professionalisierte Organisationen aufgesucht (vgl. KRAMER 1993).

Abb. 3.38: Anteil derjenigen, die Wege für Ehrenamt ausführten, und die durchschnittliche Wegedauer nach verschiedenen Merkmalen 1991/92 und 2001/02

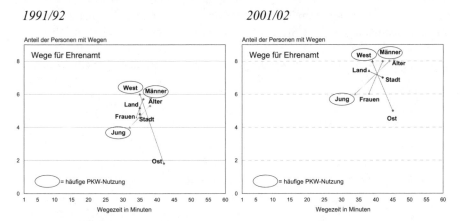

J (jünger): unter 45 Jahren, A (älter): über 45 Jahren
S (Stadt): Verdichtungsregion und Kernstädte der Regionen mit Verdichtungsansätzen, L (Land): restliche Gemeinden der Regionen mit Verdichtungsansätzen und ländliche Regionen
Quelle: Zeitbudgetstudien 1991/92 und 2001/02 – eigene Berechnungen

Vor allem die deutlichen West-Ost-Unterschiede stellen ein Ergebnis dar, das sich mit anderen Untersuchungen (z.B. SCHÖB 1999) deckt, in denen insgesamt im Osten hinsichtlich politischer, sportlicher und vor allem kirchlicher Partizipation deutlich weniger Engagement als im Westen festzustellen war. Diese Aktivitäten waren offensichtlich noch im hohem Maße durch die unterschiedlichen Gesellschaftssysteme und ihre Formen des gesellschaftlichen Engagements geprägt.

Wege für den persönlichen Bereich
Der zweite hier nur knapp vorgestellte Bereich der „Wege für den persönlichen Bereich/ physiologische Regeneration" umfasst z.B. Wege für Körperpflege (u.a. Friseur, Arzt-, Krankengymnastikbesuche) und zum Essen (und damit auch Essen im Restaurant). Wegstrecken in diesem Aktivitätsbereich wurden 1991/92 von rd. 21% und 2001/02 nur noch von rd. 15% der Befragten an einem der Befragungstage zurückgelegt. Sie zählten damit zu der einzigen Wegeart, die 2001/02 seltener im Alltag genannt wurde als 1991/92 (vgl. Abb. 3.39).

Gleichzeitig ist festzustellen, dass besonders die älteren Befragten 2001/02 nicht mehr ganz so stark unter den Ausübenden vertreten waren. Ob dies auf einen verstärkten Rückzug der Älteren aus der Öffentlichkeit oder auf eine Verlagerung ihrer Aktivitäten von den eher „passiven" Erholungsformen hin zur „aktiven" Gestaltung der Freizeit zurückzuführen ist, ist leider an dieser Stelle nicht zu klären. Auch diese Wege wurden im Westen häufiger mit dem PKW zurückgelegt als im Osten, wobei sich in der Erhebung von 2001/02 eine zunehmende Motorisierung in den neuen Ländern bemerkbar machte. Ähnlich wie bei den Wegen für das Ehrenamt blieb auch bei den Wegen für den persönlichen Bereich 2001/02 trotz der steigenden Motorisierung der Unterschied zwischen den Geschlechtern in der PKW-Nutzung erhalten: Ältere Frauen in den neuen Ländern nutzten auch 2001/02 deutlich seltener den PKW für diese Wege als Männer. Stadt-Land-Unterschiede zeigten sich vorwiegend darin, dass Personen in den Städten zu beiden Zeitpunkten häufiger Wege für den persönlichen Bereich zurücklegten.

Abb. 3.39: *Anteil derjenigen, die Wege für den persönlichen Bereich ausführten, und die durchschnittliche Wegedauer nach verschiedenen Merkmalen 1991/92 und 2001/02*

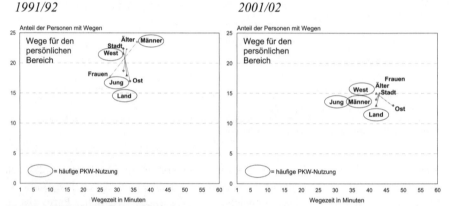

J (jünger): unter 45 Jahren, A (älter): über 45 Jahren
S (Stadt): Verdichtungsregion und Kernstädte der Regionen mit Verdichtungsansätzen, L (Land): restliche Gemeinden der Regionen mit Verdichtungsansätzen und ländliche Regionen
Quelle: Zeitbudgetstudien 1991/92 und 2001/02 – eigene Berechnungen

Wege für Kontakte/ Gespräche/ Geselligkeit
Wegstrecken für Kontakte und Geselligkeit legten insgesamt deutlich mehr Personen zurück als Wege für ein Ehrenamt oder Wege für den persönlichen Bereich, so dass sie etwas ausführlicher behandelt werden. 1991/92 wurden sie von 40% der Befragten ausgeübt und diese Anteile stiegen 2001/02 bis auf 48%, wobei hierfür zu beiden Zeitpunkten in den neuen Ländern etwas mehr Zeit aufgewandt wurde als in den alten Ländern. In den Verdichtungsregionen war sowohl der Anteil der Ausübenden für diese Wege des „geselligen Beisammenseins" höher als auch der Zeitaufwand, der dafür anfiel. Dies könnte u.a. darauf zurückgeführt werden, dass im ländlichen Raum meist die sozialen und familialen Netzwerke deutlich stärker auf die Wohngemeinde oder Nachbargemeinden konzentriert sind und somit weniger große Distanzen zwischen Freunden/innen, Verwandten, Vereinskameraden/innen entstehen als dies in größeren Agglomerationen der Fall ist. Dieser Sachverhalt wurde durch die bereits genannten Ergebnisse aus der Haushaltsbefragung bestätigt.

Abb. 3.40: Anteile der Wegezeiten für Kontakte und Geselligkeit, die mit dem PKW zurückgelegt wurden 1991/92 und 2001/02

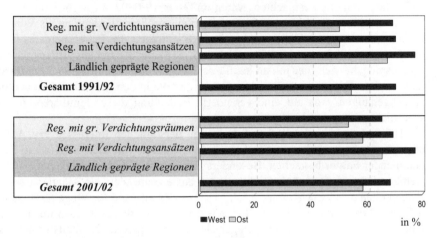

Quelle: Zeitbudgetstudien 1991/92 und 2001/02 – eigene Berechnungen

Bezieht man das genutzte Verkehrsmittel in die Betrachtung mit ein, so wird sichtbar, dass für Wege für Kontakte der PKW noch wichtiger war als für den persönlichen Bereich (vgl. Abb. 3.40). Das Restaurant, der Friseur oder der Arzt waren offensichtlich – zumindest in den Zentren – mit anderen Verkehrsmitteln zu erreichen, wohingegen der Weg zu den Freunden, zur Familie oder zum Ausflugsort von der Mehrheit der Befragten bereits 1991/92 mit dem PKW erreicht wurde. Die höchsten PKW-Anteile der Wege für Kontakte waren zu beiden Zeitpunkten in den ländlichen Regionen und in den alten Ländern zu erkennen.

Grundsätzlich wurden in den neuen Ländern zu beiden Zeitpunkten wesentlich größere Anteile dieser Wegezeit unmotorisiert zurückgelegt (2001/02: 36% Ost, 26% West). Dies stimmt mit den Angaben überein, die im Haushaltsfragebogen zur Zu-Fuß-Erreichbarkeit von Freunden und Verwandten gemacht wurden. Dort gaben die ostdeutschen Befragten an, dass z.B. die Verwandten häufiger für sie zu Fuß erreichbar seien als westdeutsche Befragte, wobei diese große Nähe des privaten Umfeldes sich besonders deutlich in den ländlichen Regionen der neuen Länder zeigte.

Neben den Eigenschaften des Kontexts, die hier kurz angerissen wurden, war ebenfalls von Interesse, inwieweit die Merkmale der Akteure auf die Gestaltung dieser Wege einwirkten. Der Zeitaufwand für Wege für Kontakte und Geselligkeit unterlag einer noch deutlicheren U-Form in der Verteilung über die Altersgruppen als derjenige für Wege für den persönlichen Bereich, d.h. dass diese Wege eher von jungen Personen oder älteren Personen zurückgelegt wurden, die weniger Zeitrestriktionen durch Erwerbsarbeit oder familiäre Verpflichtungen besaßen. Zudem waren zu beiden Zeitpunkten vor allem ältere Männer und Frauen im Osten deutlich länger unterwegs als die vergleichbaren Altersgruppen im Westen. Dies lag u.a. daran, dass 1991/92 Wege für Kontakte insgesamt an Wochenendtagen in den neuen Ländern zu der mit Abstand häufigsten Wegeart zählten. Während im Westen am Wochenende Wege für Freizeitzwecke und für Kontakte gleich hohe Anteile ausmachten, waren im Osten 1991/92 Wege für Kontakte mit Freunden/ Bekannten/ Verwandten von weitaus größerer Bedeutung als Wege zu Freizeiteinrichtungen. Die besonders hohe Wichtigkeit des Lebensbereichs Familie (BÖHNKE 1999, S. 444; WEICK 1999, S. 518) für die Lebenszufriedenheit im Osten spiegelte sich hier in den häufigeren Wegen und dem höheren Zeitaufwand dafür wider. Zehn Jahre später waren diese Anteile in den neuen Ländern deutlich zurückgegangen, was auf eine veränderte Bedeutung dieser familiären/ freundschaftlichen Kontakte hindeutet.

Häufig wird bei der Wahrnehmung von persönlichen Interessen und Aktivitäten die Anwesenheit von Kindern – insbesondere von kleinen Kindern – als hemmender Faktor betrachtet. Besonders Frauen mit Kindern verfügen meist über weniger freie, für persönliche Interessen einsetzbare Zeit als Männer oder als Frauen ohne Kinder (vgl. Kap. 2.3.4.3.1). Am Zeitaufwand für Wege für Kontakte ließ sich dies deutlich ablesen. Dieser war bei Männern und Frauen mit Kindern unter sechs Jahren insgesamt geringer als bei den anderen Haushaltsformen. Genau betrachtet ergaben sich weitere Unterschiede: Für Männer im Westen schien sich die Situation durch Kinder weniger zu ändern, denn sie waren fast genau so lange für Wege für Kontakte unterwegs wie Männer ohne Kinder. Frauen mit Kindern dagegen investierten deutlich weniger Zeit in Wege für Kontakte als Frauen ohne Kinder. Es ließ sich hiermit bestätigen, dass Mütter nicht nur hinsichtlich ihrer Erwerbsarbeit stärker eingeschränkt waren als Väter, sondern auch hinsichtlich der Zeit für Wege für Geselligkeit und Kontakte. Geht man davon aus, dass die aufzusuchenden „Gelegenheiten" für beide Geschlechter ähnlich nah oder fern waren, so kann man folgern, dass Frauen auch insgesamt weniger Zeit für diese Aktivitätsbereiche verwandten. Verfügten sie zudem seltener über ein Auto, dann wurde der Aktionsradius dahingehend noch weiter eingeschränkt, wobei dies für Frauen im Westen seltener der Fall als für Frauen im Osten. Allerdings verbesserte sich für Letztere die Situation zwischen 1991/92 und 2001/02 deutlich.

Eine weitere These bezüglich der Ausstattungsmerkmale des Haushalts und der Wegezeiten für den privaten Bereich lautet, dass Haushalte, die einen Garten besitzen, weniger Zeit für Aktivitäten außerhalb des Hauses verbringen als Personen in Wohnungen ohne Garten. Für die Wege für Kontakte zeigte sich 1991/92[141] im Westen, dass dort in den Kernstädten Personen ohne Garten mehr Wege für Kontakte zurücklegten als diejenigen, deren Wohnung über einen Garten verfügte. Im Osten sah es jedoch anders aus: Personen mit Garten verwandten sowohl in den Kernstädten als auch in den Ober-/Mittelzentren mehr Zeit für Wege für Kontakte, Geselligkeit, Ausflüge usw. als Haushalte ohne Garten. Da durch die Formulierung dieser Frage „Verfügt der Haushalt über einen Garten (und Pacht- oder Schrebergarten)" auch Gärten, die in einer gewissen Entfernung waren, dazuge-

---

141 Die Variable „Haushalt verfügt über einen zur Wohnung gehörenden Garten" wurde nur 1991/92 erhoben.

3.1 Zeitbudgetstudien des Statistischen Bundesamtes (1991/92 und 2001/02)

rechnet wurden, ist anzunehmen, dass die Wege zu geselligen Treffen im Garten hier u.a. in diesen privaten Wegezeiten enthalten waren[142]. Dies würde erklären, weshalb im Osten – wo es viele „Lauben und Schrebergärten" gab – diese Wegezeiten für Gartenbesitzer/innen deutlich höher waren als für Nicht-Gartenbesitzer/innen. Insgesamt war der Zeitaufwand für Kontakte zu beiden Zeitpunkten im Osten zeitintensiver als in den alten Ländern (obwohl weniger Personen diese Wege im Alltag nannten). Der enge Zusammenhalt der Familien- und Freundeskreise, der häufig für die neuen Länder als typisch beschrieben wurde, zeigte sich 1991/92 im Zeitaufwand für die dazugehörigen Wege auch in den Daten der Zeitbudgetstudie. Er ging jedoch 2001/02 deutlich zurück.

Tab. 3.33: Ergebnisse der Auswertungen für die Wege für Kontakte entsprechend dem Auswertungsschema für Eigenschaften des Kontexts 1991/92 und 2001/02

	Wegezeit für Kontakte – Eigenschaften des Kontexts		
	West/Ost	**Zentralität/ Lage**	**Verkehrsanbindung (Autobahn)**
Anzahl/ Anteil der Personen mit Wegen	keine Unterschiede	West: mehr Personen mit Wegen in Verdichtungsregionen	keine Unterschiede
Dauer	mehr Zeitaufwand für Wege im Osten	West: mehr Zeit für Wege in Verdichtungsregionen Mehr Zeit für Wege in Kernstädten	keine Unterschiede
Verkehrsmittel	mehr PKW-Nutzung im Westen, mehr ÖPNV-Nutzung im Osten	weniger PKW-Nutzung in Verdichtungsräumen und in Kernstädten Ost: Mehr ÖPNV in Kernstädten *2001/02: ländlicher Raum: deutlich mehr unmotorisierte Wege*	keine Unterschiede

Quelle: Zeitbudgetstudien 1991/92 und 2001/02 – eigene Berechnungen

Zusammengefasst lassen sich die Ergebnisse für die Wege für Kontakte und Geselligkeit aus den beiden Tab. 3.33 und 3.34 für „Extremtypen" folgendermaßen beschreiben:

---

142 Gartenarbeit selbst und die dazugehörigen Wege zählten in den Bereich der hauswirtschaftlichen Tätigkeiten.

- *Den geringsten Zeitaufwand für Wege für Kontakte pro Tag besaß: die nicht oder Teilzeit erwerbstätige Frau mit Kindern unter sechs Jahren in einen Ober-/Mittelzentrum im Westen.*
- *Den höchsten Zeitaufwand für Wege für Kontakte pro Tag besaß: der nicht erwerbstätige alleinlebende Mann in einer Kernstadt im Osten, mit Garten und PKW.*

Tab. 3.34: Ergebnisse der Auswertungen für die Wege für Kontakte entsprechend dem Auswertungsschema für Eigenschaften der Akteure 1991/92 und 2001/02

	Wegezeit für Kontakte- Eigenschaften der Akteure						
	Alter	Geschl.	Erwerbstätigkeit	Fam.-/ Haush.-form	Kinder im Haushalt	PKW-Verfügbarkeit	Gartenbesitz
Anzahl/ Anteil der Personen mit Wegen	mehr Wege unter 25 und ab 55/60 Jahren	mehr Frauen mit Wegen	mehr Wege, wenn nicht erw.tätig	weniger Wege in Familienphase	weniger Wege, wenn Kinder unter 6 Jahren	keine Unterschiede	West: Nicht-Gartenbes. mehr Wege in Kernst.
Dauer	längere Wege ab 55/60 Jahren	allgemein: weniger Zeitaufwand für Frauen	mehr Zeitaufwand, wenn nicht erw.tätig, weniger, wenn Teilz.	längere Wege bei allein leb. Männern ohne Kinder	längere Wege bei Frauen mit Kind	West: oh. PKW mehr Zeitaufw. Ost: mit PKW mehr Zeitaufw.	Ost: Gartenbesitzer mehr Zeit für Wege
Verkehrsmittel	mehr PKW-Nutzung je jünger	West: nur ält. Frauen wenig PKW-Nutz. Ost: Frauen mehr ÖPNV 2001/02: abn. ÖPNV-Nutzung im Osten	mehr ÖPNV wenn n. erw.tätig, Ost: Fr. auch Erw. tät. wenig PKW 2001/02: gl. hohe PKW-Nutz. für Voll. Erw. tätige	jüngere Pers. mehr PKW, ältere all. lebende Pers. weniger PKW	Ost: Frauen weniger PKW-Nutzung 2001/02: max. PKW-Nutzung in Haushalten mit großen Kindern	mehr Zu-Fuß-Wege auf dem Land, wenn kein PKW	kein Unterschied

Quelle: Zeitbudgetstudien 1991/92 und 2001/02 – eigene Berechnungen

Abb. 3.41: Anteil derjenigen, die Wege für Kontakte ausführten, und die durchschnittliche Wegedauer nach verschiedenen Merkmalen 1991/92 und 2001/02

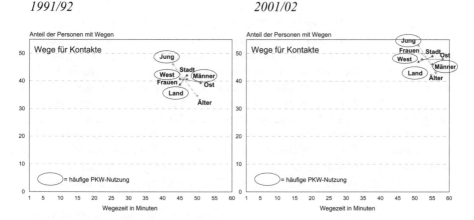

J (jünger): unter 45 Jahren, A (älter): über 45 Jahren
S (Stadt): Verdichtungsregion und Kernstädte der Regionen mit Verdichtungsansätzen, L (Land): restliche Gemeinden der Regionen mit Verdichtungsansätzen und ländliche Regionen
Quelle: Zeitbudgetstudien 1991/92 und 2001/02 – eigene Berechnungen

In der graphischen Übersicht in den Abb. 3.41 wird deutlich, dass Wege für Kontakte vorrangig von jüngeren Befragten zurückgelegt wurden, während z.B. Wege für den persönlichen Bereich eher im Alltag von älteren Personen anfielen. Trotz der häufigeren PKW-Nutzung investierten Männer mehr Zeit in diese Wege, was vermuten lässt, dass sie damit auch entferntere Ziele anstrebten als Frauen. Allerdings waren durch die Aufteilung in Personen unter/ über 45 Jahren in der „älteren Gruppe" über 45 Jahre noch sehr viele Personen in der Familienphase, die wesentlich seltener Wege für Kontakte ausübten, als z.B. Rentner/innen, so dass bei einer feineren Analyse genau genommen „Ältere" ab 60 Jahren wieder deutlich mehr Wege für Kontakte besaßen als jüngere Befragte.

Im direkten Vergleich der beiden Erhebungsjahre ist zu erkennen, dass sowohl die Anteile der Befragten mit Wegen für Kontakte insgesamt als auch die Wegezeiten selbst anstiegen. Die Muster der Verteilung nach den unterschiedlichen betrachteten Merkmalen blieben jedoch weitgehend erhalten, wie Abb. 3.41 zu entnehmen ist.

Wegezeiten für Mediennutzung/ Freizeitaktivitäten
Der Teil der Freizeit, der sich mit Mediennutzung jeglicher Art, sportlichen Aktivitäten, Spazierengehen, Spielen, Musik und Kultur beschäftigt, wurde in der Zeitbudgetstudie 1991/92 gesondert von dem „Persönlichen Bereich" und dem Bereich „Kontakte/ Geselligkeit" kodiert. Problematisch ist bei dieser Analyse allerdings, dass hier Wege gemeinsam kodiert wurden, die höchstwahrscheinlich sehr unterschiedlichen räumlichen Mustern unterlagen. So ist anzunehmen, dass

270   3. Wie gestaltet sich Zeitverwendung für Mobilität im Alltag?

Einrichtungen für Musik- und Kulturveranstaltungen häufiger in zentralen Orten vorhanden sind, wohingegen für Outdoor-Aktivitäten ein gegenläufiges Muster zu erwarten ist. Dieser Widerspruch kann leider an der Stelle nicht aufgelöst werden, da eine feinere Kodierung für die Wegezeiten 1991/92 nicht zur Verfügung stand[143].

Knapp 40% der Befragten im Westen und nur gut 21% im Osten nannten 1991/92 an mindestens einem Befragungstage Wege, die sie für Freizeitzwecke[144] zurücklegten. Hier waren – vor allem an den Werktagen (vgl. nachfolgendes Kap. 3.1.3.4) – große Unterschiede zwischen den alten und neuen Bundesländern zu erkennen. Die Freizeitaktivitäten fanden im Osten – wenn überhaupt – weitaus häufiger an den Wochenendtagen statt als im Westen, wo Freizeitaktivitäten häufiger auch unter der Woche ausgeübt wurden. 2001/02 hatte sich der Beteiligungsgrad auf insgesamt 47% erhöht, wobei sich die Anteile der Befragten in den neuen Ländern auf 43% verdoppelt und in den alten Ländern auf 48% erhöht hatten. Für diese Erhöhung ist jedoch u.a. die Erhöhung der Anzahl der Erhebungstage und die verstärkte Erhebung von Wochenendtagen mitverantwortlich.

Abb. 3.42: Zeitaufwand für Wege für Freizeit pro Tag nach Gemeindetypen 1991/92

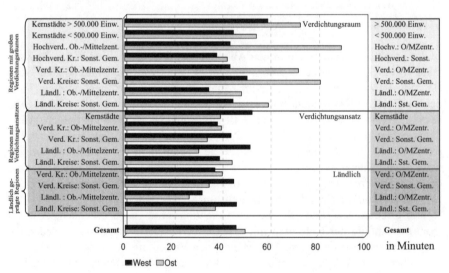

Quelle: Zeitbudgetstudie 1991/92 – eigene Berechnungen

---

143 In der Zeitbudgetstudie 2001/02 wurden diese Wegezeiten zwar detaillierter unterschieden (Wege zu Kulturveranstaltungen, Sportveranstaltungen, Teilnahme an sportlichen Aktivitäten usw.), da jedoch hier der Vergleich der beiden Studien im Vordergrund stand, wurden die Kategorien von 2001/02 den Kategorien von 1991/92 angepasst.

144 Im Folgenden werden die Wege für Mediennutzung und Freizeitaktivitäten kurz „Wege für Freizeit" genannt.

3.1 Zeitbudgetstudien des Statistischen Bundesamtes (1991/92 und 2001/02)

Während der höchste Beteiligungsgrad an Wegen für die Freizeit im Jahr 1991/92 im Westen in den ländlichen Regionen zu erkennen war, waren 2001/02 die Beteiligungsgrade dort – bei insgesamt ansteigenden Trends – am niedrigsten, woran zu erkennen ist, dass der Anstieg der Freizeitaktivitäten eher in den Verdichtungsregionen und den Regionen mit Verdichtungsansätzen stattgefunden hatte. Signifikante Unterschiede zeigten sich hinsichtlich des Zeitaufwands zwischen Ost und West, da zu beiden Zeitpunkten Befragte in den neuen Ländern deutlich mehr Zeit pro Tag für Wege für Freizeit aufwandten, wenn sie überhaupt Wege dieser Art zurücklegten. Bemerkenswert ist, dass im Osten gleich viel Zeitaufwand für Freizeitwege investiert wurde als für Wege zur Arbeit, und dieses Verhältnis über beide Erhebungsjahre erhalten blieb.

Insgesamt ist die Erhöhung des Zeitaufwands für Freizeit von 46 auf 61 Minuten und damit um fast 30% in den beobachteten zehn Jahren die größte Erhöhung der Wegezeit eines hier untersuchten Bereichs. Die vielfach thematisierte Zunahme der Freizeit und damit auch der mit ihr verbundenen Wege (GARHAMMER 1994; GUGGENBERGER 1999; OPASCHOWSKI 1995; ZÄNGLER 2000) lässt sich anhand dieser Entwicklung gut dokumentieren[145]. Bei der Analyse der Freizeitwege nach Regions- und Gemeindetypen (vgl. Abb. 3.42) ist deutlich zu erkennen, dass ein höherer Zeitaufwand für Freizeitwege im Osten 1991/92 vor allem in den Verdichtungsräumen anfiel. Dieses Gefälle zwischen den Regionstypen bestand 2001/02 nicht mehr in der Deutlichkeit. Dennoch fielen insgesamt in den großen Kernstädten sowohl im Westen als auch im Osten mit Abstand die längsten Freizeitwege an. Dort wurden nicht nur mehr Freizeiteinrichtungen angeboten, sondern sie lagen auch in größerer Entfernung als außerhalb der Verdichtungsregionen – man denke z.B. nur an die Grünanlagen zum Radfahren und Joggen, die sich für Befragte außerhalb der Großstädte z.T. vor der Haustür befinden.

In Abb. 3.43 wird deutlich, dass sich die Veränderungen zwischen den beiden Erhebungsjahren vor allem in den ländlichen Regionen der neuen Bundesländer vollzogen, in denen sich der Zeitaufwand für Freizeitwege in dem Maße erhöhte, dass er sich 2001/02 nicht mehr von dem der Verdichtungsregionen unterschied. Bei den großen Unterschieden zwischen den Gemeindetypen ist die Frage nach den benutzten Verkehrsmitteln für die Freizeitwege von besonderem Interesse. Es wird dabei deutlich, dass 1991/92 in den Gemeindetypen, in denen der Zeitaufwand für Freizeitwege besonders niedrig war (außerhalb der Verdichtungsregionen), gleichzeitig der Anteil derjenigen, die für diese Wege das Auto benutzten, besonders hoch war (vgl. Abb. 3.44). Die PKW-Nutzung für Freizeitwege erfuhr allerdings in der Zeit zwischen 1991/92 und 2001/02 in Ost- und Westdeutschland unterschiedliche Entwicklungen. Während sie sich in den neuen Ländern – wie in fast allen anderen Bereichen auch – weiter erhöhte (vor allem außerhalb der großen Zentren), ging sie in den alten Ländern leicht zurück. Gleichzeitig ging in den neuen Ländern der Anteil der Wegezeit, die unmotorisiert zurückgelegt wurde, zurück, während er in den alten Ländern im gleichen Zeitraum leicht anstieg.

---

145 Allerdings muss dabei die bereits erwähnte Erhöhung der Erhebungstage und die Ausdehnung auf einen Wochenendtag berücksichtigt werden.

Abb. 3.43: Veränderung des Zeitaufwandes für Wege für Freizeit pro Tag zwischen 1991/92 und 2001/02 nach Gemeindetypen (in Minuten)

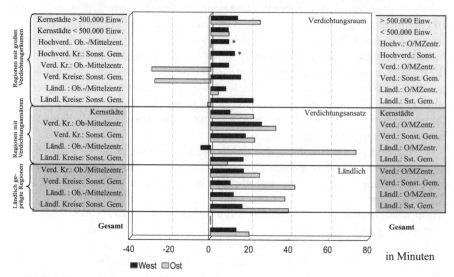

* zu geringe Fallzahlen im Osten
Quelle: Zeitbudgetstudien 1991/92 und 2001/02 – eigene Berechnungen

Abb. 3.44: Anteil derjenigen, die für ihre Freizeitwege an den Befragungstagen den PKW benutzten in % 1991/92

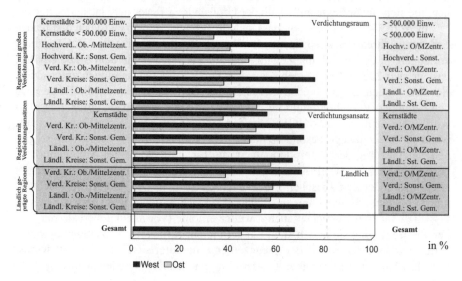

Quelle: Zeitbudgetstudie 1991/92 – eigene Berechnungen

Diese gegenläufigen Entwicklungen in ihrer Differenzierung nach Gemeindetypen sind in Abb. 3.45 dargestellt, aus der zum einen hervor geht, dass im Westen die PKW-Nutzung für Freizeitwege vor allem in den Verdichtungsregionen rückläufig war, während sie sich in den neuen Ländern in allen Regionen in den verdichteten und ländlichen Kreisen deutlich erhöhte. Diese Kreistypen waren in den 1990er Jahren Profiteure der Suburbanisierung (und sind es immer noch), die wiederum eng mit dem Prozess der zunehmenden Motorisierung verbunden war. Dass der PKW dann nicht nur für den Weg zur Arbeit, sondern auch den Weg zu Freizeiteinrichtungen genutzt wurde, ist naheliegend. In den alten Ländern könnte der Aufschwung des Fahrrads (in Form von Mountain Bikes usw.) für alle Generationen als Freizeit-Sportgerät oder auch der der Inline-Skates für die Zunahme der unmotorisierten Verkehrswege in der Freizeit verantwortlich sein. Insgesamt wurde zu beiden Zeitpunkten in kleinen Orten häufiger zu Fuß zu den Freizeitgelegenheiten gegangen als in den zentralen großen Gemeinden. Dies spricht erneut dafür, dass in den ländlichen, peripheren Gemeinden räumlich engere soziale Netzwerke und zahlreiche Freizeiteinrichtungen bestanden, die es ermöglichten, zu Fuß zu den Freizeitbeschäftigungen zu gelangen. Die langen Wegezeiten in den Kernstädten erklären sich auch für die Freizeitwege mit einer verstärkten ÖPNV-Nutzung. Ganz besonders in den Großstädten (und hier auch im Westen) spielte der ÖNPV zu beiden Zeitpunkten für den Freizeitverkehr mit rd. 20% der Wegezeit im Westen und knapp 40% im Osten eine ernst zunehmende Rolle, die sich über die Zeit sogar relativ stabil erhielt.

Abb. 3.45: Veränderung der Anteile der Wegezeit mit dem PKW für Wege für Freizeit pro Tag zwischen 1991/92 und 2001/02 nach Gemeindetypen (in %)

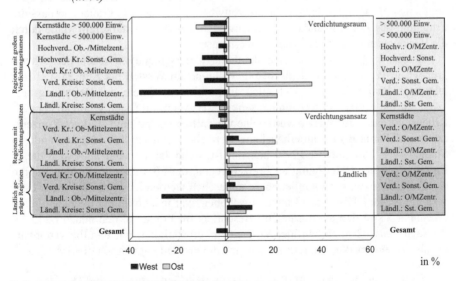

Quelle: Zeitbudgetstudien 1991/92 und 2001/02 – eigene Berechnungen

Da von den Freizeittätigkeiten, die in diesem Bereich erfasst wurden, zahlreiche Tätigkeiten, wie z.B. Spazierengehen oder diverse Outdoor-Sportarten gerne in freier Natur ausgeübt werden, wurde ebenfalls überprüft, inwieweit sich Veränderungen in den Wegezeiten in Abhängigkeit von der Flächennutzung im Wohnumfeld zeigten. Dazu wurden als Indikatoren das Verhältnis bebauter Fläche zu Freifläche und die Erholungsfläche pro Einwohner herangezogen. Es zeigten sich jedoch keine signifikanten Effekte dieser Indikatoren auf die Wegezeiten für Freizeit, da – wie schon mehrfach erwähnt – durch die Unterschiede in der Verkehrsmittelnutzung infrastrukturelle Effekte häufig „aufgehoben" wurden. Größere Entfernungen zu den naturnahen Freizeitflächen wurden offensichtlich mit einer höheren PKW-Nutzung kompensiert, so dass dadurch nur geringe Differenzen im Zeitaufwand zu erkennen waren.

Sowohl die Art als auch der Umfang der Freizeitaktivitäten sind in hohem Maße vom Alter, von der Familienphase und von der Eingebundenheit in andere Aktivitäten abhängig. Diese Gebundenheit kann eine Erwerbstätigkeit sein, die große Teile des Alltags beansprucht, kann aber auch in Form von Verpflichtungen für Haushalt, Kinder oder zu pflegende Angehörige auftreten. Da diese Aufgaben in unserer Gesellschaft wiederum mit Rollenstereotypen verbunden sind, stellen das Geschlecht, das Alter sowie die Familien- oder Haushaltsform zentrale Variablen dar, die die Gestaltungsmöglichkeiten der Freizeit und damit auch die Freizeitwege beeinflussen.

Zwischen den Geschlechtern ergaben sich 1991/92 nur geringe Unterschiede in Umfang und Dauer der Freizeitwege. Zehn Jahre später beteiligten sich zwar noch immer gleich viele Männer und Frauen an Freizeitwegen, hinsichtlich der Dauer dieser Wege waren jedoch deutliche Unterschiede entstanden. Männer aus den alten Ländern waren 2001/02 rd. fünf Minuten, Männer aus den neuen Ländern sogar 10 Minuten länger für Freizeitwege unterwegs als Frauen, so dass die Erhöhung des Zeitaufwands für Freizeitwege insgesamt in stärkerem Maße durch die Verlängerung der Wege von Männern zustande kam.

Bereits 1991/92 zeigten sich deutliche Unterschiede zwischen den Altersgruppen in West- und Ostdeutschland. Während im Westen bis zum 25. Lebensjahr noch knapp 60% der Befragten an mindestens einem der Befragungstage Wege für die Freizeit unternahmen, sank dieser Anteil im Osten schon ab dem 20. Lebensjahr unter 50%. Hier wurde eine wesentlich frühere und stärkere Konzentration auf Familie und innerhäusliche Bereiche offensichtlich, die aus anderen Studien (vgl. Datenreport 1999) bekannt ist. Zehn Jahre später hatte sich dieser Einschnitt in der Beteiligung an Freizeitwegen, der als Indikator für den Beginn der Erwerbs- bzw. der Familienphase angesehen werden kann, in den neuen Ländern um rd. fünf Jahre nach hinten verschoben, war jedoch immer noch deutlicher erkennbar als in den alten Ländern. Besonders für Frauen in den neuen Ländern, die auch 2001/02 noch häufiger Vollzeit Erwerbstätigkeit mit Familie vereinbarten als Frauen im Westen, reduzierten sich die Freizeitwege durch diese Aufgaben sichtbar.

Ähnlich wie bei den anderen „privaten" Wegen für den persönlichen Bereich und die Kontakte wurde grundsätzlich in der Familienphase am wenigsten Zeit für

3.1 Zeitbudgetstudien des Statistischen Bundesamtes (1991/92 und 2001/02) 275

Freizeitwege verwendet. 2001/02 hatten sich die Wegezeiten in allen Altersklassen erhöht, besonders stark waren sie jedoch bei den unter 35-jährigen Männern in den neuen Ländern angestiegen. In den alten Ländern stiegen die Wegezeiten für Freizeitwege systematisch mit zunehmendem Alter an. Die längeren Freizeitwege bei älteren Befragten besaßen mehrere Ursachen: zum einen besaßen nicht (mehr) Erwerbstätige mehr Zeit für Freizeit und damit auch für Freizeitwege. Zum anderen nahm zu beiden Zeitpunkten die PKW-Nutzung für Freizeitwege bei Männern ab dem 60. Lebensjahr, bei Frauen noch früher deutlich ab, so dass dann alternative Verkehrsmittel, wie z.B. der ÖPNV zum Einsatz kamen. Insgesamt nutzten im Osten Frauen 1991/92 wesentlich seltener den PKW für Freizeitwege als Männer. Auch 2001/02 nutzten Frauen den PKW seltener für Freizeitwege als Männer, diese Differenz zwischen den Geschlechtern war jedoch zehn Jahre später im Westen wie im Osten gleich groß.

Der ÖPNV wurde im Westen für Freizeitwege zu beiden Befragungszeitpunkten nur von Jugendlichen bis zum 20. Lebensjahr und dann wieder ab dem Rentenalter von einem erstzunehmenden Anteil der Befragten genutzt. Dies waren im Wesentlichen die beiden Gruppen, die sich entweder noch kein eigenes Auto leisten oder nicht mehr PKW-mobil sein konnten – sei es aus finanziellen Gründen oder aufgrund fehlender Fahrerlaubnis (ältere Frauen). Es wird deutlich, dass im Westen die Freizeitmobilität mit dem PKW den Standard für die im Berufsleben stehende Bevölkerung darstellte.

Schulische Bildung und die mit einem hohen schulischen Ausbildungsniveau erreichbaren Berufe zeichnen sich meist dadurch aus, dass ein höherer Grad an Selbstbestimmtheit besteht. Man könnte somit annehmen, dass damit ein größerer Umfang an Freizeit und damit auch an Möglichkeiten für Freizeitwege zur Verfügung stünden. Es ließe sich allerdings auch die umgekehrte Hypothese aufstellen, dass Hochqualifizierte eher Berufe mit höherer zeitlicher Belastung und mehr Verantwortung ergreifen, wie dies z.B. bei Selbständigen der Fall ist und sie damit weniger Freizeit besäßen. Betrachtet man den höchsten Schulabschluss der Befragten und den Anteil derer, die Wege für Freizeit ausübten, so stieg ihr Anteil in beiden Erhebungsjahren mit steigendem Schulabschluss in Ost- wie in Westdeutschland an. Der zeitliche Aufwand für Freizeitwege zeigte jedoch 1991/92 keine signifikanten Unterschiede nach Ausbildungsniveau, wohingegen sich bei der Nutzung von Verkehrsmitteln für Freizeitzwecke erneut Differenzen zeigten. Je höher der Schulabschluss war, desto häufiger benutzten die Befragten einen PKW oder den ÖPNV für ihre Wege und desto seltener legten sie ihre Freizeitwege zu Fuß zurück. Es kann vermutet werden, dass die Ziele, die sie in ihrer Freizeit anstreben, in größerer Entfernung liegen, und damit auch nicht zu Fuß zurückgelegt werden konnten. Da bekannt ist, dass Theater-, Kinobesuche und Besuche kultureller Veranstaltungen stärker von Personen mit hohem Ausbildungsniveau wahrgenommen werden, könnte darin eine Ursache für die geringeren Anteile an Zu-Fuß-Wegen liegen. Diese Unterschiede in der Verkehrsmittelnutzung waren jedoch 2001/02 nicht mehr erkennbar, so dass die verstärkte Motorisierung offensichtlich diese Differenzen beseitigt hatte.

2001/02 zeigten sich im Gegensatz zu 1991/92 jedoch Unterschiede in der Dauer der Freizeitwege nach Bildungsabschluss: Personen mit höherem Bildungsabschluss (Abitur/ Fachhochschulreife) wandten im Westen rd. 10 Minuten, im Osten rund 15 Minuten weniger Zeit für ihre Freizeitwege auf als die anderen Befragten. Die Zuwächse der Wegezeit zwischen 1991/92 und 2001/02 sind somit eher den Personen mittlerer und niedriger Schulabschlüsse zuzuschreiben.

Bezieht man den Umfang der Erwerbstätigkeit in die Auswertungen mit ein, so zeigte sich, dass sich dieser bei Männern und Frauen in Ost- und in Westdeutschland unterschiedlich auswirkte. Vollzeit erwerbstätige Frauen im Osten besaßen 1991/92 deutlich seltener Freizeitwege als Vollzeit erwerbstätige Frauen im Westen, die sich dahingehend nicht von Vollzeit erwerbstätigen Männern unterschieden. Diese Unterschiede lösten sich u.a. 2001/02 dadurch auf, dass zu diesem Zeitpunkt der Beteiligungsgrad Vollzeit erwerbstätiger Männer an Freizeitwegen in den neuen Ländern zurückging. Dies ist vermutlich auch auf die deutlich verlängerten Arbeitswege der Männer zurückzuführen, die erhebliche Zeitanteile im Alltag belegten.

Auch hinsichtlich der Dauer der Freizeitwege ergaben sich zwischen den beiden Erhebungen Veränderungen. 1991/92 wurde von Männern offensichtlich bei abnehmender Erwerbstätigkeit die Möglichkeit für Freizeitwege und -aktivitäten eher genutzt als von Frauen. 2001/02 stieg dagegen für Frauen wie für Männer die tägliche durchschnittliche Wegezeit für Freizeit mit abnehmendem Umfang der Erwerbsarbeit systematisch an. Für diesen Bereich hatten sich die Geschlechterdifferenzen weitgehend aufgelöst, was z.T. auf zunehmende Freizeit-Aktivitäten und -Wege der älteren Frauen zurückzuführen war.

Wie bereits mehrfach festgestellt, wird in der Familienphase weniger Zeit für „private" Wege aufgewandt als zuvor oder danach. Im Westen wie im Osten betraf dies zu beiden Zeitpunkten besonders Männer wie Frauen mit Kindern unter sechs Jahren, wobei dann, wenn beide Partner erwerbstätig waren, die geringsten Unterschiede zwischen den Geschlechtern hinsichtlich des Zeitaufwands für Freizeitwege festzustellen waren[146]. Am häufigsten unternahmen Ehepaare mit Kindern zwischen 6 und 18 Jahren Freizeitwege – unabhängig davon, ob ein Partner oder beide erwerbstätig waren. Die häufigsten PKW-Nutzer waren in beiden Regionen zu beiden Erhebungszeitpunkten erwerbstätige Ehepaare ohne Kinder, gefolgt von den erwerbstätigen Ehepaaren mit Kindern unter sechs Jahren. Ehepaare mit größeren Kindern nutzten weitaus seltener den PKW, was evt. darauf zurückzuführen sein könnte, dass größere Kinder nicht mehr unbedingt im PKW transportiert werden müssen, wenn man für Freizeitzwecke unterwegs ist. Dies zeigte sich bei der Analyse der unmotorisiert zurückgelegten Wege: die Ehepaare mit Kindern zwischen 6 und 18 Jahren waren in West wie in Ost die Gruppen, die am häufigsten unmotorisierte Wege unternahmen, so dass sie zwar häufig für Freizeitzwecke unterwegs waren, jedoch aufgrund der relativ kurzen Zu-Fuß- und

---

146 Es scheint sich hier die These zu bestätigen, dass vor allem die Erwerbstätigkeit beider Partner als Merkmal der Gleichberechtigung – in diesem Falle gleicher Anspruch auf Freizeit – angesehen werden kann.

Fahrradwege weniger Zeit in diese Wege investierten als PKW-Fahrer/innen und ÖPNV-Nutzer/innen.

Bei der starken PKW-Nutzung, die für fast alle Wege des privaten Bereichs festgestellt wurde, stellt sich die Frage, inwieweit das Vorhandensein eines PKWs im Haushalt zu häufigeren oder längeren Wegen führen kann oder ob diese Wegemuster in keinem Zusammenhang mit der PKW-Verfügbarkeit im Haushalt stehen. Es zeigte sich erneut, dass Personen ohne PKW besonders in den neuen Ländern eine benachteiligte Gruppe darzustellen scheinen: zum einen legten sie seltener Freizeitwege zurück und zum anderen mussten sie dafür auch deutlich mehr Zeit aufwenden[147]. Die Kluft zwischen Haushalten mit und Haushalten ohne PKW erscheint in den neuen Ländern somit noch größer als in den alten Ländern.

Der Gartenbesitz stellt ein Merkmal des Haushalts dar, das Freizeitgenuss in freier Natur in unmittelbarer Nähe der Wohnung (oder im Schrebergarten) ermöglicht. Ähnlich wie bereits bei den Wegen für Kontakte/ Gesellschaft/ Ausflüge vermutet, könnte ein Garten das Bedürfnis oder die Notwendigkeit für Wege für Freizeitzwecke reduzieren (außer der Weg zum Schrebergarten). Auf die Tatsache, ob im Alltag Wege für Freizeit ausgeführt wurden oder nicht, und wie lange diese waren, hatte jedoch der Gartenbesitz keine Auswirkungen.

Zusammengefasst lassen sich die Ergebnisse für Freizeitwege aus den beiden Tab. 3.35 und 3.36 für „Extremtypen" für die Wegezeit pro Tag folgendermaßen beschreiben:

- *die wenigsten Wege für Freizeit legte zurück: die Vollzeit erwerbstätige Frau zwischen 25 und 50 Jahren, mit Hauptschulabschluss, mit Kindern unter sechs Jahren im Verdichtungsraum im Osten, ohne PKW,*
- *die meiste Zahl an Wegen legte zurück: der nicht erwerbstätige, allein lebende junge Mann ohne Kinder unter 25 Jahren im ländlichen Raum im Westen, mit Hochschulreife und mit PKW.*

- *den geringsten Zeitaufwand für Freizeitwege pro Tag hatte: der Vollzeit erwerbstätige Mann zwischen 25 und 35 Jahren mit Kindern unter sechs Jahren in der ländlichen Region im Westen, mit PKW,*
- *den höchsten Zeitaufwand für Freizeitwege pro Tag hatte: die nicht erwerbstätige allein lebende Frau über 60 Jahre im Verdichtungsraum im Osten, die den ÖPNV für Freizeitwege nutzte.*

---

147 Wobei der Anteil der Befragten in Haushalten ohne PKW 2001/02 auf 3% abgesunken war.

Tab. 3.35: *Ergebnisse der Auswertungen für Freizeitwege entsprechend dem Auswertungsschema für Eigenschaften des Kontexts 1991/92 und 2001/02*

	Wegezeit für Freizeit – Eigenschaften des Kontexts			
	West/Ost	**Zentralität/ Lage**	**Verkehrsanbindung** (Autobahn/ DB-Bahnhof)	**Flächennutzung** (Erholungsfläche / Einwohner)
Anzahl/ Anteil der Personen mit Wegen	weniger Pers. mit Wegen im Osten	West: mehr Wege für Freizeit im ländlichen Raum *2001/02: größerer Zuwachs i. d. Städten*	Ost: weniger Wege je weiter Ort von Autobahn /DB-Bahnhof entfernt	je größer die Erholungsfläche (Stadt) desto weniger Personen mit Wegen
Dauer	mehr Zeitaufwand für Wege im Osten	mehr Zeit für Wege im Verdichtungsraum, vor allem im Osten *2001/02: gr. Zunahme der Zeiten im ländlichen Raum im Osten*	weniger Zeitaufwand je weiter Ort von Autobahn /DB-Bahnhof entfernt	West: je größer die Erholungsfl. desto mehr Zeitaufwand Ost: je größer die Erholungsfläche desto weniger Zeitaufwand *2001/02 keine Unterschiede mehr*
Verkehrsmittel	mehr PKW-Nutzung im Westen, mehr ÖPNV-Nutzung im Osten (Verdichtungsraum) *2001/02: West: abn. PKW-Nutzung, Ost zun. PKW-Nutzung*	je niedriger der zentralörtliche Rang desto mehr PKW-Nutzung und desto mehr Zu-Fuß-Wege	max. PKW-Nutzung, wenn Autobahn 10-20 km entfernt je weiter Bahnhof entfernt desto weniger ÖPNV-Nutzung *2001/02: Anstieg der PKW-Nutzung bei zun. Entfernung*	West: mehr Zu-Fuß-Wege bei wenig Erholungsfläche (Land) Ost: mehr Zu-Fuß-Wege bei viel Erholungsfläche (Stadt) *2001/02 keine Unterschiede mehr*

Quelle: Zeitbudgetstudien 1991/92 und 2001/02 – eigene Berechnungen

Tab. 3.36: Ergebnisse des Auswertungen für Freizeitwege entsprechend dem Auswertungsschema für Eigenschaften der Akteure 1991/92 und 2001/02

	Wegezeit für Freizeit – Eigenschaften der Akteure							
	Geschl.	Alter	Schulabschluss	Erwerbstätigkeit	Fam./ Haushaltsform	Kinder im Haushalt	PKW-Verfügbarkeit	Gartenbesitz
Anzahl/ Anteil der Personen mit Wegen	W: keine Untersch. O: Frauen wen. Wege als Männer 2002: keine Unterschiede	mehr Wege bei Pers. unter 20-25 Jahren 2001/02: auch mehr Wege ab 60 Jahren	mehr Wege bei höherem Abschluss	weniger Wege bei zun. Umfang der Erw.tät., Frauen Ost 2001/02: mehr Wege bei weniger Erw.arb.	weniger Wege in Familienphase mit kleinen Kindern mehr Wege bei Kindern zw. 6-18 J.	am meisten Wege bei Kindern zw. 6-18 Jahren	weniger Wege ohne PKW	keine Unterschiede
Dauer	W: Männer mehr Zeitauf. O: Frauen mehr Zeitauf. 2002: Männer mehr Zeitauf.	viel Zeitauf. bis 25, ab 55 Jahren 2001/02 Ost: Männer bis 35: viel Zeitaufw.	keine Unterschiede 2001/02: höherer Abschl: weniger Zeitaufw.	Frauen: weniger Zeitaufw. bei abn. Erw. tät. 2001/02: keine Geschl. diff.	mehr Zeitaufw. bei Personen ohne Kinder	wenigsten Zeitaufw. Pers. mit Kindern unter 6 Jahren	mehr Zeitaufw. ohne PKW	nur Männer Ost: ohne Garten mehr Zeitaufw.
Verkehrsmittel	Frauen weniger PKW-Nutzung, vor allem ältere Frauen	W: bis 20 und ab 60-65 Jahren ÖPNV O: mehr ÖPNV bei allen 2001: Rückgang ÖPNV	mehr PKW-Nutzung bei höherem Abschluss 2001/02 keine Unterschiede mehr	je mehr Erw.tät. desto mehr PKW-Nutzung	max. PKW-Nutzung bei voll erw.tät. Paaren ohne Kinder (auch Frauen Ost)	max. PKW-Nutzung: Kind. unter 6 max. Zu-Fuß-Wege Kind. zw. 6-18 Jahren	Ost: Frauen o. PKW: mehr ÖPNV, Männer: o. PKW mehr zu Fuß	ohne Garten: mehr ÖPNV, weniger zu Fuß. weniger PKW

Quelle: Zeitbudgetstudien 1991/92 und 2001/02 – eigene Berechnungen

3. Wie gestaltet sich Zeitverwendung für Mobilität im Alltag?

Abb. 3.46: Anteile derjenigen, die Wege für Freizeit ausführten, und die durchschnittliche Wegedauer nach verschiedenen Merkmalen 1991/92 und 2001/02

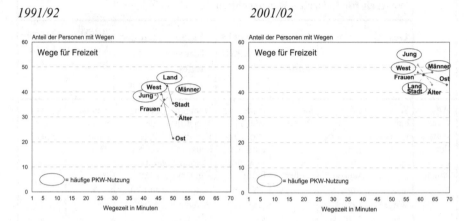

J (jünger): unter 45 Jahren, A (älter): über 45 Jahren
S (Stadt): Verdichtungsregion und Kernstädte der Regionen mit Verdichtungsansätzen, L (Land): restliche Gemeinden der Regionen mit Verdichtungsansätzen und ländliche Regionen
Quelle: Zeitbudgetstudien 1991/92 und 2001/02 – eigene Berechnungen

Die Zusammenstellung in Abb. 3.46 lässt 1991/92 die großen Unterschiede im Beteiligungsgrad an Freizeitwegen im Alltag vor allem zwischen West- und Ostdeutschland, aber auch zwischen Jüngeren und Älteren erkennen. Junge Männer im ländlichen Raum im Westen, die häufig mit einem PKW ausgestattet waren, nutzten diesen auch besonders für Freizeitzwecke. Sie verwandten dafür allerdings deutlich weniger Zeit als ältere Befragte und Personen in den Städten, wobei die Altersunterschiede in hohem Maße auf die Beteiligung oder Nicht-Beteiligung im Erwerbsleben zurückzuführen waren. Die großen Unterschiede in der Beteiligung an Freizeitwegen zwischen den neuen und den alten Ländern ließen sich 1991/92 u.a. auf die höheren Anteile erwerbstätiger Frauen im Osten zurückführen, denen an Wochentagen neben der Vollzeit Erwerbstätigkeit noch weniger Zeit für Freizeitbeschäftigungen blieb als den meisten Männern.

Zehn Jahre später hatten sich die Freizeitwege insgesamt deutlich verlängert, und die Unterschiede in der Beteiligung zwischen West- und Ostdeutschland waren zurückgegangen, wobei sich die Wegezeit im Osten stärker erhöht hatte als im Westen. Die Unterschiede in der groben Stadt-Land-Kategorisierung hatten sich aufgehoben, dagegen hatten die Unterschiede in der Wegezeit zwischen Männern und Frauen zugenommen, was mit den hohen Wegezeiten der jüngeren Männer in den neuen Bundesländern zusammenhängt. Insgesamt nahmen die Unterschiede im Beteiligungsgrad zwischen den betrachteten Gruppen ab, während neue Differenzen in der durchschnittlichen Wegezeit entstanden.

3.1.3.3 Wegezeiten einzelner Akteurstypen

Nach der Analyse der Wegezeiten in den einzelnen Lebensbereichen wird in diesem Abschnitt in einer Art „Querschnittsbetrachtung" für einzelne Akteurstypen das Wegezeitaufkommen pro Befragungstag insgesamt betrachtet. Damit soll der in Kap. 1 aufgeworfenen Frage „Welche Gemeindetypen sind für welche Lebensformtypen ‚Orte der langen Wege' oder ‚Orte der kurzen Wege'?" nachgegangen werden.

Da die Wegezeiten als Ganzes über die Gemeindetypen dadurch eine Variation erfahren, dass sich die Familien-/ Haushaltstypen über die Regions-/ Gemeindetypen unterschiedlich verteilen (Kap. 3.1.1.2) und anzunehmen ist, dass es je nach Haushaltsform sehr unterschiedliche Mobilitätsmuster gibt, soll nun diese Variation dadurch ausgeschaltet werden, dass die Familien-/ Haushaltstypen einzeln betrachtet werden. Dazu wurden einzelne Typen ausgewählt, die stellvertretend für bestimmte Lebensphasen stehen. Dies sind im Folgenden:
- der/ die allein lebende Single, zwischen 20 und 40 Jahren, Vollzeit erwerbstätig
- die nicht erwerbstätige Frau in Ehe/ Partnerschaft mit Kindern unter 18 Jahren
- die Teilzeit erwerbstätige Frau in Ehe/ Partnerschaft mit Kindern unter 18 Jahren
- die Vollzeit erwerbstätige Frau in Ehe/ Partnerschaft mit Kindern unter 18 Jahren
- der Vollzeit erwerbstätige Ehemann mit Kindern unter 18 Jahren
- der/ die Rentner/-in über 60 Jahren.

Diese Akteurstypen erwiesen sich aus den vorhergehenden Analysen als sehr unterschiedlich in der Gestaltung ihrer alltäglichen Wegezeiten[148]. Im Folgenden steht nun im Vordergrund, inwieweit es regionale bzw. gemeindetypische Unterschiede – also eine „Kontextempfindlichkeit" – dieser Akteurstypen hinsichtlich der Wegezeiten gibt. Die Wegezeiten über alle Wegetypen hinweg wurden über die Befragungstage gemittelt und als Tagesmittel wiederum aufsummiert, so dass der hier vorgestellte Indikator die mittlere summierte Wegezeit aller zurückgelegten Wege, d.h. die durchschnittlich mobile Zeit pro Tag von Personen, die Wege zurücklegten, darstellt[149].

Der/ die allein lebende Vollzeit Erwerbstätige Single zwischen 20 und 40 Jahren verwandte 1991/92 im Westen durchschnittlich 117 Minuten, im Osten 124 Minuten für Wegezeit. 2001/02 stieg diese mittlere Wegezeit auf 164 Minuten im Westen und 167 Minuten im Osten, d.h. sie übertraf die mittlere Wegezeit aller Befragten (134 Minuten West, 143 Minuten Ost) um rd. 20%, was deutlich eine

---

[148] Auch in der Literatur (z.B. JANELLE/ GOODCHILD 1983) werden diese Akteurstypen als differenzierende Merkmale verwandt.

[149] Wie zu Beginn des Kap. 3.1.3.1 bereits erläutert wurde, wurden die Wegezeiten der „Wege ausübenden Personen" verwendet, wodurch sich die mittleren Wegezeiten im Vergleich zu den Studien, in denen die Wegezeiten aller Befragten verwendet wurden, deutlich erhöhten.

Steigerung gegenüber 1991/92 darstellte. Da sich eine Differenzierung nach allen 17 Gemeindetypen und nach West- und Ostdeutschland aufgrund der zu geringen Fallzahlen verbot, wurde nach Regionstypen bzw. Gemeindekategorien unterschieden (vgl. Abb. 3.47).

Abb. 3.47: Abweichung der durchschnittlichen Wegezeit der Singles vom jeweiligen Mittelwert (West/ Ost) in Minuten nach Regionstypen 1991/92 und 2001/02

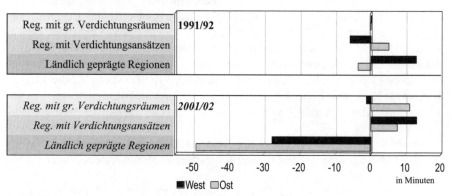

Quelle: Zeitbudgetstudien 1991/92 und 2001/02– eigene Berechnungen

Für die allein lebenden Vollzeit erwerbstätigen Singles zwischen 20 und 40 Jahren waren 1991/92 keine eindeutigen „Orte/ Regionen der kurzen Wege" oder „Orte/ Regionen der langen Wege" auszumachen. 2001/02 dagegen zeigten sich für diese Gruppe der Befragten eindeutige (signifikante) Unterschiede sowohl nach Regionstypen als auch nach Gemeindekategorien. Vor allem in den neuen Ländern lagen für Vollzeit erwerbstätige Singles zwischen 20 und 40 Jahren in Verdichtungsregionen und Kernstädten „Orte der langen Wege". Dagegen fielen für Befragte dieser Gruppe in ländlich geprägten Regionen relativ kurze Wege an, die sogar unter dem Mittelwert für alle Befragten lagen. Die hohe PKW-Nutzung 2001/02 gerade im ländlichen Raum im Osten und in den kleinen Gemeinden war für diese regionalen Unterschiede mitverantwortlich.

1991/92 unterschied sich noch die Verkehrsmittelnutzung zwischen Ost- und Westdeutschland deutlich: 56% der Wegezeit der westdeutschen und nur 39% der Wegezeit der ostdeutschen Singles (weniger als in der Gesamtbevölkerung) wurden mit dem PKW bewältigt. Dagegen wurden 1991/92 noch 32% der Wegezeit im Osten zu Fuß (20% im Westen) und 23% mit dem ÖPNV (16% im Westen) zurückgelegt. Diese West-Ost-Unterschiede bestanden 2001/02 nicht mehr: Sowohl im Westen als auch im Osten wurden rd. zwei Drittel der Wegezeit der befragten Vollzeit erwerbstätigen Singles zwischen 20 und 40 Jahre mit dem PKW bewältigt. Da sich die auch die Anteile der unmotorisiert zurückgelegten Wegezeit (rd. 22%) und der Wegezeit mit dem ÖPNV (rd. 13%) zwischen den alten und neuen Bundesländern kaum mehr unterschieden, blieben auch die innerdeutschen Differenzen in der Wegezeit bei dieser Gruppe relativ gering.

Die PKW-Nutzung stieg 1991/92 im Westen von den Kernstädten hin zu den Gemeinden ohne zentralörtlichen Rang am deutlichsten an, ein Muster, dem 2001/02 beide Teile Deutschlands unterlagen. 1991/92 wurde im Osten der ÖPNV auch in den Regionen mit Verdichtungsansätzen noch genutzt, wohingegen er im Westen nur in den Kernstädten bzw. den Verdichtungsräumen von Bedeutung war. Diese Verteilung der Verkehrsmittelnutzung erklärte 1991/92 die etwas längeren Wegezeiten der Befragten in den neuen Ländern. Auch dahingehend hatten sich die Verhältnisse in den neuen Ländern denen der alten Länder angeglichen: Der ÖPNV war als Verkehrsmittel im Osten nur noch in den Kernstädten (v.a. Ost-Berlin) und den Verdichtungsregionen von Bedeutung (>10%), wobei in den Ober- und Mittelzentren sogar im Westen mittlerweile häufiger der ÖPNV von Singles genutzt wurde als im Osten (v.a. für Wege zur Arbeit). Die 1991/92 noch bestehenden Unterschiede im Umfang der Wegezeit und in der Nutzung der Verkehrsmittel zwischen west- und ostdeutschen Vollzeit erwerbstätigen Singles hatten sich 2001/02 nahezu vollständig aufgehoben. Dagegen waren „neue" regionale Disparitäten entstanden, so dass sich nach zehn Jahren deutliche Stadt-Land-Unterschiede zwischen Befragten dieser Gruppe entwickelt hatten.

Nicht erwerbstätige Frauen in Ehe/ Partnerschaft mit Kindern unter 18 Jahren (vgl. Abb. 3.48) stellten eine Gruppe von Befragten dar, die wesentlich häufiger in den alten als in den neuen Ländern anzutreffen war. Ihre Wegezeit von 104 Minuten in Ost- und Westdeutschland im Jahr 1991/92 war mit dem Mittelwert aller Befragten identisch.

Abb. 3.48: Abweichung der durchschnittlichen Wegezeit der nicht erwerbstätigen Frauen in Ehe/ Partnerschaft mit Kindern unter 18 Jahren vom jeweiligen Mittelwert nach Regionstypen 1991/92 und 2001/02

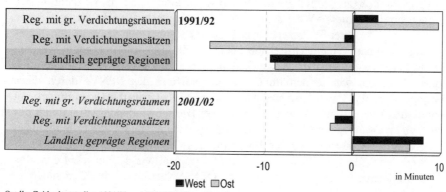

Quelle: Zeitbudgetstudien 1991/92 und 2001/02– eigene Berechnungen

Unterscheidet man nach regionalen Typisierungen, so waren 1991/92 in den neuen und den alten Ländern sowohl nach Regionstypen (vgl. Abbildungen) als auch nach Gemeindekategorien ähnliche Muster erkennbar (statistisch signifikant): Regionen mit Verdichtungsräumen und insbesondere Kernstädte waren für nicht erwerbstätige Mütter eindeutig „Regionen/ Orte der langen Wege", wohingegen Regionen mit Verdichtungsansätzen oder Gemeinden ohne (bzw. mit niedrigem) zentralörtlichem Rang vor allem in den neuen Ländern „Regionen/ Orte der kurzen Wege" darstellten. Diese Gunst der peripheren und kleinen Gemeinden bestand in den neuen Ländern vor allem in der zu diesem Zeitpunkt noch gut ausgebauten Infrastruktur der Kinderbetreuung.

Zehn Jahre später waren die ländlichen Regionen im regionalen Vergleich eher zu „Regionen der langen Wege" geworden, in denen die Wegezeiten stärker zugenommen hatten als in den anderen Regionen. Vor allem in Gemeinden ohne zentralörtlichem Rang in den ländlichen Regionen im Westen waren deutlich Zunahmen zu verzeichnen, die auf eine Reduktion der Infrastruktureinrichtungen in diesen Gemeinden hindeuteten. Bereits bei der Analyse der Wegezeiten für Haushalt und Kinderbetreuung, die einen erheblichen Anteil an den Wegezeiten dieser Personengruppe ausmachten, wurden diese Muster deutlich. Im Westen waren es ganz besonders die Mittel- und Oberzentren außerhalb der Verdichtungsregionen, die für Frauen in dieser Lebensphase Orte der kurzen Wege darstellten. Große (statistisch signifikante) Unterschiede hinsichtlich der PKW-Nutzung waren 1991/92 zwischen ost- und westdeutschen Frauen dieser Gruppe festzustellen: 45% der Wegezeit wurde im Westen 1991/92 mit dem PKW bestritten, während dies im Osten nur für 29% der Wegezeit galt. Auch hier hat die voranschreitende Motorisierung der Frauen im Osten die Differenzen zwischen Ost und West deutlich verringert: 2001/02 wurde 55% der Wegezeit dieser Gruppe im Westen und 48% der Wegezeit im Osten mit dem PKW zurückgelegt. Von den Kernstädten hin zu den Gemeinden ohne zentralörtlichem Rang stieg 1991/92 und 2001/02 in Ost wie in West dieser Anteil kontinuierlich an und war in den Verdichtungsregionen insgesamt am niedrigsten.

Dagegen wurde 1991/92 44% der Wegezeit der ostdeutschen Frauen dieser Gruppe zu Fuß zurückgelegt, in Ober-/Mittelzentren und in Verdichtungsregionen erreichte dieser Wert knapp 50%. Westdeutsche Frauen dieser Gruppe legten nur 27% ihrer Wegezeit zu Fuß zurück, wobei bei ihnen in den Kernstädten mit knapp einem Drittel die höchsten Zu-Fuß-Anteile erreicht wurden. Diese Ergebnisse hatten im Wesentlichen auch 2001/02 noch Bestand, deutlich zurückgegangen war jedoch im Osten die Nutzung des ÖPNVs durch diese Gruppe. Der ÖPNV wurde sogar im Westen von nicht erwerbstätigen Frauen mit Kindern etwas häufiger genutzt als im Osten. Die schwindende Attraktivität des ÖPNVs im Osten ist ein Phänomen, das in Zusammenhang mit der Suburbanisierung und der Motorisierung der Haushalte gesehen werden muss. Bemerkenswert erscheint, dass im Westen bei einigen Gruppen, wie der der nicht erwerbstätigen Frauen oder der Studierenden die ÖPNV-Nutzung leichte Zunahmen zu verzeichnen hat.

Teilzeit erwerbstätige Frauen in Ehe/ Partnerschaft mit Kindern (vgl. Abb. 3.49 und Abb. 3.50) waren im Westen deutlich häufiger vertreten als im Osten. Die Wegezeit von 104 Minuten pro Tag war 1991/92 für sie genauso lang wie für nicht erwerbstätige Frauen mit Kindern, wobei man davon ausgehen kann, dass die Kinder der Teilzeit erwerbstätigen Frauen älter waren als die der nicht erwerbstätigen und aus diesem Grund weniger Begleitung für ihre Wege benötigten. Auch unter dem Aspekt, dass Arbeitswege Teilzeit erwerbstätiger Frauen 1991/92 deutlich kürzer waren als die der Vollzeit erwerbstätigen Personen, so mussten dennoch diese Personen mehr Orte erreichen als nicht Erwerbstätige, d.h. diese Orte mussten näher liegen, oder/ und andere Verkehrsmittel genutzt werden.

Abb. 3.49: *Abweichung der durchschnittlichen Wegezeit der Teilzeit erwerbstätigen Frauen in Ehe/ Partnerschaft mit Kindern unter 18 Jahren vom jeweiligen Mittelwert nach Regionstypen 1991/92 und 2001/02*

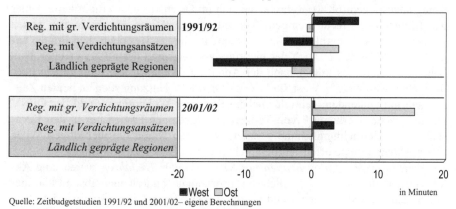

Quelle: Zeitbudgetstudien 1991/92 und 2001/02 – eigene Berechnungen

2001/02 hatte sich die Wegezeit für diese Gruppe mit 146 Minuten (147 Minuten West und 133 Minuten Ost) deutlich erhöht – sie lag mittlerweile für die westdeutschen Frauen über dem Gesamtdurchschnitt, d.h. sie zählten zu denjenigen, die mehr Zeit aufwenden mussten als zehn Jahre zuvor. Sie traf sie Summe der Wegezeiterhöhungen für Arbeit, Haushalt und Kinder deutlich stärker als nicht erwerbstätige Frauen. Was die regionalen Unterschiede in der Wegezeit anging, so waren sie signifikant zwischen Kernstädten in Verdichtungsregionen mit hohem Zeitaufwand und Ober- und Mittelzentren in Regionen mit Verdichtungsansätzen bzw. ländlichen Regionen mit dem geringsten Zeitaufwand. Auch hier stimmten die Muster im Wesentlichen mit den Ergebnissen für Teilzeit-Arbeitswege und Haushaltswege überein, die den größten Anteil an den Wegen dieser Gruppe einnahmen.

Im Zeitvergleich zeigte sich, dass sich die Wegelänge in den Verdichtungsregionen der neuen Länder für Teilzeit beschäftigte Frauen deutlich erhöht hatte, während sie sich in den Regionen mit Verdichtungsansätzen verringert hatte. Im Westen war dagegen eine umgekehrte Entwicklung zu beobachten, wobei die Schwankungen relativ gering blieben. Gleichermaßen günstig blieb die Situation in den ländlichen Regionen, in denen Teilzeit erwerbstätige Mütter offensichtlich den geringsten Aufwand für Wege besaßen. Es waren in beiden Zeitschnitten die kleinen Gemeinden mit niedrigem zentralörtlichem Rang – nicht nur in den ländlichen Regionen, die für diese Gruppe als „Orte der kurzen Wege" zu bezeichnen waren. „Orte der langen Wege" waren zu beiden Zeitpunkten die Kernstädte – wie für die anderen Akteurstypen auch.

Von dieser Wegezeit wurden 1991/92 im Westen 65% mit dem PKW bewältigt, knapp 20% zu Fuß und knapp 7% mit ÖPNV zurückgelegt. Im Osten waren es 41%, die mit dem PKW, 35% zu Fuß und 12%, die mit dem ÖPNV zurückgelegt wurden. Dieser PKW-Anteil an der Wegezeit überstieg bereits 1991/92 deutlich den Mittelwert und auch den Anteil der PKW-Nutzung bei Singles. Es wird offensichtlich, dass der hohe Koordinationsaufwand, der mit den unterschiedlichen Aufgaben dieser Frauen einherging, für zwei Drittel der Wegezeit die PKW-Nutzung zur Folge hatte. 2001/02 war die PKW-Nutzung im Westen nur wenig angestiegen (68%), während sie sich im Osten auf 63% erhöht hatte. Unter den (immer noch recht wenigen) Teilzeit erwerbstätigen Frauen in den neuen Ländern hatte sich somit die PKW-Nutzung an die der westdeutschen Frauen angeglichen. Ähnlich war auch der niedrige Nutzungsgrad des ÖPNVs (unter 8%), höher war allerdings immer noch der Anteil der Wegezeit, die unmotorisiert zurückgelegt wurde (25% West, 29 % Ost). Die PKW-Nutzung stieg zu beiden Zeitpunkten mit sinkendem zentralörtlichem Rang der Wohnorte an, und der ÖPNV wurde – wenn überhaupt – von Teilzeit erwerbstätigen Frauen nur in den Kernstädten der Verdichtungsräume genutzt, ansonsten waren die vielfältigen Wege dieser Akteursgruppe offensichtlich nicht mit dem ÖPNV zu bewältigen.

Vollzeit erwerbstätige Frauen mit Kindern unter 18 Jahren waren eine Akteursgruppe, die sich 1991/92 nicht nur prozentual, sondern auch absolut häufiger in den neuen Ländern wiederfand als die bisher besprochenen Gruppen. Die Wegezeit Vollzeit erwerbstätiger Frauen mit Kindern war 1991/92 mit 105 Minuten (101 Minuten West, 107 Minuten Ost) genauso lang wie die der Teilzeit und der nicht erwerbstätigen Frauen, so dass man bei den längeren Arbeitswegen der Vollzeit erwerbstätigen Frauen mit Kindern (46 Minuten West und 52 Minuten Ost) zum einen annehmen konnte, dass weniger Wege für Kinderbetreuung und Haushalt zurückgelegt wurden, und zum anderen, dass auf bestimmte Wegezwecke verzichtet wurde bzw. werden musste. 2001/02 war die Wegezeit der Vollzeit erwerbstätigen Frauen auf 153 Minuten im Westen und 137 Minuten im Osten angestiegen, so dass auch hier sich für Frauen im Westen die Wegezeit deutlich stärker erhöht hatte als für den Durchschnitt der Befragten. Regionale Unterschiede zeigten sich dahingehend, dass zu beiden Zeitpunkten in den Verdichtungsräumen der Zeitaufwand am höchsten war, während er im ländlichen Raum deutlich abnahm (vgl. Abb. 3.50).

Erneut erwiesen sich auch für die Gruppe der Vollzeit erwerbstätigen Frauen die Zentren – vor allem im Osten – zu beiden Zeitpunkten als „Orte der langen Wege". 2002/01 zeichneten sich jedoch für Ost und West gegenläufige Entwicklungen ab: Während die Ober- und Mittelzentren für Vollzeit erwerbstätige Mütter im Westen relativ kurze Wege aufwiesen und die Gemeinden ohne zentralörtlichen Rang durch lange Wege auffielen, stellte sich im Osten die Situation umgekehrt dar. Diese kleinen ländlichen Gemeinden mit langen Wegezeiten lagen im Osten fast ausschließlich in den Verdichtungsregionen, in denen die Wege für Vollzeit erwerbstätige Frauen sehr lang werden konnten. In diesen Verdichtungsregionen bestand meist eine starke Ausrichtung (z.B. der Arbeitsplätze) auf die jeweiligen Kernstädte, so dass dann an den „äußeren Rändern" der Suburbanisierung längere Wege entstanden als in den rein ländlich geprägten Regionen.

Abb. 3.50: Abweichung der durchschnittlichen Wegezeit der Vollzeit erwerbstätigen Frauen in Ehe/ Partnerschaft mit Kindern unter 18 Jahren vom jeweiligen Mittelwert nach Regionstypen 1991/92 und 2001/02

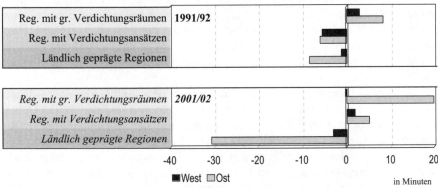

Quelle: Zeitbudgetstudien 1991/92 und 2001/02– eigene Berechnungen

Signifikante Unterschiede zeigten sich 1991/92 in der Nutzung des PKWs: während westdeutsche Frauen zwei Drittel dieser Wegezeit mit dem PKW zurücklegten (vergleichbar mit den Teilzeit erwerbstätigen Frauen und damit überdurchschnittlich), so galt dies für nur 45% der ostdeutschen Vollzeit erwerbstätigen Frauen, was dem ostdeutschen Mittelwert über alle Wege und alle Befragten entsprach. 2001/02 übertraf im Osten der Anteil der Wegezeit, die von Vollzeit erwerbstätigen Müttern mit dem PKW zurückgelegt wurde, mit knapp 75% den Anteil im Westen (70%). Für diese Gruppe fand in den dazwischen liegenden Jahren die stärkste Zunahme der PKW-Nutzung statt, was bereits bei der Analyse der Arbeitswege festgestellt worden war.

In den neuen Ländern hatten 1991/92 die zahlreichen Vollzeit erwerbstätigen Frauen mit Kindern noch häufiger die Möglichkeit, ihre Alltagswege (incl. Arbeitswege und Kinderbetreuungswege) auch in ländlichen Regionen und in Gemeinden ohne zentralörtlichen Rang zu Fuß (und damit mit kurzen Wegen) zurückzulegen. Die bessere Infrastruktur im Osten spiegelte sich insgesamt allerdings eher in den genutzten Verkehrsmitteln als in einem geringeren Zeitaufwand wider. Inwieweit nun der Rückgang der Infrastruktur für Kinderbetreuungseinrichtungen oder die Suburbanisierung mit ihrer räumlichen Trennung zwischen Wohnen und Arbeiten oder die schwierige Arbeitsmarktlage mit den längeren Wegstrecken für die erhöhte PKW-Nutzung verantwortlich sind, lässt sich an dieser Stelle nicht genau klären. Fest steht jedoch, dass sich für diese Gruppe die einschneidendsten Veränderungen hinsichtlich der Verkehrsmittelnutzung ergeben haben.

3. Wie gestaltet sich Zeitverwendung für Mobilität im Alltag?

Nun ist von Interesse, inwieweit sich die soeben analysierte Gruppe der Vollzeit erwerbstätigen Frauen in Ehe/ Partnerschaft mit Kindern von der Gruppe der *Vollzeit erwerbstätigen Ehemänner mit Kindern unter 18 Jahren* unterschied. Die durchschnittliche Wegezeit unterschied sich 1991/92 mit 106 Minuten (106 Minuten West, 104 Minuten Ost) nicht von der der Frauen, wobei ebenfalls bei den Vollzeit erwerbstätigen Männern mit Kindern allein die Wegezeit zur Arbeit rd. die Hälfte der gesamten Wegezeit in Anspruch nahm. Im Westen war die Wegezeit der Vollzeit erwerbstätigen Väter im Alltag 2001/02 mit 142 Minuten sogar niedriger als die der Vollzeit erwerbstätigen Mütter, dagegen war die der Männer im Osten mit 157 Minuten deutlich über das Niveau der Frauen angestiegen. Dies war vor allem auf die stark angestiegenen Arbeitswege der Vollzeit erwerbstätigen Männer zurückzuführen, die sich von knapp 50 Minuten auf über 72 Minuten erhöht hatten.

Im Vergleich der Regionstypen wird deutlich, dass 2001/02 besonders lange Wege für Männer im Osten in den Verdichtungsregionen und den Regionen mit Verdichtungsansätzen anfielen. In Kombination mit den Ergebnissen nach Gemeindekategorien ist festzustellen, dass es vor allem die Kernstädte in diesen Regionen waren, in denen die Wegezeiten hoch waren, und gleichzeitig die ehemals günstigen kleinen Gemeinden im Osten ihre Vorzugslage einbüßten. In diesen kleinen Gemeinden in den Verdichtungsregionen und den Regionen mit Verdichtungsansätzen hatte verstärkt der Prozess der Suburbanisierung stattgefunden, so dass hier nun mehr Personen mit gleichzeitig längeren Wegen lebten.

Abb. 3.51: Abweichung der durchschnittlichen Wegezeit der Vollzeit erwerbstätigen Männer in Ehe/ Partnerschaft mit Kindern unter 18 Jahren vom jeweiligen Mittelwert nach Regionstypen 1991/92 und 2001/02

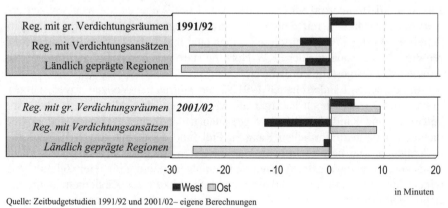

Quelle: Zeitbudgetstudien 1991/92 und 2001/02– eigene Berechnungen

Der PKW wurde von Männern dieser Gruppe für 70% der Wegezeit benutzt, wobei bereits 1991/92 bemerkenswert geringe Unterschiede zwischen ostdeutschen und westdeutschen Männern (68% Ost, 71% West) hinsichtlich der PKW-Nutzung auftraten. Während 1991/92 zwischen Vollzeit erwerbstätigen Frauen in den neuen und den alten Ländern noch große Unterschiede hinsichtlich der PKW-

Nutzung festzustellen waren (über 20%-Punkte), die sich 2001/02 aufgelöst hatten, so gab es diese Unterschiede für Männer in der gleichen Lebenslage offensichtlich nicht.

Dies lässt darauf schließen, dass der – in den neuen Ländern 1991/92 noch meist einzige – PKW des Haushalts eher dem Mann als der Frau zur Verfügung stand, während in den alten Ländern die Frau – durch einen Zweitwagen im Haushalt – häufiger den PKW für ihre Alltagswege nutzte. Auch bei den Vollzeit erwerbstätigen Vätern nahm im Osten die PKW-Nutzung stark zu (über 80%) und erreichte die der westdeutschen Väter (79%). Ähnlich wie bei den Vollzeit erwerbstätigen Müttern wurde somit die Motorisierung besonders stark von den im Erwerbsleben stehenden Personen getragen. Die PKW-Nutzung lag im Westen umso höher je peripherer die Wohngemeinde gelegen war; im Osten waren es 1991/92 noch vor allem die Regionen mit Verdichtungsansätzen, in denen besonders häufig der PKW benutzt wurde. 2001/02 war auch in den neuen Ländern ein deutlicher zentral-peripherer Anstieg in der PKW-Nutzung zu erkennen (knapp 90% in den ländlichen Regionen)

1991/92 wurde noch bis zu 20% der Wegezeit von Männern in den neuen Ländern in Gemeinden ohne zentralörtlichen Rang und in Kernstädten zu Fuß zurückgelegt. Offensichtlich befanden sich 1991/92 für einen erheblichen Teil der ostdeutschen Männer ihre Arbeitsstätten in so großer Nähe zum Wohnort, dass sie sie zu Fuß erreichen konnten. Dieser Anteil war im Osten 2001/02 auf 14% zurückgegangen, während er im Westen sogar auf 16% leicht angestiegen war. Der ÖPNV spielte dagegen sowohl bei den Vollzeit erwerbstätigen Männern im Westen als auch im Osten nur eine sehr untergeordnete Rolle. Die Umstrukturierung des Arbeitsmarktes im Osten schlug sich vor allem auf die Arbeitswege, und somit auch auf die Wegezeit ganzer Gruppen massiv nieder.

Die Rentner/innen über 60 Jahren sollten deshalb als gesonderte Gruppe analysiert werden, da sie besonders bei den Wegen für den Haushalt und den privaten Wegen für den persönlichen Bereich, Kontakte und Freizeit auffallend hohe Wegezeiten aufwiesen. 1991/92 waren Rentner im Westen mit 108 Minuten am längsten unterwegs, gefolgt von Rentnern im Osten mit 103 Minuten, dann folgten die Rentnerinnen im Westen mit 96 Minuten und mit 88 Minuten schließlich die Rentnerinnen im Osten. 2001/02 besaßen zwar Männer immer noch längere Wege als Frauen (Männer 114 Minuten, Frauen 103 Minuten), jedoch waren die Wege der ostdeutschen Rentner/innen nun länger als die der westdeutschen.

Die signifikanten Unterschiede zwischen den Gemeindetypen zeigten sich zu beiden Zeitpunkten vor allem darin, dass besonders in den Kernstädten im Osten wie im Westen wesentlich mehr Zeit für Mobilität verwendet wurde als in den anderen Gemeindetypen. Im Westen waren in den ländlich geprägten Regionen die Wegezeiten etwas geringer, im Osten eher in den Regionen mit Verdichtungsansätzen, jedoch bestand das größte Gefälle von den Kernstädten hin zu den anderen Gemeindetypen.

Abb. 3.52: Abweichung der durchschnittlichen Wegezeit der Rentner/innen vom jeweiligen Mittelwert nach Regionstypen 1991/92 und 2001/02

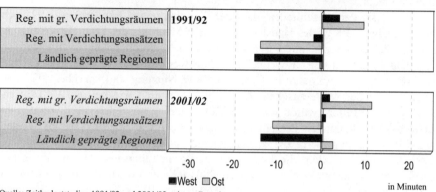

Quelle: Zeitbudgetstudien 1991/92 und 2001/02– eigene Berechnungen

Die Verkehrsmittelnutzung unterschied sich 1991/92 bei den Rentnern/innen (ähnlich wie bei den erwerbstätigen Frauen) wieder deutlich zwischen den neuen und den alten Bundesländern: im Westen wurden 41% der Wegezeit (Männer 49%, Frauen 40%) und im Osten nur 27% der Wegezeit (Männer 33%, Frauen 22%) mit dem PKW bestritten. Diese Werte stiegen 2001/02 im Westen auf 57% an und verdoppelten sich im Osten nahezu auf 47%, wobei die Unterschiede zwischen den Geschlechtern gleich blieben, d.h. die Renterinnen nutzten zwar nun auch im Osten häufiger den PKW als früher, aber ein „Aufholen" wie bei den erwerbstätigen Frauen auf/ über die Anteile im Westen war nicht zu beobachten.

Auffallend waren 2001/02 im Osten die Stadt-Land-Unterschiede in der PKW-Nutzung der Rentner/innen, die wesentlich ausgeprägter waren als im Westen. In den Kernstädten im Osten lag die PKW-Nutzung noch bei unter 30%, während sie in den Gemeinden ohne zentralörtlichen Rang auf 68% angestiegen war. Die Motorisierung der Rentner/innen im Osten war somit vor allem in den kleinen Gemeinden erfolgt, während in den Kernstädten immer noch hohe Anteile der Wegezeit (knapp 30%) mit dem ÖPNV zurückgelegt wurden.

Die ÖPNV-Nutzung beschränkte sich 1991/92 im Westen im Wesentlichen auf die Kernstädte, wobei im Osten zu diesem Zeitpunkt auch in den ländlichen Regionen noch eine wahrnehmbare ÖPNV-Nutzung existierte, die sich jedoch 2001/02 drastisch reduziert hatte. Durch diese – auch 2001/02 – noch unterschiedliche Gestaltung der Mobilität im Rentenalter zwischen Ost- und Westdeutschen und Männern und Frauen – nicht zuletzt in Zusammenhang mit finanziellen Restriktionen – erklären sich die unterschiedlichen Wegezeiten. Wenn der PKW nicht oder nur in geringerem Maße als Verkehrsmittel zur Verfügung steht, dann entfallen zahlreiche Ziele und Möglichkeiten. Die geringere Reichweite von Zu-Fuß-Mobilität oder ÖPNV verbunden mit Einschränkungen der Bequemlichkeit und des Komforts (bei evtl. gesundheitlichen Einschränkungen der Mobilität) führte dazu, dass es für Rentner und Rentnerinnen 1991/92 noch große Unterschiede in ihrer Mobilität zwischen Ost- und Westdeutschland gab, die sich

2001/02 etwas verringert hatten, jedoch von neuen Stadt-Land-Unterschieden überlagert wurden.

3.1.3.4 Wege nach tageszeitlichem Verlauf

Da durch die tageszeitlichen Rhythmen von Ruhe- und Arbeitszeiten Wege vorwiegend zu ganz bestimmten Zeiten zurückgelegt werden (müssen), zeigt der tageszeitliche Verlauf von Wegen eine charakteristische Verteilung, die nicht zuletzt die zentrale Ursache für die Verkehrsprobleme von – vor allem großen – Siedlungen darstellt. Es ist daher von Interesse, wie sich der tageszeitliche Verlauf der Wege insgesamt gestaltete und wie sich die Wege nach ihrem Wegezweck zwischen den Gemeinde- und Regionstypen unterschieden. Im Zusammenhang mit der zunehmenden Flexibilisierung der Arbeitszeiten und der in Kap. 2.3.6 kritisch betrachteten Entwicklung zur „Non-Stop-Gesellschaft" ist außerdem von Interesse, ob sich diese tageszeitlichen Rhythmen, z.B. zwischen Arbeitszeit und Freizeit, oder die Wochenrhythmen zwischen Wochen-(Arbeits-)tagen und Wochenend-(Freizeit-)tagen aufzulösen begonnen hatten.

Um diesen Fragen nachzugehen, wurden in beiden Zeitbudgetstudien die Wochen- und Wochenendtage in 2-Stunden-Takte aufgeteilt und für jede Zeiteinheit die Anzahl der in dieser Einheit genannten Wege berechnet. Wenn Wege über diese vorgegebenen 2-Stunden-Grenzen hinausreichten, so wurden sie in jeder Zeiteinheit abgebildet, in der sie auftraten[150]. Es wurden zwei unterschiedliche Indikatoren gebildet, die beide auf diese Anzahl der Wege rekurrieren, die in einer Zeiteinheit von zwei Stunden zurückgelegt wurden. Als erste Indikatoren wurden die Anzahl der Wege insgesamt und die Anzahl der Wege für bestimmte Wegezwecke nach Werktagen und Wochenendtagen (jeweils kumuliert) für die Zeiteinheiten errechnet. Diese Übersichten geben einen Eindruck über das Verkehrsaufkommen, das durch die Wege entstand. Es wird auch deutlich, welche Wege eher werktags und welche vorwiegend an den Wochenenden durchgeführt wurden.

Ein weiterer Indikator ist der Anteil der Wegeeinheiten, die in der jeweiligen Zeiteinheit zurückgelegt wurden, an allen Wegeinheiten der jeweiligen Grundgesamtheit (z.B. West/ Ost oder Kernstadt/ Mittel- und Oberzentren/ Gemeinden ohne zentralörtlichen Rang) pro Tag. Somit wird deutlich, wie hoch z.B. der Anteil der Wege zur Arbeit war, der im Westen zwischen 6 Uhr und 8 Uhr zurückgelegt wurde, im Vergleich zu dem Anteil, der im Osten im gleichen Zeitraum zurückgelegt wurde. Dabei wurde mindestens zwischen Wochentagen und Wochenendtagen, gelegentlich auch zwischen Wochentagen, Samstagen und Sonntagen unterschieden. Im Gegensatz zu dem erstgenannten Indikator der Anzahl der

---

150 Es treten daher „Doppelnennungen" in der Form auf, dass ein Wege, wenn er z.B. von 7.50 Uhr bis 8.20 Uhr andauerte, sowohl in die Anzahl der Wege zwischen 6.00 Uhr und 8.00 Uhr als auch zwischen 8.00 Uhr und 10.00 Uhr einging. Da dies aber alle Arten von Wegen zu allen Zeitschnitten gleichermaßen betraf, war dies für diese Auswertung unproblematisch. Es sollten allerdings aus diesem Grund keine Vergleiche zu anderen Mobilitätserhebungen und deren Wegezahl angestellt werden.

292   3. Wie gestaltet sich Zeitverwendung für Mobilität im Alltag?

Wege gibt dieser Indikator der Wegeanteile keine Auskunft über das Verkehrsvolumen, das durch die zurückgelegten Wege entsteht, sondern einen Überblick über die Verteilung der Wege über die Tageszeiten hinweg. Mit Hilfe dieses Indikators können dann weitere Vergleiche der Verteilung der Wege im tageszeitlichen Verlauf sowohl zwischen Ost und West, den Regionstypen (Verdichtungsregion usw.) als auch den Gemeindekategorien hergestellt werden. Auf eine weitere Differenzierung nach akteursspezifischen Merkmalen, wie Alter, Geschlecht usw. wurde bei dieser Darstellung verzichtet, da die Zeitverwendung nach den Merkmalen der Akteure bereits in den vorhergehenden Kapiteln ausführlich behandelt wurde. Die Abbildungen stützen sich vor allem auf Daten der Zeitbudgetstudie 1991/92, da sich hier noch deutlichere Unterschiede zwischen Ost- und Westdeutschland zeigten. In Bereichen, in denen starke Veränderungen auftraten, wurden zusätzlich Graphiken für 2001/02 angefertigt. Die Auswertungen wurden analog zu Kap. 3.1.3.2 für die unterschiedlichen Wegearten durchgeführt.

In Abb. 3.53 wird deutlich, dass erwartungsgemäß an Wochentagen insgesamt mehr Wege zurückgelegt wurden als an den Wochenendtagen, was vor allem auf die Wege zur Arbeit und zu Bildungseinrichtungen zurückzuführen war. Demzufolge waren die zeitintensivsten Intervalle für Wege insgesamt an Wochentagen 6-8 Uhr und 16-18 Uhr, wobei am Nachmittag und Abend zu den Wegen der Arbeitspendler die Wege für Freizeit und private Besuche hinzukamen, so dass in diesem Zeitraum werktags die meisten Wege zurückgelegt wurden.

Abb. 3.53: Anzahl aller Wege in der jeweiligen Zeiteinheit an Wochentagen/ Wochenendtagen und an Samstagen/ Sonntagen (1991/92)

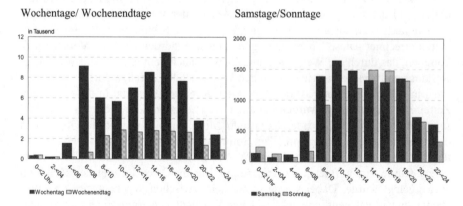

Quelle: Zeitbudgetstudie 1991/92 – eigene Berechnungen

Ganz anders verteilten sich die Wege über den Tagesverlauf an den beiden Wochenendtagen. Am Samstag, der für einige Befragte gleichzeitig ein Arbeitstag war, für viele jedoch ein Tag für Haushaltseinkäufe und -besorgungen, lag das Maximum der Wege zwischen 10 und 12 Uhr. Grundsätzlich wurden am Samstag die meisten Wege am Vormittag zurückgelegt, was sicherlich mit den Öffnungs-

3.1 Zeitbudgetstudien des Statistischen Bundesamtes (1991/92 und 2001/02)

zeiten der Geschäfte zusammenhing. Dagegen lag die Mehrzahl der Wege am Sonntag in den Nachmittagsstunden zwischen 14 und 18 Uhr, die dann entsprechend für Freizeit und sonstige private Unternehmungen zurückgelegt wurden.

Zehn Jahre später hatten sich die wesentlichen Elemente des Tagesverlaufs der Wege nicht verändert, d.h. die Maxima und Minima blieben sowohl an Wochen- als auch an Wochenendtagen erhalten. In einigen Zeitabschnitten waren jedoch markante Veränderungen zu erkennen. So verringerte sich wochentags der Anteil derer, die nachts zwischen 22 und 24 Uhr unterwegs waren, und es erhöhte sich gleichzeitig der Anteil derer deutlich, die Wege zwischen 0 und 2 Uhr besaßen. D.h., dass sich die nächtlichen Heimwege auch unter der Woche vom späten Abend in den frühen Morgen hinein verschoben hatten. Ein deutlicher Rückgang der Wege war in der Zeit zwischen 4 und 6 Uhr zu verzeichnen, in der besonders im Osten 1991/92 noch für zahlreiche Personen der Arbeitsweg begonnen hatte. In Kombination mit der gleichzeitigen Erhöhung der Wege in den nachfolgenden Zeiteinheiten von 6-8 und von 8-10 Uhr kann 2001/02 von einem späteren Arbeitsantritt ausgegangen werden. Ebenfalls erhöhte sich der Anteil der Wege an Wochentagen zwischen 12 und 14 Uhr, was auf höhere Anteile Teilzeit Erwerbstätiger zurückzuführen ist – auch hier fand eine Angleichung an westdeutsche Verhältnisse statt. An den Wochenendtagen erhöhten sich ebenfalls die Wegezahlen in den frühen Nachtstunden, wobei besonders auffiel, dass sich die Verhältnisse zwischen Samstag und Sonntag umkehrten, d.h. dass deutlich mehr Wege in den frühen Samstagmorgenstunden anfielen als in den frühen Sonntagmorgenstunden. Offensichtlich wurde 2001/02 der Freitagabend zum bevorzugten „Ausgeh-Abend", an dem man bis in den Morgen unterwegs war, im Gegensatz zu 1991/92, als der Samstag eher der „Ausgeh-Abend" war.

Um die Wegeintensität zwischen West und Ost an Wochentagen und Wochenendtagen unmittelbar miteinander zu vergleichen, wurde die Anzahl der Wege pro Tag für die alten und die neuen Bundesländer berechnet und in Abb. 3.54 dargestellt. Es wird auch bei dieser Darstellung deutlich, dass in beiden Regionen Wochentage insgesamt weitaus wegeintensiver waren als Wochenendtage, allerdings gab es Zeitintervalle, in denen an den beiden Wochenendtagen aufsummiert fast halb so viele Wege zurückgelegt wurden wie an den fünf Wochentagen zusammen. Dies war zum einen die Zeit zwischen 10 und 12 Uhr, also die Zeit, die vor allem samstags sehr wegeintensiv war (und zu der sich an den Werktagen die meisten an ihrem Arbeits- oder Ausbildungsplatz befanden), und zum anderen die „Ausgehzeit" zwischen 20 und 24 Uhr, die an den Wochenendtagen sehr wegeintensiv war. Unterschiede zwischen West- und Ostdeutschland zeigten sich 1991/92 darin, dass sich in den neuen Bundesländern an den Wochentagen die Wegespitzen zwischen 6 und 8 Uhr und 14 und 18 Uhr deutlich stärker hervorhoben als in den alten Ländern. Dies war zum einen auf die höheren Anteile erwerbstätiger Frauen zurückzuführen und zum anderen auf die geringere Verbreitung von Teilzeitarbeit, so dass sich große Teile der erwerbstätigen Bevölkerung im Osten passend zu den „klassischen" Vollerwerbszeiten auf ihrem Arbeitsweg befanden. Bei der Analyse der Arbeitswege wird dieses Ergebnis detaillierter behandelt.

294   3. Wie gestaltet sich Zeitverwendung für Mobilität im Alltag?

Abb. 3.54: Anzahl aller Wege pro Tag an Wochentagen und Wochenendtagen in West- und Ostdeutschland (1991/92)

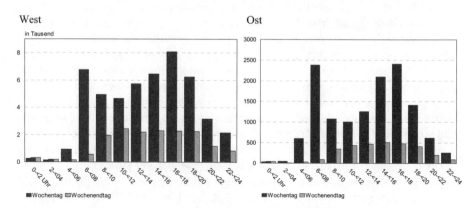

Quelle: Zeitbudgetstudie 1991/92 – eigene Berechnungen

Im Vergleich mit 2001/02 traten in genau diesen Zeiteinheiten vor allem im Osten die größten Unterschiede zu 1991/92 auf. Es verringerten sich zwar auch im Westen werktags die Wege zwischen 4 und 6 Uhr, jedoch im Osten halbierte sich diese Wegezahl (bei vergleichbaren absoluten Größen). Ebenfalls niedriger waren die Wegezahlen an Werktagen zwischen 6 und 8 Uhr sowie zur früheren „Heimkehrzeit" der Ostdeutschen zwischen 14 und 18 Uhr. Es wurde auch an diesen Zahlen die geringere Erwerbsbeteiligung in den neuen Ländern, z.T. durch Arbeitslosigkeit bedingt, sichtbar. Was sich besonders in den neuen Ländern abzeichnete, war eine Erhöhung der Mobilität in den Nachtstunden, insbesondere an Wochenendtagen. Waren 1991/92 in den neuen Ländern bereits ab 20 Uhr deutlich geringere Wegezahlen als im Westen zu erkennen, so waren dort 2001/02 die Wegezahlen vor/ nach Mitternacht stark angestiegen.

Um abzuschätzen, welche Wege an Werk- bzw. an Wochenendtagen insgesamt vorherrschend zurückgelegt wurden, zeigt Abb. 3.55 die Verteilung der Wegezwecke dieser Wege. Die meisten Wege wurden an Werktagen für die Zwecke Arbeit, Haushalt und private Kontakte zurückgelegt, wobei 1991/92 in den neuen Ländern die Arbeitswege einen etwas größeren und die Wege für Freizeit, Kontakte und den persönlichen Bereich einen etwas kleineren Teil einnahmen. Auch hier schlug sich der 1991/92 höhere Anteil erwerbstätiger Frauen und Männer in den Wegeanteilen nieder. Dieser Sachverhalt wirkte sich auch auf die Wege zur Betreuung von Kindern aus, so dass an Werktagen in den neuen Ländern ein größerer Anteil dieser Wege zu verzeichnen war als in den alten Ländern.

Abb. 3.55: Verteilung aller Wegezeiten nach Wegezweck an Wochentagen in West- und Ostdeutschland (1991/92 und 2001/02)

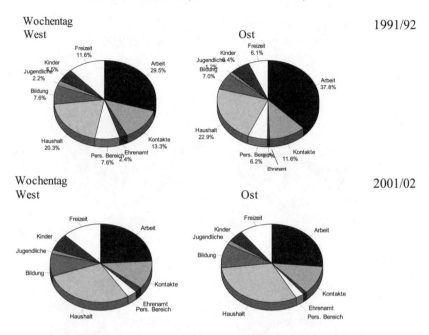

Quelle: Zeitbudgetstudien 1991/92 und 2001/02 – eigene Berechnungen

Dieses Bild hatte sich 2001/02 durch die veränderte Arbeitswelt grundlegend gewandelt: in beiden Teilen Deutschlands machten die Arbeitswege nunmehr nur noch rd. 25% der Wegezeit aus, die Haushaltswege erlangten den höchsten Anteil aller Wegezeit mit rd. 30% und Freizeit und Kontakte nahmen je 11% der Wegezeit in Anspruch. Deutlich ging an Wochentagen auch der Anteil der Wege für den persönlichen Bereich zurück, der allerdings an den Wochenendtagen anstieg, so dass hier von einer Verlagerung dieser Wege auf das Wochenende ausgegangen werden kann. Insgesamt waren die Unterschiede zwischen den alten und den neuen Bundesländern in der Verteilung der Wegearten an Wochentagen 2001/02 nahezu verschwunden.

An Wochenendtagen (Abb. 3.56) stellten 1991/92 dagegen die Wege für Kontakte in beiden Regionen die häufigste Wegeart dar, dann folgten in den alten Ländern unmittelbar die Wege für Freizeit, während in den neuen Ländern an den Wochenendtagen Wege für den Haushalt die zweithäufigste Wegeart darstellten. Auch dies kann mit dem höheren Anteil der Vollzeit Erwerbstätigen erklärt werden, die an den Samstagen Besorgungen für den Haushalt nachholten, die im Westen von den nicht oder Teilzeit Erwerbstätigen unter der Woche erledigt werden konnten. Insgesamt wird deutlich, dass 1991/92 in den neuen Ländern an Wochenendtagen Wege für Kontakte mit 42% (32% West) 1991/92 die mit Abstand häufigste Wegeart darstellten, was auf die bereits mehrfach erwähnten intensiven familiären und freundschaftlichen Bindungen in den neuen Ländern hindeutet.

Abb. 3.56: Verteilung aller Wegezeiten nach Wegezweck an Wochenendtagen in West- und Ostdeutschland (1991/92 und 2001/02)

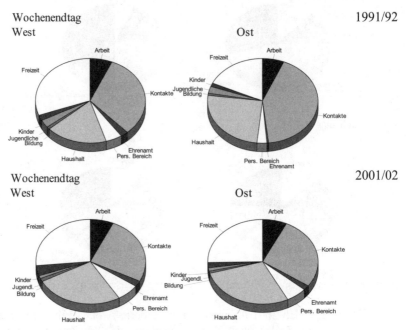

Quelle: Zeitbudgetstudien 1991/92 und 2001/02– eigene Berechnungen

Besonders auffällig ist, dass sich 2001/02 in den neuen Ländern an Wochenendtagen der Anteil der Wege für Kontakte von ehemals 42% auf knapp 28% reduziert hat, während sich umgekehrt der Anteil der Wege für Freizeit im Osten von 18% auf 25% erhöht und damit an den West-Wert angeglichen hat. Ob dies bereits die ersten Anzeichen einer fortschreitenden Individualisierung in den neuen Ländern darstellt, und ob sich auch die neuen Länder auf dem Wege hin zur „Freizeitgesellschaft" befinden, wird an dieser Stelle nicht sicher beantwortet werden können, jedoch kann insgesamt von einem deutlichen Wandel in der Verteilung der Wege und damit auch der Aktivitäten gesprochen werden. Wege für den Haushalt nahmen in beiden Regionen stark zu, was darauf hindeutet, dass die Aktivität „Einkaufen", die sich insbesondere am Wochenende häufig hinter diesen Wegen verbirgt, immer häufiger Wege in Anspruch nahm. Über die Qualität dieser Wege, und ob sie freiwillig aus Spaß am „Shoppen", aus dem Wunsch, „unter die Leute zu kommen" oder aus reiner Notwendigkeit unternommen wurden, lässt sich an dieser Stelle leider keine Auskunft geben.

Um Unterschiede in der Verteilung der Wege hinsichtlich ihres tageszeitlichen Verlaufs zwischen West- und Ostdeutschland zu analysieren, wurden die

Anteile der Wege in der jeweiligen Zeiteinheit an allen Wegen des Tages sowohl für West- als auch für Ostdeutschland berechnet. Abb. 3.57 zeigt diese Verteilung, aus der hervorgeht, dass sich 1991/92 die Wege in den neuen Ländern wesentlich stärker auf wenige Zeitintervalle konzentrierten als in den alten Ländern. Im Westen wurden mehr Wege im Laufe des Vormittags, aber auch mehr Wege in den Abend- und Nachtstunden zurückgelegt als im Osten. Bezieht man die Unterschiede in der Verteilung auf die Wegezwecke mit ein, so wird deutlich, dass sich der höhere Anteil von Arbeitswegen in den neuen Ländern auch in dieser zeitlichen Verteilung niederschlug. Offensichtlich begann 1991/92 für die Befragten im Osten der aushäusige Teil des Werktages deutlich früher als im Westen: immerhin knapp 5% der ostdeutschen Befragten waren schon vor 6 Uhr unterwegs, weitere knapp 20% bis 8 Uhr, was nur für knapp 2% bzw. 14% der westdeutschen Befragten galt. Demzufolge begannen auch die Heimwege von der Arbeit und die Wege für andere Zwecke in den neuen Ländern entsprechend früher bereits im Zeitintervall von 14 bis 16 Uhr. Auffällig waren 1991/92 auch die höheren Wegeanteile im Westen in den Abend- und Nachtstunden – offensichtlich hatten die früheren Aufstehzeiten im Osten zur Folge, dass man in den späten Abendstunden nicht mehr so häufig unterwegs war wie im Westen.

2001/02 hatten sich die Unterschiede zwischen den neuen und den alten Ländern deutlich verringert. Obwohl immer noch mehr Befragte im Osten früh zwischen 4 und 8 Uhr Wege zurücklegten als im Westen, so ging der „Vorsprung" der ostdeutschen Befragten am frühen Morgen sichtbar zurück, wie auch die Wege zwischen 14 und 18 Uhr zurückgingen. Aufgrund der 2001/02 geringeren Anzahl der Arbeitswege und der höheren Anzahl der Wege für den Haushalt verschoben sich zudem mehr Wege in die Nachmittagsstunden hinein.

Abb. 3.57: Anteile aller Wege im jeweiligen Zeitabschnitt an allen Wegen für West- und Ostdeutschland an Wochentagen in % (1991/92 und 2001/02)

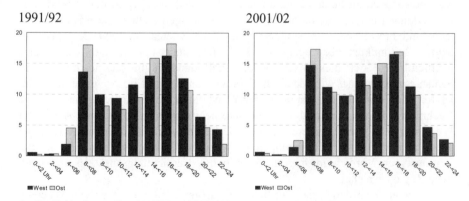

Quelle: Zeitbudgetstudien 1991/92 und 2001/02 – eigene Berechnungen

298   3. Wie gestaltet sich Zeitverwendung für Mobilität im Alltag?

Auch an den Wochenendtagen waren Unterschiede zwischen West und Ost hinsichtlich der Verteilung der Wege im tageszeitlichen Verlauf festzustellen, die jedoch über die Zeit hinweg sehr stabil blieben. Ähnlich wie an den Werktagen, begannen auch an den Samstagen in den neuen Ländern die Wege etwas früher, dagegen waren an den Sonntagen die Befragten in den alten Ländern früher unterwegs als in den neuen Ländern.

Abb. 3.58: Anteile aller Wege im jeweiligen Zeitabschnitt an allen Wegen für West- und Ostdeutschland an Samstagen und an Sonntagen in % (1991/92)

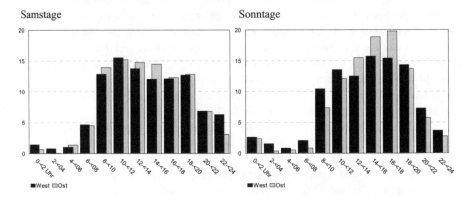

Quelle: Zeitbudgetstudie 1991/92 – eigene Berechnungen

Der einzige deutliche Unterschied an Wochenendtagen zwischen den Erhebungen 1991/92 und 2001/02 bestand darin, dass das abendliche Ausgehen 1991/92 von Samstags auf Sonntags häufiger und länger stattfand, wohingegen 2001/02 in der Nacht von Freitag auf Samstag häufiger Wege zurückgelegt wurden. Insgesamt war man jedoch zu beiden Zeitpunkten im Westen häufiger in den Abend- und Nachtstunden unterwegs als im Osten. An Sonntagen stellten die privaten Kontakte und Freizeitunternehmungen wichtige Aktivitäten dar, und sie fanden zu beiden Zeitpunkten vorwiegend in den Nachmittagsstunden statt – besonders deutlich zeigte sich dies in den neuen Bundesländern. Im Vergleich zwischen Samstag und Sonntag wird deutlich, dass am Samstag mit Besorgungen und Einkäufen der Vormittag die Hauptzeit für Wege darstellte, wohingegen am Sonntag Nachmittag die Besuche und privaten Unternehmungen am häufigsten Anlass für Wege waren. Für eine feinere regionale Differenzierung wurden die Anteile der Wege analog zu den Berechnungen in West- und Ostdeutschland für die drei Regionstypen Verdichtungsregion, Region mit Verdichtungsansätzen und ländliche Region errechnet.

Es zeigte sich dabei, dass zu beiden Erhebungszeitpunkten an den Wochentagen in den ländlichen Regionen und den Gemeinden ohne zentralörtlichen Rang die Wege deutlich früher begannen als in den anderen Regionen. Dies kann auch mit den etwas längeren Arbeitswegen in den Gemeinden ohne zentralörtlichen

Rang (besonders in denen, die in Verdichtungsregionen liegen) zusammenhängen. Eine weitere Spitze der Wege zeigte sich für ländliche Regionen und kleine Gemeinden zwischen 16 und 18 Uhr, während im Anschluss daran in den Abend- und Nachtstunden dort der Verkehr deutlich schneller abflachte als in den Verdichtungsregionen oder den Regionen mit Verdichtungsansätzen.

Abb. 3.59: *Anteil der Wege in der jeweiligen Zeiteinheit an allen Wegen an Wochentagen und Wochenendtagen für die Gemeindekategorien (Kernstädte/ Ober- und Mittelzentren/ Gemeinden ohne zentralörtlichen Rang) (1991/92)*

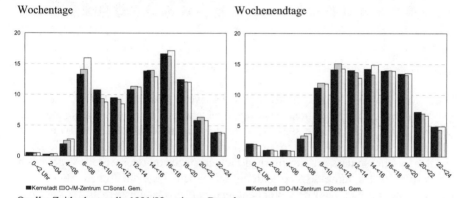

Quelle: Zeitbudgetstudie 1991/92 – eigene Berechnungen

Man kann insgesamt feststellen, dass sich in den Verdichtungsregionen und insbesondere den Kernstädten die Wege offensichtlich etwas stärker über den Tag hinweg verteilten als in den ländlichen Regionen. Dies mag auf den ersten Blick dem Eindruck der hohen Verkehrsdichte – vor allem zu Stoßzeiten – in den Verdichtungsregionen widersprechen. Da sich jedoch in den ländlichen Regionen und in peripheren Gemeinden die Fahrten räumlich stärker verteilten, schlug sich die höhere zeitliche Dichte nicht in dem Maße in Staus o.ä. nieder wie dies in den Städten der Fall war. An den Wochenendtagen waren nur geringe Unterschiede zwischen den Regionstypen zu erkennen und auch dieses Muster blieb zwischen 1991/92 und 2001/02 unverändert.

Die *Wege zur Arbeit* machten unter den Wegen am Wochentag 1991/92 30% (West) bzw. 38% (Ost) und 2001/02 rd. 25% der Wege aus. Da diese Zeiten weniger den individuellen Lebensgewohnheiten, sondern Arbeitszeitregelungen und Öffnungszeiten unterlagen, kumulierten sie weitaus stärker – zum Leidwesen der Verkehrsplanung – in alltäglichen „Rush hours". Ihre Verteilung bestimmt somit ganz wesentlich den „Puls" der Städte und Gemeinden. Die absolute Zahl der Arbeitswege verteilte sich 1991/92 über den Tagesverlauf in der Form, dass ein absolutes Maximum an Wochentagen in dem Zeitintervall morgens zwischen 6 und 8 Uhr auftrat, dem in den Nachmittags- und Abendstunden kleinere Gipfel folgten (Abb. 3.60).

Abb. 3.60: Anzahl aller Arbeitswege in der jeweiligen Zeiteinheit an Wochentagen/ Wochenendtagen und an Samstagen/ Sonntagen (1991/92)

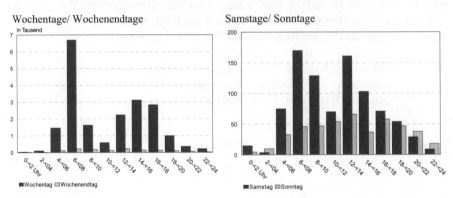

Quelle: Zeitbudgetstudie 1991/92 – eigene Berechnungen

Dieses Maximum der morgendlichen Arbeitswege hatte sich 2001/02 deutlich reduziert und eine beträchtliche Zahl der Arbeitswege fiel nun in spätere Zeiteinheit 8-10 Uhr. Erhöht hatte sich die Zahl der Arbeitswege zwischen 16 und 18 Uhr bei gleichzeitiger Reduzierung der Arbeitswege in der früheren Zeiteinheit von 14-16 Uhr, so dass mit der morgendlichen Entzerrung der Arbeitswege durch einen späteren Beginn eine Verdichtung der Arbeitswege am frühen Abend einherging. Im Verhältnis zu den Wochentagen war erwartungsgemäß die Zahl der Arbeitswege an den Wochenendtagen marginal. An diesen beiden Tagen wurden deutlich mehr Arbeitswege am Samstag zurückgelegt, da am Samstag die meisten Geschäfte zumindest halbtags geöffnet waren. Zwischen den beiden Zeitschnitten ging die Zahl der frühen Arbeitswege am Samstag zwischen 6 und 8 Uhr zurück, während diejenigen zwischen 8 und 10 Uhr anstiegen und damit das Maximum am Samstag erreichten. Außerdem ging die Anzahl der Arbeitswege über den Tagesverlauf nur sehr viel langsamer zurück, was auf die verlängerten Öffnungszeiten (bis 14.00 Uhr, bzw. bis 16.00 Uhr) der Geschäfte zurückzuführen war. An den Sonntagen verteilten sich die wenigen Arbeitswege nahezu gleichmäßig über den Tag hinweg, da hier mehr Berufsgruppen mit Schichtarbeit (medizinische Betreuung, Fahrdienste usw.) vertreten waren als an Werktagen.

Wie bereits mehrfach festgestellt, begannen 1991/92 werktags die Arbeitswege im Osten deutlich früher: schon knapp 10% der Arbeitswege wurden zwischen 4 und 6 Uhr zurückgelegt, was nur auf knapp 5% der westdeutschen Arbeitswege zutraf (vgl. Abb. 3.61). 2001/02 war dieser Wert auch in den neuen Ländern etwas zurückgegangen, blieb dabei jedoch noch deutlich über dem Wert in den alten Ländern. In beiden Teilen Deutschlands ging der Anteil der Wege zwischen 6 und 8 Uhr zurück, wohingegen derjenige zwischen 8 und 10 Uhr deutlich anstieg, so dass eine – bereits erwähnte – Entzerrung der morgendlichen Arbeitswege stattfand. Der spätere Arbeitsbeginn, der vor allem den Dienstleistungsbereich betraf, hatte 2001/02 auch in den neuen Ländern Einzug gehalten, wobei hier durchaus noch die alten Muster des sehr frühen Arbeitsbeginns (z.T. vor 6 Uhr) zu erkennen waren.

Abb. 3.61: Anteil der Wege für Arbeit in der jeweiligen Zeiteinheit an allen Wegen für Arbeit an Wochentagen und Wochenendtagen in Ost und West (1991/92)

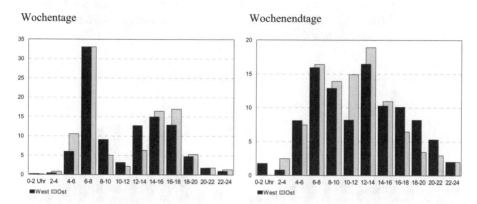

Quelle: Zeitbudgetstudie 1991/92 – eigene Berechnungen

Zu beiden Zeitpunkten war im Westen ein deutlicher Anstieg der Weganteile um die Mittagszeit zwischen 12 und 14 Uhr festzustellen, was auf das Ende bzw. den Beginn der Teilzeitstellen zurückzuführen war – eine Beschäftigungsform, die in den neuen Bundesländern 1991/92 nur selten ausgeübt wurde, 2001/02 jedoch zugenommen hatte. Im Osten setzte 1991/92 entsprechend früher auch wieder der Heimweg ein. 2001/02 hatte sich als Zeitabschnitt des Heimwegs von der Arbeit klar die Phase zwischen 16 und 18 Uhr durchgesetzt, die somit nach dem morgendlichen Gipfel zwischen 6 und 8 Uhr das zweite Maximum markierte. Diese Zeit, in der Arbeitswege mit anderen Wegearten zusammentrafen, stellte somit eine verstärkte Stoßzeit am Tag dar. An den Wochenendtagen ließen sich 1991/92 die Geschäftsöffnungszeiten von 8 bzw. 9 Uhr bis 13 bzw. 14 Uhr an den beiden Spitzen für Arbeitswege erkennen, insgesamt verteilten sich jedoch aus o.g. Gründen die Arbeitszeiten wesentlich stärker über den Tag. 2001/02 hatten sich die Spitzen des Arbeitsbeginns morgens auf die Einheit von 8-10 Uhr verschoben und auch die Zeiten des Heimwegs von der Arbeit verschoben sich in den späteren Nachmittag.

Unterschied man die Verteilung der Arbeitswege nach den Gemeindekategorien (vgl. Abb. 3.62), so wurde deutlich, dass in den Gemeinden ohne oder mit niedrigem zentralörtlichen Rang wochentags etwas mehr Wege vor 8 Uhr stattfanden, wohingegen in den Kernstädten der Beginn der Arbeitszeit offensichtlich für zahlreiche Befragte später (z.B. zwischen 8 und 10 Uhr) lag. Auch um die Mittagszeit waren an Werktagen Unterschiede zwischen den Regionstypen zu erkennen, denn zu diesem Zeitpunkt fanden die meisten Wege in den Mittel- und

Oberzentren statt, die gleichzeitig die höchste Rate an Teilzeit Beschäftigten aufwiesen (Kap. 3.1.1.2). In den Abendstunden war werktags in den Gemeinden ohne zentralörtlichem Rang ein kleiner Gipfel zur „Heimkehrzeit" zwischen 16 und 18 Uhr zu erkennen. Diese Muster blieben 2001/02 unverändert bestehen.

Abb. 3.62: *Anteil der Wege für Arbeit in der jeweiligen Zeiteinheit an allen Wegen für Arbeit an Wochentagen und Wochenendtagen für die Gemeindekategorien (Kernstädte/ Ober- und Mittelzentren/ Gemeinden ohne zentralörtlichen Rang) (1991/92)*

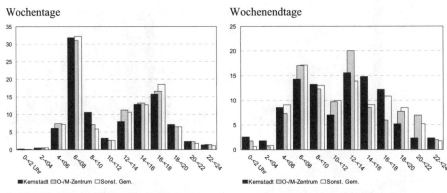

Quelle: Zeitbudgetstudie 1991/92 – eigene Berechnungen

Die Arbeitszeiten der wenigen Befragten an Wochenendtagen ließen die bereits erwähnten Ladenöffnungszeiten am Samstag wieder erkennen, die sich besonders deutlich in dem Zeitraum von 12 bis 14 Uhr, d.h. dem Arbeitsende der Teilzeitberufe in den Ober- und Mittelzentren niederschlugen. In den Mittel- und Oberzentren sowie in den Gemeinden ohne zentralörtlichen Rang fielen allerdings in den Abendstunden anteilig mehr Wege für Arbeit an als in den Kernstädten, was damit zusammenhängen könnte, dass dort der Zusammenhang mit den Ladenöffnungszeiten weniger stark war als in den Kernstädten und dort anteilig dann auch mehr Schichtarbeit im engeren Sinne anfiel.

1991/92 nahmen die *Wege für den Haushalt* werktags den zweitgrößten Anteil, 2001/02 sogar den größten Anteil aller Wege ein, und auch an den Wochenendtagen wurde eine erhebliche Anzahl von Haushaltswegen zurückgelegt. Da sich bei den Haushaltswegen zwischen den beiden Wochenendtagen große Unterschiede zeigten, wurden Samstage und Sonntage getrennt ausgewertet (vgl. Abb. 3.63). Die Wege für den Haushalt verteilten sich an Werktagen zwischen 8 und 20 Uhr, was im Wesentlichen den Ladenöffnungszeiten entsprach. Wenn man bedenkt, dass in den beiden Zeitintervallen zwischen 8 und 10 sowie 10 und 12 Uhr jedoch an den beiden Wochenendtagen (d.h. vor allem am Samstag) in der Summe immerhin fast halb so viele Wege für Haushaltszwecke zurückgelegt wurden wie an den fünf Wochentagen, dann wird deutlich, wie zentral für viele Befragte dieser Einkaufsvormittag zu Beginn des Wochenendes war. 2001/02 verschob sich das Tagesmaximum der Haushaltswege weiter in den späten Nachmittag hinein.

Abb. 3.63: Anzahl der Wege für Haushalt in der jeweiligen Zeiteinheit an Wochentagen/ Wochenendtagen und Samstagen/ Sonntagen (1991/92)

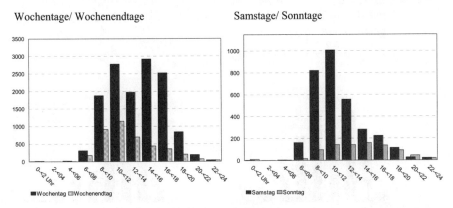

Quelle: Zeitbudgetstudie 1991/92 – eigene Berechnungen

An den Werktagen stellte der Nachmittag bzw. späte Nachmittag eine wichtige Zeit für Haushaltswege dar, die sich wahrscheinlich an die Arbeitszeit anschlossen bzw. mit dem Nachhauseweg von der Arbeit verbunden wurden. Mit den längeren Arbeitszeiten 2001/02 war gleichfalls ein deutlicher Anstieg der Haushaltswege zwischen 18 und 20 Uhr zu beobachten, d.h. dass die verlängerten Öffnungszeiten der Geschäfte durchaus genutzt wurden. Sie wurden auch am Samstag Nachmittag genutzt, der sich zunehmend zu einem Einkaufstag entwickelte. Samstags blieb jedoch das absolute Maximum zwischen 10 und 12 Uhr erhalten, bzw. erhöhte sich weiter.

Die Unterschiede zwischen Ost- und Westdeutschland hinsichtlich der Arbeitszeiten fanden 1991/92 auch in der zeitlichen Gestaltung zahlreicher anderer Wegezeiten ihren Niederschlag. So fand in den neuen Bundesländern werktags 1991/92 der mit Abstand größte Anteil der Wege für den Haushalt zwischen 16 und 18 Uhr bzw. zwischen 14 und 16 Uhr statt, d.h. im Anschluss an die (Vollzeit) Erwerbstätigkeit (vgl. Abb. 3.64). Im Osten fielen werktags rd. 50% der Haushaltswege in diesen Zeitraum, weitere knapp 10% reichten sogar bis in das Zeitintervall 18 bis 20 Uhr hinein. Dagegen verteilten sich die Haushaltswege im Westen gleichmäßiger auf den ganzen Tag, bzw. besaßen ihre Spitzen am frühen Nachmittag und am späten Vormittag.

Zehn Jahre später hatten sich die Verteilungen der Wege in Ost und West einander stark angenähert, so dass im Westen mehr Wege und im Osten weniger Wege zwischen 16 und 18 Uhr stattfanden als früher. Zudem erfuhr in beiden Ländern die Zeit zwischen 18 und 20 Uhr einen starken Zuwachs an Haushaltswegen. Diese Wegezeit kann als Indikator für die Vollzeit Erwerbstätigkeit (be-

304   3. Wie gestaltet sich Zeitverwendung für Mobilität im Alltag?

sonders von Frauen) dienen, die im Westen zu- und im Osten abnahm. Der Zusammenhang mit der Erwerbstätigkeit ergibt sich dadurch, dass Einkäufe für den Haushalt an Werktagen bevorzugt im Anschluss an die Erwerbstätigkeit durchgeführt werden.

Abb. 3.64: Anteile der Wege für den Haushalt im jeweiligen Zeitabschnitt an allen Wegen für Haushalt für West- und Ostdeutschland an Wochentagen und Samstagen in % (1991/92)

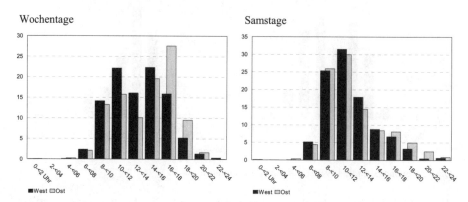

Quelle: Zeitbudgetstudie 1991/92 – eigene Berechnungen

An den Samstagen (die Sonntage wurden aufgrund der geringen Zahlen der Haushaltswege ausgeklammert) fanden in West- wie in Ostdeutschland zwischen 10 und 12 Uhr mit Abstand die meisten Haushaltswege statt. 2001/02 hatten sich im Westen die Anteile der Haushaltswege am Samstag deutlich in den frühen Nachmittag hinein verschoben, und reichten bis in den Zeitraum 18-20 Uhr hinein, während im Osten die Konzentration auf den Samstag Vormittag erhalten blieb. Hier scheinen unterschiedliche Einkaufs- und Konsumgewohnheiten zu entstehen. Im Alltag aller Befragten lag der Anteil der *Wege für Aktivitäten der Kinder* an Wochentagen nur bei rd. 6% der Wege, der Anteil der *Wege zur Begleitung Erwachsener und Jugendlicher* nur bei knapp 2%. Wenn jedoch Kinder im Haushalt lebten, zählten immerhin für 40% der westdeutschen Frauen und 30% der ostdeutschen Frauen Wege für Kinder zu der Art von Wegen, die sie an mindestens einem der Befragungstage zurücklegten. Da an den beiden Wochenendtagen keine nennenswerten Unterschiede festzustellen waren, wurde auf die Darstellung der einzelnen Wochenendtage verzichtet.

Wege für Kinder wurden zum einen wesentlich häufiger zurückgelegt als Wege für Jugendliche und Erwachsene, zum anderen fielen sie öfter an Wochentagen als an Wochenendtagen an (vgl. Abb. 3.65). An den beiden Tagesspitzen der Werktage (6-8 Uhr und 14-16 Uhr bzw. 16-18 Uhr) ist erkennbar, dass es sich dabei offensichtlich z.T. um Wege zu/ von Kinderbetreuungseinrichtungen handelte, was im nachfolgenden Vergleich zwischen den neuen und den alten Bundesländern noch deutlicher hervortritt.

Abb. 3.65: Anzahl der Wege für Kinder und für Erwachsene und Jugendliche in der jeweiligen Zeiteinheit an Wochentagen/ Wochenendtagen (1991/92)

Wege für Kinder an Wochentagen/ Wochenendtagen

Wege für Erwachsene und Jugendliche an Wochentagen/Wochenendtagen

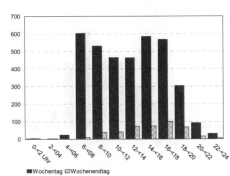
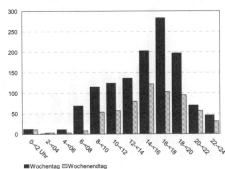

Quelle: Zeitbudgetstudie 1991/92 – eigene Berechnungen

Die Wege für Kinder an den Wochenenden fanden gleichmäßiger verteilt statt, mit einem Gipfel am späten Nachmittag. Begleitwege für Erwachsene und Jugendliche wurden 1991/92 häufiger in den Nachmittags- und Abendstunden zurückgelegt, da sie vermutlich eher zu privaten Besuchen, Vereinen oder anderen Aktivitäten führten, wofür die „Fahrdienste" der befragten Personen benötigt wurden. Besonders am Wochenende fielen 1991/92 diese Wege am Nachmittag und Abend an – sie wurden an den beiden Wochenendtagen in den Abendstunden in der Summe genauso oft ausgeübt wie an allen fünf Werktagen zusammen (Abb. 3.65).

Vergleicht man die Verteilung der Wege für Aktivitäten der Kinder auf die Zeitintervalle zwischen West- und Ostdeutschen (Abb. 3.66), dann ist deutlich zu erkennen, dass Wege zur Begleitung der Kinder 1991/92 sowohl an Werktagen als auch an Wochenendtagen in den neuen Ländern in den Morgenstunden am häufigsten zurückgelegt wurden. An Werktagen fand ein Drittel aller Wege für Kinder zwischen 6 und 8 Uhr statt (vermutlich Wege zur Kinderbetreuungseinrichtung), ein weiteres Drittel zwischen 14 und 18 Uhr (vermutlich Wege von der Kinderbetreuungseinrichtung) und der Rest verteilte sich auf die verbliebene Zeit. Auch an den Wochenendtagen fand in den neuen Ländern ein Drittel der Wege für Kinder morgens zwischen 8 und 10 Uhr statt. Im Westen verteilten sich 1991/92 unter der Woche die Wege für Kinder weitaus gleichmäßiger über den Tag hinweg als im Osten. Dies war vor allem darauf zurückzuführen, dass in den alten Ländern weniger Frauen Vollzeit erwerbstätig waren und damit die Wege für

Kinder weniger stark an den (noch dazu im Osten frühen) Arbeitszeiten orientiert waren[151].

Abb. 3.66: Anteil der Wege für Kinder in der jeweiligen Zeiteinheit an allen Wegen für Kinder an Wochentagen und Wochenendtagen in Ost und West (1991/92)

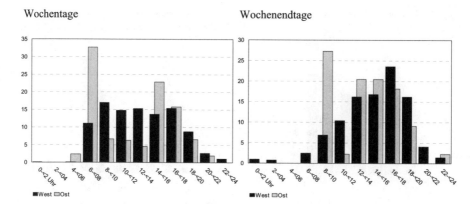

Quelle: Zeitbudgetstudie 1991/92 – eigene Berechnungen

Dass dennoch auch im Westen Wege zur Kinderbetreuung an den Werktagen stattfanden, ist an der Differenz zu den Wegezeiten an den Wochenendtagen zu erkennen. Am Wochenende begannen die Wege für Kinder erst am Mittag und erreichten ihr Maximum im Westen zwischen 16 und 18 Uhr, wohingegen werktags auch im Westen zwischen 8 und 10 Uhr zahlreiche Wege für Kinder zurückgelegt wurden. Die Veränderungen von Umfang und Grad der Erwerbstätigkeit der Frauen – vor allem im Osten – spiegelten sich 2001/02 in einem leichten Rückgang der Anteile der Wege für Kinder wider. Die Wege für Kinder verteilten sich 2001/02 nun auch im Osten stärker über den ganzen Tag hinweg. Das Maximum der Wege für Kinder in der prozentualen Verteilung der Wege über den Tag hinweg lag in der Zeit zwischen 16 und 18 Uhr, die Phase, in der Abholzeiten von Kinderbetreuungseinrichtungen und Freizeitaktivitäten (Sport, Musikkurse usw.) kumulierten.

Wege zur Begleitung Erwachsener und Jugendlicher fanden – wie bereits festgestellt – zu beiden Zeitpunkten am häufigsten in den späten Nachmittags- bzw. frühen Abendstunden statt, d.h. vor allem Jugendliche waren tagsüber offensichtlich selbständig mobil, jedoch benötigten sie eher am Abend (im Winter bei Einbruch der Dunkelheit) Begleitung durch Erwachsene. Es ist dabei auch zu vermuten, dass diese abendlichen Wege für Jugendliche zu weiter entfernten oder

---

[151] Hinzu kommt, dass die Kinderbetreuungseinrichtungen in den neuen Ländern Anfang der 1990er Jahre auch entsprechend früher am Tag öffneten im Vergleich zu den Einrichtungen in den alten Ländern.

per ÖPNV/Fahrrad schlecht zu erreichenden Orten führten, so dass dafür Begleitwege anfielen. Da diese Wege – ebenso wie die Wege für Erwachsene – vorwiegend mit dem PKW durchgeführt wurden, konnten sie z.T. erst dann stattfinden, wenn die Erwerbstätigen von der Arbeit zurückgekehrt waren. 2001/02 wurde der abendliche Gipfel der Wege durch einen zusätzlichen kleinen Gipfel in den neuen Bundesländern zwischen 6 und 10 Uhr ergänzt, wobei es sich sehr wahrscheinlich um Fahrdienste zur Schule handelte, was bereits in Kap. 3.1.3.2.4. im Rahmen der Wegezeiten für Bildung thematisiert wurde.

Abb. 3.67: Anteil der Wege für Erwachsene und Jugendliche in der jeweiligen Zeiteinheit an allen Wegen für Erwachsene und Jugendliche an Wochentagen und Wochenendtagen in Ost und West (1991/92)

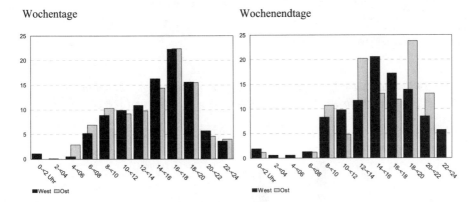

Quelle: Zeitbudgetstudie 1991/92 – eigene Berechnungen

Die Gruppe der Kinder und Jugendlichen wurde nicht nur bei Wegen begleitet, sondern legte auch selbst eine erhebliche Anzahl von Wegen zurück. Dies waren vor allem an Werktagen Wege für Ausbildung. In der Summe über alle Wege aller Befragten machten sie zwar nur zwischen 7 und 8% der Wege aus, für die Betroffenen selbst waren sie jedoch von erheblicher Bedeutung. Sie unterlagen erwartungsgemäß großer zeitlicher Rhythmik, fanden fast ausschließlich an Wochentagen und dann zwischen 6 und 8 sowie zwischen 12 und 14 Uhr statt (Abb. 3.68). Hier spiegeln sich in hohem Maße die Anfangs- und Endzeiten der Schulen wider; die anderen Wege für Bildung waren Wege zu Hochschulen und Fachhochschulen bzw. zu Weiterbildungseinrichtungen, die sich über den Tag hinweg gleichmäßiger verteilten.

In den neuen Bundesländern begannen – im Gegensatz zu den alten Bundesländern – 1991/92 nicht nur die Wege zur Arbeit früher, sondern auch die Wege zu den Bildungseinrichtungen: über ein Drittel dieser Wege fand zwischen 6 und 8 Uhr statt, wohingegen sich im Westen Wege zu Bildungseinrichtungen sowohl über den Vormittag als auch am Abend etwas gleichmäßiger verteilten (vgl. Abb. 3.69).

308   3. Wie gestaltet sich Zeitverwendung für Mobilität im Alltag?

Abb. 3.68: Anzahl der Wege für Ausbildung in der jeweiligen Zeiteinheit an Wochentagen/ Wochenendtagen (1991/92)

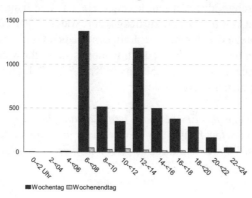

Quelle: Zeitbudgetstudie 1991/92 – eigene Berechnungen

Abb. 3.69: Anteil der Wege für Ausbildung in der jeweiligen Zeiteinheit an allen Wegen für Ausbildung an Wochentagen in Ost und West (1991/92)

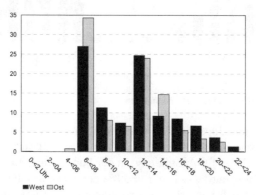

Quelle: Zeitbudgetstudie 1991/92 – eigene Berechnungen

Hier fand 2001/02 eine leichte Annäherung des Westens an den Osten statt: In beiden Regionen lag über ein Drittel aller Bildungswege in dieser Zeiteinheit von 6 bis 8 Uhr. Die „Haupt-Heimkehrzeit" war für einen etwa gleich hohen Anteil in West- und Ostdeutschland zwischen 12 und 14 Uhr, im Osten war noch eine zweite kleine Spitze zwischen 14 und 16 Uhr zu erkennen, was auf den häufigeren Nachmittagsunterricht zurückzuführen war. Diese Muster blieben unverändert 2001/02 erhalten.

Die Unterschiede zwischen den Gemeindekategorien in der Verteilung der Bildungswege im Tagesverlauf – die zu beiden Zeitpunkten gleich waren – deuten auf die Vorherrschaft der Grund- und Hauptschulen mit früheren und kürzeren Schulzeiten in den Ober- und Mittelzentren und vor allem den Gemeinden ohne zentralörtlichen Rang hin. In diesen Schulen fand der Unterricht fast ausschließlich in den Vormittagsstunden statt, so dass hier die vorrangigen Wegezeiten von 6 bis 8 Uhr und von 12 bis 14 Uhr lagen. Allerdings war ein deutlich größerer Teil der Befragten in den Gemeinden ohne zentralörtlichen Rang in den frühen Morgenstunden unterwegs als in den anderen Gemeindekategorien, so dass sich hier evtl. der vor allem im Westen längere Schulweg widerspiegelte. Der hohe Anteil der frühen „Heimkehrer/innen" in den kleineren Gemeinden war auf die Schulform Grund- und Hauptschule zurückzuführen.

Abb. 3.70: Anteil der Wege für Ausbildung in der jeweiligen Zeiteinheit an allen Wegen für Ausbildung an Wochentagen für die Gemeindekategorien (Kernstädte/ Ober- und Mittelzentren/ Gemeinden ohne zentralörtlichen Rang) (1991/92)

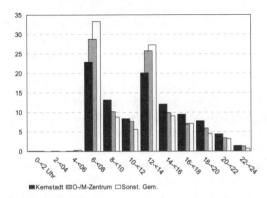

Quelle: Zeitbudgetstudie 1991/92 – eigene Berechnungen

In den Zentren und vor allem in den Kernstädten verteilten sich diese Wege etwas gleichmäßiger über den Tag, da sich hier zum einen mehr weiterführende Schulen mit Nachmittagsunterricht und zum anderen auch die Hoch- und Fachhochschulen sowie Volkshochschulen befanden, deren Studierende über den Tag verteilt Wege zu diesen Einrichtungen zurücklegten.

Ähnlich wie die Wege für das Ehrenamt, die vorwiegend in den frühen Abendstunden zwischen 18.00 und 20.00 Uhr stattfanden, so sind auch die nachfolgend analysierten *Wege für den persönlichen Bereich* zum größten Teil Wege, die freiwillig zurückgelegt werden. Dennoch ist die Lage dieser Wege im Tagesablauf von der Lage der „Pflichten", wie z.B. Arbeit oder Kinderbetreuung abhängig. Wege, die zu dem sog. persönlichen Bereich (Physiologische Regeneration, Körperpflege, Restaurantbesuch) gezählt werden, umfassten 1991/92 an Wochentagen knapp 8% der Wegezeit, an Wochenendtagen knapp 5%. 2001/02 hatte sich die Relation zwischen Werktagen und Wochenendtagen umgekehrt. An den Werktagen machten Wege für den persönlichen Bereich nur noch 3%, an den Wochenendtagen nunmehr 6-7% aus, d.h. diese Gruppe von Aktivitäten wurde von den Werktagen weg hin auf die Wochenendtage verschoben. Aufgrund der geringen Anteile der Wegezeit für den persönlichen Bereich wird auf den Tagesverlauf diese Wege nur kurz eingegangen.

Die größte Anzahl dieser Wege fand 1991/92 an Werktagen im Laufe des Vormittags statt, es ist dabei u.a. an Wege zum Arzt, Friseur usw. zu denken. An Wochenendtagen stieg die Anzahl dieser Wege um die Mittagszeit und am Abend an, so dass man annehmen kann, dass hier der Anlass des Restaurantbesuchs einen Wegezweck darstellte. Im Osten fanden größere Anteile der Wege für den persönlichen Bereich tagsüber statt, während der oben bereits vermutete abendliche Weg zum Restaurant im Westen doppelt so häufig zurückgelegt wurde als im Osten und demzufolge im Westen auch in den späteren Abendstunden mehr Wege anfielen. Durch den dramatischen Rückgang der Wege für den persönlichen Bereich zwischen 1991/92 und 2001/02 – vor allem tagsüber – verschoben sich erwartungsgemäß auch die Verteilungen über den Tag. Werktage und Wochenendtage ähnelten sich 2001/02 weitaus stärker als 1991/92, da die Anteile der Wege 2001/02 langsam vom Morgen hin zum Abend zunahmen, um zur „Hauptessensgehzeit" zwischen 18 und 20 Uhr zum Maximum zu gelangen, gefolgt von einem zweiten kleineren Gipfel zwischen 12 und 14 Uhr, d.h. zum Zeitpunkt des Mittagsessens.

Wege für *private Kontakte, Besuche, Gespräche, Geselligkeit* nahmen 1991/92 in den neuen Bundesländern besonders am Wochenende einen sehr hohen Anteil der Wege in Anspruch. Mit über 42% der Wege im Osten und 32% der Wege im Westen waren sie 1991/92 die am Wochenende am häufigsten ausgeübte Wegeart. An Wochentagen rückten sie hinter den Arbeits- und Haushaltswegen auf Platz drei und wurden dann allerdings im Westen häufiger ausgeübt als im Osten. Erneut war 1991/92 in den neuen Ländern eine stärkere Trennung in (Vollzeit-) Arbeitstage unter der Woche und Wochenendtage festzustellen als in den alten Ländern. Im Osten blieb 1991/92 an Wochentagen deutlich weniger Zeit für private Unternehmungen, gleichzeitig wurden Wochenendtage stärker für (evtl. aufgeschobene) gesellige Aktivitäten genutzt.

Abb. 3.71: Anzahl der Wege für Kontakte in der jeweiligen Zeiteinheit an Wochentagen/ Wochenendtagen (1991/92)

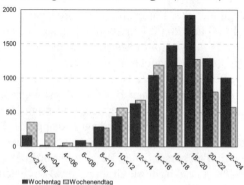

Quelle: Zeitbudgetstudie 1991/92 – eigene Berechnungen

2001/02 nahmen die Wege für Kontakte in beiden Teilen Deutschlands einen geringeren Anteil der Wege ein, wobei der Rückgang im Osten deutlicher war als im Westen. Sie nahmen dennoch 2001/02 in beiden Ländern an den Wochenendtagen zusammen mit den Wegen für Haushalt und Freizeit die drei größten Anteile der Wege in Anspruch. An ihrer Verteilung über den Tagesverlauf an Wochentagen und Wochenendtagen änderte sich jedoch zwischen 1991/92 und 2001/02 nur sehr wenig. Die größere Anzahl der Wege für Kontakte am Wochenende ist auch in Abb. 3.71 abzulesen: Die absolute Anzahl der Wege für Kontakte überschritt an den beiden Wochenendtagen tagsüber bis 16.00 und in den frühen Morgenstunden sogar die entsprechende absolute Wegezahl der Wochentage.

Abb. 3.72: Anteil der Wege für Kontakte in der jeweiligen Zeiteinheit an allen Wegen für Kontakte an Wochentagen und Wochenendtagen in Ost und West (1991/92)

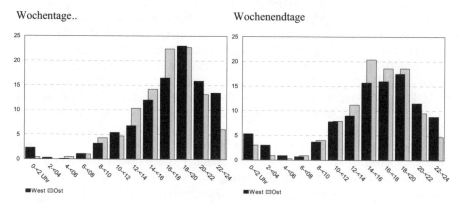

Quelle: Zeitbudgetstudie 1991/92 – eigene Berechnungen

Auch in den Abendstunden überschritten die kumulierten Werte der fünf Wochentage die der beiden Wochenendtage nur wenig. Die Hauptzeit für Wege für Kontakte war der späte Nachmittag und der frühe Abend, was sich werktags durch die vorhergehende Eingebundenheit in Arbeit oder Verpflichtungen im Haushalt erklären lässt.

Unterschiede zwischen West- und Ostdeutschland zeigten sich nicht nur darin, dass 1991/92 im Osten am Wochenende wesentlich mehr Wege für Kontakte als unter der Woche stattfanden, sondern auch in der Verteilung dieser Wege über den Tagesverlauf (Abb. 3.72). Im Osten fanden diese (selteneren) Wege zu beiden Zeitpunkten eher tagsüber statt, während im Westen Wege für Kontakte häufiger bis in die Nacht hinein zurückgelegt wurden. Auch an den Wochenenden konzentrierten sich die Wege für Kontakte in den neuen Ländern eher auf den Nachmittag, während sie sich in den alten Ländern weitaus gleichmäßiger über den Tag, aber auch den Abend und die Nacht hinweg verteilten. 2001/02 hatten sich dahingehend die Verhältnisse des Ostens an den Westen angeglichen, dass

312   3. Wie gestaltet sich Zeitverwendung für Mobilität im Alltag?

nun auch in den neuen Ländern in den Abend- und Nachtstunden gleich häufig Wege für Kontakte zurückgelegt wurden wie in den alten Ländern.

Die *Wege für Freizeit* betreffen einen ähnlichen Lebensbereich, der weniger stark Verpflichtungen unterworfen ist als dies bei den Wegen für Arbeit oder Haushalt der Fall ist. Auch hier fielen erwartungsgemäß wesentlich größere Anteile der Wege am Wochenende als unter der Woche an. Bemerkenswert waren 1991/92 an Wochentagen noch die großen Unterschiede zwischen West- und Ostdeutschland, denn in den neuen Ländern nahmen die Wege für Freizeit an den Werktagen nur einen halb so großen Anteil ein wie im Westen. Offensichtlich konnten die Befragten im Westen sich häufiger bereits unter der Woche Wegen für Freizeit (ähnlich wie für Geselligkeit und Kontakte) widmen als im Osten. Dieser Rückstand war 2001/02 nahezu aufgeholt: in den neuen Ländern nahmen Wege für Freizeit an Werktagen 10% und in den alten Ländern 12% der Wege in Anspruch.

Wenn man die privaten Wege für Freizeit und Kontakte addierte, so machten sie in der Summe 1991/92 in beiden Regionen am Wochenende rd. 60% der Wege aus, wobei in den neuen Ländern ein eindeutiges Gewicht auf den Wegen für Kontakte lag. Ob sich hier die häufig konstatierte hohe Wichtigkeit von Familie (BÖHNKE 1999, S. 444; WEICK 1999, S. 518) für die Lebenszufriedenheit im Osten in den häufigeren Wegen und dem höheren Zeitaufwand dafür widerspiegelte, kann zwar nicht bewiesen, aber doch vermutet werden. 2001/02 war der Anteil der Wege für Kontakte im Osten von 42% auf 28% zurückgegangen, der für Freizeit von 18% auf 25% gestiegen, was auf eine Verlagerung der Aktivitäten von Geselligkeit und persönlichen Kontakten hin zu „klassischen" Freizeittätigkeiten schließen lassen könnte. Insgesamt nahmen jedoch diese privaten Wege mit einer Summe von rd. 50% 2001/02 geringere Anteile ein als 10 Jahre zuvor, so dass sich nach diesen Auswertungen die Deutschen nicht auf dem Weg zu einer „Freizeitgesellschaft" befanden.

Abb. 3.73: Anzahl der Wege für Freizeit in der jeweiligen Zeiteinheit an Wochentagen/ Wochenendtagen und Samstagen/ Sonntagen (1991/92)

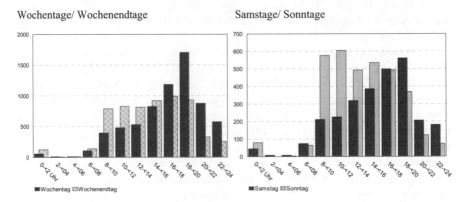

Quelle: Zeitbudgetstudie 1991/92 – eigene Berechnungen

3.1 Zeitbudgetstudien des Statistischen Bundesamtes (1991/92 und 2001/02) 313

Betrachtet man die Verteilung der absoluten Zahl dieser Freizeitwege im Tagesverlauf (vgl. Abb. 3.73), so übertraf zu beiden Befragungszeitpunkten die absolute Zahl der Freizeitwege an den Wochenendtagen vor allem in den Tagesstunden die Zahl der kumulierten Wege werktags. Die beiden Wochenendtage selbst unterschieden sich wiederum hinsichtlich der Anzahl der Freizeitwege deutlich, denn am Samstag stand offensichtlich der Vormittag weitaus seltener den Freizeitzwecken zur Verfügung. Wie in den Auswertungen zu Haushalts- und Arbeitswegen bereits deutlich wurde, fanden hier noch häufig Besorgungen für den Haushalt bzw. Wege von/ zur Arbeit statt. Erst am Samstag ab 16.00 Uhr schien für viele Befragte die Freizeit tatsächlich zu beginnen, um dann mit den höchsten Wegezahlen am Sonntag vormittag im Laufe des zu Ende gehenden Wochenendes wieder langsam abzunehmen. Insgesamt fanden jedoch eindeutig am Sonntag (tagsüber) die meisten Freizeitwege statt. 2001/02 hatte sich an diesen Verteilungen nur wenig geändert: An den Wochentagen stieg die absolute Zahl der Freizeitwege ab 16 Uhr an, was mit dem höheren Anteil Ausübender korrespondierte und an den Sonntagen ging der Anteil der Freizeitwege in den Vormittagsstunden leicht zurück. Sonntags lag somit das Maximum der Freizeitwege am späten Nachmittag, an dem Heimwege des Ausflugsverkehrs mit „Ausgehwegen" aufeinander trafen.

Betrachtet man die Verteilung der Freizeitwege über den Tagesverlauf in West- und Ostdeutschland (Abb. 3.74), so fanden 1991/92 an den Wochentagen im Westen schon früher im Tagesverlauf Freizeitwege statt als im Osten, und sie reichten im Westen ebenfalls weiter in den Abend hinein. Im Osten waren 1991/92 werktags Freizeitaktivitäten – so sie denn stattfanden – wesentlich stärker auf die Zeit zwischen 16 und 20 Uhr konzentriert als im Westen.

Abb. 3.74: Anteile der Wege für Freizeit im jeweiligen Zeitabschnitt an allen Wegen für Freizeit für West- und Ostdeutschland an Wochentagen und Wochenendtagen (1991/92)

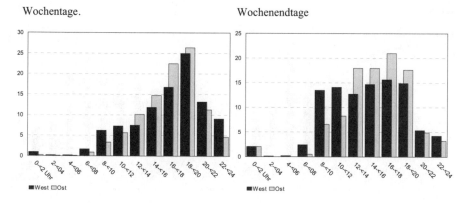

Quelle: Zeitbudgetstudie 1991/92 – eigene Berechnungen

Durch den Rückgang der Erwerbsbeteiligung im Osten stiegen dort 2001/02 die Anteile derjenigen, die am Vormittag Freizeitwege unternahmen, auf etwas höhere Anteile an – gleichzeitig gingen die Anteile der Freizeitwege im Osten in der Zeit, in der Erwerbstätige Freizeitwege zurücklegen (müssen), zwischen 18 und 20 Uhr etwas zurück.

Auch an den Wochenendtagen zeigten sich 1991/92 Unterschiede im Tagesverlauf der Freizeitwege zwischen den neuen und den alten Bundesländern. In den alten Ländern waren ebenfalls die Freizeitwege eher über den Tag hinweg verteilt, wohingegen sie sich in den neuen Ländern auch an den Wochenendtagen stärker konzentrierten, nämlich auf den Nachmittag und frühen Abend bis 20 Uhr. In beiden Regionen Deutschlands nahmen in den Abendstunden sowohl der Werk- als auch der Wochenendtage die Freizeitwege in dem Maße ab, in dem zu dieser Zeit die Wege für den persönlichen Bereich und private Kontakte zunahmen.

Regionale Unterschiede im tageszeitlichen Verlauf der Freizeitwege waren dahingehend festzustellen, dass an Werktagen offensichtlich in den Kernstädten mehr Personen tagsüber Freizeitwege zurücklegten als in kleineren Gemeinden. Dort fanden an Wochentagen deutlich mehr Freizeitwege nur in den Abendstunden zwischen 18 und 22 Uhr statt als in den Kernstädten. Dagegen waren in den Ober- und Mittelzentren an den Wochenendtagen schon in den Morgenstunden Befragte zu Freizeitzwecken unterwegs, während in den Kernstädten an Wochenendtagen Freizeitwege eher in die Nacht hinein reichten. Diese regionalen Disparitäten blieben in gleicher Form 2001/02 erhalten und sind u.a. auch auf die unterschiedliche Verteilung der Bevölkerungsgruppen (Singles, Ältere, Familien) zurückzuführen.

Abb. 3.75: Anteile der Wege für Freizeit im jeweiligen Zeitabschnitt an allen Wegen für Freizeit für die Gemeindekategorien (Kernstädte/ Ober- und Mittelzentren/ Gemeinden ohne zentralörtlichen Rang) an Wochentagen und Wochenendtagen (1991/92)

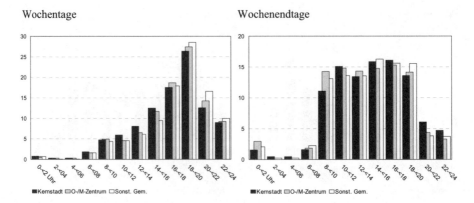

Quelle: Zeitbudgetstudie 1991/92 – eigene Berechnungen

Insgesamt wurde deutlich, dass es zu beiden Erhebungszeitpunkten unterschiedliche Phasen im Tagesverlauf gab, an denen bestimmte Wege ausgeübt wurden. Die Differenzen zwischen den neuen und den alten Ländern waren 1991/92 in starkem Maße durch den unterschiedlichen Grad der Erwerbsbeteiligung von Männern und Frauen und deren Verteilung über den Tag bedingt, was durch die veränderte Arbeitsmarktlage in vielen Fällen dazu führte, dass sich die Ost-West-Unterschiede 2001/02 verringerten. Die Verschiebung der Arbeitswege in den neuen Ländern im Tagesverlauf und die Zunahme der Teilzeit Erwerbstätigkeit ließ sich in den Zeitbudgetstudien ebenso ablesen wie die zunehmende Verteilung der Freizeitaktivitäten über den Tag hinweg. Dennoch sind klare „Berge" und „Täler" der Wegezeiten im Tagesverlauf immer noch deutlich erkennbar.

3.1.3.5 Zusammenfassung

In diesem Kapitel werden die Ergebnisse der Wegezeiten für Akteure sowohl nach Aktivitätsbereichen als auch nach Akteursgruppen sowie nach ihrem tageszeitlichen Verlauf zusammengefasst. Den ersten Überblick über die *Wegezeiten aller Wegezwecke* gibt Tab. 3.37, in der für beide Zeitschnitte die von den Befragten aufgewandten Zeiten nach den beiden Kontextmerkmalen *West/ Ost* und den drei *Regionstypen Verdichtungsregion, Region mit Verdichtungsansätzen und ländliche Region* unterschieden wurden. Der Linienverlauf visualisiert in Tab. 3.37 die Unterschiede zwischen den Regionstypen – in Tab. 3.38 wurde zwischen den Gemeindetypen Kernstädte, Ober-/ Mittelzentren und Gemeinden ohne höheren zentralörtlichen Rang unterschieden.

Die längsten Wege wurden für die Wegezwecke Vollzeit Erwerbstätigkeit, Bildung und Freizeit zurückgelegt[152], wobei 1991/92 die Wege zu Bildungseinrichtungen in den neuen Ländern die absolut längsten Wege darstellten. Sie wurden 2001/02 von den Freizeitwegen in den neuen Ländern von ihrer „Spitzenposition" abgelöst, obwohl sich gerade im Osten die Wegezeiten für Arbeit dramatisch erhöht hatten. Insgesamt hatten sich sämtliche Wegezeiten in den dazwischen liegenden zehn Jahren erhöht, wobei die Bereiche Arbeit und Freizeit die stärksten Anstiege zu verzeichnen hatten. Deutliche Ost-West-Unterschiede hinsichtlich der Wegezeit insgesamt waren vor allem bei den Haushaltswegen und bei den Wegen des privaten Bereichs (Persönlicher Bereich, Kontakte, Freizeit) festzustellen, die im Osten zu beiden Zeitpunkten mehr Zeit in Anspruch nahmen, aber auch seltener stattfanden. Regionale Unterschiede wurden bei zahlreichen Wegezeiten dahingehend sichtbar, dass im Westen eine schwache, im Osten eine starke Abnahme der Dauer der Wegezeiten von der Verdichtungsregion in Richtung ländlicher Raum stattfand. Auch diese Tendenz war zehn Jahre später unverändert vorhanden, nur auf einem insgesamt höheren Niveau. Veränderungen ergaben sich zwischen den beiden Erhebungszeitpunkten vor allem dahingehend,

---

152 d.h. von Personen, die an mindestens einem der Befragungstage einen Weg in einem der Aktivitätsbereiche im Tagebuch angegeben hatten.

dass in den neuen Ländern z.B. Wege für Kinder und Wege in den privaten Bereichen in den ländlichen Regionen länger wurden als zuvor.

Tab. 3.37: *Durchschnittliche tägliche Wegezeiten der Ausübenden[1] in den Regionstypen in West- und Ostdeutschland nach Aktivitätsbereichen (in Minuten) 1991/92 und 2001/02*

Wegezeit...	West				Ost			
	Gesamt 1991/92 2001/02	Verdichtungsregion	Verdichtungsansätze	Ländliche Region	Gesamt 1991/92 2001/02	Verdichtungsregion	Verdichtungsansätze	Ländliche Region
Erwerbstätigkeit Vollzeit	52,7 61,1*				50,0 64,5*			
Teilzeit	39,9* 45.2				44,3* 47,5			
Haushalt	34,1* 43,1*				37,6* 47,3*			
Wege für Kinder	35,4* 41,4				31,0* 40,3			
Bildung/ Qualifikation	54,1 65,3*				52,3 59,7*			
Ehrenamt	34,7 39,7				41,6 44,4			
Pers. Bereich	31,8 41,7*				34,3 47,2*			
Kontakte	45,0* 52,1*				50,2* 58,1*			
Freizeit	46,3 59,0*				50,1 68,8*			
alle Wege	106,2* 134,4*				105,5* 142,9*			

——— regionale Tendenz 1991/92   ············ regionale Tendenz 2001/02

*= Unterschiede zwischen Ost und West sind signifikant auf einem Signifikanzniveau von p<=0,05
[1] = Personen, die an mindestens einem Befragungstag Wege für diesen Aktivitätsbereich zurücklegten

Quelle: Zeitbudgetstudien 1991/92 und 2001/02 – eigene Berechnungen

3.1 Zeitbudgetstudien des Statistischen Bundesamtes (1991/92 und 2001/02)   317

Tab. 3.38: Durchschnittliche tägliche Wegezeiten der Ausübenden in den Gemeindekategorien in West- und Ostdeutschland nach Aktivitätsbereichen (in Minuten) 1991/92 und 2001/02

Wegezeit...	West				Ost			
	Gesamt 1991/92 2001/02	Kernstadt	Ober-/ Mittelzentren	Orte ohne höheren zentralörtl.Rang	Gesamt 1991/92 2001/02	Kernstadt	Ober-/ Mittelzentren	Orte ohne höheren zentralörtl.Rang
Erwerbstätigkeit Vollzeit	52,7 61,1*				50,0 64,5*			
Teilzeit	39,9* 45.2				44,3* 47,5			
Haushalt	34,1* 43,1*				37,6* 47,3*			
Wege für Kinder	35,4* 41,4				31,0* 40,3			
Bildung/ Qualifikation	54,1 65,3*				52,3 59,7*			
Ehrenamt	34,7 39,7				41,6 44,4			
Pers. Bereich	31,8 41,7*				34,3 47,2*			
Kontakte	45,0* 52,1*				50,2* 58,1*			
Freizeit	46,3 59,0*			*	50,1 68,8*			*
alle Wege	106,2* 134,4*			*	105,5* 142,9*			*

───── Tendenz Zentren-Peripherie 1991/92
······· Tendenz Zentren-Peripherie 2001/02

*= Unterschiede zwischen Ost und West sind signifikant auf einem Signifikanzniveau von p<=0,05
[1]= Personen, die an mindestens einem Befragungstag Wege für diesen Aktivitätsbereich zurücklegten
Quelle: Zeitbudgetstudien 1991/92 und 2001/02 – eigene Berechnungen

Bei einem Vergleich mit den Werten in der Tab. 3.38 wird vor allem für die privaten Wege sichtbar, dass sich auch in den neuen Ländern zunehmend die Mittel- und Oberzentren – ebenso wie in den alten Ländern – als Ortstypen der kurzen

Wege herauskristallisierten, was in Kombination mit den Ergebnissen aus Tab. 3.39 dazu führte, dass in den kleinen Zentren der ländlichen Regionen sowohl im Westen als auch – zunehmend – im Osten die kürzeren Wege stattfanden[153]. Die einzige Ausnahme stellten zu beiden Zeitpunkten im Westen die Wege für Ausbildung dar, die im ländlichen Raum deutlich länger waren als im Verdichtungsraum, was sich durch die starke Zentralisierung vor allem der weiterführenden Schulen im Westen und die daraus entstehenden längeren Bus-Schulwege erklären ließ. 2001/02 zeigte sich im Osten bereits eine Annäherung dahingehend, dass die ehemals kurzen Wege in den ländlichen Regionen länger wurden, da dort ebenfalls eine Ausdünnung des Standortnetzes stattgefunden hatte.

Insgesamt war jedoch deutlich sichtbar, dass der Kontext des ländlichen Raums (und dort besonders in Ober- und Mittelzentren, wie Tab. 3.38 zeigt) zu beiden Zeitpunkten offensichtlich Eigenschaften besaß, die den alltäglichen Zeitaufwand signifikant reduzierten, denn diese Differenzen waren nicht mehr allein auf die unterschiedliche Verteilung der Haushalts- und Familienformen zurückzuführen[154]. Diese Eigenschaften des Kontexts führten in den Zentren der ländlichen Regionen zu einer schnellen Erreichbarkeit der Gelegenheiten entweder per PKW (ohne Stau und aufwändige Parkplatzsuche) oder zu Fuß.

Die höheren Wegezeiten im Osten bei den eher „privaten" Wegearten standen 1991/92 in engem Zusammenhang mit den genutzten Verkehrsmitteln: in all diesen Bereichen wurde im Osten insgesamt deutlich seltener als im Westen der PKW genutzt. Während dort Männer zwar fast genauso häufig mit dem PKW unterwegs waren wie im Westen, stand den Frauen kurz nach der Wende in den neuen Ländern offensichtlich wesentlich seltener ein Auto zur Verfügung. Sie gingen zu Fuß oder benutzten den Öffentlichen Personennahverkehr (ÖPNV). Da Wege im Alltag, die mit dem ÖPNV zurückgelegt wurden, grundsätzlich wesentlich mehr Zeit beanspruchten als Wege, die mit anderen Verkehrsmitteln zurückgelegt wurden, waren bei höherem Anteil ÖPNV-Nutzer/innen in einer bestimmten Gruppe die mittleren Wegezeiten dieser Gruppe auch immer höher. Die Wegezeit war zwar für all diese „privaten" Aktivitäten auch noch 2001/02 im Osten deutlich höher, jedoch waren die Unterschiede bzgl. der Motorisierung deutlich zurückgegangen. Die 1990er Jahre waren in den neuen Bundesländern von einer rasch voran schreitenden Suburbanisierung gekennzeichnet, die sowohl mit einer Motorisierung der Haushalte, als auch mit einer gleichzeitigen Erhöhung der Distanzen einherging.

Um den vielfältigen Dimensionen von Zeitverwendung für Alltagsmobilität (Zeitaufwand, Anteil der Ausübenden, Anzahl der Wege, Verkehrsmittelnutzung) gerecht zu werden, wurden alle Wegearten (Erwerbstätigkeit, Freizeit, Haushalt usw.) danach ausgewertet, inwieweit sie sich hinsichtlich der Merkmale des Kontexts (Zentralität, Ost/ West usw.) und der Merkmale der Akteure (Alter, Ge-

---

153 Dieses Resultat entspricht den Ergebnissen Kagermeiers (1997), der ebenfalls für diesen Ortstyp kurze Wege ermittelte.
154 Auch innerhalb verschiedener Haushalts-/Akteurstypen, wie z.B. erwerbstätige Frauen mit Kindern, waren Verdichtungsregionen „Regionen der langen Wege".

schlecht, usw.) unterschieden. Dabei wurden Muster sichtbar, die an dieser Stelle nur auszugsweise vorgestellt werden können. Zum einen waren dies Unterschiede zwischen Wohnorten in Verdichtungsregionen und anderen Regionen und zum anderen zwischen Gemeinden mit zentralörtlichem Rang und Gemeinden ohne zentralörtlichem Rang. Im Trend erschienen Verdichtungsregionen allgemein als zeitintensiver als andere Regionen und gleichzeitig waren Gemeinden mit zentralörtlichem Rang (Mittel-/Oberzentren) in ländlichen Regionen oder Regionen mit Verdichtungsansätzen eher „Orte der kurzen Wege".

Dazu gibt Tab. 3.37 näher Auskunft, in der sichtbar wird, dass 1991/92 (durchgezogene Linien) in der Summe die Ober- und Mittelzentren im Westen und die Gemeinden ohne zentralörtlichen Rang im Osten die Orte der kürzesten Wege darstellten. Im Westen waren es besonders die Wege für Kinder und für Freizeit, die in den Mittel- und Oberzentren sogar um mehr als zehn Minuten kürzer waren als in den Kernstädten. Auch die Freizeitwege sowie die Arbeits- und Haushaltswege waren in den Gemeinden ohne zentralörtlichen Rang in den neuen Ländern am kürzesten. Hier wirkte sich – ebenso wie in Tab. 3.37 – erneut die Möglichkeit der vielen Zu-Fuß-Wege positiv auf die Wegezeiten in den kleineren Gemeinden aus, während der hohe Anteil der ÖPNV-Nutzer/innen die Wegezeiten in den Kernstädten erhöhte. 2001/02 wurden in den neuen Ländern ebenfalls in den Mittel- und Oberzentren in zahlreichen Lebensbereichen die kürzeren Wege zurückgelegt. Auch diese Annäherung der Verteilung der Wegezeiten steht in Zusammenhang mit der Siedlungsentwicklung und der Zentralisierung von Infrastruktur in den neuen Ländern.

Für die Darstellung der vielfältigen Auswertungen in einer Übersicht wurde die *Methode der Kontraste*, d.h. einer linearen parametrischen Funktion, angewandt. Dazu wurden die unterschiedlichen Merkmale von Kontext und Akteuren zuerst dichotomisiert. Danach wurden die Differenzen zwischen diesen Merkmalen für jeden Wegezweck hinsichtlich der Indikatoren 1) durchschnittlicher täglicher Zeitaufwand in Minuten und 2) Anteil der Personen, die an einem der Befragungstage überhaupt Wege zurücklegten in % (Anteil der Ausübenden) errechnet. Anschließend wurde für die Gruppe der Kontextmerkmale und die Gruppe der Akteursmerkmale ein gesamter Mittelwert über die Einzeldifferenzen gebildet, so dass deutlich wird, für welche Indikatoren größere Unterschiede innerhalb der Kontextmerkmale und für welche Indikatoren größere Unterschiede innerhalb der Akteursmerkmale auftraten. Vereinfacht formuliert kann damit der Frage nachgegangen werden, für welche Wegeart waren die Unterschiede größer, je nachdem, „wo ich lebe" und für welche Wegeart waren sie größer, abhängig davon, „wer ich bin". In Tab. 3.39 sind diese mittleren Differenzen der Eigenschaften des Kontexts und der Akteure für die *Wegezeiten*, in Tab. 3.40 für die *Anteile der Ausübenden* dargestellt. Dazu wurde der Prozentanteil, den die jeweilige Differenz am gesamten Mittelwert (Wegezeit, Anteil der Ausübenden) ausmacht, errechnet und wiederum die Differenz zwischen den Kontext- und Akteursmerkmalen dargestellt.

Für die Wege zur Erwerbsarbeit waren sowohl für die Wegezeit (Tab. 3.39) als auch für den Anteil der Ausübenden (Tab. 3.40) die Merkmale auf Akteursebene von größerer Relevanz als die Merkmale des Kontexts. Besonders wirksam waren hierbei die Unterschiede zwischen den Geschlechtern (Männer waren häufiger erwerbstätig als Frauen (vor allem im Westen) und legten längere Wege zurück) und dahingehend, ob im Haushalt der Befragten ein PKW vorhanden war (ohne PKW waren die Wege länger, mehr Personen in Haushalten mit PKW waren erwerbstätig). Durch den Rückgang der Anteile der Personen mit Arbeitswegen (vor allem der Männer) in den neuen Ländern bei gleichzeitigem Anstieg der Anteile der erwerbstätigen Frauen im Westen war zwar insgesamt keine starke Veränderung der Personen mit Arbeitswegen festzustellen, jedoch gewann das Merkmal Alter massiv an Bedeutung.

Tab. 3.39: Mittlere Differenzen in Wegezeiten für Eigenschaften des Kontexts und der Akteure

(Differenzen in % zwischen den dichotom kodierten Ausprägungen der jeweiligen Variablen)

Eigenschaften des Kontexts: West-/Ostdeutschland, Zentralität, Anbindung an DB AG, Haustyp, Anteil Erholungsfläche, Schulendichte (Auswahl je nach Wegezweck)

Eigenschaften der Akteure: Alter, Geschlecht, Ausbildungsniveau, Erwerbstätigkeit, Haushaltsform, Kinder im Haushalt, PKW-Besitz (Auswahl je nach Wegezweck)

Wegezeit für	*1991/92* *Mittel insgesamt Wegezeit in Minuten*	*2001/02* Mittel insgesamt Wegezeit in Minuten	*1991/92* *Mittlere Differenz der %-Punkte zwischen den Eigenschaften des Kontexts und den Eigenschaften der Akteure*	*2001/02* Mittlere Differenz der %-Punkte zwischen den Eigenschaften des Kontexts und den Eigenschaften der Akteure
Erwerbstätigkeit	50,2 Min.	*59,2 Min.*	**Akt.: +7,2%**	*Akt.: +7,8%*
Haushalt	34,4 Min.	*44,0 Min.*	**Akt.: +4,3%**	*Akt.: +1,6%*
Wege f. Kinder*	33,4 Min.	*41,2 Min.*	**Akt.: +2,6%**	*Akt.: +12,7%*
Bildung*	53,7 Min.	*64,3 Min.*	**Kont.: +9,6%**	*Kont.: +4,2%*
Ehrenamt	35,2 Min.	*39,9 Min.*	**Kont.: +7,1%**	*Akt.: +4,0%*
Pers. Bereich	32,2 Min.	*42,5 Min.*	**Akt.: +2,5%**	*Kont.: +1,0%*
Kontakte	46,1 Min.	*53,7 Min.*	**Kont.: +0,8%**	*Akt.: +0,9%*
Freizeit/ Medien	46,3 Min.	*61,0 Min.*	**Kont.: +1,9%**	*Akt.: +5,9%*
Alle Wege	106,2 Min.	*140,9 Min.*	**Kont.: +0,4%**	*Akt.: +4,1%*

*nur Personen mit Kindern bzw. Personen in Ausbildung
Quelle: Zeitbudgetstudien 1991/92 und 2001/02 – eigene Berechnungen

3.1 Zeitbudgetstudien des Statistischen Bundesamtes (1991/92 und 2001/02)

Da insbesondere Ältere in den neuen Ländern weniger Arbeitswege aufwiesen, erhielten die Merkmale der Akteure erhöhte Bedeutung. Allerdings waren auch die Unterschiede zwischen Ost und West hinsichtlich des Anteils der Ausübenden und zwischen Verdichtungsregionen und ländlichen Regionen hinsichtlich der Wegezeit wahrnehmbar, jedoch im Vergleich zu den Akteursmerkmalen in geringerem Maße. Diese Unterschiede blieben über die Jahre hinweg unverändert. Wenig verändert blieb auch der überwiegende Einfluss der Kontextmerkmale auf die Ausbildungswege, d.h. die Stadt-Land-Unterschiede im Schulweg, wohingegen der „Überhang" der Kontextmerkmale bei den Ehrenamtswegen von 1991/92 zu 2001/02 zugunsten der Akteursmerkmale verloren ging. Der höhere Anteil der Kontextmerkmale für die Wegezeit im Ehrenamt ergab sich 1991/92 in erster Linie aus den großen West-Ost-Unterschieden, da sich in den alten Ländern wesentlich mehr (ältere, männliche) Personen ehrenamtlich engagierten als in den neuen Ländern (vgl. auch Tab. 3.40 der Anteile der Ausübenden).

Durch eine Erweiterung der Definition „Ehrenamt" um den Bereich der „informellen Hilfe für andere Haushalte" wurde diese Aktivität in den neuen Ländern 2001/02 häufiger ausgeübt als zuvor, so dass die Kontext-Unterschiede zwar bei den Anteilen der Ausübenden noch leicht überwogen, jedoch für die Wegezeit 2001/02 weniger Bedeutung besaßen als z.B. die Merkmale Erwerbstätigkeit oder Kinder im Haushalt. Wege des persönlichen Bereichs (Friseur-/ Arztbesuche, Restaurantbesuch) dagegen unterlagen 1991/92 noch eher Unterschieden durch Akteursmerkmale, wohingegen sie 2001/02 – nach einem Rückgang der Anteile der Ausübenden – etwas stärker durch Kontextmerkmale geprägt waren als zuvor.

Die ursprünglichen Unterschiede durch das Alter und die Tatsache, ob Kinder in Haushalt waren (mehr Wege von älteren Personen ohne Kinder) erwiesen sich bei dem Rückgang der Wege für den persönlichen Bereich insgesamt als weniger bedeutend als die Ost-West-Unterschiede (etwas längere Wege im Osten). Dafür, ob ein Weg für den persönlichen Bereich ausgeübt wurde, war dagegen wichtiger, ob die Person allein im Haushalt lebte oder nicht, d.h. hierfür waren auch 2001/02 Eigenschaften der Akteure von größerer Bedeutung als Eigenschaften des Kontexts. Die Wegezeiten für Kontakte und ganz besonders Wegezeiten für Freizeit waren 1991/92 dadurch gekennzeichnet, dass sie in den neuen Ländern – wenn sie überhaupt stattfanden – und in den Verdichtungsregionen deutlich mehr Zeit beanspruchten als in den alten Ländern und in Gebieten außerhalb der Verdichtungsregionen. Dadurch erhielten hier 1991/92 die Kontextmerkmale mehr Gewicht als die Akteursmerkmale. Diese Wegezeiten differierten zwar auch über das Alter, die Erwerbstätigkeit und den PKW-Besitz (ältere und nicht erwerbstätige Personen ohne PKW verwandten mehr Zeit für diese Wege), aber diese Unterschiede waren im Vergleich zu den Kontextunterschieden deutlich geringer. 2001/02 hatte sich dahingehend die Situation umgekehrt, dass zwar in den neuen Ländern nun in den ländlichen Regionen lange Wege für die Freizeit entstanden waren, diese Unterschiede mittlerweile jedoch von den Unterschieden durch die Haushaltsform (z.B. lange Wege alleinlebender Männer ohne Kinder) übertroffen wurden.

Tab. 3.40: *Mittlere Differenzen im Anteil der Ausübenden für Eigenschaften des Kontexts und der Akteure*
(*Differenzen in % zwischen den dichotom kodierten Ausprägungen der jeweiligen Variablen*)
Eigenschaften des Kontexts: West-/Ostdeutschland, Zentralität, Anbindung an DB AG, Haustyp, Anteil Erholungsfläche, Schulendichte (Auswahl je nach Wegezweck)
Eigenschaften der Akteure: Alter, Geschlecht, Ausbildungsniveau, Erwerbstätigkeit, Haushaltsform, Kinder im Haushalt, PKW-Besitz (Auswahl je nach Wegezweck)

Anteil der Ausübenden von Wegen für	1991/92 Mittel insgesamt (Ausübende in %)	2001/02 Mittel insgesamt (Ausübende in %)	1991/92 Mittlere Differenz der %-Punkte zwischen den Eigenschaften des Kontexts und den Eigenschaften der Akteure	2001/02 Mittlere Differenz der %-Punkte zwischen den Eigenschaften des Kontexts und den Eigenschaften der Akteure
Erwerbstätigkeit	41,4% Ausüb.	41,3% Ausüb.	Akt.: +19,4%	Akt.: +37,5%
Haushalt	53,2% Ausüb.	74,4% Ausüb.	Akt.: +3,8%	Akt.: +2,6%
Wege für Kinder*	25,8% Ausüb.	20,8% Ausüb.	Akt.: +12,4%	Akt.: +45,6%
Bildung*	62,5% Ausüb.	70,7% Ausüb.	Akt.: +8,0%	Akt.: +24,7%
Ehrenamt	5,1% Ausüb.	7,3% Ausüb.	Kont.: +19,3%	Kont.: +1,5%
Pers. Bereich	20,6% Ausüb.	14,5% Ausüb.	Akt.: +1,6%	Akt.: +7,7%
Kontakte	40,5% Ausüb.	48,0% Ausüb.	Akt.: +5,0%	Akt.: +5,4%
Freizeit / Medien	35,5% Ausüb.	46,7% Ausüb.	Akt.: +0,8%	Akt.: +4,4%

*nur Personen mit Kindern bzw. Personen in Ausbildung
Quelle: Zeitbudgetstudien 1991/92 und 2001/02 – eigene Berechnungen

Für alle Wegezeiten insgesamt[155] bestand 1991/92 ein leichter Überschuss der Kontexteffekte, der sich vor allem durch die vielen etwas längeren Wegezeiten in den Kernstädten und den Verdichtungsregionen ergab. Dieser Effekt wurde durch angestiegene Wegezeiten in den kleinen Gemeinden und damit einer Verringerung des zentral-peripheren Gefälles (vor allem im Osten) verringert, so dass 2001/02 insgesamt der Einfluss der Akteursmerkmale auf die Wegezeiten überwog. Hier-

---

155 Da hier die mittleren Wegezeiten aller „Ausübenden" aller Aktivitäten verwendet wurden, ist diese mittlere Wegezeit für alle eine fiktive Größe und entspricht nicht der tatsächlichen mittleren Wegezeit über alle Befragte. Die mittlere Wegezeit über alle Befragte lag 1991/92 bei rd. 66 und 2001/02 bei rd. 88 Minuten pro Tag. In den meisten Verkehrserhebungen wird dieser Wert verwendet.

bei waren die zentralen modellierenden Größen das Alter und die Erwerbstätigkeit, die über Umfang und Dauer der Wege bestimmten. Die beiden Prozesse der 1) Suburbanisierung der Umlandregionen in den neuen Ländern und der 2) Motorisierung der Haushalte im Osten bei gleichzeitiger Reduzierung der Nutzung des ÖPNVs, die eng miteinander verbunden waren, waren für diese Entwicklung wesentlich mitverantwortlich. Die kleinen Gemeinden in den neuen Ländern waren bevorzugte Orte des Baus oder Erwerbs von Wohneigentum bei gleichzeitiger Reduktion des öffentlichen und privaten Versorgungsangebots (Arbeitsplätze, Schulen, kleine Geschäfte), so dass die ehemalige Gunst der kurzen (Zu-Fuß-)Wege durch längere Arbeitswege und längere (PKW-)Wege für mehr private Aktivitäten reduziert wurde.

Bezieht man den Anteil der Zeit, die mit dem PKW zurückgelegt wurde, in die Analyse mit ein, so wurden 1991/92 große Unterschiede zwischen den alten und den neuen Ländern sichtbar. Insgesamt war zwar der Motorisierungsgrad der Haushalte nicht sehr viel niedriger als im Westen. Jedoch existierten zum einen 1991/92 im Osten weitaus weniger Zweitwagen und zum anderen wurde der PKW offensichtlich wesentlich häufiger vom Mann als von der Frau genutzt. 2001/02 hatten sich die Unterschiede zwischen den Geschlechtern zwar nicht ganz aufgelöst, sich jedoch soweit reduziert, dass sie den westdeutschen Differenzen entsprachen. Große Zuwachsraten in der PKW-Nutzung waren bei Vollzeit erwerbstätigen Frauen zu erkennen, deren Anteile – wenn Kinder unter 18 Jahren im Haushalt lebten – in den neuen Ländern sogar höher waren als die der Frauen in den alten Ländern. Deutliche Unterschiede verblieben bei den Freizeitaktivitäten und den Wegen für Kontakte, die von (älteren) Frauen im Osten immer noch seltener mit dem PKW zurückgelegt wurden als im Westen.

Insgesamt konnte mit dieser Analyse festgestellt werden, dass die alltägliche Mobilität – erfasst über die für sie verwendete Zeit – z.T. erheblichen Differenzen sowohl hinsichtlich Eigenschaften des (Wohn-)Kontexts als auch hinsichtlich Eigenschaften der Akteure unterlag. Vor allem für den Zeitaufwand, der für das Erreichen der Bildungsstätten notwendig war, aber auch für denjenigen für private Zwecke (Freizeit, Kontakte, Ehrenamt) zeigten sich 1991/92 Eigenschaften des Kontexts, d.h. Lage, Verkehrsanbindung und Ausstattungsgrad der Wohnorte als Merkmale, die größere Unterschiede aufwiesen als dies für Merkmale der Akteure selbst galt. Der Zeitaufwand für Erwerbstätigkeit, Haushalt und Kinderbetreuung unterlag dagegen eher Differenzen durch Merkmale der Akteure. Diese ließen sich zu großen Teilen auf die geschlechtsrollentypische Verteilung der alltäglichen Aufgaben zwischen männlicher Produktions- und weiblicher Reproduktionsarbeit zurückführen, die vor allem in den alten Ländern noch häufig anzutreffen war.

Zehn Jahre später hatten sich die „Wegezeitverhältnisse" zwischen den neuen und den alten Ländern angenähert, wobei die Annäherung an die eher westlichen Muster in engem Zusammenhang mit einer reduzierten Erwerbsbeteiligung vor allem älterer Personen sowie einer voranschreitenden Suburbanisierung des engeren und weiteren Umlands und einer Motorisierung der Haushalte verbunden war. Diese ging einher mit einem z.T. dramatischen Rückgang der Fahrgastzahlen im ÖPNV (vgl. auch DEITERS 2000; DERS. 2001), der zum einen auf die ehemals kompaktere Siedlungsstruktur ausgerichtet war und zum anderen als geradezu stigmatisierte („staatlich verordnete") Mobilitätsform nicht mit dem Automobil, dem Symbol der individuellen Freiheit, konkurrieren konnte (vgl. auch DEITERS 2000).

Abb. 3.76: Anteil derjenigen, die Wege ausführten, und die durchschnittliche Wegedauer nach Wegezweck für die Erhebungsjahre 1991/92 und 2001/02

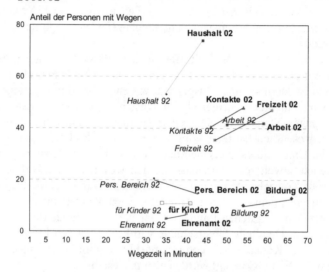

Quelle: Zeitbudgetstudien 1991/92 und 2001/02 – eigene Berechnungen

Da – wie bereits mehrfach erwähnt – für eine Bewertung des Wegeaufkommens nicht nur von Bedeutung ist, wie viel Zeit diese Wege in Anspruch nahmen, sondern auch wie viele Personen diese Wege auch tatsächlich ausübten, wurden diese beiden – in Tab. 3.39 und Tab. 3.40 noch getrennten – Indikatoren miteinander in Bezug gesetzt und nach verschiedenen Kontext- und Akteursmerkmalen differenziert. Die Überblicksdarstellung für alle Wege und der Vergleich über die beiden Erhebungsjahre hinweg bietet Abb. 3.76. Es wird deutlich, dass sich die Anteile der Personen mit Wegen in den zwei (1991/92) bzw. drei (2001/02) Erhebungstagen für fast alle Wegearten deutlich erhöht hatten (Ausnahme: Wege für Arbeit und den persönlichen Bereich), was z.T. zumindest der erhöhten Zahl an Erhebungstagen zuzuschreiben ist, da sich bei drei Tagen die Wahrscheinlichkeit erhöht, einen Weg für eine bestimmte Aktivität zurückzulegen. Erhöht hatte sich ebenfalls für alle Wege die Wegezeit, wobei die Erhöhung für Freizeitwege am größten war.

Um das Wegeaufkommen zwischen den neuen und den alten Ländern zu vergleichen, wurden in Abb. 3.77 jeweils für West- und Ostdeutschland und die beiden Erhebungszeiträume die Werte für die Wegezeit und Anteile der Ausübenden abgetragen und die entsprechend gleichen Aktivitätsbereiche miteinander verbunden. Es werden dabei ganz charakteristische Muster sichtbar. Die Haushaltswege waren im Osten nicht nur länger, sondern sie wurden auch von mehr Befragten ausgeübt als im Westen. Hier spiegelte sich die höhere Beteiligung der Männer an Haushaltsaktivitäten in den neuen Bundesländern wider. Dieser Abstand blieb 2001/02 auf deutlich höherem Niveau im Beteiligungsgrad und bei erhöhten Wegezeiten erhalten. Ebenso war 1991/92 der Anteil der Befragten mit Arbeitswegen im Osten höher – hier war es u.a. die höhere Erwerbsbeteiligung der Frauen, die sichtbar wurde. Die Länge der Arbeitswege war jedoch in Ost und West nahezu identisch. In diesem Bereich sind die stärksten Veränderungen zu 2001/02 sichtbar: Der Anteil der Personen mit Wegen war zehn Jahre später im Osten deutlich gesunken, während sich gleichzeitig die Wegezeit für Erwerbstätige in den neuen Ländern erhöht hatte, d.h. diejenigen, die in der schwierigen Arbeitsmarktsituation (noch) einen Arbeitsplatz besaßen, mussten dafür gleichzeitig weitere Pendelwege in Kauf nehmen[156].

Abb. 3.77: Anteil derjenigen, die Wege ausführten, und die durchschnittliche Wegedauer nach Wegezweck und unterschieden nach West- und Ostdeutschland 1991/92 und 2001/02

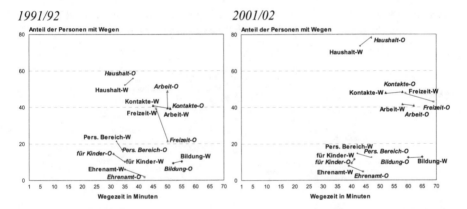

W (West), O (Ost)
Quelle: Zeitbudgetstudien 1991/92 und 2001/02 – eigene Berechnungen

Die „privaten" Wege (für Kontakte, Freizeit und den persönlichen Bereich) waren allesamt zu beiden Zeitpunkten im Osten etwas länger als im Westen und wurden im Westen von mehr Befragten ausgeübt als im Osten – auch dieses Muster blieb 2001/02 weitgehend erhalten. Besonders deutlich waren die Unterschiede 1991/92 in der Beteiligung für die Freizeitwege, die im Westen nahezu von doppelt so vielen Befragten ausgeübt wurden als im Osten. Dies war vor allem darauf zurückzuführen, dass Freizeitwege im Westen auch an Wochentagen stattfanden,

---

156 Eine deutliche Zunahme der Pendlerstrecken in den neuen Ländern konnte auch DEITERS (2000, S. 127) feststellen, der dies darauf zurückführte, dass der klassische Weg Stadtrand-Stadt zunehmend durch ein Pendeln von einer Stadt zu einer anderen Stadt ersetzt wurde.

326   3. Wie gestaltet sich Zeitverwendung für Mobilität im Alltag?

wohingegen sie sich im Osten deutlich stärker auf die beiden Wochenendtage konzentrierten. U.a. aufgrund der veränderten Erhebungsmethode 2001/02 (einer der drei Erhebungstage sollte ein Wochenendtag sein) hatten sich die Anteile der Personen mit Freizeitwegen deutlich erhöht und zwischen Ost und West weitgehend angeglichen.

Umgekehrt beanspruchten die beiden Wege von Kindern (d.h. für Bildung) und für Kinder im Westen mehr Zeit als im Osten. Die Wege für Bildung waren im Westen zu beiden Zeitpunkten länger (besonders in den ländlichen Regionen im Westen) und auch die Wege für Kinder nahmen in den alten Ländern 1991/92 mehr Zeit in Anspruch als in den neuen Ländern. Außerdem wurden diese kürzeren Wege im Osten 1991/92 von einem größeren Anteil Befragter zurückgelegt, was erneut mit der höheren Frauenerwerbstätigkeit und der besseren Versorgung mit Kinderbetreuungseinrichtungen zu erklären war. Dieser Unterschied war 2001/02 nicht mehr zu beobachten, was z.T. auf die veränderte Erwerbsbeteiligung, aber auch die veränderte Infrastruktur in den neuen Ländern zurückzuführen ist. Im Folgenden wurden aus Darstellungsgründen die regionalen Unterschiede des Wegeaufkommens auf eine (oben bereits in Tab. 3.39 und Tab. 3.40 eingesetzte) dichotomisierte Variable verkürzt (Abb. 3.78).

Abb. 3.78: Anteil derjenigen, die Wege ausführten, und die durchschnittliche Wegedauer nach Wegezweck und unterschieden nach Stadt-Land 1991/92 und 2001/02

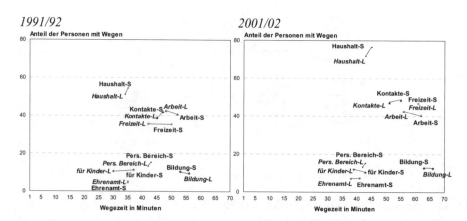

S (Stadt): Verdichtungsregion und Kernstädte der Regionen mit Verdichtungsansätzen, L (Land): restliche Gemeinden der Regionen mit Verdichtungsansätzen und ländliche Regionen
Quelle: Zeitbudgetstudien 1991/92 und 2001/02 – eigene Berechnungen

Diese Variable, die hier Stadt-Land-Unterschiede genannt wurde, stellt die Unterschiede zwischen einerseits der Verdichtungsregion zusammen mit den Kernstädten in Regionen mit Verdichtungsansätzen und andererseits den übrigen Gemeinden in Regionen mit Verdichtungsansätzen und den ländlichen Regionen dar. Fast alle Wegearten – bis auf die Wege für Bildung und Wege für den persönlichen Bereich – benötigten mehr Zeit in den Städten und den Verdichtungsregionen[157]. Besonders auffällig waren 1991/92 die deutlich längeren Wege für Freizeitaktivitäten, die vor allem in den Verdichtungsregionen in den neuen Ländern anfielen.

Diese Differenz hatte sich 2001/02 vollständig aufgehoben, was in hohem Maße auf die stärkere Motorisierung der Haushalte in den neuen Ländern und die im Vergleich zur ÖPNV-Nutzung kürzeren PKW-Wege zurückzuführen ist. Zu beiden Zeitpunkten waren die Arbeitswege und auch die Wege für Kinder in den eher städtisch geprägten Verdichtungsregionen länger. Es waren zudem dort etwas mehr Befragte für private Unternehmungen, wie z.B. Kontakte oder den persönlichen Bereich, unterwegs. Die längeren Schulwege in den ländlichen Regionen (vor allem im Westen) sind ebenfalls in beiden Darstellungen deutlich zu erkennen. Überraschend mag sein, dass Arbeitswege in den Verdichtungsregionen zu beiden Zeitpunkten länger waren als im ländlichen Raum. Dies hing mit mehreren Faktoren zusammen: Es wurden in den Verdichtungsregionen von deutlich mehr Befragten (Frauen, vor allem im Osten) Wege zur Arbeit mit dem ÖNPV zurückgelegt und diese beanspruchten relativ viel Zeit[158]. Außerdem wurden in den zentralen Orten der ländlichen Regionen noch relativ viele Arbeitswege zu Fuß bzw. mit einer kurzen PKW-Fahrt zurückgelegt, so dass hier zeitlich kurze Arbeitswege entstanden. Die hier vorgestellten Ergebnisse decken sich mit Beobachtungen aus Arbeiten von JANELLE (1995), der die stärksten Auswirkungen der „Zeit-Raum Konvergenz" – ausgelöst durch die flächendeckende Motorisierung – in der Peripherie und nicht in den Städten selbst feststellte (DERS. 1995, S. 412).

Für die beiden Akteursmerkmale Geschlecht und Alter, deren Einfluss auf Wegezeiten bereits in den vorhergehenden Analysen thematisiert wurde, wurde in dieser Zusammenfassung ebenfalls eine Gegenüberstellung angefertigt (Abb. 3.79). Dabei werden die durch geschlechtsspezifische Rollen verteilten Aufgaben im Alltag erneut sowohl in der Wegelänge als auch – ganz besonders – in dem Anteil der ausübenden Personen deutlich. Die größten Unterschiede bestanden hinsichtlich des Anteils der Personen, die bestimmte Wege überhaupt ausübten, d.h. für Arbeitswege (die von Männern deutlich häufiger zurückgelegt wurden) und für Haushaltswege (die von Frauen deutlich häufiger zurückgelegt wurden). Auch die Wege für Kinder waren eher „Frauensache", wobei diese Rollenunterschiede in den Wegeaktivitäten erwartungsgemäß im Westen wesentlich stärker zutage traten als im Osten. Im Zeitvergleich nahm der Abstand zwischen

---

157 Längere Wegezeiten für Wege zur Arbeit und Wege für den persönlichen Bereich in Städten und vor allem in großen Städten zeigten sich auch in Untersuchungen aus den USA (ROBINSON 1977).
158 Die Nutzung des ÖPNVs – oder die Notwendigkeit der Nutzung – ging in Studien in den USA ebenfalls mit deutlich erhöhten Fahrtzeiten zum Arbeitsplatz einher (SHEN 2000). Die Gruppen, die dort hohe ÖPNV-Nutzungen aufwiesen, waren Minoritäten mit niedrigem Einkommen, insbesondere Farbige, die in den Zentren lebten. In einer Studie aus Großbritannien (TURNER/ GRIECO 2000) wurde auf die hohe Abhängigkeit von (alleinerziehenden) Frauen ohne PKW vom ÖPNV und die damit verbundenen langen Arbeitswege hingewiesen.

den Geschlechtern ab, was allerdings z.T. der erhöhten Zahl der Erhebungstage zuzuschreiben war.

Abb. 3.79: *Anteil derjenigen, die Wege ausführten, und die durchschnittliche Wegedauer nach Wegezweck und unterschieden nach Geschlecht 1991/92 und 2001/02*

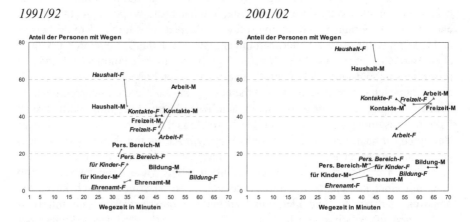

M (Männer), F (Frauen)
Quelle: Zeitbudgetstudien 1991/92 und 2001/02 – eigene Berechnungen

Bemerkenswert ist auch, dass dann, wenn Männer Haushaltswege zurücklegten, diese etwas länger waren als die der Frauen, was u.a. auf die gemeinsamen Großeinkäufe mit dem PKW zu den entfernteren Orten zurückzuführen war. Deutliche Unterschiede waren auch für die Arbeitswege festzustellen: Die Wege der (Vollzeit) erwerbstätigen Männer waren deutlich länger als die der (z.T. Teilzeit) erwerbstätigen Frauen. Dieser Unterschied verstärkte sich zwischen den beiden Erhebungszeitpunkten weiter, was vor allem auf die angestiegenen Wegezeiten der erwerbstätigen Männer im Osten zurückzuführen war. 1991/92 waren noch die Bildungswege der Frauen (in dem Fall für außerschulische Bildung) länger als die der Männer, da vor allem unter den Studierenden Frauen seltener über einen PKW verfügten als Männer. Dies hatte sich 2001/02 umgekehrt, was u.a. auf den erhöhten Anteil von Mädchen in weiterführenden Schulen zurückzuführen war.

Die größten Unterschiede (an der Länge der Verbindungsstriche abzulesen) wurden bei einer Unterscheidung nach Alter (unter/ über 45 Jahre) sichtbar, wobei diese Unterschiede im Wesentlichen über die Zeit erhalten blieben (vgl. Abb. 3.80). Diese Altersgrenze wurde gewählt, da sich für die meisten Befragten nach dem 45. Lebensjahr die Aktivitäten für die Familien- und Kinderbetreuung deutlich reduzierten. Jüngere Befragte legten erwartungsgemäß häufiger Wege für Bildung, für Kinder und für Arbeit zurück als dies für ältere Befragte galt, zu denen auch Rentnerinnen und Rentner zählten.

Abb. 3.80: Anteil derjenigen, die Wege ausführten, und die durchschnittliche Wegedauer nach Wegezweck und unterschieden nach Alter 1991/92 und 2001/02

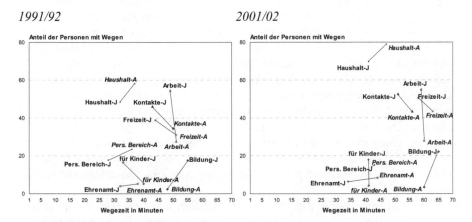

J (jünger): unter 45 Jahren, A (älter): über 45 Jahren
Quelle: Zeitbudgetstudien 1991/92 und 2001/02 – eigene Berechnungen

Auch in den privaten Bereichen, wie Freizeit und Kontakte waren jüngere Befragte deutlich aktiver als die älteren Personen. Wege für den Haushalt und für den persönlichen Bereich (zu dem auch die Arztbesuche u.ä. zählten) waren die beiden Bereiche, in denen mehr Ältere Wege unternahmen als Jüngere. Vor allem die Haushaltswege wurden wesentlich häufiger von älteren Personen ausgeübt als von jüngeren – dies könnte, wie bereits mehrfach vermutet, darauf hindeuten, dass für ältere Personen diese alltäglichen Wege auch zur Pflege von sozialen Kontakten und zur Kommunikation genutzt wurden. Nahezu alle Wegearten (außer Wege für Bildung) waren für ältere Personen länger als für jüngere und dies z.T. mit erheblichen Differenzen. Hier war zu beiden Zeitpunkten zu einem großen Anteil die Art des Verkehrsmittels mitverantwortlich, denn ältere Personen – vor allem Frauen – verfügten deutlich seltener über einen PKW und legten längere Distanzen zu einem größeren Teil mit dem ÖPNV zurück als jüngere Befragte. Auch wenn die ÖPNV-Nutzung in den 1990er Jahren deutlich zurückging, so blieben die generellen Unterschiede dahingehend erhalten, dass mehr jüngere Personen über einen PKW verfügten und ihn demzufolge auch für ihre Wege nutzten.

Die Differenzierung nach *Akteursgruppen* (Singles, Frauen/ Männer mit Kindern und mit unterschiedlichem Umfang Erwerbstätigkeit und Rentner/innen) zeigte, dass sich vor allem der Umfang der Erwerbstätigkeit und das Vorhandensein von Kindern im Haushalt in unterschiedlichen Wegezeitmustern niederschlugen. Dies lag in erster Linie darin begründet, dass durch die unterschiedlichen Lebensphasen auch unterschiedliche Wegearten anfielen.

Die größte Steigerung der Wegezeiten zwischen den beiden Erhebungszeiträumen erfuhren die Vollzeit erwerbstätigen Singles zwischen 20 und 40 Jahren, deren Wegezeit 2001/02 20% über dem Gesamtdurchschnitt lag. Während

1991/92 noch keine regionalen Unterschiede zu erkennen waren, hatten sich zehn Jahre später die kleinen Gemeinden und die ländlichen Regionen zu Orten/ Regionen der kurzen Wege für Singles herauskristallisiert. Die 1991/92 noch bestehenden Differenzen zwischen West- und Ostdeutschland hinsichtlich der PKW-Nutzung hatten sich 2001/02 dagegen für die erwerbstätigen Singles vollständig aufgelöst. Geringe Steigerungen der Wegezeit erfuhren nicht erwerbstätige Frauen mit Kindern unter 18 Jahren zwischen 1991/92 und 2001/02, jedoch veränderten sich für sie ebenfalls die regionalen Muster der Wegezeiten. Waren 1991/92 noch auf dem Land die kürzesten Wege zu beobachten, so waren sie 2001/02 für diese Gruppe deutlich angestiegen, da sie – im Gegensatz zu den Singles – andere „Gelegenheiten", wie z.B. Kinderbetreuungseinrichtungen, in ihrem Alltag aufsuchen mussten. Die zunehmende Konzentration dieser Einrichtungen, wie auch die der Schulen schlug sich in einer Erhöhung ihrer Wegezeiten in den ländlichen Regionen nieder. Gleichzeitig stieg ebenfalls in dieser Gruppe die PKW-Nutzung im Osten deutlich an, während die ÖPNV-Nutzung dort geradezu dramatisch zurückging.

Für Teilzeit erwerbstätige Frauen mit Kindern unter 18 Jahren erhöhte sich dagegen die Wegezeit – vor allem im Westen – deutlich. Da sie noch mehr als nicht erwerbstätige Frauen zahlreiche Aktivitäten und Wegearten miteinander kombinieren mussten, kumulierten in ihrem Alltag die vielen einzelnen Wegezeiterhöhungen. Für sie, deren Kinder wahrscheinlich älter waren als die der nicht erwerbstätigen Frauen, waren dagegen die kleinen Gemeinden und der ländliche Raum eher Orte/ Regionen der kurzen Wege. Die Veränderungen in der PKW-Nutzung waren bei dieser Gruppe eher gering, da Teilzeit erwerbstätige Frauen mit Kindern bereits 1991/92 zu den relativ starken PKW-Nutzer/innen zählten.

Waren die Mütter von Kindern unter 18 Jahren Vollzeit erwerbstätig, was auf relativ viele Frauen in den neuen Ländern zutraf (vor allem noch 1991/92), dann traten auch hier in den ländlichen Regionen eher kurze, in den Kernstädten eher lange Wege auf, was sich 2001/02 in den neuen Ländern weiter verstärkte. In dieser Gruppe war im Osten der stärkste Anstieg der PKW-Nutzung zu beobachten, der soweit reichte, dass er die Anteile der PKW-Nutzung der gleichen Gruppe im Westen überstieg. Bemerkenswert ist ebenfalls, dass auch im Westen in dieser Gruppe die Wegezeiten stark anstiegen und sogar die der Vollzeit erwerbstätigen Männer mit Kindern überstiegen. Vollzeit erwerbstätige Frauen fanden in den alten Ländern auch 2001/02 offensichtlich immer noch ungünstigere Rahmenbedingungen für ihre Alltagsgestaltung vor als in den neuen Ländern.

Für Vollzeit erwerbstätige Väter hatte sich vor allem in den neuen Ländern die Situation zwischen 1991/92 und 2001/02 dahingehend verändert, dass ihre Arbeitswege und damit auch ihre Gesamtwegezeit dramatisch angestiegen waren. Befragte in den Verdichtungsräumen und den Regionen mit Verdichtungsansätzen waren davon besonders betroffen. Es ist anzunehmen, dass sich in ihrem Alltag zum einen die schwierige Arbeitsmarktsituation, zum anderen die in die Peripherie verlagerten Wohnstandorte (Suburbanisierung) am deutlichsten auswirkten. Änderungen im Grad der PKW-Nutzung gab es hier kaum, denn diese Gruppe war auch 1991/92 schon zu großen Anteilen mit dem PKW unterwegs.

Für die Gruppe der Rentner/innen ab 60 Jahren hatten sich dagegen deutliche Veränderungen in der PKW-Nutzung ergeben, vor allem in den neuen Ländern und dort in den ländlichen Regionen. Während man in den Kernstädten weiterhin auch im Rentenalter den ÖPNV benutzte, so hatte in den kleinen Gemeinden im ländlichen Raum der Anteil der älteren Befragten, die den PKW für ihre Wege einsetzten, deutlich zugenommen. Unterschiede zwischen West und Ost und zwischen den Geschlechtern blieben zwar bestehen, insgesamt nahmen die Ost-West-Differenzen jedoch ab, während die Stadt-Land-Differenzen (längere Wege in den Kernstädten) Bestand hatten.

Durch die Ausdifferenzierung in Akteurstypen sollte untersucht werden, wie sich die Wegezeitenmuster über die verschiedenen Typen verteilten und geprüft werden, ob sich andere Muster zeigten als innerhalb der einzelnen bereits analysierten Aktivitätsbereiche. Grundsätzlich lagen für die meisten Akteurstypen – wie in den vorhergehenden Auswertungen auch – Orte der kurzen Wege eher im ländlichen Raum oder in den Regionen mit Verdichtungsansätzen, wohingegen lange Wege in den Kernstädten entstanden. Unterschiede wurden jedoch dahingehend sichtbar, dass sich in den zehn Jahren zwischen den beiden Erhebungen in manchen Gruppen die Wegezeit deutlicher erhöhte als in anderen Gruppen (Singles, erwerbstätige Mütter West, erwerbstätige Väter Ost). Dies hing mit Entwicklungen der Infrastruktur, mit einer veränderten Arbeitsmarktsituation uvm. zusammen, die in Ost und West unterschiedliche Wirkungen besaßen. Eine Angleichung zwischen West und Ost bzgl. eines Indikators war eindeutig zu beobachten: die Motorisierung der Alltagswege war soweit vorangeschritten, dass dahingehend nur noch geringe Unterschiede festzustellen waren.

Bei der Analyse der *Wegezeiten nach ihrem tageszeitlichen Verlauf* wurde für die durchgeführten Wege vor allem zwischen Werk- und Wochenendtagen sowie zwischen den alten und neuen Bundesländern unterschieden. Grundsätzlich waren Werktage durch die Wege zur Arbeit und zu den Schulen sowie zu Geschäften deutlich wegeintensiver als Wochenendtage insgesamt. An Werktagen lag sowohl 1991/92 als auch 2001/02 das Intervall mit den absolut meisten Wegen in der Zeit zwischen 16 und 18 Uhr – hier trafen Arbeitswege auf Haushalts-, Freizeitwege und andere private Wege. Dieser Spitze folgte die morgendliche „rush hour" zwischen 6 und 8 Uhr, in der Arbeits-, Kinderbetreuungswege und Schulwege kumulierten. An den Wochenendtagen lag das Wegemaximum am Samstagmorgen zwischen 10 und 12 Uhr, da zu dieser Zeit von einer Vielzahl von Haushalten Wege für Haushaltseinkäufe u.ä. Besorgungen zurückgelegt wurden. Am Sonntag war der Nachmittag zwischen 14 und 18 Uhr sehr wegeintensiv (besonderes im Osten), wobei diese Wege vor allem für private Besuche und Kontakte durchgeführt wurden. Grundsätzlich waren alle Wege im Westen etwas gleichmäßiger über den Tages- und Wochenverlauf hinweg verteilt, wohingegen im Osten deutlichere und im Tagesverlauf frühere Spitzen in der Wegezahl zu erkennen waren. An diesen prinzipiellen Mustern hatte sich 2001/02 wenig geändert. Die einzige Änderung in den neuen Ländern war im tageszeitlichen Rhythmus beobachten, der sich zunehmend „westlichen" Verhältnissen annäherte.

3. Wie gestaltet sich Zeitverwendung für Mobilität im Alltag?

Die Verteilung der Wegearten an Wochen- und Wochenendtagen in den alten und neuen Ländern zeigte an den Werktagen im Osten 1991/92 deutlich höhere Anteile an Wegen für Arbeit und Kinderbetreuung sowie geringere Anteile für Freizeitwege als im Westen. An den Wochenendtagen wurden dagegen in den neuen Ländern wesentlich mehr Wege für Kontakte, aber auch für den Haushalt zurückgelegt, wohingegen im Westen Freizeitaktivitäten mehr Zeit einnahmen. Diese Unterschiede zwischen Ost und West waren 2001/02 aufgrund der reduzierten Erwerbsbeteiligung in den neuen Ländern weitgehend zurückgegangen, was sich auch in der Verteilung der Wege auf die Tageszeiten niederschlug. Ob der Rückgang der Wege für Kontakte und die Zunahme der Wege für Freizeit in den neuen Ländern erste Anzeichen für eine Individualisierung der Gesellschaft darstellen, ist zu diskutieren.

Regionale Unterschiede zwischen den Gemeindekategorien waren darin erkennbar, dass grundsätzlich in den ländlichen Regionen und in den kleinen Gemeinden ohne zentralörtlichen Rang vor allem an den Werktagen ein etwas größerer Anteil Befragter morgens bereits zwischen 6 und 8 Uhr und abends zwischen 16 und 18 Uhr unterwegs war als im Vergleich zu den Kernstädten. Dort verteilten sich die Wege gleichmäßiger über den Tag und reichten auch in die Nacht hinein. Diese Muster blieben im Wesentlichen 2001/02 erhalten. Die beiden o.g. Tagesspitzen an Werktagen ließen sich in hohem Maße durch die Verteilung der Arbeitswege erklären, wobei zu erkennen war, dass Befragte im Osten 1991/92 z.T. deutlich früher auf dem Weg zur Arbeit waren (10% der Wege vor 6 Uhr) als Befragte im Westen und sich entsprechend z.T. bereits zwischen 14 und 16 Uhr auf dem Heimweg befanden. Dagegen waren zwar auch die meisten Befragten im Westen zwischen 6 und 8 Uhr auf dem Arbeitsweg, aber vor allem in den Zentren begann für bis zu 10% erst zwischen 8 und 10 Uhr der Weg zur Arbeit. Außerdem waren im Westen zwischen 12 und 14 Uhr deutlich mehr Arbeitswege festzustellen als im Osten, die auf die höheren Anteile Teilzeit Arbeitender hinwiesen. 2001/02 hatte sich im Osten zum einen durch eine abnehmende Zahl an Arbeitswegen und zum anderen durch eine Annäherung der Arbeitszeiten an (spätere) westdeutsche Verhältnisse auch der Rhythmus der Wegezeiten geändert. Deutlich seltener fanden dort 2001/02 Wege morgens vor 6 Uhr statt, häufiger Wege zwischen 16 und 18 Uhr und auch um die Mittagszeit zwischen 12 und 14 Uhr, d.h. zur Heimkehrzeit der Teilzeitkräfte, fanden nach zehn Jahren mehr Arbeitswege statt als zuvor.

Die Haushaltswege – als zweithäufigste Wegeart am Wochentag – besaßen ihre beiden Gipfel zwischen 14 und 18 Uhr und zwischen 10 und 12 Uhr, wobei das erstgenannte Zeitintervall die Zeit nach der Arbeit markierte und die Vormittagszeit eher die Einkaufszeit der nicht Erwerbstätigen darstellte. Den markantesten Gipfel der Haushaltseinkäufe bildete der Samstagmorgen, an dem vor allem zwischen 10 und 12 Uhr, aber auch schon zwischen 8 und 10 Uhr eine große Zahl von Haushaltswegen stattfand[159]. In den neuen Ländern waren an Werktagen

---

159 Diese Gewohnheit des Haushaltseinkaufs am Samstagvormittag war ebenfalls in US-amerikanischen Zeitbudgetstudien zu beobachten (ROBINSON 1977).

1991/92 die Haushaltswege weitaus stärker auf die Zeit zwischen 16 und 18 Uhr konzentriert als in den alten Ländern. Dies war auf die höhere Frauenerwerbstätigkeit zurückzuführen, da dann die Haushaltswege erst im Anschluss an die Arbeit erfolgen konnten. Im Wesentlichen blieben 2001/02 diese Muster erhalten, mit einer weiteren Konzentration auf die Haushaltswege am späten Nachmittag und einer leichten Verschiebung der Samstagseinkäufe – vor allem im Westen – in den Samstag Nachmittag hinein. Damit gewann der Samstag als Einkaufstag der Familie weiter an Bedeutung, was nicht zuletzt auf die verlängerten Ladenöffnungszeiten zurückzuführen war.

Mit der 1991/92 noch relativ hohen Frauenerwerbstätigkeit in den neuen Bundesländern können ebenfalls die deutlichen Unterschiede im Tagesverlauf der Wege für die Kinderbetreuung erklärt werden, denn auch hier spiegelten sich im Osten die Anfangs- und Endzeiten der Erwerbstätigkeit (der Frauen) in den Wegen für Kinder von/ zur Betreuungsstelle zwischen 6 und 8 und 14 und 16 Uhr wider. Im Westen verteilten sich diese Wege weitaus gleichmäßiger im Tagesverlauf. Wege für Erwachsene und Jugendliche wurden dagegen im Westen wie im Osten vor allem am späten Nachmittag und frühen Abend zwischen 16 und 18 Uhr zurückgelegt. 2001/02 waren diese Spitzen der Wegezeiten leicht zurückgegangen. Dennoch zeigten die Muster der Wege für Kinder im Tagesverlauf zwischen West- und Ostdeutschland immer noch Unterschiede. Wege für Jugendliche und Erwachsene stiegen dagegen insbesondere in den neuen Bundesländern zwischen 6 und 10 Uhr morgens leicht an, was auf die erhöhte Nutzung des PKWs für den Schulweg zurückzuführen war, d.h. dass aufgrund der Ausdünnung des Schulstandortnetzes und des ÖPNVs im Osten Fahrdienste für den Schulweg der Kinder und der Jugendlichen zu weiterführenden Schulen anfielen.

Deutliche Spitzen im Tagesverlauf zeigten erwartungsgemäß die Wege zur Ausbildung, die mit Abstand am häufigsten zum Beginn des Schultages zwischen 6 und 8 Uhr stattfanden, dicht gefolgt von dem Gipfel um die Mittagszeit zwischen 12 und 14 Uhr, wobei auch hier im Osten ein früherer Beginn der Schulwege zu verzeichnen war. In den Mittel- und Oberzentren sowie den kleinen Gemeinden waren die beiden Tagesgipfel, die typisch für Grund- und Hauptschulen waren, wesentlich ausgeprägter als in den Kernstädten, was daran lag, dass diese Bildungseinrichtungen dort oft die einzige Bildungseinrichtung darstellten. In den Kernstädten waren die Wegezeiten für Ausbildung durch das Vorhandensein von Universitäten und anderen Ganztags- oder Abendeinrichtungen deutlich stärker über den Tag verteilt als in den ländlichen Regionen. Diese Muster blieben auch im Zeitvergleich unverändert.

Die privaten Wege für den persönlichen Bereich besaßen ihren Tagesgipfel unter der Woche in den Vormittagsstunden, wohingegen am Wochenende – und deutlich häufiger im Westen – zwischen 18 und 20 Uhr mit der Aktivität „Restaurantbesuch" das Maximum der Wege im persönlichen Bereich erreicht wurde. Diese Wege für den persönlichen Bereich waren zwischen 1991/92 und 2001/02 vor allem an Wochentagen deutlich zurückgegangen und besaßen dann ihren Gipfel zur abendlichen „Essensgehzeit" zwischen 18 und 20 Uhr.

Damit näherte sich ihr Tagesverlauf dem der Wege für Kontakte, Besuche und Geselligkeit an, die an den Wochentagen in hohem Maße auf die Abendstunden konzentriert waren, d.h. dann, wenn die anderen Verpflichtungen zurücktraten. In den neuen Ländern fanden die Wege für Kontakte unter der Woche (so sie denn überhaupt stattfanden) 1991/92 deutlich früher am Nachmittag und Abend statt, dagegen reichten sie im Westen wesentlich länger in den Abend und die Nacht hinein. Dies galt ebenfalls für die Wochenendtage, an denen im Westen in den Nacht- und Morgenstunden deutlich höhere Werte für diese Wege erreicht wurden als in den neuen Ländern, wo die Wege für Kontakte vor allem in den Nachmittagsstunden zurückgelegt wurden. Auch die Freizeitwege fanden 1991/92 insgesamt wesentlich häufiger am Wochenende statt (vor allem tagsüber), wobei ein Ansteigen der Freizeitwege im Laufe des Samstagnachmittags bis 18 Uhr und ein Abflachen der Freizeitwege im Verlauf des Sonntags zu beobachten war. Ähnlich wie bei den Wegen für Kontakte, so waren auch hier diese privaten Freizeitwege 1991/92 im Westen gleichmäßiger über den Tag (Werktag und Wochenendtag) verteilt als im Osten. Vor allem in den Abend- und Nachtstunden ab 18 Uhr waren für all diese Wege im Westen höhere Frequenzen als im Osten festzustellen. Auch hierin hatte 2001/02 eine Angleichung der ostdeutschen an die westdeutschen Tagesrhythmen stattgefunden, indem sich die Freizeitwege weniger stark auf die Feierabende konzentrierten, sondern sich zunehmend über den Tag verteilten. Im regionalen Vergleich waren die Befragten in den Kernstädten an Werktagen für Freizeitwege wesentlich häufiger auch tagsüber unterwegs als in den ländlichen Regionen, wo die höchsten Anteile am frühen Abend erreicht wurden.

Insgesamt lässt sich festhalten, dass sowohl die Wegezeiten selbst, als auch die Anteile der Befragten, die Wege ausübten, zum einen über die Merkmale des Kontexts (West/ Ost, Stadt/ Land usw.) als auch über die Merkmale der Akteure (Alter, Geschlecht usw.) deutlich variierten. Auch im Tagesverlauf zeichneten sich 1991/92 typische Muster in den neuen und alten Ländern sowie in Verdichtungsregionen und peripheren Regionen ab. Diese Unterschiede im Umfang und in der Beteiligung an den Alltagswegen ließen sich häufig durch unterschiedliche Rollenstereotypen, wie z.B. Mann + Vollzeit Erwerbstätigkeit, Frau + Teilzeit Erwerbstätigkeit + Haushalt + Kinderbetreuung, erklären, die sich in den alten Bundesländern zumindest 1991/92 wesentlich deutlicher zeigten als in den neuen Ländern. Durch den Vergleich mit der Zeitbudgetstudie 2001/02 wurde deutlich, dass sich diese Unterschiede aufgrund verschiedener Prozesse zunehmend verringerten.

Die regionalen Unterschiede zwischen verschiedenen Gemeindekategorien ließen die Verdichtungsregionen und die Kernstädte als zeitintensive, die Zentren der Regionen mit Verdichtungsansätzen oder der ländlichen Regionen als zeitextensive Orte hervortreten. Auch die Verteilung im Tagesverlauf zeigte 1991/92 vor allem Ost-West, aber auch Stadt-Land-Unterschiede. Im Westen waren grundsätzlich die Wege sowohl über den Verlauf der Woche als auch im Tagesverlauf gleichmäßiger verteilt als im Osten.

Während in den neuen Ländern 1991/92 durch die höheren Anteile Vollzeit Erwerbstätiger die Werktage stärker durch die Gebundenheit der Arbeitszeiten festgelegt waren und demnach andere Wege (Kinderbetreuung, Haushalt usw.) um diese Zeit „herum" arrangiert wurden[160], waren in den alten Ländern offensichtlich für mehr Befragte größere Spielräume über den Tag für diverse Tätigkeiten vorhanden. Diese Spielräume bestanden zudem häufiger in den Städten als in den ländlichen Regionen, in denen die Wege deutlich früher am Tag begannen, dann aber auch – zumindest unter der Woche – früher wieder endeten. Auch wenn man nicht pauschal sagen kann, dass man auf dem Land noch „mit den Hühnern ins Bett geht und wieder aufsteht", so ließen sich dennoch Tendenzen erkennen, dass die prognostizierte Non-Stop-Gesellschaft eher ein Phänomen des (groß) städtischen Kontexts darstellt. Im Zeitvergleich der beiden Erhebungen 1991/92 und 2001/02 wurden zwei gegenläufige Trends sichtbar: Während sich die Arbeitswege – entgegen der Vision der zunehmenden Flexibilisierung – in West und Ost auf zentrale Phasen (6-8 Uhr und 16-18 Uhr) konzentrierten, verteilten sich die privaten Wege zunehmend über den Tag. Die Verkehrsproblematik der großen Siedlungen entspricht diesen Ergebnissen, nach denen derzeit keine Entzerrung der Stoßzeiten in Sicht ist. Die Ergebnisse der Zeitbudgetstudien zeigen eine Ost-West-Annäherung der Tagesrhythmen, die derzeit nicht auf eine Entspannung der täglichen Rush-hour hoffen lässt.

3.2 DIE ZEITVERWENDUNG VON FRAUEN FÜR MOBILITÄT IN ZWEI KREISEN BADEN-WÜRTTEMBERGS – EINE UMFRAGEANALYSE (1996)

Die Daten dieser Studie zur Zeitverwendung von Frauen für Mobilität in zwei Kreisen Baden-Württembergs des Heidelberger Instituts für Interdisziplinäre Frauen- und Geschlechterforschung (HIFI) e.V. wurden als Ergänzung der Zeitbudgetstudien verwendet, da sie einige Aspekte abdecken, die in den beiden Zeitbudgetstudien offen blieben. Da die HIFI-Studie z.T. selbst konzipiert wurde, konnten z.B. Fragen zu den Umzugsmotiven, zur Zufriedenheit mit dem Wohnstandort, nach Verbesserungsvorschlägen der Verkehrsmittel usw. in den Fragebogen aufgenommen werden. Ebenso war es möglich, ausdrücklich nach bestimmten Formen der Mobilität zu fragen, wie z.B. nach der Verknüpfung von Wegen, sog. Wegeketten, welche sowohl in den Zeitbudgeterhebungen als auch in klassischen Verkehrserhebungen unterrepräsentiert bleiben. Außerdem konnten die HIFI-Daten auf der Ebene der konkreten Gemeinden analysiert werden (im Gegensatz zu den Auswertungen der Zeitbudgetstudien), so dass auf dieser Maßstabsebene auf lokale Besonderheiten, wie z.B. das Relief, eingegangen werden konnte, was für die Analyse der Verkehrsmittelnutzung (z.B. Fahrrad) ein entscheidender Gewinn war. Im Zentrum dieser Auswertungen stehen somit Aspekte,

---

160 Diese durch (z.T. äußere) Zwänge festgelegten Zeiten im Tagesverlauf nannte HARVEY (1998) „pegs" (Pflöcke), die räumlich und zeitlich fixiert den Tag prägen.

die entweder durch spezifische Fragestellungen oder durch eine feinere regionale Analyse Vertiefungen der bisherigen Ergebnisse im Sinne einer Maßstabsvergrößerung ermöglichen. Somit konnten hier methodische Defizite oder inhaltliche Lücken der Sekundärdaten zumindest teilweise ausgeglichen werden.

3.2.1 Informationen zur Datenbasis

Die Studie des Heidelberger Instituts für Interdisziplinäre Frauen- und Geschlechterforschung (HIFI) e.V. zum „Lebensalltag von Frauen zwischen Tradition und Moderne"[161] entstand in den Jahren 1996 bis 1998 mit dem Ziel, die Lebenssituation von Frauen im suburbanen Raum näher zu untersuchen[162]. Dazu wurden in Baden-Württemberg insgesamt zehn Gemeinden ausgewählt, die als Mittelzentren oder als Gemeinden ohne höheren zentralörtlichen Rang in den beiden hochverdichteten Kreisen Rhein-Neckar und Rems-Murr lagen. Mit Hilfe einer hierarchischen Clusterung wurden sechs Gemeinden des Rhein-Neckar-Kreises (Bammental, Eberbach, Eppelheim, Rauenberg, St. Leon/ Rot und Schriesheim) und vier Gemeinden des Rems-Murr-Kreises (Großerlach, Kirchberg an der Murr, Korb und Schorndorf) ausgewählt. Sie repräsentieren insgesamt die Vielfalt des jeweiligen Kreises und können somit als stellvertretend für diesen Kreistyp „hochverdichteter Kreis im Agglomerationsraum" angesehen werden. In den nachfolgenden Analysen werden die drei Mittelzentren Eberbach, Kirchberg a.d.M. und Schorndorf den restlichen Gemeinden ohne zentralörtlichen Rang gegenübergestellt[163].

Die Inhalte diese Befragung umfassten zahlreiche Themengebiete. Im Zentrum standen Fragen nach der Vereinbarkeit von Beruf und Familie und der innerfamilialen Arbeitsteilung. Um die Lebenssituation im Alltag zu analysieren, wurden zudem zahlreiche Informationen zur Infrastruktur am Wohnort, der Wohnung und dem Wohnumfeld, zur Mobilität, zur Zeitverwendung und der Freizeit sowie zur politischen und gesellschaftlichen Partizipation von Frauen erhoben. Für die vorliegende Arbeit und ihre spezifische Fragestellung sind vor allem die Fragen rund um den Lebensbereich Wohnen (u.a. Umzugsmotive), die Zeitverwendung

---

161 Der ausführliche Bericht dieses Projekts ist unter dem Titel „Lebensalltag von Frauen zwischen Tradition und Moderne – Soziale Lage und Lebensführung von Frauen in zwei Landkreisen Baden-Württembergs" erschienen (BLÄTTEL-MINK/ KRAMER/ MISCHAU 1998).
162 Die Studie entstand im Rahmen des Förderprogramms Frauenforschung Baden-Württemberg mit Unterstützung durch das damalige Ministerium für Familie, Frauen, Weiterbildung und Kunst des Landes Baden-Württemberg.
163 In all diesen Gemeinden wurden die Befragten mit Hilfe einer nach Geschlecht, Familienstand und Alter geschichteten Stichprobe ausgewählt, es wurde telefonisch mit ihnen ein Interviewtermin vereinbart und dann bei ihnen zuhause das ca. einstündige mündliche standardisierte Interview durchgeführt. Das Ziel, in jeder Gemeinde 1% der dort lebenden Frauen sowie 0,1% der Männer (als Vergleichsgruppe) zu befragen, wurde erreicht. Insgesamt konnten 837 Fragebögen (von 760 Frauen und 77 Männern) ausgewertet werden.

3.2 Zeitverwendung von Frauen für Mobilität in Baden-Württemberg (HIFI-Studie)

selbst und der Bereich Mobilität von Interesse. Es soll dabei folgenden Fragestellungen nachgegangen werden:
- Welche Umzugsmotive führten welche Personengruppen an welche Orte?
- Wie gestaltete sich die Zeitverwendung der Befragten für Mobilität in diesen suburbanen Wohngemeinden?
- Welchen Mobilitätschancen besaßen die Personen in diesen Orten und wie nutzten sie sie (z.B. Wegeketten)?
- Welchen Einfluss besaß die Erreichbarkeit von Infrastruktureinrichtungen auf die Mobilität der Befragten?
- Wie beurteilten die Befragten die unterschiedlichen Verkehrsmittel und eine mögliche Änderung ihrer Verkehrsmittelwahl?

Im Folgenden werden diese Fragestellungen als Ergänzung zu den in Kap. 3.1 vorgestellten Ergebnissen der Zeitbudgetstudien bearbeitet. Aufgrund der Beschränkung auf zwei Gemeindetypen in einem Bundesland waren zwar die regionalen Vergleiche eingeschränkt, dennoch erlauben die differenzierten Fragen zur Bewertung und Begründung von Verhaltensweisen wichtige ergänzende Analysen. Die Erhebung der Zeitverwendung erfolgte in Form sogenannter Zeitbudget-Interviews (vgl. Kap. 2.4.2), in denen die Befragten schätzen sollten, wie viel Zeit sie auf bestimmte Tätigkeiten an einem durchschnittlichen Werktag verwandten. Da die Daten der bundesdeutschen Zeitbudgetstudien durch Zeitbudgetprotokolle erhoben wurden, sind keine unmittelbaren Vergleiche zwischen den beiden Studien möglich.

3.2.2 Wohnortwahl und Beurteilung der Wohnsituation

Da der Zeitpunkt und Motive des Umzugs als das aktive „langfristige Raum-Zeit-Verhalten" (vgl. Kap. 1) einen wichtigen Teilbereich innerhalb des gesamten Modells einnehmen und diese nicht mit den bundesdeutschen Zeitbudgetuntersuchungen analysiert werden konnten, werden sie mit Hilfe dieser Studie näher beleuchtet. Obwohl rd. zwei Drittel der Befragten seit mehr als 20 Jahren im gleichen Landkreis und knapp die Hälfte seit mehr als 20 Jahren im gleichen Ort wohnten, lag nur für rd. 20% der Befragten der letzte Umzug 20 Jahre und mehr zurück. Rd. ein Drittel der Befragten war in vergangenen fünf Jahren das letzte Mal umgezogen, weitere 20% in den vergangenen fünf bis zehn Jahren, und im Mittel lag der letzte Umzug (in die derzeitige Wohnung) 11,3 Jahre zurück.

Bei der Frage nach den Umzugsmotiven stand der Erwerb von Wohneigentum mit über 40% aller Nennungen eindeutig im Vordergrund, gefolgt von der Unzufriedenheit mit der früheren Wohnsituation, dem Argument, dass man mit Kindern hier besser wohnen könne und dem Wunsch nach der ruhigen Wohnlage „im Grünen". Diese Merkmale, die als zentrale Umzugsmotive für den Zuzug in die suburbane Wohngemeinde gelten, vereinen die Eigenschaften des bekannten Ideals „Häuschen im Grünen" als die familiengerechte Wohnform[164].

Tab. 3.41: Gründe, die die Befragten der HIFI-Studie (1996) für den letzten Umzug angaben

Die Gründe für meinen/unseren letzten Umzug waren...	Anteil der Zustimmung in %
der Erwerb von Wohneigentum	40,6
Unzufriedenheit mit der damaligen Wohnsituation	31,4
Wohnen mit Kind(ern) ist hier besser	21,8
ruhigere Wohnlage hier	18,2
der Wunsch ins "Grüne" zu ziehen	15,3
Heirat oder, um mit dem Partner/ der Partnerin zusammenzuziehen	12,1
Nähe zu meinem Arbeitsplatz	10,2
die Geburt eines (weiteren) Kindes	10,2
Nähe zu Freunden und Bekannten	8,0
guter Anschluss an den öffentlichen Personennahverkehr	7,4
Nähe zum Arbeitsplatz meines Partners/ meiner Partnerin	6,5
mein beruflicher Wechsel	6,1
Nähe zu Verwandten (z.B. wegen deren Pflege)	5,7
der berufliche Wechsel des Partners/ der Partnerin	4,2
Nähe zu Verwandten (wegen der Betreuung meines(r) Kindes(r)	4,1
guter Anschluss an das Straßennetz (z.B. Autobahn)	3,9
die Trennung vom Partner/ der Partnerin	2,8
Tod des Partners/ der Partnerin	1,8

Quelle: HIFI-Datensatz (1996) – eigene Berechnungen

Unterscheidet man die Umzugsmotive genauer nach dem Gemeindetyp des Wohnorts, so wird deutlich, dass sich in den kleinen Gemeinden mehr Personen befanden, die beim letzten Umzug Eigentum erwerben wollten, die mit ihrer vorigen Wohnsituation unzufrieden waren, die mit Kindern dort besser leben konnten und die das Wohnen im Grünen suchten. Unter ihnen waren demzufolge auch mehr Personen, die zum Befragungszeitpunkt im eigenen Einfamilienhaus lebten als unter den Bewohnern/innen der Mittelzentren. Für Letztere waren dagegen häufiger als für die anderen Befragten Motive wichtig, die mit dem Wechsel des eigenen Arbeitsplatzes oder dem des/ der Partners/in zusammenhingen. Personen, die zur Miete lebten, gaben als Umzugsmotive häufiger die Heirat/ das

---

[164] Zu ähnlichen Ergebnissen kam MENCHIK (1972), in dessen Studie in den USA bei der Entscheidung für einen Wohnort unmittelbar nach den Eigenschaften des Hauses die Eigenschaften des Wohnumfeldes (ruralness, country-like character of the area) und Eigenschaften der Nachbarschaft hohe Wichtigkeit erzielten.

Zusammenleben mit dem Partner, berufliche Veränderungen, Trennung vom Partner oder auch die Anwesenheit von Freunden oder Verwandten am Wohnort als Umzugsmotive an. Es handelte sich bei denjenigen, die aufgrund des Arbeitsplatzwechsels umgezogen waren, vorwiegend um junge Personen zwischen 20 und 30 Jahren, ebenso bei denen, die nach Heirat umgezogen waren. Sie wohnten deutlich häufiger in Mehrfamilienhäusern als die anderen Befragten. Dagegen waren eher die 30 bis 40-Jährigen aufgrund des Geburt eines (weiteren) Kindes umgezogen. Außerdem nahm erst ab dieser Altersgruppe der Erwerb von Wohneigentum die Position des zentralen Umzugsgrundes ein.

Insgesamt war der Anteil derjenigen, die im Wohneigentum lebten, mit knapp 61% in diesen suburbanen Gemeinden erwartungsgemäß hoch. In Einfamilienhäusern lebten zu 87% Eigentümer, in Zweifamilienhäusern zu 57%, in Mehrfamilienhäuser zu 34% und in Hochhäusern immerhin zu 22%. Das Einfamilienhaus stellte mit über 40% gleichzeitig den häufigsten Haustyp dar, wobei ihm dann unmittelbar mit 35% die Mehrfamilienhäuser und Doppelhäuser folgten. Die höchsten Anteile an Wohneigentümern/innen erreichten Personen, die in der Landwirtschaft tätig waren oder selbständig ein Gewerbe betrieben (mehr als 75%), die niedrigsten Arbeiter/innen (knapp 50%) und Angestellte (rd. 60%). Nach Familienstand unterschieden, verfügten Ledige und Geschiedene seltener über Wohneigentum als Verheiratete oder Verwitwete. Der Bildungsabschluss besaß keinen Einfluss auf das Wohnen im Eigentum, denn sowohl Personen mit Volks-/Hauptschulabschluss als auch Fachhochschulabsolventen/innen zählten zu den Gruppen mit dem höchsten Anteil an Wohneigentümern.

Abb. 3.81: Haustypen, in denen die Befragten in den Gemeinden der HIFI-Studie 1996 wohnten

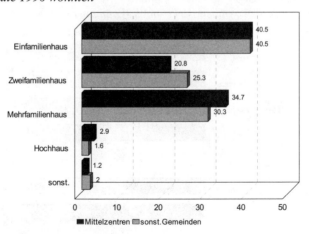

Quelle: HIFI-Datensatz (1996) – eigene Berechnungen

Die Zufriedenheit mit der Wohnsituation, d.h. mit der Wohnung und der Wohnumgebung, war ein wichtiger Indikator, da er u.a. Aussagen darüber erlaubte, ob

340   3. Wie gestaltet sich Zeitverwendung für Mobilität im Alltag?

es eine latente Bereitschaft zum Umzug gab oder nicht. Unzufriedenheiten mit der alten Wohnung wurden von einem Drittel der Befragten als Grund für den letzten Umzug genannt. Somit zeigte die Zufriedenheit mit der aktuellen Wohnsituation, inwieweit diese Erwartungen erfüllt werden konnten, oder ob weiteres „Umzugspotential" durch hohe Anteile Unzufriedener bestand.

Insgesamt waren 94% der Befragten mit ihrer Wohnung sehr oder zumindest eher zufriedenen, 88% der Befragten zeigten sich auch mit ihrem Wohnumfeld sehr oder eher zufrieden. Unter den wenigen mit ihrer Wohnung oder ihrem Wohnumfeld Unzufriedenen fanden sich eher jüngere Männer zwischen 20 und 30 Jahren, die vermutlich ebenfalls das Eigenheim als Wohnform anstrebten, aber es (noch) nicht realisiert hatten.

Differenziert man die Zufriedenheit mit der Wohnsituation nach dem Haustyp der Wohnung und danach, ob man im Wohneigentum lebte oder nicht, so zeigten sich deutliche Unterschiede. Während zwar insgesamt über 94% der Befragten mit ihrer Wohnung mindestens „eher zufrieden" waren, so waren es nur knapp 90% in Mietwohnungen und von ihnen waren auch nur gut 40% sehr zufrieden, wohingegen im Wohneigentum 70% der Befragten mit ihrer Wohnung sehr zufrieden waren. Nach Art des Hauses waren ebenfalls deutliche Unterschiede vor allem im Anteil der sehr Zufriedenen festzustellen. Dieser Anteil stieg umgekehrt proportional mit der Zahl der Parteien im Haus, d.h. die höchste Zufriedenheit mit der Wohnung war offensichtlich erlangt, wenn die Familie/ Partei allein über ein Wohngebäude verfügen konnte. Insgesamt kann man zu dem Schluss kommen, dass bei der hohen Zufriedenheit der Befragten bei gleichzeitig hohen Anteilen Wohneigentümern nur mit einer geringen Umzugsbereitschaft zu rechnen ist.

Abb. 3.82: Zufriedenheit mit der Wohnung nach den Haustypen, in denen die Befragten wohnen, sowie nach Wohneigentum vs. Miete 1996

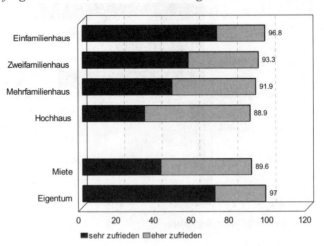

Quelle: HIFI-Datensatz (1996) – eigene Berechnungen

3.2 Zeitverwendung von Frauen für Mobilität in Baden-Württemberg (HIFI-Studie)   341

Für viele konnte – besonders in den kleinen Gemeinden – der „Traum vom eigenen Häuschen im Grünen" mit dem letzten Umzug realisiert werden, und es konnten damit entsprechend ihre geäußerten Wünsche nach Wohneigentum, familienfreundlicher Situation, Ruhe und Natur erfüllt werden. Die Ergebnisse bestätigen eindrucksvoll das Bestehen eines Wohnideals unabhängig von Alter, beruflichem Stand und Bildung, das nicht mehr nur in Westdeutschland, sondern zunehmend auch in den neuen Ländern angestrebt wird.

3.2.3 Zeitverwendung der Befragten für Mobilität

Die Zeitverwendung der vorwiegend weiblichen Befragten lässt aufgrund der Erhebungsart nur bedingt Vergleiche mit den Daten der Zeitbudgetstudie zu. Sie wurde in Form eines sog. Zeitbudget-Interviews erhoben, in dem sowohl alltägliche Tätigkeiten als auch eher selten ausgeübte Aktivitäten abgefragt wurden. Dazu sollten die Befragten abschätzen, wie viele Stunden/ Minuten pro Tag sie insgesamt auf die genannte Tätigkeit an einem durchschnittlichen Werktag verwandten. Falls die Tätigkeit nicht täglich ausgeübt wurde, sollten die Befragten angeben, wie oft sie diese Aktivität ausübten[165]. Da sich der Alltag und die Zeitverwendung zwischen den beiden Geschlechtern stark unterschieden, und für die 77 befragten Männer keine weiteren Differenzierungen nach Alter, Wohnort u.ä. möglich waren, wurden hier nur die 760 befragten Frauen in die Auswertungen einbezogen.

Ein methodisches Problem des Zeitbudget-Interviews ist, dass zum einen nur die Tätigkeiten erhoben werden, die auf dem Fragebogen vorgegeben sind, d.h. es fehlen u.U. am 24-stündigen Zeitbudget der Befragten Aktivitäten und Zeiten. Dies traf auf ein Drittel der befragten Frauen zu, deren Zeitangaben in der Summe unter 20 Stunden pro Tag blieben. Zum anderen kann aber auch durch Überschätzen einiger Zeitangaben ein Tag entstehen, der deutlich mehr als 24 Stunden besitzt, was auf rund 17% der Frauen zutraf, deren aufsummierte Tätigkeiten mehr als 26 Stunden ergaben. Man kann dieses Ergebnis allerdings auch als Indikator dafür verwenden, dass die Befragten den Eindruck hatten, sehr vielen Tätigkeiten nachzugehen und sich darin ihr persönlich wahrgenommener Zeitstress niederschlug.

Bevor die Zeitverwendung der befragten Frauen ausgewertet wird, soll hier kurz auf die Demographie bzw. die Lebenssituation der Befragten eingegangen werden. Aufgrund der Ausrichtung der Studie auf das Thema „Vereinbarkeit von Beruf und Familie" wurden vorwiegend Frauen in/ nach der Familienphase bzw. Frauen mit Kindern rekrutiert. Demzufolge lebten 85% der befragten Frauen mit einem Partner zusammen, 72% der Frauen hatten Kinder und 40% lebten mit Kindern unter 18 Jahren zusammen. Diese Umstände hatten zur Folge, dass Tätigkeiten zur Kinderbetreuung – ähnlich wie bei den Zeitbudgetstudien auch –

---

165 Die Antwortkategorien lauteten: 2-3mal pro Monat, 1mal pro Woche, 2-3mal pro Monat, weniger als 1mal pro Monat, gar nicht oder nur saisonabhängig.

häufiger ausgeübt wurden als dies für die Gesamtbevölkerung galt. Von den befragten Frauen waren 23% Vollzeit, 20% Teilzeit und 14% weniger als 15 Stunden pro Woche erwerbstätig – auch hier war die Beteiligung am Erwerbsleben aufgrund der Überrepräsentanz der „Familienfrauen" niedriger als in der Gesamtbevölkerung. Die Altersstruktur der Befragten spiegelte dies ebenso wider: Es konnten zwar Frauen zwischen 16 und 90 Jahren befragt werden, 45% der befragten Frauen waren jedoch in dem Alter zwischen 30 und 50 Jahren, weitere 16% zwischen 20 und 30 sowie zwischen 50 und 60 Jahren, so dass die Mehrheit der Frauen sich in der klassischen Zeit der Familienphase befand.

Eine Übersicht über alle erfragten Aktivitäten bietet Tab. 3.42; es soll jedoch an dieser Stelle nur auf die Aktivitäten eingegangen werden, die entweder selbst Wegezeiten waren oder mit denen Wege verbunden waren[166]. Wegezeiten für eine Erwerbstätigkeit legten täglich 43% der befragten Frauen zurück (dies ergab sich auch aus der Summe der Vollzeit und Teilzeit erwerbstätigen Frauen), wobei mehr Frauen in den kleinen Gemeinden erwerbstätig waren als in den Mittelzentren. Im Mittel dauerte der Arbeitsweg für alle befragten Frauen 47 Minuten, für diejenigen in den kleinen Gemeinden war er über 50 Minuten lang, während er in den Mittelzentren mit 43 Minuten etwas weniger Zeit beanspruchte. Diese Ergebnisse entsprechen sowohl in der Höhe als auch in der regionalen Verteilung den Ergebnissen der Zeitbudgetstudien. Dagegen waren die Wegezeiten für Kinder (Wege, um das/ die Kind/er außer Hause zu bringen/ abzuholen) der in der HIFI-Studie befragten Frauen deutlich höher als in der vergleichbaren Gruppe der Zeitbudgetstudien.

Während in der Zeitbudgetstudie 1991/92 Frauen rd. 35 Minuten pro Tag Wege mit ihren Kindern zurücklegten, dauerten die Wege der Frauen der HIFI-Studie im Mittel 56 Minuten. Die Wege der Frauen für Kinderbetreuung in Mittelzentren waren mit 1 Stunde und 16 Minuten zudem wesentlich länger als die der Frauen in kleinen Gemeinden (44 Minuten). In der Zeitbudgetstudie 1991/92 war zwar ebenfalls ein Stadt-Land-Gefälle dahingehend festzustellen, dass mehr Wege und längere Wege für Kinder in größeren Städten zurückgelegt wurden als in den ländlichen Regionen, jedoch waren die regionalen Unterschiede weitaus geringer als in der HIFI-Studie. Betrachtet man das Verhältnis Wegezeiten für Kinderbetreuung zu Wegezeiten für Erwerbstätigkeit, so ergab sich für die beiden Gemeindetypen eine spiegelbildliche Situation. Während Frauen in den Mittelzentren zwar etwas kürzere Wege zur Erwerbstätigkeit besaßen als Frauen in den kleinen Gemeinden, so war ihr Aufwand für die Wege für Kinderbetreuung/-begleitung wesentlich größer (im Mittel um eine halbe Stunde länger) als in den kleinen Gemeinden. Die Ursachen könnten u.U. darin liegen, dass in den kleinen Gemeinden Kinder früher und häufiger die Orte ihrer Freizeitaktivitäten, aber auch die Schule, alleine erreichen konnten.

---

166 Diese Aktivitäten sind in Tab. 3.42 grau unterlegt.

3.2 Zeitverwendung von Frauen für Mobilität in Baden-Württemberg (HIFI-Studie)

Tab. 3.42: Zeitverwendung der befragten Frauen der HIFI-Studie 1996

Tätigkeit: grau unterlegt: Mobilität/ Tätigkeiten mit Wegen	Ant. tägl. in %	wenn tägl. Std: Min.	wenn nicht täglich, wie häufig? (Antworten in %)					
			2-3 mal / Wo.	1 mal / Wo.	2-3 mal / Mon.	1 mal / Mon.	<1 mal / Mon.	sai-son-abh.*	gar nicht
Erwerbstätigkeit:									
Erwerbstätigkeit	43	6:35	11	3					42
Aus- und Weiterbildung	12	(5:21)	2	5	1	3	6	1*	71
Wegezeiten für Erwerbstätigkeit/ Ausbildung	**55**	**0:47**	**2**	**2**					**41**
Betreuung:									
Betreuung des/der Kindes(Kinder) (aktiv: z.B. Wickeln, Füttern, Hausauf. betreuen)	33	4:23	1						66
Wegezeiten für Kinder (pro Tag)	**18**	**0:56**	**2**	**1**					**79**
Betreuung anderer Personen	8	3:11	5	4		2			81
Haushalt:									
Einkaufen für den täglichen Bedarf	**29**	**0:49**	**45**	**17**	**2**				**7**
Großeinkäufe	**1**	**(1:44)**	**3**	**40**	**11**	**20**	**5**		**20**
Essen zubereiten	84	1:32	6	2	1		1		6
Putzen, Aufräumen	60	1:21	19	17	1				3
Wäsche	20	0:53	35	29	6	1			9
Gartenarbeit	12	(1:33)	12	12	3	4	2	34*	57
Persönlicher Bereich:									
Schlafen	99	7:18							
Essen	100	1:17							
Körperpflege, Ankleiden	99	0:48							
Freizeit/Sonstiges:									
Musik hören	47	2:01	11	8	2	2			30
Fernsehen	74	1:52	14	4	1				7
Zeitung/Zeitschriften lesen	78	0:38	9	6	1		1		8
Bücher lesen	41	0:57	18	11	3	5	3	2*	16
Faulenzen, Nichts tun	31	1:04	11	15	2	2	2	1*	37
Spazierengehen	**24**	**1:05**	**19**	**28**	**4**	**4**	**3**	**3***	**18**
Sport treiben	**7**	**(0:55)**	**19**	**27**	**2**	**2**	**2**	**3***	**41**
Handarbeiten (Stricken, Häkeln o.ä.)	9	(1:32)	9	6	2	3	3	4*	68
handwerkl. Tätigkeiten (Heimwerken...)	1	(1:01)	1	3	2	6	4	2*	83
andere Hobbies	**5**	**(1:04)**	**9**	**11**	**4**	**5**	**2**	**4***	**64**
mit dem/den Kind(ern) etw. unternehm.	**10**	**(1:42)**	**13**	**14**	**3**	**4**	**2**	**1***	**54**
Kochen/Backen (als Hobby)	**2**	**(1:22)**	**7**	**18**	**5**	**8**	**4**	**1***	**56**
Freunde,Verwandte treffen	**8**	**(1:23)**	**29**	**34**	**13**	**9**	**3**		**4**
Essen gehen, in eine Kneipe, in ein Café gehen	**2**	**(1:15)**	**10**	**20**	**14**	**26**	**14**	**1***	**14**
sich mit dem Computer beschäftigen	4	(1:38)	6	6	2	4	3		75
kult. Veranstaltungen (Kino, Theater)	**1**	**(2:30)**	**1**	**7**	**13**	**26**	**27**	**2***	**25**
Sportveranstaltungen besuchen	**0.1**	**(1:00)**	**1**	**5**	**3**	**6**	**10**	**5***	**75**
sozial-karitative Tätigkeiten	**1**	**(3:06)**	**2**	**3**	**3**	**5**	**3**	**1***	**83**
kirchliche Tätigkeiten	**1**	**(0:48)**	**3**	**5**	**2**	**3**	**2**		**84**
politische Tätigkeiten (Parteien)	**0.4**	**(1:40)**	**1**	**1**	**1**	**1**	**1**		**95**
Tätigkeiten mit / für den Verein	**1**	**(1:09)**	**3**	**6**	**3**	**6**	**8**	**3***	**71**
Kurse (z.B.Volkshochschule)	**0**		**3**	**14**	**1**	**1**	**5**	**4***	**72**

* zusätzlich erhobene Information (durfte als Mehrfachantwort angegeben werden)
(x) Anzahl der auswertbaren Antworten n=<100
Quelle: HIFI-Datensatz (1996) – eigene Berechnungen

In den Angaben zur Infrastruktur wurde z.B. in diesen Gemeinden deutlich häufiger angegeben, dass die Grundschule in weniger als 10-Minuten Fußweg erreichbar sei (66% kleine Gemeinden vs. 52% Mittelzentren), dass für 67% (vs. 61%) der Kindergarten oder für 62% Sportstätten (vs. 41%) in höchstens 10 Minuten zu Fuß erreichbar seien. Diese gute Versorgung kleinerer Gemeinden mit denjenigen Infrastruktureinrichtungen, die besonders für Kinder wichtig waren, könnte eine der Ursachen für die geringe Zeit sein, die Frauen in diesen Gemeinden für sogenannte „Begleitwege" ihrer Kinder aufwenden mussten. Weiterhin ist festzuhalten, dass dann, wenn die jeweiligen Einrichtungen mehr als 10 Minuten von der Wohnung der Befragten entfernt waren, in den Mittelzentren häufiger der PKW für den Weg zum Einsatz kam, während in den kleinen Gemeinden wesentlich öfter auch längere Wege (z.B. zu Kinderbetreuungseinrichtungen, Schule oder Sportstätten) zu Fuß oder mit dem Fahrrad zurückgelegt wurde. Dies deutet auch darauf hin, dass dies Wege waren, die Kinder alleine bewältigen konnten.

Für die anderen Aktivitäten wurden die Wegezeiten nicht gesondert erhoben, jedoch ist bei zahlreichen Aktivitäten anzunehmen, dass dafür Wege zurückgelegt werden mussten. Da bei dieser Erhebungsart die Zeit für die eigentliche Aktivität und die reine Wegezeit nicht mehr zu unterscheiden war, können nur die gesamten Zeiten bzw. die Häufigkeiten der Ausübung verglichen werden[167].

Einkäufe für den täglichen Bedarf nahmen insgesamt 49 Minuten in Anspruch und wurden in beiden Gemeindetypen ähnlich häufig und ähnlich lang ausgeübt. Die Großeinkäufe fanden dagegen in den Mittelzentren häufiger einmal in der Woche statt (43% vs. 38% kleine Gemeinden), während in den kleinen Gemeinden 25% der befragten Frauen (vs. 14% Mittelzentren) nur einmal im Monat einen Großeinkauf durchführten. Dort schien man seltener den (weiter entfernten) Großmarkt aufzusuchen als dies in den Mittelzentren der Fall war.

Spazierengehen – d.h. Mobilität um ihrer selbst willen – war für etwas mehr Befragte in den Mittelzentren eine täglich ausgeübte Beschäftigung. Die Aktivität Spaziergang wurde insgesamt von über 70% der befragten Frauen mindestens einmal pro Woche ausgeübt und zählte damit neben der Aktivität „Freunde/ Verwandte treffen" zu den häufigsten Freizeit-Aktivitäten, die Wege erforderten. In den kleinen Gemeinden trieben Frauen dagegen etwas häufiger Sport als in den Mittelzentren. Diese Aktivität zählte zusammen mit dem Spazierengehen zu den Tätigkeiten (Wegen), die am häufigsten einmal pro Woche ausgeübt wurden. Dabei muss darauf hingewiesen werden, dass sich für mehr als 60% der befragten Frauen in den kleinen Gemeinden eine Freizeit-/Sporteinrichtung in 10-Minuten-Fußweg-Distanz befand, was nur für 41% der befragten Frauen in den Mittelzentren galt, so dass auch hier in den kleinen Gemeinden günstigere Infrastrukturbedingungen bestanden.

Unternehmungen mit den Kindern fanden bei rund einem Drittel der Befragten mindestens einmal pro Woche statt, wobei hier allerdings nur bedingt auf Wege geschlossen werden kann. Die Aktivität „Freunde/ Verwandte treffen"

---

167 Es werden im Folgenden nur die Zeitangaben in die Auswertung einbezogen, für die mindestens 100 befragte Frauen (rd. 13%) tägliche Aktivitäten angaben.

3.2 Zeitverwendung von Frauen für Mobilität in Baden-Württemberg (HIFI-Studie)

wurde von über 70% der Befragten mindestens einmal in der Woche ausgeübt und auch hier ist anzunehmen, dass dabei Wege anfielen. Knapp 40% der befragten Frauen in kleinen Gemeinden trafen Freunde oder Verwandte 2-3mal pro Woche und öfter, während dies nur für 34% der Frauen in Mittelzentren galt. Die Aktivität Essen gehen/ Ausgehen in eine Kneipe/ ein Café war eine Tätigkeit, die ebenfalls von Frauen in kleinen Gemeinden häufiger ausgeübt wurde als von Frauen in Mittelzentren. Sie fiel bei dem größten Anteil der Befragten einmal pro Monat bzw. bei einem Fünftel immerhin einmal pro Woche an. Kulturelle Veranstaltungen waren für ein Viertel der Befragten mindestens einmal im Monat Anlass, um auszugehen, für ein weiteres Viertel fand diese Aktivität weniger als 1mal pro Monat statt und ebenfalls ein Viertel übte diese Tätigkeit nie aus. Für zahlreiche andere, eher selten ausgeübte Aktivitäten, wie z.B. sozial-karitative Tätigkeiten, Tätigkeiten in Selbsthilfegruppen oder kirchliche Tätigkeiten war dagegen der Anteil der ausübenden (älteren) Frauen in den Mittelzentren etwas höher, einzige Ausnahme bildete das Vereinsleben: hier waren die Befragten in den kleinen Gemeinden – erwartungsgemäß – etwas häufiger aktiv als in den Mittelzentren. Diese Ergebnisse decken sich mit den Resultaten der Zeitbudgetstudie, in der die ehrenamtlichen Aktivitäten – wenn überhaupt – eher in den kleinen ländlichen Gemeinden stattfanden.

Der Besuch von Kursen war für 17% der befragten Frauen eine mindestens wöchentlich ausgeübte Aktivität, wobei auch hier die (jüngeren) Frauen in den kleinen Gemeinden aktiver waren als die Frauen in den Mittelzentren. An dieser Stelle muss ebenfalls erwähnt werden, dass für über 50% der Frauen in den kleinen Gemeinden eine solche Einrichtung (Volkshochschule o.ä.) in 10 Minuten zu Fuß erreichbar war, wohingegen dies nur für knapp 30% der Frauen in den Mittelzentren galt. D.h. hinsichtlich der räumlichen/ zeitlichen Nähe von Einrichtungen mit Kursabgeboten besaßen Bewohnerinnen kleiner Gemeinden offensichtlich ebenfalls einen Vorteil.

Bei den hier aufgeführten Freizeitaktivitäten, die mit Mobilität verbunden waren, ließen sich bestimmte Aktivitätstypen nach ihrer Häufigkeit herauskristallisieren: a) die wöchentliche Aktivität, wie z.B. Spazieren gehen, Sport treiben, Freunde/ Verwandte treffen, der Besuch von Kursen (z.B. Volkshochschule) oder kirchliche Aktivitäten, b) die eher monatliche Aktivität, wie z.B. Essen gehen oder die kulturelle Aktivität und c) noch seltener ausgeübte Aktivitäten, wie z.B. der Besuch von Sportveranstaltungen oder Tätigkeiten für einen Verein. Auch wenn sich die häufigeren Aktivitäten der (im Mittel jüngeren) Frauen in den kleinen Gemeinden z.T. durch ihr Alter erklären ließen, so muss dennoch festgehalten werden, dass die größere Nähe zahlreicher Gelegenheiten (Freizeiteinrichtungen, Weiterbildungseinrichtungen usw.) in 10-Minuten-Fußweg-Distanz gleichzeitig günstige Voraussetzungen für diese Aktivitäten bot. Für Frauen mit Kindern wurden darüber hinaus die etwas längeren Wege zur Arbeit und zu den Großmärkten vor allem dadurch kompensiert, dass sie weitaus kürzere Wege zur Begleitung von Kindern aufwenden mussten.

3.2.4 Mobilitätschancen und -realisierungen

Die „nachholende Motorisierung", wie der zunehmende Motorisierungsgrad der Frauen in Anlehnung an die „nachholende Modernisierung" gerne genannt wird (SPITZNER 1993), war eines der Themen, das besonders mit dem Daten der HIFI-Studie untersucht werden sollte (vgl. Kap. 2.5.1.1). Da diese Motorisierung nicht zuletzt der zunehmenden Suburbanisierung der Wohnstandorte zugeschrieben wurde, wurde erwartet, in den suburbanen Standorten der Befragung deutlich mehr Frauen anzutreffen, die über einen PKW verfügen konnten als im bundesdeutschen Mittel, was sich bestätigte: In rund 87% der Haushalte der befragten Frauen war mindestens ein PKW vorhanden (rd. 76% in gesamt Westdeutschland[168]). Einen PKW besaßen 53% der Haushalte in den Mittelzentren und 45% in den kleinen Gemeinden, zwei PKWs besaßen knapp 30% in den Mittelzentren und 32% in den kleinen Gemeinden und drei PKWs waren in 5% der Haushalte der Mittelzentren und immerhin knapp 10% der Haushalte in kleinen Gemeinden vorhanden.

Abb. 3.83: *Anteil der befragten Frauen der HIFI-Studie, die jederzeit über einen PKW verfügen konnten, nach Wohnstandort (Mittelzentren/ kleine Gemeinden) 1996*

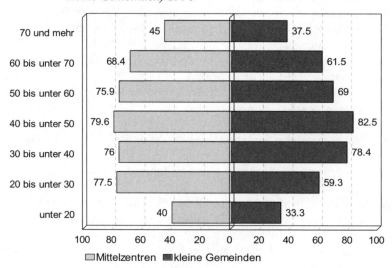

Quelle: HIFI-Datensatz (1996) – eigene Berechnungen

Aus diesen hohen Anteilen im PKW-Besitz (im Vergleich zu den westdeutschen Werten) ergaben sich erwartungsgemäß auch hohe PKW-Verfügbarkeiten für die befragten Personen: rund 70% der befragten Frauen konnten in beiden Gemein-

---

168 Vgl. System Sozialer Indikatoren, ZUMA, Stand 2003.

detypen jederzeit über einen PKW verfügen[169]. Unterschiede in der PKW-Verfügbarkeit waren zwischen den Mittelzentren und den kleineren Gemeinden dahingehend erkennbar, dass grundsätzlich Frauen in den Mittelzentren häufiger über einen PKW verfügen konnten als in den kleinen Gemeinden, was vor allem für jüngere Frauen unter 30 Jahren und für Frauen über 50 Jahre galt. Frauen in der Familienphase zwischen 30 und 50 Jahren verfügten dagegen in den kleinen Gemeinden zu rund 80% über einen PKW, d.h. dies waren Frauen in 3-4-Personenhaushalten, die entweder Vollzeit oder Teilzeit erwerbstätig (15-34 Stunden) waren.

Während im Bundesdurchschnitt 1998 Frauen nur zu 47% über einen PKW verfügen konnten[170], so waren mit rd. 70% PKW-Verfügbarkeit die Frauen in den suburbanen Befragungsgemeinden weitaus besser mit einem PKW ausgestattet. Dies lag zum einen in dem hohen Anteil von befragten Frauen, die sich in der Familienphase befanden, begründet. Diese Altersgruppe zählte grundsätzlich zur der Gruppe, in der die höchsten Anteile in der PKW-Verfügbarkeit erreicht wurden. Zum anderen standen den Haushalten in diesen (westdeutschen) Gemeinden im suburbanen Raum (ob in Mittelzentren oder in kleinen Gemeinden) weitaus häufiger mindestens ein, wenn nicht sogar mehrere PKWs zur Verfügung als in großen Gemeinden oder Oberzentren, so dass dadurch Frauen auch dann über einen PKW verfügen konnten, wenn der Partner selbst motorisiert war.

Entsprechend dieser hohen PKW-Verfügbarkeit erfolgte die Nutzung des PKWs bei knapp der Hälfte der befragten Frauen täglich. Der PKW stellte damit das mit Abstand am häufigsten genutzte Verkehrsmittel dar. Ihm folgte das Fahrrad, das 23% der befragten Frauen täglich nutzten, wobei hier die Unterschiede zwischen den Mittelzentren und den kleinen Gemeinden beträchtlich waren: nur 13% der Frauen in den Zentren, aber 30% der Frauen in den kleinen Gemeinden nutzten das Fahrrad täglich. Hier ist allerdings auch die topographische Lage der jeweiligen Gemeinden zu berücksichtigen, denn einige kleinere Gemeinden (z.B. St. Leon/ Rot) boten aufgrund ihrer Lage im flachen Oberrheingraben außerordentlich gute Voraussetzungen für die Nutzung des Fahrrads, wohingegen im Mittelzentrum Eberbach im Neckartal die Nutzung des Fahrrads sich weitaus schwieriger gestaltet. An diesem Beispiel wird sichtbar, wie wichtig es für Auswertungen der Verkehrsmittelnutzung ist, auf der Maßstabsebene der Einzelgemeinden arbeiten zu können[171].

Der ÖPNV wurde von rd. der Hälfte der befragten Frauen einmal pro Monat und häufiger genutzt, stellte jedoch insgesamt das am seltensten genutzte Verkehrsmittel dar. Rund 32% der befragten Frauen nutzten ihn nie, wobei hier die Unterschiede zwischen den Gemeindetypen beträchtlich waren: während 40% der

---

169 Diese Ergebnisse wurden in der Studie „Stadt-Land-Frau" von GEBHARDT/ WARNEKEN (2003b, S. 38f) und darin von KAPPELER (2003, S. 198ff) über Frauen im suburbanen Raum südwestlich von Stuttgart bestätigt.
170 BUNDESMINISTERIUM FÜR VERKEHR-, BAU- UND WOHNUNGSWESEN (Hrsg.) 2001/2002, S. 126.
171 Diese Auswertungstiefe war aufgrund von Datenschutzbestimmungen mit den Zeitbudgetstudien leider nicht erreichbar.

Frauen in Mittelzentren den ÖPNV nie benutzten, waren es nur 31% der Frauen in kleinen Gemeinden, für die Busse und Bahnen überhaupt nicht als Verkehrsmittel in Frage kamen. Dieses Ergebnis mag überraschen, da zu erwarten gewesen wäre, dass die Mittelzentren über ein besseres Angebot und damit mehr Nutzerinnen verfügen müssten. Auch hier liegt die Antwort in der Betrachtung der Einzelgemeinden: in der Gruppe der kleinen Gemeinden mit niedrigem zentralörtlichem Rang lagen z.B. Gemeinden, wie Eppelheim (Nachbargemeinde zu Heidelberg) und Schriesheim (an der Bergstraße), die beide gut in regionale Nahverkehrsnetze eingebunden waren und somit günstigere Voraussetzungen für den ÖPNV boten als die Mittelzentren.

Inwieweit sich die Nähe oder Ferne einer Haltestelle auf die Nutzung des ÖPNVs niederschlug, konnte ebenfalls überprüft werden. In weniger als fünf Minuten Fußweg konnten 52% der befragten Frauen in den Mittelstädten, dagegen nur 36% der Frauen in den kleinen Gemeinden eine Haltestelle des ÖPNVs erreichen. Fünf bis zehn Minuten weit entfernt lag die Haltestelle für 40% der Frauen in den Mittelzentren und die Mehrheit von 53% der Frauen in den kleinen Gemeinden und weiter entfernt war sie nur für 8-11% der befragten Frauen. Diese Entfernungen besaßen jedoch keine Auswirkungen auf die Nutzung des ÖPNVs: obwohl für die Mehrzahl der Frauen in den Mittelzentren die nächste Haltestelle nur höchstens fünf Minuten entfernt lag, war diese Gruppe diejenige, die den höchsten Anteil der ÖPNV-Verweigerinnen aufwies (54%). Um die Gründe für die geringe Nutzung des ÖPNVs zu ermitteln, wurde den Befragten eine Liste von Gründen vorgelegt, weshalb Busse und Bahnen selten genutzt würden, aus denen sie für sich gültige Gründe auswählen konnten. Dabei wird in Tab. 3.43 zwischen regelmäßigen (öfter als einmal im Monat) und eher seltenen ÖPNV-Nutzerinnen (einmal im Monat oder seltener) unterschieden.

Die Gruppe der Frauen, die den ÖPNV nur einmal pro Monat oder seltener nutzte, nannte vor allem den hohen Zeitaufwand als Argument gegen den ÖPNV, gefolgt von dem Argument, dass sie mit Bussen und Bahnen verschiedene Wege nicht miteinander koordinieren könnten. Zudem waren sie zu über 40% der Ansicht, dass sie damit nicht an die Orte gelangen könnten, die sie erreichen möchten und bemängelten den ungünstigen Zeittakt sowie die Einschränkungen mit Gepäck. Von den regelmäßigen ÖPNV-Nutzerinnen wurden zwar diese Argumente ebenfalls als Nachteile des ÖPNVs genannt, jedoch mit weitaus geringeren Nennungen. Auch erhielten das Zeit-Argument sowie die These, man könne Wege nicht koordinieren, weniger Gewicht. Für eine Erhöhung des Anteils der ÖPNV-Nutzung unter den Wenig-Nutzerinnen müsste somit vor allem daran gearbeitet werden, dass die Fahrzeit mit dem ÖPNV nicht als wesentlich länger eingeschätzt wird als die vergleichbare Zeit mit dem PKW[172]. Hier lag vermutlich auch eine verzerrte Wahrnehmung von Wenig-Nutzerinnen vor, die in Unkenntnis der Fahr-

---

172 In den Arbeiten von BRÖG und ERL (1983) wurde ferner festgestellt, dass das Argument „Zeit" weitaus häufiger in der Entscheidungskette gegen den ÖPNV verwendet wurde als z.B. Kosten oder Komfort.

3.2 Zeitverwendung von Frauen für Mobilität in Baden-Württemberg (HIFI-Studie)

pläne grundsätzlich allen Bussen und Bahnen wesentlich längere Fahrzeiten unterstellten[173].

Tab. 3.43: *Gründe für eine geringe Nutzung von Bussen und Bahnen der HIFI-Befragten 1996 (Mehrfachantworten möglich) nach Häufigkeit der Nutzung*

Busse und Bahnen im Nahverkehr werden von mir selten oder nie genutzt, weil...	Anteil der Zustimmung in %	
	Befragte, die *öfter als einmal pro Monat* ÖPNV benutzten	Befragte, die *einmal pro Monat oder seltener* ÖPNV benutzten
zu teuer	13	29
ich nicht bereit bin, mich auf feste Zeiten einzustellen	6	23
mit Kindern zu unbequem	4	18
mit Gepäck/Einkaufstaschen zu schwierig	16	41
die Koordination von verschiedenen Wegen nicht möglich ist	14	44
der Zeittakt ungünstig ist (fahren nicht oft genug)	15	41
sie nicht zu den benötigten Zeiten fahren (z.B. abends, mittags)	14	37
ich damit nicht an die Orte gelangen kann, an die ich möchte	16	42
ich mich darin nicht sicher fühle	2	7
ich damit zuviel Zeit brauche, um an mein Ziel zu kommen	16	53

Quelle: HIFI-Datensatz (1996) – eigene Berechnungen

Auch die Verbesserungsvorschläge unterschieden sich zwischen den Viel- und den Wenig-Nutzerinnen. Die Frauen, die den ÖPNV öfter als einmal pro Monat nutzten, konzentrierten ihre Verbesserungsvorschläge auf billigere Tarife und mehr Verbindungen abends. Dies waren zwar auch die meistgenannten Vorschläge der Wenig-Nutzerinnen, jedoch wünschten sie sich zudem günstigere Tarife für Familien (sie zählten häufiger zu den „Familienfrauen") und mehr Verbindungen tagsüber. Zu erwähnen wäre auch, dass sie z.B. Park-and-Ride-Angebote ebenfalls deutlich mehr befürworteten als die derzeitigen ÖPNV-Nutzerinnen, was darauf hindeutet, dass die Verbindung des von ihnen häufig genutzten Autos

---

173 Aus Passantenbefragungen in Heidelberg im Rahmen von Lehrveranstaltungen liegen dazu entsprechende Ergebnisse vor: die Schätzungen zwischen einem bestimmten Ort und dem Wohnort für die Fahrzeit mit dem PKW und dem ÖPNV unterschieden sich maßgeblich dadurch, ob die Befragten den ÖNPV nutzten oder nicht. PKW-Nutzer/innen überschätzen die tatsächliche Fahrzeit des ÖPNVs meistens deutlich.

mit dem bisher von ihnen wenig genutzten ÖPNV durchaus eine attraktive Alternative darstellen könnte.

Tab. 3.44: Verbesserungsvorschläge für den öffentlichen Nahverkehr der HIFI-Befragten 1996 (Mehrfachantworten möglich)

	Anteil der Zustimmung in %	
	Befragte, die *öfter als einmal pro Monat* ÖPNV benutzten	Befragte, die *einmal pro Monat oder seltener* ÖPNV benutzten
billigere Tarife	63	57
Vergünstigungen für Familien/Kinder	35	41
mehr Verbindungen tagsüber	38	45
mehr Verbindungen abends	63	53
besseren Komfort	6	6
ein weiteres Netz als bisher	26	31
geringere Wartezeiten beim Umsteigen	34	29
Park and ride - Möglichkeiten	13	25

Quelle: HIFI-Datensatz (1996) – eigene Berechnungen

Eine Art der Mobilität, die in der Literatur immer wieder als eine typisch weibliche Form der Mobilität thematisiert wird, sind Wegeketten (vgl. Kap. 2.5.1.1), d.h. die Aneinanderreihung von Wegen für unterschiedliche Zwecke und Ziele im Sinne der Weg- und Zeitoptimierung. Diese Wegeketten entstehen meist dadurch, dass für unterschiedliche Verpflichtungen, wie z.B. Erwerbstätigkeit, Kinderbetreuung und Haushaltseinkäufe Wege miteinander kombiniert werden. Die jahrzehntelang auf das Ziel der Funktionstrennung ausgerichtete Siedlungs- und Raumordnungspolitik hatte zur Folge, dass aufgrund dieser Trennung von Wohnen, Arbeiten, Sich-Versorgen usw. lange Wege zwischen den jeweiligen Einrichtungen entstanden. Dies schlug sich besonders auf die Mobilität von Frauen nieder, da sie meist mehr Orte aufsuchen müssen, um den unterschiedlichen Verpflichtungen ihres Alltags nachzukommen als z.B. Vollzeit erwerbstätige Männer. Besonders dann, wenn der Wohnstandort im suburbanen Raum liegt, ist zu vermuten, dass Wegeketten im Alltag existieren, um alle notwendigen Gelegenheiten aufzusuchen.

In den meisten Verkehrsbefragungen werden diese Wege nicht oder nur unzureichend erfasst (z.B. KONTIV[174]), da fast immer verlangt wird, Anfang und Ende eines Weges mit nur einem Zweck/ Ziel anzugeben. Diese Erhebungsart wurde bereits vielfach kritisiert[175], da sie von dem Modell der eindimensionalen und monofunktionalen Mobilität ausgeht, die vielleicht die Erhebungsmodalitäten

---

174 Kontinuierliche Verkehrserhebung KONTIV (1976, 1982, 1989, 2002 durchgeführt).
175 ...und als androzentrisch bezeichnet (vgl. KEVENHÖRSTER 2000).

vereinfacht, jedoch den Alltag der Befragten nicht angemessen abbildet. Wegeketten lassen sich aus eigener Befragungserfahrung nur dann erfassen, wenn sie explizit erfragt werden. Zum einen liegt dies daran, dass in den herkömmlichen Fragebögen z.T. kein Platz für Eintragungen von Wegeketten vorgesehen ist (nur *ein* Wegezweck eintragbar). Zum anderen müssen die Befragten häufig erst darauf hingewiesen werden, dass die Kombination von Wegen ein erwähnenswertes Merkmal ihrer Mobilität darstellt.

Rund 80% der befragten Frauen der HIFI-Studie konnten für ihren Alltag Wegeketten benennen, als sie danach gefragt wurden, ob sie an einem durchschnittlichen Werktag manchmal Wege miteinander verbinden und wenn ja, welche Wege dies waren[176]. Bis zu 60% der Befragten (je nach Gemeinde) verknüpften sogar drei Wege und mehr miteinander, wobei sich dieser Anteil der Befragten mit komplexen Wegeketten mit zunehmendem Grad der Peripherie der Wohngemeinde deutlich erhöhte. Rund die Hälfte der befragten Frauen kombinierte Wege, in denen das Einkaufen einen der Bestandteile darstellte, wobei der Einkauf vor allem mit dem Heimweg von der Arbeit (28%) kombiniert wurde, etwas seltener (21%) wurde vor der Arbeit noch eingekauft[177]. Wege für die Kinderbetreuung in Kombination mit anderen Wegen fanden bei rund 25% der befragten Frauen statt, wobei am häufigsten Kinder zum Kindergarten gebracht wurden und danach Einkäufe getätigt wurden. Bei Personen mit Kindern wurde oft die Wegekette „Kinder zu Freizeit/ Freunden bringen – Einkaufen (eigene Freizeit, Besuche) – Kinder von Freizeit/ Freunden abholen" genannt, die somit zu den häufigen Dreier-Wegeketten zählt. Bei 13% der Frauen war eine Wegekette die Verbindung von einem Arztbesuch o.ä. mit dem Einkauf, und 10% kombinierten im Alltag Einkäufe mit einem Besuch bei Freunden oder Verwandten[178]. Stellvertretend für einige typische Wegeketten im Alltag waren folgende Ketten:

1) Kette a) ein Kind in den Kindergarten bringen – anderes Kind zur Schule bringen – zur Arbeit gelangen. Kette b): von der Arbeit zurück kommen – ein Kind von der Schule abholen – anderes Kind vom Kindergarten abholen – Einkaufen.
2) Kette c) von der Arbeit zurück kommen – Arztbesuch – Verwandte/ Bekannte besuchen – eigene Freizeitaktivität.

Im ersten Beispiel bestand der Tagesablauf aus zwei Wegeketten a) und b), die jeweils 3 bzw. 4 Einzelwege umfassten. Diese Wegeketten stellten ein komplexes Mobilitätsmuster einer erwerbstätigen Mutter von (mindestens) zwei Kindern dar.

---

176 In der Studie von GEBHARDT und WARNEKEN (2003b) konnten diese Ergebnisse für Vollzeit erwerbstätige Mütter bestätigt werden. Sie stellten fest, dass 83% dieser Frauen in ihrem Alltag Wege kombinierten, während dies nur für 25% der Väter galt (GEBHARDT/ WARNEKEN 2003b, S. 25).
177 Solche Ergebnisse sind auch aus US-amerikanischen Studien bekannt (Timmermans et al. 2003).
178 GEBHARDT und WARNEKEN (2003b) gelangten zu einer nahezu identischen Reihenfolge, was die Häufigkeit der „Aktivitätenkopplungen" anbelangt. Frauen kombinierten am häufigsten „Einkauf und Arbeit", gefolgt von „Einkauf und Kinder bringen und holen" und mit größerem Abstand „Einkauf und Freizeit" (GEBHARDT/ WARNEKEN 2003b, S. 37).

3. Wie gestaltet sich Zeitverwendung für Mobilität im Alltag?

Im zweiten Fall fand am Abend/ Nachmittag eine 4-teilige Wegekette statt, die typisch für eine Vollzeit erwerbstätige Frau oder einen Mann ohne Kinder sein könnte. Die Vielzahl der Wegeketten und ihre Variationen zeigten, dass diese Form von Mobilität für den Alltag der Frauen weitaus charakteristischer ist als die in den meisten Erhebungen abgefragten eindimensionalen Wege. Dieses Ergebnis deutet allerdings auch darauf hin, dass solche Wege nur schwer mit dem – z.T. spärlichen – ÖPNV-Angebot des suburbanen Raums zu realisieren sind. Vor allem sind diese Wege weder auf die Verbindungen eines zentrale-Orte-Systems beschränkt noch auf die Haupttaktzeiten des ÖPNVs (Schul- und Arbeitspendlerzeiten) ausgerichtet.

Um abzuschätzen, ob der PKW ein unverzichtbares Verkehrsmittel für die befragten Frauen im suburbanen Raum darstellte oder ob er für manche Zwecke als ein bequemes, aber durchaus verzichtbares Verkehrsmittel angesehen wurde, wurde gefragt, ob man sich vorstellen könnte, für bestimmte Wege auf das Auto zu verzichten. Es wurde dabei unterschieden, ob die Befragten problemlos, unter Umständen, eher nicht oder auf keinen Fall auf das Auto verzichten könnten. Für die Auswertung in Tab. 3.45 wurden die beiden Kategorien „problemlos verzichten" und „unter Umständen verzichten" zu einer Kategorie und die beiden Formen der Ablehnung zu einer zweiten Kategorie zusammengefasst.

Tab. 3.45: *Bereitschaft, für bestimmte Fahrten auf dem PKW zu verzichten in %*

Von denen, die über ein Auto verfügen, könnten für ...	verzichten	nicht verzichten	trifft nicht zu
Wege für den täglichen Einkauf	**78**	18	4
Wege zum Arzt/ zu Behörden	**70**	29	1
Wege zum Ausgehen (Besuch von Gaststätten oder Cafés)	**59**	37	5
Wege zu Freizeitaktivitäten (z.B. Sport, Konzert)	**47**	47	6
Wege zum Besuch von Freunden, Bekannten	45	**53**	1
Urlaubsreisen	38	**57**	5
Wege zur Arbeitsstelle	**36**	28	36
Wege zur Versorgung/ Betreuung von Kindern	**26**	11	63
Wege zur Betreuung von anderen Familienangehörigen	17	17	65
Wege für den Großeinkauf	16	**78**	6
Wege zum Ausbildungsplatz	8	5	87

Quelle: HIFI-Datensatz (1996) – eigene Berechnungen

Am problemlosesten könnten knapp 80% der befragten Frauen für den täglichen Einkauf auf den PKW verzichten, wobei der Anteil derjenigen, die für diese Wege nicht auf das Auto verzichten könnten, in den Mittelzentren grundsätzlich höher war als in den kleinen Gemeinden. Auch hier schlug sich die günstigere Infrastruktur in kleinen Gemeinden in den Antworten nieder. Für Wege zu Ärzten/

Behörden oder zum Restaurant bzw. zur Gaststätte könnte ebenfalls die Mehrheit der Befragten auf den PKW verzichten, jedoch beim Besuch von Freizeiteinrichtungen oder von Freunden und Bekannten war der PKW für die Hälfte/ Mehrheit der befragten Frauen unverzichtbar. Auch hier hielten mehr Frauen in Mittelzentren das Auto für unentbehrlich als in den kleinen Gemeinden. Für den Weg zur Arbeit sowie für die Wege für Kinder, die ja immerhin von 42% der Frauen mit Kindern im Haushalt zurückgelegt wurden, wäre sogar für eine Mehrheit der Befragten der PKW entbehrlich. Unverzichtbar dagegen war er für den (meist wöchentlich stattfindenden) Großeinkauf sowie für Urlaubsreisen, d.h. für Fahrten, die seltener stattfanden und mit Gepäcktransport verbunden waren.

Die meisten Wegearten, für die ein PKW als unverzichtbar erachtet wurde – mit Ausnahme der Wege zum Großeinkauf – waren Wege, die im weitesten Sinne zu den privaten Wegen zählten. Diesen Wegen war zu eigen, dass sie nicht entsprechend den Verbindungsstrecken des zentrale-Orte-Systems hin zu den nächsten Zentren verliefen, sondern u.U. quer dazu und dass sie gehäuft in den Abendstunden oder am Wochenende zurückgelegt wurden. Sie fanden somit zu Zeiten statt, in denen das Angebot des öffentlichen Personennahverkehrs besonders schwach ist oder es waren Fahrten, in denen die Mitnahme von Gepäck als zusätzliches Argument für das Auto sprach (Großeinkauf, Urlaub).

3.2.5 Zusammenfassung

Die Befragten der HIFI-Studie in den insgesamt zehn Gemeinden des suburbanen Raums Baden-Württembergs zeigten hinsichtlich ihrer Wohnsituation, ihrer Zeitverwendung und ihrer Mobilität ein Reihe gemeinsamer Eigenschaften – allerdings wurden auch charakteristische Unterschiede zwischen den Mittelzentren und den kleinen Gemeinden sichtbar.

Die Wohndauer im jeweiligen Landkreis lag bei rund zwei Drittel der Befragten bei über 20 Jahren, knapp die Hälfte der Befragten wohnte sogar schon seit mehr als 20 Jahren in der gleichen Gemeinde. Dennoch lag durchschnittlich der letzte Umzug nur rund 11,3 Jahre zurück, so dass ein erheblicher Anteil der Befragten zuletzt innerhalb der Gemeinde oder zumindest innerhalb des Landkreises umgezogen war. Die zentralen Motive für den letzten Umzug waren vor allem der Erwerb von Wohneigentum, die Unzufriedenheit mit der vorhergehenden Wohnsituation sowie das bessere Wohnen mit Kindern an dem jetzigen Standort und der Wunsch, „im Grünen" zu wohnen. Diese Gründe wurden vor allem von Befragten in den kleinen Gemeinden genannt, in denen dann auch dementsprechend die höchsten Anteile derer festzustellen waren, die als Besitzer/innen eines Ein- oder Zweifamilienhauses ihre o.g. Wünsche verwirklicht hatten. Knapp zwei Drittel der Befragten lebten im Wohneigentum, wobei diese Lebensphase im Wohneigentum für die meisten zwischen dem 30. und dem 40. Lebensjahr eingesetzt hatte. Die Zufriedenheit mit der Wohnung stieg deutlich mit dem Erwerb des Wohneigentums und dem Wohnen im Einfamilienhaus an. In dieser Wohnform wurden mit Abstand die höchsten Zufriedenheitswerte erreicht, was somit für mehr als ein Drittel der Befragten galt. Sie hatten offensichtlich den weit verbreiteten Traum des „Häuschens im Grünen" realisiert und stellten eine sehr zufriedene Wohnbevölkerung des suburbanen Raumes dar.

Die Zeit, die die Befragten für ihre alltäglichen Wege aufwenden mussten, konnte aufgrund des breiten Fragenspektrums der HIFI-Studie nur für die Wege zur Arbeit und für die Wege für Kinder exakt bemessen werden, für andere Aktivitäten mussten Schätzungen über die Häufigkeit „wegegebundener" Tätigkeiten erfolgen. Die Wegezeiten der befragten Frauen für Arbeit waren in den kleinen Gemeinden etwas länger als in den Mittelzentren (entsprachen im Mittel ungefähr denen der Zeitbudgetstudien), die Wegezeiten für Kinderbetreuung waren jedoch mit knapp einer Stunde deutlich länger als die der Zeitbudgetstudien. Besonders auffällig war, dass in den Mittelzentren wesentlich mehr Zeit für Wege für Kinder aufgewandt wurde als in den kleinen Gemeinden. Dieses Ergebnis korrespondierte mit den Erreichbarkeiten der entsprechenden Infrastruktureinrichtungen (Kindergärten, Schulen), so dass vermutet werden kann, dass sich die gute wohnortnahe Versorgung der kleinen Gemeinden mit nahezu allen Infrastruktureinrichtungen (Ausnahme: kulturelle Einrichtungen, Einkaufszentren) auch in dem zeitlichen Aufwand für Wege positiv niederschlug. Es muss auch in Betracht gezogen werden, dass Kinder in kleinen Gemeinden früher und häufiger allein mobil sein konnten, so dass dort insgesamt weniger Begleitmobilität durch die Eltern anfiel. Die größere Entfernung der Einkaufsmärkte für den Großeinkauf in kleinen Gemeinden wurde dadurch kompensiert, dass dort diese Einkäufe deutlich seltener stattfanden als in den Zentren. Andere Aktivitäten, wie z.B. Sport oder Teilnahme am Vereinsleben, die ebenfalls Wege erforderten, fanden dagegen wieder häufiger in den kleinen Gemeinden statt, wobei hier allerdings auch berücksichtigt werden muss, dass in den kleinen Gemeinden etwas mehr jüngere Befragte lebten als in den Mittelzentren.

Die Mobilitätschancen der befragten Frauen waren durch einen weitaus höheren Anteil an Haushalten mit PKW (87% HIFI-Studie, 76% zum gleichen Zeitpunkt in Westdeutschland) und einer damit verbundenen wesentlich höheren PKW-Verfügbarkeit deutlich höher als in der vergleichbaren westdeutschen Gesamtbevölkerung. Dies kann zum einen damit zusammenhängen, dass in den untersuchten suburbanen Gemeinden die „nachholende Motorisierung" der Frauen aufgrund der ungünstigen ÖPNV-Versorgung stärker und früher erfolgt war als dies im westdeutschen Mittel der Fall war. Andererseits könnte eine Ursache darin begründet sein, dass in der HIFI-Studie überproportional viele Frauen in der Familienphase vertreten waren, die zu den am stärksten motorisierten Personengruppen zählten – vor allem, wenn die Frauen zudem erwerbstätig waren.

Knapp die Hälfte der befragten Frauen nutzte den verfügbaren PKW täglich, womit der PKW mit Abstand das am häufigsten eingesetzte Verkehrsmittel darstellte, gefolgt vom Fahrrad (eher in den kleinen Gemeinden des Oberrheingrabens) und mit großem Abstand erst dem ÖPNV. Als Gründe für die ÖPNV-Abstinenz nannten diejenigen, die den ÖPNV wenig nutzten, vor allem der hohen Zeitaufwand, aber auch die Hindernisse für eine Koordination von Wegen. Wenn man die bisher nur selten erfassten und analysierten Wegeketten als typische Form

„weiblicher" Mobilität in die Betrachtung mit einbezieht, wird deutlich, warum der ÖPNV den Frauen nicht attraktiv erscheint. In der HIFI-Studie wurden ausdrücklich solche Wegeketten, in denen mehrere Wegezwecke und -ziele miteinander verbunden sind, erhoben. Danach nannten rd. 80% der befragten Frauen typische Verknüpfungen von Wegen, z.T. mit vier und mehr Wegezwecken. Besonders häufig wurden Wege für Einkäufe mit anderen Zielen verknüpft (rd. 50% der Frauen), wobei Einkäufe bevorzugt nach der Arbeit oder nach dem Begleitweg des Kindes zum Kindergarten erledigt wurden.

Um einen Eindruck zu erhalten, ob die befragten Frauen, die bereits in hohem Maße über einen PKW verfügten, sich vorstellen könnten, unter Umständen auf ihn zu verzichten, wurde dies für verschiedene Wegearten erfragt. Für eine Vielzahl von Alltagswegen gaben die Frauen an, auf einen PKW verzichten zu können, wie z.B. den Weg für den täglichen Einkauf, zur Arbeit zu Ärzten/ Behörden oder zum Ausgehen. Unverzichtbar wäre er dagegen für den Großeinkauf und den Urlaub, d.h. für Wege, auf denen Gepäck zu transportieren wäre und für den Besuch von Freunden oder Bekannten. Es wird deutlich, dass für die privaten Wege, die sich nicht an den Netzen des ÖPNVs zum nächsten zentralen Ort orientieren bzw. abends und am Wochenende stattfinden, nur schwer ein Ersatz für das Individualverkehrsmittel PKW gefunden werden kann.

Insgesamt ist aus den Ergebnissen der HIFI-Studie als Ergänzung zu den bisherigen Ergebnissen folgendes festzuhalten:
- Im suburbanen Raum bot die Infrastrukturausstattung der kleinen Gemeinden ohne zentralörtlichem Rang für Frauen mit kleinen Kindern eher das Potential der „Orte der kurzen Wege" als die Mittelzentren.
- Die Bewohner/innen suchten und fanden in diesen Orten ihre ideale Wohnform: Wohnen im Eigentum, bevorzugt im Einfamilien- oder Doppel-/Reihenhaus, d.h. das „Häuschen im Grünen".
- Wegeketten stellten die zentrale Mobilitätsform der meisten Frauen in ihrem Alltag dar. Der Grad der Komplexität dieser Wegeketten stieg mit zunehmender Peripherie der Wohngemeinden.
- Die Motorisierung der Frauen in den suburbanen Gemeinden war deutlich höher als im westdeutschen Mittel, obwohl der PKW notfalls für viele Alltagswege – laut Aussage der Frauen – verzichtbar wäre. Besonders schwierig wären jedoch die Wege zu bewältigen, die mit Gepäck verbunden wären (Großeinkauf, Urlaub) oder die Wege für private Zwecke, für die der ÖPNV keine Alternative darstellte.
- Das Leitbild des eigenen freistehenden Einfamilienhauses mit Garten ist ungebrochen wirksam und motivationsgebend für langfristige Mobilitätsentscheidungen von Familien.

4. WIE WIRD DIE VERWENDUNG VON ZEIT IM RAUM WAHRGENOMMEN? ANALYSEN DER QUALITATIVEN ERHEBUNGEN ZUR ZEITVERWENDUNG FÜR MOBILITÄT

4.1 LEITFADENINTERVIEWS UND GRUPPENDISKUSSIONEN – BEMERKUNGEN ZU DEN EINGESETZTEN METHODEN

Die bisherigen Ergebnisse aus den quantitativen Erhebungen zeigten, dass die Zeitverwendung für Mobilität sowohl durch Bedingungen des Kontexts als auch durch die jeweilige Lebenssituation der Akteure modifiziert wurde. Mit den Instrumenten dieser Erhebungen (Zeitbudgetprotokolle, Zeitbudgetinterviews, standardisierte Interviews) konnten Informationen über den Umfang der verwendeten Zeit, den Verwendungszweck sowie das benutzte Verkehrsmittel erhoben werden. Da jedoch mit standardisierten Interviews grundsätzlich nur die Aspekte eines Themas erfasst werden (können), die dem/ der Forschenden als relevante Größen erscheinen und die Befragten nur innerhalb der vorgegebenen Fragen- und Antwortschemata agieren können, bleiben fast zwangsläufig einige Bereiche des Themas unerfasst. Der deduktive Zugang, der der quantitativen Forschung zu eigen ist, und dessen Ziel, generalisierbare Aussagen über Wirkungs- und Ursachenzusammenhänge darzustellen, stellt jedoch nicht die einzige Möglichkeit dar, das hier behandelte Thema „Zeitverwendung für Mobilität" zu bearbeiten.

Wenn man Ansätzen wie der Verhaltensgeographie nachgehen möchte, die sich vorwiegend mit der subjektiv wahrgenommenen Umwelt oder Wirklichkeit beschäftigt, bietet es sich an, sich diesen Fragestellungen mit Methoden zu nähern, die stärker auf die Sicht des Individuums eingehen als dies mit den quantitativen Methoden geschieht.

Aus diesem Grund soll hier die sog. „Methodentriangulation" oder der „Methodenmix" zum Einsatz kommen, d.h. nach dem Einsatz der quantitativ-statistischen Methoden in Kap. 3 zur Analyse von Mobilität mit Hilfe der Zeitbudgetdaten und der HIFI-Daten werden nun wichtige Aspekte von Mobilität mit Methoden der qualitativen Sozialforschung näher beleuchtet. Dieser Ansatz verfolgt die These, „dass multimethodisches Vorgehen (...) Hoffnungen auf ein breiteres und profunderes Erkenntnispotential nährt, das sich nicht zuletzt aus dem zusätzlichen Einsatz qualitativer Methoden ergibt" (LAMNEK 1995a, S. 257).

Dabei soll versucht werden, aus den Analysen der Interviews und Gruppendiskussionen auf induktivem Wege Thesen über die Entwicklung und Festigung von Urteilen über Mobilität im Allgemeinen, aber auch über Qualitäten einzelner Verkehrsmittel zu entwickeln. Zu diesem Zweck wurden die Befragten zu Beginn aller Interviews und Diskussionen gebeten, ihr Verständnis des zentralen Begriffs „Mobilität" zu erläutern. Im Folgenden wurden unterschiedliche Aspekte der Mobilitätsgewohnheiten, Motive für die Verkehrsmittelwahl, Einschätzungen von Fahrzeiten usw. thematisiert.

Die Konzeptionen der Leitfadeninterviews und der Gruppendiskussionen werden in den beiden Unterkapiteln 4.1.1 und 4.1.2 getrennt vorgestellt, anschließend erfolgt die Beschreibung der demographischen Merkmale der insgesamt 62 Befragten gemeinsam, da die Erstellung der Themenmatrix und der Typenbildung auf beiden Interviewformen aufsetzt. Auf die Besonderheiten der Gruppendiskussionen wird in Kapitel 4.3.8 eingegangen. Die Befragungen und Gruppendiskussionen fanden im Rahmen von zwei Lehrveranstaltungen im Sommersemester 2001 und im Wintersemester 2002/03 am Geographischen Institut der Universität Heidelberg statt[179]. Es wurden Personen aus Heidelberg und Umgebung befragt.

Die Auswertungen nach der Transkription der Leitfadeninterviews und der Gruppendiskussionen erfolgten im Wesentlichen in Form einer interpretativ-reduktiven Analyse (nach LAMNEK 1995b, S. 110ff), im Rahmen derer zuerst eine Themenmatrix erstellt wurde, um alle angesprochenen Themen zu erfassen. Anschließend erfolgte eine Klassifikation der Textausschnitte mit dem Ziel, zu Typen oder Gruppen zu gelangen. Mit Hilfe dieser „qualitativen Mobilitätstypen" werden die wesentlichen Ergebnisse der Interviewauszüge präsentiert und die zentralen Thesen zum Thema „Qualität von Mobilität" entwickelt. Die wichtigsten Entscheidungskriterien der Befragten für bzw. gegen die Wahl einzelner Verkehrsmittel werden zusätzlich in Form quantitativer Analysen dargestellt.

4.1.1 Konzeption der Leitfadeninterviews zur Qualität von Mobilität

Das Leitfadeninterview oder auch halbstrukturierte Interview zeichnet sich dadurch aus, dass es zwar ein Gerüst von Fragen gibt (z.T. unterschieden in Hauptfragen und Detaillierungsfragen, nach BORTZ/ DÖRING 1995, S. 289), jedoch die befragten Personen sich durch die offene Gesprächsführung frei und in eigenen Worten zu den angesprochenen Themen äußern können. Es bleibt ihnen zudem überlassen, andere, vom Interviewer oder der Interviewerin nicht ausdrücklich thematisierte Aspekte anzusprechen und zu vertiefen, so dass durch die Befragten selbst die Möglichkeit gegeben ist, die zuvor (deduktiv) entwickelten Themenbereiche im Forschungsprozess (induktiv) zu erweitern. Dadurch können bisher unberücksichtigt gebliebene Aspekte der „Qualität von Mobilität" in die Analyse und Interpretation aufgenommen werden.

Da ein wesentliches Ziel der qualitativen Sozialforschung die Typenbildung, d.h. das Abbilden von „typischen Fällen", und nicht die Repräsentativität ist, erfolgte die Auswahl der Befragten nicht mit Hilfe von Stichprobenziehungen

---

[179] An dieser Stelle sei der Feldabteilung des Zentrums für Umfragen, Methoden und Analysen für die unbürokratische Ausleihe ihrer Aufnahmegeräte herzlich gedankt. Ebenso gilt mein Dank den Studierenden dieser beiden Praktika, die z.T. die Interviews durchführten und Transkriptionen sowie erste Auswertungen anfertigten.

o.ä., sondern gezielt nach bestimmten Kriterien, die aufgrund der Ergebnisse der quantitativen Analysen und der Literatur als differenzierend für diese Thema gelten können. So wurden demographische Merkmale, wie Alter, Geschlecht, Familienstand und eigene Kinder berücksichtigt, nach beruflicher Situation, wie Erwerbstätigkeit oder in der Ausbildung/ im Studium befindlich differenziert, und es wurde danach unterschieden, welche Verfügbarkeit von oder welchen Zugang zu Verkehrsmitteln die Befragten im Alltag besaßen. Die Auswahl der Befragten erfolgte nach dem Konzept des „theoretical sampling" (LAMNEK 1995b, S. 92ff), d.h. die Personen wurden nach dem spezifischem Erkenntnisinteresse dieser Untersuchung ausgewählt. Es sollten Personen mit unterschiedlichen Mobilitätsansprüchen und -chancen sein, d.h. Personen mit/ ohne Kinder, Erwerbstätige/ nicht Erwerbstätige, mit/ ohne PKW-Verfügbarkeit usw.. Es gelang auch, neben den o.g. typischen Vertretern/innen zwei Personen von selten anzutreffenden Gruppen zu befragen, nämlich einen Rollstuhlfahrer und eine Frau, deren Haushalt an einem Car-Sharing-Programm teilnahm.

Für die Interviews wurden zwei Leitfadenentwürfe eingesetzt, die sich in einigen Detailfragen unterschieden, was zum einen daran lag, dass diese unter Mithilfe der Studierenden entwickelt wurden, zum anderen aber auch versucht werden sollte, unterschiedliche Schwerpunkte zu verfolgen.

Die zentralen Fragenkomplexe des Leitfadens für die Interviews lauteten:
- in allen Interviews
- *Verständnis von Mobilität*
- *Verfügbarkeit und Nutzung der unterschiedlichen Verkehrsmittel*
- *Gründe für die Wahl dieser Verkehrsmittel*
- *Nutzung von Verkehrsmitteln für die Freizeit, „Spazierfahrten"*
- *Bewertungen der Qualität von Mobilität, „Spaß am Autofahren" u.Ä.*

- nur in den Interviews L1-L23 (vgl. Tab. 4.1)
- Schätzungen von Fahrtzeiten („mental travelling times")
- Urlaubsfahrten: Verkehrsmittelwahl, Zukunftspläne
- Prognosen für die eigene PKW-Mobilität angesichts steigender Benzinpreise (Ökosteuer)

- nur in den Interviews L24-L28 (vgl. Tab. 4.1)
- Vergleich zwischen Qualität und Preis von Verkehrsmitteln (Ausgleich von Mängeln durch niedrigeren Preis)
- Szenarien veränderter Mobilität bei veränderten Rahmenbedingungen

Diese Themenschwerpunkte finden sich in etwas veränderter Form auch in den Gruppendiskussionen wieder, so dass die Analysen gemeinsam erfolgen können. Es wird in den hier vorliegenden Auswertungen allerdings nicht auf alle angesprochenen Aspekte eingegangen werden können, sondern vorwiegend auf die, die den Themenschwerpunkt „Qualität von Mobilität" betreffen.

4.1.2 Konzeption der Gruppendiskussionen zur Qualität von Mobilität

Obwohl nach LAMNEK (1995b) die Gruppendiskussion in der „methodologischen Diskussion um das interpretative Paradigma (...) absolut vernachlässigt (ist)" (DERS. 1995b, S. 129) und in der Wissenschaft – im Gegensatz zur Marktforschung – nur relativ selten eingesetzt wird, wurden für die vorliegende Arbeit zur Vertiefung des Themas „Qualität von Mobilität" mehrere Gruppendiskussionen durchgeführt. Die Gründe für die Durchführung von Gruppendiskussionen liegen darin, dass in der Form der sog. „ermittelnden Gruppendiskussion" (nach LAMNEK 1995b, S. 131ff) Einstellungen und Meinungen der einzelnen beteiligten Personen incl. der diesen Einstellungen „zugrundeliegenden Bewußtseinsstrukturen" (DERS. 1995b, S. 131) erfasst werden können[180]. Besonders bei einem – auch im öffentlichen Diskurs so kontrovers diskutierten – Thema wie dem der Mobilität war zu erwarten, dass die teilnehmenden Personen im Verlauf einer Gruppendiskussion mehr Aspekte ansprechen würden, als dies bei einem Leitfadeninterview oder gar einem standardisierten Interview zu erwarten gewesen wäre. Hinzu kommt, dass bei einer Gruppendiskussion die vorgetragene Einstellung u.U. begründet und gegenüber einer anderen Position gerechtfertigt werden muss, was neue Argumente und Ansichten eines Themas hervorbringen kann. Die hier gewonnenen Aussagen sollen – ähnlich wie die Leitfadeninterviews auch – z.T. als Ergänzung der bereits durch die Analyse der Zeitbudgetstudien gewonnenen Erkenntnisse dienen, z.T. aber auch Hinweise auf derzeit noch nicht ausreichend beachtete Aspekte von Mobilität und vor allem auf Entscheidungsstrukturen für Mobilität bzw. die Verkehrsmittelwahl liefern.

Zu berücksichtigen ist dabei auch, dass diese prozessproduzierten Ergebnisse vor dem Hintergrund der Kontextgebundenheit beurteilt werden müssen. Allerdings wird davon ausgegangen, dass die geäußerten Meinungen gerade aufgrund der größeren Alltagsnähe der Gesprächssituation authentischer sind als die eines Interviews mit einer „künstlichen" Form des Dialogs. Die Rolle des/ der Diskussionsleiters/in entsprach der einer non-direktiven Gesprächsführung, in der zwar formal der/ die Diskussionsleiter/in für die Einhaltung des äußeren Rahmens und der Grundregeln eines Gesprächs verantwortlich war, aber nur wenig mehr als die Vorstellung der Themas und/ oder ein stimulierendes Statement in die Diskussion einbringen sollte. Nachfolgend sollte der/ die Diskussionsleiter/in nur an Stellen eingreifen, an denen das Gespräch ins Stocken geriet oder neue Impulse mit weiteren Themenbereichen gesetzt werden sollten.

Die Auswahl der Personen erfolgte für die ersten sechs Gruppendiskussionen mit den Teilnehmer/innen G1-G18 nach dem Kriterium, möglichst homogene Zusammensetzungen zu erreichen, was die Lebenssituation (Studierende, Erwerbstätige, mit oder ohne Kinder) anging. Dem lag die Überlegung zugrunde, dass vergleichbare Lebenssituationen vorliegen sollten, um die innerhalb dieser

---

180 Im Gegensatz zur „ermittelnden Gruppendiskussion" hat die „vermittelnde Gruppendiskussion" zum Ziel, „durch eine Befragung Veränderungen auf Seiten des Befragten (zu bewirken)" (LAMNEK 1995b, S. 130).

4.1 Leitfadeninterviews und Gruppendiskussionen – Methoden 361

Situation unterschiedlichen individuellen Bewertungen der Mobilität differenziert zu erfassen. Da z.B. Personen mit Kind/ern meist andere Mobilitätsansprüche besitzen als Personen ohne Kind/er, bestand die Befürchtung, die Diskutanten/innen würden sich bei den meisten Argumenten auf diese unterschiedlichen Lebenssituationen zurückziehen. Die Gruppen waren mit drei Personen plus Diskussionsleiter relativ klein, da in diesen Diskussionen versucht werden sollte, die Themenbereiche intensiv zu diskutieren und möglichst alle Teilnehmer/innen zu Wort kommen zu lassen. Die Gruppendiskussionen fanden meist in privater Atmosphäre statt. Nicht alle Diskussionen verliefen befriedigend, bei manchen Runden wurde die Einstimmigkeit innerhalb der homogenen Gruppe zum Hindernis für einen kontroversen Diskurs. An diesen Stellen musste dann der/ die Diskussionsleiter/in eingreifen und mit neuen Fragen das Gespräch wieder anstoßen. Dies ist einer der bekannten Nachteile der homogenen Auswahl, der im Ganzen jedoch durch die Vorteile aufgewogen wurde.

Für die restlichen drei Gruppendiskussionen mit den Teilnehmer/innen G19-G33 (vgl. Tab. 4.1) wurden natürliche Gruppen gewählt, G19-G23 war eine Familie, G24-G27 waren Bekannte und G28-G34 waren Kolleginnen und Kollegen eines Amts. Innerhalb dieser Gruppen waren Befragte unterschiedlichen Alters und z.T. unterschiedlicher Mobilitätschancen vertreten. Die natürlichen Gruppen versprachen einen freien und ungezwungenen Austausch, auch wenn manchmal Meinungen ausgetauscht wurden, die den Teilnehmern/innen auch vorher schon bekannt waren. Die beiden privaten Runden fanden in privater Atmosphäre statt. Die Gruppendiskussion im Kollegen/innenkreis wurde in einem Dienstzimmer des Amtes durchgeführt. In diesem Rahmen wurde weniger offen diskutiert, was nicht zuletzt mit Abhängigkeitsverhältnissen im Rahmen der Hierarchie der Teilnehmer/innen erklärt werden kann.

Die Eröffnung des Gesprächs erfolgte in den sechs Gruppendiskussion mit den Teilnehmern/innen G1-G18 mit der Frage „Was verstehen Sie unter Mobilität im Allgemeinen", vergleichbar mit dem Einstieg in die o.g. Leitfadeninterviews. Als weitere Themen wurden die Gestaltung der persönlichen Mobilität im Alltag (Verkehrsmittel, Alternativen, Umweltbewusstsein, Bequemlichkeit), die Bedingungen für einen möglichen Wechsel der Verkehrsmittel und zukünftige Szenarien angesprochen.

Der stimulierende Grundreiz in den drei Gruppendiskussionen mit den Teilnehmern/innen G19-G34 war die etwas provokative Aussage „Autofahrer sind einfach zu bequem, um sich mal in einen Bus oder in die Bahn zu setzen." Damit wurde die Kontroverse PKW vs. ÖPNV eröffnet und der wesentliche Aspekt Bequemlichkeit als ein wichtiges qualitatives Element thematisiert. In diesen Gruppendiskussionen wurden nur wenige weitere Stimuli gesetzt, einer war die Vorstellung eines Konzepts, bei dem Fahrspuren auf den Autobahnen nur für Fahrgemeinschaften reserviert werden (realisiert z.B. in Los Angeles), und zu dem die Teilnehmer/innen Stellung beziehen konnten. Auf die Besonderheiten der Gruppendiskussion, die Wechselwirkungen zwischen den Teilnehmern/innen und das Einbringen neuer Aspekte und Themen wird in Kap. 4.3.8 eingegangen.

4.2 DEMOGRAPHISCHE UND MOBILITÄTSSPEZIFISCHE MERKMALE DER BEFRAGTEN

Die demographischen und mobilitätsspezifischen Merkmale der insgesamt 62 befragten Personen wurden in einem Überblick in Tab. 4.1 zusammengestellt, um nachfolgend die Interview-Ausschnitte, die mit den Nummern L-n (für Befragte der Leitfadeninterviews) und G-n (für Teilnehmer/innen der Gruppendiskussionen) kodiert wurden, entsprechend zuordnen zu können. In dieser Tabelle ist ebenfalls bereits die Einstufung in einen der fünf „qualitativen Mobilitätstypen" in der Spalte „Typ" erfolgt, die nachfolgend in Kap. 4.3 erläutert wird.

Tab. 4.1: *Charakteristika der Befragten der Leitfadeninterviews und der Gruppendiskussionen*

Nr.	Typ	Gesch.	Alter	Fam.	Kinder	Beruf	Umf.	Führ.	Auto	Rad	ÖPNV	Bahn Card
L1	1	m	25	ledig	0	Azubi	Vollz.	ja	ja	ja	nein	nein
L2	1	w	28	ledig	0	ja	Teilz.	ja	ja	ja	nein	ja
L3	2	w	30	verh.	2	Stud.		ja	ja	ja	nein	nein
L4	2	m	24	ledig	0	Stud.	Teilz.	ja	ja	ja	ja	nein
L5	2	w	22	ledig	0	Stud.	Teilz.	ja	ja	ja	nein	nein
L6	4	m	26	ledig	0	Stud.		nein	nein	nein	ja	nein
L7	1	m	27	ledig	0	Stud.	Teilz.	ja	ja	nein	nein	nein
L8	1	m	39	verh.	2	ja	Vollz.	ja	ja	ja	nein	nein
L9	1	m	31	gesch.	0	ja	Vollz.	ja	ja	ja	nein	nein
L10	2	m	24	led.	0	Stud.		ja	ja	ja	nein	nein
L11	2	w	26	led.	0	Stud.		ja	ja	ja	nein	nein
L12	1	m	30	led.	0	ja	Vollz.	ja	ja	ja	nein	nein
L13	3	m	25	led.	0	Stud.	Teilz.	ja	ja	ja	ja	nein
L14	2	w	26	led.	0	Stud.		ja	ja	ja	ja	ja
L15	3	m	27	led.	0	ja	Vollz.	ja	nein	ja	ja	ja
L16	1	m	29	led.	0	ja	Vollz.	ja	ja	ja	nein	ja
L17	2	w	29	led.	0	ja	Vollz.	ja	ja	ja	nein	ja
L18	5	w	22	ledig	0	Stud.		ja	ja	ja	ja	ja
L19	2	m	33	verh.	3	ja	Vollz.	ja	nein	ja	ja	ja
L20	4	w	30	verh.	1	nein		ja	nein	ja	ja	nein
L21	2	m	39	verh.	2	ja	Vollz.	ja	ja	nein	nein	nein
L22	2	m	44	ledig	0	ja	Vollz.	ja	ja	ja	nein	nein
L23	2	w	46	verh.	2	ja	Vollz.	ja	ja	ja	nein	nein
L24	3	w	23	verh.	0	Stud.		ja	ja	ja	ja	ja
L25	1	w	31	verh.	1	ja	Vollz.	ja	ja	ja	nein	nein
L26	1	w	39	verh.	2	ja	Teilz.	ja	ja	ja	nein	nein
L27	5	w	24	ledig	0	Stud.		ja	ja	ja	nein	nein
L28	3	m	27	ledig	0	Stud.		ja	nein	ja	ja	ja
G1	3	m	25	led.	0	Stud.		ja	ja	ja	ja	nein
G2	1	m	25	led.	0	Stud.		ja	ja	ja	ja	nein
G3	1	w	24	led.	0	ja	Vollz.	ja	ja	ja	nein	nein
G4	1	m	26	led.	0	ja	Vollz.	ja	ja	ja	nein	nein
G5	1	w	33	led.	0	ja	Vollz.	ja	ja	ja	nein	nein
G6	3	m	26	led.	0	ja	Vollz.	ja	nein	nein	nein	nein
G7	1	m	24	led.	0	Stud.		ja	ja	ja	nein	nein
G8	3	m	23	led.	0	Stud.		ja	ja	ja	ja	nein
G9	3	w	21	led.	0	Stud.		ja	nein	ja	ja	nein
G10	3	w	21	led.	0	Stud.		ja	nein	ja	ja	nein
G11	1	w	55	verh.	2	nein		ja	ja	ja	nein	nein

Fortsetzung ...

4.2 Demographische und mobilitätsspezifische Merkmale der Befragten

...Fortsetzung

Nr.	Typ	Gesch.	Alter	Fam.	Kinder	Beruf	Umf.	Führ.	Auto	Rad	ÖPNV	Bahn Card
G12	1	m	36	verh.	1	ja	Vollz.	ja	ja	ja	nein	nein
G13	2	m	52	verh.	3	ja	Vollz.	ja	ja	ja	nein	ja
G14	1	w	52	verh.	3	ja	Vollz.	ja	ja	ja	nein	ja
G15	1	m	18	led.	0	Stud.		ja	ja	ja	nein	nein
G16	1	m	58	verh.	1	ja	Vollz.	ja	ja	ja	nein	nein
G17	1	w	52	verh.	1	ja	Vollz.	ja	ja	ja	nein	nein
G18	2	w	56	verh.	1	nein		ja	ja	ja	nein	nein
G19	3	w	53	verh.	k.A.	ja	Vollz.	ja	ja	ja	ja	nein
G20	1	m	54	verh.	k.A.	ja	Vollz.	ja	ja	ja	nein	nein
G21	2	w	50	verh.	k.A.	ja	Vollz.	ja	ja	ja	nein	nein
G22	2	m	55	verh.	k.A.	ja	Vollz.	ja	ja	ja	nein	nein
G23	3	w	74	verw.	k.A.	Rentn.		nein	nein	nein	ja	nein
G24	1	w	48	verh.	2	ja	Vollz.	ja	ja	ja	nein	nein
G25	3	w	13	led.	0	Schül.		nein	nein	ja	ja	nein
G26	1	m	50	verh.	2	Rentn.		ja	ja	ja	nein	nein
G27	5	w	25	led.	0	Stud.		ja	ja	ja	ja	nein
G28	1	m	55	k.A.	k.A.	ja	Vollz.	ja	ja	k.A.	nein	nein
G29	1	m	38	k.A.	k.A.	ja	Vollz.	ja	ja	k.A.	nein	nein
G30	1	m	25	k.A.	k.A.	ja	Vollz.	ja	ja	k.A.	nein	nein
G31	1	m	45	k.A.	k.A.	ja	Vollz.	ja	ja	k.A.	nein	nein
G32	2	m	20	k.A.	k.A.	Azubi	Vollz.	ja	ja	k.A.	nein	nein
G33	1	w	20	k.A.	k.A.	Azubi	Vollz.	ja	ja	k.A.	nein	nein
G34	1	w	27	k.A.	k.A.	ja	Vollz.	ja	ja	k.A.	nein	nein

Leitfadeninterviews (L-n), Gruppendiskussionen (G-n)
Typ 1: Unreflektierte/r PKW-Nutzer/in, Typ 2: Rationale/r Nutzer/in der Vielfalt, Typ 3: ÖPNV-Nutzer/in und/ oder Fahrradnutzer/in aus Ermangelung eines PKWs, Typ 4: Autoverweigerer/in aus Überzeugung, Typ 5: Emotionale/r Spontan-Entscheider/in.
Quelle: eigene Erhebung

Aus den genannten Kriterien zur Auswahl der Befragten ergibt sich ein differenziertes demographisches und „mobiles" Muster für die 62 befragten Personen, das in Abb. 4.1 und Abb. 4.2 veranschaulicht wird.

Während sich die beiden Geschlechter fast gleich verteilen, sind bei der Differenzierung nach Familienstand relativ viele ledige Befragte und Personen ohne Kinder zu erkennen. Dies hängt damit zusammen, dass in der Universitätsstadt Heidelberg überproportional viele Studierende befragt wurden. Diese Gruppe stellt ein spezifisches Segment der (überdurchschnittlich) mobilen Personen einer Stadt dar, so dass es von besonderem Interesse war, ihre Einstellungen zu erfassen. Das Durchschnittsalter war aufgrund der vielen Studierenden mit 34 Jahren relativ niedrig, die jüngste Teilnehmerin war eine Schülerin im Alter von 13 Jahren, die älteste eine Rentnerin im Alter von 74 Jahren.

Wichtige Merkmale für die Gestaltung der alltäglichen Mobilität sind die Zugangschancen zu den unterschiedlichen Verkehrsmitteln, die in Abb. 4.2 dargestellt werden. Die überwältigende Mehrheit der Befragten besaß einen Führerschein und damit rein theoretisch den Zugang zum PKW. Praktischen Zugang in Form der PKW-Verfügbarkeit besaß ebenfalls eine deutliche Mehrheit von über

80%, und fast ebenso viele Befragte konnten über ein Fahrrad verfügen[181]. Die geringste PKW-Verfügbarkeit besaßen die nicht Erwerbstätigen mit knapp 70% (meist Studierende), die höchste mit 100% die Teilzeit Erwerbstätigen (meist Mütter).

Abb. 4.1: Demographische Merkmale der befragten Personen

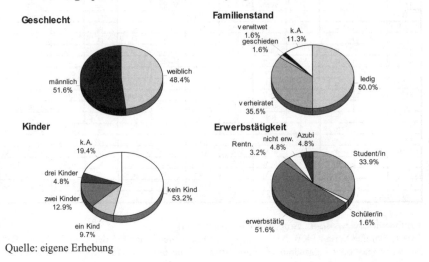

Quelle: eigene Erhebung

Abb. 4.2: Mobilitätsspezifische Merkmale der befragten Personen

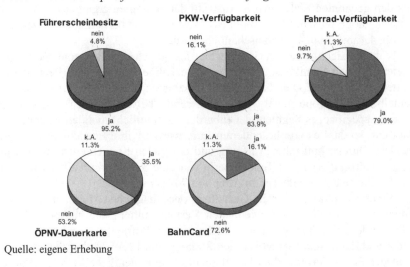

Quelle: eigene Erhebung

---

181 Von 11% der Befragten lagen über den Besitz eines Fahrrads keine Informationen vor. Es kann aber davon ausgegangen werden, dass sich darunter weitere Fahrradbesitzer/innen befanden.

Eine ÖPNV-Dauerkarte besaß mehr als ein Drittel der Befragten, wobei sich diese Gruppe ausschließlich aus Studierenden (Semesterticket[182]) und Rentner/innen (Seniorenkarte[183]) zusammensetzte. Nur 16% (n=10) der Befragten verfügten über eine BahnCard, worunter sich sehr wenige Studierende und sehr viele Vollzeit Erwerbstätige befanden. Zugang zu öffentlichen Verkehrsmitteln besaßen prinzipiell alle Befragte, jedoch wurde die Qualität dieses Zugangs – wie in den folgenden Ausführungen zu erkennen – sehr unterschiedlich eingeschätzt. Es wird anhand dieses kurzen Überblicks deutlich, dass der überwiegenden Mehrheit alle Verkehrsmittel zur Verfügung standen, so dass die Entscheidungen für das jeweilige Verkehrsmittel relativ frei erfolgen konnten.

4.3 „QUALITATIVE MOBILITÄTSTYPEN" UND IHRE URTEILE ÜBER MOBILITÄT

Im Rahmen der Detailanalyse wurden die unterschiedlichen Themenbereiche, die in den Interviews und Gruppendiskussionen angesprochen wurden, in eine Themenmatrix übertragen und in einer kurzen quantitativen Analyse ausgewertet. Die „Zeilen" dieser Themenmatrix entsprechen den Stichworten in Tab. 4.2, die „Spalten" waren durch die insgesamt 62 Befragten gegeben. Die Überbegriffe dieser Themenmatrix entsprechen im Wesentlichen den Impulsen, die durch den Leitfaden gegeben wurden. Die Unterthemen stellen Dimensionen der Antworten dar, die im Zuge der interpretativ-reduktiven Auswertung herauskristallisiert werden konnten. Diese Dimensionen wurden zwar nicht von allen Befragten angesprochen, konnten jedoch in den meisten Interviews erkannt werden. Diese Themenmatrix wurde sowohl für die Befragten der Leitfadeninterviews als auch die der Gruppendiskussionen verwendet. Die quantitative Auswertung beschränkt sich auf die zentralen Argumente, um darzustellen, welche Dimensionen von einer Mehrzahl von Befragten im Zusammenhang mit dem Thema „Qualität von Mobilität" erwähnenswert waren.

Aus der Verteilung der Antworten über diese Themenmatrix (die hier im Einzelnen aus Platzgründen nicht dargestellt werden kann) konnten fünf „qualitative Mobilitätstypen" (Tab. 4.3) entwickelt werden, deren Merkmale und Einstellungen gegenüber zentralen Aussagen nachfolgend näher erläutert werden. Diese fünf Mobilitätstypen dienen als „Gerüst" der folgenden qualitativen Auswertungen und waren im Wesentlichen so trennscharf, dass eine Zuordnung aller Befragten erfolgen konnte. Die Unterscheidung in diese fünf Typen erhebt keinen Anspruch auf Vollständigkeit, sondern setzt ausschließlich auf den in dieser Studie ausgewerteten Interviews auf.

---

182 Im Sommersemester 2003 kostete das Semesterticket für Heidelberger und Mannheimer Studierende 68.- Euro, war ein halbes Jahr gültig und berechtigte zur Nutzung aller Verkehrsmittel des gesamten Verkehrsverbundes Rhein-Neckar.
183 Die Kosten für eine „Karte ab 60" bewegten sich 2003 zwischen 23.- Euro pro Monat und 253.- Euro pro Jahr.

Tab. 4.2: Themenmatrix der Leitfadeninterviews und der Gruppendiskussionen mit Überbegriffen und Unterthemen

Definition von Mobilität: Wahlfreiheit, räumlich (von A nach B), abhängig von PKW-Besitz, zeitlich (schnelle Ortswechsel), unabhängig sein von ÖPNV, Bequemlichkeit, Befragte/r reflektiert über Mobilität
PKW: **Verfügbarkeit PKW:** vorwiegende Nutzung PKW   **Gründe pro PKW:** niedrige Kosten, wenig Zeit/ Unabhängigkeit, Komfort, Transportmöglichkeiten, Durchführung von Spazierfahrten, im Auto Musik Hören/ Rauchen   **Gründe contra PKW:** hohe Kosten, kein Alkoholkonsum, Stress/ Stau, Parkplatzprobleme, Umweltprobleme
ÖPNV und Bahn: Vorwiegende Nutzung ÖPNV, ÖPNV gegenüber grundsätzlich ablehnend   **Gründe pro ÖPNV/ Bahn:** hoher Komfort/ Lesen oder Arbeiten können, geringe Kosten (Semesterticket oder Seniorenpass), Alkoholkonsum möglich, keine Parkplatzprobleme   **Gründe contra ÖPNV/ Bahn:** Fahrplanabhängigkeit, hoher Zeitaufwand, hohe Kosten, Gestank/ Überfüllung, zu geringe Netzdichte
Fahrrad: **Besitz Fahrrad,** vorwiegende Nutzung Rad   **Gründe pro Fahrrad/ zu Fuß:** für kurze Strecken gut geeignet, Erholung/ frische Luft, Fitness/ Sport   **Gründe contra Fahrrad**
Urlaubsfahrten: Entfernung, Verkehrsmittel: Auto, Bus/ Bahn, Flugzeug, zukünftig gleiche Wahl, Vorteil PKW: Gepäck
Spaß beim: Autofahren, Radfahren, Motorradfahren, Bahnfahren
Entscheidungskriterien für Mobilität: Bequemlichkeit, Spontaneität, Flexibilität, Kosten, Witterung, Alleinsein wollen, Gepäcktransport/ Fahrten für Kinder, Zeit/ Geschwindigkeit, Sachüberlegungen, Gewohnheiten, Zuverlässigkeit, „Auto ist eh' da"

Quelle: eigene Erhebung

Die zentralen Dimensionen, anhand derer diese qualitativen Mobilitätstypen konstruiert wurden, waren der Grad der Reflexion, der dem Mobilitätsverhalten zugrunde lag, in Kombination mit den Motiven für das resultierende Verhalten im Alltag. Es hatte sich während der Analyse der Interviews herausgestellt, dass diese Variablen gute Indikatoren für weitere typische Argumentationsmuster darstellten. Ein weiteres Merkmal der Differenzierung war die PKW-Verfügbarkeit und die Häufigkeit des PKW-Einsatzes. Die PKW-Verfügbarkeit war für alle Personen des Typs 1 (Unref-PKW), des Typs 2 (Ratio-Viel) sowie des Typs 5 (Spontano) gegeben. Dagegen verfügte nur ein Drittel der Personen des Typs 3 (ÖPNV-Rad) über einen PKW und erwartungsgemäß keine Person des Typs 4 (Anti-PKW). Von den 29 Personen des Typs 1 (Unref-PKW) nutzten 90% fast ausschließlich den PKW. Zudem fanden unter ihnen 72% Argumente für die PKW-Nutzung, jedoch nur rd. 30% konnten Gründe gegen den PKW anführen.

Tab. 4.3: Fünf „Qualitative Mobilitätstypen"

Typ 1: **Unreflektierte/r PKW-Nutzer/in (Unref-PKW)**
Diese Personen äußerten häufig im Rahmen der Einstiegsfragen, dass sie selten über ihre Mobilität und die zugrunde liegenden Entscheidungen nachdachten, sondern den PKW, der „sowieso da sei", aus Gewohnheit und meist auch aus Bequemlichkeit nutzten. Für sie stellte der ÖPNV oder das Fahrrad eine Ergänzung dar, die sie nur im „Notfall" (z.B. bei Alkoholkonsum) oder zu Freizeitzwecken nutzten (n=29).

Typ 2: **Rationale/r Nutzer/in der Vielfalt (Ratio-Viel)**
Diese Befragten nutzten meist alle zur Verfügung stehenden Verkehrsmittel je nach aktuellem Bedarf oder nach Witterung, Parkplatzsituation uvm. Ihnen stand ebenso wie Typ 1 ein PKW zur Verfügung, sie entschieden jedoch relativ frei und nach rationalen Überlegungen zwischen den Verkehrsmitteln, ohne von vorneherein auf ein bestimmtes Verkehrsmittel fixiert zu sein (n=16).

Typ 3: **ÖPNV-Nutzer/in und/ oder Fahrradnutzer/in aus Ermangelung eines PKWs (ÖPNV-Rad)**
Vor allem unter den Heidelberger Studierenden war dieser Typus sehr häufig vertreten. Diese Personen verfügten meist über das Semesterticket und besaßen entweder aus finanziellen Gründen keinen PKW oder nutzten ihn aufgrund der schwierigen Parkplatzsituation in Heidelberg nicht oder nur äußerst selten. In diese Gruppe fiel auch die Rentnerin, die nach dem Tod des Mannes über keinen PKW mehr verfügte und das Seniorinnen-Ticket nutzte (n=12).

Typ 4: **Autoverweigerer/in aus Überzeugung (Anti-PKW)**
Diese Personen verzichteten absichtlich auf den PKW, z.T. besaßen sie keinen Führerschein oder nahmen an einem Car-Sharing-Projekt teil. Ihre Motive für den PKW-Verzicht waren vorwiegend ökonomischer Natur (n=2).

Typ 5: **Emotionale/r Spontan-Entscheider/in (Spontano)**
Personen diesen Typs konnten keine rationalen Motive für ihre Entscheidungen für/ gegen ein Verkehrsmittel nennen. Sie entschieden nach Lust und Laune darüber, wann sie sich womit wohin bewegten, wobei die Spontaneität dieser Wahl für sie sehr wichtig war (n=3).

Quelle: eigener Entwurf

Dagegen wurde der PKW nur von gut der Hälfte der Personen des Typs 2 (Ratio-Viel) überwiegend genutzt und sie erwähnten zu rd. 70% sowohl Gründe für als auch gegen den PKW. Die Vertreter/innen des Typs 3 (ÖPNV-Rad) nannten mehrheitlich Gründe für den PKW, aber auch Gründe für den ÖPNV. Grundsätzlich ablehnend gegenüber dem ÖPNV waren vor allem Vertreter/innen des Typs 1

(Unref-PKW). Sie äußerten zu über 40%, dass sie den ÖPNV aus verschiedenen Gründen prinzipiell ablehnten. Insgesamt nannten 60% dieser Gruppe Argumente gegen den ÖPNV und nur rd. ein Viertel dieser Gruppe konnte dem ÖPNV überhaupt etwas Positives abgewinnen.

Die Altersverteilung auf diese fünf Mobilitätstypen gestaltete sich so, dass Vertreter/innen des Typs 1 und 2 mit im Durchschnitt 36 Jahren gleich alt waren (und damit älter als der Durchschnitt), während die des Typs 3 mit 30 Jahren etwas jünger war, und die wenigen Personen des Typs 4 und 5 mit 28 und 24 Jahren zu den jüngeren Befragten zählten. Bemerkenswert ist auch, dass in den Typen 2, 3 und 4 die Geschlechter absolut gleich verteilt waren, Typ 5 (Spontano) nur aus zwei Frauen bestand und in Typ 1 (Unref-PKW) deutlich mehr Männer (rd. 60%) als Frauen vertreten waren. Die Überrepräsentanz der Männer unter den „PKW-Nutzern aus Gewohnheit" spiegelt bekannte Muster aus der Verkehrsstatistik wider. In den folgenden Auswertungen werden nun die Aussagen der jeweiligen Typen zu den zentralen Fragestellungen einander gegenübergestellt.

4.3.1 Einstellungen zur Definition von Mobilität

Der Begriff Mobilität war für die meisten Befragten damit verbunden, räumlich von A nach B gelangen zu können, wobei Aspekte der Zeitersparnis damit in engem Zusammenhang standen, z.B. wie von einem Vertreter des Typs 1 formuliert:

> Zitat 1: „Schnell von einem Punkt zum anderen zu kommen, das ist Mobilität" (L8-Typ 1)

Der Zusammenhang von Mobilität und Zeit, bzw. zeitlicher Flexibilität, wurde sehr häufig betont, wobei vorrangig Vertreter/innen des Typs 1 diesen Zusammenhang als Argument für die Unentbehrlichkeit des PKWs ins Feld führten.

> Zitat 2: „Ich muss schnell irgendwo hin kommen können, also es muss zuverlässig sein, also ich muss mich darauf verlassen können (...) und dann sollte es auch einigermaßen günstig sein. (...) Auf alle Fälle, dass ich das zeitlich individuell gestalten kann." (L26-Typ 1)

> Zitat 3: „Und da kommt bei mir aber auch das Zeitliche dazu, da ich permanent Zeitdruck habe. (...) Gerade während der Arbeitszeit, (...) da kann ich mir so etwas, wie Zug und Bahn, überhaupt nicht leisten. (...) Der zeitliche Aspekt zählt da halt schon. (...) Rentner nutzen das viel, oder? Busse und Bahnen, (...) denn die haben die Zeit dazu." (G4-Typ 1)

Häufig wurde von den Befragten des Typs 1 (Unref-PKW) angeführt, dass für sie der Begriff Mobilität damit verbunden sei, sich spontan und flexibel bewegen zu können, ohne dafür planen zu müssen. Einige Befragte stellten sogar ausdrücklich die beiden Begriffe Planung und Mobilität als unvereinbar einander gegenüber:

> Zitat 4: „Planung passt ja nicht zu Mobilität. Weil Mobilität ist für mich Flexibilität, d.h. eher Spontaneität, und mit Planung hat das eigentlich wenig zu tun." (G2-Typ 1)

> Zitat 5: „Ich glaube, man muss (mit dem ÖPNV, Anm. d. Aut.) auf jeden Fall mehr planen. Weil, in das Auto kann man einfach aus dem Haus (...) reinspringen. Das fährt einem halt nicht weg. (...) Aus dem Grund fallen für mich die öffentlichen Verkehrsmittel im Alltag ja auch weg. Weil ich eben spontan noch da und da hinfahren will und da noch was erledigen will oder eben mal kurz weg muss, wenn ich bei der Arbeit bin. Und somit passt das überhaupt nicht dazu, weil spontan sind die öffentlichen Verkehrsmittel nicht." (G3-Typ 1)

4.3 „Qualitative Mobilitätstypen" und ihre Urteile über Mobilität

Zitat 6: „Wenn ich jetzt weiß, ich gehe einkaufen, weiß aber nicht (...), wie viel und was und, um da einfach frei zu sein, flexibel zu sein, ist mir das Auto wesentlich angenehmer, weil ich da die Taschen nicht rumschleppen muss. (G17-Typ 1)

Zitat 7: „Es steht da und wartet, bis ich nun fertig bin und ist verfügbar. (...) Und es stellt sich halt auf meinen Tagesablauf ein, ohne dass ich mich um irgendwelche anderen Geschichten, wie Fahrpläne oder so, zu kümmern habe." (L26-Typ 1)

Zitat 8: „Also ich finde die Flexibilität (wichtig, Anm. d. Aut.), dass ich einfach sagen kann, ich kann jetzt sofort in mein Auto einsteigen und von A nach B (fahren). Ich muss nicht zu einer bestimmten Haltestelle laufen, weil ich weiß, da fährt dann und dann ein Bus und muss wissen, dass er dann und dann fährt, sondern ich kann einfach sagen, ich gehe vor meine Haustür und steige ein. (L25-Typ 1)

Vor allem von Vertretern/innen des Typs 1 wurden PKW und ÖPNV hinsichtlich ihrer Flexibilität und der Möglichkeit der spontanen Mobilitätsentscheidungen einander kontrastierend gegenübergestellt. Ein wichtiger Punkt war die Unabhängigkeit von Planungen allgemein und von Fahrplänen im Besonderen. Diese Haltung wurde vor allem von denjenigen angeführt, die ständig über einen PKW verfügen konnten und seine vorwiegende Nutzung mit dem Argument der Flexibilität stützten. Dass auch Gewohnheiten diese Verhaltensweisen bedingten, wurde ab und an eingeräumt.

Zitat 9: „Ich denke schon, dass man, wenn man einmal das Auto gewohnt ist, dass man es nicht gerne wieder her gibt." (L25-Typ 1)

Zitat 10: „Ich brauche halt mein Auto. Es wird (...) so oft genutzt, weil man eben den Luxus gewohnt ist." (G7-Typ 1)

Zitat 11: „Mobil zu sein (bedeutet für mich, Anm. d. Aut.), ein Auto zu haben – auf jeden Fall. Ich bräuchte nicht unbedingt ein Auto zur Arbeit, weil ich fast auf der Arbeit wohne und die Verkehrsverbindungen sehr gut sind. Aber ein Auto, ohne Auto ist schon... *(Frage: Haben sie ein Auto?)* Selbstverständlich habe ich ein Auto. *(Frage: Steht ihnen das Auto auch immer zur Verfügung?)* Immer." (L12-Typ 1)

Wie stark bei Personen des Typs 1 Mobilität mit dem PKW-Besitz verbunden war, zeigt das Zitat 11, bei dem die Nachfrage nach dem PKW-Besitz nachdrücklich bejaht wurde. Keinen PKW zu haben, wurde von diesen Befragten geradezu als Makel des „Immobil-Seins" interpretiert. Diese Personengruppe neigte zudem dazu, grundsätzlich nicht über Mobilitätsentscheidungen nachzudenken.

Zitat 12: *(Frage: Und wie entscheidest Du Dich für ein bestimmtes Transportmittel?)* „Ich denke eigentlich nicht darüber nach, das (die Nutzung des PKWs, Anm. d. Aut.) ist alles schon so eingespielt." (L1-Typ 1)

Diese Haltung der unreflektierten Nutzung des ohnehin vorhandenen PKWs zeichnete die Personen des Typs 1 (Unref-PKW) besonders aus. Diese Einstellung ist z.B. auch in den Zitaten 7 und 8 erkennbar, in denen der PKW als „vor dem Haus auf den/ die Fahrer/in wartend" beschrieben wird. In Zitat 12 wird ausdrücklich dieses „Nicht-Nachdenken" thematisiert, in den anderen Interviews fanden sich nur selten Zitate, die diese Haltung belegten, da sich die Einstellung vorwiegend an einem Mangel an Sachargumenten und an der Absenz von Reflexionen in den Interviews sowie an einer gewissen Ratlosigkeit bei der Frage nach den Gründen der Nutzung eines Verkehrsmittels festmachen ließ.

Umgekehrt wurde für Personen des Typs 2 (Ratio-Viel) die Definition von Mobilität im Allgemeinen seltener mit der Verfügbarkeit eines PKWs verknüpft, sondern sie wurde eher als Wahlfreiheit interpretiert.

> Zitat 13: „Ich benutze auch fast täglich andere Transportmittel (als den PKW, Anm. d. Aut.): Bahn, Zug, Rad, Skateboard. Kürzere Strecken mache ich zu Fuß oder mit dem Rad, Skateboard." (L4-Typ 2)
>
> Zitat 14: „(Mobilität, Anm. d. Aut.) bedeutet in erster Linie, dass ich von A nach B komme und dass ich eben die Freiheit habe, wenn ich jetzt wohin fahren möchte, egal wohin, dass ich das einfach kann, wenn ich will, egal, auch (...) mit Auto oder Fahrrad oder auch zu Fuß, das geht auch." (L17-Typ 2)

Eine dieser Befragten definierte sogar Mobilität ausdrücklich nicht in Abhängigkeit von der Verfügbarkeit eines PKWs (die bei ihr gewährleistet gewesen wäre), sondern in Abhängigkeit von der Versorgung mit dem ÖPNV.

> Zitat 15: „Mobil sein ist für mich (...), mit den Nahverkehrsmitteln schnell dahin zu kommen, wo ich hin möchte, das heißt, in die Innenstadt, zu bestimmten Punkten, zum Bahnhof zum Beispiel oder zum nahen Einkaufszentrum. Das (...) rund um die Uhr und (...) am besten (...) in einem Fahrtakt, der angemessen ist. Also alle zehn Minuten, wie in Heidelberg, wie wir es hier haben (...) ist okay." (L14-Typ 2)

Die Vertreter/innen des Typs 3, also diejenigen, die vorwiegend den ÖPNV oder das Fahrrad nutzten, beschränkten sich bei der Definition von Mobilität im Wesentlichen auf die Komponente des Erreichens aller gewünschten Orte, zeigten jedoch ansonsten keine markanten Unterschiede zu den Definitionen der Befragten des Typs 2. Die Äußerungen zu Mobilität der wenigen Vertreter/innen der Typen 4 und 5 zeigen nachfolgend, wie stark sich diese Personen von den anderen drei Typen unterschieden. Ein Vertreter des Typs 4 (Anti-PKW) formulierte recht fatalistisch und drastisch Abhängigkeiten bzgl. des PKWs und des ÖPNVs, mit denen er zum einen begründete, warum er keinen PKW besaß, zum anderen aber auch Unfreiheiten im ÖPNV beschrieb:

> Zitat 16: „Ob ich von einem Ölscheich im Iran abhänge oder (...) einem Vollidioten bei Siemens, der die Pläne macht für den ÖPNV, das ist mir egal. Ich bin sowieso abhängig von irgend jemandem, außer ich könnte fliegen, aber das kann ich ja nicht." (L6-Typ 4)

Eine Vertreterin des Typs 5 (Spontano) erläuterte ihren – meist unreflektierten – Entscheidungsprozess für ein Verkehrsmittel in Abhängigkeit von ihrer Stimmung, was jedoch auch durch die für sie gute Verfügbarkeit aller Verkehrsmittel und die geringen Distanzen der gewünschten Zielorte zu erklären war.

> Zitat 17: „Da fahr ich halt hin, da denk ich nicht viel bei." (L18-Typ 5)
>
> Zitat 18: „Und das (Universität, Orte zum Ausgehen, Anm. d. Aut.) ist alles für mich nicht so weit, deshalb entscheide ich mich immer nach Lust und Laune. Und wenn ich sehr bequem bin, dann fahre ich mit dem Auto, ansonsten mit dem Rad oder der Straßenbahn." (L18-Typ 5)

Insgesamt ließen sich bereits bei der allgemeinen Frage zum Verständnis von Mobilität markante Unterschiede zwischen den „qualitativen Mobilitätstypen" erkennen, die im Wesentlichen die Klassifizierung dieser Mobilitätstypen begründen. Besonders deutliche Unterschiede waren zwischen Typ 1 (Unref-PKW) und den anderen Personen zu erkennen, da für Personen des Typs 1 Mobilität an sich bereits untrennbar mit der PKW-Verfügbarkeit verbunden war.

4.3.2 Einstellungen für und gegen den PKW als Verkehrsmittel

Die "unreflektierten PKW-Nutzer/innen" (Typ 1) nutzten – wie die Bezeichnung auch ausdrückt – alle im Alltag vorwiegend den PKW. Wie bereits erwähnt, konnten sie mehr als doppelt so oft Argumente für als gegen den PKW nennen. Die am häufigsten genannten Argumente für den PKW waren die Zeitersparnis durch Wege mit dem PKW und die Unabhängigkeit, was mit dem o.g. Mobilitätsverständnis dieser Personengruppe übereinstimmt.

> Zitat 19: *(Frage: Was sind Ihre Gründe, das Auto zu benutzen?)* „Ja, bequem. Ich habe meine Musik drin. Ich bin spontan. Ich muss keinen fragen. Ich kann von jetzt auf hier losfahren. Bei der Bahn muss man sich an Zeiten halten, man muss ein Ticket kaufen. Man kommt nicht genau an dem Ort an, an den man hin muss, nicht haargenau. Und mit dem Auto? Da setz ich mich rein und fahr los und bin ungebunden. Das einzige, was gegen das Auto spricht, ist das hohe Verkehrsaufkommen. Und ich habe genügend Zeit, dem auszuweichen." (L12-Typ 1)

> Zitat 20: „Also in der Regel denke ich, ist man (...) auf den meisten Strecken, die ich fahre, mit dem Auto viel schneller und auch flexibler (...) und dann ist es auch meistens günstiger." (L16-Typ 1)

> Zitat 21: „Das Auto bietet mir die größte Unabhängigkeit, das heißt, ich muss mich an keine Zeitpläne halten, ich kann dann das Auto benutzen, wenn ich das möchte, vorausgesetzt es ist betankt. Insgesamt bin ich unabhängiger, als wenn ich mich an irgendwelche Fahrpläne halten müsste. (L8-Typ 1)

Die Argumente für den PKW stützten sich erneut auf die Unabhängigkeit von Planungen, umfassten aber auch Kostengründe (meist im Vergleich zum ÖPNV und zur DB AG). Der Komfort im Allgemeinen wurde ebenfalls genannt, und einige Befragte dieses Typs 1 gaben auch offen zu, einfach aus Bequemlichkeit dieses Verkehrsmittel zu bevorzugen. Hierbei wurde zudem häufig das Argument der Witterungsunabhängigkeit eingesetzt.

> Zitat 22: *(Frage: Was sind Ihre Gründe, ein bestimmtes Transportmittel zu benutzen?)* „Wie jeder Mensch: Bequemlichkeit, Faulheit. Das heißt, ein Transportmittel, was einem jederzeit zur Verfügung steht und unter Umständen noch wetterunabhängig ist, wird bevorzugt." (L8-Typ 1)

> Zitat 23: *(Frage: siehe Zitat 23)* „Die Bequemlichkeit, das ist auf jeden Fall ein großer Punkt, von niemandem abhängig zu sein. Ich kann alles ins Auto packen (...) bin auch nicht vom Wetter abhängig, muss nicht überlegen, regnet es oder regnet es nicht, sondern ich packe alles ein und kann dann vor Ort entscheiden, was ich anziehe etc." (L9-Typ 1)

Hinzu kamen, wie in Zitat 23 erwähnt, die Vorteile des PKWs beim Transport von Dingen und – wie von Befragten des Typs 1 am häufigsten erwähnt – der Vorteil des Nicht-Planen-Müssens bei der Auswahl bzw. der Mitnahme von Gepäck. Dies wird im Rahmen der Argumente für den PKW als Urlaubsgefährt in Kap. 4.3.5 erneut thematisiert. Die Möglichkeit, den PKW als mobilen „Stauraum" zu nutzen, wird zudem in nachfolgendem Zitat formuliert. Hier wird außerdem eine Komponente der emotionalen Qualität angesprochen, die zeigt, dass es Aspekte der Verkehrsmittelwahl gibt, die sich rationalen Argumenten entziehen.

> Zitat 24: *(Frage: Was müsste sich ändern, um Euch zum Verkehrsmittelwechsel zu veranlassen?)* „Nee, also mich kann man da nicht umstimmen. Mein Auto ist alles. Das ist ja nicht nur, dass ich jetzt schneller irgendwo bin, sondern (...) das hat ja noch andere „benefits". Du kannst dabei Musik hören. Du kannst dabei rauchen. Sachen, die du halt in der Straßenbahn oder im Bus nicht machen darfst. Du bist alleine. Den ganzen Kram, den du brauchst, kannst

du mitnehmen ohne Probleme, du kannst es ablegen. Du kannst einkaufen und kannst es sofort wieder da reinschmeißen. Solche Sachen kann man nicht dadurch kompensieren, dass ich jetzt (...) mit dem Bus fahre, nur, weil der jetzt 10 Minuten schneller da ist oder nicht." (G2-Typ 1)

Selbst wenn der ÖPNV zeitliche Vorteile besäße, würde er für diesen Befragten offensichtlich nicht die genannten emotionalen Komponenten der PKW-Mobilität aufwiegen können. Die qualitativen Vorteile des PKWs, wie das ungestörte Musik Hören oder Rauchen, wurden insgesamt zehnmal genannt, wobei dies Argumente fast aller Mobilitätstypen waren. Diese Qualitäten, die m.E. in hohem Maße gleichzeitig mit emotionalen Werten, Status und Prestige verbunden sind, wurden mehrfach von den Befragten vor allem des Typs 1 als Vorzüge des PKWs genannt.

Zitat 25: „(Im Auto, Anm. d. Aut.) kannst Du den Stress anders abhalten. Du bist (...) in der Hinsicht frei, dass Du da tun und lassen kannst, was Du willst. (...) Das Auto ist ja auch ein Stück Deine Welt. Sozusagen Dein zweites Sofa. Dein fahrbares Wohnzimmer." (G7-Typ 1)

Der PKW wird hier als Refugium, als Teil der Wohnung, des „Zuhause-Seins" beschrieben, in das man sich von der feindlichen Welt zurückzieht, in dem es dem (häufig männlichen und unter 30jährigen) Fahrer erlaubt ist, das zu tun, was er möchte. Insbesondere die Assoziationen von „Wohnzimmer" und „Sofa" signalisieren die Intimität und den Grad der Entspannung, den dieses Verkehrsmittel für manche Befragte offensichtlich mit sich bringt. Eine ähnliche Komponente wurde ebenfalls von einer Teilzeit erwerbstätigen Mutter thematisiert, für die die Fahrzeit zwischen ihren verschiedenen Verpflichtungen, wie z.B. der Erwerbstätigkeit und dem Kindergarten eine „Auszeit", „Zeit für sich selbst" darstellt, die sie regelrecht genießt[184].

Zitat 26: „Ich klettere gerne in mein Auto und fahre irgendwo hin (…) man hat dann Musik, (...) man hat noch mal so einen Puffer, bevor man dann zur nächsten Geschichte rennt. Bevor ich morgens hier (am Arbeitsplatz, Anm. d. Aut.) lande, da habe ich noch mal 10 Minuten, die ich für mich selbst habe (...). Und wenn ich jetzt hier raus gehe und fahre Richtung Kindergarten, dann habe ich auch noch mal meine 10 bis 20 Minuten, die ich dann für mich habe, und das genieße ich schon." (L26-Typ 1)

Die Vorteile des PKWs, die Personen des Mobilitätstyps 2 (Ratio-Viel) nannten, waren durchaus mit den oben genannten Argumenten vergleichbar, wobei diese Personen – im Unterschied zu den Befragten des Typs 1 (Unref-PKW) – zusätzlich zu den Vorteilen des PKWs auch Nachteile in seiner Nutzung erkannten. Der Komfort des PKWs und seine Transportmöglichkeiten standen jedoch für sie und auch für die Vertreter/innen des Typs 3 (ÖPNV-Rad) noch mehr im Vordergrund als für diejenigen des Typs 1. Hinzu kam, dass sie sich meist weitaus rationaler für oder gegen ein Verkehrsmittel entschieden. Nachfolgendes Zitat steht stellvertretend für eine Vielzahl solcher Ausführungen.

Zitat 27: *(Frage: Welche Faktoren beeinflussen (...) Deine Wahl für das Transportmittel?)* Weg, Entfernung, Erreichbarkeit. Wenn es gut erreichbar ist mit der Bahn, dann nehme ich

---

[184] Davies (2001) kam in ihren Untersuchungen zu einem vergleichbaren Ergebnis. Die befragten Frauen nutzten im Alltag die Wegezeit (allerdings im Bus oder mit dem Fahrrad), um den Tag und seinen Verlauf (u.a. ihre Arbeit) zu planen, d.h. dass auch hier die Wegezeit zur Kontemplation bzw. zum Nachdenken genutzt wurde.

die Bahn, zumal das Autofahren teuer ist. Aber, wenn ich nach Ettlingen will, da fährt zwar auch eine Bahn, aber da muss ich zum Bahnhof und dann 2-3mal umsteigen und warten und so, dann nehme ich lieber das Auto, das geht auch schneller. Vom Wetter mache ich es noch abhängig. Skateboard fahr ich nur, wenn es nicht regnet. Auch der Preis, ob ich alleine fahre oder zu Mehreren, den Preis teilen kann zum Beispiel." (L4-Typ 2)

Auch Vertreter/innen des Typs 2 nannten als Faktoren für den PKW die Bequemlichkeit, das Musik Hören, die Rückzugsmöglichkeiten und vor allem die Selbstbestimmtheit im PKW als Argumente für dessen Nutzung.

Zitat 28: „Mit dem Auto (...), wenn ich fahre und nicht viel Verkehr ist, finde ich das wesentlich angenehmer als mit dem Zug. Ich steige hier vor der Haustür direkt in die Karre, um dann dort wieder auszusteigen. Muss nicht auf den Bus warten, kann Musik hören, die ich will, kann mit einer Geschwindigkeit vorwärtskommen, zu der ich Lust hab und nicht der Zugführer. „My car is my castle" sozusagen. Ich kann mich in mein eigenes Gefährt setzen und nicht in ein Fremdes, um wo hinzukommen." (L5-Typ 2)

Von einer Vertreterin des Typs 5 (Spontano) wurde ebenfalls der Vorteil der Abgeschiedenheit formuliert, so dass sich dieser Aspekt durch fast alle Mobilitätstypen zieht.

Zitat 29: *(Frage: Was ist denn im Auto besonders angenehm?)* „Dass es in einer eigenen ruhigen Kapsel drin ist, nicht das Gequassel von den ganzen Leuten drum herum. (...) Vor allem, für einen kurzen Moment seine Ruhe zu haben. Man bewegt sich ja sowieso in der Gesellschaft offen und dann reicht es." (L27-Typ 5).

Eine weitere emotionale Komponente wurde von einem der Befragten des Typs 2 genannt, der neben dem PKW zwar auch andere Verkehrsmittel nutzte, jedoch in einem Exkurs zum Genuss des „Gleitens" auf der Autobahn sein Erleben von Mobilität erläuterte.

Zitat 30: „Ich mag es nicht, mich ewig lang auf der Autobahn aufzuhalten, es wird sehr zügig gemacht. Also sehr schnell. (...) Wenn ich im Auto sitze, und ich muss nicht ständig stark bremsen oder stark beschleunigen, dann quasi so mit der Geschwindigkeit spielen kann und es GLEITET, ja. Dann ist es einfach, dann fließt es, (...) dann ist das, obwohl es sehr anstrengend sein kann, (...) kein Stress. (...) Wie gesagt, ich versuche, mich nicht zu stressen beim Auto fahren. (...) So lange irgendetwas eine fließende Bewegung ist, da ist irgendwo in dem menschlichen Empfinden ein gewisses Suchtpotential vorhanden, glaube ich und (...) das macht den Leuten Spaß, weil da ein Rausch vorhanden ist. Und das kann man auf einem Fahrrad erleben, weil das einfach gleitet oder in einem Auto kann man es auch erleben und wahrscheinlich nehmen es Motorradfahrer am extremsten wahr." (L22-Typ 2)

Hierbei ist zu bemerken, dass die beiden Fahrten, die von dem Befragten als „zügig" beschrieben wurden, jeweils von Heidelberg nach Hamburg (rd. 600 km) in weniger als 4 Stunden) und nach Berlin (rd. 650 km) in 4,5 Stunden zurückgelegt wurden, so dass deutlich wird, dass hier von „stressfreien" Fahrten mit relativ hohen Durchschnittsgeschwindigkeiten berichtet wurde. Die Beschreibung von Mobilität verbunden mit den Begriffen Genuss, Rausch und Sucht deutet darauf hin, dass hier Motive für die Wahl und Nutzung eines Verkehrsmittels offenbar werden, die weit von rationalen Überlegungen entfernt sind.

Für diejenigen, die keinen PKW besaßen, da sie sich einen PKW nicht leisten konnten oder wollten (Typ 3 und 4), lagen die Vorteile des PKWs vor allem in der schon häufig genannten Unabhängigkeit und dem Zeitvorteil. Bezeichnend ist die Aussage einer Schülerin, die zum Befragungszeitpunkt mit dem Bus fuhr (fahren musste).

Zitat 31: *(Frage: Wenn du später einen Führerschein hast, wirst du dann mit dem Auto zur Schule fahren?)* „Ja, wahrscheinlich schon (...) da kann ich länger schlafen, und bin schneller dort". (G25-Typ 3)

Da an ihrer Schule zudem bereits Schülerparkplätze eingerichtet worden waren (die zwar immer überfüllt waren), wurde dies als naheliegende Zukunftsplanung angesehen. Die zunehmende Individualisierung der Tagesabläufe, d.h. individuelle Stundenpläne durch Kurswahl in der Oberstufe der Schüler/innen, flexible Arbeitszeiten der Erwerbstätigen usw. wurden immer wieder als Argumente für den PKW und insbesondere gegen Fahrgemeinschaften im PKW angeführt. Eine Befragte des Typs 2, die zum Befragungszeitpunkt selbst in einer Fahrgemeinschaft zum Arbeitsplatz gelangte, konnte diese Problematik besonders gut beschreiben.

Zitat 32: „Also ich denke, man sollte die Fahrgemeinschaften mehr fördern. Sicher hat's auch Nachteile: wenn der eine früher Schluss machen will, und die Kollegin eine Stunde länger arbeiten will, das ist natürlich nicht mehr die Freiheit. Manche sagen: ‚Nie im Leben Fahrgemeinschaft, auf die Freiheit verzicht' ich nicht, wenn ich jetzt um drei Uhr heim will.' (...) Einerseits sagt man, Fahrgemeinschaft ja, andererseits macht man gleitende Arbeitszeit. Wenn ich wirklich gleitende Arbeitszeit hab', bedeutet dass, ich hab' die Freiheit zu kommen und zu gehen, wann ich möchte. Das ist aber dann ein Widerspruch zur Fahrgemeinschaft. Dann muss man eben zwei, drei Leute finden, die genauso gleiten möchten, dann ist es eben nicht mehr die Freiheit, die mir die Gleitzeit gibt, wenn ich mich dann doch anpassen muss, dann hab ich ja nichts von der Gleitzeit (...) Du musst dann zwei, drei Leute finden, die nicht nur in der gleichen Ortschaft wohnen, sondern auch die gleichen Interessen haben und zur gleichen Zeit fahren wollen." (G21-Typ 2)

Argumente gegen den PKW wurden relativ selten von Vertretern/innen des Typs 1, relativ häufig von Vertretern/innen des Typs 2 und erwartungsgemäß häufig von den beiden Personen des Typs 4 (Anti-PKW) genannt. Mit Abstand am häufigsten wurden Parkplatzprobleme als Argument gegen die PKW-Nutzung angeführt, wobei dieses Argument von zwei Drittel der Personen des Typs 2 (Ratio-Viel) und des Typs 3 (ÖPNV-Rad) genannt wurde. Für diese Gruppe war die Parkplatzsituation insbesondere in Heidelberg der zentrale „push-Faktor" gegen eine PKW-Nutzung. Umgekehrt wurde die Parkplatzproblematik meist gleichzeitig mit den Argumenten für andere Verkehrsmittel, wie den ÖPNV und das Fahrrad verbunden.

Zitat 33: „Mit dem Auto ist es eine Katastrophe. Man würde dann wahrscheinlich auch erst in einer Viertelstunde ankommen (gleiche Zeit wie ÖPNV, Anm. d. Aut.), und dann muss ich auch noch für den Parkplatz zahlen, wahrscheinlich finde ich erstmal gar keinen. Also da sehe ich einfach gar keine Chance fürs Auto." (L14-Typ 2)

Zitat 34: „Ein Auto benutze ich nicht, weil ich es mir nicht leisten kann oder will, beides ein bisschen, also erst mal ist es mir zu teuer, und zweitens auch zu stressig. Ich brauche es ja hier eigentlich nicht, und da müsste ich in der Altstadt immer einen Parkplatz finden, das wäre ja auch dumm. Das wäre einfach ein Riesenaufwand mit minimalem Erfolg, weil ich ja hier in der Stadt alles mit dem Fahrrad machen kann. Das Fahrrad ist sehr, sehr günstig, weil es ist immer da, das kann man überall hin mitnehmen und findet immer einen Parkplatz und man (...) ist sehr mobil, weil man ganz schnell geringe Distanzen zurücklegen kann und auch nicht so ein Parkplatzproblem hat. Nicht so einen Klotz am Bein mit dem Fahrrad hat, weil man es überall abstellen kann." (L15-Typ 3)

4.3 „Qualitative Mobilitätstypen" und ihre Urteile über Mobilität

Im ersten Satz des Zitats 34 wird zum einen deutlich, dass die Entscheidung gegen den PKW von diesem Vertreter des Typs 3 nicht nur aus Überzeugung, sondern auch aufgrund finanzieller Restriktionen gefällt wurde. Zum anderen wurde jedoch im Folgenden der Parkplatzmangel in der Heidelberger Altstadt als das zentrale Motiv gegen die Nutzung des PKWs und für die Nutzung des Fahrrads ausgeführt. Sogar eine ausgesprochen „bekennende" PKW-Fahrerin (Typ 1, Unref-PKW) führte die Parkplatzproblematik in ihren Ausführungen an, nur mit dem Unterschied zu den o.g. Befragten, dass sie sich trotzdem für den PKW als Verkehrsmittel entschied:

> Zitat 35 „Ich hab (...) manchmal keine Lust (in die Innenstadt Heidelbergs) reinzufahren. (...) D.h., wenn ich in die Stadt fahre und überall um mich herum Autos sehe, dann kriege ich schon Stress. Aber ich mache es trotzdem. Aus der Bequemlichkeit raus. Eben, weil ich nicht gebunden sein will an die öffentlichen Verkehrsmittel. Weil ich eben mobil und flexibel sein will, was ich (...) nicht kann mit den Öffentlichen. Da nehme ich lieber den Stress und die Kosten in Kauf und ärgere mich. Das ist für mich das kleinere Übel." (G3-Typ 1)

Mit größerem Abstand folgte das Argument des Stresses allgemein oder der Gefahr von Staus bei der PKW-Nutzung. Dieses Argument wurde vor allem von Vertretern/innen des Typs 2 und des Typs 4 eingesetzt.

> Zitat 36: „Beim Autofahren geht das (Lesen, Anm. d. Aut.) nicht, da muss man sich schon konzentrieren und der Adrenalinspiegel ist dann auch höher als beim Bahnfahren. Du musst ja ständig aufpassen, wie die anderen fahren, manche fahren schnell, manche langsam, dann musst du immer dabei sein und aufpassen. Insofern ist das Autofahren wirklich ungemütlicher." (L3-Typ 2)

> Zitat 37: „So ab 4-5 Stunden fängt es (das Autofahren, Anm. d. Aut.) an, mich zu nerven. Also nach Hamburg kann man ja auch rechnen, dass man einen Stau hat und nicht einfach durchfährt. Das sind dann einfach Sachen, die das Autofahren (...) nervig machen. Und wenn es warm ist, dann sitzt du da und brütest vor dich hin, dann finde ich Zugfahren angenehmer." (L5-Typ 2)

Diese Befragten unterschieden sich deutlich dahingehend von denjenigen des Typs 1, dass zu bestimmten Situationen oder ab bestimmten Distanzen über ein alternatives Verkehrsmittel nachgedacht wurde, und der PKW nicht „automatisch" die einzige Lösung darstellte. Von den Personen des Typs 1 wurde zwar auch Stress beim Autofahren erwähnt (vgl. Zitat 35 und 38), aber es wurden dafür die Verkehrspolitik oder die anderen Verkehrsteilnehmer/innen verantwortlich gemacht.

> Zitat 38: „Das Fahren an sich ist (...) sehr nervig (in Heidelberg, Anm. d. Aut.) durch die vielen Kreisel und Ampeln. Das ist schon ärgerlich. Und die vielen Straßenbahnen und Fahrradfahrer nerven mich auch total." (G2-Typ 1)

Die Kosten des PKWs waren für 15 Personen ein Argument gegen den PKW, für zehn Personen allerdings ein Argument für die PKW-Nutzung, wobei vor allem die Kosten für den PKW den Kosten der DB AG gegenübergestellt wurden:

> Zitat 39: „Einen Vorteil sehe ich momentan noch darin, dass ich auf längeren Strecken (mit dem Auto, Anm. d. Aut.) billiger fahre, im Gegensatz zum Zug. Z.B. (...), wenn ich nach Hamburg fahre oder in Urlaub, dann ist das immer noch das billigste Fortbewegungsmittel. Für Heidelberg lohnt es sich wegen der Spritpreise nicht, da ich das Ticket (Semesterticket, Anm. d. Aut.) habe." (L5-Typ 2)

An diesem Beispiel wird ebenfalls deutlich, dass das Vorhandensein eines Semestertickets als eine zentrale Motivation für die Wahl des ÖPNVs angesehen wird, da es nach seiner Anschaffung „eh' da ist" und damit auch Anlass für die im Einzelfall quasi „kostenlose" Nutzung ist.

Dass die PKW-Nutzung mit dem Konsum von Alkohol nicht vereinbar ist, wurde immerhin von acht Personen als Nachteil des PKWs und von zehn Personen als Vorteil des ÖPNVs genannt, worunter sich durchaus Vertreter des Typs 1 befanden.

> Zitat 40: „In die Stadt (...), wenn ich am Wochenende fahre, dann fahre ich lieber mit dem (...) ÖPNV. (...) Also Auto fahre ich nicht, wenn ich sowieso weiß, ich geh jetzt was trinken. (...) Ich fahre dann auch eher mit dem Taxi heim, wenn es spät wird." (L12-Typ 1)

Insgesamt zählte jedoch dieses Argument zu den nachrangigen Gründen, die nur ab und an Einfluss auf die Wahl des Verkehrsmittels ausübten. Auch das Argument der Umweltfeindlichkeit des PKWs wurde nur selten genannt und motivierte nur wenige Befragte zu einem anderen Verhalten. Dieser Aspekt wurde in den Gruppendiskussionen von Vertretern/innen des Typs 1 folgendermaßen thematisiert:

> Zitat 41: „Der Umweltgedanke ist (...) bei mir auch ein bisschen von meiner Laune abhängig. Also der ist zwar grundsätzlich vorhanden, aber siegen tut wahrscheinlich in Entscheidungsfällen die Bequemlichkeit. Also das muss ich schon zugeben. Wenn ich jetzt also vom Umweltgedanken ausginge, könnte ich manche Fahrt sicherlich locker mit dem Fahrrad machen. (...) Wenn dann das Auto vor der Tür steht, greife ich auch mit Umweltbewusstsein oder ohne Umweltbewusstsein einfach auf's Auto zurück." (G17-Typ 1).

> Zitat 42: *(Frage: Wie weit spielt bei Euch der Umweltgedanke eine Rolle?)* „Ich nehme mir da wirklich raus, genauso dumm und faul zu sein wie die meisten Menschen. Ich fahr halt auch, weil's gemütlich ist. Selbst wenn ich mir der Konsequenzen bewusst bin." (G7-Typ 1)

Stellvertretend für die Haltung von zahlreichen Personen des Typs 2 steht die direkte Antwort auf Zitat 41 in der Gruppendiskussion:

> Zitat 43: „Also ich find's dann schlimm, ich kriege immer ein schlechtes Gewissen, wenn ich morgens mit dem Auto fahre und sehe, dass da echt jeder alleine drin hockt." (G8-Typ 3)

Während die Person in Zitat 41 das Wissen um die Umweltschädlichkeit mit der eigenen Bequemlichkeit aufwog, zog sich die Person in Zitat 42 auf das Verhalten der Mehrheit zurück und nahm für sich auch das Recht in Anspruch, umweltschädlich handeln zu dürfen. In den meisten Fällen, in denen der Umweltgedanke in den Interviews thematisiert wurde, war eine dem Zitat 43 ähnliche Position zu erkennen, in der zwar Gewissensbisse zum Thema Umwelt formuliert wurden, jedoch das eigene Verhalten davon im Wesentlichen nicht beeinflusst wurde. Die beiden Personen des Typs 4 der „PKW-Verweigerer/innen" nannten keine Umweltmotive als Gründe für ihren Verzicht und auch für die Personen des Typs 5 waren die Umweltprobleme kein Thema.

Vor allem in den Leitfadeninterviews wurde angesprochen, inwieweit die Befragten gelegentlich Spazierfahrten durchführten, d.h. ob Mobilität nur um ihrer selbst willen in ihrem Alltag in Form von Ausflügen o.ä. vorkomme. Insgesamt bejahten dies neun Personen, die vor allem zu den jüngeren Befragten unter 30 Jahren zählten. Sie gehörten häufig dem Mobilitätstyp 1 an, aber auch einige Personen des Typs 3 gaben an, ab und zu Spazierfahrten zu unternehmen. Dabei war nicht selten unterschwellig ein „schlechtes Gewissen" wahrzunehmen, diese Spazierfahrten wurden „zugegeben" und die Befragten vermittelten den Eindruck, dass es eigentlich nicht angemessen sei, „einfach nur so" ohne Ziel Auto zu fahren.

Es wird deutlich, dass sich die Argumente, die für bzw. gegen den PKW angeführt wurden, zwischen den Vertretern/innen der beiden Typen 1 und 2 stark unterschieden. Während die „unreflektierten PKW-Nutzer/innen" (Typ 1) vor allem die räumliche und zeitliche Unabhängigkeit („Freiheit") als zentrales Kriterium von Mobilität betonten und diese in der PKW-Nutzung als Vorteil erkannten, waren für die Befragten des Typs 2 der Komfort und die Transportmöglichkeiten von mindestens genauso großer Bedeutung. Die Vertreter/innen des Typs 3 (ÖPNV-Rad) nannten ähnliche Argumente für den PKW wie diejenigen des Typs 1. Bei nicht wenigen Personen dieser Gruppe (viele Studierende) war in Ansätzen erkennbar, dass sie dann, wenn ihre finanziellen Möglichkeiten es erlauben und sie nicht mehr in Heidelberg mit den ortsspezifischen Parkplatzproblemen leben, sie sicher in eine der PKW-nutzenden Gruppen wechseln würden.

Von Personen nahezu aller „qualitativen Mobilitätstypen" wurden emotionale Komponenten der PKW-Nutzung angeführt, und es wurde der PKW als Teil der Identität und als Rückzugsgebiet definiert. Besonders diese Komponenten von Mobilität und Mobilitätsentscheidungen galt es, mit Hilfe der qualitativen Interviews näher zu beleuchten. Diese Aspekte der Mobilität trugen neben den „Sachzwängen" ganz wesentlich zu den Mobilitätsentscheidungen bei.

4.3.3 Einstellungen für und gegen den öffentlichen Personennahverkehr und die Bahn als Verkehrsmittel

Der ÖPNV wurde von insgesamt 19 Befragten (31% aller Befragten) im Alltag häufig genutzt, wovon 11 Personen dem Typ 3 (ÖPNV-Rad), fünf Personen dem Typ 2 (Ratio-Viel), zwei Personen dem Typ 4 (Anti-PKW) und eine Person dem Typ 5 (Spontano) zuzuordnen waren. Umgekehrt gab es 12 Personen, die für sich die Nutzung des ÖPNVs rigoros und grundsätzlich ablehnten – diese gehörten ausschließlich dem Mobilitätstyp 1 (Unref-PKW) an und machten innerhalb dieser Gruppe immerhin mehr als 41% aus.

Gründe für eine Nutzung des ÖPNVs konnte insgesamt die Hälfte der Befragten nennen, wobei darunter erwartungsgemäß alle Personen des Typs 4 waren, zwei Drittel des Typs 2 und 3 und nur ein Drittel des Typs 1. Am häufigsten wurde als Vorzug des ÖNPVs und der Bahn die Möglichkeit, sich während der Fahrt mit etwas anderem beschäftigen zu können, wie z.B. Lesen, Musik Hören o.ä. genannt. Dies war für ein Drittel aller Befragten ein wichtiger Vorteil des ÖPNVs und der Bahn allgemein. Vor allem von Personen des Typs 2 (Ratio-Viel) wurde dieses Argument häufig genannt, die damit auch ihre Wahl für eine Zug- oder ÖPNV-Fahrt begründeten.

Zitat 44: „S-Bahnfahren über lange Strecken, finde ich total schön. Und Bahnfahren nach Heidelberg finde ich auch phantastisch, da trifft man andere Leute, oder wenn man sie nicht trifft, kann man noch (...) Texte lesen oder sich vorbereiten, Frühstücken, Rauchen." (L3-Typ 2)

Zitat 45: „Ich find's angenehm, im Zug zu sitzen, man hat keine Verantwortung. Man muss nicht ständig aufpassen, man kann lesen. Man kann einfach sich entspannen und das kann man im Auto einfach nicht." (L14-Typ 2)

Diese Vorteile, die in erster Linie dem Zugverkehr bzw. Fernverkehr auf längeren Strecken zugeschrieben wurden, waren allerdings nur begrenzt auf den Nahverkehr übertragbar. Es wurden sogar nicht selten die beiden Varianten des Öffentlichen Verkehrs einander kontrastierend gegenübergestellt, wie z.B. in Zitat 46. Auf die genannten Nachteile des ÖPNVs wird nachfolgend ausführlich eingegangen.

Zitat 46: „Es ist sehr, sehr angenehm, mit dem Zug zu fahren. Wenn man eine Verbindung hat, wo man direkt hinkommt. Dann ist es weitaus angenehmer als mit dem Auto. Da kann man ein Buch lesen oder (...) z.B. Lernen, was ich im Auto nicht kann. (...) Viele Leute sitzen mit dem Laptop mittlerweile im Zug. Im Zug ist eine sehr angenehme, entspannende Atmosphäre, wenn er direkt fährt. Aber das ist sehr schwierig. In der Straßenbahn zum Beispiel sind solche Dinge weniger möglich. Die Atmosphäre ist da ganz anders. Die sind vollgestopft, die Leute fallen übereinander. Da ist ein ganz großer Unterschied." (G3-Typ 1)

Ein weiteres Argument für den ÖPNV waren besonders für die Heidelberger Studierenden die niedrigen Kosten, da ihnen aufgrund des kostengünstigen Semestertickets für 68.- Euro ein halbes Jahr lang das komplette Netz des Verkehrsverbundes Rhein-Neckar zur Verfügung stand. Von den 18 Personen, die einen der Vorteile des ÖPNVs in den geringen Kosten sahen, besaßen 11 ein Semesterticket und eine Person ein Seniorenticket. Dieses Argument der geringen Kosten setzten zwei Drittel des Personen des Typs 3 (ÖPNV-Rad) und die Hälfte des Typs 2 ein, die z.T. ebenfalls über ein Semesterticket verfügten. Dass diese Personen den ÖPNV vorwiegend deshalb so intensiv nutzten, weil sie zum einen kein Auto besaßen und zum anderen mit dem einmal gekauften Semesterticket ohne zusätzliche Kosten fahren konnten, wird an den nachfolgenden Zitaten deutlich.

Zitat 47: *(Frage: Was sind für Sie die Gründe, warum Sie vor allem den ÖPNV benutzen?)*: „Erst mal Sparsamkeit, weil Benzin muss ich bezahlen und durch mein Semesterticket habe ich den ÖPNV umsonst, dann auch Umweltgründe und außerdem praktische Gründe, denn mit dem Parken und dem Autofahren ist es eh nicht toll in Heidelberg und deshalb auch Bequemlichkeit." (L10-Typ 2)

Zitat 48: „Das kommt ganz darauf an, also wenn ich mir das Semesterticket kaufe, dann fahre ich häufig mit der Bahn. Wenn ich mich allerdings einmal nicht dafür entscheide, dann fahre ich nicht mit der Bahn, weil es mir dann zu teuer ist (...)." (L18-Typ 5)

Zitat 49: „Im Prinzip (ist Mobilität, Anm. d. Aut.) eigentlich auch ein Kostenfaktor, wenn es das Studiticket jetzt nicht gäbe und ich würde für sechs Monate insgesamt jetzt vielleicht 250.- Euro bezahlen, dann würde ich wahrscheinlich nur noch mit dem Auto fahren." (L28-Typ 3)

Es wird deutlich, dass die drei Personen (Vertreter/innen der Typen 2, 3 und 5) zum Befragungszeitpunkt den ÖPNV vorwiegend deshalb nutzten, weil er ihnen durch das Semesterticket außerordentlich günstig zur Verfügung stand. In Zitat 47 wurden zwar neben den Kostengründen auch Umweltgründe ins Feld geführt, es wurde allerdings gleichzeitig das zentrale Gegenargument gegen den PKW im Innenstadtbereich Heidelbergs, nämlich die Parkplatznot, als Grund für die Nutzung des ÖPNVs angegeben. Es lässt sich daraus schlussfolgern, dass für

4.3 „Qualitative Mobilitätstypen" und ihre Urteile über Mobilität 379

diese Person höhere Preise und weniger Parkplatzprobleme einen Umstieg auf den PKW zur Folge haben könnten. Die Person im Zitat 49 (Typ 3 (ÖPNV-Rad)) äußerte sogar ausdrücklich, dass sie bei höheren Kosten – d.h. wenn sie keinen Zugang zum Semesterticket besäße – nicht mehr den ÖPNV als ihr zentrales Verkehrsmittel einsetzen würde.

Als Vorteil des ÖPNVs wurde von insgesamt 13 Personen (vor allem Typ 2 und Typ 3) genannt, dass man die bereits mehrfach genannten Parkplatzprobleme nicht mehr bewältigen müsste, wie das nachfolgende Zitat zeigt.

> Zitat 50: „Es ist (...) praktischer, mit den öffentlichen Verkehrsmitteln in der Stadt zu fahren. Weil die Parkplatzsuche wegfällt. Man braucht keine Parkgebühren zu zahlen, was dann wieder dazu kommt, wenn man denn mal einen Parkplatz findet. Und wenn man ein paar Stunden parkt, mit den Gebühren, dann hat man das Busticket längst wieder raus. Und man kann den ganzen Tag in Heidelberg verbringen. Von da her finde ich das eigentlich sehr praktisch. Die müssten das halt nur nachts besser ausbauen. Damit halt da noch ein paar Busse fahren." (G6-Typ 3)

Interessant ist, dass einer der Vorteile des ÖPNVs, Alkohol konsumieren zu können, vorwiegend von Vertretern/innen des Mobilitätstyps 1 (Unref-PKW) genannt wurde, die sich – wenn überhaupt – höchstens bei Alkoholkonsum dem ÖPNV als Verkehrsmittel zuwandten.

Gründe gegen die Nutzung des ÖPNVs nannte gleichfalls rd. die Hälfte der Befragten, wobei hier sowohl unter den Personen des Typs 1 (Unref-PKW) als auch unter denen des Typs 3 (ÖPNV-Rad) knapp 60% Nachteile nennen konnten, nur rund 40% der Personen des Typs 2 (Ratio-Viel), jedoch alle des Typs 4 (Anti-PKW) formulierten Nachteile des ÖPNVs. Der zentrale Nachteil des ÖPNVs lag in seiner Eigenschaft des öffentlichen, nicht-individuell verfügbaren Transportmittels. Die Tatsache, dass man sich – zumindest beim ÖPNV in Heidelberg und Umgebung – nach Fahrplänen richten müsse und damit zu Planungen gezwungen sei, war in den Augen der Hälfte der Befragten der größte Nachteil des ÖPNVs[185]. Dieser Nachteil wurde vor allem von Vertreter/innen des Typs 1 genannt, da die Notwendigkeit der Planung dem von ihnen vertretenen Mobilitätsanspruch der „Spontaneität, Freiheit, Flexibilität" in hohem Maße zuwider lief.

> Zitat 51: „Ich bin da (...) zu egoistisch, als dass ich sagen würde, ich orientiere mich an einem öffentlichen Verkehrsmittel oder an einem Fahrplan, sondern ich muss so mobil sein. Vielleicht (ist das, Anm. d. Aut.) auch durch die Familie geprägt, um z. B. das Kind in den Kindergarten zu bringen und es auch mal eine Viertelstunde später wird. Und das kann ich mir bei öffentlichen Verkehrsmitteln nicht erlauben. Es wäre möglich, aber das wäre für mich ein Verlust an Komfort und Lebensqualität, wenn ich mich an Fahrpläne halten müsste." (G12-Typ 1)

Hier wird die Vermischung von Sachargumenten oder -zwängen, wie die Notwendigkeit, ein Kind zum Kindergarten zu bringen, mit der von der Befragten selbst als egoistisch bezeichneten bequemen Grundhaltung deutlich. Welcher Faktor für das Mobilitätsverhalten entscheidend war, ist dann nur noch schwer zu ermitteln. Allerdings ist die Verkettung „ÖPNV nutzen müssen = Verlust an

---

[185] An zwei Stellen der Leitfadeninterviews wurde die Situation in Großstädten, wie Hamburg oder Berlin, als beispielhaft angeführt, da dort die Frequenzen der U-Bahnen z.B. so hoch seien, dass man sich nicht nach Fahrplänen richten müsse.

Komfort und Lebensqualität" m.E. ein ernstzunehmendes Argument gegen den ÖPNV.

Dicht hinter dem Argument der Fahrplanabhängigkeit rangierte das Argument des Zeitverlusts, das 42% aller Befragten mit dem ÖPNV assoziierten. Dabei wurden meist nicht die Fahrzeiten an sich thematisiert (die reinen Fahrzeiten des Zugs beurteilte man meist als akzeptabel), sondern die Schnittstellen mit anderen Verkehrsträgern.

> Zitat 52: „Wenn ich von meiner Haustür mit der Bahn fahren möchte, geht es sowieso nicht, da ich erst in einen Bus steigen muss. Und zum Bahnhof und von da aus weiter. Alles sehr umständlich. Ich mache es lieber direkt mit dem Auto. Es ist auch der Hauptgrund wahrscheinlich, warum die Wenigsten die Öffentlichen Verkehrsmittel benutzen, weil es einfach zu umständlich ist. Man verliert viel zu viel Zeit, um zum Bahnhof zu kommen und dann in den Zug zu steigen, weiter zu fahren und wieder auszusteigen." (L22-Typ 2)

> Zitat 53: „Fahr ich mit der Straßenbahn, die geht direkt hier vor der Tür ja los, aber da muss ich am Bismarckplatz umsteigen, dann muss ich auf den Bus warten (...). Ich kann's genau im Kopf ausrechnen, dass ich da mindestens fünfzehn bis zwanzig Minuten brauche und in fünfzehn bis zwanzig Minuten könnte ich theoretisch auch zu Fuß laufen." (L16-Typ 1)

Diese Aussagen, die vor allem das Umsteigen zwischen den verschiedenen Bahnen und Bussen als umständlich und zeitintensiv thematisierten, wurden von den Argumenten gestützt, die auf die Unzuverlässigkeit der Busse und Bahnen, insbesondere der Fernzüge anspielten. Einzelne schlechte Erfahrungen konnten dabei zu grundsätzlichen Abwertungen führen.

> Zitat 54: „Ich bin schon mit dem ICE nach Hamburg gefahren (...) Da hatte ich das Problem, dass sie mich in den Anschlusszügen versetzt haben. Ich habe mich sehr geärgert. Ich habe damals ein ganzes Konzert verpasst, in dem ich singen sollte." (L22-Typ 2)

In einigen Fällen wurden in den Gruppendiskussionen diese oder ähnliche wie in Zitat 54 ausgeführten schlechten Erfahrungen kontrovers diskutiert, wenn z.B. eine Vertreterin des Typs 3, die auf den ÖPNV angewiesen war und kein Auto besaß, diesen Argumenten damit entgegentrat, dass sich man schließlich auch auf Verzögerungen entsprechend einstellen könne und dann die Zeit sinnvoll nutzen könne.

> Zitat : „Gut das (die Haltung zum ÖPNV, Anm. d. Aut.) ist auch eine Frage der Einstellung. Ich habe mich jetzt in dem halben Jahr, wo ich nach Heppenheim fahre (...) eben drauf eingestellt. Ich habe auch schon mal drei Stunden gebraucht, um von Heppenheim nach Hause zu kommen. (...) Weil ich aus hatte und dann war eine Stunde Zeit bis der Zug kam. Dann war Verspätung und so weiter. Natürlich bin ich dann angenervt, aber ich habe mich damit abgefunden und habe halt was zu lesen dabei. Insofern kann man das ja auch nutzen und überbrücken." (G9-Typ 3)

Ein weiteres Argument, das vor allem von denjenigen gegen den ÖPNV angeführt wurde, die keinen Zugang zu einem Semesterticket besaßen, waren die hohen Kosten (besonders für Nicht-Studierende) sowie die umständliche Kartenbeschaffung bzw. die fehlenden Informationen hierzu.

> Zitat 53: „Die Kosten sollten (...) auf keinen Fall die übersteigen, die man mit dem Auto hätte. Wenn ich die Möglichkeit hätte, billig und sehr flexibel mich in der Stadt zu bewegen, mit der Straßenbahn, dann würde ich das auch nutzen. Als Student hast Du noch den Vorteil, dass Du das Semesterticket bekommen kannst, und das geht mit 120 Mark für ein halbes Jahr noch. Aber, wenn ich überlege, dass ein Schülerticket schon 50 Mark im Monat kostet und

4.3 „Qualitative Mobilitätstypen" und ihre Urteile über Mobilität 381

eine einfache Fahrt nach Mannheim 8 Mark, dann setze ich mich lieber ins Auto und bezahl dasselbe Geld für Benzin." (G7-Typ 1)

Zitat 54: „Es ist immer der Kostenfaktor. Ich würde auch weniger mit dem Auto fahren, wenn mich das Zugfahren nicht soviel kosten würde. Da wir meist zu zweit unterwegs sind, ist es fast immer billiger, mit dem Auto zu fahren." (L5-Typ 2)

Zitat 55: „Also in München (...), da gibt's zum Beispiel die Streifenkarte (...). Du weißt aber nicht, in welchem Streifenbereich du dich jetzt gerade befindest. Und dann weißt du auch nicht, wie viele du jetzt abstempeln lassen musst. Also für Auswärtige ist es durchaus schwierig zu erkennen, wie viel man jetzt zahlen muss." (G2-Typ 1)

In einer der Gruppendiskussionen wurde ausführlich über die fehlenden Informationen hinsichtlich günstigerer Tarife usw. gesprochen. Vor allem Nicht-Studierende beklagten, dass sie nicht nur höhere Kosten aufwenden müssten, sondern auch weniger gut über das Nahverkehrssystem informiert würden. Wie stark die durch die Mobilitätstypen beschriebene Grundhaltung auch dieses Thema der Informationsbeschaffung prägte, verdeutlichen nachfolgende Zitate von Personen des Typs 1 (Unref-PKW).

Zitat 56: „Ich gehe meine direkten Wege und fahre sowieso Auto. Und fahre direkt und informiere mich da nicht so." (G3-Typ 1)

Zitat 57: *(Frage: „Wie seid ihr über Alternativen informiert?)* „Die interessieren mich an sich auch überhaupt gar nicht. Also wenn ich es machen will, dann informiere ich mich auch. Die können mich soviel informieren wie sie wollen oder irgendwelche Direkt-Mailing (...) .Das schmeiß ich weg. Was soll ich denn damit. Wenn es mich generell nicht interessiert." (G2-Typ 1)

Hier wird sichtbar, dass die Grundhaltung, die in der Typisierung als Dimension „Grad der Reflexion" einging, maßgeblich bereits die Bereitschaft, sich über Angebote zu informieren, prägte. Noch häufiger als die hohen Kosten wurden von den Befragten Argumente gegen den ÖPNV angeführt, die die Enge, Überfüllung, Kontakt mit Menschen, die als unangenehm empfunden werden, und ähnliche Argumente betrafen. Rund ein Drittel aller Befragten, die gleichmäßig über die Mobilitätstypen verteilt waren, äußerte Argumente dieser Art, die hohe emotionale Ablehnungen und Vorurteile signalisierten.

Zitat 58: „(Man müsste die Bahnen, Anm. d. Aut.) moderner machen, die Nah- und Fernverkehrsmittel sind absolut veraltet, verdreckt. Alles ist zerrissen, besprüht, sieht grauenvoll aus, dass es einem ekelt, da einzusteigen. Außerdem ist es insgesamt unattraktiv, in völlig überfüllten Zügen zu fahren, wenn ich da z.B. in das Bistro will und vorher über Berge von Menschen steigen muss, ist das unattraktiv." (G12-Typ 1)

Zitat 59: „Und dann mit besoffenen Leuten mich in die Bahn zu quetschen (...). Und die fallen dann auch auf mich drauf. Ich mag das nicht. Oder die Bierflaschen fliegen mir um die Ohren an der Straßenbahnhaltestelle. Da drauf hab ich halt manchmal wenig oder gar keine Lust. Das ist vielleicht auch so 'ne Sache, wenn man als Frau alleine nachts unterwegs ist, dann ist das (...) sehr unangenehm, immer angepöbelt zu werden. Im Auto mache ich die Tür zu und habe meine Ruhe und es ist in Ordnung." (G3-Typ 1)

Die in Zitat 59 geäußerten Aspekte der mangelnden Sicherheit und der Bedrohungserfahrungen, sind auch aus anderen Untersuchungen bekannt[186]. Kritik an

---

186 Zusammen mit Heidelberger Studierenden wurde zum Thema „Sicherheit im öffentlichen Raum" im Februar 2002 eine Befragung Heidelberger Passanten/innen durchgeführt. Ein

dem Komfort im Sinne von Überfüllung und unangenehmem Publikum wurde jedoch nicht nur von Personen des Typs 1 (Unref-PKW) geäußert, sondern auch von regelmäßigen Nutzern/innen des ÖPNVs (Typ 2). Für Personen des Typs 3 (ÖPNV-Rad) galten zwar auch die gleichen Kritikpunkte, jedoch stellten sie dem überfüllten, unangenehmen ÖPNV das Individualverkehrsmittel Fahrrad gegenüber.

> Zitat 60: „Oder halt auch Stressfaktoren, die im Bus stattfinden, z.B. (...) überfüllte Busse, wo man dann im Sommer (...) in so einen Bus nicht reingeht, weil Hitze drin ist und jeder riecht nach Schweiß. (...) Oder auch stressige Menschen oder auch die Busfahrer, die oft auch durch Unhöflichkeit glänzen. Mehrmals die Gäste stehen lassen und die Gäste anbrüllen (...). Wo man wirklich sagt, (...) mit dem Fahrrad bin ich dann stressfreier, ja flexibler halt." (L24-Typ 3)

Eine der regelmäßigen Nutzerinnen des ÖPNV schilderte ihren Eindruck von Mitreisenden in einer ausführlichen Beschreibung recht drastisch, worin deutlich wird, mit welch einem negativen Image der ÖPNV für manche Befragte verbunden ist.

> Zitat 61: „Also ich seh', mit welchen Leuten ich täglich im Bus sitz', das ist unglaublich (...). Es sind nur zwei oder drei Kategorien: es sind Rentner, es sind Leute, so wie der eine Nachbar, am Gehirn operiert, und der starke Tabletten nimmt, und gar nicht mehr fahren darf. Es sind Leute, die aus anderen Gründen den Führerschein verloren haben, und dann sind es zum größten Teil (...) ‚Asoziale' kann man's nennen (...), das ist schon die Wahrheit (...). Das sind also keine sogenannten „Durchschnittsarbeitnehmer". Das sind Rentner, Schüler, Kranke oder solche, die eine Zeit lang mit dem Bus fahren, weil sie eine Zeit lang den Führerschein verloren haben: Also mit so Leuten fahre ich täglich. Das ist auch nicht unbedingt angenehm. Man hat den Eindruck, dass man richtig aussätzig ist, dass man da täglich mit dem Bus fahren muss." (G21-Typ 2)

Die Befragte des Zitats 61 (Typ 2) beklagte aus ihrer eigenen täglichen Erfahrung, dass sie sich im ÖPNV mit Menschen konfrontiert sehe, die sie als „Verlierer" der Gesellschaft betracht und von denen sie sich distanzieren möchte. Dieses negative Image des ÖPNV, das mit tiefgreifenden, emotionalen Bewertungen einhergeht, stellt m.E. ein großes Hindernis für die Nutzung des ÖPNVs durch Personen dar, die nicht darauf angewiesen sind. Sogar von den Vertretern/innen des Typs 4 (Anti-PKW), die sich aktiv gegen einen PKW entschieden hatten, wurden Argumente dieser Art genannt. Wie bereits bei den Argumenten für den PKW wurden hier gegen den ÖPNV nicht rationale, sondern emotionale Aspekte in die Diskussion eingebracht, der bei einer Beurteilung der Entscheidungsfindungsprozesse m.E. ein hoher Stellenwert eingeräumt werden muss.

4.3.4 Einstellungen für und gegen das Fahrrad als Verkehrsmittel

Das Individualverkehrsmittel Fahrrad war für knapp 80% der Befragten verfügbar, wobei unter den 11%, von denen diese Information nicht erhoben wurde, sicherlich auch einige Fahrradbesitzer/innen waren, so dass man davon ausgehen

---

> wichtiges Ergebnis war, dass Erfahrungen mit Bedrohungen und Gewalt im öffentlichen Raum häufig in den Verkehrsmitteln des ÖPNVs stattgefunden hatten.

kann, dass es das am meisten verfügbare Verkehrsmittel darstellte. Knapp 20% aller Befragten nutzten das Fahrrad häufig, bzw. täglich, wobei diese Personen sich auf alle Typen außer Typ 1 verteilten. Es befand sich unter ihnen eine große Anzahl Erwerbstätiger, die das Radfahren als Ausgleich zu ihrer beruflichen Tätigkeit ansahen, wie z.B. die beiden nachfolgend zitierten Vertreter des Typs 2.

> Zitat 62: „In Heidelberg ist das Fahrrad das beste Verkehrsmittel. (...) Fahrradfahren ist ein Ausgleich, man kommt an die frische Luft, hat Bewegung. Und es ist sehr günstig." (L21-Typ 2)
>
> Zitat 63: „Das Fahrrad ist für mich als Sportereignis ganz wichtig. Abgesehen davon, dass ich hier nicht parken könnte, wenn ich mit dem Auto führe, ist das Fahrrad meine einzige sportliche Betätigung geworden. (...) Wenn es regnet, weiche ich nicht aus. Da ist die Straßenbahn zu voll und stinkt. Dann lass ich mich lieber auf dem Fahrrad nass regnen (...) Das Fahrradfahren zur Arbeit ist (...) spektakuläre Erholung für mich." (L19-Typ 2)
>
> Zitat 64: „Mir hilft es (das Fahrradfahren zur Universität) zum Aufwachen. (...) Die frische Luft tut mir gut, also ich denke, es ist eher Spaß für mich." (L14-Typ 2)

Bemerkenswert war, dass bei diesem Verkehrsmittel am häufigsten von Spaß im Zusammenhang mit Mobilität gesprochen wurde. Es diente sowohl Studierenden als auch Erwerbstätigen als Ausgleich zur sitzenden Tätigkeit. Gleichzeitig konnte man mit ihm sowohl die Heidelberger Parkplatzproblematik umgehen als auch individuell mobil sein – im Gegensatz zum ÖPNV. Von einigen Befragten wurde das Fahrrad ausschließlich zu Freizeitzwecken eingesetzt. Dies waren vor allem Befragte des Typs 1, die einräumten, dass das Fahrrad – z.T. aufgrund der mangelnden Gepäckmöglichkeiten – für sie im Alltag ausschied, jedoch als Sportgerät gelegentlich genutzt wurde.

> Zitat 65: „Es ist lästig wenn man (...) mit dem Fahrrad einkaufen geht, dann kommt's drauf an, da muss man schon im Kopf haben, wo man zuerst hingeht, sonst musst Du nachher alles, egal was Du machst, Deine ganzen Einkäufe in den nächsten Laden mitschleppen." (G18-Typ 2)

Das Gepäckargument wurde vor allem von Frauen mit Familie eingesetzt, die für die Einkäufe der Familie bzw. den Transport der Kinder verantwortlich waren und für die der Alltag mit einem Fahrrad nicht zu bewältigen gewesen wäre. Eine Vertreterin des Typs 4 (Anti-PKW), die an einem Car-Sharing-Projekt teilnahm, zeigte allerdings durchaus Alternativen zum PKW und zum Fahrrad für den täglichen Einkauf auf:

> Zitat 66: „Ich muss sagen, dass wir unsere Einkäufe per Lieferservice machen, unsere Lebensmitteleinkäufe. Deswegen muss man gar nicht so viel schleppen in unseren Haushalt. Wir haben schon ein Rücken schonenden Haushalt." (L20-Typ 4)

4.3.5 Einstellungen zu den Verkehrsmitteln für den Urlaub

Die Urlaubsfahrten als ganz besonderer Teil der – zwar nicht alltäglichen, aber dennoch wichtigen – Mobilität, wurden vor allem in den Leitfadeninterviews angesprochen. Die Mehrheit der Befragten war bei ihrer letzten Urlaubsfahrt mit dem PKW unterwegs, gefolgt von Nutzer/innen des Flugzeugs sowie Bus- oder Bahnfahrer/innen. Die beiden zentralen Argumente für den PKW waren zum einen das Gepäck, das man mitnehmen konnte (ohne darüber nachdenken zu müssen) und zum anderen die Mobilitätschancen am Urlaubsort selbst.

> Zitat 67: „Letztes Jahr sind wir mit dem Auto in die Toskana gefahren und grad da war es wichtig, dass wir mit dem Auto gefahren sind, weil wir ein bisschen außerhalb von Florenz in den Bergen unsere Wohnung hatten und die Busverbindungen nicht so gut waren. (...) Wenn man (...) einigermaßen viel sehen möchte, dann ist man schon abhängig vom Auto. (...) Diese Flexibilität ist mir schon sehr wichtig, grad im Urlaub. Und man hat die ganzen Koffer und das ganze Gepäck, und mit dem Zug würde ich so was eigentlich nie machen. Obwohl, man muss dazu natürlich auch sagen, dass es im Grunde genommen eigentlich auch nicht länger dauert mit dem Zug als mit dem Auto nach Italien." (L16-Typ 1)
>
> Zitat 68: „Am Urlaubsort kannst du mit dem Auto auch rumfahren, außerdem kann man viel Gepäck mitnehmen. Kannst dir das ganze Auto voll laden, auch wenn es nur 10 Tage sind. (...) Dann brauchst du auch nichts groß vorbereiten und nachdenken, kannst alles mal mitnehmen." (L3-Typ 2)

Hier waren erneut die Flexibilität, die Spontaneität und das Nicht-Planen-Müssen beim Packen die zentralen Argumente für den PKW im Urlaub. Außerdem wurde von einer Erfahrung mit der Bahn im Urlaub berichtet, deren Kritik sich vor allem gegen wenig kundenfreundliche Regelungen und die Unflexibilität einzelner Mitarbeiter der DB AG richtete.

> Zitat 69: „Wir hatten Fahrräder mit in der Bahn. Und der Service war so mies. Das mach ich nie wieder. Zu teuer und zu schlecht. Das fing damit an, dass man die Fahrräder eine Woche vorher aufgeben musste und drei, vier Tage danach erst wieder hatte. Plus noch Ärger dort am lokalen Bahnhof. Das war furchtbar. Ich habe auch eine Beschwerdebrief geschrieben. Ich hatte aber auch einen konkreten Grund, weil der Bahnhofsvorsteher dort wollte entgegen den angekündigten Öffnungszeiten, weil Sonntag war, die Fahrräder nicht annehmen bei der Rückreise. Wollte er nicht machen. Hat er auch nicht gemacht und wir haben sie dann mit in den Zug genommen." (L23-Typ 2)

Ähnliche Schilderungen von schlechtem Service, mangelnder Kundenbetreuung der DB AG usw. wurden an mehreren Stellen geäußert. Sie waren unabhängig davon, welchem Mobilitätstyp die Befragten angehörten, so dass hier von Erfahrungen ausgegangen werden kann, die unabhängig von der Grundeinstellung der Befragten gemacht wurden.

4.3.6 Einstellungen zum Thema „Spaß und Mobilität"

Ein wichtiger Aspekt, der – soweit er nicht selbst von den Befragten thematisiert wurde – vor allem in den Leitfadeninterviews angesprochen wurde, war, inwieweit das „mobil Sein", die Nutzung verschiedener Verkehrsmittel, für die Befragten mit Freude, Spaß usw. verbunden war. Am meisten Spaß machte den Befragten das Autofahren (18 Nennungen aus allen Mobilitätstypen), wobei unter den Personen des Typs 2 (Ref-Viel) der höchste Anteil derer war, die angaben, dass ihnen das Autofahren Spaß mache. Unter denjenigen, die Spaß am Autofahren hatten, waren zwei Drittel „Vielfahrer", die jeden Tag den PKW nutzten.

> Zitat 70: „Ich fahre gerne Auto. Ich kann nicht wirklich sagen, warum. Zum einen kann das die Geschwindigkeit sein, zum anderen problemlos, ohne sich anzustrengen, die Landschaft sehen und auch beim Autofahren die Vorfreude auf das Ziel." (L7-Typ 1)

An dieser Stelle sei kurz auf die Zitate 26 (Fahrzeit als Puffer zwischen den Aktivitäten), 28 („My car is my castle") und 30 (Exkurs über das „Gleiten") verwiesen, in denen ausführlich die positiven emotionalen Komponenten der PKW-Mobilität ausgeführt worden waren. Der PKW als ein Spaßfaktor – so wird er über die Werbung zunehmend vermarktet – scheint sehr wohl auch in der Wahrnehmung der Befragten eine wichtige Rolle zu spielen.

Das Radfahren war für 12 Befragte (ebenfalls überwiegend Typ 2) mit Spaß verbunden und auch hier waren zwei Drittel der Befragten häufige Nutzer dieses Verkehrsmittels. Besonders häufig wurde dabei genannt, dass mit dieser Mobilitätsart auch eine Form von Sport, Fitness und körperlicher Aktivität verbunden war, die als Ausgleich zur Arbeit als wohltuend empfunden wurde. Dies wurde bereits in den Zitaten 62 bis 64 prägnant ausgedrückt. Die einzige Gruppe, die ein Verkehrsmittel häufig nutzte, dabei aber nur wenig Spaß oder Entspannung verspürte, waren die regelmäßigen ÖPNV-Nutzer/innen, von denen nur zwei Personen angaben, dass sie das Bus- oder Bahnfahren genießen würden.

Diese Fragen nach dem „Spaßfaktor" der Mobilität sollten zeigen, welche Mobilitätsformen mit positiven und welche mit eher negativen Assoziationen verbunden wurden. Es wurde deutlich, dass für die meisten Befragten das Autofahren trotz aller Stressmomente gleichzeitig eine lustvolle Beschäftigung sein konnte. Auch die Nutzung des Fahrrads, das ja sowohl Fortbewegungsmittel als auch Sportgerät darstellen kann, war für viele Befragte mit Spaß verbunden. Dagegen wurden zwar dem ÖPNV bzw. dem Bahnfahren durchaus positive Eigenschaften zugesprochen (Lesen, Musik Hören), aber „Spaß" machte es im Wesentlichen nicht.

4.3.7 Entscheidungskriterien der Befragten für Mobilität im Allgemeinen

In diesem zusammenfassenden Auswertungskapitel der qualitativen Interviews wird dargestellt, welche Aspekte die Befragten insgesamt als Entscheidungskriterien für ihre alltägliche Mobilität in den Interviews und Gruppendiskussionen ansprachen. Im Rahmen dieser Auswertung wurde zuerst eine allgemeine quantitative Analyse der Kriterien vorgenommen, auch wenn dies für Leitfadeninterviews unüblich sein mag (vgl. Abb. 4.3). Danach wurde weiter nach den zu Beginn vorgestellten fünf qualitativen Mobilitätstypen differenziert, wobei sich auch hier zeigte, dass sie sich nicht nur hinsichtlich der alltäglichen Nutzungen und dem der Differenzierung zugrunde gelegten Grad der Reflexivität, sondern auch in den von ihnen genannten Entscheidungskriterien deutlich unterschieden.

Die drei am häufigsten genannten Entscheidungskriterien für die alltägliche Mobilität insgesamt (Abb. 4.3) stellten die Faktoren Flexibilität, Zeit und Bequemlichkeit dar. Zwei Drittel der Befragten brachten dies in den Interviews zum Ausdruck. Unter denjenigen, die Bequemlichkeit als Kriterium nannten, waren mehr Vollzeit Erwerbstätige als Studierende und den Faktor Zeit nannten deutlich mehr Frauen als Männer, was auf die Mehrfachbelastungen der erwerbstätigen Mütter hindeutet. Für die Hälfte der Befragten waren die Kosten ein Argument, das ihre Mobilitätsentscheidungen beeinflusste, worunter sich vor allem jüngere Befragte und Studierende befanden. Bei ihrem knappen Budget wurden offensichtlich Mobilitätsentscheidungen eher noch einer Kostenprüfung unterzogen als unter Erwerbstätigen. Das Kriterium des Transports (entweder von Personen oder von Gepäck) stellte für knapp die Hälfte der Befragten einen wichtigen Aspekt ihrer Mobilität dar, worunter erneut deutlich mehr Frauen als Männer waren, was mit den Haushaltswegen zusammen hing. Zusätzliche Sachargumente anderer Art (z.B. Erreichen von abgelegenen Orte o.ä.) wurden von rd. einem Drittel der (eher weiblichen) Befragten angeführt, danach folgte das Kriterium der Spontaneität, das besonders viele erwerbstätige Männer als wichtiges Entscheidungskriterium für ihren Alltag anführten.

Abb. 4.3: Wichtige Eigenschaften/ Kriterien für die Auswahl eines Verkehrsmittels (absolute Zahl der Nennungen)

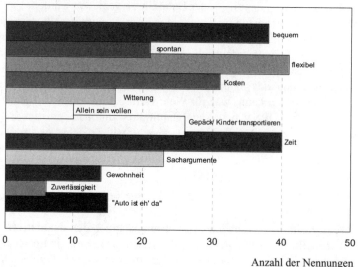

Anzahl der Nennungen

Quelle: eigene Erhebung

Die Witterung war vor allem für die Gruppe der Radfahrer von Bedeutung. Die beiden Kriterien für die Wahl des Verkehrsmittels, die mit Gewohnheit und „Auto ist eh' da" umschrieben wurden, waren die zentralen Argumente zahlreicher PKW-Nutzer/innen, vor allem derer, die unreflektiert ihre Mobilität im Alltag gestalteten (Typ 1). Das „Allein sein wollen" als Entscheidungskriterium war immerhin für zehn Befragte von Bedeutung, worunter sich überdurchschnittlich viele Teilzeit Erwerbstätige befanden, die offensichtlich die kurzen „Auszeiten" in ihrem gedrängten Alltag durch eine Fahrt schätzten. Die Zuverlässigkeit eines Verkehrsmittels wurde ebenfalls von einigen Befragten als Entscheidungskriterium genannt, das sich vorwiegend gegen die verspäteten, unpünktlichen Busse und Bahnen richtete.

4.3 „Qualitative Mobilitätstypen" und ihre Urteile über Mobilität

Eine Differenzierung der Entscheidungskriterien nach den fünf Mobilitätstypen zeigt, dass zwischen den fünf Typen deutliche Unterschiede hinsichtlich bestimmter Entscheidungskriterien bestanden. Während für die Personen des Typs 1 (Unref-PKW) die Bequemlichkeit (die die Entscheidung für den PKW begründete) noch vor der Flexibilität und der Zeitersparnis rangierte, waren für die Personen des Typs 2 (Ratio-Viel) Flexibilität und Zeitersparnis die wichtigeren Entscheidungskriterien. Für die Vertreter/innen des Typs 3 (ÖPNV-Rad) dagegen, die häufig Studierende waren, standen die Kosten zusammen mit der Flexibilität im Vordergrund ihrer Mobilitätsentscheidungen. Die beiden Personen des Typs 4 (Anti-PKW) führten Kosten und andere Sachargumente häufiger ins Feld, während für sie Bequemlichkeit oder Gewohnheit kein Entscheidungskriterium darstellte. Die drei Vertreterinnen des Typs 5 (Spontano) begründeten ihre Wahl dagegen besonders häufig mit dem Zeit-Argument und auch für sie gab es keine Gewohnheiten, die ihr Handeln bestimmten.

Besonders auffällig und für die Personen des Typs 1 (Unref-PKW) kennzeichnend ist, dass für knapp die Hälfte der Befragten die Entscheidung für ihr Verkehrsmittel PKW aus Gewohnheit und mit dem Argument, das Auto sei ohnehin da, gefällt wurde. Für sie waren die Kosten des Verkehrsmittels oder auch andere Sachargumente nachrangig, da – wie die Typbezeichnung es ausdrückt – die Wahl ihres Verkehrsmittels unreflektiert und in hohem Maße aufgrund von Gewohnheiten erfolgte. Sie waren nur wenig bereit, über alternative Verkehrsmittel nachzudenken, da für sie die Verfügbarkeit eines PKWs ein zentrales Element ihres Lebensstandards und ihrer Lebensqualität darstellte. Gleichzeitig begründeten sie die nahezu ausschließliche Nutzung des PKWs damit, dass er, da er nun einmal vorhanden sei, auch genutzt werden müsse, da die Grundkosten (Anschaffung, Steuer, Versicherung) ohnehin fällig würden. Somit waren Alternativen für Personen dieses „qualitativen Mobilitätstyps" meist unattraktiv, wie nachfolgende Zitate belegen.

> Zitat 71: „Ja gut (der Preis), das spielt für mich ja weniger eine Rolle, da ich ja mein Auto habe, und wenn ich irgendwo mal hin müsste, weiter weg, (...) dann nehme ich halt das Auto und dann (...) spielen öffentliche Verkehrsmittel eigentlich in dem Moment (...) keine Rolle." (L27-Typ 1)

> Zitat 72: „Da ist natürlich die Bequemlichkeit, die da auch eine Rolle spielt, wenn man die Wahl hat. Wenn man mit dem Fahrrad noch schnell in die Stadt fahren möchte oder man kann genauso mit dem Auto fahren, dann wird man schon bequem und fährt schneller mit dem Auto rein und guckt, dass man die Sachen erledigt, die man erledigen möchte, und fährt dann wieder nach Hause." (L16-Typ 1)

Anders gestaltete sich das Muster der Entscheidungskriterien des Typs 2 (Ratio-Viel), dessen Angehörige vor allem flexible und zeitsparende Verkehrsmittel wünschten. Sie führten sowohl Sachargumente (z.B. Distanzen, Erreichbarkeit mit ÖPNV), Gepäck, Kosten als auch das Kriterium Bequemlichkeit ins Feld, jedoch fällten sie ihre Entscheidungen unter Einbeziehung anderer möglicher Verkehrsmittel. Der PKW, der für sie ebenso verfügbar war wie für die Personen des Typs 1, wurde nur ganz selten mit dem Argument, er sei „eh' da" genutzt. Ebenso wenig wählten sie aus Gewohnheit ein Verkehrsmittel.

Die Personen des Typs 3 (ÖPNV-Rad), d.h. vor allem Studierende, nutzten den ÖPNV und das Fahrrad, da sie zum einen nur ein begrenztes Budget zur Verfügung hatten und ihnen zum anderen das günstige Semesterticket zur Verfügung stand. Den Zeitfaktor führten sie ebenfalls als wichtiges Kriterium an, was in den meisten Fällen die Begründung für die Nutzung des Fahrrads darstellte, mit dem man sich gerade in Heidelberg sehr schnell bewegen konnte. Ihre Entscheidungsspielräume wurden nicht durch Gewohnheiten eingeschränkt, sondern waren durch ihre ökonomische Situation begrenzt. Zu welchem Mobilitätstyp sie zählen würden bzw. in Zukunft werden, wenn sie über mehr Geld verfügen würden/ werden, ist nicht vorherzusagen, es ist jedoch zu erwarten, dass sie diesem Typ 3 nur in ihrer derzeitigen Lebenssituation angehören.

> Zitat 73: „Ich habe ein Semesterticket, und muss damit immer nach Mannheim fahren. Richtig mobil fühle ich mich dabei nicht. Ich muss mich an den Fahrplan halten, teilweise fahren die Züge nur stündlich, dadurch bin ich nicht sehr mobil, wenn ich lange Wartezeiten haben oder zu spät komme. (...) Mit dem Auto bin ich sicher schneller, aber da habe ich das Problem, dass ich für den Parkplatz zahlen muss, in der Parkgarage ist es natürlich recht teuer, das kann ich mir als Student nicht leisten, ebenso das Auto selbst." (G10-Typ 3)

Die wenigen Vertreter/innen des Mobilitätstyps 4 (Anti-PKW) nannten mehr Sachargumente und das Kriterium der Kosten als die anderen Befragten. Für sie war weder das Argument der Bequemlichkeit noch das der Gewohnheit von Bedeutung. Damit setzten sie sich deutlich von den anderen Typen ab. Aufgrund der geringen absoluten Zahl (n=2) verbietet sich jedoch eine weitere Interpretation.

> Zitat 74: „Grundsätzlich nehmen wir aber keine Autos. Wir sind keine guten Autofahrer" (L20-Typ 4)

Die drei Vertreterinnen des Typs 5 (Spontano), die das Zeitargument am häufigsten nannten, machten ihre Entscheidungen weiterhin von der Witterung abhängig, davon, ob sie Gepäck zu transportieren hatten und schließlich auch von ihrer Bequemlichkeit, was sie mit den Personen des Typs 1 und 2 gemeinsam hatten. Ihre spontanen und z.T. emotionalen Entscheidungen waren – wie die Typisierung besagt – unabhängig von Gewohnheiten.

> Zitat 75: „Ich entscheide mich immer nach Lust und Laune." (L 18-Typ 5)

Es zeigte sich, dass die zentralen Entscheidungskriterien für Mobilität zwischen den fünf herausgearbeiteten „qualitativen Mobilitätstypen" deutlich variieren. Somit waren nicht nur die Bewertungen der einzelnen Verkehrsmittel von ihren Grundhaltungen beeinflusst, sondern es unterlagen auch die prinzipiellen Kriterien für ihre alltäglichen Mobilitätsentscheidungen einem Muster, das einer Folie glich, durch die die Vielfalt der Möglichkeiten mehr oder weniger stark gefiltert wurde.

4.3.8 Zusätzliche Aspekte von Mobilität aus den Gruppendiskussionen

In den Gruppendiskussionen wurden von den Teilnehmer/innen aufgrund der nondirektiven Gesprächsführung zusätzliche Themen und Aspekte von Mobilität angesprochen, die nicht auf der vorhergesehenen Agenda standen. Insgesamt konnte

4.3 „Qualitative Mobilitätstypen" und ihre Urteile über Mobilität

festgestellt werden, dass insbesondere in den kleinen Gruppen von je drei bis vier Personen (die sechs Diskussionen G1 bis G18) sehr offen und frei auch neue, kontroverse Themen diskutiert wurden.

Im Rahmen der Definition von Mobilität wurden in mehreren Gruppen die mobilen Telefone („Handys") bzw. die modernen Kommunikationstechniken als Aspekte von Mobilität thematisiert, was ursprünglich nicht vorgesehen war. Dabei wurde das Handy als eine technische Erleichterung von Mobilität betrachtet, da es den Personen ermögliche, unterwegs Telefonate zu führen, und nicht auf das stationäre Telefon angewiesen zu sein.

> Zitat 76: „Auf einen Anruf brauche ich jetzt nicht mehr warten, ich kann das Handy also mitnehmen. Ich bin mobil und kann voll aktiv sein." (G12-Typ 1)

Insbesondere ein Arzt, der seit der Nutzung des Handys während seines Bereitschaftsdienstes Freizeitaktivitäten ausüben kann, betonte die Wichtigkeit dieses Geräts für seine persönliche Mobilität.

> Zitat 77: „Für mich ist die Mobilität erheblich gewachsen, seit ich ein Handy habe, beruflich bedingt. Da wir immer erreichbar sein müssen. Früher wenn ich weg wollte, musste ich immer am Telefon sitzen oder angeben, wo ich erreichbar bin. Seit ich seit einigen Jahren das Handy habe, bin ich immer erreichbar, muss zwar meinen Radius einschränken, bin aber für Notfälle immer erreichbar. Wenn ich früher ins Kino oder Theater wollte, musste ich eine Vertretung besorgen oder es musste jemand zuhause bleiben, der wusste, wo ich bin, da war die Mobilität sehr eingeschränkt." (G13-Typ 2)

In einer Gruppendiskussion wurde im Laufe der Diskussion um das Thema Handy der Mobilitätsbegriff von einem der Befragten soweit ausgedehnt, dass er damit die ubiquitäre Erreichbarkeit und den uneingeschränkten Zugang zu seinen Unterlagen verband, wobei die physische Mobilität nur ein Aspekt unter vielen war.

> Zitat 78: „Ich denke, dass sich der Begriff für Mobilität in der Sicht ausdehnt, dass Du immer, überall alles machen kannst. Also, dass Du immer erreichbar bist, dass Du immer an Dein Adressbuch kommst, (...) dass Du immer Deine Dokumente hast, dass Du immer fahren kannst, dass Du das Internet und Deine Mails nutzen kannst (...). (G8-Typ 3)

Andererseits wurden durchaus auch die Probleme der immerwährenden Erreichbarkeit thematisiert, wobei der Begriff der „Versklavung" oder des „Fluchs" durch ständige Erreichbarkeit genannt wurde. Hierbei standen sich manchmal durchaus kontroverse Ansichten gegenüber. Ebenfalls kontrovers wurde in diesem Zusammenhang die mögliche zukünftige Entwicklung z.B. durch zunehmende Gelegenheiten des Internet-Shoppings, Telebankings usw. diskutiert. Während einige Personen diese Gelegenheiten derzeit bereits ausführlich nutzten und das Internet als „Segen" bezeichneten, verteidigten andere die persönlichen Kontakte und befürchteten die Vereinsamung der Menschen am Computer.

> Zitat 79: „Manche Leute kommen aus dem Jogging-Anzug gar nicht mehr raus, die sitzen den ganzen Tag nur vor ihrem PC, und das war es dann. Ich denke, soweit darf es auch nicht gehen." (G11-Typ 1)

In einigen Gesprächen wurde das Einkaufen im Internet durchaus differenziert betrachtet, so dass z.B. die These vertreten wurde, dass alles „was man spüren, anfassen oder riechen will" wohl auch in Zukunft nicht im Internet verkauft werden wird. Dabei prallten meist Vertreter/innen der verschiedenen Generationen sowie Männer und Frauen aufeinander, da ältere und weibliche Befragte häufiger die Notwendigkeit des persönlichen Kontakts bei Einkaufen betonten. Ein Wortwechsel dieser Art ist nachfolgend wiedergegeben (hier zwischen einem Ehepaar, beide 52 Jahre alt, G14 weiblich, G13 männlich):

> Zitat 80: „Wenn ich einkaufen gehe, dann treffe ich die Frau so und so, halt ein Schwätzchen mit der, dann erzählt die mir, was sie kauft, das ist dann wieder so eine Anregung. Also was viel Kommunikativeres." (G14-Typ 1)
>
> „Es gibt andere Leute, die sagen, dass mit dem Kaufen und Verkaufen in Tante Emma Läden sehr viel Zeit verplempert wurde, anstatt dass es der Kommunikation dient. Wenn man vier Stunden irgendwo in der Schlange stehen muss." (G13-Typ 2)
>
> „Dann halte ich ein Schwätzchen..." (G14-Typ 1)
>
> „Ja aber man kann (mit dem Internet zuhause, Anm. d. Aut.) Preise vergleichen, spart viel mehr Zeit, kann dann z. B. auf dem Balkon sitzen. Also man hätte viel mehr Zeit zur persönlichen Verfügung." (G13-Typ 2)
>
> „Würde ich nicht machen. Ich kriege da Depressionen." (G14-Typ 1)

Diese kommunikativen Aspekte des Einkaufs, die von einigen Personen als sehr wichtig bezeichnet wurden, müssen auch bei der Interpretation der quantitativen Daten der Zeitbudgetstudie berücksichtigt werden, da sich dadurch z.B. die langen Haushaltswege der allein lebenden Rentner erklären könnten.

In den Gruppendiskussionen wurden nicht nur zusätzliche Aspekte von Mobilität thematisiert, sondern es wurden auch Informationen über bestehende Mobilitätsangebote ausgetauscht. So wurden in zwei Diskussionen bestimmte Angebote (Sammeltaxi, Frauennachtaxi usw.) oder Tarife des ÖNPVs und der Bahn diskutiert, und die Beteiligten klärten sich gegenseitig über die bestehenden Möglichkeiten auf. Dabei wurde z.T. das mangelhafte Informationsangebot – besonders für Nicht-Studierende – kritisiert, andererseits zeigte sich aber auch, dass gerade die Kritiker des Informationsangebotes nicht an zusätzlichen Informationen interessiert waren (Zitat 57).

In mehreren Diskussionen war die damals in Planung befindliche Reform der Tarife der DB AG ein wichtiges Thema, die durchweg negativ beurteilt wurde. Vor allem die mangelnde Flexibilität durch Fahrt-gebundene Tickets (vor dem Hintergrund, dass Flexibilität ein zentrales Merkmal von Mobilität war) und die geringere Ermäßigung durch die BahnCard wurden als zu erwartende Nachteile genannt[187]. Kontrovers diskutiert wurde dabei auch die Konzentration der Bahn auf Schnellbahnprojekte bei gleichzeitiger Vernachlässigung der Nahverkehrsverbindungen.

> Zitat 81: „Durch die Modernisierung wird die Bahn immer schneller, man setzt auf immer schnellere Züge, auf ICEs und so weiter. Das ist aber ein Nachteil, gerade für die Arbeitnehmer, die vom Arbeitsplatz nach Haus und umgekehrt müssen. (...) Was nutzt mir ein ICE, der jede Stunde in einer großen Stadt hält, wenn ich nur zu meinem Arbeitsplatz will. (...) Von zu Hause zum Arbeitsplatz, hätte ich gesagt, das mache ich mit der Bahn. Nur die bleibt nicht überall stehen, immer mehr Nahverkehrszüge werden gestrichen." (G20-Typ 1)

---

187 Die im Herbst 2002 durchgeführte Tarifreform musste schon im Frühjahr 2003 aufgrund des massiven öffentlichen Drucks in großen Teilen (z.B. BahnCard-Ermäßigung) wieder zurückgenommen bzw. stark korrigiert werden. Die Aussagen der Befragten entsprachen in weiten Zügen dieser öffentlichen Kritik.

Während einige Personen sich von den neuen Zügen und Techniken fasziniert zeigten, wurde von anderen (siehe Zitat 81) diese Entwicklung eher kritisch beurteilt. Insgesamt waren die am kontroversesten diskutierten Themen diejenigen, die sich mit dem ÖPNV und dessen Verbesserungsmöglichkeiten befassten, da hier gelegentlich überzeugte PKW-Fahrer/innen auf Verteidiger/innen von Bussen und Bahnen stießen.

Im Rahmen der Bedeutung des PKWs für die alltägliche Mobilität wurde in einigen Diskussionen auch der Aspekt Prestige oder Status des PKWs thematisiert, jedoch interessanterweise schrieb man dieses Motiv für den PKW-Besitz oder seine Nutzung grundsätzlich anderen Personen zu. Es wurde unterstellt, dass es „Leute gäbe, die das Auto als Statussymbol ansehen", oder dass besonders jüngere Menschen den PKW unreflektiert nutzten, wie das nachfolgende Zitat verdeutlicht.

> Zitat 82: „Die (Jugendlichen, Anm. d. Aut.) fahren, (...) weil das Autofahren (...) noch ziemlich neu ist (...) auch recht kurze Wege. (...) Da wird dann jede Strecke, auch wenn sie noch so kurz ist, mit dem Auto gemacht. (...) Für kürzere Strecken sitzen sie schneller im Auto. Ohne sich Gedanken zu machen." (G18-Typ 2)

Diese Eigenschaften, von denen sich die Befragten meist deutlich distanzierten, wurden zwar somit erwähnt, jedoch für sich selbst zurückgewiesen. Was in den Gruppendiskussionen immer wieder „zugegeben" oder mehr oder weniger schamhaft „eingeräumt" wurde, war, dass bei den Entscheidungen für oder gegen ein Verkehrsmittel häufig der Faktor „Bequemlichkeit" siege. Über die Bestätigung durch andere Gesprächsteilnehmer fühlten sich häufig weitere Mitglieder der Gesprächsrunde ermutigt, dies „zuzugeben".

Insgesamt zeigte sich, dass im Verlauf der Gruppendiskussionen nach dem Austausch der Sachargumente (von denen man offensichtlich annahm, dass sie sozial erwünscht seien) zunehmend „emotionale" und bewertende Aussagen abgegeben wurden, die dann im Austausch mit den anderen Teilnehmer/innen bestätigt oder revidiert werden konnten. Die Tatsache, dass einige interessante Aspekte in diesen Diskussionen von den Befragten selbst eingebracht wurden, zeigt, dass dieses Instrument bei einer Betrachtung eines Themas, wie dem der Qualität von Mobilität, zusätzliche Ergebnisse liefern kann.

4.4 ZUSAMMENFASSUNG

Wie wird die Verwendung von Zeit im Raum, d.h. von Zeit für Mobilität wahrgenommen? Welche Entscheidungsmuster führen zur Auswahl und Nutzung von Verkehrsmitteln? Inwieweit sind nicht-rationale, sondern emotionale Motive dafür verantwortlich? Diese Fragen standen im Vordergrund der qualitativen Erhebungen zur Zeitverwendung von Mobilität. Die Auswertung der insgesamt 28 Leitfadeninterviews und neun Gruppendiskussionen zeigte, dass es zahlreiche qualitative Aspekte von Mobilitäts- und Fahrtzeitwahrnehmung gibt, die Einfluss auf die Entscheidung nehmen, wie welcher Weg im Alltag zurückgelegt wird. Diese Interviews wurden in Ergänzung zu den quantitativen Analysen der Zeitbudgetstudie und der HIFI-Studie (Kap. 3) durchgeführt, um den Themenbereich näher zu beleuchten, der in diesen Studien nicht berücksichtigt wurde.

Die Analyse der Leitfadeninterviews und Gruppendiskussionen fand in mehreren Schritten statt, an deren Ende die Einordnung der Befragten in insgesamt fünf Mobilitätstypen stand (vgl. Tab. 4.3). Die Klassifizierung erfolgte nach einer ausführlichen Textanalyse aller Transkriptionen und einer Zusammenstellung aller Argumente in einer Themenmatrix. Als wichtige Indikatoren für die unterschiedlichen Grundhaltungen zu Mobilitätszeit allgemein und zur Verwendung einzelner Verkehrsmittel konnte zum einen der Grad der Reflexion über Mobilitätsentscheidungen (unreflektiertes Handeln, rationale Entscheidung, spontane Entscheidung) und zum anderen die daraus folgende vorwiegende Nutzung eines Verkehrsmittels im Alltag herauskristallisiert werden. Daraus folgten fünf „qualitative Mobilitätstypen", die sich in Stichworten folgendermaßen beschreiben lassen:

- Typ 1: *Unreflektierte/r PKW-Nutzer/in (Unref-PKW)* (n=29): nutzten den PKW, weil er „sowieso da war", aus Gewohnheit[188] und meist auch aus Bequemlichkeit.
- Typ 2: *Rationale/r Nutzer/in der Vielfalt (Ratio-Viel)* (n=16): nutzten alle zur Verfügung stehenden Verkehrsmittel, die Entscheidung erfolgte vorwiegend nach rationalen Überlegungen.
- Typ 3: *ÖPNV-Nutzer/in und/oder Fahrradnutzer/in aus Ermangelung eines PKWs (ÖPNV-Rad)* (n=12): vorwiegend Studierende mit Semesterticket oder Rentner/innen.
- Typ 4: *Autoverweigerer/in aus Überzeugung (Anti-PKW)* (n=2): PKW-Verzicht vorwiegend aus ökonomischen Gründen.
- Typ 5: *Emotionale/r Spontan-Entscheider/in (Spontano)* (n=3): Entscheidungen für Verkehrsmittel spontan nach „Lust und Laune".

Anhand dieser Typen wurden die Bewertungen zum Einsatz der verschiedenen Verkehrsmittel und die wichtigsten Entscheidungskriterien zusammengestellt. Es zeigte sich dabei, dass bereits für die Definition von Mobilität deutliche Unterschiede zwischen den Mobilitätstypen festzustellen waren. Insgesamt war für fast alle Befragten Mobilität oder „mobil sein" damit verbunden, schnell von A nach B kommen zu können, d.h. der Zeitfaktor war grundsätzlich eng mit dem Begriff Mobilität verknüpft. Für Befragte des Typs 1 (Unref-PKW) war zudem Flexibilität ein entscheidendes Kriterium von Mobilität, womit sie im Folgenden die Nutzung des von ihnen bevorzugten Verkehrsmittels PKW begründeten („Planung passt nicht zu Mobilität"). Personen des Typs 2 (Ratio-Viel) definierten Mobilität häufiger damit, alle Verkehrsmittel zur Verfügung zu haben. D.h. für sie war zwar ebenfalls die PKW-Verfügbarkeit Voraussetzung für Mobilität, jedoch nutzten sie je nach Gelegenheit auch andere Verkehrsmittel. Befragte des Typs 3 (ÖPNV-Rad) definierten Mobilität vorwiegend damit, alle von ihnen angestrebten Ziele

---

188 Gewohnheit kann hier nach LÜDEMANN (1997) mit „habit" gleichgesetzt werden.

erreichen zu können. Für die wenigen Vertreter/innen der Typen 4 und 5 ließen sich keine grundsätzlichen Aussagen ermitteln.

Die Einstellungen zu den Verkehrsmitteln PKW, ÖPNV und Fahrrad variierten im Wesentlichen am stärksten zwischen den Typen 1, 2 und 3, die sich bereits darin unterschieden, dass die Personen des Typs 1 vorwiegend Argumente für den PKW und gegen den ÖPNV vorbrachten. Der PKW bot in ihren Augen Flexibilität, Tempo, Bequemlichkeit, war immer zur Verfügung („wartet auf mich vor der Haustür") und bot zudem die Möglichkeit, Gepäck mitzunehmen, ohne dies planen zu müssen. Befragte des Typs 2 schätzten am PKW vor allem den Komfort und die Transportmöglichkeiten, die auch für die Befragten des Typs 3 wichtige Vorteile des PKWs darstellten (nicht zuletzt im Urlaub). Über diese rationalen Argumente hinaus, die von fast allen Befragten angesprochen wurden, wurden von zahlreichen Personen (vor allem des Typs 1 (Unref-PKW) und des Typs 2 (Ratio-Viel)) zusätzliche emotionale Aspekte der PKW-Nutzung und der im PKW verbrachten Zeit angeführt. Zahlreiche Personen betonten die hohe Qualität der Fahrzeit im PKW, die z.B. durch ungestörtes Musik Hören oder Rauchen entstehe. Auch die Abgeschiedenheit („my car is my castle", „Auto als Sofa, Wohnzimmer") in der vertrauten Atmosphäre, die u.U. die einzige Zeit „für mich selbst" im Laufe eines dicht gedrängten Arbeitsalltags darstellte, waren wichtige Argumente für die PKW-Nutzung. Die Schilderung der genussvoll verbrachten Fahrzeit, die z.T. sogar mit Begriffen wie „Rausch" oder „Sucht" verknüpft wurde, zeigt, wie stark qualitative Aspekte die Wahrnehmung von Mobilitätszeit prägten[189]. Hier wird deutlich, dass durch eine allein quantitative Analyse der Wegelänge und Wegezeiten wichtige Aspekte der Mobilität unerfasst geblieben wären. Diese Ergebnisse entsprechen den von HILGERS (1992) vorgestellten psychologischen Aspekten des Autofahrens, in denen der Lustcharakter von Mobilität angesprochen wurde, sowie den Ausführungen von KLÜHSPIES (1999), der Faktoren, wie Freiheitsgefühlerlebnis, Thrill, Privatheitsregulation, Territorismus und Bequemlichkeit im Zusammenhang mit der PKW-Nutzung thematisierte (vgl. Kap. 2.5.2.3). Die Bedeutung des Arbeitsweges für die (notwendige) Distanz zwischen Arbeit und Privatheit, dessen Interpretation als „Zeit des Rückzugs", bevor nach den Anforderungen des Berufs zuhause die Anforderungen der Familie beginnen, hoben ebenfalls bereits JANELLE (1995) und CREEL (2001) hervor. All diesen Bedürfnissen wurde – nach Einschätzung der Befragten – in erster Linie der PKW gerecht.

Die zentralen Argumente gegen den PKW waren die – Heidelberg-spezifische – Parkplatznot (insbesondere in der Altstadt) sowie Stress, Anspannung während der Fahrt, wobei Letzteres nachrangig war gegenüber der Parkplatzproblematik. Grundsätzlich konnten Vertreter/innen des Typs 1 (Unref-PKW) weitaus seltener Nachteile der PKW-Nutzung erkennen, Befragte des Typs 2 (Ratio-Viel) und des Typs 4 (Anti-PKW) formulierten am häufigsten die Schattenseiten der

---

[189] Ähnlich „lustvolles" Erleben der „maschinengebundenen Selbsterfahrung" im Automobil thematisierte bereits BURKART (1994) in seiner Arbeit über individuelle Mobilität und soziale Integration.

PKW-Nutzung. Dagegen wurden von Personen der Gruppe 3 (ÖPNV-Rad) relativ selten Argumente gegen den PKW angeführt, den sie bei günstigeren finanziellen Verhältnissen vermutlich wohl häufiger nutzen würden.

Bei der Beurteilung des öffentlichen Personenverkehrs muss zwischen Aussagen über die DB AG im Fernverkehr und den ÖPNV im engeren Sinne, d.h. Busse und Bahnen sowie die DB AG im Nahverkehr unterschieden werden. So wurden von fast allen Befragten Vorzüge der Fahrten mit der Bahn auf langen Strecken (wenn sie ohne Umsteigen und ohne Verspätung stattfinden konnten) dahingehend genannt, dass man die Fahrtzeiten für andere Aktivitäten, vor allem Lesen oder Arbeiten, nutzen könne. Ein weiterer nicht zu unterschätzender Vorteil war das für Studierende sehr günstige Semesterticket für den Nahverkehr, das nach den einmaligen Kosten der Anschaffung „eh' da war" und dann auch genutzt wurde[190]. Wenn diese Personen (vor allem Angehörige des Typs 3 (ÖPNV-Rad)) darüber nicht mehr verfügen würden, kann man davon ausgehen, dass sie den ÖPNV auch nicht mehr in diesem Maße nutzen würden. Die qualitativen Vorzüge der Bahn waren jedoch nach Angaben der Befragten nicht auf den ÖPNV im engere Sinne übertragbar. Für ihn wurden die Nachteile des Planen-Müssens in Kombination mit hohen Kosten für Nicht-Studierende und zahlreichen unangenehmen Aspekten des Fahrkomforts im weiteren Sinne eindrucksvoll formuliert. Die Argumente Enge, Überfüllung, Kontakt mit unangenehmem Publikum („Betrunkene und Asoziale") usw. führten zu einem z.T. vernichtenden Urteil, das von Befragten nahezu aller Mobilitätstypen geteilt wurde.

Für Personen des Typs 1 (Unref-PKW) führte dieses Urteil zur ausschließlichen Nutzung des PKWs, Personen des Typs 2 (Ratio-Viel) nutzten den ÖPNV entsprechend weniger und Befragte des Typs 3 (ÖPNV-Rad) nannten das Fahrrad als bevorzugte Alternative. Das Fahrrad war u.a. in Heidelberg aufgrund der Parkplatzproblematik ein beliebtes Verkehrsmittel. Gleichzeitig bot es v.a. für die hier befragten Erwerbstätigen einen hoch geschätzten Bewegungs- und Sportaspekt. Somit war für sie die Zeit für den Arbeitsweg gleichzeitig Zeit, die der Fitness und der Gesundheit gewidmet werden konnte. Die Nachteile der Witterungsabhängigkeit und des begrenzten Gepäcks wurden vor allem von Personen, wie z.B. Teilzeit erwerbstätige Mütter, die Kinder abholen müssen und für einen Mehrpersonenhaushalt einkaufen müssen, angeführt.

Als Entscheidungskriterien für Mobilität standen grundsätzlich Flexibilität, Zeitersparnis und Bequemlichkeit im Vordergrund. Rd. die Hälfte der Befragten des Typs 1 (Unref-PKW) entschieden sich jedoch aus Gewohnheit für ihr Verkehrsmittel PKW und weil der PKW „eh' da war". Ihre Mobilitätsentscheidungen wurden demnach nicht immer wieder neu und der Situation angepasst gefällt, wie dies bei Personen des Typs 2 (Ratio-Viel) der Fall war, sondern sie waren mit der einmal gefällten Entscheidung des PKW-Besitzes auf ihre Alltagsmobilität festgelegt. Eine vergleichbare Festlegung stellte der Kauf des Semestertickets/ Senio-

---

190 Die steigenden Anteile Studierender, die in den alten Ländern 2001/02 den ÖPNV nutzten (Ergebnisse der beiden Zeitbudgetstudien), können als Erfolg des Konzeptes „Semesterticket" angesehen werden (vgl. Kap. 3.1.3.2.4).

rentickets von Personen des Typs 3 (ÖPNV-Rad) dar, die dann Busse und Bahnen nutzten, weil das Ticket „eh' da war". Da diese Entscheidung jedoch eine zeitliche Begrenzung besaß, war ihre Zugehörigkeit zu einem qualitativen Mobilitätstyp weitaus weniger stabil als die der anderen Personen. Die Vertreter/innen des Typs 4 (Anti-PKW) trafen ihre Mobilitätsentscheidungen aus Kosten- und anderen Sachüberlegungen, wohingegen die Befragten des Typs 5 (Spontano) vor allem Zeitargumente ins Feld führten.

In den Gruppendiskussionen wurden zusätzliche Aspekte von Mobilität, wie z.B. größere Spielräume durch die Erreichbarkeit mit dem Handy oder durch Internet-Einkäufe thematisiert, die durchaus kontrovers diskutiert wurden. Hier fanden auch Diskussionen über das Prestige oder den Status eines PKWs statt, wobei die Befragten für sich selbst diese Bedeutung des PKWs zurückwiesen und stattdessen anderen Gruppen (z.B. Jugendlichen) unterstellten, aus Prestigegründen den PKW zu nutzen.

Insgesamt wurde deutlich, dass die Wahrnehmung der Zeit für Mobilität für die jeweiligen Verkehrsmittel völlig unterschiedlich ausfallen kann. Während für den überzeugten PKW-Fahrer die Zeit in seinem Gefährt eine Zeit der Entspannung und des Genusses darstellte, und der Zeitaufwand durch eine PKW-Fahrt somit nicht einer rein zweckrationalen Abwägung (gegenüber anderen Verkehrsmitteln) unterlag, konnte dies von einem anderen Befragten vollkommen anders bewertet werden. Umgekehrt genoss der Bahnliebhaber die entspannte Fahrt im ICE bei einer Buchlektüre, während der andere mit einer Bahnfahrt die Nachteile des mehrfachen Umsteigens und der potentiellen Verspätungen assoziierte. Einhellig ungünstig waren allerdings die Urteile über die Qualität des ÖPNVs, dessen Fahrzeit nur dann „genussvoll" sein konnte, wenn sie relativ kurz war und keine langen Wartezeiten erforderte. Es zeigte sich, dass die Beurteilung eines kurzen oder langen Weges nicht nur aufgrund des hohen oder niedrigen Zeitaufwandes erfolgte, sondern durch den individuellen Filter eines „qualitativen Mobilitätstyps" modifiziert wurde.

5. GIBT ES EINE RÄUMLICHE KOMPONENTE VON „ZEITWOHLSTAND" UND „ZEITNOT" FÜR WEGEZEITEN? EINE ZUSAMMENFASSUNG

Die kostbare und täglich unwiederbringlich entschwundene Ressource Zeit ist nicht nur zwischen Jung und Alt, Mann und Frau, Arm und Reich ungleich verteilt, sondern auch räumliche Komponenten besitzen auf bestimmte Teile der Zeitverwendung Einfluss. In der vorliegenden Arbeit ist die *Zeitverwendung für Mobilität*, d.h. die Zeit, die Menschen in ihrem Alltag verwenden, um Raum zu überwinden, der zentrale Forschungsgegenstand.

Was unterscheidet diesen Ansatz von den bisherigen Arbeiten der klassischen „time geography" oder der Verkehrsgeographie? Im Zentrum dieser Untersuchung steht der Zugang zur Mobilität ausschließlich über die Ressource Zeit. Wegezeit wird damit zum alleinigen Indikator für Raum, was den Unterschied zu den meisten verkehrsgeographischen Arbeiten ausmacht. Dieser Einsatz von Wegezeit stellvertretend für Raum ist nicht allein der Tatsache zuzuschreiben, dass in den eingesetzten Datensätzen z.T. Angaben über die metrischen Distanzen fehlten[191], sondern Wegezeiten wurden deshalb verwendet, weil Akteure Entscheidungen über die Durchführung, Zumutbarkeit usw. von Wegen weitaus häufiger über die Dauer des potentiellen Weges als über die Länge (im Sinne einer metrischen Distanz) fällen. Dieses Konzept der Analyse von Wegezeit wird ergänzt um die Dimension der „mental travelling time", die – analog zu den bekannten „mental maps" – auf die subjektiven Elemente dieser Aktivitäten eingeht. Darin liegt einer der Unterschiede zu den Konzepten der Hägerstrandschen „time geography", wie nachfolgend noch detaillierter erläutert wird. Eine weitere Besonderheit dieser Arbeit liegt in der Nutzung eines bisher einmaligen Sets von Daten: die erste und zweite bundesweite Zeitbudgeterhebung des Statistischen Bundesamtes, die es erlauben, auf einer Maßstabsebene wohnortbezogene regionale (typisierte) Disparitäten zu untersuchen, die bisher auch bei bundesweiten Verkehrserhebungen noch nicht zur Verfügung stand. Ein Vergleich des Zeitaufwandes zwischen den beiden Erhebungen 1991/92 und 2001/02 ermöglicht eine Analyse der unterschiedlichen Entwicklung in West- und Ostdeutschland nach der Wiedervereinigung. Dieser Fragestellung wird besonders intensiv nachgegangen, da sowohl durch Veränderungen des Kontexts (Ausdünnung der Schulstandorte, des Netzes von Kinderbetreuungen) als auch durch Veränderungen auf individueller Ebene (Arbeitsplatzverluste, -wechsel, erhöhter Motorisierungsgrad) erhebliche Veränderungen im Bereich der individuellen Mobilität im Alltag zu erwarten sind.

---

191 Es wäre sehr hilfreich gewesen, wenn die Daten diese Analyse ermöglicht hätten. Derzeit ist in der BRD kein Datensatz verfügbar, der sowohl ausführliche Wegezeiten und Wegstrecken als auch den zugehörigen Wohnort bzw. die Zielorte der Wege enthält.

5. Gibt es räumlichen „Zeitwohlstand" und räumliche „Zeitnot" für Wegezeiten?

Die „Zeiten für Raum", die Wegezeiten des täglichen Lebens, werden von zahlreichen Komponenten modelliert. Diese Komponenten wurden in der vorliegenden Arbeit in zwei zentrale Bereiche, nämlich „Kontext" und „Akteure" untergliedert. In Kap. 1 wurde ausgeführt, wie sich die beiden Bereiche wechselseitig bedingen, wie der Kontext von Akteuren gestaltet und geformt wird und wie umgekehrt der (früher) gestaltete Kontext Rahmen für (heutiges) Handeln darstellt. Für den Themenbereich Mobilität konnten Wechselwirkungen zwischen den Eigenschaften der Akteure und dem räumlich manifestierten Kontext im Hinblick auf die langfristige Mobilität (die Wahl des Lebensstandorts) und die kurzfristige Mobilität (die Alltagswege) als Modell aufgezeigt werden, an die sich die zentralen Fragen der Arbeit anschließen, die hier in verkürzter Form kurz wiederholt werden:

- Gibt es eine time-space-compression in der Form, dass die Welt durch moderne Kommunikationstechnologien näher zusammenrückt und die Individuen immer immobiler werden? Wächst oder sinkt der Anteil der Personen, die mobil sind?
- Wie gestalten sich die Wegezeiten im Alltag für die einzelnen Akteurstypen in ihrem Kontext?
- Wie wirkt der Kontext auf welche Wegezeiten und unterliegt seine Wirkung einem zeitlichen Wandel?
- In welchen Lebensphasen wirken welche „constraints" des Kontextes besonders stark?
- Welche Faktoren wirken auf den Entscheidungsprozess für Mobilität bzw. die Art der Mobilität ein?

Diesen Fragestellungen wurde mit unterschiedlichen Ansätzen und Methoden, d.h. einem Methodenmix nachgegangen, in dem sowohl in quantitativen Analysen Auswertungen der beiden deutschen Zeitbudgetstudien 1991/92 und 2001/02 durchgeführt wurden als auch qualitative Methoden in Form von Leitfadeninterviews und Gruppendiskussionen zum Thema „Qualität und Wahrnehmung von Mobilität" zum Einsatz kamen. Ergänzt wurden diese beiden Datengrundlagen um Auswertungen einer Befragung von Frauen im suburbanen Raum, in der Fragestellungen zu Umzugsmotiven oder spezielle Formen der Mobilität (Wegeketten) thematisiert werden konnten. Den spezifischen Methoden der Zeitbudgetforschung ist aufgrund der Konzentration auf die beiden bundesdeutschen Zeitbudgetstudien eine gesondertes Kapitel gewidmet Kap. 2.4).

In einem Literaturüberblick über den Umgang mit den Dimensionen Raum und Zeit unter dem Aspekt der Mobilität wurde das Thema in Kap. 2 von geographischer Seite, von soziologischer Seite und aus verkehrswissenschaftlicher Seite beleuchtet. Es kristallisierte sich heraus, dass sich das Konzept von Zeit als relationale Größe, modifiziert durch die subjektive Wahrnehmung und Bewertung sowohl in den Tagebüchern, die „traditionell" quantifizierend ausgewertet wurden, als auch in den eigenen qualitativen Interviews als Grundlage bewährte. Ebenso ist das relationale Raumverständnis, demzufolge Raum sowohl Restriktion als auch Ressource darstellt (POHL 1993), gemeinsam mit dem Konzept des Wahrnehmungsraumes die theoretische Grundlage des hier zur Anwendung kommenden Raumverständnisses. Diese beiden miteinander korrespondierenden Konzepte erlauben eine erweiterte Neuinterpretation der HÄGERSTRANDSCHEN „time geography", da nun der messbaren, und abzählbaren Zeitverwendung in Aktionsräumen eine subjektive Komponente gegenübergestellt wird, die als „Filter" modifizierend die „harten Daten" relativiert. Die Vorwürfe, die der ursprünglich so erfolgreichen, seit den 1980er Jahre jedoch in Vergessenheit geratenen „time geography" gemacht wurden, waren eine fehlende „begriffliche konzeptionelle Brücke zu soziokulturellen und psychischen Prozessen" (ZIERHOFER 1989, S. 87) oder eine zu atomistische und zu sehr Ressourcen-basierte Interpretation von Zeit (DAVIES 2001). Sie können zwar durch die in dieser Arbeit eingesetzten Raum- und Zeitkonzepte nicht vollkommen entkräftet werden – zudem stand die theoretische Auseinandersetzung mit diesen Konzepten nicht im Vordergrund der Arbeit –, aber sie sollen als erster Versuch verstanden werden, diesen m.E. immer noch faszinierenden Ansatz der „time geography" neu zu beleben[192]. Zum Einsatz kommen ebenfalls Konzepte der Handlungstheorie, wie auch Erkenntnisse über die psychologischen Dimensionen des Verkehrs (insbesondere dem Verhältnis zum Automobil).

Die beiden zentralen empirischen Kapitel widmen sich der Frage nach der *Gestaltung der Zeitverwendung für Mobilität* mit der Analyse der quantitativen Erhebungen (Kap. 3) und der Frage nach der *Wahrnehmung der Zeitverwendung für Mobilität* mit der Analyse der qualitativen Erhebungen (Kap. 4). Das Zusammenspiel dieser beiden unterschiedlichen Perspektiven soll eine umfassendere Betrachtung des zentralen Themas „Zeit für Mobilität" ermöglichen. Im Zentrum des Kapitels zur Gestaltung der alltäglichen Zeitverwendung für Mobilität stehen die Analysen der beiden bundesdeutschen Zeitbudgetstudien 1991/92 und 2001/02. Die Zeitbudgetstudien erlaubten eine Analyse der Situation der Haushalte (z.B. zeitliche und räumliche Nähe/ Ferne zu Infrastruktureinrichtungen) und der Einzelpersonen, die in Tagebüchern ihre Zeitverwendung für diverse Aktivitäten – u.a. für Mobilität – angegeben hatten.

Es zeigte sich, dass 1991/92 für die befragten *Haushalte* nicht nur deutliche Unterschiede in der Erreichbarkeit verschiedener Infrastruktureinrichtungen zwischen Zentren und peripheren Regionen existierten, sondern auch große Differenzen zwischen den neuen und alten Ländern bestanden, was u.a. auf die unterschiedliche Standortpolitik der politischen Systeme zurückzuführen war. Modelliert wurden diese Differenzen in der Erreichbarkeit zudem durch die unterschiedliche PKW-Verfügbarkeit der Haushalte und der Individuen. So war z.B. in den neuen Ländern 1991/92 noch ein relativ dichtes Netz der staatlich verantworteten Kinderbetreuungseinrichtungen und der allgemein bildenden Schulen vorhanden, das zur Folge hatte, dass diese Einrichtungen häufiger unmotorisiert und damit mit zeitlich kurzen Wegen erreichbar waren. Zudem bestand im Standortnetz dieser Einrichtungen im Osten nur ein geringes Stadt-Land-Gefälle in der Er-

---

[192] In einem Themenheft der Geografiska Annaler, das wenige Monate nach HÄGERSTRANDS Tod 2004 erschien, wurden u.a. von LENNTORP (2004) zahlreiche aktuelle Anwendungen der „time geography" vorgestellt.

reichbarkeit. Die marktwirtschaftlich geprägten Standortnetze, wie z.B. das der Lebensmittelmärkte waren umgekehrt zu diesem Zeitpunkt in den alten Ländern dichter. Zehn Jahre später hatte sich die Situation vor allem in den neuen Ländern durch Prozesse, wie die Suburbanisierung des Wohnens, Ausweitung der Einzelhandelsbetriebe auf der „grünen Wiese", Motorisierung der Haushalte, aber auch Ausdünnung des Standortnetzes der Kinderbetreuungseinrichtungen und der Schulen maßgeblich verändert. Zu den „Verlierern" hinsichtlich der Versorgung mit diesen Einrichtungen zählten in den neuen Ländern die kleinen, peripheren Gemeinden im ländlichen Raum, die nicht nur vom Verlust von Einrichtungen, sondern auch von Entwicklungen des Verkehrssystems, wie z.B. dem Rückzug der Bahn aus der Fläche, betroffen waren. Dies schlug sich allerdings nicht unmittelbar in einer Erhöhung des Zeitbudgets für Mobilität nieder, da durch die verstärkte Motorisierung der Haushalte und der Individuen – ob sie nun Ursache oder Folge der o.g. Prozesse war, ist nicht zu klären – die metrisch größeren Distanzen durch zeitlich relativ kurze PKW-Fahrten kompensiert werden konnten.

Die Auswertung der Tagebücher der Zeitbudgetstudien konzentrierte sich auf vier Aspekte: 1) wie hoch der Anteil von Personen war, der überhaupt an einem der Befragungstage Wege für einen bestimmten Zweck zurücklegte[193], 2) wie hoch der Zeitaufwand der Personen für bestimmte Wege war, 3) wie hoch der Anteil der Wegezeit mit den jeweiligen Verkehrsmitteln war und 4) wie sich die Wegezeiten über den Tagesverlauf an Wochen- und Wochenendtagen verteilten.

Von einem besonders hohen Anteil von Befragten wurden Wege für den Haushalt, für Kontakte/ Geselligkeit und für Freizeitzwecke zurückgelegt. Da diese Wegearten von allen Befragten, seien es Erwerbstätige, Schüler/innen, Rentner/innen oder Hausfrauen zurückgelegt werden konnten/ mussten, zählten sie insgesamt zu den häufigsten Wegearten. Sie unterlagen zudem hohen Zuwachsraten zwischen 1991/92 und 2001/02, so dass im jüngsten Zeitschnitt deutlich mehr Personen im Alltag Wege dieser Art zurücklegten als zuvor[194]. In den vorliegenden beiden Datensätzen ist ebenfalls die zunehmend schwierigere Situation auf dem Arbeitsmarkt daran zu erkennen, dass der 1991/92 noch bestehende „Vorsprung" in den neuen Ländern in Form eines höheren Beteiligungsgrades an Arbeitswegen (höhere Frauenerwerbstätigkeit, höhere Beschäftigungsquoten insgesamt) 2001/02 dahingeschmolzen war. Gleichzeitig hatten sich die Wegezeiten für Arbeitswege besonders für Vollzeit erwerbstätige Männer in den neuen Ländern geradezu dramatisch erhöht, d.h., wer noch über einen Arbeitsplatz verfügte, musste bereit sein, dafür lange Pendelwege in Kauf zu nehmen. Besonders lange Wege wurden insgesamt zur Arbeit (Vollzeit Erwerbstätigkeit), zur Ausbildung (Schule) und für Freizeitzwecke zurückgelegt. Zwischen 1991/92 und

---

193 Durch die Erhöhung der Anzahl der Erhebungstage von zwei Tagen (Zeitbudgetstudie 1991/92) auf drei Tage, von denen einer ein Wochenendtag sein sollte (Zeitbudgetstudie 2001/02) unterlag dieser Indikator einer methodischen Veränderung, die gleichzeitig Auswirkungen auf die Ergebnisse besaß, so dass relativ selten (und bevorzugt an Wochenenden) ausgeübte Wege in der Studie von 2001/02 etwas häufiger auftraten als zuvor.

194 Teilweise ist dieser Effekt der oben erwähnten Erhöhung der Erhebungstage zuzuschreiben; es kann jedoch davon ausgegangen werden, dass er nicht die gesamte Erhöhung erklärt.

2001/02 erhöhten sich in fast allen Aktivitätsbereichen die Wegezeiten, wobei sich die Differenzen zwischen Ost und West besonders deutlich bei den Wegen für Freizeit zeigten, für die in den neuen Ländern sogar durchschnittlich mehr Wegezeit zurückgelegt wurde als für die (ohnehin langen) Arbeitswege.

Die Ausbildungswege unterlagen in den alten Ländern bereits 1991/92 einem deutlichen Land-Stadt-Gefälle in der Form, dass die Wege auf dem Land durch die jahrzehntelang betriebene Zentralisierung der Schulen zu langen ÖPNV-Wegen geworden waren. In den neuen Ländern waren dagegen 1991/92 nur geringe regionale Disparitäten der Schulwege zu erkennen, die sich 2001/02 als Folge der dortigen Schulschließungen zu einem mit dem Westen vergleichbaren Land-Stadt-Gefälle entwickelt hatten. Grundsätzlich waren in den großen Agglomerationen fast alle Wegearten (Ausnahme: Wege für Ausbildung) länger als in den kleinen Gemeinden der peripheren Regionen, wobei sich für nahezu alle Aktivitätsbereiche die Mittel- und Oberzentren außerhalb der Verdichtungsräume als „Ortstypen der kurzen Wege" hervorhoben. Dies stand in engem Zusammenhang mit den Verkehrsmitteln, die bevorzugt für die jeweiligen Wege eingesetzt wurden, was in Abb. 5.1 schematisiert dargestellt wurde.

Abb. 5.1: Regionale Disparitäten der Verkehrsmittelnutzung (schematische Darstellung) –Situation 2001/02

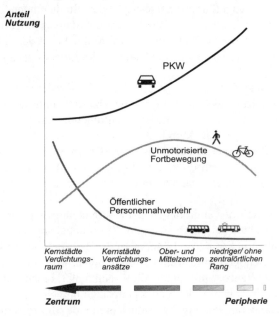

Quelle: eigener Entwurf

Während in den Kernstädten im Verdichtungsraum – vor allem 1991/92 und bevorzugt in den neuen Ländern (d.h. in Ost-Berlin) – noch relativ hohe Anteile der alltäglichen Wege mit dem ÖPNV zurückgelegt wurden, stieg mit abnehmendem zentralörtlichem Rang sowohl die Nutzung des PKWs als auch die des unmotorisierten Verkehrs. Die Anteile der unmotorisierten Wege nahmen allerdings in den sehr kleinen peripheren Gemeinden wieder etwas ab. Da Wege, die mit dem ÖPNV zurückgelegt wurden, grundsätzlich zu den langen Wegen gehörten, dagegen Wege, die unmotorisiert zurückgelegt wurden, zu den kurzen Wegen zählten, und PKW-Wege eine sehr große Bandbreite besaßen, waren demzufolge Orte, an denen ein hoher Anteil der Wege mit dem ÖPNV zurückgelegt wurde, Orte mit relativ langen Wegen. Hinzu kommt, dass sich mit zunehmender Zentralität und Dichte gleichzeitig die Hindernisse für den motorisierten Individualverkehr erhöhen, seien es Staus, vor allem in den Stoßzeiten, oder sei es die Suche nach Parkplätzen (Argumente aus den qualitativen Interviews), so dass der zeitliche Vorsprung, den PKW-Benutzer/innen gegenüber den ÖPNV-Benutzer/innen besitzen, in den Zentren dahinschmilzt. Die ÖPNV-Nutzung war insgesamt in den Gemeinden am höchsten, in denen gleichzeitig die Differenz der mittleren Wegezeiten zwischen PKW und ÖPNV am niedrigsten war. Insgesamt besaß allerdings der ÖPNV nur in den Kernstädten und ihrer unmittelbaren Umgebung Bedeutung, wobei diese Nutzung besonders in den neuen Ländern zwischen 1991/92 und 2001/02 für alle Aktivitätsbereiche deutlich zurückging. Interessant ist, dass es in diesem Zeitraum eine einzige Gruppe gab, deren ÖPNV-Weganteile anstiegen: nämlich Studierende in den alten Ländern. Es ist anzunehmen, dass die in den Universitätsstandorten eingeführten Semester- oder Studierenden-Tickets hier eine positive Wirkung gezeigt haben. Wie in den qualitativen Interviews festgestellt, steigt die Nutzung des ÖPNVs mit solchen Maßnahmen deutlich, da dann, wenn der Fahrschein „sowieso da ist", die Nutzung des ÖPNVs als „quasi kostenlos" eingeschätzt wird.

In den neuen Ländern stellte die „nachholende Motorisierung", die 1991/92 zwar schon den Haushalt, aber noch nicht alle Haushaltsmitglieder (vor allem noch nicht die Frauen) erfasst hatte, in den nachfolgenden zehn Jahren die entscheidende Veränderung für die Mobilitätschancen dar. Die Anteile der PKW-Fahrten stiegen vor allem unter den erwerbstätigen Frauen stark an, wobei sich die Anteile der Wegezeiten mit dem PKW ganz besonders in den ländlichen Kreisen und den peripheren Gemeinden erhöhten und dort z.T. die Werte der alten Länder überschritten.

Bei einem Vergleich der angestiegenen PKW-Nutzung mit der Versorgung mit Infrastruktureinrichtungen lässt sich ein Zusammenhang erkennen: diese Gemeindetypen zählten in den neuen Ländern zu den „Verlierern" hinsichtlich der Erreichbarkeit von wichtigen Infrastruktureinrichtungen. Wer dort nicht die metrisch verlängerten Distanzen mit einer PKW-Nutzung kompensieren konnte, musste die stärksten Einbußen in der Versorgungslage hinnehmen. Insofern führten zwar einige Veränderungen, wie die voranschreitende Motorisierung, zur Reduzierung von Unterschieden z.B. zwischen den Geschlechtern, gleichzeitig entstand jedoch durch andere Prozesse, wie z.B. durch den Rückzug des ÖPNVs oder der Reduzierung anderer staatlich unterstützter Infrastrukturleistungen (Schulen, Kinderbetreuungseinrichtungen u.ä.) eine neue regionale Ungleichheit im Osten. Diese Ungleichheit in der Versorgungsstruktur war allerdings mit dem Indikator

Wegezeit nicht nachweisbar, da die gestiegenen Anteile der PKW-Nutzung die verlängerten Wegstrecken nahezu vollständig kompensierten.

Welchen Veränderungen räumlich-metrische Wegstrecken durch die vorrangige Nutzung bestimmter Verkehrsmittel unterlagen, wurde schematisch in Abb. 5.2 dargestellt. Wegstrecken „erhöhten" sich dort zu langen Wegezeiten, wo häufig der ÖPNV genutzt wurde, d.h. in den Kernstädten (vgl. Abb. 5.1) und „verringerten" sich dort zu kurzen Wegen, wo häufig der – relativ ungehinderte – PKW zum Einsatz kam. Waren zudem eine Vielzahl von Infrastruktureinrichtungen unmotorisiert erreichbar, wie dies z.B. in den kleineren Mittelzentren der ländlichen Regionen oder der Regionen mit Verdichtungsansätzen der Fall war (vgl. Abb. 5.1), dann erreichten dort die Wegezeiten der Befragten in der Summe die niedrigsten Werte (vgl. Abb. 5.2). Diese Ergebnisse bestätigten sich im Wesentlichen auch für die unterschiedlichen Akteurstypen (Vollzeit erwerbtätige Singles, Teilzeit erwerbstätige Mütter usw.), so dass ein Einfluss durch die unterschiedlich verteilten Bevölkerungsgruppen in den Gemeindetypen ausgeschlossen werden konnte.

Abb. 5.2: Regionale Disparitäten der Wegstrecken und Wegezeiten in Abhängigkeit von den genutzten Verkehrsmitteln (schematische Darstellung)

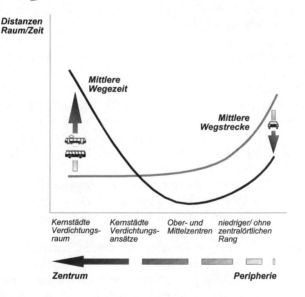

Quelle: eigener Entwurf

Stellt man die Einflussfaktoren „Kontext" (Lage des Wohnorts in West/ Ost, Stadt/ Land usw.) und „Akteur" (Alter, Geschlecht, Erwerbstätigkeit) einander gegenüber, so waren prinzipiell die Akteursmerkmale (v. a. das Alter) für die Anteile der Ausübenden von vorherrschender Bedeutung (Ausnahme: Wege für das Ehrenamt: deutliche Ost-West-Unterschiede). Für die Dauer der Wegezeiten gestaltete sich jedoch das Wechselspiel zwischen Kontext- und Akteursmerkmalen etwas komplexer. Die Kontextmerkmale besaßen einen höheren Einfluss auf die Wege für die Ausbildung (zu beiden Zeitpunkten), ebenso 1991/92 auf die Wege für ehrenamtliche Tätigkeiten, auf die Wege für persönliche Kontakte und die Wege zur Freizeit. Für die Wegezeiten für private Wege (Kontakte, Freizeit) schwand zwischen 1991/92 und 201/02 der Einfluss des Kontextes nicht zuletzt durch die Motorisierung der ostdeutschen Haushalte, da die neu entstandenen Stadt-Land-Unterschiede etwas geringer ausfielen als die zuvor bestehenden Ost-West-Unterschiede. Der Kontext besaß jedoch weiterhin deutlichen Einfluss auf die Ausbildungswege, so dass die regionale Ungleichheit im Zeitaufwand für diese wichtigen Wege erhalten blieb, bzw. sich in den neuen Ländern sogar erhöhte. Wenn man die Selektivität berücksichtigt, die lange Schulwege besonders auf bildungsferne Schichten ausüben, sollte dieses Ergebnis nachdenklich stimmen.

Die tageszeitlichen Rhythmen waren an den Werktagen in hohem Maße von den „Pflicht-Wegen" zur Arbeit und zur Ausbildung geprägt, so dass morgens zwischen 6 und 8 Uhr das erste kleinere Maximum und abends zwischen 16 und 18 Uhr, wenn diese Wege mit den privaten Wegen kumulierten, das absolut höchste Maximum der Wege im Tagesverlauf entstand. Deutliche West-Ost-Unterschiede zeigten sich 1991/92 nicht nur in den Beteiligungen an bestimmten Wegen (es wurden z.B. im Osten wesentlich seltener Wege für Freizeit ausgeübt als im Westen), sondern vor allem darin, dass der Arbeitstag früher am Tag einsetzte und demzufolge auch früher endete. Außerdem waren die Tagesrhythmen klarer erkennbar und somit die Wege weniger stark über den Tag verteilt als im Westen. Nimmt man diesen Sachverhalt als Indikator dafür, ob sich eine Gesellschaft auf dem Weg zur „Non-Stop-Gesellschaft" befindet, dann deutet sich dies durch die Veränderungen bei den privaten Wegen – vor allem in den Städten – mittlerweile auch in den neuen Ländern an, deren Tagesrhythmen sich 2001/02 zunehmend denen der alten Länder angeglichen hatten. Allerdings sorgte die starke tageszeitliche Rhythmik der Arbeitswege, die sich in Ost wie in West auf den Morgen und den Abend konzentrierte (Auswirkungen einer Flexibilisierung waren dahingehend noch nicht sichtbar), dafür, dass keine Entwarnung bezüglich der alltäglichen Verkehrsprobleme in den Verdichtungsregionen gegeben werden kann.

Wesentliche Veränderungen zwischen den beiden Zeitbudgetstudien 1991/92 und 2001/02 liegen in dem gesellschaftlichen Wandel begründet, der sich durch die deutsche Wiedervereinigung vor allem in den neuen Ländern vollzogen hatte. Aus diesem Grund wurde dem Vergleich zwischen den neuen und alten Ländern relativ viel Platz gewidmet. Die Veränderungen schlugen sich z.T. in einer verbesserten Infrastruktur (Einkaufsmöglichkeiten, Verkehrswege), z.T. aber auch in ausgedünnten Standortnetzen (Schulen, Kinderbetreuungseinrichtungen, ÖPNV) nieder. Gleichzeitig unterlag das Angebot an Arbeitsplätzen dramatischen Veränderungen, so dass dieser Wandel mannigfaltige Auswirkungen auf die Wegezeiten und die Anteile der Ausübenden besaß: Wege für Haushaltseinkäufe wurden im

5. Gibt es räumlichen „Zeitwohlstand" und räumliche „Zeitnot" für Wegezeiten?

Osten in den verdichteten Regionen kürzer, Wege zu Schulen und Geschäften in den ländlichen Regionen länger, Wege zur Arbeit wesentlich länger, die ÖPNV-Nutzung sank auf marginale Anteile der Wegezeiten ab, während sich die Anteile der Wegezeiten mit dem PKW z.T. verdoppelten. Insgesamt scheinen sich die Mobilitätsmuster in den neuen Ländern zunehmend denen der alten Ländern anzugleichen, was sich vorwiegend durch die synchron verlaufenden Prozesse der Suburbanisierung der Wohnstandorte und der Motorisierung der Haushalte erklären lässt.

Durch die Auswertungen der Studie des Heidelberger Instituts für Interdisziplinäre Frauen- und Geschlechterforschung konnten die Ergebnisse der Zeitbudgetstudien um Aspekte, wie z.B. Motive für einen Umzug (langfristige Mobilität) und Wechselwirkungen zwischen Infrastruktur und Wegezeiten auf größerem Maßstab erweitert werden. Aufgrund der spezifischen Perspektive dieser Studie – ausgerichtet auf die Lebenssituation von Frauen mit Familie im suburbanen Raum – konnten zudem typisch „weibliche" Formen der Mobilität, wie z.B. Wegeketten, analysiert werden. Außerdem war es möglich, Gründe für und gegen die Nutzung von bestimmten Verkehrsmitteln zu erheben, wodurch ebenfalls eine „Lücke" der Auswertungen aus den Zeitbudgetstudien geschlossen werden konnte. Die Motive für den letzten Umzug lassen sich mit dem bekannten Wohnideal des eigenen „Häuschen im Grünen" am besten umschreiben: der Erwerb von Wohneigentum, um mit Kindern in ruhiger Wohnlage im Grünen zu leben, stellte die Summe der zentralen Umzugmotive in diesen suburbanen Befragungsgemeinden dar. Die hohen Zufriedenheitswerte derjenigen, die dieses Ziel erreicht hatten, bestätigten dies zudem. Wie die jüngsten Entwicklungen in den neuen Ländern zeigten, ist außerdem anzunehmen, dass dieses Wohnideal dort gleichermaßen verbreitet und damit auch für die Suburbanisierungswelle verantwortlich ist.

Für die Wegezeiten der befragten Frauen konnten Vergleiche zwischen Mittelzentren und Gemeinden ohne zentralörtlichem Rang durchgeführt werden, für die – im Unterschied zu den Zeitbudgetstudien – auch die Besonderheiten der einzelnen Orte, wie z.B. ihre topographische Lage berücksichtigt werden konnten. Insgesamt korrespondierten die guten Zu-Fuß-Erreichbarkeiten der kleinen Gemeinden für Kinderbetreuungseinrichtungen, Schulen, Sportplätze usw. mit den relativ niedrigen Wegezeiten für Kinderbetreuung[195]. Gleichzeitig konnten in den kleinen Gemeinden in ländlichen Regionen Kinder weitaus häufiger ohne die Begleitung von Erwachsenen mobil sein, so dass auch hier Wege eingespart werden konnten. Umgekehrt waren die Arbeitswege für die befragten Frauen in den kleinen Gemeinden länger als in den Mittelzentren, so dass sich die Vorzüge der kurzen Wege für Kinderbetreuung wieder etwas relativierten, was im Wesentlichen den Ergebnissen der Zeitbudgetdaten entsprach.

Große Bedeutung besaßen die sogenannten „Wegeketten", die im Fragebogen der HIFI-Studie explizit erhoben wurden. Es zeigte sich, dass die bisher nur selten erfassten Wegeketten für eine große Mehrheit der befragten Frauen die häufigste

---

195 Wenn diese Gemeinden zudem im Oberrheingraben lagen, konnten noch deutlich mehr Gelegenheiten unmotorisiert, wie z.B. mit dem Fahrrad, erreicht werden.

Wegeart darstellten und nicht selten mehr als drei Wege miteinander kombiniert wurden. Diese Art von Mobilität war mit den angebotenen Verkehrsmitteln des ÖPNVs nicht zu realisieren, da hierfür die Flexibilität zu gering und das Netz zu stark auf die zentralen Orte ausgerichtet war. Die systematische Erfassung und Auswertung dieser Wegeketten stellt eine wichtige Ergänzung zu den sonst eher eindimensionalen Erhebungsmethoden der Verkehrsstatistik dar[196].

Diese Ergebnisse ergänzten die Analysen der Zeitbudgetstudien insofern, als sie zum einen zentrale Motive für die „langfristige Mobilität" transparent werden ließen und zum anderen die hohen Mobilitätsansprüche von Frauen für ihren alltäglichen Koordinationsbedarfs aufzeigten.

Eine Ergänzung der quantitativen Analysen erfolgte durch eine Reihe von qualitativen Interviews (28 Leitfadeninterviews und neun Gruppendiskussionen), in denen die individuelle, subjektive Wahrnehmung der Zeit für Mobilität, die Entscheidungsmuster für die Nutzung von Verkehrsmitteln und die emotionalen Komponenten von Mobilität thematisiert wurden. Diese Erweiterung des in den bisher vorgestellten Auswertungen vorherrschenden deduktiven Ansatzes um einen induktiven Zugang soll eine umfassendere Beurteilung der entscheidenden Aspekte des Themas „Zeit für Mobilität" ermöglichen. Im Rahmen der Auswertung wurden die 62 Befragten fünf „Qualitativen Mobilitätstypen" zugeordnet, die sich zum einen durch den Grad der Reflexion über Mobilität und zum anderen durch ihre Verkehrsmittelwahl im Alltag voneinander unterschieden. Während Vertreter/innen des Typs 1, die „unreflektierten PKW-Fahrer/innen", den PKW vorwiegend aus Gewohnheit nutzten, entsprachen Vertreter/innen des Typs 2 den „rationalen Nutzer/innen der Vielfalt", die immer wieder neu entschieden, welches Verkehrsmittel für welchen Zweck zu nutzen sein Die Vertreter/innen des Typs 3, die in Ermangelung eines PKWs den ÖPNV und das Fahrrad nutzten, zählten meist zur Gruppe der Studierenden, und waren im Besitz eines Semester-Tickets. Die Befragten der nur schwach besetzten Typen 4 und 5 zählen entweder zu den „Autoverweigerer/innen" oder zu den „Spontanos", die „nach Lust und Laune" darüber entschieden, wie sie mobil waren. Für alle dies Typen ließen sich deutliche Unterschiede darin erkennen, wie sie Mobilität definierten, welche Argumente sie für oder gegen bestimmte Verkehrsmittel anführten und wie ihre Mobilitätsentscheidungen zustande kamen. Während für die „unreflektierten PKW-Nutzer/innen" Flexibilität und Bequemlichkeit die entscheidenden Merkmale von Mobilität darstellten, sie dem PKW vorwiegend Vorteile und dem ÖPNV fast ausschließlich Nachteile zuschrieben und sie vorwiegend aus Gewohnheit ihr Verkehrsmittel wählten („Auto ist eh' da"), besaßen die anderen Mobilitätstypen differenziertere Auswahlstrategien. Vertreter/innen des Typs 2, die „rationalen Nutzer/innen der Vielfalt" verfügten zwar meist auch über einen PKW, entschieden jedoch immer wieder neu, welches Verkehrsmittel für den je-

---

196 Besonders in der großen bundesdeutschen Verkehrserhebung, der KONTIV, werden nur einzelne Wege mit jeweils einem Wegezweck erhoben. Das Erhebungsdesign erlaubt keine Eintragung von „Wegeketten", die bereits in vielen anderen Studien als wichtige Mobilitätsform von Frauen erkannt wurden (z.B. GEBHARDT/ WARNEKEN 2003a).

5. Gibt es räumlichen „Zeitwohlstand" und räumliche „Zeitnot" für Wegezeiten? 407

weiligen Zweck geeignet war, wohingegen für Vertreter/innen des Typs 3 aufgrund der Einschränkung der Auswahl auf den ÖPNV oder das Fahrrad die Erreichbarkeit aller Ziele wichtigstes Merkmal von Mobilität war. Zahlreiche Befragte verbanden mit dem PKW sowohl Vorteile, wie Bequemlichkeit, Spontaneität (Unabhängigkeit von Fahrplänen) und Transportmöglichkeiten, als auch emotionale Komponenten, wie Intimität, Ungestörtheit, Rückzug in die Privatheit („my car is my castle"), aber auch Lust an der Geschwindigkeit, Rausch und Sucht. Umgekehrt bewegten sich zahlreiche Argumente gegen den ÖPNV ebenfalls im emotionalen Bereich, wie z.B. die Abneigung gegen viele Menschen im Gedränge, negative Bewertungen der Mitreisenden im ÖPNV usw.. Wenn man nun nach Strategien sucht, mit deren Hilfe man die Attraktivität des ÖPNVs erhöhen möchte, kann man die positiven Merkmale betrachten, die Personen, die häufig den ÖPNV nutzten (vorwiegend Studierende mit Semesterticket), dem ÖPNV zuschrieben. Für sie war vor allem durch die einmalige Anschaffung des Tickets pro Halbjahr für den Rest der Zeit der ÖPNV ohne zusätzlichen Fahrkartenkauf „quasi umsonst einfach da", was dazu führte, dass sie den ÖPNV eher als flexibel und kostengünstig beurteilten als andere Befragte. Mithilfe der Ergebnisse der Zeitbudgetstudien, in denen deutlich wurde, dass Studierende im Westen die einzige Gruppe darstellten, bei der es zwischen 1991/92 und 2001/02 Zuwächse in den Anteilen der ÖPNV-Wegezeit gegeben hatte, kann die positive Wirkung solcher Maßnahmen (d.h. das Angebot günstiger Dauerkarten) bestätigt werden.

Insgesamt zeigte sich, dass der Begriff Mobilität untrennbar mit dem Faktor Zeit (Geschwindigkeit, Tempo) verbunden war und Mobilitätsentscheidungen in hohem Maße von dem geschätzten Zeitaufwand für die Fahrt abhängig waren. Als Kennzeichen einer Individualisierung der Gesellschaft und einer zunehmenden egozentrierten Bedürfnisorientierung des Einzelnen kann die Ablehnung von Mobilitätsplanung, im Sinne einer Orientierung an Fahrplänen, angesehen werden. Mobilität musste für einen erheblichen Teil der Befragten spontan und flexibel sein, so dass jegliche Art von Planung oder Festlegung auf bestimmte Fahrtzeiten in ihren Augen inakzeptabel erschien.

Die Entscheidungsstrukturen bei der Auswahl eines Verkehrsmittels konnten zwar durchaus auch rationaler Natur sein, es gab jedoch eine Vielfalt von nichtrationalen Argumenten, die für oder gegen bestimmte Verkehrsmittel angeführt wurden. Die gefestigte „Grundhaltung" der Befragten, die in diesen Analysen durch die Zuordnung zu „Qualitativen Mobilitätstypen" operationalisiert wurde, wirkte als „Filter", durch den sowohl Verkehrsmittel als auch die mit ihnen überwundene Wegstrecke und die in ihnen verbrachte Zeit beurteilt werden.

Überprüft man anhand der gewonnenen Ergebnisse, die auf den vergangenen Seiten dargestellt wurden, die in Kap. 1 formulierten Arbeitshypothesen im Einzelnen, so können diese Hypothesen wie folgt bestätigt bzw. verworfen werden[197]:

---

197 Arbeitshypothesen werden im Folgenden kursiv geschrieben, das Ergebnis ihrer Prüfung wird in Normalschrift geschrieben.

a) Arbeitshypothesen auf der Kontextebene

1. Es besteht keine „time-space-compression" zwischen 1991 und 2001, es ist eher eine Zunahme der Mobilität und der Wegezeiten festzustellen.

Die Erhöhung der Wegezeiten in der Summe und in fast allen Teilbereichen zwischen 1991/92 und 2001/02 ließ ebenso wie der steigende Anteil „Ausübender"[198] keine Tendenz zur immobilen Gesellschaft im „rasenden Stillstand" (VIRILIO 1992) erkennen – ganz im Gegenteil: Die Menschen verbrachten 2001/02 deutlich mehr Zeit für Mobilität als 1991/92. Besonders deutliche Zunahmen erfuhren z.B. Wege für Arbeit (vor allem im Osten) oder Wege für Freizeit. Weder die Digitalisierung in der Arbeitswelt noch die Verbreitung moderner Kommunikationstechnologien führte bisher zu einem Rückgang der Mobilität.

2. Kontextuelle „constraints" beeinflussen die Zeitverwendung für Mobilität, Wohnort-Typen mit verschiedenem „Zeitpotential" sind unterscheidbar.

Wie erwartet waren sowohl in großen zentralen Gemeinden als auch in sehr kleinen peripheren Gemeinden die Wegezeiten am längsten, was in hohem Maße mit den Verkehrsmitteln zusammenhängt, die im Alltag zum Einsatz kommen. Im Wesentlichen stellten für die meisten Akteurstypen Mittel-/Oberzentren außerhalb der Verdichtungsräume „Orte der kurzen Wege" dar. Dies waren die Orte, in denen noch viele Gelegenheiten unmotorisiert erreicht werden konnten und die PKW-Fahrten kurz und ohne Beeinträchtigung (durch Staus oder Parkplatzsuche) stattfinden konnten. Besonders große Zentren waren auch aufgrund höherer Anteile in der ÖPNV-Nutzung eher „Orte der langen Wege".

Besonders deutlich wirkte der Kontext in Form eines Land-Stadt-Gefälles in der Wegezeit für die Ausbildung (vor allem Schulwege), wobei dies 1991/92 nur in alten Ländern, 2001/02 in beiden Regionen Deutschlands zu beobachten war. Für die meisten anderen Wegearten verringerten sich die Wegezeiten vom Verdichtungsraum hin zu den ländlichen Regionen und sie verringerten von den großen Zentren zu den Ober-/Mittelzentren, um in den Gemeinden ohne zentralörtlichem Rang wieder leicht anzusteigen.

3. Es findet eine Überlagerung der Strukturen auf der Makroebene durch die individuellen Bedingungen auf der Mikroebene statt: z.B. für Personen in Familien sind andere Orte „Orte der kurzen Wege" als für allein lebende Erwerbstätige.

Die Strukturen auf der Markoebene oder „constraints" des Kontextes wirkten erwartungsgemäß dann besonders stark, wenn viele „Pflichtwege" im Alltag kumulierten: z.B. bei erwerbstätigen Müttern mit kleinen Kindern, die Wege zur Arbeit, zur Kinderbetreuung und zur Haushaltsführung koordinieren mussten. Dabei stellten sich kleine und mittelgroße Gemeinden im suburbanen Raum außerhalb

---

198 Dieser stieg allerdings auch methodisch bedingt an.

der Verdichtungsregionen als „Orte der kurzen Wege" dar. Für Rentner/innen waren insgesamt geringere Einflüsse des Kontexts zu erkennen.

4. *Differenzen zwischen West- und Ostdeutschland als Ergebnis des gesellschaftlichen Wandels finden ihren Niederschlag im Mobilitätsverhalten, z.T. als Angleichung, z.T. als anhaltende Differenz.*

Die Wegezeiten stiegen insgesamt zwischen 1991/92 und 2001/02 in West- und Ostdeutschland an, wobei dieser Anstieg sowohl in den ländlichen Regionen im Osten als auch in den Großstädten (insbesondere Berlin) besonders stark war. In den peripheren Gemeinden der neuen Länder waren die Auswirkungen der Wende in Form von reduzierter Infrastruktur (z.B. Schulen oder Kinderbetreuungseinrichtungen), verringertem Arbeitsplatzangebot usw. am deutlichsten spürbar. Die vermutete Angleichung der Verhältnisse fand weniger durch verbesserte Verkehrswegenetze als durch einen erhöhten Motorisierungsgrad der Haushalte statt. Dadurch verringerten sich jedoch die Wegezeiten nicht, sondern sie erhöhen sich eher durch die parallel dazu einsetzende Suburbanisierung der Wohnstandorte.

b) Arbeitshypothesen auf der Akteursebene

1. *Es findet eine Konstruktion von Zeit-Räumen („timing space") durch die subjektive Wahrnehmung, die „mental travelling times", statt. Die zentrale Messgröße für Entscheidungen ist die Fahrtzeit und weniger die Wegstrecke.*

Es bestätigte sich die These insofern, dass der Zeitaufwand neben Flexibilität und Bequemlichkeit als eines der zentralen Argumente für die Wahl der Verkehrsmittel genannt wurde. Die Wegstrecke trat in den Interviews vor allem dadurch in den Hintergrund, dass als modifizierende Größe das Verkehrsmittel und dessen „Tempo" den jeweiligen Weg zu einem „langen Weg" oder einen „kurzen Weg" werden ließ und sich daran die Entscheidungen orientierten.

2. *Die Beurteilung der Fahrtzeit wird stark modifiziert durch das Verkehrsmittel, den Fahrtzweck und die subjektiv wahrgenommene Qualität des Verkehrsmittels*

Vor allem für passionierte Autofahrer/innen sind die von ihnen wahrgenommenen Qualitäten des Verkehrsmittels (Privatheit, Entspannung, Musik hören, Rauchen) so positive Faktoren, dass sie mehrfach ausdrücklich betonten, selbst bei Alternativen mit kürzeren Fahrtzeiten nicht auf den PKW verzichten zu wollen.

3. *Zeitliche „constraints" haben für die meisten Personen stärkere Wirkung als finanzielle „constraints"*

Die zentralen Argumente für die hohe PKW-Nutzung waren in erster Linie die Vorteile hinsichtlich der Zeitersparnis, aber auch der Flexibilität, die der PKW bietet. Die Kosten von PKW-Fahrten wurden meist mit den Kosten des ÖPNVs verglichen, wobei der ÖPNV in der Bewertung der meisten Befragten teurer erschien als der PKW (Ausnahme Inhaber/innen eines Semestertickets). Nur für

Personen mit knappem Finanzbudget (wie z.B. Studierende) waren finanzielle „constraints" von Bedeutung

4. *Die Wirkung der „constraints" ist abhängig von der Lebensphase und dem Grad der „Zeitsouveränität"*

Eine der größten Nutzer/innengruppen des ÖPNVs waren in den qualitativen Befragungen Studierende, die ein Semesterticket besaßen. Sie nutzten den ÖPNV trotz des höheren Zeitaufwandes, da das einmal pro Semester erworbene Ticket dann „sowieso da war" und sie damit keine weiteren Kosten für die einzelne Fahrt aufwenden mussten. Für Personen mit einem geringeren Grad an Zeitsouveränität (in erster Linie Erwerbstätige mit Familie) erschienen die „constraints" im Alltags ohne PKW nicht überwindbar.

5. *Mobilität besitzt affektive Komponenten („Gefühl von Freiheit"), die die Zugänglichkeit von Kosten-Nutzen-Argumenten erschweren.*

Neben den rationalen Überlegungen, wie man am einfachsten, kostengünstigsten und schnellsten von einem Ort zum anderen kommt, spielt eine Art „Grundeinstellung", die sich im Laufe des Lebens geformt hat, eine wesentliche Rolle für die Beurteilung der Qualität der Mobilitätszeit und damit auch für die Auswahl der dafür verwendeten Verkehrsmittel. Durch eine Vielzahl emotionaler Bewertungen wird die tatsächliche Wegezeit modifiziert, was zu einem Gesamtbild eines Verkehrsmittels führt, so dass die Wahl dieses Verkehrsmittels nur bedingt rational und auch nur bedingt reflektiert erfolgt. Vor allem Gewohnheiten des Mobilitätsverhaltens, die sich an dem „ohnehin vorhandenen" PKW orientieren, erscheinen als mächtige Gestaltungskräfte der alltäglichen Mobilität.

In einer schematischen Darstellung in Abb. 5.3 wurden die Modifikationen bzw. Erweiterungen, die die quantitativen Analysen durch die qualitativen Erhebungen erfuhren, visualisiert. Die im Alltag erfassbaren und messbaren Wegstrecken, die Wegezeiten, die mit den einzelnen Verkehrsmitteln zurückgelegt wurden, ergaben eine Verteilung von langen und kurzen Wegen über die unterschiedlichen kontextuellen und akteursspezifischen Konstellationen.

Erweitert man nun die so gewonnenen Ergebnisse um die subjektive Komponente und die Zugehörigkeit zu einem „Qualitativen Mobilitätstyp", die als Filter vor der individuellen Beurteilung einer Wegezeit stehen, dann können durchaus objektiv lange Wege zu subjektiv positiv bewerteten Wegen werden (wenn sie z.B. dazu dienen, eine private „Auszeit" vom Alltag zu nehmen) und kurze Wege eine negative Bewertung erhalten. Die in der Zeitbudgetstudie auffallend langen Haushaltswege der allein lebenden männlichen Rentner, die sogar die Wegezeit der erwerbstätigen Mütter überstiegen, gaben Anlass zu der Überlegung, dass nicht jeder „lange Weg" ein negativ zu bewertender Weg sein muss, da angenommen werden kann, dass diese Wege u.a. kommunkativen und sozialen Zwecken dienten. Die Ergebnisse der qualitativen Interviews bestätigten diese Interpretationen.

5. Gibt es räumlichen „Zeitwohlstand" und räumliche „Zeitnot" für Wegezeiten?

Abb. 5.3: *Schematische Darstellung des Zusammenhangs von Zeitverwendung für Mobilität und subjektiver Bewertung der Verkehrsmittel*

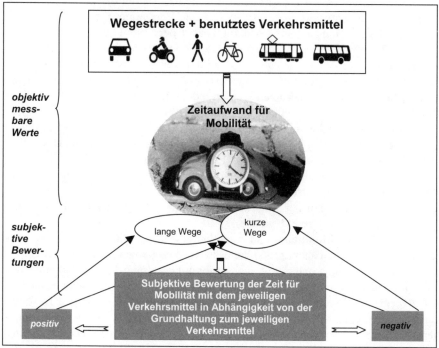

Quelle: eigener Entwurf

Das Forschungsziel, die regionalen Muster der Verteilung von „Ortstypen der langen Wege" und „Ortstypen der kurzen Wege" in einer bundesweiten Perspektive zu erkennen, konnte somit erreicht werden, jedoch muss an der Stelle, an der die Bewertung dieser Ergebnisse für die Planung erfolgen soll, kurz eingehalten werden. Für die Mehrheit der Akteurstypen ist es sicherlich erstrebenswert, im Alltag auf möglichst kurzen Wegen alle wichtigen Orte zu erreichen. Ziel sollte sein, eine Vielzahl von Stationen unmotorisiert zum Wohle der physischen Umwelt, aber auch der Bewohner/innen der Siedlungen erreichen zu können. Für einige Akteursgruppen ist jedoch auch der Weg das Ziel. Zudem kann der Weg nicht nur zur Überwindung einer räumlichen Distanz, sondern auch zur Überwindung sozialer Distanz dienen. Auch dieser Aspekt sollte bei der Planung und Gestaltung von Wegen berücksichtigt werden.

Dass die Stadt- und Regionalplanung ihre bisher vorherrschend räumliche Perspektive um eine zeitliche Dimension erweitern muss, wenn sie eine alltagsnahe Planung leisten möchte, wurde schon vielfach gefordert (vgl. Kap. 2.2.3.3). Das Leitbild der Nachhaltigkeit muss, wenn es ernst genommen werden möchte, nicht nur eine nachhaltige Bewirtschaft von Raum, sondern auch von Zeit anstreben. Dabei gibt es schützenswerte Zeiten der Gemeinschaften (Familien, Partnerschaften), aber auch der Städte und Gemeinden.

Im gesellschaftlichen Diskurs wird seit einigen Jahren die „Entdeckung der Langsamkeit" thematisiert, sei es die italienische Vereinigung „Slow Food", Reisebüros mit dem Namen „Slow Motion Tours" oder die Titelseiten zahlreicher deutscher Zeitschriften und Magazine[199]. Auch wenn der Volksmund schon immer wusste, „Gut Ding will Weile haben", so wird in der Mobilitäts- und Verkehrsforschung die Beschleunigung nicht selten als alleinige Lösungsstrategie angesehen. In der Einschätzung der Befragten wurden jedoch Beschleunigung und Tempo in Kombination mit Bequemlichkeit fast ausschließlich mit dem PKW assoziiert. Diese Verknüpfung aufzulösen, den Verkehrsmitteln des Umweltverbundes nicht länger die Eigenschaften Langsamkeit, Unzuverlässigkeit und geringer Komfort zuzuschreiben und sie mit attraktiven Prädikaten und Angeboten zu versehen, sollte Ziel einer nachhaltigen Verkehrsplanung sein. Dieser Planung muss ein Wissen um Muster und Strukturen der alltäglichen Wege und ein Wissen um Entscheidungsstrukturen bei der Entscheidung für die Verkehrsmittel zugrunde liegen. Dazu sollte diese Arbeit beitragen.

Die zukünftige Mobilitäts- und Verkehrsforschung sollte zum einen weitaus stärker als bisher versuchen, große bundesweite Erhebungen, wie die Zeitbudgetstudien in ihren Fokus und damit auch in ihren Gestaltungsbereich aufzunehmen und zum anderen die bisher vorherrschenden quantitativen Analysen um qualitative Aspekte zu erweitern. Nur wenn mehr Informationen über die den Handlungen zugrundeliegenden Entscheidungsstrukturen vorliegen, könnten diese kumulierten Effekte auf der Makroebene zielgerichtet gesteuert werden. Die Erkenntnis, dass ein Gewinn in der Nutzung der kostbarer Ressource Zeit nicht zwangsläufig durch weitere Einsparungen (d.h. weitere Beschleunigung) erfolgen muss, sondern auch durch einen Zuwachs an Qualität (u.U. sogar durch „Entschleunigung") stattfinden kann, sollte auch in der Mobilitätsforschung Einzug halten.

„Hast Du es eilig, so mache einen Umweg" (Taiwanesisches Sprichwort, BALLING 1978)

---

199 Bild der Wissenschaft Special 1998 Titelstory „Mehr Zeit"; Aus Politik und Zeitgeschichte (Beilage zur Wochenzeitung „Das Parlament") Thema Zeit; Der Spiegel 12/2001, Artikel „Tempo rausnehmen"; Focus 31/2001 Titelstory „Perfekt entspannen"; Stern 28/2003 Titelstory „Einfacher und ruhiger leben. Der neue Trend: ‚Entschleunigung'".

LITERATURVERZEICHNIS

LITERATURVERZEICHNIS

Abbott, A. (1997): Of Time and Space: The Contemporary Relevance of the Chicago School. In: Social Forces 75/4, S. 1149-1182.

Achtner, W./ Kunz, S./ Walter, T. (1998): Dimensionen der Zeit. Die Zeitstrukturen Gottes, der Welt und des Menschen. Darmstadt.

Adam, B. (1997): Timescapes of Modernity. London.

Adam, B./ Geißler, K. A./ Held, M. (Hrsg.) (1998): Die Nonstop-Gesellschaft und ihr Preis. Stuttgart/ Leipzig.

Agnew, J. (1989): The Power of Place. Boston.

Agricola, S./ Haag, A./ Stoffers, M. (Hrsg.) (1990): Freizeitwirtschaft. Märkte und Konsumwelten. Deutsche Gesellschaft für Freizeit, Erkrath und AIESEC Lokalkomitee Wuppertal. Wuppertal.

Ahrens, D. (2005/7/3): Zeitpraktiken: Das vielschichtige Wechselspiel von Technik und Zeit, Vortragsreihe „Die Zeichen der Zeit". http://www.hgdoe.de/pol/ahr.htm.

Akademie für Raumforschung und Landesplanung (Hrsg.) (1995): Handwörterbuch der Raumordnung. Hannover.

Akademie für Raumforschung und Landesplanung Arbeitskreis „Raum und Zeit" (2002): Überlegungen zu einer Raumzeitpolitik. In: Henckel, D./ Eberling, M. (Hrsg.): Raumzeitpolitik. Opladen, S. 289-323.

Allen, J. (1995): A Shrinking World? Global Unevenness and Inequality. Oxford.

Altrichter, V. (2000): Geschwindigkeit als Schicksal. In: Schwenke, O./ Robertson, C. Y. (Hrsg.): Zukunft der Zeit. Karlsruher Gespräche. Interfakultatives Institut für Angewandte Kulturwissenschaft, 1/2000. Karlsruhe, S. 37-46.

Andorka, R. (1987): Time Budgets and their Uses. In: Annual Review of Sociology 13, S. 149-164.

Andreß, H. J./ Hagenaars, J. A./ Kühnel, S. (1997): Analyse von Tabellen und kategorialen Daten. Berlin, Heidelberg, New York.

Arentze, T. A. B./ Timmermans, H. J. P. (1994): Multistop-based measurements of accessibility in a GIS environment. In: International Journal of Geographical Information Systems 8/4, S. 343-356.

Arentze, T. A. B./ Timmermans, H. J. P. (1994): Geographical Information Systems And the Measurement of Accessibility in the Context of Multipurpose Travel: A New Approach. In: Geographical Systems 1, S. 87-102.

Arnold, H. (1998): Kritik der sozialgeographischen Konzeption von Benno Werlen. In: Geographische Zeitschrift 86/3, S. 135-157.

Awumbila, M. (1995): Gender and the environment. In: Global Environmental Change 5/4, S. 337-346.

Axhausen, K. W./ Zimmermann, A./ Schönfelder, S./ Rindfüser, G./ Haupt, T. (2000): Observing the rhythms of daily life: A six-week travel diary. Arbeitsbericht Verkehrs- und Raumplanung des Instituts für Verkehrsplanung, Transporttechnik, Straßen- und Eisenbahnbau der ETH Zürich. Zürich.

Backhaus, K. (1999): Im Geschwindigkeitsrausch. B31/1999, 30. Juli 1999, S. 18-24.

Bahrenberg, G. (1995): Paradigmenwechsel in der Geographie? Vom Regionalismus über den raumwissenschaftlichen Ansatz wohin? In: Matznetter, W. (Hrsg.): Geographie und Gesellschaftstheorie. Wien, S. 25-32.

Bahrenberg, G. (1997): Zum Raumfetischismus in der jüngeren verkehrspolitischen Diskussion. In: Geographisches Denken.Urbs et Regio Sonderband 65, Kassel, S. 345-372.

Bahrenberg, G. (2002): Space matters? Ja, aber welcher ‚Raum', wofür, wie und wieviel! In: Geographische Revue 1/2002, S. 45-60.

Baker, P. L. (1993): Space, Time, Space-Time and Society. In: Sociological Inquiry 63/4, S. 406-424.

Bamberg, S./ Schmidt, P. (1993): Verkehrsmittelwahl. Eine Anwendung der Theorie des geplanten Verhaltens. In: Zeitschrift für Sozialpsychologie 24, S. 32-46.

Bamberg, S. (1996): Zeit und Geld: Empirische Verhaltenserklärung mittels Restriktionen am Beispiel der Verkehrsmittelwahl. In: ZUMA-Nachrichten 38, S. 7-32.

Bamberg, S./ Schmidt, P. (1998): Changing Travel Mode Choice as Rational Choice. In: Rationality and Society 10/2, S. 223-252.

Banks, R. (1982): The Tyranny of Time. When 24 Hours is not Enough. Downers Grove/ Illinois.

Barker, R. G. (1968): Ecological Psychology: Concepts and Methods for Studying the Environment of Human Behavior. Stanford.

Bauer, F./ Schilling, G. (1997): Zeitverwendung in Arbeits- und Lebenswelt. In: Berichte des Instituts zur Erforschung sozialer Chancen Nr.53.

Bauhardt, C. (1992): Fahren – wohin? Negative Folgen der aktuellen Verkehrsentwicklung und Ziele einer zukünftigen Verkehrsgestaltung – Aspekte des individuellen Umfelds. In: Mayer, J. (Hrsg.): Von den Grenzen des Fahrens und des Rechnens in der Autogesellschaft. Loccumer Protokolle Loccum, S. 27-35.

Bauhardt, C. (1995): Stadtentwicklung und Verkehrspolitik. Basel/ Boston/ Berlin.

Bauhardt, C. (1996): Ökologische Verkehrspolitik – oder wie? Schneller, weiter Männer – Eine Mythologie der Motorisierung. Beck'sche Reihe Jahrbuch Ökologie 1996. Stuttgart, S. 151-159.

Bauhardt, C. (1997): Männerdomäne Verkehr. Der feministische Blick. In: Schrägstrich 1/2, S. 31.

Bauhardt, C./ Becker, R. (Hrsg.) (1997): Durch die Wand! Feministische Konzepte zur Raumentwicklung. Stadt, Raum und Gesellschaft 7. Pfaffenweiler.

Becker, G. S. (1965): A Theory of the Allocation of Time. 75/299, S. 493-517.

Becker, G. S. (1996a): Familie, Gesellschaft, Politik. Tübingen.

Becker, G. S. (1996b): Eine ökonomische Analyse der Familie. In: Becker, G. S. (Hrsg.): Familie, Gesellschaft, Politik. Tübingen, S. 101-116.

Becker, R. (2002): Überwindet die Angsträume – Eine Polemik. In: Kramer, C. (Hrsg.): FREI-Räume und FREI-Zeiten – Raumnutzung und Zeitverwendung im Geschlechterverhältnis. Schriften des Heidelberger Instituts für Frauen- und Geschlechterforschung (HIFI) e.V 5, Baden-Baden., S. 79-90.

Beckmann, K. J. (2001): Stadtverkehr und Mobilität in der Stadt – Erfordernisse und Chancen einer integrierten Stadt- und Verkehrsentwicklung. In: Berichte zur deutschen Landeskunde 75/2/3, S. 228-241.

Behrens, F. (1995): Spatialization of Sociological Theory – For Example Habermas. In: Matznetter, W. (Hrsg.): Geographie und Gesellschaftstheorie. Wien, S. 51-56.

Beniger, J. R. (1986): The Control Revolution: Technological and Economic Origins of the Information Society. Cambridge MA.

Berger, P. A./ Hradil (1990): Lebenslagen, Lebensläufe, Lebensstile. Göttingen.

Bergmann, W. (1983): Das Problem der Zeit in der Soziologie. In: Kölner Zeitschrift für Soziologie und Sozialpsychologie 35, S. 462-504.

Bergson, H. (1989): Zeit und Freiheit (Original 1888). Frankfurt a.M.

Bergson, H. (1991): Materie und Gedächtnis. Hamburg.

Bertman, S. (1998): Hyperculture. The Human Cost of Speed. Westport, Connecticut.

Bhat, C. R./ Koppelman, F. S. (1999): A retrospective and prospective survey of time-use research. In: Transportation 26, S. 119-139.

Biervert, B./ Held, M. (1995a): Zeit in der Ökonomik. Perspektiven für Theoriebildung. Frankfurt a.M.

Biervert, B./ Held, M. (1995b): Time matters – Zeit in der Ökonomik und Ökonomik in der Zeit. In: Biervert, B./ Held, M. (Hrsg.): Zeit in der Ökonomik. Perspektiven für Theoriebildung. Frankfurt a.M., S. 7-32.

bild der wissenschaft – spezial (1999): Mehr Zeit! bild der wissenschaft – spezial. Stuttgart.

Bittman, M./ Wajcman, J. (2000): The Rush Hour: The Character of Leisure Time and Gender Equality. In: Social Faces 79/1, S. 165-189.

Blanke, K./ Ehling, M./ Schwarz, N. (1996): Zeit im Blickfeld. Ergebnisse einer repräsentativen Zeitbudgeterhebung. Schriftenreihe des Bundesministeriums für Familie, Senioren, Frauen und Jugend 121. Stuttgart u.a.O.

Blanke, K. (1996): Beruf und Familie. In: Blanke, K./ Ehling, M./ Schwarz, N. (Hrsg.): Zeit im Blickfeld. Ergebnisse einer repräsentativen Zeitbudgeterhebung. Schriftenreihe des Bundesministeriums für Familie, Senioren, Frauen und Jugend 121, Stuttgart u.a.O., S. 179-218.

Blass, W. (1980): Zeitbudget-Forschung. Frankfurt a. M./ New York.

Blass, W. (1990): Theoretische und methodische Grundlagen der Zeitbudgetforschung. In: von Schweitzer, R./ Ehling, M./ Schäfer, D. (Hrsg.): Zeitbudgeterhebungen. Stuttgart, S. 54-75.

Blättel-Mink, B./ Kramer, C./ Mischau, A. (1998): Lebensalltag von Frauen zwischen Tradition und Moderne. Soziale Lage und Lebensführung von Frauen in zwei Landkreisen Baden-Württembergs. Baden-Baden.

Blättel-Mink, B. (2001): Wirtschaft und Umweltschutz. Grenzen der Integration von Ökonomie und Ökologie. Frankfurt a.M.

Blaut, J. M. (1999): Maps and Spaces. In: Professional Geographer 51/4, S. 510-515.

Blinkert, B. (1996): Aktionsräume von Kindern in der Stadt. Schriftenreihe des Freiburger Instituts für angewandte Sozialwissenschaft e.V. 2. Pfaffenweiler.

Blotevogel, H. H. (1995): Raum. In: Akademie für Raumforschung und Landesplanung (Hrsg.): Handwörterbuch der Raumordnung. Hannover, S. 733-740.

Blotevogel, H. H. (1996): Auf dem Wege zu einer „Theorie der Regionalität": Die Region als Forschungsobjekt der Geographie. In: Brunn.G. (Hrsg.): Region und Regionsbildung in Europa. Institut für Europäische Regionalforschung. Baden-Baden, S. 44-68.

Blotevogel, H. H. (1999): Sozialgeographischer Paradigmenwechsel? Eine Kritik des Projekts der handlungszentrierten Sozialgeographie von Benno Werlen. In: Meusburger, P. (Hrsg.): Handlungszentrierte Sozialgeographie. Erdkundliches Wissen 130, Stuttgart, S. 1-33.

Bobek, H. (1948): Die Stellung und Bedeutung der Sozialgeographie. In: Erdkunde 2, S. 118-125.

Böhnke, P. (1999): Wertorientierungen und Zukunftserwartungen. In: Statistisches Bundesamt (Hrsg.): Datenreport 1999. Wiesbaden, S. 443-452.

Bormann, R. (2001): Raum, Zeit, Identität. Sozialtheoretische Verortungen kultureller Prozesse. Opladen.

Borscheid, P. (2004): Das Tempo-Virus. Eine Kulturgeschichte der Beschleunigung. Frankfurt a.M.

Borsdorf, A. (2004): Verkehrs- und Städtenetze in Alpen und Anden. Über die Problematik der Übertragbarkeit von Erfahrungen im internationalen Entwicklungsdialog. In: Gamerith, W./ Messerli, P./ Meusburger, P./ Wanner, H. (Hrsg.): Alpenwelt – Gebirgswelten. Inseln, Brücken, Grenzen. Tagungsbericht und wissenschaftliche Abhandlungen, 54. Deutscher Geographentag Bern 2003. Heidelberg/ Bern, S. 299-308.

Bortz, J./ Döring, N. (1995): Forschungsmethoden und Evaluation. Berlin u.a.O.

Bourdieu, P. (1963): The attitude of the Algerian peasant toward time. In: Pitt-Rivers, J. (Hrsg.): Mediterranean Countrymen. Essays in the Sociological Anthroplogy of the Mediterraneum. Paris/ La Haye.

Bourdieu, P. (1991): Physischer, sozialer und angeeigneter physischer Raum. In: Wentz, M. (Hrsg.): Stadt-Räume. Die Zukunft des Städtischen. Frankfurt a.M./ New York, S. 25-34.

Bratzel, S. (1995): Extreme der Mobilität. Entwicklungen und Folgen der Verkehrspolitik in Los Angeles. Stadtforschung aktuell 51. Basel/ Boston/ Berlin.

Bratzel, S. (1999): Erfolgsbedingungen umweltorientierter Verkehrspolitik in Städten. Stadtforschung aktuell 78. Basel/ Boston/ Berlin.

Braun, W. (1996): Philosophie des Raumes. Cuxhaven/ Dartford.

Breckner, I./ Sturm, G. (2002): Geschlechterverhältnisse im raumzeitlichen Wandel moderner Gesellschaften. In: Henckel, D./ Eberling, M. (Hrsg.): Raumzeitpolitik. Opladen, S. 81-104.

Brög, W./ Erl, E. (1980): Interactive Measurement Methods: Theoretical Bases and Practical Applications. In: Transportation Research Record 765, S. 1-6.

Brög, W./ Erl, E. (1983): Application of a model of individual behaviour – situational approach to explain household activity patterns in an urban area due to forecast behavioural changes. In: Carpenter/ Jones, P. M. (Hrsg.): Recent Advances in Travel Demand Analysis. Gower/ Aldershot.

Brög, W. (1985): Verkehrsbeteiligung im Zeitverlauf – Verhaltensänderungen zwischen 1976 und 1982. In: Zeitschrift für Verkehrswissenschaften 1, S. 3-49.

Brown, L. A./ Moore, E. A. (1970): The Intra-urban Migration Process: A Perspektive. In: Geografiska Annaler 52B, S. 1-13.

Brunn, G. (1996): Region und Regionsbildung in Europa. Institut für Europäische Regionalforschung 1. Baden-Baden.

Buchter, H. (1999): Wie die Zeit zur Ware wurde. In: bild der wissenschaft – spezial – „Mehr Zeit!", S. 22-24.

Bundesamt für Bauwesen und Raumordnung (Hrsg.) (1998): Indikatoren und Karten zur Raumentwicklung. Version 1.0.31. Bonn.

Bundesamt für Bauwesen und Raumordnung (Hrsg.) (1999): Siedlungsstrukturen der kurzen Wege. Ansätze für eine nachhaltige Stadt-, Regional- und Verkehrsentwicklung. Bearbeiter: W. Schreckenberg. Bonn.

Bundesamt für Bauwesen und Raumordnung (Hrsg.) (2000): Raumordnungsbericht 2000. Bonn.

Bundesministerium für Verkehr, Bau und Wohnungswesen (Hrsg.) (1999): Verkehr in Zahlen 1999. Berlin.

Bundesministerium für Verkehr, Bau und Wohnungswesen (Hrsg.) (2001): Verkehr in Zahlen 2001/2002. Berlin.

Burgin, V. (1996): In different spaces: place and memory in visual culture. Berkeley/ Los Angeles.

Burkart, G. (1994): Individuelle Mobilität und soziale Integration. Zur Soziologie des Automobilismus. In: Soziale Welt 45/2, S. 216-241.

Buschkühl, A. (1984): Die tägliche Mobilität von Frauen. Geschlechtsspezifische Determinanten der Verkehrsteilnahme. Diplomarbeit an der Universität Gießen, Gießen.

Buttimer, A. (1984): Ideal und Wirklichkeit in der angewandten Geographie. Münchner Geographische Hefte 51. München.

Buttimer, A./ Brunn, S. D./ Wardenga, U. (Hrsg.) (1999): Text and Image. Social Construction of Regional Knowledge. Beiträge zur Regionalen Geographie 49. Leipzig.

Camstra, R. (1994): The Geodemography of Gender: Spatial Behaviour of Working Women. In: Tijdschrift voor Economische en Sociale Geografie 85/5, S. 434-445.

Carlstein, T./ Parkes, D./ Thrift, N. (Hrsg.) (1978a): Making Sense of Time. Timing Space and Spacing Time 1. London.

Carlstein, T./ Parkes, D./ Thrift, N. (Hrsg.) (1978b): Human Acitivity and Time Geography. Timing Space and Spacing Time 2. London.

Carlstein, T./ Parkes, D./ Thrift, N. (Hrsg.) (1978c): Time and Regional Dynamics. Timing Space and Spacing Time 3. London.

Carlstein, T./ Thrift, N. (1978): Afterword: Towards a Time-Space Structured Approach to Society and Environment. In: Carlstein, T./ Parkes, D./ Thrift, N. (Hrsg.): Timing Space and Spacing Time, Bd. 3. London, S. 225-263.

Carlstein, T. (1980): Time Ressources, Society and Ecology: On the Capacity of Human Interaction. Meddelandesn Från Lunds Universitets Geografiska Institution, Avhandlingar LXXXVIII. Malmö.

Carlstein, T. (1981): The Sociology of Structuration in Time and Space: A Time-Geogaphic Assessment of Giddens's Theory. In: Svensk Geografisk Årsbok 57, S. 41-57.

Carpenter, S. M./ Jones, P. M. (1983): New approaches to analysing travel behaviour. Aldershot (England).

Carroll, M. Q. (1993): The environmental impacts of telecommuting. B.A. senior thesis. University of California, Santa Barbara.

Castells, M. (1991): Informatisierte Stadt und soziale Bewegungen. In: Wentz, M. (Hrsg.): Stadt-Räume. Die Zukunft des Städtischen. Frankfurt a.M./ New York, S. 137-148.

Cavalli, A. (1988a): Zeiterfahrungen. Versuche einer Typologie. In: Das Argument 168, S. 187-197.

Cavalli, A. (1988b): Zeiterfahrungen von Jugendlichen. In: Zoll, R. (Hrsg.): Zerstörung und Wiederaneignung von Zeit. Frankfurt a.M., S. 387-404.

Cécora, J. (1991): The Role of 'Informal' Activity in Household Economic Behaviour. Beiträge zur Ökonomie von Haushalt und Verbrauch 22. Berlin.

Chapin, F. S. (1965): Urban Land Use Planning. Urbana, Illinois.

Chapin, F. S. (1973): Human Activity Patterns in the City. New York u.a.O.

Clark, S. M./ Harvey, A. S./ Shaw, S. M. (1990): Time Use and Leisure: Subjectve and Objective Aspects. In: Social Indicators Research 23, S. 337-352.

Cottle, T. J. (1976): Perceiving Time. A Psychological Investigation with Men and Women. New York u.a.O.

Crang, M. (2001): Rhythms of the City: Temporalised Space and Motion. In: May, J./ Thrift, N. (Hrsg.): TimeSpace. Geographies of Temporalities. Critical Geographies 13, London/ New York, S. 187-207.

Creel, K. A. (2001): The Clock is Ticking. P.K. Data Inc. (Draft).

Cullen, I. G. (1972): Space, time and the disruption of behaviour in cities. In: Environment and Planning 4, S. 459-460.

Cullen, I. G. (1978): Human Time Allocation Explanation of Spatial Behaviour. In: Carlstein, T./ Parkes, D./ Thrift, N. (Hrsg.): Human Activity and Time Geography. London, S. 27-28.

Cutler, B. (1990): Where Does Free Time Go? In: American Demographics 11, S. 36-39.

Dangschat, J./ Droth, W./ Friedrichs, J./ Kiehl, K. (1982): Aktionsräume von Stadtbewohnern. In: Beiträge zur sozialwissenschaftlichen Forschung 36.

Dangschat, J. S. (1994): Stadtsoziologie – empirische Anwendung soziologischer Theorie oder Hilfswissenschaft für die Planung? In: Meyer-Schulze, E. (Hrsg.): Ein Puzzle, das nie aufgeht: Stadt, Region und Individuum. Festschrift für Rainer Mackensen. Berlin. S. 227-244.

Dangschat, J. S. (1996): Raum als Dimension sozialer Ungleichheit und Ort als Bühne der Lebensstilisierung. In: Schwenk, O. G. (Hrsg.): Lebensstil zwischen Sozialstruktur und Kulturwissenschaft. Opladen, S. 99-135.

Dangschat, J. S. (1999): Modernisierte Stadt – gespaltene Gesellschaft. Opladen.

Davidov, E./ Schmidt, P./ Bamberg, S. (2002): Time and Money: An Empirical Explanation of Behaviour in the Context of Travel-Mode Choice with the German Microcencus. In: European Sociological Review 19/3, S. 267-280.

Davies, K. (2001): Responsibility and Daily Life: Reflections over TimeSpace. In: May, J./ Thrift, N. (Hrsg.): TimeSpace. Geographies of Temporalities. Critical Geographies 13, London/ New York, S. 133-148.

Dear, M. J./ Wolch, J. R./ New, Y. (1991): Wie das Territorium gesellschaftliche Zusammenhänge strukturiert. In: Wentz, M. (Hrsg.): Stadt-Räume. Die Zukunft des Städtischen. Frankfurt a.M., S. 233-248.

Deiters, J. (2000): Traffic infrastructure, car mobility and public transport. In: Mayr, A./ Taubmann, W. (Hrsg.): Germany Ten Years after Reunification. Beiträge zur Regionalen Geographie 52, Leipzig, S. 117-137.

Deiters, J./ Gräf, P./ Löffler, G. (2001): Verkehr und Kommunikation – Eine Einführung. In: Institut für Länderkunde (Hrsg.): Nationalatlas Bundesrepublik Deutschland. Bd. 9 „Verkehr und Kommunikation". S. 12-29.

Deiters, J. (2001): ÖPNV in Städten und Stadtregionen. In: Institut für Länderkunde (Hrsg.): Nationalatlas Bundesrepublik Deutschland. Bd. 9 „Verkehr und Kommunikation". S. 68-71.

Dempsey, K. (1989): Women's Leisure, Men's Leisure: A Study in Subordination and Exploitation. In: Australian and New Zealand Journal of Sociology 25/1, S. 27-45.

Denzinger, S./ Vogt, W. (2000): Datenautobahn statt Autobahn: Löst Telearbeit Verkehrsprobleme? In: Stadtforschung aktuell 79, S. 205-224.

Deutsche, R./ New, Y. (1991): Männer im Raum. In: Wentz, M. (Hrsg.): Stadt-Räume. Die Zukunft des Städtischen. Frankfurt a.M., S. 91-98.

Deutsches Institut für Wirtschaftsforschung (1998): Verkehr in Zahlen. Berlin.

Difu-Projektgruppe (1988a): Zeitstrukturen und Raumentwicklung. In: Henckel, D. (Hrsg.): Arbeitszeit, Betriebszeit, Freizeit – Auswirkungen auf die Raumentwicklung. Schriften des Deutschen Instituts für Urbanistik Stuttgart/ Berlin/ Köln, S. 13-22.

Difu-Projektgruppe (1988b): Zeitplanung. In: Henckel, D. (Hrsg.): Arbeitszeit, Betriebszeit, Freizeit – Auswirkungen auf die Raumentwicklung. Schriften des Deutschen Instituts für Urbanistik, Stuttgart/ Berlin/ Köln, S. 153-196.

Dohrn-van Rossum, G. (1995): Die Geschichte der Stunde. München.

Dollase, R. (2000): Zur Relevanz des Forschungsansatzes „Temporale Muster – die ideale Reihenfolge der Tätigkeiten" für das Projekt Mobiplan (Mobidrive). In: Arbeitspapier Mobilitätsforschung F8, ISB, RWTH Aachen, S. 5-16.

Dörkes, C. (1998): Siedlungstypen als Einflußfaktoren des Verkehrsverhaltens. Eine empirische Untersuchung an Beispielen aus dem suburbanen und ländlichen Raum. Diplomarbeit, Geographisches Institut der Universität zu Köln.

Downs, R. M./ Stea, D. (1982): Kognitive Karten Die Welt in unseren Köpfen. New York.

Durkheim, E. (1981): Die elementaren Formen des religiösen Lebens (Original 1912). Frankfurt a.M.

Eberling, M. (2002): Wer macht die Zeit? Gesellschaftliche Zeitstrukturen im Wandel. In: Henckel, D./ Eberling, M. (Hrsg.): Raumzeitpolitik. Opladen, S. 189-207.

Eberling, M. (2005/7/3): Soziale und ökologische Folgen der Arbeitszeitflexibilisierung, Vortragsreihe „Die Zeichen der Zeit". http://www.hgdoe.de/pol/eber.htm.

Eckart, C. (2004): Zeit für Privatheit. In: Aus Politik und Zeitgeschichte B31-32, S. 13-18.

Ehling, M. (1990): Konzeption für eine Zeitbudgeterhebung der Bundesstatistik – Methodik: Stichprobenplan, Interview und Tagebuchaufzeichnung. In: von Schweitzer, R./ Ehling, M./ Schäfer, D. (Hrsg.): Zeitbudgeterhebungen. Stuttgart, S. 154-168.

Ehling, M./ Bihler, W. (1996): Methodische Anlage der Zeitbudgeterhebung. In: Blanke, K./ Ehling, M./ Schwarz, N. (Hrsg.): Zeit im Blickfeld. Ergebnisse einer repräsentativen Zeitbudgeterhebung. Schriftenreihe des Bundesministeriums für Familie, Senioren, Frauen und Jugend 121, Stuttgart u.a.O., S. 237-274.

Ehling, M./ Holz, E./ Kahle, I. (2001): Erhebungsdesign der Zeitbudgeterhebung 2001/02. In: Wirtschaft und Statistik 6, S. 427-436.

Ehling, M. (2004): Zeitbudgeterhebungen 1991/92 und 2001/02 – Kontinuität und Wandel. In: Statistisches Bundesamt (Hrsg.): Alltag in Deutschland. Analysen zur Zeitverwendung. Forum der Bundesstatistik 43, Wiesbaden, S. 10-21.

Eichler, M. (1991): Gender and the Value of Time. In: McCullough, E. J./ Calder, R. L. (Hrsg.): Time as a Human Resource. Calgary/ Alberta, S. 189-204.

Eisel, U./ Schultz, H. D. (1997): Geographisches Denken. Urbs et Regio Sonderband 65. Kassel.

Elias, N. (1988): Über die Zeit. Frankfurt a. M.

Ellegård, K. (1996): Reflections over Routines in Time and Space – Actors' Interaction and Control in a Work Place Context. In: Österreichische Zeitschrift für Soziologie 21/2, S. 5-35.

Ellegård, K./ Vilhemson, B. (2004): Home as a Pocket of Local Order: Everyday Activities and the Friction of Distance. In: Geografiska Annaler 86B/4, S. 281-296.

Elliott, D. H. (1984): Activities, Space and Time. In: Harvey, A. S./ Szalai, A./ Elliot, D. H./ Stone, P./ Clark, S. M. (Hrsg.): Time Budget Research. An International Social Sience Council ISSC Workbook in Comparative Analysis. Beiträge zur Empirischen Sozialforschung. Frankfurt/ New York, S. 194-217.

Ende, M. (1996): Momo oder die seltsame Geschichte von den Zeit-Dieben und von dem Kind, das den Menschen die gestohlene Zeit zurückbrachte. München.

Erke, H./ Erke, A. (2000): Mobilität als psychologische Schlüsselvariable im Mobilitätsplanungssystem Mobiplan. In: Arbeitspapier Mobilitätsforschung F8, ISB, RWTH Aachen, S. 17-84.

Esser, H. (1991): Alltagshandeln und Verstehen. Zum Verhältnis erklärender und verstehender Soziologie am Beispiel von Alfred Schütz und „Rational Choice". Tübingen.

Esser, H. (1993): Soziologie. Allgemeine Grundlagen. Frankfurt/ New York.

Ettema, D. F./ Timmermans, H. J. P. (1997): Activity Based Approaches to Travel Analysis. Oxford.

European Conference of Ministers of Transport (Hrsg.) (1983): Transport is for People. Ninth International Symposium on Theory and Practice in Transport Economics. Paris.

Evangelische Akademie Baden (1990): Droht das Ende der gemeinsamen Zeit? Über flexible Arbeitszeit und Freizeit. Herrenalber Protokolle 78

Eyles, J./ Smith, D. M. (1988): Qualitative Methods in Human Geography. Cambridge.

Faltlhauser, O./ Kagermeier, A. (2000): Stadtverkehr: Spannungsfelder, Konzepte und Lösungsansätze. Münchner Geographische Hefte 82

Fast, J. (1979): Körpersprache. Hamburg.

Faßmann, H./ Meusburger, P. (1997): Arbeitsmarktgeographie. Stuttgart.

Fecht, T./ Kamper, D. (1998): Umzug ins Offene. Wien/ New York.

Fickermann, D./ Schulzeck, U./ Weishaupt, H. (2002): Unterschiede im Schulbesuch. In: Mayr, A./ Nutz, M./ Institut für Länderkunde (Hrsg.): Nationalatlas Bundesrepublik Deutschland. Bd. 6 „Bildung und Kultur". Heidelberg/ Berlin, S. 40-43.

Finzen, C. (1970): Ursachen und Probleme des Stadt-Land-Bildungsgefälles. In: Berichte über Landwirtschaft, S. 201-226.

Fishbein, M./ Ajzen, I. (1975): Belief, Attitude, Intention and Behavior. An Introduction to Theory and Research. Reading/ Mass.

Flade, A. (1991): Frauen als Verkehrsteilnehmerinnen.: Brennpunkt-Dokumentation „Alltag in der Stadt – aus der Sicht von Frauen". Begleitbuch zur Foto-Plakat-Ausstellung und Texte des Symposiums vom 24.4.1991 in Darmstadt. Darmstadt, S. 15-26.

Flade, A. (1994): Mobilitätsverhalten. Bedingungen und Veränderungsmöglichkeiten aus umweltpsychologischer Sicht. Weinheim.

Flade, A./ Limbourg, M. (1999): Frauen und Männer in der mobilen Gesellschaft. Opladen.

Flade, A. (1999): Zu den Ursachen des unterschiedlichen Mobilitätsverhaltens von Männern und Frauen. In: Flade, A./ Limbourg, M. (Hrsg.): Frauen und Männer in der mobilen Gesellschaft. Opladen, S. 137-151.

Fliedner, D. (2001): Der anthropogene Raum, Gegenstand einer handlungs- oder einer prozeßorientierten Sozialgeographie? In: Geographische Revue 2001.

Fliegner, S. (1998): Wandel der Alltagsmobilität in Ostdeutschland unter der Perspektive autoreduzierter Mobilität am Beispiel des Paulusviertels in Halle/Saale. In: Hallesches Jahrbuch Geowissenschaften Reihe A/20, S. 117-135.

Flood, L. (1985): On the Application of Time-use and Expenditures Allocation Modells. Ekonomiska Studier Utgivna av Nationalekonomiska Institutionen vid Göteborgs Universitet 16. Göteborg.

Floro, M. S. (1995): Economic Restructuring, Gender and the Allocation of Time. In: World Development 23/11, S. 1913-1929.

Flusser, V./ New, Y. (1991): Raum und Zeit aus städtischer Sicht. In: Wentz, M. (Hrsg.): Stadt-Räume. Die Zukunft des Städtischen. Frankfurt a.M., S. 19-24.

Focus (2001): Perfekt entspannen. Individuelle Erholungsstrategien. Anleitung zum Müßiggang. Focus 31.

Forer, P. (1978): Time-Space and Area in the City of Plains. In: Carlstein, T./ Parkes, D./ Thrift, N. (Hrsg.): Timing Space and Spacing Time. London, S. 99-118.

Fotheringham, A. S./ Rogerson, P. A. (1993): GIS and spatial analytic problems. In: International Journal of Geographical Information Systems 7/1, S. 3-19.

Foucault, M. (1991): Andere Räume. In: Wentz, M. (Hrsg.): Stadt-Räume. Die Zukunft des Städtischen. Frankfurt a.M., S. 65-72.

Fox, M. (1995): Transport Planning and the Human Activity Approach. In: Journal of Transport Geography 3/2, S. 105-116.

Fraisse, P. (1985): Psychologie der Zeit. München/ Basel.

Franck, G. (2002): Soziale Raumzeit. Räumliche und zeitliche Knappheit, räumliche und zeitliche Diskontierung, reale und temporale Veränderung. In: Henckel, D./ Eberling, M. (Hrsg.): Raumzeitpolitik. Opladen, S. 61-80.

Franck, G./ Wegener, M. (2002): Die Dynamik räumlicher Prozesse. In: Henckel, D./ Eberling, M. (Hrsg.): Raumzeitpolitik. Opladen, S. 145-162.

Fraser, J. T./ Haber, F. C./ Müller, G. H. (1972): The Study of Time. Proceedings of the First Conference of the International Society for the Study of Time. Berlin/ Heidelberg/ New York.

Fraser, J. T. (1981): The Voices of Time. Amherst/ Mass.

Fraser, J. T. (1989): Time and Mind: Interdisciplinary Issues. The Study of Time VI. Madison/ Conn.

Fraser, J. T. (1991): Die Zeit. Auf den Spuren eines vertrauten und doch fremden Phänomens. München.

Fraser, J. T./ Rowell, L. (1993): Time and Process: Interdisciplinary Issues. The Study of Time VII. Madison/ Conneticut.

Fraser, J. T. (1999): Time, Conflict and Human Values. Urbana and Chicago.

Friedman, J./ New, Y. (1991): Die Rückeroberung der politischen Gemeinschaft. In: Wentz, M. (Hrsg.): Stadt-Räume. Die Zukunft des Städtischen. Frankfurt a.M., S. 209-232.

Friedrich, M. (1999): Die räumliche Dimension städtischer Armut. In: Dangschat, J. S. (Hrsg.): Modernisierte Stadt – gespaltene Gesellschaft. Opladen, S. 263-287.

Friedrichs, J. (1977): Stadtanalyse: soziale und räumliche Organisation der Gesellschaft. Opladen.

Fritz, K. (1998): Nimm Dir Zeit. Frankfurt a.M.

Frosh, S. (1995): Time, Space and Otherness. In: Pile, S./ Thrift, N. (Hrsg.): Mapping the Subject: Geographies of Cultural Transformation. London, S. 289-308.

Fürstenberg, F./ Mörth, I. (1986): Zeit als Strukturelement von Lebenswelt und Gesellschaft. Sozialwissenschaftliche Materialien. Linz.

Gabriel, O. W./ Völkl, K. (2002): Ehrenamtliche Tätigkeit, Freiwilligenarbeit und bürgerschaftliches Engagement. Unveröff. Manuskript des Wissenschaftlichen Beirats der Zeitbudgetstudie.

Garhammer, M. (1994): Balanceakt Zeit. Auswirkungen flexibler Arbeitszeiten auf Alltag, Freizeit und Familie. Berlin.

Garhammer, M. (1999): Time Structures in the European Union. In: Merz, J./ Ehling, M. (Hrsg.): Time Use – Research, Data and Policy. Forschungsinstitut Freie Berufe Universität Lüneburg. Baden-Baden, S. 67-88.

Gebhardt, H./ Meusburger, P. (1999): Power-Geometrics and the Politics of Space-Time. Hettner-Lecture 1998 with Doreen Massey. Geographisches Institut der Universität Heidelberg.

Gebhardt, H./ Warneken, B. J. (2003a): Stadt – Land – Frau. Interdisziplinäre Genderforschung in Kulturwissenschaft und Geographie. Heidelberger Geographische Arbeiten 117.

Gebhardt, H./ Warneken, B. J. (2003b): Aktionsräumliches Handeln von Frauen – ein interdisziplinäres Forschungsprojekt. In: Gebhardt, H./ Warneken, B. J. (Hrsg.): Stadt – Land – Frau. Interdisziplinäre Genderforschung in Kulturwissenschaft und Geographie. Heidelberger Geographische Arbeiten 117, S. 1-42.

Geertz, C. (1983): Dichte Beschreibung. Beiträge zum Verstehen kultureller Systeme. Frankfurt a.M.

Geipel, R. (1985): Alltagswissenschaftliche Forschungsansätze in der Geographie. In: Osnabrücker Studien zur Geographie 7, S. 183-218.

Geißler, K. A. (1993): Anfang und Ende. Zur Sozialökologie der Zeitordnung. In: Held, M. (Hrsg.): Ökologie der Zeit. Vom Finden der rechten Zeitmaße. Stuttgart, S. 179-185.

Geißler, K. A. (1994): „Schützt die Chronotope!" Die versöhnte Verschiedenheit zwischen Schnelligkeit und Langsamkeit. In: Vereinigung für Stadt-, R. u. L. (Hrsg.): Um die Wette leben. SRL-Schriftenreihe 39, S. 36-46.

Geißler, K. A. (1997a): Zeit leben. Vom Hasten und Rasten, Arbeiten und Lernen, Leben und Sterben. Weinheim.

Geißler, K. A. (1997b): Zeit – „Verweile doch, du bist so schön!". Weinheim.

Geißler, K. A. (1998): Mit den Zeiten ändern sich die Zeiten. In: Jenni, L. (Hrsg.): Zeit für Zeit. Natürliche Rhythmen und kulturelle Zeitordnung. Mensch-Gesellschaft-Umwelt 13, Basel, S. 1-16.

Geißler, K. A./ Adam, B. (1998): Alles zu jeder Zeit und überall. Die Nonstop-Gesellschaft und ihr Preis. In: Adam, B./ Geißler, K. A./ Held, M. (Hrsg.): Die Nonstop-Gesellschaft und ihr Preis. Stuttgart/ Leipzig, S. 11-29.

Geißler, K. A. (1999): Die Zeiten ändern sich. Vom Umgang mit der Zeit in unterschiedlichen Epochen. In: Aus Politik und Zeitgeschichte B31, S. 3-10.

Geißler, K. A. (2004a): Alles. Gleichzeitig. Und zwar sofort. Freiburg i.Br.

Geißler, K. A. (2004b): Grenzenlose Zeiten. In: Aus Politik und Zeitgeschichte B31-32, S. 7-12.

Gendolla, P. (1992): Zeit. Zur Geschichte der Zeiterfahrung. Vom Mythos zur Punktzeit. Köln.

Gershuny, J./ Thomas, G. S. (1980): Changing Patterns of Time Use. Science Policy Research Unit, University of Sussex. Occasional Paper Series 13

Gershuny, J./ Robinson, J. P. (1988): Historical Changes in the Household Division of Labour. In: Demography 25/4, S. 537-552.

Gershuny, J./ Niemi, I./ Staikov, Z./ Wunk-Lipinski, E. (1989): Time Use Studies Worldwide. A Collection of Papers at the 1989 Varna Conference of the International Association of Time Use Research. Sofia.

Gershuny, J. (1990): International Comparisons of Time Budget Surveys – Methods and Opportunities. In: von Schweitzer, R./ Ehling, M./ Schäfer, D. (Hrsg.): Zeitbudgeterhebungen. Stuttgart, S. 23-53.

Gershuny, J. (1999): Informal Economic Activity and Time Use Evidence. In: Merz, J./ Ehling, M. (Hrsg.): Time Use – Research, Data and Policy. Forschungsinstitut Freie Berufe Universität Lüneburg. Baden-Baden, S. 13-24.

Giddens, A. (1981): Time and Space in Social Theory. In: Matthes, J. (Hrsg.): Lebenswelt und soziale Probleme, 20. Deutscher Soziologentag. Frankfurt a.M., S. 88-97.

Giddens, A. (1987): Social Theory and Modern Sociology. Oxford.
Giddens, A. (1990): Time, Space and Regionalisation. In: Gregory, D./ Urry, J. (Hrsg.): Social Relations and Spatial Structures. Houndsmills, S. 265-295.
Giddens, A. (1995): Strukturation und sozialer Wandel. In: Müller, H. P./ Schmid, M. (Hrsg.): Sozialer Wandel. Frankfurt a.M., S. 151-191.
Giffel, N./ Steinke, K. (1998): Der schienengebundene Personen-Hochgeschwindigkeitsverkehr als Entwicklungsimpuls für das Bahnhofsumfeld – Integration von Sieldung und Verkehr. Rhein-Mainische Forschungen 115. Frankfurt a.M.
Gilbert, A. F. (1985): Frauenforschung am Beispiel der Time-Geography. Textanalysen und Kritik. Diplomarbeit am Geographischen Institut der Universität Zürich.
Glaser, H. (2000a): Unser Zeitbudget – Lebenszeit zwischen Arbeit- und Freizeit. In: Schwenke, O./ Robertson, C. Y. (Hrsg.): Zukunft der Zeit. Karlsruher Gespräche. Interfakultatives Institut für Angewandte Kulturwissenschaft 1/2000. Karlsruhe, S. 57-70.
Glaser, M./ Glaser, W. (2000b): Zukunftsmodell Telearbeit. Neue empirische Befunde und eine Zwischenbilanz. In: Jessen, J./ Lenz, B./ Vogt, W. (Hrsg.): Neue Medien, Raum und Verkehr. Wissenschaftliche Analysen und praktische Erfahrungen. Stadtforschung aktuell 79. Opladen, S. 98-145.
Glennie, P./ Thrift, N. (2001): Time-geography. International Encyclopedia of the Social and the Behavioral Sciences, Amsterdam u.a.O., S. 15692-15696.
Gohrbandt, E./ Weiss, G. (2002): Muss Westdeutschland bei der Vorschule nachsitzen? In: Mayr, A./ Nutz, M./ Institut für Länderkunde (Hrsg.): Nationalatlas Bundesrepublik Deutschland. Bd. 6 „Bildung und Kultur". S. 22-25.
Golledge, R. G./ Stimson, R. J. (1987): Analytical Behavioural Geography. London/ New York.
Golledge, R. G./ Kwan, M. P./ Gärling, T. (1994): Computational Process Modeling of Household Travel Decisions Using a Geographical Information System. In: Papers in Regional Science: The Journal of the RSAI 73/2, S. 99-117.
Gould, P. (1975): People in Information Space: The Mental Maps and Information Surfaces of Sweden. Lund Studies in Geography, Ser.B.Human Geography 42
Gräbe (1992): Alltagszeit – Lebenszeit: Zeitstrukturen im privaten Haushalt. Frankfurt a. M.
Grabow, B./ Henckel, D. (1988): Technik und neue Zeitordnungen: Folgen für die Städte. In: Friedrichs, J. (Hrsg.): Soziologische Stadtforschung. Sonderheft der Kölner Zeitschrift für Soziologie und Sozialpsychologie. S. 150-170.
Gräf, P. (1988): Information und Kommunikation als Elemente der Raumstruktur. Münchner Studien zur Sozial- und Wirtschaftsgeographie 34. München.
Gräf, P. (1992): Wandel von Kommunikationsräumen durch neue Informations- und Kommunikationstechnologien. In: Hömberg, W./ Schmolke, M. (Hrsg.): Zeit, Raum, Kommunikation. Schriftenreihe der Deutschen Gesellschaft für Publizistik- und Kommunikationswissenschaft München, S. 371-386.
Gregory, D./ Walford, R. (1989): Horizons in Human Geography. Totowa/ N.J.
Gregory, D./ Urry, J. (1990): Social Relations and Spatial Structures. Houndsmills.
Gregory, D. (1998): Power, Knowledge and Geography. In: Geographische Zeitschrift 86/2, S. 70-93.
Gren, M. (2001): Time-geography Matters. In: May, J./ Thrift, N. (Hrsg.): TimeSpace. Geographies of Temporalities. Critical Geographies 13 London/ New York, S. 208-225.
Grentzer, M. (1999): Räumlich-strukturelle von IuK-Technologien in transnationalen Unternehmen. Geographie der Kommunikation 2. Münster.
Gross, P. (1994): Die Multioptionsgesellschaft. Frankfurt a.M.
Guggenberger, B. (1997): Das digitale Nirwana. Hamburg.
Guggenberger, B. (1999): Die Welt der Wochenenden. Auf dem Weg in die Freizeitgesellschaft. In: Aus Politik und Zeitgeschichte B31, S. 25-31.

Gürtler, C. (1979): Regelmäßigkeiten raumzeitlichen Verhaltens. In: Raumforschung und Raumordnung 37/5, S. 222-231.

Gwiasda, P. (1999): Nutzungsmischung = Stadt der kurzen Wege für die Bewohner? In: Brunsing, J./ Frehn, M. (Hrsg.): Stadt der kurzen Wege. Zukunftsfähiges Leitbild oder planerische Utopie? Dortmunder Beiträge zur Raumplanung 95, Dortmund, S. 23-36.

Haag, A./ Stoffers, M. (1990): Freizeitwirtschaft. Märkte und Konsumwelten. Deutsche Gesellschaft für Freizeit, Erkrath, und AIESEC Lokalkomitee Wuppertal.

Häder, M. (1996): Linear, Zyklisch oder okkasional? Ein Indikator zur Ermittlung der individuell präferierten Form des Zeitbewußtseins. In: ZUMA-Nachrichten 39, S. 17-44.

Hägerstrand, T. (1970): What about People in Regional Science. Ninth European Congress of the Regional Science Association. In: Papers of the Regional Science Association 24, S. 7-21.

Hägerstrand, T. (1975): Space, Time and Human Conditions. In: Karlqvist, A./ Snickars, F. (Hrsg.): Dynamic Allocation of Urban Space. Farnborough, S. 3-12.

Hägerstrand, T. (1978): Survival and Arena. In: Carlstein, T./ Parkes, D./ Thrift, N. (Hrsg.): Timing Space and Spacing Time. London, S. 121-145.

Hägerstrand, T. (1984): Time-Geogaphy: Focus on the Corporeality of Man, Society, and Environment. In: The United Nations University (Hrsg.): The Science and Praxis of Complexity. Tokyo, S. 193-216.

Hägerstrand, T. (2004): The Two Vistas. In: Geografiska Annaler 86B/4, S. 315-323.

Haggett, P. (1991): Geographie: eine moderne Synthese. Stuttgart.

Hallin, O. (1991): New Paths for Time-Geography? In: Geografiska Annaler 73B/3, S. 199-207.

Hanson, S./ Hanson, P. (1993): The geography of everyday life. In: Golledge, R./ Garling, T. (Hrsg.): Behaviour and Environment: Psychological and Geographical Approaches. Amsterdam, S. 249-269.

Hanson, S. (1995): The Geography of Urban Transportation. New York/ London.

Hard, G. (1986): Der Raum – einmal systemtheoretisch gesehen. In: Geographica Helvetica 41/2, S. 77-83.

Hard, G. (1999): Raumfragen. In: Meusburger, P. (Hrsg.): Handlungszentrierte Sozialgeographie. Erdkundliches Wissen 130. Stuttgart, S. 133-162.

Hartke, W. (1956): Die „Sozialbrache" als Phänomen der geographischen Differenzierung der Landschaft. In: Erdkunde 10/4, S. 257-269.

Hartmann, N. (1950): Philosophie der Natur. Abriß der speziellen Kategorienlehre. Berlin.

Hartmann, P. H. (1998): Arbeitsteilung im Haushalt. In: Braun, M./ Mohler, P. P. (Hrsg.): Soziale Ungleichheit in Deutschland. Blickpunkt Gesellschaft 4, S. 139-172.

Hartmann, P. H. (1999): Lebensstilforschung. Darstellung, Kritik und Weiterentwicklung. Opladen.

Harvey, A. S./ Szalai, A./ Elliot, D. H./ Stone, P./ Clark, S. M. (1984): Time Budget Research. An International Social Sience Council – ISSC Workbook in Comparative Analysis. Beiträge zur Empirischen Sozialforschung. Frankfurt/ New York.

Harvey, A. S. (1985): Regional Aspects of Time Use. Time Use Reserach Centre. St. Mary's University, Halifax/ N. S./ Canada. Unpublished Paper presented at the Ninth Meeting of the CRSA. Montreal/ P.Q./ Canada.

Harvey, A. S. (1990): Time Use Studies for Leisure Analyses. In: Social Indicators Research 23, S. 309-336.

Harvey, A. S./ Amirkhalkhali, S./ Hensher, D. A./ Brewer, A. M. (1997): A Varying Response Model of Trips Using Diary Data. Paper prepared for INFORMS 97, Dallas, Texas (Draft) ER – Transport. An economics and management perspective. Oxford.

Harvey, A. S. (1997): 24-Hour Society and Passenger Travel. Report of the Time Use Research Program. Department of Economics, Saint Mary's University Halifax, Canada.

Harvey, A. S. (1998): From activities to activity settings: Behaviour in context. Department of Economics, Saint Mary's University Halifax, Canada, Activity Settings Series, Working Paper No.1.

Harvey, A. S. (1999): Time Use Research – The Roots to the Future. In: Merz, J./ Ehling, M. (Hrsg.): Time Use – Research, Data and Policy. Forschungsinstitut Freie Berufe Universität Lüneburg. Baden-Baden, S. 123-149.

Harvey, D. (1989): The Condition of Postmodernity: An Enquiry into the Origins of Cultural Change. Oxford.

Harvey, D. (1991): Geld, Zeit, Raum und die Stadt. In: Wentz, M. (Hrsg.): Stadt-Räume. Die Zukunft des Städtischen. Frankfurt a.M., S. 149-168.

Haugg, K. (1990): Die bisherige Erfassung des Zeitbudgets von Personen und Familien – Zielsetzungen und ausgewählte Forschungsergebnisse. In: von Schweitzer, R./ Ehling, M./ Schäfer, D. (Hrsg.): Zeitbudgeterhebungen. Stuttgart, S. 76-87.

Hautzinger, H./ Tassaux, B. (1989): Verkehrsmobilität und Unfallrisiko in der Bundesrepublik Deutschland. Forschungsberichte der Bundesanstalt für Straßenwesen 195. Bergisch Gladbach.

Hawking, S. (2000): Die illustrierte kurze Geschichte der Zeit. Reinbek.

Heidegger, M. (1993): Sein und Zeit. Tübingen.

Heidemann, C. (1981): Spatial Behaviour Studies: Concepts and Contexts. In: Stopher, A. H./ Meyburg, A. H./ Brög, W. (Hrsg.): New Horizons in Travel Behaviour Research. Toronto, S. 289-315.

Heinritz, G. (1979): Die aktionsräumliche Relevanz der Verhaltensdimension „Besuchsfrequenz". In: Geographische Zeitschrift 67/4, S. 314-323.

Heinritz, G./ Helbrecht, I. (Hrsg.) (1998): Sozialgeographie und Soziologie. Dialog der Disziplinen. Münchner Geographische Hefte 78. München.

Heinritz, G. (Hrsg.) (2003): Integrative Ansätze in der Geographie – Vorbild oder Trugbild? Münchner Symposium zur Zukunft der Geographie. Münchner Geographische Hefte 85. München.

Heinze, G. W./ Kill, H. H. (1995): Raum- Zeit-System. In: Akademie für Raumforschung und Landesplanung (Hrsg.): Handwörterbuch der Raumordnung. Hannover, S. 799-805.

Heinze, G. W./ Kill, H. H. (1997): Freizeit und Mobilität. Neue Lösungen im Freizeitverkehr. Akademie für Raumforschung und Landesplanung.

Heinze, G. W. (2000): Die Wiederentdeckung der Nähe im Stadt-Land-Verbund. In: Ministerium für Umwelt und Verkehr Baden-Württemberg (Hrsg.): Barrieren zwischen Bewusstsein und Verhalten. Drittes Mainauer Mobilitätsgespräch. Konstanz, S. 111-120.

Heitkötter, M./ Jurczyk, K./ Lange, A. (2004): Zeit in Familien – Zeitpolitik für Familien. In: Zeitpolitisches Magazin 2/3, S. 1-4.

Helbling, J. (1997): Die Organisation des sozialen und natürlichen Raumes bei australischen Aborigines. In: Michel, P. (Hrsg.): Symbolik von Ort und Raum. Schriften zur Symbolforschung Bern u.a.O., S. 281-304.

Helbrecht, I. (1991): Das Ende der Gestaltbarkeit? Zu Funktionswandel und Zukunftsperspektiven räumlicher Planung. Wahrnehmungsgeographische Studien zur Regionalentwicklung 10. Oldenburg.

Held, M. (1993a): Ökologie der Zeit. Vom Finden der rechten Zeitmaße. Stuttgart.

Held, M. (1993b): Zeitmaße für die Umwelt. In: Held, M. (Hrsg.): Ökologie der Zeit. Vom Finden der rechten Zeitmaße. Stuttgart, S. 11-31.

Held, M./ Kümmerer, K. (1998): Alles zu seiner Zeit und an seinem Ort. Eine andere Zeitkultur als Perspektive. In: Adam, B./ Geißler, K. A. (Hrsg.): Die Nonstop-Gesellschaft und ihr Preis. Stuttgart/Leipzig, S. 239-257.

Held, M./ Nutzinger, H. G. (1998): Pausenlose Beschleunigung. In: Adam, B./ Geißler, K. A./ Held, M. (Hrsg.): Die Nonstop-Gesellschaft und ihr Preis. Stuttgart/Leipzig, S. 31-44.

Heller, J. (1997): Vom Umdenken zum Umsteigen. Steigerungspotentiale des ÖPNV durch eine Marktoffensive in Erlangen. Abteilung Angewandte Stadtgeographie. Institut für Geowissenschaften Universität Bayreuth. In: Arbeitsmaterialien zur Raumordnung und Raumplanung 163.

Henckel, D. (1988): Arbeitszeit, Betriebszeit, Freizeit – Auswirkungen auf die Raumentwicklung. Schriften des Deutschen Instituts für Urbanistik 81. Stuttgart/ Berlin/ Köln.

Henckel, D. (2002): Wer verteilt die Zeit? Oder: Zwei Hände voll Wind. In: Henckel, D./ Eberling, M. (Hrsg.): Raumzeitpolitik. Opladen, S. 209-230.

Henckel, D./ Eberling, M. (Hrsg.) (2002): Raumzeitpolitik. Opladen.

Henckel, D. et al. (1989): Zeitstrukturen und Stadtentwicklung. Schriften des Deutschen Instituts für Urbanistik 81. Stuttgart/ Berlin/ Köln/ Mainz.

Henckel, D. et al. (1997a): Geschwindigkeit und Stadt – die Folgen der Beschleunigung für die Städte. In: Henckel, D. et al. (Hrsg.): Entscheidungsfelder städtischer Zukunft. Schriften des Deutschen Instituts für Urbanistik Stuttgart/ Berlin/ Köln, S. 257-296.

Henckel, D. et al. (1997b): Entscheidungsfelder städtischer Zukunft. Schriften des Deutschen Instituts für Urbanistik 90. Stuttgart/ Berlin/ Köln.

Henderson, K. A. (1990): Anatomy Is Not Destiny: A Feminist Analysis of the Scholarship on Women's Leisure. In: Leisure Sciences 12/2, S. 229-239.

Henderson, K. A. (1994): Broadening an Understanding of Women, Gender, and Leisure. In: Journal of Leisure Research 26/1, S. 1-7.

Henschel, S./ Krüger, D./ Kulke, E. (2001): Einzelhandel – Versorgungsstrukturen und Kundenverkehr. In: Institut für Länderkunde (Hrsg.): Nationalatlas Bundesrepublik Deutschland. Bd. 9 „Verkehr und Kommunikation". S. 74-77.

Hensher, D. A./ Brewer, A. M. (2001): Transport. An Economics and Management Perspective. Oxford.

Hesse, M. (1999): Die Logik der kurzen Wege: räumliche Mobilität und Verkehr als Gegenstand der Stadtforschung. In: Erdkunde 53, S. 317-329.

Hesse, M. (2002): Zeitkoordination im Rahmen der modernen Logistik – mehr als nur ein Impulsgeber für die räumliche Entwicklung. In: Henckel, D./ Eberling, M. (Hrsg.): Raumzeitpolitik. Opladen, S. 107-126.

Heuwinkel, L. (2004): Zeitprobleme in der Beschleunigungsgesellschaft. In: Aus Politik und Zeitgeschichte B31-32, S. 33-38.

Hewener, V. (2004): Geschlechtsspezifische Unterschiede im Umgang mit der Zeit. In: Aus Politik und Zeitgeschichte B31-32, S. 26-32.

Heydenreich, S. (2000): Aktionsräume in dispersen Stadtregionen: Ein akteursbezogener Ansatz zur Analyse von Suburbanisierungsprozessen am Beispiel der Stadtregion Leipzig. Münchner Geographische Hefte 81. München.

Hilgers, M. (1992): Total abgefahren. Psychoanalyse des Autofahrens. Freiburg u.a.O..

Hilzenbecher, M. (1984): Frauenerwerbstätigkeit, Familienzyklus und Zeitallokation. Spardorf.

Hitchcock, J. R. (1969): Urbaness and daily activity patterns. University of North Carolina, Chapel Hill.

Holm, E./ Öberg, S. (2004): Contagious Social Practices? In: Geografiska Annaler 86B/4, S 297-314.

Holst, E./ Priller, E. (1991): Zeitverwendung in der DDR am Vorabend der Marktwirtschaft. In: Panel, D. S. (Hrsg.): Lebenslagen im Wandel: Basisdaten und -analysen zur Entwicklung in den Neuen Bundesländern. Berlin, S. 237-259.

Holt-Jensen, A. (1988): Geography. History and Concepts. London.

Holz-Rau, C. (1997): Siedlungsstrukturen und Verkehr. Schriftenreihe der Bundesforschungsanstalt für Landeskunde und Raumordnung 84. Bonn.

Holz, E. (1998): Zeitverwendung von Jugendlichen und jungen Erwachsenen. In: Statistisches Bundesamt, Wirtschaft und Statistik 8, S. 689-698.

Hömberg, W./ Schmolke, M. (1992): Zeit, Raum, Kommunikation. In: Schriftenreihe der Deutschen Gesellschaft für Publizistik- und Kommunikationswissenschaft 18.

Horn, K. (1996): Verkehrsnetze als Analyse- und Planungswerkzeuge in der Raumordnung. In: Marquardt-Kuron, A./ Schliephake, K. (Hrsg.): Raumbezogene Verkehrswissenschaft – Anwendung mit Konzept. Material zur Angewandten Geographie (DVAG) 26, Bonn, S. 201-222.

Hörning, K. H./ Ahrens, D./ Gerhard, A. (1997): Zeitpraktiken. Experimentierfelder der Spätmoderne. Frankfurt a.M.

Horton, F. E./ Reynolds, D. R. (1971): Effects of urban spatial structure on individual behavior. In: Economic Geography 47, S. 36-48.

Hörz, H. (1989): Philosophie der Zeit. Zeitverständnis in Geschichte und Gegenwart. Berlin.

Hübner, U. (2000): Telelearning. Informatikstudium online. In: Jessen, J./ Lenz, B./ Vogt, W. (Hrsg.): Neue Medien, Raum und Verkehr. Wissenschaftliche Analysen und praktische Erfahrungen. Stadtforschung aktuell 79, Opladen, S. 189-196.

Hülsbergen, G. (2002): Bremen 2030 – eine zeitbewusste Stadt? In: Kramer, C. (Hrsg.): FREI-Räume und FREI-Zeiten – Raumnutzung und Zeitverwendung im Geschlechterverhältnis. Schriften des Heidelberger Instituts für Frauen- und Geschlechterforschung (HIFI) e.V. 5, Baden-Baden, S. 189-200.

Hupkes, G. (1982): The law of constant travel times and trip rates. In: Futures 14, S. 38-46.

Huysmans, F. (1996): Review of Homberg, W. / Schmolke, M.: Time, Space , Communication. In: Communications 21/4, S. 483-505.

Institut für Mobilitätsforschung (2000): Freizeitverkehr. Aktuelle und künftige Herausforderungen und Chancen. Berlin u.a.O.

Janelle, D. G. (1968): Central place development in a time-space framework. In: Professional Geographer 20/1, S. 5-10.

Janelle, D. G./ Goodchild, M. (1983): Diurnal Patterns of Social Group Distributions in an Canadian City. In: Economic Geography 59/4, S. 403-425.

Janelle, D. G./ Goodchild, M. F./ Klinkenberg, B. (1988): Space-time diaries and travel characteristics for different levels of respondent aggregation. In: Environment and Planning A 20, S. 891-906.

Janelle, D. G. (1991): Global Interdependence and Its Consequences. In: Brunn, S. D./ Leinbach, T. R. (Hrsg.): Collapsing Space and Time: Geographic aspects of communication and information. Cambridge, S. 49-81.

Janelle, D. G. (1995): Metropolitan Expansion, Telecommuting, and Transportation. In: Hanson, S. (Hrsg.): The Geography of Urban Transportation. New York/ London, S. 407-434.

Janelle, D. G. (1997): Alienation and Globalization. In: Schrecker, T. (Hrsg.): Surviving Globalism. New York, S. 38-50.

Janelle, D. G./ Beuthe, M. (1997): Globalization and research issues in transportation. In: Journal of Transport Geography 5/3, S. 199-206.

Janelle, D. G./ Klinkenberg, B./ Goodchild, M. F. (1998): The Temporal Ordering of Urban Space and Daily Activity Patterns for Population Role Groups. In: Geographical Systems 5, S. 117-137.

Janelle, D. G. (1999): Transport Culture and the Economy of Speed: Speed Limits and Changing Patterns of Accessibility in the United States. Paper presented at the Conference on Social Change and Sustainable Transport. University of California, Berkeley.

Janelle, D. G./ Hodge, D. C. (2000): Information, Place and Cyberspace. Advances in Spatial Science. Berlin/ Heidelberg/ New York.

Jenni, L. (1998): Zeit für Zeit. Natürliche Rhythmen und kulturelle Zeitordnung. Reihe Mensch-Gesellschaft-Umwelt Basel.

Jensen-Butler, C. (1981): A Critique of Behavioural Geography: An Epistomological Analysis of Cognitive Mapping and of the Hägerstrands's Time-Space Model. Working Paper Nr. 12. Geographical Institute Aarhus/ Denmark.

Jeschke, C. (1994): Persönliche Sicherheit – eine verhaltensrelevante Mobilitätsbedingung. In: Flade, A. (Hrsg.): Mobilitätsverhalten. Bedingungen und Veränderungsmöglichkeiten aus umweltpsychologischer Sicht. Weinheim, S. 139-152.

Jessen, J./ Lenz, B./ Vogt, W. (2000): Neue Medien, Raum und Verkehr. Wissenschaftliche Analysen und praktische Erfahrungen. Stadtforschung aktuell 79. Opladen.

Johansson, A. (2000): Verkehr im Kommunikationszeitalter. Nationale Untersuchungen in Schweden. In: Jessen, J./ Lenz, B./ Vogt, W. (Hrsg.): Neue Medien, Raum und Verkehr. Wissenschaftliche Analysen und praktische Erfahrungen. Stadtforschung aktuell 79. Opladen, S. 255-274.

Johnston, R. J. (1997): W(h)ither Spatial Science and Spatial Analysis. In: Futures 29/4-5, S. 323-336.

Jones, F. (1995): Human Capital and the Use of Time. Family and Community Support Systems Division. In: Statistics Canada 7.

Jöns, H. (2003): Grenzüberschreitende Mobilität und Kooperation in den Wissenschaften. Deutschlandaufenthalte US-amerikanischer Humboldt-Forschungspreisträger aus einer erweiterten Akteursnetzwerkperspektive. Heidelberger Geographische Arbeiten 116. Heidelberg.

Juster, F. T./ Stafford, F. P. (1985): Time, Goods and Well-Being. Ann Arbour/ Michigan.

Kagermeier, A. (1997a): Siedlungsstruktur und Verkehrsmobilität. Dortmunder Vertrieb für Bau- und Planungsliteratur, Verkehr spezial 3, Dortmund.

Kagermeier, A. (1997b): Siedlungsstrukturell bedingter Verkehrsaufwand in großstädtischen Verdichtungsbereichen. In: Raumplanung und Raumordnung 4/5, S. 316-326.

Kaiser, F. G./ Schreiber, E. (1994): Mobilität und emotionale Bedeutung des Autos: Ein Extremgruppenvergleich zwischen Viel- und Wenigfahrern. In: Flade, A. (Hrsg.): Mobilitätsverhalten. Bedingungen und Veränderungsmöglichkeiten aus umweltpsychologischer Sicht. Weinheim, S. 113-130.

Kalter, F. (1997): Wohnortwechsel in Deutschland: Ein Beitrag zur Migrationstheorie und zur empirischen Anwendung von Rational-Choice-Modellen. Opladen.

Kaminski, G. (1986a): Ordnung und Variabilität im Alltagsgeschehen. Göttingen u.a.O.

Kaminski, G. (1986b): Zwischenbilanz einer „psychologischen Ökologie". In: Kaminski, G. (Hrsg.): Ordnung und Variabilität im Alltagsgeschehen. Göttingen u.a.O., S. 9-30.

Kaminski, G. (1986c): Das Behaviour Setting-Konzept im Rückspiegel. In: Kaminski, G. (Hrsg.): Ordnung und Variabilität im Alltagsgeschehen. Göttingen u.a.O., S. 263-277.

Kappeler, A. (2003): Aktionsräume von Frauen in ländlichen und suburbanen Gemeinden. In: Gebhardt, H./ Warneken, B. J. (Hrsg.): Stadt – Land – Frau. Interdisziplinäre Genderforschung in Kulturwissenschaft und Geographie. Heidelberger Geographische Arbeiten 117, S. 193-208.

Karlqvist, A./ Lundqvist, L./ Snickars, F. (1975): Dynamic Allocation of Urban Space. Westmead u.a.O., Großbritannien.

Kasten, H. (2001): Wie die Zeit vergeht. Zeitbewusstsein in Alltag und Lebenslauf. Darmstadt.

Keil, R./ New, Y. (1991): Handlungsräume/ Raumhandeln. In: Wentz, M. (Hrsg.): Stadt-Räume. Die Zukunft des Städtischen. Frankfurt a.M., S. 185-208.

Kemper, F. J. (1980): Aktionsräumliche Analyse der Sozialkontakte einer städtischen Bevölkerung. In: Geographische Zeitschrift 68/3, S. 199-222.

Kevenhörster, A. (2000): Räumliche Mobilität und ihre Bedeutung im Lebensalltag von Frauen mit Kleinkindern. Bonner Beiträge zur Geographie 13

Kickner, S. (1998): Wahl von Verkehrsmitteln in der Stadt – Einstellungen und Verhalten. In: Geographische Rundschau 50/10, S. 594-598.

Kiefer, M. L. (1987): Massenkommunikation 1964 bis 1985. Trendanalyse zur Mediennutzung und Medienbewertung. In: Media Perspektiven 3/87, S. 136-149.

Kirsch, G. (1995): Die Kontinuität des Selbst in einer nichtkontinuierlichen Zeit. In: Biervert, B./ Held, M. (Hrsg.): Zeit in der Ökonomik. Perspektiven für Theoriebildung. Frankfurt a.M., S. 169-206.

Klemm, M. O. (1996): Welche Mobilität wollen wir?. Unser kollektiver Umgang mit dem Problem des städtischen Personenverkehrs. Stadtforschung aktuell 59. Basel/ Boston/ Berlin.

Klingbeil, D. (1978): Aktionsräume im Verdichtungsraum. Zeitpotentiale und ihre räumliche Nutzung. Münchner Geographische Hefte 41. München.

Klingbeil, D. (1979): Mikrogeographie – Geographie des Mikro-Maßstabs. In: Der Erdkundeunterricht 3, S. 51-80.

Klingbeil, D. (1980): Zeit als Prozess und Ressource in der sozialwissenschaftlichen Humangeographie. In: Geographische Zeitschrift 68/1, S. 1-32.

Klühspies, J. (1999): Stadt – Mobilität – Psyche. Mit gefühlsbetonten Verkehrskonzepten die Zukunft urbaner Mobilität gestalten? Basel u.a.O.

Knapp, F. D. (1998): Determinanten der Verkehrsmittelwahl. Abhandlungen zur Nationalökonomie Berlin.

Knapp, G. A. (1990): Zur widersprüchlichen Vergesellschaftung von Frauen. In: Hoff, E. H. (Hrsg.): Die doppelte Sozialisation Erwachsener. München, S. 17-52.

Knapp, W. (1999): Die vierte Dimension. In: bild der wissenschaft spezial – „Mehr Zeit!", S. 85.

Koch, A. (2003): Raumkonstruktionen. In: Meusburger, P./ Schwan, T. (Hrsg.): Humanökologie. Erdkundliches Wissen 135, Stuttgart, S. 175-196.

Koch, J. J. (1986): Behaviour Setting und Forschungsmethodik Barkers: Einleitende Orientierung und einige kritische Anmerkungen. In: Held, M. (Hrsg.): Ökologie der Zeit. Vom Finden der rechten Zeitmaße. Stuttgart, S. 31-43.

König, R. (2000): Neue Medien, neue Märkte. Produkte und Dienstleistungen im Netz. In: Jessen, J./ Lenz, B./ Vogt, W. (Hrsg.): Neue Medien, Raum und Verkehr. Wissenschaftliche Analysen und praktische Erfahrungen. Stadtforschung aktuell 79. Opladen, S. 87-97.

König, W. (1998): Fast food. Zur Ubiquität und Omnitemporalität des modernen Essens. In: Adam, B./ Geißler, K. A./ Held, M. (Hrsg.): Die Nonstop-Gesellschaft und ihr Preis. Stuttgart/Leipzig, S. 45-62.

Körntgen, S./ Krause, J. (1994): Frauen und Stadtverkehr. In: Der Städtetag 11, S. 717-725.

Körntgen, S. (1994): Frauen-Verkehrsplanung. In: Interdisziplinärer Arbeitskreis Frauenforschung (Hrsg.): FrauenRäume. Dokumentation des 4. Frauentages. S. 56-76.

Kössler, R. (1990): Zeitbudget-Zusatzerhebungen zur Einkommens- und Verbrauchsstichprobe in Baden-Württemberg. In: von Schweitzer, R./ Ehling, M./ Schäfer, D. (Hrsg.): Zeitbudgeterhebungen. Stuttgart, S. 142-153.

Köstlin, S. (1999): Führungskräfte und Hochqualifizierte in Vorarlberg. Alemannia Studens Sonderband 5. Regensburg.

Kraan, M. E. (1996): Time to Travel? A Model for the Allocation of Time and Money. Twente.

Kramer, C. (1993): Die Entwicklung des Standortnetzes von Grundschulen im ländlichen Raum – Baden-Württemberg und Vorarlberg im Vergleich. Heidelberger Geographische Arbeiten 93. Heidelberg.

Kramer, C./ Mischau, A. (1994a): Sicherheitsempfinden und Angsträume von Frauen. In: Standort – Zeitschrift für Angewandte Geographie 2/94, S. 17-25.

Kramer, C./ Mischau, A. (1994b): Tat-Orte und Angst-Räume – Sicherheitsheitsempfinden von Heidelberger Bürgerinnen. In: Raumforschung und Raumordnung 4/5, S. 331-338.

Kramer, C./ Mischau, A. (1996): Expertise zur Haltestellensicherheit im Kreis Ludwigshafen (Unveröff. Manuskript). Heidelberger Institut für Interdisziplinäre Frauenforschung Heidelberg.

Kramer, C. (1998): Unterschiedliche Freizeitkulturen in Europa? In: Informationsdienst Soziale Indikatoren 19, S. 11-14.

Kramer, C./ Blättel-Mink, B./ Mischau, A. (1999): Die Grenzen innerfamilialer Arbeitsteilung. Diskrepanzen zwischen Wunsch und Wirklichkeit. In: von Bardeleben, R. (Hrsg.): Frauen in Kultur und Gesellschaft. Ausgewählte Beiträge der 2. Tagung Frauen- und Genderforschung in Rheinland-Pfalz. Tübingen, S. 433-446.

Kramer, C./ Weick, S. (1999): Freizeit und Mediennutzung. Ein Lebensbereich im System Sozialer Indikatoren für die Bundesrepublik Deutschland. Unveröff. Arbeitsbericht.

Kramer, C. (2000a): Maße zur regionalen Ungleichheit, ihre Darstellungsformen und ihre Bedeutung für die Sozialberichterstattung. ZUMA-Arbeitsbericht 00-06

Kramer, C. (2000b): Zeit und Raum – Zeit für Raum? Räumliche Disparitäten in der individuellen Zeitverwendung – ein Forschungsprojekt. In: Ehling, M./ Merz, J. (Hrsg.): Zeitbudget in Deutschland – Erfahrungsberichte der Wissenschaft. Schriftenreihe Spektrum der Bundesstatistik 17, S. 19-43.

Kramer, C. (2001): Wegezeiten für Haushalte: Wo sind die Orte der kurzen und langen Wege? In: HGG-Journal 16, S. 297-314.

Kramer, C./ Mischau, A. (2002): Regional- und Stadtplanung für Frauen. In: Hermes, L./ Hirschen, A./ Meißner, I. (Hrsg.): Gender und Interkulturalität. Ausgewählte Beiträge der 3. Fachtagung Frauen- und Genderforschung in Rheinland-Pfalz. Tübingen, S. 259-267.

Kramer, C. (Hrsg.) (2002a): FREI-Räume und FREI-Zeiten – Raumnutzung und Zeitverwendung im Geschlechterverhältnis. Schriften des Heidelberger Instituts für Interdisziplinäre Frauen- und Geschlechterforschung e.V. (HIFI) 5. Baden-Baden.

Kramer, C. (2002b): FREI-Räume und FREI-Zeiten – Raum-Nutzung und Zeit-Verwendung im Geschlechterverhältnis. Eine Einleitung. In: Kramer, C. (Hrsg.): FREI-Räume und FREI-Zeiten: Raum-Nutzung und Zeit-Verwendung im Geschlechterverhältnis. Schriften des Heidelberger Instituts für Interdisziplinäre Frauen- und Geschlechterforschung e.V. (HIFI) 5, Baden-Baden, S. 9-14.

Kramer, C./ Mischau, A. (2002c): Die Entwicklung der raumbezogenen Genderforschung. In: Kramer, C. (Hrsg.): FREI-Räume und FREI-Zeiten: Raum-Nutzung und Zeit-Verwendung im Geschlechterverhältnis. Schriften des Heidelberger Instituts für Interdisziplinäre Frauen- und Geschlechterforschung e.V. (HIFI) 5, Baden-Baden, S. 17-30.

Kramer, C. (2003a): Sicherheit im öffentlichen Raum – das Beispiel Heidelberg. In: Nagy, N. J. (Hrsg.): Frontiers of Geography. Symposium anlässlich des 20jährigen Bestehens der Partnerschaft zwischen Eötvös Loránd Universität in Budapest und der Ruprecht-Karls-Universität in Heidelberg. Budapest, S. 213-226.

Kramer, C. (2003b): Soziologie und Sozialgeographie: Auf dem Weg zur Transdisziplinarität? Eine Analyse der Selbst- und Fremdbilder der beiden Nachbardisziplinen. In: Soziologie 3, S. 31-59.

Kramer, C. (2004): Verkehrsverhalten und Mobilität. In: Statistisches Bundesamt (Hrsg.): Alltag in Deutschland. Analysen zur Zeitverwendung. Forum der Bundesstatistik 43, Wiesbaden, S. 23-38.

Kramer, M. (2005/7/3): Zwischen Beschleunigungswahn und Zeitverzögerung. Vortragsreihe „Die Zeichen der Zeit". http://www.hgdoe.de/pol/kramer.htm.

Krause, J. (1999): Unterwegs in Stadt und Land. In: Flade, A./ Limbourg, M. (Hrsg.): Frauen und Männer in der mobilen Gesellschaft. Opladen, S. 65-92.

Kreibich, B. (1979): Aktionsräume, Zentreneinzugsbereiche und Nahverkehrsplanung. In: Geographische Zeitschrift 67/4, S. 324-335.

Kreibich, B./ Kreibich, V./ Ruhl, G. (1989): Vom Funktionsraum zum Aktionsraum. In: Informationen zur Raumentwicklung 1, S. 51-71.

Kreth, R. (1979): Raumzeitliche Aspekte des Einkaufsverhaltens. In: Geographische Zeitschrift 67/4, S. 266-281.

Kruse, L./ Graumann, C. F./ Lantermann, E.-D. (1996): Ökologische Psychologie. Weinheim.
Kuhn, T./ Maurer, A. (1995): Ökonomische Theorie der Zeitallokation – Gary Becker's Weiterentwicklung der Konsum- und Haushaltstheorie. In: Biervert, B./ Held, M. (Hrsg.): Zeit in der Ökonomik. Perspektiven für Theoriebildung. Frankfurt a.M., S. 132-146.
Kunert, U. (1992): Individuelles Verkehrsverhalten im Wochenverlauf. Beiträge zur Strukturforschung 130. Berlin.
Küster, C. (1999): Die Zeitverwendung für Mobilität im Alltag. In: Flade, A./ Limbourg, M. (Hrsg.): Frauen und Männer in der mobilen Gesellschaft. Opladen, S. 185-206.
Küster, C./ Meyer, I. (1999): Temporal Obligations in Private Households – Evaluation Approaches for Data of the German Time Use Survey in 1991/92. In: Merz, J./ Ehling, M. (Hrsg.): Time Use – Research, Data and Policy. Forschungsinstitut Freie Berufe Universität Lüneburg. Baden-Baden, S. 107-119.
Kutscher, J. (1994): Verkehrte Welt. Erlebens- und Verhaltensweisen in der automobilen Gesellschaft. In: Flade, A. (Hrsg.): Mobilitätsverhalten. Bedingungen und Veränderungsmöglichkeiten aus umweltpsychologischer Sicht. Weinheim, S. 269-290.
Kutter, E. (1972): Demographische Determinanten des städtischen Personenverkehrs. Veröffentlichungen des Instituts für Stadtbauwesen der TU Braunschweig 9
Kutter, E./ Stein, A. (1996): Verkehrsminderung „vor Region" – von der Idee zur Umsetzung. In: Informationen zur Raumentwicklung 7/8, S. 461-488.
Kutter, E. (2001): Räumliches Verhalten – Verkehrsverhalten. In: Arbeitspapier Mobilitätsforschung F8, ISB, RWTH Aachen, S. 5-25.
Kwan, M. P. (2004): GIS Methods in Time.geographic Research : Geocompulation and Geovisualization of Human Activity Patterns. In: Geografiska Annaler 86B/4, S. 267-280.
Kyrieleis, S. (1998): Welchen Beitrag kann die Regionalisierung des Schienen-Personen-Nahverkehrs zur besseren Vernetzung von Bahn und Siedlung leisten? In: Rhein-Mainische Forschungen 115, „Integration von Siedlung und Verkehr", S. 97-160.
Lamnek, S. (1995a): Qualitative Sozialforschung, Band 1: Methodologie. Weinheim.
Lamnek, S. (1995b): Qualitative Sozialforschung, Band 2: Methoden und Techniken. Weinheim.
Lamprecht, M./ Stamm, H. (1994): Die soziale Ordnung der Freizeit. Zürich.
Landesbausparkasse Nordrhein (1998): LBS-Familien-Studie: Übergang zur Elternschaft. Report 1/98, LBS-Initiative „Junge Familie". Münster.
Läpple, D. (1991): Gesellschaftszentriertes Raumkonzept. In: Wentz, M. (Hrsg.): Stadt-Räume. Die Zukunft des Städtischen. Frankfurt a.M., S. 35-46.
Lawton, T. K. (2002): Activity and Time Use Data for Activity Based Forecasting. U.S. Department of Transportation. Draft.
Lee-Gosselin, M./ Polak, J. (2002): Activity and Time Use Data Needs, Resources and Survey Methods. London.
Lee, E. S. (1972): Eine Theorie der Wanderung. In: Széll, G. (Hrsg.): Regionale Mobilität. München, S. 115-129.
Lemmer, B. (1993): Circadiane Rhythmen und Medizin. Innere Uhren und Arzneimitteltherapie. In: Held, M. (Hrsg.): Ökologie der Zeit. Vom Finden der rechten Zeitmaße. Stuttgart, S. 63-74.
Lenntorp, B. (1978): A Time-Geographic Simulation Model of Individual Activity Programmes. In: Carlstein, T./ Parkes, D./ Thrift, N. (Hrsg.): Timing Space and Spacing Time. London, S. 162-180.
Lenntorp, B. (1979): Das PESASP-Modell: Seine theoretische Grundlegung im Rahmen des zeitgeographischen Ansatzes und Anwendungsmöglichkeiten. In: Geographische Zeitschrift 67/4, S. 336-353.
Lenntorp, B. (2004): Path, Prism, Project and Population: An Introduction. In: Geografiska Annaler 86B/4, S. 223-226.

Leser, H./ Schneider-Sliwa, R. (1999): Geographie – Eine Einführung. Braunschweig.
Levine, R. (1998): Eine Landkarte der Zeit. Wie Kulturen mit der Zeit umgehen. München/ Zürich.
Lewin, K. (1934): Der Richtungsbegriff in der Psychologie. Der spezielle und allgemeine hodologische Raum. In: Psychologische Forschung 19, S. 249-299.
Linder, S. B. (1970): The Harried Leisure Class. New York.
Lipietz, A. (1991): Zur Zukunft der städtischen Ökologie. In: Wentz, M. (Hrsg.): Stadt-Räume. Die Zukunft des Städtischen. Frankfurt a.M., S. 129-136.
Lippold, G./ Manz, G. (1995): Zeitverwendung von 1965 bis 1992 in Ostdeutschland. In: Sozialreport II, S. 22-26.
Livingstone, D. N. (1995): The spaces of knowledge: contributions towards a historical geography of science. In: Environment and Planning D: Society and Space 13, S. 5-34.
Livingstone, D. N. (2000): Making space for science. In: Erdkunde 54/4, S. 285-296.
Lloyd, R. (1999): Organization of Feature-, Time-, or Location-Based Mental Models. In: Professional Geographer 51/4, S. 525-538.
Lötscher, L./ Schmitz, S. (2001): Der beschwerliche Weg zu einer nachhaltigen Stadtentwicklung. In: Berichte zur deutschen Landeskunde 75/2/3, S. 333-342.
Lötscher, L./ Mayer, O. (2001a): Mobilität und Verkehrsmittel. In: Institut für Länderkunde (Hrsg.): Nationalatlas Bundesrepublik Deutschland. Bd. 9 „Verkehr und Kommunikation". S. 58-61.
Lötscher, L./ Mayer, O. (2001b): Entwicklung der privaten Motorisierung. In: Institut für Länderkunde (Hrsg.): Nationalatlas Bundesrepublik Deutschland. Bd. 9 „Verkehr und Kommunikation". S. 62-63.
Lüdemann, C. (1997): Rationalität und Umweltverhalten: die Beispiele Recycling und Verkehrsmittelwahl. Wiesbaden.
Lüdtke, H. (1984): Gleichförmigkeit im alltäglichen Freizeitverhalten. Eine Analyse von Zeitbudget-Daten aus zwei norddeutschen Großstädten. In: Zeitschrift für Soziologie 4, S. 346-362.
Lüdtke, H. (1984): Lebensstile: Präferenzpalette der Sozialstruktur. Medium und Ausdruck biographischer Entwicklung. Fernuniversität Hagen.
Lüdtke, H./ Agricola/ Karst, U. (1986): Methoden der Freizeitforschung. Opladen.
Lüdtke, H. (1989a): Kapital Freizeit. Kompetenz, Ästhetik und Prestige in der Freizeit. Erkrath.
Lüdtke, H. (1989b): Expressive Ungleichheit. Zur Soziologie der Lebensstile. Opladen.
Lüdtke, H. (1991): Kulturelle und soziale Dimensionen des modernen Lebensstils. In: Vetter, H.-R. (Hrsg.): Muster moderner Lebensführung. Weinheim, S. 131-151.
Lüdtke, H. (1995a): Zielgruppen und Strategien für eine moderne Freizeitinfrastrukturplanung. In: Spektrum Freizeit 17, S. 120-130.
Lüdtke, H. (1995b): Zeitverwendung und Lebensstile. Marburger Beiträge zur Sozialwissenschaftlichen Forschung 5. Marburg.
Lüdtke, H. (1998): Zentrale Begriffe der Soziologie: Soziales Handeln, Struktur, Zeit und Raum. Manuskript der Ringvorlesung „Einführung in die Soziologie". Universität Marburg. Institut für Soziologie.
Lüdtke, H. (1999): Temporale Muster – Zur Theorierelevanz. In: Dollase, R./ Hammerich, K./ Tokarsi, W. (Hrsg.): Temporale Muster. Opladen, S. 319-328.
Lüdtke, H. (2001): Freizeitsoziologie: Arbeiten über temporale Muster, Sport, Musik, Bildung und soziale Probleme. Münster.
Lüdtke, H. (2005): Einleitung: die Zeit, eine paradoxe Dimension des Handelns und der sozialen Ordnung in wissenschaftlicher und literarischer Aneignung. In: Zoll, R. (Hrsg.): Gesellschaft in literarischen Texten (im Druck). Opladen.
Luhmann, N. (1971): Politische Planung. Opladen.

Luhmann, N. (1975): Soziologische Aufklärung. Köln.
Lynch, K. (1968): Das Bild der Stadt. Bauwelt Fundamente 16. Gütersloh u.a.O.
Macey, S. L. (1994): Encyclopedia of Time. New York/ London.
Mackenzie, A. (1995): Die Zeitfalle. Der Klassiker für das Zeitmanagement. Heidelberg.
Mäder, H. (1999): Grunddaten zur Mobilität. In: Flade, A./ Limbourg, M. (Hrsg.): Frauen und Männer in der mobilen Gesellschaft. Opladen, S. 93-107.
Mahmassani, H. S. (2002): In Perpetual Motion. Travel Behaviour Research Opportunities and Applicational Challenges. Oxford.
Maier-Rabler, U. (1992): In Sense of Space. In: Hömberg, W./ Schmolke, M. (Hrsg.): Zeit, Raum, Kommunikation. Schriftenreihe der Deutschen Gesellschaft für Publizistik- und Kommunikationswissenschaft 18, München, S. 357-370.
Maier, J. (1976): Zur Geographie verkehrsräumlicher Aktivitäten. Theoretische Kozeption und empirische Überprüfung an ausgewählten Beispielen in Südbayern. Münchner Studien zur Sozial- und Wirtschaftsgeographie 17.
Maier, J./ Paesler, R./ Schaffer, F. (1977): Sozialgeographie. Braunschweig.
Maier, J./ Atzkern, H. D. (1992): Verkehrsgeographie. Stuttgart.
Mårtensson, S. (1978): Time Allocation and Daily Living Conditions: Comparing Regions. In: Carlstein, T./ Parkes, D./ Thrift, N. (Hrsg.): Timing Space and Spacing Time. London, S. 181-197.
Massey, D./ Allen, J. (1985): Geography matters. Cambridge.
Massey, D. (1994): Place, Space and Gender. Minneapolis.
Massey, D./ Keynes, M. (1998): „Identity": some parallels between feminist debate and the identity of place. In: Berichte zur deutschen Landeskunde 72/1, S. 53-59.
Massey, D. (1999a): Imagining globalisation: power geometrics of time-space. In: Gebhardt, H./ Meusburger, P. (Hrsg.): Power-Geometrics and the Politics of Space-Time. Hettner-Lecture 1998 with Doreen Massey. Heidelberg, S. 9-26.
Massey, D. (1999b): Philosophy and politics of spatiality: some considerations. In: Gebhardt, H./ Meusburger, P. (Hrsg.): Power-Geometrics and the Politics of Space-Time. Hettner-Lecture 1998 with Doreen Massey. Heidelberg, S. 27-46.
Massey, D. (1999c): Interpreting identities: Doreen Massey on politics, gender and space-time. In: Gebhardt, H./ Meusburger, P. (Hrsg.): Power-Geometrics and the Politics of Space-Time. Hettner-Lecture 1998 with Doreen Massey. Heidelberg, S. 47-82.
Maurer, A. (1992): Alles eine Frage der Zeit?. Die Zweckrationalisierung von Arbeitszeit und Lebenszeit. Berlin.
Maurer, J. (2000): Mobilität ohne Grenzen? Vision: Abschied vom globalen Stau. Visionen für das 21. Jahrhundert. Die Buchreihe zu den Themen der EXPO 2000.
May, J./ Thrift, N. (2001): TimeSpace – Geographies of Temporality. Critical Geographies 13. London/ New York.
May, J./ Thrift, N. (2001): Introduction. In: May, J./ Thrift, N. (Hrsg.): TimeSpace – Geographies of Temporality. Critical Geographies 13, London/ New York, S. 1-46.
Mayr, A. (2002): Die komponierte Stadt. Ein klangzeitlicher Zugriff auf den Raum. In: Henckel, D./ Eberling, M. (Hrsg.): Raumzeitpolitik. Opladen, S. 41-60.
Mazey, M. E. (1980): Examination of the Distance Component of Urban Ativity Space. In: Geographical Survey 9/4, S. 20-29.
McCullough, E. J. (1988): Time as a Human Resource. Calgary.
McDowell, L. (1989): Women, Gender and the Organisation of Space. In: Gregory, D./ Walford, R. (Hrsg.): Horizons in Human Geography. Totowa/ N.J., S. 136-151.
McGrath, J. E. (1980): The Social Psychology of Time. New Perspectives. Newburry Park u.a.O.
Meier, R. L. (1962): Uses of time and space. In: Meier, R. L. (Hrsg.): A communication theory of urban growth. Cambridge/ Mass., S. 35-59.

Melbin, M. (1978): The Colonization of Time. In: Carlstein, T./ Parkes, D./ Thrift, N. (Hrsg.): Timing Space and Spacing Time. London, S. 100-114.

Menchik, M. (1972): Residential Environmental Preferences and Choice: Empirically Validating Preference Measures. In: Environment and Planning 4, S. 455-458.

Merton, R. K. (1984): Socially Expected Durations: A Case Study of Concept Formation in Sociology. In: Powell, R./ Robbins, R. (Hrsg.): Conflict and Consensus. New York, S. 262-283.

Merz, J. (1990): Zur Notwendigkeit und Nutzung von Zeitbudgetdaten in der Sozialökonomie. In: von Schweitzer, R./ Ehling, M./ Schäfer, D. (Hrsg.): Zeitbudgeterhebungen. Stuttgart, S. 93-106.

Merz, J./ Wolff, K. (1990): Zeitverwendung und Erwerbstätigkeit. Sonderforschungsbereich 3 Mikroanalytische Grundlagen der Gesellschaftspolitik. J.W.Goethe-Universität Frankfurt und Universität Mannheim. Arbeitspapier Nr. 329.

Merz, J./ Ehling, M. (Hrsg.) (1999): Time Use – Research, Data and Policy. Forschungsinstitut Freie Berufe Universität Lüneburg. 10. Baden-Baden.

Mettler-Meibom, B. (1992): Raum-Kommunikation-Infrastrukturentwicklung. In: Hömberg, W./ Schmolke, M. (Hrsg.): Zeit, Raum, Kommunikation. Schriftenreihe der Deutschen Gesellschaft für Publizistik- und Kommunikationswissenschaft 18, München, S. 387-401.

Meusburger, P. (1998): Bildungsgeographie. Wissen und Ausbildung in der räumlichen Dimension. Heidelberg/ Berlin.

Meusburger, P. (1999a): Subjekt – Organisation – Region. Fragen an die subjektzentrierte Handlungstheorie. In: Meusburger, P. (Hrsg.): Handlungszentrierte Sozialgeographie. Erdkundliches Wissen 130, Stuttgart, S. 95-132.

Meusburger, P. (Hrsg.) (1999b): Handlungszentrierte Sozialgeographie. Erdkundliches Wissen 130. Stuttgart.

Meusburger, P./ Schwan, T. (Hrsg.) (2003a): Humanökologie. Ansätze zur Überwindung der Natur-Kultur-Dichotomie. Erdkundliches Wissen 135. Stuttgart.

Meusburger, P./ Schwan, T. (2003b): Einführung. In: Meusburger, P./ Schwan, T. (Hrsg.): Humanökologie. Ansätze zur Überwindung der Natur-Kultur-Dichotomie. Erdkundliches Wissen 135, Stuttgart, S. 5-14.

Meyer, S./ Schulze, E. (1994): Ein Puzzle, das nie aufgeht: Stadt, Region und Individuum. Festschrift für Rainer Mackensen. Berlin.

Meyhöfer, A. (2001): Tempo rausnehmen. In: Der Spiegel 12/2001, S. 204-206.

Michel, P. (Hrsg.) (1997): Symbolik von Ort und Raum. Schriften zur Symbolforschung 7. Bern u.a.O.

Michelson, W. (1978): Environmental Choice, human behavior and residential satisfaction. New York.

Miggelbrink, J. (2002): Der gezähmte Blick. Zum Wandel des Diskurses über „Raum" und „Region" in humangeographischen Forschungsansätzen des ausgehenden 20. Jahrhunderts. Beiträge zur Regionalen Geographie 55. Leipzig.

Mischau, A./ Blättel-Mink, B./ Kramer, C. (1998): Innerfamiliale Arbeitsteilung – Frauen zwischen Wunsch und Wirklichkeit. In: Soziale Welt 4, S. 333-354.

Mischel, W. (1973): Toward a cognitive social learning reconceptualization of personality. In: Psychological Review 80, S. 252-283.

Mitterauer, M. (1992): Familie und Arbeitsteilung. Historischvergleichende Studien. Wien/ Köln/ Weimar.

Mobiplan Projektkonsortium (2005/3/13): Mobiplan. Eigene Mobilität verstehen und planen – Langfristige Entscheidungen und ihre Wirkung auf die Alltagsmobilität. 1. Meilenstein-Bericht. Aachen. http://www.rwth-aachen.de/mobiplan.

Mobiplan Projektkonsortium (2005/3/13): Mobiplan. Eigene Mobilität verstehen und planen – Langfristige Entscheidungen und ihre Wirkung auf die Alltagsmobilität. 2. Meilenstein-Bericht. Aachen. http://www.rwth-aachen.de/mobiplan.

Mobiplan Projektkonsortium (2005/3/13): Mobiplan. Eigene Mobilität verstehen und planen – Langfristige Entscheidungen und ihre Wirkung auf die Alltagsmobilität. 3. Meilenstein-Bericht. Aachen. http://www.rwth-aachen.de/mobiplan.

Mobiplan Projektkonsortium (2005/3/13): Mobiplan. Eigene Mobilität verstehen und planen – Langfristige Entscheidungen und ihre Wirkung auf die Alltagsmobilität. Abschlussbericht. Aachen. http://www.rwth-aachen.de/mobiplan.

Monheim, H./ Monheim-Dandorfer, R. (1990): Straßen für alle. Analysen und Konzepte zum Stadtverkehr der Zukunft. Hamburg.

Monheim, R. (1985): Analyse von Tätigkeiten und Wegen in der Stadt. Neue Möglichkeiten für den modal split, Teil I. In: Verkehr und Technik 8, S. 267-331.

Monheim, R. (1985): Städtische Verkehrsmobilität: Probleme ihrer Erfassung und Bewertung. In: Kemper, F./ Thieme, G. (Hrsg.): Geographie als Sozialwissenschaft. Wolfgang Kuls zum 65. Geburtstag. Colloquium Geographicum 18, S. 343-369.

Monheim, R. (1989): Verkehrswissenschaft und Verkehrsplanung im Spannungsfeld von Trends und Zielen. In: Der Städtetag 11, S. 691-696.

Monheim, R. (1997): Sanftes Verkehrsmanagement als Beitrag zu einer nachhaltigen Verkehrsentwicklung. In: Akademie für Raumforschung und Landesplanung ARL (Hrsg.): Das Prinzip der nachhaltigen Entwicklung in der räumlichen Planung. Arbeitsmaterial 238. Hannover, S. 112-133.

Monheim, R. (2001): Visionen für Stadtverkehr und Mobilität. In: Berichte zur deutschen Landeskunde 75/2/3, S. 242-256.

Motzkus, A. (2001a): Räumliche Struktur des Pkw-Verkehrs. In: Institut für Länderkunde (Hrsg.): Nationalatlas Bundesrepublik Deutschland. Bd. 9 „Verkehr und Kommunikation". S. 64-65.

Motzkus, A. (2001b): Verkehrsmobilität und Siedlungsstrukturen im Kontext einer nachhaltigen Raumentwicklung von Metropolregionen. In: Raumforschung und Raumordnung 2-3, S. 192-204.

Motzkus, A. (2002): Verkehrsreduzierende Siedlungsstrukturen – Ein Ansatz zur nachhaltigen Gestaltung des Mobilitätsgeschehens am Beispiel der Metropolregion Rhein-Main. In: Mayr, A./ Meurer, M./ Vogt, J. (Hrsg.): Stadt und Region. Dynamik von Lebenswelten. Tagungsbericht und wissenschaftliche Abhandlungen des 53. Deutschen Geographentags Leipzig. Leipzig, S. 505-517.

Mückenberger, U. (1997): Auf dem Weg zur Institutionalisierung kommunaler Zeitpolitik. In: Informationen zur Raumentwicklung 10, S. 699-708.

Mückenberger, U. (2002): Örtliche Zeitkonflikte und die Macht der Zivilgesellschaft. In: Henckel, D./ Eberling, M. (Hrsg.): Raumzeitpolitik. Opladen, S. 231-247.

Mückenberger, U. (2004/3/16): Kommunale Zeitplanung in Deutschland – die Beispiele Hamburg, Bremen und Hannover, Vortragsreihe „Die Zeichen der Zeit". http://www.hgdoe.de/pol/muecke.htm.

Müller-Wichmann, C. (1984): Zeitnot. Untersuchungen zum „Freizeitproblem" und seiner pädagogischen Zugänglichkeit. Weinheim/ Basel.

Müller, H. P. (1989): Lebensstile. Ein neues Paradigma der Differenzierungs- und Ungleichheitsforschung. In: Kölner Zeitschrift für Soziologie und Sozialpsychologie 41, S. 53-71.

Müller, H. P./ Weihrich, M. (1991): Lebensweise und Lebensstil. Zur Soziologie moderner Lebensführung. In: Vetter, H. R. (Hrsg.): Muster moderner Lebensführung. Weinheim, S. 89-129.

Nadolny, S. (1983): Die Entdeckung der Langsamkeit. München/ Zürich.

Nowotny, H. (1989): Eigenzeit. Entstehung und Strukturierung eines Zeitgefühls. Frankfurt a.M.

Nuhn, H. (1994): Verkehrsgeographie. Neuere Entwicklungen und Perspektiven für die Zukunft. In: Geographische Rundschau 46/5, S. 260-265.

Nutley, S./ Thomas, C. (1995): Spatial Mobility and Social Change: the Mobile and the Immobile. In: Sociologia Ruralis 35/1, S. 24-39.

Obermair, C. (2004/3/16): Zeitpolitik in italienischen Städten – Entstehungsgeschichte und aktueller Stand, Vortragsreihe „Die Zeichen der Zeit". http://www.hgdoe.de/pol/ober.htm.
Occelli, S. (1999): Accessibility and Time Use in a Post-Fordist Urban System. In: Merz, J./ Ehling, M. (Hrsg.): Time Use – Research, Data and Policy. Forschungsinstitut Freie Berufe Universität Lüneburg. Baden-Baden, S. 517-540.
Olonetzky, N. (1997): Chronik von Chronos. In: du – Die Zeitschrift der Kultur, S. 02.42-03.48.
Opaschoski, H. W./ Raddatz, G. (1983): Freizeit im Wertewandel. Schriftenreihe des B.A.T. Freizeitforschungsinstituts 4. Hamburg.
Opaschowski, H. W. (1990a): Herausforderung Freizeit. Schriftenreihe zur Freizeitforschung 10. Hamburg.
Opaschowski, H. W. (1990b): Mehr Lebenslust als Kaufkraft? In: Agricola, S./ Haag, A./ Stoffers, M. (Hrsg.): Freizeitwirtschaft. Märkte und Konsumwelten. Deutsche Gesellschaft für Freizeit, Erkrath, und AIESEC Lokalkomitee Wuppertal. Wuppertal, S. 91-113.
Opaschowski, H. W. (1991): Freizeitstile der Deutschen in Ost und West. BAT-Freizeitforschungsinstitut. Hamburg.
Opaschowski, H. W. (1992): Freizeit 2001. Projektstudie zur Freizeitforschung. Hamburg.
Opaschowski, H. W. (1993): Freizeit und Lebensqualität. Schriftenreihe zur Freizeitforschung 11.
Opaschowski, H. W. (1995): Schöne neue Freizeitwelt? B.A.T. Freizeitforschungsinstitut 5. Hamburg.
Österreichische Wirtschaftspsychologische Forschungsstelle (Hrsg.) (1933): Die Arbeitslosen von Marienthal. Ein soziographischer Versuch über die Wirkungen langandauernder Arbeitslosigkeit. Psychologische Monographien 5. Leipzig.
Palm, R. (1981): Women in Nonmetropolitan Areas: a Time-Budget Survey. In: Environment and Planning A 13, S. 373-378.
Parkes, D./ Thrift, N. (1978): Putting Time in its Place. In: Carlstein, T./ Parkes, D./ Thrift, N. (Hrsg.): Timing Space and Spacing Time. London, S. 119-129.
Parkes, D./ Thrift, N. (1980): Time, Spaces and Places. A Chronogeographic Perspective. Chichester/ New York/ Brisbane/ Toronto.
Pendergast, L. S./ Williams, R. D. (1981): Individual Travel Time Budgets. In: Transportation Research 15A/1, S. 39-46.
Pentland, W. E./ Harvey, A. S. (1999): Time Use Research in the Social Sciences. New York u.a.O.
Pez, P. (1998): Verkehrsmittelwahl im Stadtbereich und ihre Beeinflussbarkeit. Eine verkehrsgeographische Analyse am Beispiel von Kiel und Lüneburg. In: Kieler Geographische Schriften 95.
Pez, P. (2001): Verkehr im ländlichen Raum. In: Institut für Länderkunde (Hrsg.): Nationalatlas Bundesrepublik Deutschland. Bd. 9 „Verkehr und Kommunikation". S. 72-73.
Philo, C. (1995): Details, Verschiedenheiten und Geographie – Anmerkungen zur Geographie Michel Foucaults. In: Matznetter, W. (Hrsg.): Geographie und Gesellschaftstheorie. Wien, S. 57-79.
Pieper, R. (1998): Gesellschaftliche Modernisierung und räumliche Konzepte: Das Angebot der Sozialgeographie – Die Nachfrage der Soziologie. In: Heinritz, G./ Helbrecht, I. (Hrsg.): Sozialgeographie und Soziologie. Dialog der Disziplinen. Münchner Geographische Hefte 78, München, S. 89-100.
Pinl, C. (2004): Wo bleibt die Zeit? In: Aus Politik und Zeitgeschichte B31-32, S. 19-25.
Planung Transport Verkehr PTV AG (1999): Mobidrive – Dynamik und Routinen im Verkehrsverhalten. Pilotstudie Rhythmik. Technischer Bericht. Karlsruhe.
Planung Transport Verkehr PTV AG (2001): Mobidrive – Dynamik und Routinen im Verkehrsverhalten. Pilotstudie Rhythmik. Ergebnisbericht. Karlsruhe.
Pohl, J. (1993): Kann es eine Geographie ohne Raum geben? In: Erdkunde 47, S. 255-266.

Pohl, J. (1998): Von der agrarischen Lebensform zur postmodernen Patchwork-Identität: Die Funktion der Sozialgeographie im Wandel der Zeit. In: Heinritz, G./ Helbrecht, I. (Hrsg.): Sozialgeographie und Soziologie. Dialog der Disziplinen. Münchner Geographische Hefte 78, München, S. 57-74.

Popp, H. (1979): Zur Bedeutung des Koppelungsverhaltens bei Einkäufen in Verbrauchermärkten. In: Geographische Zeitschrift 67/4, S. 301-313.

Powell, R./ Robbins, R. (1984): Conflict and Consensus. New York.

Praschl, M./ Risser, R. (1994): Gute Vorsätze und Realität: Die Diskrepanz zwischen Wissen und Handeln am Beispiel Verkehrsmittelwahl. In: Flade, A. (Hrsg.): Mobilitätsverhalten. Bedingungen und Veränderungsmöglichkeiten aus umweltpsychologischer Sicht. Weinheim, S. 209-224.

Pred, A. (1981): Social Reproduction and the Time-Geography of Everyday Life. In: Geografiska Annaler 63B/1, S. 5-22.

Preisendörfer, P. et al. (1999): Umweltbewußtsein und Verkehrsmittelwahl. Berichte der Bundesanstalt für Straßenwesen 113. Bonn.

Prigge, W. (1991): Die Revolution der Städte Lesen. In: Wentz, M. (Hrsg.): Stadt-Räume. Die Zukunft des Städtischen. Frankfurt a.M., S. 99-112.

Procos, D./ Harvey, A. S. (1977): Activity Networks and Modelling for Local Planning Decisions. In: Ekistics 44, No. 264.

Pronovost, G. (1989): The Sociology of Time. Current Sociology.The Journal of the International Sociological Association 37/3. London/ New York.

Putnam, R. (2000): Bowling alone. New York u.a.O.

Pütz, K. (1970): Zeitbudgetforschung in der Sowjetunion. Kölner Beiträge zur Sozialforschung und angewandten Soziologie 10. Köln.

Rammstedt, O. (1975): Alltagsbewußtsein von Zeit. In: Kölner Zeitschrift für Soziologie und Sozialpsychologie 27, S. 47-63.

Rangosch, S. (2000): Videokonferenzen und Geschäftsreisen. Reduzieren die neuen Medien das Geschäftsreiseaufkommen? In: Jessen, J./ Lenz, B./ Vogt, W. (Hrsg.): Neue Medien, Raum und Verkehr. Wissenschaftliche Analysen und praktische Erfahrungen. Stadtforschung aktuell 79, Opladen, S. 275-289.

Raubal, M./ Miller, H. J./ Bridwell, S. (2004): User-centred Time Geography for Location-based Services. In: Geografiska Annaler 86B/4, S. 245-265.

Rauh, J. (1999): Telekommunikation und Raum. Informationsströme im internationalen, regionalen und individuellen Beziehungsgefüge. Geographie der Kommunikation 1. Münster/ Hamburg/ London.

Reheis, F. (1996): Die Kreativität der Langsamkeit: neuer Wohlstand durch Entschleunigung. Darmstadt.

Reheis, F. (1999): Zeit lassen. Ein Plädoyer für eine neue Zeitpolitik. In: Aus Politik und Zeitgeschichte B31, S. 32-38.

Rhode-Jüchtern, S. (1998): Raum des „Wirklichen" und Raum des „Möglichen". In: Erdkunde 52/1, S. 1-13.

Rinderspacher, J. P. (1985): Gesellschaft ohne Zeit. Individuelle Zeitverwendung und soziale Organisation der Arbeit. Schriften des Wissenschaftszentrums Berlin – Internationales Institut für Vergleichende Gesellschaftsforschung/ Arbeitspolitik. Frankfurt a. M./ New York.

Rinderspacher, J. P. (1988): Wege der Verzeitlichung. In: Henckel, D. (Hrsg.): Arbeitszeit, Betriebszeit, Freizeit – Auswirkungen auf die Raumentwicklung. Schriften des Deutschen Instituts für Urbanistik 81, Stuttgart/ Berlin/ Köln, S. 23-66.

Rinderspacher, J. P. (1990): Das Ende der gemeinsamen Zeit. In: Evangelische Akademie Baden (Hrsg.): Droht das Ende der gemeinsamen Zeit? Über flexible Arbeitszeit und Freizeit. Herrenalber Protokolle 78, S. 7-24.

Rinderspacher, J. P. (2002): Zeitwohlstand. Ein Konzept für einen anderen Wohlstand der Nation. Forschung aus der Hans-Böckler-Stiftung 39. Berlin.

Rindsfüser, G. (2000): Die Verwendung zeitbezogener Daten für die Analyse von Aktivitätensequenzen im Kontext der Verkehrsnachfragemodellierung.: Zeitbudget in Deutschland – Erfahrungsberichte der Wissenschaft. Spektrum der Bundesstatistik 17, Wiesbaden, S. 58-77.

Robinson, J. P. (1977): How Americans Use Time. A Social-Psychological Analysis of Everyday Behaviour. New York.

Robinson, J. P./ Andreyenkov, V. G./ Patrushev, V. D. (1988): The Rhythm of Everyday Life. How Soviet and American Citizens Use Time. Boulder u.a.O.

Robinson, J. P. (1990): The Time Squeeze. In: American Demographics 11, S. 30-33.

Robinson, J. P. (1991): Your Money or Your Time. In: American Demographics 11, S. 22-26.

Roenneberg, T./ Merrow, M. (1999): Die innere Uhr. In: Aus Politik und Zeitgeschichte B31, S. 11-17.

Rojek, C. (1995): Decentring Leisure. Rethinking Leisure Theory. London.

Romeiß-Stracke, F./ Pürschel, M. B. (1988): Frauen und Zeitpolitik. ILS-Schriften (Institut für Landes- und Stadtentwicklungsforschung des Landes Nordrhein-Westfalen). Dortmund.

Ronneberger, F. (1992): Entwicklungsstränge des Raumverständnisses in der Medienkommunikation. In: Hömberg, W./ Schmolke, M. (Hrsg.): Zeit, Raum, Kommunikation. Schriftenreihe der Deutschen Gesellschaft für Publizistik- und Kommunikationswissenschaft 18, München, S. 339-356.

Rosenmayr, L. (1972): Illusion und Realität der Freizeit. In: Scheuch, E. K./ Meyersohn, R. (Hrsg.): Soziologie der Freizeit. Köln, S. 219-229.

Rydenstam, K. (1999): The EUROSTAT Project on Harmonising Time Use Statistics. In: Merz, J./ Ehling, M. (Hrsg.): Time Use – Research, Data and Policy. Forschungsinstitut Freie Berufe Universität Lüneburg. Baden-Baden, S. 35-48.

Sahr, W. D. (1999): Der Ort der Regionalisierung im geographischen Diskurs. In: Meusburger, P. (Hrsg.): Handlungszentrierte Sozialgeographie. Erdkundlichen Wissen 130, Stuttgart, S. 43-66.

Sassen, S./ New, Y. (1991): Sozialräumliche Tendenzen in der Ökonomie von New York City. In: Wentz, M. (Hrsg.): Stadt-Räume. Die Zukunft des Städtischen. Frankfurt a.M., S. 249-267.

Schäfer, D. (1990): Konzeption für eine Zeitbudgeterhebung der Bundesstatistik – Erhebungs- und Auswertungsprogramm: Aktivitätsklassifikation und Erhebungsinhalte. In: von Schweitzer, R./ Ehling, M./ Schäfer, D. (Hrsg.): Zeitbudgeterhebungen. Stuttgart, S. 169-186.

Schäfer, D./ Schwarz, N. (1996): Der Wert der unbezahlten Arbeit der privaten Haushalte – Das Satellitensystem Haushaltsproduktion. In: Blanke, K./ Ehling, M./ Schwarz, N. (Hrsg.): Zeit im Blickfeld. Ergebnisse einer repräsentativen Zeitbudgeterhebung. Schriftenreihe des Bundesministeriums für Familie, Senioren, Frauen und Jugend 121, Stuttgart u.a.O., S. 15-69.

Schäuble, G. (1985): Zur Konstruktion der Zeit. Forschungsgruppe Arbeitszeit und Lebenszeit. Forschungsberichte und Arbeitspapiere 1. Universität Bremen.

Scheiner, J. (1998): Aktionsraumforschung auf phänomenologischer und handlungstheoretischer Grundlage. In: Geographische Zeitschrift 86/1, S. 50-66.

Scheiner, J. (2002): Verkehr(t)er Raum. Does space matter? Ein Disput. Die Angst der Geographie vor dem Raum. In: geographische revue 1/2002, S. 19-44.

Scheller, A. (1997): Frau Macht Raum. Geschlechtsspezifische Regionalisierungen der Alltagswelt als Ausdruck von Machtstrukturen. Anthropogeographie 16. Universität Zürich.

Scherhorn, G. (1995): Güterwohlstand versus Zeitwohlstand – Über die Unvereinbarkeit des materiellen und des immateriellen Produktivitätsbegriffs. In: Biervert, B./ Held, M. (Hrsg.): Zeit in der Ökonomik. Perspektiven für Theoriebildung. Frankfurt a.M., S. 147-168.

Scheuch, E. K./ Meyersohn, R. (1972): Soziologie der Freizeit. Köln.

Schlögel, K. (2003): Im Raume lesen wir die Zeit. Über Zivilisationsgeschichte und Geopolitik. München/ Wien.

Schmitz, H. (1999): Der Gefühlsraum unter anderen Raumstrukturen. In: Geographische Zeitschrift 87/2, S. 105-115.

Schmitz, S. (2000): Auflösung der Stadt durch Telematik? Auswirkungen der neuen Medien auf die Stadtentwicklung. In: Jessen, J./ Lenz, B./ Vogt, W. (Hrsg.): Neue Medien, Raum und Verkehr. Wissenschaftliche Analysen und praktische Erfahrungen. Stadtforschung aktuell 79, Opladen, S. 15-44.

Schmitz, S. (2001): Revolutionen der Erreichbarkeit. Stadtforschung aktuell 83. Opladen.

Schneider, H. (1999): Preisbeurteilung als Determinante der Verkehrsmittelwahl. Ein Beitrag zum Preismanagement im Verkehrsdienstleistungsbereich. Schriftenreihe Unternehmensführung und Marketing 36. Wiesbaden.

Schneider, N./ Spellerberg, A. (1999): Lebensstile, Wohnbedürfnisse und räumliche Mobilität. Opladen.

Schöb, A. (1999): Gesellschaftliche Beteiligung und Freizeit. In: Statistisches Bundesamt (Hrsg.): Datenreport 1999. Wiesbaden, S. 530-540.

Schreckenberg, W. (1999): Siedlungsstrukturen der kurzen Wege. Werkstatt Praxis 1. Bonn.

Schröder, U. (1996): Zeit-Räume. In: Die alte Stadt 23, S. 366-382.

Schubert, H. (2000): Städtischer Raum und Verhalten. Opladen.

Schuler, H. J. (1979): A Disaggregate Store-Choice Model of Spatial Decision-Making. In: The Professional Geographer 31/1, S. 146-156.

Schütt, I./ Lewin, K. (1998): Bildungswege von Frauen – vom Abitur bis zum Beruf. HIS-Hochschul-Informations-System. Hannover.

Schwartz, B. (1975): Queuing and Waiting. Studies in the Social Organization of Access and Delay. Chicago.

Schwarz, N./ Hippler, H. J./ Deutsch, B./ Strack, F. (1985): Response categories: Effects on behavioral reports and comparative judgments. In: Public Opinion Quarterly 49, S. 388-395.

Schwarz, N. (1996a): Zeit für unbezahlte Arbeit. In: Blanke, K./ Ehling, M./ Schwarz, N. (Hrsg.): Zeit im Blickfeld. Ergebnisse einer repräsentativen Zeitbudgeterhebung. Schriftenreihe des Bundesministeriums für Familie, Senioren, Frauen und Jugend 121, Stuttgart u.a.O., S. 70-91.

Schwarz, N. (1996b): Ehrenamtliche Tätigkeit und soziale Hilfeleistungen. In: Blanke, K./ Ehling, M./ Schwarz, N. (Hrsg.): Zeit im Blickfeld. Ergebnisse einer repräsentativen Zeitbudgeterhebung. Schriftenreihe des Bundesministeriums für Familie, Senioren, Frauen und Jugend 121, Stuttgart u.a.O., S. 169-178.

Schwenke, O./ Robertson, C. Y. (2000): Zukunft der Zeit. Karlsruher Gespräche. Interfakultatives Institut für Angewandte Kulturwissenschaft 1/2000. Karlsruhe.

Seifert, E. K. (1990): Die neue Zeitknappheit. In: Agricola, S./ Haag, A./ Stoffers, M. (Hrsg.): Freizeitwirtschaft. Märkte und Konsumwelten. Deutsche Gesellschaft für Freizeit, Erkrath, und AIESEC Lokalkomitee Wuppertal. Wuppertal, S. 71-90.

Serres.M./ Latour, B. (1995): Conversations on Science, Culture, and Time. Ann Arbor/ Michigan.

Shaw, J. (1998): Geschlechterverhältnis und die Beschleunigung des Lebens. In: Adam, B./ Geißler, K. A./ Held, M. (Hrsg.): Die Nonstop-Gesellschaft und ihr Preis. Stuttgart/ Leipzig, S. 63-84.

Shaw, S. M. (1986): Leisure, Recreation or Free Time? Measuring Time Usage. In: Journal of Leisure Research 18/3, S. 177-189.

Shaw, S. M. (1994): Gender, Leisure, and Constraint: Towards a Framework for the Analysis of Women's Leisure. In: Journal of Leisure Research 26/1, S. 8-22.

Shen, Q. (2000): Spatial and Social Dimensions of Commuting. In: Journal of the American Planning Association 66/1, S. 68-84.

Sichtermann, B. (2000): Immer schneller in den Stillstand. In: ZEIT-Punkte „Bewegte Welt" 3/2000, S. 10-11.

Siepmann, E./ New, Y. (1991): Raum, Zeit und Knöllchen. In: Wentz, M. (Hrsg.): Stadt-Räume. Die Zukunft des Städtischen. Frankfurt a.M., S. 47-64.

Sievers, H. (1998): Zeitbewußtsein, Handlungsintentionen und Eigenverantwortung. In: ZUMA-Nachrichten 42, S. 144-167.

Sieverts, T. (2002): Zeitverwendungsmuster und Raumnutzung. In: Henckel, D./ Eberling, M. (Hrsg.): Raumzeitpolitik. Opladen, S. 251-264.

Simmel, G. (1992): Soziologie. Frankfurt a. M.

Simon, H. (1955): A Behavior Model of Rational Choice. In: Quarterly Journal of Economics 69, S. 99-118.

Sjastaad, L. A. (1962): The Costs and Returns of Human Migration. In: The Journal of Politcal Economy 70, S. 80-93.

Smith, A. (1978): Der Wohlstand der Nationen. London.

Soja, E. W. (1991): Geschichte: Geographie: Modernität. In: Wentz, M. (Hrsg.): Stadt-Räume. Die Zukunft des Städtischen. Frankfurt a.M./ New York, S. 73-90.

Solberg, E. J./ Wong, D. C. (1992): Family Time Use. In: The Journal of Human Ressources 27/3, S. 485-510.

Sorokin, P. A./ Merton, R. K. (1937): Social Time.A Methodological and Functional Analysis. In: The American Journal of Sociology 42, S. 615-629.

Sozialwissenschaftliche Arbeitsgruppe Stadtforschung (Hrsg.) (1979): Zeitbudget und Aktionsräume von Stadtbewohnern. Beiträge zur Stadtforschung 4. Hamburg.

Spada, H. (2000): Ein schwieriger Weg – Vom Bewusstsein zum Verhalten. In: Ministerium für Umwelt und Verkehr Baden-Württemberg (Hrsg.): Barrieren zwischen Bewusstsein und Verhalten. Drittes Mainauer Mobilitätsgespräch. Konstanz, S. 22-32.

Spellerberg, A. (1992): Freizeitverhalten – Werte – Orientierungen. Empirische Analysen zu Elementen von Lebensstilen. Berlin.

Spellerberg, A. (1994): Alltagskulturen in Ost- und Westdeutschland. Unterschiede und Gemeinsamkeiten. Wissenschaftszentrum Sozialforschung Berlin, P94-101 Berlin.

Spiegel, E. (1998): „[...] doch hart im Raume stoßen sich die Sachen" – Zur Aktualität des Schiller-Zitats im Grenzbereich zwischen Soziologie und Sozialgeographie. In: Heinritz, G./ Helbrecht, I. (Hrsg.): Sozialgeographie und Soziologie. Dialog der Disziplinen. Münchner Geographische Hefte 78, München, S. 43-56.

Spiekermann, K./ Wegener, M. (1993): Zeitkarten für die Raumplanung. In: Informationen zur Raumentwicklung 7, S. 459-487.

Spitzner, M. (1993): Bewegungsfreiheit für Frauen – Aspekte integrierter kommunaler Verkehrsplanung. In: Apel, D. (Hrsg.): Handbuch der kommunalen Verkehrsplanung, 1. Ergänzungslieferung, o.O., S. 1-25.

Stadt Bremen (2005/3/9): Bremen – eine zeitbewusste Stadt. http://www.stadt2030.de/pdf/bremen_skizze.pdf.

Stahmer, C./ Ewerhart, G. (2000): Monetäre, physische und Zeit-Input-Output-Tabellen. Ansätze für eine integrierte ökonomische, ökologische und soziale Berichterstattung. Wiesbaden/ Osnabrück.

Stanko, L./ Ritsert, J. (1994): „Zeit" als Kategorie der Sozialwissenschaften. Münster.

Statistisches Bundesamt (1997): Datenreport 1997. Wiesbaden.

Statistisches Bundesamt (1999): Datenreport 1999. Wiesbaden.

Statistisches Bundesamt (2000): Statistisches Jahrbuch 1999. Wiesbaden.

Stäblein, G. (1993): Vom Jakobsstab zum GPS. In: Geographische Rundschau 45/12, S. 702-708.

Steiner, D. (1997): Mensch und Lebensraum. Opladen.

stern (2003): Der neue Trend: „Entschleunigung". Einfacher und ruhiger leben. stern 28. Hamburg.

Stiens, G. (2002): Wie unterschiedliche „Timescapes" Staatsraum und Landschaften verändern können. In: Henckel, D./ Eberling, M. (Hrsg.): Raumzeitpolitik. Opladen, S. 163-186.

Stokols, D. (1972): On the distinction between density and crowding: Some implications for further research. In: Psychological Review 79, S. 275-277.

Stopher, P./ Lee-Gosselin, M. (1997): Understanding Travel Behaviour in an Era of Change. Oxford.

Sturm, G. (2000): Wege zum Raum. Methodologische Annäherungen an ein Basiskonzept raumbezogener Wissenschaften. Opladen.

Szalai, A. (1972): The Use of Time. Daily Activities of Urban and Suburban Populations in Twelve Countries. Den Haag/ Paris.

Szalai, A./ Andrews, F. M. (1980): The Quality of Life. Comparative Studies. International Sociology. London.

Szalai, A. (1984): The Concept of Time Budget Research. In: Harvey, A. S./ Szalai, A./ Elliot, D. H./ Stone, P./ Clark, S. M. (Hrsg.): Time Budget Research. An International Social Sience Coucnil ISSC Workbook in Comparative Analysis. Beiträge zur Empirischen Sozialforschung. Frankfurt/ New York, S. 1-35.

Tewes, J. (1989): Nichts Besseres zu tun. Über Muße und Müßiggang. Oelde.

The United Nations University (1986): The Science and Praxis of Complexity. Tokyo.

Thrift, N./ Williams, P. (1987): Class and Space. The making of Urban Society. London/ New York.

Thrift, N. (1995): Neue Ansätze in der Gesellschaftstheorie. In: Matznetter, W. (Hrsg.): Geographie und Gesellschaftstheorie. Wien, S. 14-24.

Thrift, N. (1996): Spatial Formations. London.

Thulin, E./ Vilhelmson, B. (2004): Virtual mobility and people's use of time and place. Developments in Sweden. Draft version. Paper presented at the 30th Congress of the International Geographical Union, 17th August 2004, Glasgow/ UK.

Tietze, W./ Roßbach, H. G. (1991): Mediennutzung und Zeitbudget. Wiesbaden.

Törnqvist, G. (1970): Contact systems and regional development. L.S.G. Ser.B35. Lund.

Törnqvist, G. (2004): Creativity in Time and Space. In: Geografiska Annaler 86B/4, S. 227-243.

Toynbee, A. J./ Geyl, P./ Sorokin, P. (1949): The Pattern of the Past: Can We Determine it? Boston.

Tuan, Y. F. (1974): Topophilia: a study of environmental perception, attitudes and values. Englewood Cliffs/ N.J.

Turner, J./ Grieco, M. (2000): Gender and time poverty: the neglected social policy implications of gendered time, transport and travel. Time & Society 9/1

Tversky, B./ Bryant, D. J. (1999): Three Spaces of Spatial Cognition. In: Professional Geographer 51/4, S. 516-524.

Tzschaschel, S. (1986): Geographische Forschung auf der Individualebene. Münchner Geographische Hefte 53. München.

Veblen, T. (1986): Theorie der feinen Leute. Eine ökonomische Untersuchung der Institutionen (Original 1899). Frankfurt a.M.

Verron, H. (1986): Verkehrsmittelwahl als Reaktion auf ein Angebot: ein Beitrag der Psychologie zur Verkehrsforschung. Schriftenreihe des Instituts für Verkehrsplanung und Verkehrswegebau 20. Berlin.

Vester, F. (1999): Crashtest Mobilität. München.

Vilhelmson, B. (1999): Daily mobility and the use of time for different activities. The case of Sweden. In: GeoJournal 48, S. 177-185.

Virilio, P. (1992): Rasender Stillstand. München/ Wien.

Virilio, P. (1993): Revolutionen der Geschwindigkeit. Berlin.

Virilio, P. (1999): Fluchtgeschwindigkeit. Frankfurt a.M.

von Schweitzer, R./ Ehling, M./ Schäfer, D. (Hrsg.) (1990): Zeitbudgeterhebungen. Stuttgart.
von Schweitzer, R. (1990): Einführung in die Themenstellung. In: von Schweitzer, R./ Ehling, M./ Schäfer, D. (Hrsg.): Zeitbudgeterhebungen. Stuttgart, S. 9-22.
Wachs, M./ Taylor, B. D./ Levine, N./ Ong, P. (1993): The Changing Commute: A Case-study of the Jobs-Housing Relationsship Over Time. In: Urban Studies 30/10, S. 1711-1729.
Wagner, M. (1989): Räumliche Mobilität im Lebensverlauf. Stuttgart.
Wantanabe, H. (1977): Human Activity System. Its Spatiotemporal Structure. Tokyo.
Watzlawick, P. (1995): Vom Unsinn des Sinns oder vom Sinn des Unsinns. München.
Weber, J./ Kwan, M. P. (2002): Bringing Time Back In: A Study on the Influence of Travel Time Variations and Facility Opening Hours in Individual Accessibility. In: The Professional Geographer 54/2, S. 226-240.
Weber, P. (1986): Räumliche Bedingungen des Verhaltens in der Geographie. In: Kaminski, G. (Hrsg.): Ordnung und Variabilität im Alltagsgeschehen. Göttingen u.a.O., S. 203-218.
Webster, A. (1999): Policy Implications: The Analysis of Time Use Patterns in Australia. Paper presented at UNESCAP Time Use Seminar in Ahmedabad/ India (Draft).
Wegener, M./ Spiekermann, K. (2000): Nachhaltige Raumentwicklung: Konzept für ein interdisziplinäres Forschungsprogramm. In: Raumforschung und Raumordnung 5, S. 406-417.
Wegener, M./ Spiekermann, K. (2002): Beschleunigung und Raumgerechtigkeit. In: Henckel, D./ Eberling, M. (Hrsg.): Raumzeitpolitik. Opladen, S. 127-144.
Wegener, M. (2005/7/3): Nachhaltige räumliche Stadtstrukturen – Müssen wir unsere Städte umbauen? http://www.raumplanung.uni-dortmund.de/irpud/pro/co2/co2.htm.
Wehling, H. W. (1979): Suburbane Aktionsräume als Determinanten der Einzugsbereiche zentraler Einrichtungen in Verdichtungsräumen. In: Geographische Zeitschrift 67/4, S. 282-300.
Weichhart, P. (1987): Wohnsitzpräferenzen im Raum Salzburg: Subjektive Dimensionen der Wohnqualität und die Topographie der Standortbewertung. In: Salzburger Geographische Arbeiten 15.
Weichhart, P. (1996): Die Region – Chimäre, Artefakt oder Strukturprinzip sozialer Systeme? In: Brunn. G. (Hrsg.): Region und Regionsbildung in Europa. Institut für Europäische Regionalforschung 1, Baden-Baden, S. 25-43.
Weichhart, P. (1998): „Raum" versus „Räumlichkeit" – ein Plädoyer für eine transaktionistische Weltsicht der Sozialgeographie. In: Heinritz, G./ Helbrecht, I. (Hrsg.): Sozialgeographie und Soziologie. Dialog der Disziplinen. Münchner Geographische Hefte 78, München, S. 75-88.
Weichhart, P. (1999): Die Räume zwischen den Welten und die Welt der Räume. In: Meusburger, P. (Hrsg.): Handlungszentrierte Sozialgeographie. Erdkundliches Wissen 130, S. 67-94.
Weichhart, P. (2003): Physische Geographie und Humangeographie – eine schwierige Beziehung: Skeptische Anmerkungen zu einer Grundfrage der Geographie und zum Münchner Projekt einer „Integrativen Umweltwissenschaft". In: Heinritz, G. (Hrsg.): Integrative Ansätze in der Geographie – Vorbild oder Trugbild? Münchner Symposium zur Zukunft der Geographie. Münchner Geographische Hefte 35, München, S. 17-34.
Weick, S. (1999): Familie. In: Statistisches Bundesamt (Hrsg.): Datenreport 1999. Wiesbaden, S. 512-520.
Wentz, M. (1991a): Stadt-Räume. Die Zukunft des Städtischen. Frankfurt a.M./ New York.
Wentz, M. (1991b): Raum und Zeit in der metropolitanen Entwicklung. In: Wentz, M. (Hrsg.): Stadt-Räume. Die Zukunft des Städtischen. Frankfurt a.M./ New York, S. 9-18.
Werlen, B. (1995a): Sozialgeographie alltäglicher Regionalisierungen. Band 1: Zur Ontologie von Gesellschaft und Raum. Erdkundliches Wissen 116. Stuttgart.
Werlen, B. (1995b): Landschaft, Raum und Gesellschaft. In: Geographische Rundschau 47/9, S. 513-521.
Werlen, B. (1995c): Konzeptionen sozialer Wirklichkeit und geographische Sozialforschung. In: Matznetter, W. (Hrsg.): Geographie und Gesellschaftstheorie. Wien, S. 33-50.

Werlen, B. (1997a): Sozialgeographie alltäglicher Regionalisierungen. Band 2: Globalisierung, Region und Regionalisierung. Erdkundliches Wissen 119. Stuttgart.

Werlen, B. (1997b): Raum, Körper und Identität. In: Steiner, D. (Hrsg.): Mensch und Lebensraum. Opladen, S. 147-168.

Werlen, B. (1997c): Gesellschaft, Handlung und Raum. Stuttgart.

Werlen, B. (1998a): „Länderkunde" oder Geographien der Subjekte? Zehn Thesen zum Verhältnis von Regional- und Sozialgeographie. In: Karrasch, H. (Hrsg.): Geographie: Tradition und Fortschritt. HGG-Journal 12, S. 106-125.

Werlen, B. (1998b): Wolfgang Hartke – Begründer der sozialwissenschaftlichen Geographie. In: Heinritz, G./ Helbrecht, I. (Hrsg.): Sozialgeographie und Soziologie. Dialog der Disziplinen. Münchner Geographische Hefte 78, München, S. 15-42.

Werlen, B. (2000): Sozialgeographie. Bern.

Wermuth, M./ Sommer, C./ Kreitz, M. (2001): Impact of New Technolgies in Travel Surveys (Unveröff. Manuskript). Braunschweig/ Aachen.

Whitelegg, J. (1993): Transport for a Sustainable Future. The Case for Europe. London.

Wiegandt, C. C. (2001): Macht – Stadt(statt) – Planung. In: Berichte zur deutschen Landeskunde 75/2/3, S. 320-332.

Wigan, M. R./ Morris, J. M. (1981): The Transportation Implications of Acivity and Time Budget Constraints. In: Transportation Research 15A1/1, S. 63-86.

Wilson, W. C. (1998): Activity Pattern Analysis by Means of Sequence-Alignment Methods. In: Environment and Planning A 30, S. 1017-1038.

Winterhoff-Spurk, P. (1992): Fernsehen und kognitive Landkarten: Globales Dorf oder ferne Welt? In: Hömberg, W./ Schmolke, M. (Hrsg.): Zeit, Raum, Kommunikation. Schriftenreihe der Deutschen Gesellschaft für Publizistik – und Kommunikationswissenschaft 18, München, S. 286-298.

Wirth, E. (1979): Theoretische Geographie. Stuttgart.

Wirth, E. (1998): Handlungstheorie als Königsweg einer modernen Regionalen Geographie? In: Geographische Rundschau 51/1, S. 57-64.

Wolch, J. R./ Derverteuil, G. (2001): New Landscapes of Urban Poverty Management. In: May, J./ Thrift, N. (Hrsg.): TimeSpace. Geographies of Temporalities. Critical Geographies 13, London/ New York, S. 149-168.

Wolf, K. (1995): Räumliches Verhalten. In: Akademie für Raumforschung und Landesplanung (Hrsg.): Handwörterbuch der Raumordnung. Hannover, S. 748-752.

Wolf, K./ Scholz, C. M. (1999): Neue Zeitverwendungsstrukturen und ihre Konsequenzen für die Raumordnung. Forschungs- und Sitzungsberichte der Akademie für Raumforschung und Landesplanung 207. Hannover.

Wolfers, J. P. (1963): Isaac Newton: Mathematische Prinzipien der Naturlehre. London/ Darmstadt.

Wolpert, J. (1965): Behavioral Aspects of the Decision to Migrate. In: Papers and Proceedings of the Regional Science Association 15, S. 159-169.

Wotschack, P. (1997): Zeit und Klasse. Soziale Ungleichheit im Licht moderner Zeitstrukturen. Hamburg.

Yamamoto, T./ Kitamura, R. (1999): An analysis of time allocation to in-home and out-of-home discretionary activities across working days and non-working days. In: Transportation 26, S. 211-230.

Yeng, H. W. C. (1997): Critical realism and realistic research in human geography: a method or a philosophy in search of a method? In: Progress in Human Geography 21/1, S. 51-74.

Zängler, T. W. (2000): Mikroanalyse des Mobilitätsverhaltens in Alltag und Freizeit. Institut für Mobilitätsforschung. Berlin u.a.O.

Zeiher, H. (2002): Wohlstand an Zeit und Raum für Kinder? In: Henckel, D./ Eberling, M. (Hrsg.): Raumzeitpolitik. Opladen, S. 265-286.

Zeiher, H. (2004): Zeitbalancen. In: Aus Politik und Zeitgeschichte B31-32, S. 3-6.

ZEITPunkte (2000): Bewegte Welt. Mobilität ohne Grenzen oder Leben im Stau? Konflikte, Konzepte, Visionen. ZEITPunkte 2. Hamburg.

Zentrum für Umfragen, Methoden und Analysen (2005/7/3): System Sozialer Indikatoren. http://www.zuma-mannheim.de/data/social-indicators.

Zerubavel, E. (1981): Hidden Rhythms. Schedules and Calendars in Social Life. Chicago/ London.

Zerweck, D. (1997): Großstädtische Wohnstandorte. Dortmunder Beiträge zur Raumplanung 83. Dortmund.

Zierhofer, W. (1989): Alltagroutinen von Erwachsenen und Erfahrungsmöglichkeiten von Schulkindern. In: Geographica Helvetica 2, S. 87-92.

Zierhofer, W. (1999): Die fatale Verwechslung. Zum Selbstverständnis der Geographie. In: Meusburger, P. (Hrsg.): Handlungszentrierte Sozialgeographie. Erdkundliches Wissen 130, Stuttgart.

Zierhofer, W. (2000): United Geography. In: Geographische Zeitschrift 88/3+4, S. 133-146.

Zoll, R. (1988): Zerstörung und Wiederaneignung von Zeit. Frankfurt a.M.

Zuckermann, W. (1994): Mobilität oder Zugänglichkeit? In: Flade, A. (Hrsg.): Mobilitätsverhalten. Bedingungen und Veränderungsmöglichkeiten aus umweltpsychologischer Sicht. Weinheim, S. 277-290.

Zumkeller, D. (2000): Verkehr und Telekommunikation. Erste empirische Ansätze und Erkenntnisse. In: Jessen, J./ Lenz, B./ Vogt, W. (Hrsg.): Neue Medien, Raum und Verkehr. Wissenschaftliche Analysen und praktische Erfahrungen. Stadtforschung aktuell 79, Opladen, S. 225-254.

Zusanek, J. (1979): Time-Budget Trends in the USSR: 1922-1970. In: Soviet Studies 31/2, S. 188-213.